中国中医药学术年鉴

周谷城题

国家中医药管理局 主管

上海中医药大学 主办

《中国中医药学术年鉴》编辑委员会 编审

上海中医药大学出版社

二〇〇三年·上海

责任编辑　王　虹
肖元春
贯　剑
季春来
技术编辑　徐国民
责任校对　冯佳祺
封面设计　王　磊
出 版 人　朱邦贤

图书在版编目(CIP)数据

中国中医药学术年鉴.2002/《中国中医药学术年鉴》编委会编审.—上海：上海中医药大学出版社，2003
ISBN 7-81010-721-6

Ⅰ.中...　Ⅱ.中...　Ⅲ.中国医药学-2002-年鉴　Ⅳ.R2-54

中国版本图书馆 CIP 数据核字(2003)第 087267 号

广告经营许可证号：3101044000351

中国中医药学术年鉴

《中国中医药学术年鉴》编委会　编审

上海中医药大学出版社出版发行　(上海蔡伦路 1200 号　邮编 201203)
新华书店上海发行所经销　上海新华印刷有限公司印刷
开本 887mm×1194mm　1/16　印张 22.625　字数 669 千字　插页 5　印数 1—3 000 册
版次 2003 年 12 月第 1 版　印次 2003 年 12 月第 1 次印刷

ISBN 7-81010-721-6/R·686　定价 90.00 元(含光盘)

《中国中医药学术年鉴》编辑委员会

前　言

由国家中医药管理局主办，上海中医药大学主编的《中国中医药年鉴》是反映我国中医药事业和学术进展的连续性编年资料性工具书。自1983年卷创刊，已连续编撰出版了20卷。根据国家中医药管理局的决定，《中国中医药年鉴》自2003年卷起，分行政与学术两卷出版。本书作为其学术卷，主要由原《中国中医药年鉴》中的学术进展部分，经栏目调整编纂而成，更名为《中国中医药学术年鉴》，由上海中医药大学出版社出版。

本书收录上一年度全国公开发行的中医药学术期刊和全国性学术会议中发表的优秀论文，经《中国中医药学术年鉴》编辑部学科编辑筛选论证，列出相关学科拟反映条目，由专业作者编写，学科编辑及主编初审、复审，《中国中医药年鉴》编委会审定后出版。

《中国中医药学术年鉴》由纸质（文字版）和光盘（版）两大载体部分组成。

文字版部分设有特载、专论、中医药管理、校院长论坛、学术进展、索引等板块。根据21世纪中医药学术发展的方向和实际情况，本书对原学术进展部分作了较大的调整：譬如

新增的“院校长论坛”，既可以反映过去一年里中医药教育事业和院校发展的实践与体会，又能体现出院校长们对中医药教学、科研和医疗改革的新思路、新举措。

在“临床各科”板块里，于报道各科临床证治进展之前，特地新设“名医经验”栏目，以便将各地报道的中医名家学术经验、临证特色及其用药经验等得以充分反映，更有利于中医药学术经验的继承和发扬。

在“中药”板块中，将原中药理论方面的内容，与“中医基础理论研究”栏目等一起归并在“理论研究”板块中；将“开发利用”栏目分化为“中药资源”、“中药药剂”、“中药营销”栏目，保留原先的“药材鉴定”、“中药化学”、“中药炮制”、“中药药理”、“方剂研究”等栏目，使之能更全面准确地反映该学科在新世纪研究和发展的情况。

光盘版设有2002年中医药学术期刊论文目录索引、统计资料、重要会议和文件、中医药科研获奖项目、出版新书目、机构、广告视听等栏目。其中，中医药学术期刊论文目录索引约100万字，具有多途径的检索功能，为读者查询上一年度的中医文献信息提供便利；统计资料和中医机构部分，不仅保留了历年来原《年鉴》为读者提供全国中医医疗机构、高等院校专业设置及招生等统计数据的特色，还将全国中医医疗机构、教育机构、科研机构的相关资料尽可能比较详尽地予以登录，以便利于医疗、教学、科研管理工作者参考。由于对这些反映过去一年里中医药事业和学术发展的珍贵资料，采用了CD-ROM技术制作，这是此次改版我们为读者奉献的一道“亮丽大餐”；就读者而言，则改版后采用纸质书

和光盘版相结合的出版发行形式，能提供更加便利的查询检索手段，可借以获得更加丰富的相关信息。

总之，本着“一切有利于中医药事业发展”和“一切便利于读者”的思路，我们会将这一反映中医药事业前进足迹的年鉴编纂和出版工作做得更好，能成为中医药工作者的挚友。

编　者

2003 年 10 月

目 录

专 论

中医药管理

校院长论坛

学术进展

记　事

索　引

专　　论

继往开来　求实创新　推动中医药事业不断取得新的进展

——国家中医药管理局局长佘靖在衡阳会议召开20周年座谈会上的发言(摘要)

今天,在衡阳会议召开20周年之际,来自全国各地中医药界80多名专家、学者,汇聚在湖南省长沙市这座有着悠久历史的文化名城,召开座谈会,共同回顾20年来中医药事业所走过的历程,总结过去,展望未来,这对于进一步促进中医药事业的发展很有意义。

1. 召开衡阳会议的重大意义

1978年党的十一届三中全会召开,我国进入了改革开放、以经济建设为中心的新的历史阶段。在"文革"期间,我国中医药事业遭到了严重的摧残和破坏,全国中医医院由"文革"前的371所减少到171所,中医人员由36万人减少到24万人,使建国后初步奠定的中医药事业发展的基础受到极大削弱。面对这一严峻状况,中共中央及时转发了卫生部党组《关于认真贯彻党的中医政策,解决中医队伍后继乏人问题的报告》(中共中央[1978]56号文件),此后不久卫生部又召开了"全国中医和中西医结合工作会议"。这些关于中医药事业发展的重要文件和会议,对于恢复和促进中医药事业发展起到了至关重要的作用,使中医药工作出现了可喜的局面。至1982年,中医医院发展到753所,高等中医药院校恢复发展到24所,中医队伍人数也有了相当幅度的增长。面对这样一个好的形势,如何引导和促进中医药事业更加健康、快速发展,成为当时中医药工作面临的重大理论和实践课题。在这种情况下,卫生部于1982年4月16日至22日在湖南省衡阳市召开了全国中医医院和高等中医教育工作会议(简称衡阳会议)。

这次会议以继承发扬中医药学、推动中医药事业发展为宗旨,坚持贯彻落实中共中央[1978]56号文件和党的各项中医药政策,排除"左"的干扰和影响,进一步统一思想、澄清认识,明确中医药在我国卫生事业中的地位和作用。会议对关系到中医药事业发展的中医医院建设、高等中医教育等重大问题进行了认真的研究和讨论,提出加强中医医院建设、提高高等中医院校办学质量和大力培养中医药人才等一系列加快中医药发展的举措,进一步强调了中医机构要保持和发扬中医药特色的发展思路。会议形成了《关于加强中医医院整顿和建设的意见》、《全国中医医院工作条例(试行)》和《努力提高教育质量,切实办好中医学院》三个文件。卫生部部长崔月犁同志在会上作了重要讲话。

这次会议是新中国成立以来第一次全国中医医院和高等中医药院校建设工作会议,会议对进一步贯彻落实党的中医药方针政策、提高对发展中医药的认识、保持和发扬中医药特色、促进中医医疗机构建设、加强中医药人才培养、推动中医药事业的发展,产生了积极的影响,是一次重要的会议。

2. 衡阳会议以来,我国中医药发展的主要成就

衡阳会议后的20年,是我国坚持改革开放、社会主义现代化建设事业不断取得进展的20年,20年来中医药事业发展取得了令人瞩目的成绩,也有不少宝贵经验和体会,这些值得我们今天认真地加以总结和借鉴。

党的中医药政策在实践中不断丰富和完善,中医药的法律地位得到确立,初步建立了符合国情的中医药管理体制。

进入21世纪,中医药发展纳入了国家"十五"计划,在国民经济和社会发展中的地位和作用日渐显现,受到了国家有关部委和地方政府的高度重视,得到了世界上众多国家和人民的关注。

坚持一手抓改革,一手抓发展,以改革促发展,紧紧把握发展这一主题,不断开拓创新,与时俱进,促进中医药事业不断取得新的进展。邓小平同志说过,发展是硬道理。"七五"期间,我们针对中医机构规模数量不足及中医药人员缺乏的状况，重点抓了加快中医机构建设和加速中医药人才培养工作。提出了发展中医药事业，要以机构建设为基础，以人才培养为重点，以学术提高为依靠的指导思想。“八五”期间，针对中医机构起步晚、基础差、底子薄的实际情况，提出了加强中医机构内涵建设的工作方针。“九五”期间，根据形势发展需要，又进一步提出了“一体、两翼、三个重点”的中医药工作的总体思路。进入21世纪，在新的形势下，我们坚持“三个代表”重要思想，促进中医药的改革与发展，努力处理好继承与发展的关系，推进中医药现代化。20年来，中医药工作总是根据形势的发展变化，不断地有所创新、有所前进。目前全国县级及县级以上中医医院已发展到2 654所（包括中西医结合和民族医医院），中医院床位数达到27万余张，绝大多数综合医院设有中医科；高等中医药院校（含民族医药院校）27所，中等中医药学校51所，独立的中医药科研院所77个，中医药人员达到50余万人（不含中药生产经营人员），基本形成了中医药医疗、教学、科研体系。

长期以来，我们高举团结的旗帜，坚持贯彻“百花齐放、百家争鸣”的方针，积极倡导主体发展与开放兼容相结合，不断促进中医药学术的繁荣和进步。

20年来，我们的主要体会是：① 必须坚决贯彻落实党的中医药方针政策。新中国成立以来的中医药发展历史证明，什么时候认真贯彻了党的中医药政策，中医药事业就得到发展，什么时候背离了党的中医药政策，中医药事业的发展就要遭受挫折。党的中医药方针政策是中医药事业发展的根本保证。过去是这样，现在是这样，将来仍然是这样。② 必须牢固树立大局观、宗旨观和改革观。中医药是我国社会主义建设事业的一部分，中医药发展要服从于、服务于我国经济改革与发展这个大局。中医药也是我国整个卫生事业的重要组成部分，中医药事业要服从卫生事业整体的发展。中医药发展的目的是为人民群众提供满意的医疗保健服务，发展中医药事业就必须以全心全意为人民服务为宗旨。改革是中医药事业发展的动力，要不断通过深化中医药改革，促进中医药的发展。③ 必须不断提高中医药防病治病能力和学术水平，夯实中医药持续发展的基础。要处理好继承与发展的关系，继承和发挥中医药的特色优势，加快中医药理论创新与技术创新。这既关系到中医药能否为人民健康提供良好的医疗保健服务，又关系到中医药事业的成败兴衰和持续发展。

3. 今后的工作方向

21世纪的今天，中医药发展所处的环境发生了重大的变化。时代发展和社会进步，对中医药发展提出了更高的要求。面对新的形势，在今后的工作中，我们要重点把握好以下几方面的重大问题。

以江泽民同志关于中医药工作的讲话精神为指导，做好新时期中医药工作。在去年全国政协九届四次会议教育医药卫生联组会议上，江泽民同志就中医药工作发表了重要讲话，充分肯定了中医药的科学地位和文化底蕴及其历史和现实的重要作用，强调了要坚持中西医并重的方针和为人民群众提供更加完善有效的医疗保健服务的发展目标，强调了中医药工作要正确处理好继承与发展的关系和推进中医药现代化的问题。江泽民同志的重要讲话，是我们做好新时期中医药工作的重要依据。我们要结合“三个代表”重要思想的学习，认真学习、深入领会，努力贯彻江泽民同志重要讲话精神，用江泽民同志的重要讲话精神统一全体中医药工作者的思想，总揽中医药工作的全局，以江泽民同志的重要讲话精神为指导，不断推进中医药事业在新时期的新发展。

充分发挥中医药在我国医学科学中的特色，为人民提供更加完善有效的医疗保健服务，是江泽民同志对卫生和中医药工作提出的根本要求，是我们实践江泽民同志“三个代表”重要思想的具体体现，是卫生和中医药事业的共同发展目标。根据党中央对卫生工作的总体部署和中医药工作的实际，我们在今年及今后一个时期要重点抓好以下几方面工作：首先，要认真贯彻落实《关于农村卫生改革与发展的指导意见》，在农村卫生改革中，进一步加强农村中医药工作。第二，继续贯彻落实上海会议、青岛会议精神，推进城镇医药卫生体制改革，深化中医医疗机构改革。第三，不断提高中医药防病治病能力，始终不渝地把提高中医药防病治病能力作为核心任务来抓。一是要遵循中医药的发展规律，充分发挥中医药的特色和优势，加强中医医疗机构内涵建设，提高中医医疗机构利用中医药防病治病的水平和能力；二是要大力培养优秀临床中医药人才，采取有力措施，营造良好环境和氛围，造就一批又一批中医药理论造诣深、临床和实践技能强、在社会上有较大影响的优秀中医药临床专家，也就是大家平时所说的“名医”；三是要与时俱进，加快中医药科技进步与创新，充分吸收和利用现代科学技术与知识，不断提高中医临床科学研究水平；四是要不断扩大中医药对外交流与合作，促进中医药进一步走向世界。

正确处理继承与发展的关系，推进中医药现代化。这既是关系到中医药事业能否健康发展的大问题，也是中医药机构适应社会主义市场经济、适应改革、继续前进不可回避的问题。中医药学术和防病治病能力的提高，是中医药生命力之所在，中医药学要有旺盛的生命力，就要在继承的基础上不断创新，随着时代的发展而发展，这样才能更好地为人民服务。做好中医药的继承与发展工作，要坚持“双百”方针，始终高举团结的旗帜，充分调动和发挥各方面的积极性。继承发展中医药学术，一要提倡民主讨论，发扬学术民主，创造良好的环境和活跃的学术气氛；二要坚持尊重实践，坚持实践是检验真理的惟一标准，多做实事，少说空话，不要过多地争论谁是谁非，主要是为了发展学术、提高疗效，为人民群众提供优质价廉的服务。

做好中医药继承和发展工作，必须积极推进中医药现代化。现代化是人类文明发展的必然进程。中医药数千年的发展史，就是一部不断在继承前人成果的基础上，充分吸收当代社会和科学技术先进成果发展自己的历史。中医药现代化就是利用现代科学技术为发展中医药服务，实现中医药现代化就是对中医药最好的继承与发展。实现中医药现代化是一个长期的过程，我们要坚持“继承不泥古，发展不离宗”的方针，积极推进中医药现代化，进一步增强中医药的活力和竞争力，以满足人民群众对中医药的需求。

回顾20年来中医药发展所走过的历程，我们感到无比欣慰和自豪。但我们也应看到，我们的工作还存在很多问题和不足，需要我们今后努力工作，逐步地加以解决。“雄关漫道真如铁，而今迈步从头越”。我们今天在这里举行衡阳会议召开20周年座谈会，就是认真总结经验，展望未来，研究探讨如何进一步做好新时期中医药工作。我相信，有党的中医药方针政策的正确指引，有几十年来中医药工作取得的丰富经验，有广大中医药工作者的共同努力，在新的世纪，我们一定能够取得中医药事业发展更加优异的成绩。让我们以邓小平理论和“三个代表”重要思想为指导，以与时俱进、奋发有为的精神风貌，坚定信心，知难而进，扎实工作，励精图治，为开创中医药事业在新世纪更加辉煌的未来而努力奋斗。

对中医临床疗效评价方法的思考

黎敬波

1. 中医临床疗效评价面临的问题及原因

(1) 评价方法多样,标准不一。疗效评价需要有公认的标准,但当前许多疾病的中医临床疗效评价方法不统一,自拟标准较多。其原因很多,如中医诊疗主要针对的是证候,如何评价证候疗效,目前尚无好办法;由于受西医评价标准(指标)影响,中医临床疗效评价也大量使用西医疾病指标,导致评价方法多样、标准不一的现象。

评价方法多样、标准不一常难以反映中医临床的客观疗效,中医治疗的优势和特点无法体现等。如中医治疗晚期恶性肿瘤主要是辨证论治,它不一定能缩小实体瘤,但却可以提高患者生存质量,改善放化疗带来的副作用,延长患者生存期等。这样的疗效评价恐怕仅用西医卡氏评分或中医证候评价的方法,都不能解决问题。这就需要建立相应的评价方法与标准。

结合中医自身的临床实际建立统一的疗效评价标准、规范评价方法已成为十分迫切的工作。它应该体现中医几千年证候评价取得的成果和所表现出的优势,同时要能与现代医学先进的评价方法相互沟通,可以在临床疗效评价中彼此承认和相互补充、启发。

(2) 评价方法主观、局限。随着中西医学交流的不断增多,中医的疗效评价方法越来越显得单一和局限,于是为了适应临床发展的需要,根据个别经验制定了一些带主观性的疾病疗效评价标准,有些是套用现代医学有效评价的方法,这些做法与中医理论有一定出入,较难反映中医辨证论治的思想。

中医辨证诊断具有系统认识疾病的特点和优势,因此用西医认为合适的方法评价中医疗效自然显得主观和局限。评价方法主观、局限带来的主要影响是对临床疗效评价标准的不统一、不规范,评价标准的内在联系性差,忽视对疾病发展变化过程的研究。评价方法的主观性还受过分追求有效性事件评价的影响,对同样的疾病状况、治疗方法,药物相差无几,可由于评价的标准不同(有的为自拟评价标准),可出现完全不同的结果。有些疗效标准虽经专家咨询、论证,但其应用范围还是比较局限,严重影响了中医临床真实疗效的系统评价。

(3) 现代医学的评价方法与中医理论不兼容。现代医学重视微观评价,强调疗效的客观指标,但这些评价指标和方法是否符合中医药理论和实际,大多未经深入、系统的研究,这也是导致中医药临床疗效评价方法混乱的一个客观原因。其次,由于中医注重辨证诊断和用药,而西医评价则不然。两者是不同的评价体系,在某些方面存在理论或现实操作中的不相容性,难免产生矛盾。

回顾中医历代临床文献,不乏疗效评价方法的运用,认真研究可以发现一些规律,如针对证候的评价方法、将疾病进行阶段分析评价的方法等。无论用现代医学的评价方法,还是中医临床评价方法,都应该结合各自的特点,寻求理论上的融合点,而不是相互排斥或顾此失彼。近年西医传统疗效评价方法逐渐暴露出弱点,现代临床疗效评价需要新的评价指标体系和方法,于是生存质量评价、循证医学等逐渐受到重视。中医临床疗效评价也应该积极研究这些新的方法。

(4) 总体评价与个案评价的不一致。自开展中医药现代研究以来,中医药临床疗效的报道很多,但针对某一具体疾病(或证候)的总体疗效评价较少,有严格设计的对照研究、大样本随机调查者所见不多,其主要原因是受传统个案评价观念、证候诊断本身的个体性和不规范影响。个案评价重视的是“证”及其变化,因此,总体评价与个案评价的矛盾仍由于我们对中医诊断学基础理论研究的不够深入。

现代医学重视总体评价,强调多中心、大样本、前瞻性的对照观察,这种方法在现代疾病诊断、药物的临床评价中发挥了非常有效的作用,推动了现代医学的发展。中医在它形成理论体系的同时，建立了以个体诊断治疗和临床事件评价为特点的思维模式，它注重个案评价，重视患者服药后的主观感受和某些生活质量自评的指标。这些个别疗效不只是经验的偶然性结果，而是反馈治疗中信息输出的途径，它具有系统化分析、评价的特点，是最具体、最直接的评价方法。这种方法对于大样本观察研究来说，并不太适合，有时还会作出带主观性的结论。因此，要建立现代中医临床疗效评价体系或标准，还需要适当转变观念，结合总体评价与个案评价的优势，完善和规范中医诊断体系，以有利于促进中医疗效的提高。

2. 证候规范对完善临床疗效评价方法的指导意义

中医临床疗效评价面临的问题很多，要抓住重点，解决技术关键。目前一些专家已经认识到，证的研究是一个关键，证候诊断规范是完善疗效评价方法的一个重要前提。

(1) 提供科学、规范的理论依据。中医临床疗效评价有其自身特点和特殊性，其中最突出的问题是评价中如何处理证候，如何评价证候改善与疾病好转、痊愈的关系，如何在重视个体化评价的同时上升为总体归纳等。对证候的客观、准确认识与把握，证候与疾病的关系，个体化证候表现的特点等，都需要通过诊断规范来研究和解决。

中医诊断追求的最高境界是理性的识别与判断，中医临床疗效的评价也不能脱离中医理论，不能脱离中医诊断学的基本规则，建立临床疗效评价方法的许多问题也可以通过中医诊断规范化研究来帮助解决。

(2) 提供方法学指导。建立中医临床疗效评价体系就是要规范评价方法，筛选最适合的评价指标，而中医诊断规范的目标是建立客观、科学、合理的病症诊断体系，量化诊断指标，因此诊断规范是疗效评价的前提和基础，诊断规范的研究为建立疗效评价体系提供方法指导或参考，规范的诊断指标体系和诊断思维模式又可为评价体系所用。

诊断规范与建立评价体系在方法学上有很多可以借鉴或承接的地方。如中医诊断结论大多都是个体诊断结论，传统的中医疗效评价也较多地注重个体评价，总体的评价常被淡化，这既是矛盾，又是反映中医评价特点的地方，这些问题的解决需要借鉴诊断规范研究的成果。

(3) 提供科学规范的评价指标。评价指标直接影响着评价效果，所以评价指标必须客观、规范和可操作，这就需要更多更细地研究诊断指标和中医证候规范规律，满足客观评价的要求。证候规范的指标大凡包括量化指标、半量化指标或某些定性指标。要做到既遵循中医理论，又便于推广应用，则可以通过诊断规范与其他现代方法的结合来实现。因此，在疗效评价研究时，应积极促进和推动诊断规范化研究。

中医药管理

一、教 育 管 理

颁发中等中医药教育主要专业指导性教学计划

根据教育部《关于制定中等职业学校教学计划的原则意见》的精神，国家中医药管理局制定了中医专业(含针灸推拿和中西医结合方向)、中医骨伤、中医康复保健和中医护理等专业指导性教学计划。新的指导性教学计划贯彻了以提高全面素质和加强能力培养为目标的教学指导思想，坚持理论与实践相结合，使学生不仅能掌握必需的文化基础知识、专业知识和职业技能，而且有适应职业变化的能力和立业创业的本领。

(徐金香)

中医、中西医结合、中药、中医护理
中初级专业技术资格考试大纲、专业技术资格考试工作已启动

2002年，为配合卫生行业职称改革制度的进一步深化，落实人事部、卫生部《关于加强卫生专业技术职务评聘工作的通知》(人发[2000]114号)中的“卫生系列医、药、护、技各专业的中、初级专业技术资格逐步实行以考代评和与执业准入制度并轨的考试制度”的规定要求，受卫生部的委托，国家中医药管理局组织中国中西医结合学会、局中医师资格认证中心等单位100多名专家，编写了《中医、中西医结合、中药、中医护理等专业初、中级专业技术资格考试大纲》。该大纲强调临床实际，照顾全国不同地区发展水平。《考试指南》在考前提供给了全国各考区。委托国家中医药管理局中医师资格认证中心和中国中西医结合学会，进行了2002年度中医、中药、中医护理、中西医结合临床等22个专业考试的命题、组卷工作，并在人事部组织下完成审卷。2002年全国共有16 000多名考生参加了中医药行业的中、初级专业技术资格考试。

(王 戈)

中等中医药教育规划教材开始启用

根据教育部和国家中医药管理局组织制定的中等中医药专业目录和各专业教学计划，在国家中医药管理局指导下，在国家中医药管理局1988年统一组织编写出版的中等中医药教材基础上，由全国中医药职业技术教育学会组织重新编写的全国中等中医药教育规划教材于2002年7月出版，同年秋季正式启用。中医、护理类专业主干课程教材有《中医基础学》、《中药学》、《方剂学》、《人体解剖生理学》、《药理学》、《诊断学基础》、《中医内科学》、《外科学》、《中医妇科学》、《儿科学》、《针灸学》、《推拿学》、《针灸推拿学》、《中医伤科学》、《内科学》、《中医基础护理学》、《内科护理学》、《外科护理学》、《妇科护理学》、《儿科护理学》、《常见急症处理》、《中医学概要》、《预防医学概论》、《常用护理技术》，共24门。

中药专业作为教育部确定的重点试点专业，

教学大纲由教育部正式颁布，15 门教材已于 2002 年底出版发行。

（徐金香）

全国高等院校蒙医学专业教材编审委员会成立

在国家中医药管理局组织指导下，全国高等院校蒙医学专业教材编审委员会成立，负责该教材编写的指导工作。主任委员由国家中医药管理局科技教育司司长贺兴东担任，副主任委员由教育部民族教育司助理巡视员达来，内蒙古自治区卫生厅副厅长郝富、教育厅副厅长满达，内蒙古民族大学校长王顶柱担任。专家学术组有苏荣扎布、罗布桑、吉格木德、明干巴雅尔、查干、琪格其图、阿古拉、海忠乃、王额日敦、特木乐、乌恩、金玉、安官布、斯琴其木格、巴日格其、巴根那、布和巴特尔、那生桑、旺其格、杨阿敏、邢鹤林等组成。编审委员会办公室挂靠在内蒙古民族大学蒙医药学院，负责日常工作。初步计划编写蒙医药学专业本科教材 27 门。

（陈梦生）

21 世纪藏医本科教育规划教材名称和编写人员确定

由国家中医药管理局组织编写的“21 世纪藏医本科教育规划教材”，经全国高等院校藏医学专业教材编审委员会批准，确定了《藏医药史》等 26 门为 21 世纪藏医本科教育规划教材。教材名称和主编人选如下：

《藏医药史》（强巴赤列）、《藏医概论学》（尼玛次仁）、《藏医人体学》（措如·才朗）、《藏医病机学》（格桑赤来）、《藏医解毒学》（拉毛加）、《藏医方剂学》（旦科）、《藏医治疗学》（班旦加措）、《藏医泻治学》（加央伦珠）、《藏医药理学》（尕玛措尼）、《藏医伦理学》（完德才让）、《藏医诊断学》（三智加）、《藏医外治学》（旦切）、《藏医三大基因学》（旺堆）、《天文历算学》（桑珠加措）、《四部医典汇论》（艾措千）、《藏医内科学》（多布杰）、《藏医外科学》（西绕群培）、《藏医妇科学》（强巴卓嘎）、《藏医外伤学》（伦珠旦达）、《藏医杂病学》（尼玛）、《藏医热病学》（旦正加）、《藏医疫病学》（次智木）、《藏医五官科学》（唐卡拉杰）、《藏医儿科学》（智美）、《藏医精神病学》（李先加）、《藏医保健学》（伟科）。

（陈梦生）

中医四大经典网络课件制作

为充分利用现代远程教育手段，实现优秀教育资源共享，加强中医药经典课程教学，提高中医药院校本科生和中医药行业在职从业人员中医药理论水平和临床能力，国家中医药管理局科技教育司从全国中医药大学中遴选出教学效果特别优秀、教学评估考核成绩名列前茅的教授作为主讲老师，并委托 21 世纪中医药网络教育中心应用网络技术，完成了《内经》、《伤寒论》、《金匮要略》、《温病学》四门经典课程的网络课件及光盘制作，供广大中医药专业技术人员学习。

（张为佳）

二、科研管理

国家中医药管理局“十五”重点专科(专病)项目建设计划实施

国家中医药管理局决定进一步加强重点专科(专病)建设工作,组织实施国家中医药管理局“十五”重点专科(专病)项目[以下简称“重点专科(专病)项目”]建设工作,力争通过几年的努力,初步形成专业覆盖面广、地区分布合理、创新能力较强、中医特色明显、临床疗效显著的中医重点专科群,促进中医临床学术和诊疗技术水平的提高。

于2001年8月开始,组织开展重点专科(专病)项目的申报工作。经各省、自治区、直辖市中医行政管理部门组织本地专家评审推荐,除西藏自治区外,30个省(自治区、直辖市)共申报了258个项目。

在全面了解项目申报情况的基础上,对复审专家组推荐的项目进行了重点审核,向国家中医药管理局推荐北京中医医院的皮肤科等160个局级重点中医专科(专病)项目,已经国家中医药管理局批准,项目的建设单位涉及30个省(自治区、直辖市)及局直属、直管的112个医院,其中省级医院58个、地市级医院37个、县级医院10个、非政府办医院6个;中医医院104个、中西医结合医院8个。

在开展“十五”重点专科(专病)项目建设过程中,按照国家中医药管理局的有关工作程序和要求,组织军队系统的医疗机构进行了申报。在军内外专家组终审后,确定17个项目纳入国家中医药管理局“十五”重点专科(专病)项目建设。

为全面加强对重点专科项目建设的管理,使建设工作取得应有的成效,国家中医药管理局制定了重点专科项目建设管理办法、重点专科项目建设目标与要求,确定了重点专科项目建设监测招标体系。同时,为促进专科网络建设,国家中医药管理局医政司于2002年11月、12月分别召开了肝病、肾病两个重点专科建设工作座谈会,协调成立了重点肝病、肾病专科建设协作组,确定了今后一个时期协作组的主要工作内容。

(查德忠)

中医药重点学科建设单位、协作建设单位名单

按照全国中医药重点学科建设工作会议的部署,在各单位申报和专家评议的基础上,经国家中医药管理局重点学科建设专家指导委员会评审和国家中医药管理局审核,确定了国家中医药管理局重点学科24个、建设单位78个、协作建设单位461个。

中医基础理论建设单位为山东中医药大学、辽宁中医学院、北京中医药大学、中国中医研究院、上海中医药大学(立项不资助);

中医诊断学建设单位为湖南中医学院、北京中医药大学、陕西中医学院(立项不资助);

方剂学建设单位为黑龙江中医药大学、南京中医药大学、河南中医学院(立项不资助);

中医医史文献学建设单位为南京中医药大学、山东中医药大学、中国中医研究院(立项不资助);

中医临床基础建设单位为广州中医药大学、南京中医药大学、浙江中医学院(立项不资助);

中药生药学建设单位为辽宁中医学院、北京中医药大学、中国中医研究院、上海中医药大学、

吉林农业大学(立项不资助)、重庆市中药研究院(立项不资助);

中药制药学建设单位为江西中医学院、南京中医药大学、广州中医药大学(立项不资助);

中药药理学建设单位为中国中医研究院、吉林省中医中药研究院、北京中医药大学(立项不资助);

临床中药学建设单位为成都中医药大学、北京中医药大学、陕西中医学院(立项不资助);

中医内科脑病学科建设单位为长春中医学院附属医院、北京中医药大学第一临床医学院、广州中医药大学第二临床医学院(立项不资助);

中医内科心血管学科建设单位为中国中医研究院西苑医院、广州中医药大学第二临床医学院、河南省中医药研究院(立项不资助);

中医内科内分泌学科建设单位为北京中医药大学第一临床医学院、中国中医研究院广安门医院、黑龙江中医药大学第一附属医院(立项不资助);

中医内科肾病学科建设单位为上海中医药大学附属曙光医院、南京中医药大学附属医院、湖北中医学院附属医院(立项不资助);

中医内科消化学科建设单位为广州中医药大学第一临床医学院、浙江中医学院附属医院、北京中医医院(立项不资助);

中医内科呼吸学科建设单位为江西中医学院附属医院、安徽中医学院附属医院、北京中医药大学第一临床医学院(立项不资助);

中医内科肿瘤学科建设单位为中国中医研究院广安门医院、中日友好医院;

中医内科血液学科建设单位为中国中医研究院西苑医院、北京中医药大学第一临床医学院;

中医外科皮肤学科建设单位为北京中医医院、广州中医药大学第二临床医学院、湖南中医学院第二附属医院(立项不资助);

中医外科肛肠学科建设单位为中国中医研究院广安门医院、辽宁中医学院第二附属医院、南京市中医院(立项不资助);

中医妇科学建设单位为黑龙江中医药大学第一附属医院、广州中医药大学第一临床医学院、天津中医学院第二附属医院(立项不资助);

中医儿科学建设单位为南京中医药大学附属医院、辽宁中医学院附属医院、河南中医学院第一附属医院(立项不资助);

中医眼科学建设单位为成都中医药大学附属医院、中国中医研究院眼科医院、湖南中医学院第一附属医院(立项不资助);

中医骨伤科学建设单位为中国中医研究院、福建中医学院、山东省文登整骨医院(立项不资助);

针灸学建设单位为天津中医学院第一附属医院、黑龙江中医药大学第二附属医院、中国中医研究院、北京中医药大学、南京中医药大学(立项不资助)、上海中医药大学(立项不资助)。

(濮传文　陈梦生)

66种中药材质量标准及其对照品的研究和方剂与证的药物动力学研究荣获2001年度国家科技进步二等奖

在2002年2月1日的国家科学技术奖励颁奖大会上,“66种中药材质量标准及其对照品的研究”和“方剂与证的药物动力学研究”荣获2001年度国家科技进步二等奖。该项目取得如下发现、发明及创新点:① 研制了66种药材的具有与原药材主要功效基本吻合的药效活性的定量对照品和具有专属性的鉴别对照品,创立了全部对照品的简便和可行的制备工艺。② 建立了66种药材的活性成分的含量测定方法和专属性TLC鉴别。有14种HPLC和2种TLCS含量测定及3种TLC鉴别收载《中国药典》(2000年版)。③ 建立的66种药材质量标准草案均有如下创新:含量测定的均是活性成分;TLC鉴别均具有专属性;均有镉、铅、汞、砷和有机氯农药残留的限量标准的建议。④ 研究的药材镉、铅、汞、砷和有机氯农药残留量的测定方法与国际接轨,为中药材出口奠定了良好的基础。⑤ 发现了许多有开发前景的有效成分或部位,20多种已获得或正在申请专利、已在国家或部省立项进行新药研究。⑥ 分离新化合物79种,属内首次发现的28种,种内首次发现的128种。⑦ 向国家提供了66种药材的活性成分的定量用对照品66种(纯度>98%)、专属性鉴别用对照品 50 种(纯度>95%),建立了全部对照品的简便、可行的制备工艺,为近期和长期需求提供了产品和制备方法。为中药制剂的活性成分的含量测定和中药制剂与中药材的鉴别奠定了基础。⑧ 建立了 66 种药材的质量标准草案,提高了药材的质量控制水平,为提高中成药制剂达到国际质量标准打下了方法学和对照品基础。

"方剂与证的药物动力学研究"通过对"证治药动学(PK)"假说的验证,为阐明方剂药效物质与机体"证"的相互作用规律,奠定了理论与实践基础。该项目开辟了一条方剂作用原理和证本质的药物动力学研究新途径,有助于阐明中医药作用原理和证本质。

(陆建伟)

中药新药开发专项实施

国家中医药管理局设立中药新药开发专项并投入专项资金支持。该专项采取政府指导和市场运行相结合,委托科技中介机构组织实施的形式,为企业成为开发的主体建立孵化器,同时吸引有实力的社会资金投入中医药科研。由专家咨询委员会对研究单位开发中药新药进行指导,力争开发出具有较高科技含量和广阔市场前景,能够代表国家水平的中药新药成果。首批立项 70 个课题,其中中药一类新药 7 个、中药二类新药 25 个,中药三类新药 38 个。

(陆建伟)

2002~2003 年度中医药科学技术研究专项课题简介

本期招标的内容分为 4 个方面:中医基础研究、中医临床研究、中药研究、中医药政策及管理研究。针对每个领域,局科技教育司分别对其研究目标、成果形成、研究重点等加以进一步明确,发挥了局科研专项(基金)的导向作用。

中医基础研究目标是要出新观点、新学说、新理论。研究重点是中医证候理论、辨证理论、方药配伍理论、诊断客观化智能化等。

中医临床研究目标是提高临床诊疗水平和疗效。成果形式是出新治疗方法、新治疗方案、新药(对病因病机有新的认识,在新的治法治则引导下的新药前期研究)、新诊疗设备。

中药研究的目标是促进中药基础理论和中药产业现代化发展,研究重点是中药研究方法学、中药生产共性技术、中药理论创新、濒危药用动植物繁育及代用品研究、创新中药的前期研究、标准和规范研究等 6 个方面。

中医药政策及管理研究重点是市场经济条件下中医办医模式与中医特色、中医药科研院所科技体制与内部运行机制改革、中医药人才培养、农村中医药工作发展、中药产业化发展中关键问题、民族医药发展现状及相关政策研究。

本期招标共受理课题申请1 668项。经评审,共确定立项课题 250 项。其中中医基础研究类课题 65 项,中医临床研究类课题 83 项,中药研究类课题 91 项,中医药政策及管理研究类课题 11 项。课题计划和课题经费已下达。

本期招标,在评审方法上有所改革。一是区分和明确初审和终审的审查重点。初审重点审查课题选题和目标,终审重点审查研究方案和其他相关内容。二是评审方法的改革。初审主要采取专家"背靠背打分投票、不集中评议"的办法;终审采用先分(独立审阅申请书)、后议(小组评议)、再分(独立打分投票)的方式。评审过程中,不进行大组评议,小组评审不设组长、评议不做结论性意见。这种方式有利于更大程度地发挥每个专家的作用,尽可能避免某一个专家的意见决定或影响评审结果的现象,以保证项目评审的科学、公平、公正。

(林超岱)

军队系统中医药重点学科建设点名单

经国家中医药管理局重点学科建设专家指导委员会评审，国家中医药管理局与中国人民解放军总后勤部卫生部联合发文，确定第一军医大学中医内科脑病学科、中医内科肾病学科、中药制药学，第二军医大学中医内科肿瘤学科，第四军医大学中医内科消化学科，解放军第二一〇医院中医内科血液学科，解放军第三〇二医院临床中药学等 7 个学科为军队系统中医药重点学科建设点。

（濮传文 陈梦生）

第二批民族医药文献整理项目

为了加快民族地区民族医药文献的抢救与整理，2002 年支持了西部地区中医药事业的发展工作。为了使有限资金充分合理的利用，国家中医药管理局制定并下发了《关于组织实施第二批全国民族医药文献整理工作的通知》，继续坚持重点民族地区支持与一般地区支持结合的原则，依靠民族地区的牵头省论证筛选项目，由国家中医药管理局审查批准实施，避免了重复立项。2002 年度共立项 21 个课题，涉及 9 个民族。

（赵 明）

2002 年度中医临床诊疗技术整理与研究项目立项课题简介

国家中医药管理局设立了中医临床诊疗技术整理与研究项目，在总结 2000 年 5 个试点省、2001 年 10 个试点省经验的基础上，扩大到在全国范围内实施。2002 年度招标共受理申请课题 343 项，经专家评审，确定 56 个项目为立项课题。目前课题经费已下拨，研究工作已启动。

（林超岱）

三、医政管理

2002年中医药医政工作进展

一、农村中医药工作

1.《中共中央、国务院关于进一步加强农村卫生工作的决定》及相关配套文件出台　《决定》中明确提出"发挥中医药在农村卫生服务中的优势与作用"的政策和措施，对促进农村中医药工作有着至关重要的作用。

2.《中国农村初级卫生保健发展纲要(2001～2010)》颁布　《纲要》在中医药的指标方面，较前一个十年有了实质性突破。《纲要》第七条明确提出：充分利用中医药资源，发挥中医药的特点与优势，不断提高农村中医药服务水平。《纲要》在有关政府职责部分中强调：中医药部门要制定切实发挥中医药在农村的优势与作用的具体政策措施，在农村卫生技术人员中加强中医药知识与技能的培训，在农村广大地区大力推广农村中医药适宜技术，规范中医药服务。

3. 农村中医工作先进县建设成效显著　目前全国共建设有全国农村中医工作先进县83个，全国农村中医工作先进县建设单位101个。湖北、广东、四川等省还积极开展了省级中医工作先进县建设。通过农村中医工作先进县建设，探索了农村中医药工作的有效途径与方法，调动了地方政府和有关部门重视做好农村中医药工作的积极性，促进了农村卫生工作的发展。

4. 农村中医药适宜技术推广工作取得新进展　明确提出了农村中医药适宜技术推广工作的基本思路：根据本地区农民需求和中医药发展的实际情况，针对农村多发病、常见病和农村卫生机构和人员的条件，由省级以及市(地)级卫生、中医药行政管理部门组织筛选那些安全有效、成本低廉、简便易学、适合本地区农村使用的中医药技术和方法，通过组织编写教材、实用技术手册和办班培训等多种渠道和形式，加以推广应用。

广东省实施"双十计划"，筛选推广了20项适宜技术；河北省组织"春雨工程"，重点推广中西医结合防治肝病的知识与技能，培训乡村医生2 000多名。

二、积极探索"三项改革"工作

1. 中医医院管理体制改革　各地在所有权与经营权分离、股份制改造、成立医疗集团等方面进行了尝试。

2. 中医医院的药品招标采购稳步推进　全国县级以上中医医院参加了药品集中招标采购，采购品种和数量进一步扩大，业务收入中药品收入比例有所下降，根据对63家中医医院医疗质量监测情况推算，2002年上半年与2001年同期相比下降了2.2%。

同时，《药品集中招标采购若干规定》中明确中药材、中药饮片暂不实行药品集中招标采购，但也要规范采购行为。

3."患者选医生"、"住院费用一日清单制度"普遍开展，后勤服务社会化步伐加快，一些省市调整了中医医疗服务价格　医院经营自主权不断扩大，监督约束机制得到完善和加强，临床疗效和医疗服务质量不断提高，服务行为逐渐规范，医院的经济运行效益提高。

三、中医医院内涵建设工作

1. 继续开展国家中医药管理局"十五"重点专科(专病)项目建设工作　2002年已完成项目遴选评审工作。

《国家中医药管理局"十五"重点专科(专病)项目建设管理办法》及《国家中医药管理局"十五"重点专科(专病)项目建设目标与要求》印发实施。

专科协作网络建设工作进一步强化，肾病、皮肤病、肝病、骨伤等专科协作网络的建设不断推进；召开“十五”重点肝病专科建设工作座谈会，研究了各重点专科建设单位实现强强联合的形式，并确定了合作内容及工作分工。

完成重点专科（专病）项目动态监测体系的建设工作，确定了专科（专病）监测指标体系，并完成了监测软件的编制工作。

此外，还会同总后勤部卫生部，确定了军队系统专科（专病）项目建设单位，并联合下发了《关于公布军队系统国家中医药管理局“十五”重点专科（专病）项目建设单位名单的通知》。

2. 与国务院扶贫办、中国扶贫基金会联合实施了为期三年的中国西部中医医院管理支持扶贫项目（“天使”工程）　项目选择了西部 12 个省（区、市）及三个自治州的一部分中医院（包括中西医结合医院、民族医院）作为项目实施单位，对 750 多名西部地区的中医医院院长进行了培训，并为 10 家项目单位配备了医院信息管理系统。

3. 中医医院医疗质量监测水平不断提高　监测点由原来的 63 个扩增为现在的 100 个，北京、浙江等地已完成监测分中心的建设；根据《中医住院病案首页》及卫生综合统计制度的修订，完成了全国中医医院医疗质量监测软件的升级开发工作，并在监测单位全面使用。并召开了全国中医医院医疗质量监测工作研讨会。

4. 在世界卫生组织资助下，组织开展了中医药治疗特定疾病的证据及治疗优势研究工作，研究包括四个子课题　2002 年项目进展顺利，中医药治疗高血压、冠心病的优势及证据研究和中医药治疗脑梗死、脑出血的优势研究两个子课题已经结题，中医药治疗糖尿病的优势研究和中医药治疗特定疾病的卫生经济运行规律研究两个子课题也正按照计划稳步实施。

5. 召开全国中医院制剂管理工作座谈会　对院内制剂有关问题进行讨论，并对院内制剂的硬件条件要求、应用范围、配制方式及申报和审批等问题提出了意见和建议。

6. 积极争取中华慈善总会开展的“慈善医疗阳光救助”工程　该项目共向全国 31 个省（自治区、直辖市）1 000多家中医院（中西医结合医院、民族医院）捐赠医疗仪器设备2 000多台（件），包括心电监护、彩超、全自动生化分析仪等 25 种常用仪器设备，总值约 4.1 亿元人民币。

7. 第三期全国名老中医临床经验高级讲习班在上海取得圆满成功　讲习班共邀请名老中医 16 人，培训了来自 24 个省（自治区、直辖市）的学员 198 人。

四、中医药融入社区卫生服务取得进展

卫生部会同国家中医药管理局等 11 个部门联合印发了《关于加快发展城市社区卫生服务的意见》，强调要充分发挥中医药在社区卫生服务中的特色和优势。浙江省制定了在社区卫生服务中发挥中医药作用的意见，北京、天津、上海等地开展了中医药服务示范社区建设。许多中医医疗机构积极主动开展社区卫生服务，拓宽服务领域，提高服务质量。

五、进一步推动民族医与中西医结合工作

会同国家民委举办了首届全国民族医药特色疗法总结展示推广活动，共有 19 个省（自治区、直辖市）的 15 个少数民族的 165 个项目参加。

2003 年 3 月在辽宁沈阳召开全国部分中西医结合医院院长座谈会，就示范中西医结合医院建设标准、中医病案书写规范、中西医结合医院建设与发展等问题进行了探讨，对中西医结合医院建设发展中存在的主要困难与问题进行了分析，对如何加强重点中西医结合专科（专病）建设、加强中西医结合人才培养、促进中西医结合学术发展等影响中西医结合事业发展的关键问题进行了讨论。

六、法制建设与行风建设工作

1. 会同卫生部制定了《医疗事故处理条例》及配套文件　印发实施了《中医、中西医结合病历书写基本规范（试行）》。

2. 实施《执业医师法》工作　接收取得中国中医学专业学历的外籍人员和取得内地中医学专业学历的台、港、澳居民参加中医执业医师资格考试，今年共有 172 名此类考生参加了考试。

修订《中医、中西医结合医师资格实践技能考试大纲》。新修订的《大纲》，调整了三站式考试的内容和要求，考试方式从考生直接接触患者的床边考试改为按要求写一份完整病历，然后进行基本操作及临床答辩。

实施民族医医师资格考试标准化。

3. 整顿医疗市场秩序　会同工商总局对群众反映强烈的虚假中医医疗广告及非法行医问题进行调查、处理；会同国务院纠风办、国家计委、卫

生部等部委整顿和规范药品市场秩序、降低药品虚高价格、实行药品分类管理(非处方药已达2 500种),打击假冒伪劣药品。

(国家中医药管理局医政司)

六省农村中医药人员调查分析

为了全面掌握农村中医药人员现状与教育需求情况,科学规划农村中医药人员教育培养培训工作,研究制定加强农村中医药队伍建设的相关政策,国家中医药管理局科教司于2002年7月8日至9月15日,在山西等六个省进行了农村中医药人员现状及教育需求调查,现将调查情况摘要如下:

一、调查对象与方法

调查对象:包括以下5个方面:① 样本县县卫生行政部门、县属中医医疗机构。② 样本乡(镇)卫生院、样本村卫生室。③ 县属中医医疗机构和样本乡(镇)卫生院45岁以下、专科及专科学历以下的在职在岗中医药人员。④ 样本乡(镇)个体中医医疗机构的全体中医药人员。⑤ 样本村卫生室及个体医疗机构的全体卫生技术人员。

调查方法:根据《农村中医药人员教育需求调查方案》的要求,抽取山西等六省为调查省份,按GDP的水平分层,每省抽取5个县、每个样本县抽取5个乡(镇)、每个样本乡(镇)抽取5个村,6个省共抽取30个县、150个乡(镇)、750个村。

二、调查内容

1. 样本县基本情况调查 主要包括全县总人口数、全县GDP指标、全县各行政乡(镇)和行政村总数,全县各级医疗机构数、卫生技术人员数及中医药人员情况。

2. 样本医疗机构基本情况调查 主要包括样本县县级中医医疗机构、样本乡(镇)乡级医疗机构、样本村村级医疗机构及样本乡(镇)个体中医医疗机构的基本情况。

3. 中医药人员现状及教育需求情况调查 主要包括县级、乡级医疗机构中45岁以下、专科及专科以下学历的中医药人员,样本乡(镇)个体中医医疗机构的全体中医药人员,村卫生室与村个体诊所中全体卫生技术人员的基本情况及教育需求情况。

三、调查结果分析

1. 农村中医药服务覆盖面较广,服务价格较低,是农村人民群众医疗保健的重要手段 本次调查结果显示,在样本县的医疗机构中,县级中医医疗机构占县级医疗机构总数的24.4%,每县均有中医医院;设立了中医科室的乡镇医疗机构占乡镇医疗机构总数的78%;有中医人员的村级卫生机构占村级卫生机构总数的31%;中医的个体医疗机构占个体医疗机构总数的41.5%。2001年在样本乡(镇)卫生院和村卫生室的医疗服务中,乡(镇)卫生院的中医门诊人次占总门诊人次的17.6%,中医出院人次占总出院人次的14%;村卫生室的中医(含中西医结合)门诊量占门诊总人次的39.9%。说明中医药服务已经覆盖了我国农村基层的广大地区和人群,中医药服务量达到一定比例,特别在村卫生室占有较大的比例。

在我国农村居民患病两周就诊总人数中,经中医(含中西医结合)诊疗者占33.4%;在慢性病患者中,接受中医治疗的占39%;在农村住院患者中,到中医医院和乡卫生院接受中医药为主治疗的占31.6%;在我国农村门诊及住院的平均每人次诊疗费用中,中医门诊诊疗费用平均比西医低30.4%,中医住院诊疗费用比西医低33.7%。说明农村居民中有近40%的人愿意接受中医治疗,已接受中医治疗的患者占门诊和住院患者的30%以上,中医药以其可靠的疗效、低廉的价格,深受农村居民的欢迎,已经成为农村人民群众医疗保健的重要手段之一,为保护农民群众的身体健康发挥了极其重要的作用。

2. 农村中医药队伍已具一定规模,年龄结构基本合理,但学历、职称明显偏低,无执业资格人员比例较高 调查结果显示,在30个样本县中,中医药人员总数为14 725人,占卫生技术人员的24.2%,其中,县级医疗机构的中医药人员占同级卫生技术人员的15.4%,乡级医疗机构的中医药人员占同级卫生技术人员的20.5%，村级医疗机构的中医药人员占同级卫生技术人员的34.5%，个体医疗机构的中医药人员占同级卫生技术人员的49.9%。说明在农村有一支数量可观的中医药队伍，是我国农村中医药事业发展的重要基础。

在样本县的中医药人员中，年龄在30岁以下的占22.8%，30～40岁者占28.5%，40～45岁者占17.5%，45岁以上者占31.2%；专科及专科以上学历者占19.9%，中专学历及无专业学历者占80.1%；中级以上职称者占21%，初级职称及无职称人员占79%；有执业医（药）师资格者占31.7%，有执业助理医（药）师资格者占19.2%，有乡村医生资格者占32.7%，无执业资格者占16.4%。说明我国农村中医药队伍年龄结构基本合理，但学历、职称明显偏低，而且还有为数不少的无执业资格人员在从事中医药工作，特别在45岁以上人员和村卫生室人员中，无学历、无职称、无执业资格的“三无”人员较多，这种状况如不尽快改善，将严重影响农村中医药服务的质量。

3. 农村需要大量高、中等中医药人才，在职中医药人员教育需求迫切，教育培训任务繁重　调查结果显示，31个样本县级中医院、150个样本乡（镇）卫生院及815个样本村卫生室提出近3年内需要中医药人员1 302人，其中，县中医医院每院每年约需要4人，乡镇卫生院每院每年约需要0.8人，村卫生室每室每年约需要0.2人；本科生占36.6%，大专生占35.3%，中专生占21.6%，研究生占6.5%。按照三级样本医疗机构占样本县医疗机构总数的比例计算，每个样本县每年中医药人员的需求量约为108人，其中，县中医医院约需要4人，乡镇卫生院约需要20人，村卫生室约需要84人；需要本科生约23人，大专生约47人，中专生约36人，研究生约2人。说明农村对中医药人员的需求量较大，而且主要集中在本科、大专及中专三个层次。目前，我国中医药本科层次培养规模较大，大专层次规模过小，而本科毕业生又很难下到农村基层工作，提示我们在现阶段应大力发展专科层次的中医药教育，并继续保留一定规模的中等中医药教育。

调查结果还显示，30个样本县提供有效资料的3 074名农村中医药人员（包括村级与个体医疗机构的934名西医药人员）中，有教育培训需求的占88.9%，有学历教育需求的占82.5%。其中，选择本科教育的占24.4%，大专教育的占44.1%，中专教育的占14%；选择中医的占20.75%，中药的占13.89%，中西医结合的占51.2%；选择函授教育形式的占52.4%，全日制形式的占18%，自考的占17.75%，短期培训的占10%。说明农村绝大多数中医药人员有提高学历的要求，其学历需求以大专为主、专业需求以中西医结合为主、教育形式以函授学习最受欢迎。

在村级和个体医疗机构的1 670人中，有教育培训需求的占82.3%，其中，要求学习中西医结合专业的占65%；在736名中医药人员中，要求学习中西医结合的占53%，在934名西医药人员中，要求学习中西医结合的占74.4%。说明在村级卫生机构和个体医疗机构的人员迫切要求掌握中西医两套本领，提示在农村基层最需要的是中西医结合的“全科医生”。

在30个样本县14 725名在职中医药人员中，专科及以下学历者为11 881人（不包括县、乡医疗机构的45岁以上人员），根据个人问卷调查结果估算，有教育培训需求者为10 567人，其中有学历教育需求者为9 854人，平均每县328人。据此推算，全国2 074个县（市、旗）约有68万中医药人员需要进行学历教育。此外，按照国家中医药管理局《中医药继续教育规定》要求，还有大量的在职中医药人员需要进行中医药继续教育，因此，农村中医药在职教育的任务非常繁重。

4. 农村中医药人员在职教育经费严重不足，现行的培训内容与形式不适应农村中医药人员的需求　调查结果显示，30个样本县2000～2002年在职教育经费投入为：样本县卫生局年人均42元，县中医院年人均284元，乡（镇）卫生院年人均110元，村卫生室年人均211元；2003～2005年计划投入为：县卫生局年人均54元，县中医院年人均346元，乡（镇）卫生院年人均148元，村卫生室年人均174元。说明农村卫生技术人员的接受再培训尚未引起高度的重视，地方卫生行政部门和各级医疗机构的教育经费投入都很少；而在个人调查有教育培训需求的人员中，每年只能承受500元以下教育经费的占68.8%，500～1 000元的占21%，说明农村卫生技术人员因收入普遍较低，个人经济承受能力也非常有限；教育经费的严重不足，与其教育的需求形成了很大的差距，特别是收费较高的学历教育，大多数农村中医药人员都无能力参加。

现行的成人学历教育大多要求参加成人考

试,且都要全脱产或半脱产到学校参加学习,这对文化素质普遍较低、在职在岗的农村中医药人员来说,是非常困难的,其中的大部分人被考试关而卡在学校门外,能够考上的一部分也因为不能坚持脱产到学校参加学习而半途而废,导致这支队伍的学历长期得不到提高。现行的中医药继续教育制度则主要针对取得大专以上学历和医师以上职称的县级以上医疗机构的中医药人员,基本上未考虑农村基层中医药人员的特点和培训需求,主要是采取住院医师规范化培训和组织参加继续教育项目学习及临床进修的形式,培训条件和所需费用高,不适应农村中医药人员的培训需求。

四、建议

1. 科学制定农村中医药人才培养规划　建议国家中医药管理局在认真总结我国农村中医药人才培养工作的基础上,根据全国农村经济、社会发展和中医药事业发展的需要以及中医药教育资源状况,结合本次调查掌握的农村中医药人员现状与教育需求情况,在近期组织制定和颁发《全国农村中医药人才培养规划》,并要求各级卫生(中医)行政部门制定相应的规划和实施方案,以保证各地在贯彻落实《决定》及制定农村卫生工作有关政策与农村卫生人才培养规划时,能够将农村中医药人员培养工作统筹考虑。

2. 合理配置现有各种中医药教育资源　加快高等中医药院校教育改革和结构调整步伐,根据我国农村中医药事业发展的实际需要,明确农村中医药人才的培养目标,进一步深化课程体系和教学内容的改革,调整教育结构和专业设置,增加农村需要的全科中西医医学知识教学内容,强化能力培养,扩大专科层次培养规模,改革培养模式,采取初中毕业学习 5 年或高中毕业学习 3 年的高等专科教育方式,定向为农村培养适用的中医药人才。加强中等中医药学校的建设,鼓励和支持具备条件的学校申办中医药高等专科学校,提高办学层次,为农村培养高等中医药专科人才;继续保留中等中医药学校的中医、中药、中西医结合等专业,以培养农村需要的中等中医药人才,并承担乡村医生中医药知识和技能的培训任务。

3. 建立健全农村中医药人员在岗教育培训制度　建立健全农村在职在岗中医药人员学历教育和继续教育制度,鼓励和组织农村在职在岗中医药人员参加成人教育、远程教育等形式的学历教育和参加各种形式的继续教育培训,提高学历层次和临床业务能力。建议国家中医药管理局借贯彻落实《决定》的东风,组织制订和实施"全国乡村医生中医药学历教育项目计划",在 2010 年前,重点培养50 000名左右以中医药知识和技能为主的乡村医生,使他们达到中专及以上学历,并取得中医执业助理医师及以上资格,成为农村村级卫生机构的中医药骨干,巩固和发展农村最基层的中医药阵地。

4. 逐步完善农村中医药队伍管理机制　将农村中医药人员的管理逐步纳入法制化管理轨道,严格依法管理,杜绝无证上岗。对中医药技术岗位上的非专业技术人员要坚决予以清退,并逐步分流达不到执业标准的人员(包括不具备执业资格和不具备专业技术职务的人员),为合格的、高学历的中医药人员腾出岗位;将农村中医药人员参加继续教育培训的情况作为岗位人员聘任、技术职务晋升和执业再注册的重要条件。

5. 积极落实农村卫生人才各项优惠政策　建议国家中医药管理局主动与教育部、卫生部协调,在制定有关农村卫生人才政策时,既要将农村中医药人才统一纳入政策范围,又要从农村中医药人员的实际情况出发,加大政策支持力度,为农村中医药队伍建设创造良好的政策环境;并要求各级卫生(中医)行政部门切实加强对农村中医药人才培养和队伍建设工作的领导,增加对农村中医药人才培养的投入,改善农村中医药人员的工作和生活条件,积极落实农村卫生人才的各项优惠政策,使在农村基层服务的中医药队伍不断巩固提高,促进农村中医药事业的进一步发展。

(徐金香)

全国中医医院医疗质量监测工作取得成效

全国中医医院医疗质量监测工作在完成原63 所中医医院监测任务的前提下,2002 年扩增监测中医医院37所，达到工作方案建立100所中医医院的监测网点的预期目标。

根据卫生部颁布的《全国卫生综合统计调查制度》和国家中医药管理局下发的《关于修订印发中医住院病案首页的通知》精神，对相关监测指标进行了修订，在通过专家评审的基础上完成监测软件的升级，使监测软件不仅符合监测指标要求，而且能满足卫生部要求各级医院上报卫生统计报表的需要。提交了2001年1～12月和2002年1～6月的《全国中医医院医疗质量监测分析报告》，对全国监测中医医院的出院病案、人力资源和医院基本情况作了详细的统计分析，并与上年度同期进行对比分析。根据首批入网的63家监测中医医院的基本情况、2万多个人力资源、32万多份出院患者住院病案首页的数据信息，对监测中医医院的医疗质量、医疗费用、诊治优势及运行态势的数据，进行了相关因素分析，应用DEA方法评估了监测中医医院的运行效率，形成专题报告。

目前已建立2000～2002年的全国监测中医医院的医院基本情况、31 204个职工的人力资源情况、429 063份出院患者住院病案首页的监测数据信息库，并初步建立了全国中医医院医疗质量监测网络。

（中医医院医疗质量监测中心　竺丽明）

四、其他管理

第三批全国老中医药专家学术经验继承工作

根据人事部、卫生部、国家中医药管理局《关于印发〈全国老中医药专家学术经验继承工作管理暂行规定〉的通知》精神，为了加速高层次中医临床和中药技术人才的培养，推进中医药学术的继承、研究和发展，人事部、卫生部和国家中医药管理局决定在"十五"期间开展第三批全国老中医药专家学术经验继承工作，并于2002年6月中旬召开会议，在各省、自治区、直辖市和有关单位遴选推荐指导老师和学术经验继承人的基础上，经人事部、卫生部和国家中医药管理局共同审核，确定马在山等586名同志为第三批全国老中医药专家学术经验继承工作指导老师、朱蜀云等942名同志为第三批全国老中医药专家学术经验继承工作学术继承人（军队系统另行公布）。学术继承人进岗时间为2002年12月31日前。

从1990年在全国开展老中医药专家学术经验继承工作以来，先后两批共1 021名老中医药专家被聘为指导老师，1 343名学术继承人完成学习任务，合格出师。

（濮传文）

全国中医药继续教育工作会议召开

国家中医药管理局于2002年4月召开了全国中医药继续教育工作会议，提出全面推进中医药继续教育工作，逐步建立中医药专业技术人员终身教育制度的要求和计划。各省（自治区、直辖市）主管中医药工作的厅（局）长、中医药局（处）长，部分中医药院校的院（校）长及中医医院院长，国务院有关部委的负责同志和特邀代表共160余人出席了会议。

（张为佳）

第一届高等中医药院校校长论坛召开

全国高等中医药人才培养座谈会暨第一届高等中医药院校校长论坛于2002年4月11～14日在上海中医药大学举办。本届校长论坛得到教育部高等教育司的支持，由全国各高等中医药院校校长自由发起，国家中医药管理局科技教育司主办、全国中医药高等教育学会委托上海中医药大学承办的。来自全国23所高等中医药院校的近30名院（校）长参加了交流活动。国家中医药管理局副局长李振吉，科技教育司副司长王明来，教育部高等教育司副司长林蕙青，上海市教委副主任王奇及全国中医药高等教育学会秘书长刘振民等有关领导同志出席。与会者深入分析当前高等中医药教育面临的机遇与挑战，讨论了新形势下大学的理念、定位、职能、改革、校长的作用，治校经验以及中医药人才培养等问题，收到了转变观念、形成共识、明确思路、增强信心的积极效果。

（陈梦生）

中医药科技成果推广项目经验交流会召开

“国家中医药管理局中医药科技成果推广项目经验交流会”于 2002 年 6 月 15 日在河北省石家庄市召开。会议总结了 6 年来国家中医药管理局中医药科技成果推广项目实施过程中所取得成绩，交流了所取得的经验，同时就如何在新的形势下进一步做好此项工作进行了研讨。来自全国 19 个省市中医药主管部门和部分项目单位、应用单位的代表 100 余人参加了会议。科技部，总后卫生部，河北省政府、人大、政协等有关部门的领导出席了会议。

（陆建伟）

中医药人才培养座谈会

由教育部高等教育司和国家中医药管理局科技教育司共同举办的中医药人才培养座谈会于 2002 年 3 月 11～13 日在北京召开。教育部高教司、国家中医药管理局科技教育司有关负责同志和来自全国的部分著名老中医药专家、部分高等中医药院（校）院（校）长以及部分新闻单位记者 30 余人出席了座谈会。会议由国家中医药管理局科技教育司王明来副司长主持，贺兴东司长介绍了目前中医药教育有关情况，李振吉副局长出席会议并作了重要讲话。座谈会上，研讨了中医药人才培养的规律，一致认为高等中医药院校是我国中医药人才培养的主渠道，对今后的改革与发展提出了意见和建议。

（陈梦生）

首届全国民族医药特色疗法总结展示推广活动在京举行

首届全国民族医药特色疗法总结展示推广活动于 2002 年 6 月 25 日在北京民族文化宫举行，活动由国家中医药管理局和国家民委主办。全国人大副委员长吴阶平，国家民委副主任牟本理、李晋有，卫生部副部长兼国家中医药管理局局长佘靖，全国人大民委负责人韦继松，中国藏学研究中心党组书记陈虹等领导同志出席了开幕仪式。共有 19 个省（自治区、直辖市）的 15 个少数民族、50 个单位的 165 个项目（包括民族医药，民族医疗技法和诊疗器械）参与展示。

（国家中医药管理局医政司）

中华中医药学会科学技术奖设立

为了贯彻《国家科学技术奖励条例》，根据《社会力量设立科学技术奖管理办法》，中华中医药学会申报了“中华中医药学会科学技术奖”，该奖项已经国家科学技术奖励办公室批准于 2002 年 10 月设立。

（陆建伟）

校院长论坛

面向新世纪的高等中医药教育改革与发展

上海中医药大学　严世芸

21世纪是经济全球化、文化多元化、政治民主化和社会发展可持续化的时代。就高等教育而言，随着中国政府正式加入世贸组织，我国的教育市场将对世界开放，并将真正进入教育国际贸易的大循环中。高等中医药教育也不例外，也将面对入世后政策的调整和变化，去迎接新的挑战，同时，高等中医药教育也要根据自身的特点及其在国际上的特殊地位，及时抓住机遇寻求更大的发展空间。

一、高等中医药教育目前面临的形势

根据关贸总协定中《服务贸易总协定》的有关条款，我国政府已承诺开放教育市场，给予其他国家的教育市场准入享受国民待遇。高等中医药教育与我国的其他高等教育一样，也将呈现除义务教育和特殊教育领域外的全方位的开放态势。我们正面临着中医药发展难得的机遇：一是入世后我国将和所有成员国一样受到世贸组织统一规则的约束或保护，这有利于中医药教育走向世界；二是国际天然药物市场不断扩大，中医药教育的市场需求越来越大，入世后，国际资本带来的资金投入和发达国家先进的教育理念、管理经验等为我们提供了接受技术辐射的机会；三是中医药正在世界范围逐步得到接受，入世后我国中医药教育市场将与国际市场全面接轨，国内中医药教育机构有更多的机会参与国际竞争；四是高等中医药教育体制改革的不断深化，必将为中医药教育的振兴提供广阔的发展空间。同时，我们也面临着严峻的挑战：一是加入世贸组织后中医药教育市场国际化；二是中医药教育产业竞争日益激烈；三是中药知识产权面临威胁；四是由于文化背景和理论体系的差异，要使中医药为世人所广泛接受，将是一项十分艰巨的工作。但是，鉴于中医药学的民族特征及历史优势，入世后，从总体上判断，高等中医药教育面临的形势是机遇大于挑战、利大于弊。

二、高等中医药教育市场分析与预测

高等中医药教育入世后面临的最大挑战是逐步开放教育市场。因此，研究和分析发达国家分割我国高等教育市场的主要方式和手段，预测高等中医药教育细分市场的前景是我们抓住先机，迎接挑战，抢占市场的“先手”。发达国家分割我国高等教育市场的方式与手段主要有三种：一是境外消费，即将中国学生吸引到国外就学；二是争夺人才，即国外教育机构到国内办学，与国内教育机构争夺优秀人才；三是人员流动，即国外企业或公司利用高薪与国内教育机构争夺优秀人才，也就是说，他们推行的是人才“本土化”策略。中医药高等教育是我国特有的优质教育资源。其得天独厚的文化底蕴和认知方式不仅造福中华民族，而且为世人所注目。因此，目前世界各国研究、开发中医药教育和产品的机构和企业越来越多，我们不仅面临东南亚的竞争压力，而且还面临来自欧美市场的压力。可以这么说，中医药教育市场是客观存在的，而且也是十分巨大的。但是，这个市场我们不去占领，别人就会去占领。再则，这个市场又是可以细分的，我们不可能穷尽中医药高等教育的全部市场份额，我们应该分析我们的优势利弊，弘扬特色，树立品牌，占领自己的市场份额。

三、面向新世纪的高等中医药教育改革与发展

1. 争取先机，抢占市场　国内中医药高等院校应加强基于竞争前提下的合作，采取优势交叉互补的战略，占领各自的优势市场。目前，就中医药高等教育服务贸易而言，跨境交付与境外消费业外力量不占优势，相反，我们在这两个项目下却能释放巨大的能量。而在争夺人才和自然人流动方面，我们不占优势。但是，我们可以充分利用教育市场化和人才国际化的契机，吸纳业外资金进入高校，同时，积极调整人才培养模式，为社会输

送"适销对路"的各级各类专门人才。

2. 嬗变观念，制度创新　观念嬗变既是中医药走向现代化的契机，也是高等中医药教育应对入世挑战的突破口。因此，我们首先要在办学观念上与国际惯例接轨。目前，我们最为迫切需要在观念上的调整主要在三个方面：一是必须树立教育市场的观念；二是必须树立教育产业的观念；三是必须树立教育经营的观念。而这三者又是相辅相成的统一体。这个统一体的载体就是建立现代大学制度，核心问题是要建立一种在政府宏观调控下，大学面向社会，依法自主办学，实行民主管理的运作模式。建立现代大学制度，不仅是我国高等教育改革与发展的必然选择，也是高等中医药教育改革与可持续发展的必由之路。

3. 体制转型，结构多元　中国经济体制改革走到今天，在公共产品领域，绝大部分已处于供大于求的状态，惟独教育服务仍处于求大于供的局面，呈现短缺问题。解决这一供求矛盾的惟一方法是增加教育的市场供应，即扩大招生规模。而要做到这一点，改革办学体制就成为关键。体制创新的核心是要逐步建立起以政府办学为主导，多种所有制办学的新格局。近3年来，我国高等教育事业实行了加快发展的政策，出现了一个跨越式发展的局面。但就增加的教育基本建设投资而言，只有20%是来自政府的财政投入，其余80%的资金均来自银行贷款和社会非公共资金的投入。如果没有业外资金的注入，高等教育要在2005年实现大众化的战略目标是不可能的。高等中医药教育作为国内的优质教育资源，其吸纳和运作社会非公共资金的能力是显而易见的，这从近几年业外人士对高等中医药教育的投资热情就可以感受到。现在问题的关键是制度必须跟上，如果依赖原有的制度与路径，中医药高等教育要谋求跨越式的发展是不现实的。制度供应的取向：一是打破目前的所有制格局，在继续办好"国有大学"的同时，开放中医药高等教育市场，实行社会化和多元化投入，形成政府实施宏观调控，学校依法自主办学，多种所有制并存，共同协调发展的格局；二是开放多元制价格政策，实行教育成本社会化；三是招生录取政策要放开，要允许有条件的中医药院校自主考试录取，或采取宽进严出的政策；四是人事管理政策要进一步放开，要允许教师自由流动、自由兼职。高校对人才应"不求拥有，但求所用"；五是促进中医药高等教育走产、学、研结合的可持续发展之路。产、学、研结合问题应该引起行业主管部门和高校的充分关注，这个问题如能处理好，一方面可使高校有机会充分接受产业经济的资金和制度的优势辐射，从而对中医药高等教育的体制改革和机制转换形成拉动力；另一方面又可以提升中医药高等教育对经济增长的贡献率，并进一步促进中医药高新技术产业和生物医药产业迅猛发展。

4. 提高质量，注重内涵　提高教育质量是教育界乃至公共社会始终关注的一个话题，这种关注不仅在教育常态发展的时期是这样，而且在教育跨越式发展的今天更是这样。在高校扩招的大背景下，近3年，不少中医药院校也采取了扩大规模的做法，以期通过扩招，一方面积极响应政府的决策，另一方面增加办学经费，抢占市场份额，提高办学效益。但是，高等教育的发展应遵循自身的规律。从系统论观点看，规模、质量、效益、资源作为教育系统的4个基本要素，必须达到动态平衡，才能显示出系统的最优化状态。

5. 正确把握教育规模　就高等中医药教育的规模而言，我们不能就规模谈规模，高等中医药教育作为社会系统中的一个子系统，其发展的规模既是内部诸要素相互作用的产物，也是与外部环境相互作用的结果。因此，正确把握高等中医药教育的规模，从系统内部看，必须考虑包括现有办学条件、师资力量、经费、管理经验与能力、学科水平以及文化积淀等要素的支持能力；从系统与环境的交互作用看，必须考虑经济、人口、政治、科技以及就业等因素的需求或制约。另外，每一所中医药院校的发展规模还与区域经济环境系统的诸要素变量相关。盲目扩招，一方面会影响教育质量，使文凭贬值，进而影响大学声誉；另一方面会引发就业供求矛盾和结构矛盾。中医药高等教育的规模总体上来说是求大于供，市场需求倾斜于两头，一是沿海城市和省会城市对高层次人才的需求（硕士和博士生），二是广大农村和边远地区对普通人才的需求（专、本科生）。因此，高等中医药院校应根据自身所处的地域环境和优势制定招生方案。

6. 提高学科人才建设　就提高中医药高等教育的质量而言，目前应该在以下四方面推进我们的工作。一是要加强高等中医药教育的学科建设。学科水平是学校发展的"纲"，"纲"举才能"目"张。问题的关键是我们要梳理现有学科，根据“有所为，有所不为”的原则，推进学科的整合和重建。另外，要重组学科资源，建设新的优势学科和边缘学科，把中医药院校建设成以中医为主，特色鲜明，面向市场，谋求可持续发展的现代中医药大学。二是改革人才培养模式，与国际人才市场需求对接。中医药学的民族特征及接受群体的历史积淀，决定了其既具有广阔的发展前景，又有亟待挣脱诸多束缚的特征。其中，人才培养模式问题尤为突出。拓宽专业口径，加强理、工、文、医学科交叉与渗透，推行双语教学，西医课程选用原版教材，中医课程编写、使用外语教材，病史书写双语化，中医诊疗计算机软件与编程知识的普及与使用，以及科学实验与临床实践能力的提升等等，所有有利于人才国际竞争力提升的措施与方法，我们应尽快筹划，尽早实施，争取使我们的人才培养模式更好地与国际人才市场需求接轨。三是锤炼师资队伍，在国际交流与交往能力上与国际师资水平对接。走国际化的办学道路是入世后高等中医药教育面临的大趋势。协定中的“人员移动”条款就教育而言即指外籍教师到中国任教和中国教师到国外任教，这种教育的国际互动不仅有利于本国教育的输出，而且也有利于我们借鉴国外成功的教育理念与管理经验，从而提升我国在国际教育市场上的综合竞争能力。有计划地选派专业课教师和科研人员到国外著名大学去留学、进修，同时聘请外籍教师担任西医课程授课任务，或开设选修课，这些都不失为锤炼师资队伍的好方法。不少学校在招聘教师时，已充分注意有无“国外经历”的履历。作为教育主体的高校师资队伍，应在国际交流与交往能力上尽快、尽早地与国际师资水平对接。当然，师资水平的提升不仅仅局限于国际交往能力，还包括专业水平的提升、研究能力的提升及敬业精神的培育等。四是建立教育质量保障体系。

7. 开拓盘活教学资源　就教育资源而言，目前亟待解决的问题是如何盘活中医药教育的存量资产，同时开拓新的教育资源。目前，不少中医药院校已积累了一些成功的经验：一是开展联合办学项目，接受校外资源辐射；二是开展境外合作办学，做强做大境外市场；三是积极争取政府投入，通过政府拨款、土地置换、银行贷款、业外融资等方式，谋求进一步发展的空间。当然，教育资源还包括文化资源、人力资源、社会声誉资源等等。资源短缺是当前制约高等中医药教育可持续发展的瓶颈，为此，高等中医药院校应根据系统内外因素的影响，整合教育资源，确定学校的规模与质量目标，并始终不渝地朝着这一目标迈进，这样高等中医药教育才能走上可持续发展的良性循环轨道。

提高科学研究水平　发展中医药事业

中国中医研究院　曹洪欣

中医药的发展需要多方面、多环节的支持和参与，它需要良好的继承，更需要多层次、高水平的挖掘、整理和提高。因此，引入系统的、规范的科学方法和研究思路，实现宏观与微观、传统与现代的渗透整合，使中医药的理论和实践与时俱进，更广泛地为人类的健康服务。

一、加强中医药研究是当务之急

1. 研究现状决定必须大力发展中医药　作为传统医学中最为主流的中医药学，经过数千年的临床应用，已为人类作出了巨大贡献，并且愈来愈受到人们的重视和国际社会的关注。基于目前中医药学发展的现状分析，成绩是肯定的，但也存在诸多不足，如取得明显突破性的成果为数较少；基于中医理论的中医证候研究的规范化、标准化、客观化问题尚未解决；中药的质量标准已成为制约发展的关键；用于中医药研究的规范标准尚未完善；能揭示中医药基本科学问题、用于中药新药研制与开发的中医动物模型仍未解决；中药所占国际市场份额很小，洋中药开始大量跻身中国市场，这对我们中药生产和应用大国来说是一个很大的冲击。尽管国家宪法已明确规定了中医的合法地位，但是社会上甚至医学界还存在着对中医药的种种偏见。所以，许多中医专家对这一现状深表担心，在各种会议上多次发表了他们的真知灼见，积极向行业及相关管理部门呼吁，认为加快中医药学术发展是当务之急。令人惊喜的是国务院于 2003 年 4 月 2 日通过了《中华人民共和国中医药条例》（同年 10 月 1 日起施行），为中医药事业良性、稳定、持续发展，提供了法律保障。

2. 中医药防治疾病的观点和方法渐显重要　随着医学科学的发展，人们生活水平的提高，保健意识的增强，医学模式的转变，为传统医药学的发展提供了广阔空间。中医药学是我国的宝贵财富，是人类同疾病作斗争的经验积累。早在《黄帝内经》中就有了较系统的记载，经过数千年来的实践—理论—再实践，不断完善，形成了独特的理论体系。天然药物的应用，治病求本、治未病等防治观点和养生、保健、防治疾病的主要手段，其优势越来越明显。尤其在今年 SARS 流行过程中，中医药的防治理论与实践发挥了重要作用，促进了中医药事业的发展。

3. 入世后的挑战推进中医药研究　中国加入世界贸易组织后，中医药也必然受到入世的影响。按照对等原则，中医药可以进入相应世界贸易组织成员单位，从而为中医药走向世界，创造了良好的机遇，但我们应该清醒地认识到，严峻挑战是同时存在的，这将使我国中医药处于激烈竞争的环境中。虽然中医药临床在我国乃至世界一些国家和地区中有良好的声望，但我国中医药科研行业底子薄、发展相对滞后，如科研设施、条件及资金等与国外相关机构比较，有一定的差距，成果科技含量不高，中医药知识产权的保护意识不强，中医药的世界市场占有量不大，这些迫使我们必须更新观念，调整机制，发挥优势，加强和世界各国的交流与合作，推进中医药国际化，加快中医药的发展进程。

4. 急重疾病的出现为中医药的全面发展提出警示　在现代医学尚未全面进入我国之时，急慢性疾病主要依赖于中医药治疗，至今，中医药在某些内科急性病的治疗中，仍发挥着一定的作用。随着现代医学的发展，人们逐渐形成了中医药擅治慢性病的片面认识，留给中医药治疗急性病的机会渐少。因而，近年来中医药医疗机构，多注重对慢性疾病、疑难疾病的研究，对急性病的研究投入的人力、物力大为减少，面对突如其来的急发疾病，不仅欠缺良好的应对方法，而且很难有施展诊疗技术的空间。从中医对疾病的认识分析，中医强调整体观念、审证求因、辨证论治，这种司外揣内、整体调节的诊疗思路，对原因不明、多病因致病的疑难重病能及时准确地辨证，有的放矢地治疗，从而控制疾病的传变、提高治愈率、降低病死率。遗憾的是SARS流行初期，中医药的优势无用武之地，中医药的作用没有得到充分发挥。这些都为中医药的全面发展敲响了警钟。

二、深化中医药教育改革，加强中医药科学研究

中医药教育体制的合理改革、科学研究的创新发展，是中医药持续稳定健康发展的保证。教育是基础，科研是先导，两者是推进中医药现代化的动力。

1. 深化教育改革，培养创造性人才　中医药教育的目标是培养适应社会发展需求的从事中医药临床、教学和科研等合格人才。深化中医药教育改革，提高人才培养质量，是当今社会十分关注的问题。合理设置中医药教育课程，克服知识面狭窄，或无目的地扩展课程、改变某些教育机构过分强调形式而忽视内容等现象。加强内涵建设、突出办学优势，提高办学层次和教育合作层次、增强综合实力，既要重视专业人才的培养，又要重视适应社会需求的多型性、复合型人才的培养。规范教育体系，实现中医药教育模式的合理转变，促进高等中医药教育整体水平的提高，培养具有创新精神的创造性人才。加强对外交流，在世界传统医学及文化教育领域中，进一步发挥示范和辐射作用。

改变目前教育体制中普遍存在的重视技能而轻视素质的现象，应加强中医药基础理论教学，重视中医药基础理论与临床实践相结合，建立有效的继续教育机制，推进素质教育。同时，开展中医药专家学术经验和技术专长的继承工作，建立和完善符合国家或国际标准的临床教学基地和科研基地，为培养高层次的中医药人才奠定坚实的基础。

2. 做好继承和创新工作，推动中医药科研现代化　中医药科研的目的是在继承的基础上，开发出实用性强的新技术、新方法和新产品。为此，科研思维应与现代科学思维一致，融入多学科知识，采用国际公认的科学标准；手段和方法应具创新性，吸收一切自然科学、社会科学等成果，促进自身发展；科研成果应具实用性和先进性，可产生重大的经济效益和社会效益；产业开发应注重规范化、标准化和规模化，以科技为先导、产品为依托，增强在国际市场竞争实力。

（1）继承传统优势，汲取先进方法，提升学术内涵。发展中医药事业，应本着继承与创新相结合的原则，保持和发扬中医药特色和优势，遵循中医药自身发展规律，运用传统理论和方法，结合现代科学技术手段，以中医药理论为指导，以临床实践为基础，促进中医药理论和实践的发展，推进中医药现代化。

理论研究方面，从中医药学本身的学术特点出发，汲取现代科学技术成果，通过系统、深入的研究，探索其规律，揭示其本质，以理论的升华和提高，促进临床医学的发展，使中医学成为更加先进的医学科学体系。

临床研究方面，以继承中医药学的精髓为基础，充分发挥中医药的优势，提高临床疗效，运用现代科学技术手段探讨疗效机制，发挥学术优势，使中医药学能够适应时代发展的需要，为提高人民的健康水平做出新的贡献。

由于现代科学技术的渗透和中医药学自身发展的需求，现代生命科学的研究方法被引入中医药研究的各个领域，随着生命科学的发展，对中医药的研究提出了更高的要求。因此，应在继承的基础上，以优势特色为起点、解决中医药学术发展关键问题为突破口，吸收和应用现代科学的研究成果，引进、借鉴现代科学的研究方法，为实现中医药现代化提供新的研究思路。

（2）把握研究方向，营造创新氛围，提高科技水平。在中医药研究方向中，紧紧抓住中医药现代化的重大问题和生命科学的前沿，积极引入现代最新的学术思想和先进的科学技术，既要有瞄准未来发展的长期项目，又要有解决重要问题的近期项目；既要有侧重知识创新的基础性研究项目，又要有侧重技术创新的应用性研究项目。根据发展要求，积极探索科研基地建设的新模式，形成功能完备、结构合理、高效运转的中医药基础研究和应用、开发研究基地体系。着眼于知识创新、技术创新和制度创新，不断提升解决行业和地区重大科技问题的能力，使科技综合实力、科技创新能力和科技成果转化能力全面提升，从而提高中医药科技水平。

三、加强中医药研究技术平台建设

在中医药研究中，立足自身学科建设，重视多学科之间的交叉渗透，引入现代系统的、规范的科学方法和研究思路，搭建中医药研究技术平台，加快新技术、新方法和新产品的研究。

1. 优化中医药研究的技术和方法　由于现代科学技术的渗透和中医药学自身发展的需求，现代生命科学的实验方法被引入中医药研究的各个领域，与之相适应的合格、标准、规范的实验设施和环境的建设，至关重要。同时，提高科学化、规范化管理水平，拓宽技术领域，引进新技术和新方法，优化技术体系，逐步发展和提升成为现代化的、适应中医药研究需求的技术和方法，用来研究和揭示中医基础理论的一些关键问题，建立能够揭示中医基本科学问题、重现性好、用于中药新药研制开发的中医动物模型，并对制约我国中药产业快速发展的关键技术进行研究，使所建立的创新复方中药研发技术、中药提取与制备技术、质量标准和质量控制技术、药效评价等技术平台，能够为提升中药国际竞争力服务。

2. 注重多学科知识的交叉渗透　中医药学有自己特有的理论和经验，在形成理论过程中，已融入了数学、人文、哲学以及自然科学等各科知识。中医药理论要取得突破性进展，必须以中医药自身发展为主体，借助计量诊断学、循证医学、分子生物学、复杂性科学、数学、基因学、信息学等多学科知识来完成。随着科学的发展，学科的分化越来越细，任何一门学科知识都有其侧重的一面，不同的学科可以从不同的角度或层面去认识和研究事物，多学科和边缘学科的相互交融，可使我们更全面地把握事物的本质。因此，要积极引入现代最新的学术思想和先进的科学技术，致力于孵化交叉学科、边缘学科，逐步形成集多学科优势的学科群，进行多层次、高水平的挖掘、整理和提高，以实现中医药理论和实践的现代化。

四、推动科技进步和科技成果产业化

以孵化中医药高新技术产业为主导，通过体制改革，以现代企业管理模式为手段，以新技术新方法实用化、经营方式多样化、经营内容多元化为产业发展方向，使我国中医药产业步入良性循环轨道。

1. 提高科技含量，加快产业进程　中药产业相对于化学、生物药品来说，具有成本低、周期短等特点，已引起全球医药产业的关注。中药产业虽初具规模，但中药在基础研究、药效、安全性评价和临床研究方面有待完善，中药的品种结构、质量标准、制剂工艺及规模尚未形成优势。面对国际激烈竞争环境，知识产权、关税、市场占有份额的争夺战等新的问题迫在眉睫。

因此，要全方位、高水平地开展中医药研究，充分利用现代科技方法和手段，借鉴国际通用的医药标准和规范，研制开发符合市场需求的现代中药，建立起基础性研究、质量标准规范、安全评价体系、信息系统等现代中药的研究开发体系。同时要组建产业集团，形成产业合力，改善产品结构，实施名牌战略，加大高科技含量的中医药新技术、新产品的开发力度，从而推进我国中药进入国际医药主流市场。强化药品研究与生产流通的监督管理，加快推行GLP、GCP、GMP等标准规范，实现在较高水平上的技术跨越，完善提高科技创新能力和科技成果转化能力的机制与措施，切实把提高经济效益转到依靠科技进步和产业升级的轨道上来。

2. 加强科技管理，健全科技服务体系　建立起以项目等级为要求的分级管理制度，明确各级科研管理部门的管理职责，防止出现管理权限不清、职责不明、互相扯皮等现象，鼓励科技人员以技术要素参与市场收益分配，积极推行技术入股和技术创业，进一步激发科研人员的科研攻关积极性，实现中医药科技管理向科学化转变。全面提升服务意识，大力促进中医药科技信息服务业的发展，使其规模化、产业化，建立起一个网络化、多层次、多功能的中医药科技服务体系，提供便捷服务，实现中医药科技信息向商品化发展。

3. 强化中医药知识产权保护　中医药知识产权保护，是中医药科技的一个战略问题，针对中医药行业的特殊情况，以及所面临的中医药现代化、国际化的强劲走势，首先要考虑如何采取有力措施，健全知识产权保护法规，提高行业人员的知识产权保护意识，使人们充分认识到知识产权作为无形资产和竞争武器的重要价值，认识到在开拓、占领国内外市场、保护竞争优势和发展后劲的积极作用，从科研、经营策略和发展战略的高度上重视知识产权保护问题，使中医药科研事业健康、有序、持续、快速地发展，使研制者、生产者、经营者和使用者的利益都能得到有效保护。

学 术 进 展

一、理论研究

(一) 中医基础理论

【概述】

2002年有创意的中医基础性研究主要集中在证候研究、动物模型研制、探索病因病机，以及诊法和治则治法等方面。

证候的研究已从概念的界定转向于方法论的探索。因证候研究涉及天人因素、时间和地域、疾病名称乃至健康、亚健康等多方面复杂情况，因此，有研究者提出从"一原三维"切入，注意宏观与微观、模糊性与精确性的关系等。有论文指出，运用分子生物学和基因组学，从微观层面研究证的实质；也有提出运用系统论、网络理论、计量医学和临床流行病学方法(DME)解决证候的规范化问题。研究者们认为，证的实质和客观指标的探寻乃其中的关键。脾虚证的研究仍是热点之一，研究者们各有己见，发现脾虚证与脂质代谢、组织蛋白激酶、胃泌素受体含量、内源性阿片样肽等有关，这些都将为治疗提供新思路。在寒证、热证的研究中发现，晚期虚寒证和热证均有明显瘀血征象。通过性激素和皮质激素检测等系列对照实验，认为内分泌激素水平的高低是寒证、热证的病理学基础之一。在证候的动物模型研究中，几个课题组根据束缚应激原理建立了大鼠肝郁证动物模型，并用以验证从心神不宁到心血虚证发展的病理过程。

在病因病机研究方面，有新意的是提出了艾滋病发病的"虚劳说"、"肾虚淫邪说"和"湿邪致疫说"等，并认为"内伤卫气"是发病的初始机制。关于毒邪致病，研究者们从毒邪与环境、癌毒与肿瘤、浊毒与胃炎、毒邪与中风等论述。但也有学者认为，邪与毒两者虽有密切关系，但有性质与程度之别，不可混而为一。

在诊断方面的基础研究，有研究者以临床结合检测仪器，观察心脑血管危重患者的舌象，发现短缩舌的出现是脑血栓患者的见证之一。也有研究者指出，阴竭舌的出现是脑血栓患者的见证之一，阴竭舌和陶土舌常提示预后不良。有研究者运用红外热象技术对老年冠心病舌图研究指出，患者舌温降低与舌质血络受阻有关。

在治法治则研究方面，通过研究药物对中枢神经系统的作用发现芳香开窍治法有促进苏醒抗昏迷的作用，其具体功效是减轻脑水肿，增强脑组织中的超氧化物歧化酶和减少丙二醛等作用。芳香开窍药还能对抗兴奋性氨基酸的毒性，从而保护脑缺血后继发的神经元损伤。这些研究为临床运用芳香开窍法治疗急症提供了理论依据。

(孟庆云)

【艾滋病的病因病机】

何颖认为艾滋病是一种疫病，其病因为湿热性质的疫疠之气，病位在三焦。发病机理是由于艾滋病病毒客居三焦，破坏了全身的气机和气化功能，导致正气虚弱及痰饮、瘀血等病理产物的形成，从而变证蜂起，救治棘手。陈瑀以"内卫气"的概念用于对艾滋病发病机理分析及辨病的探索。认为艾滋病系由外邪侵入内卫气，引起内卫气功能失常而发病。外邪为艾滋病病毒，亦称毒邪。病因病机为不正常交媾，房事过度等原因致使精血内耗，肾不藏精，肾精虚不能化生内、外卫气，艾滋病病毒乘虚而入，复使内卫气受损，甚至衰竭，从而引发各种变证，如易感外邪及易患肿瘤等。因此，补内卫气、驱除病邪是治疗艾滋病的关键。

李崇忠等提出"虚劳说"与"肾虚邪淫说"两个观点。实践证明，如果单纯应用提高免疫功能的中药治疗本病，虽然开始有令患者免疫力提高的作用，但继续使用，反而会令病情加重，免疫功能下降。原因在于能提高免疫功能的补益药不仅仅是单纯暂时提高患者的免疫功能，同时也"补益"了病毒，导致病情恶化。因此，应立足于扶正祛邪并重。"虚劳说"和"肾虚邪淫说"从预防和治疗角度与艾滋病的发生、发展相吻合。临床选方用药时，可从“养阴清热、凉血解毒、补肾健脾、填精补髓、扶正祛邪”等方面着手，使“菌毒并治、邪毒两清”继而达到“清不伤正、补不留邪”的治疗目的。

（英洪友）

【毒邪致病研究】

1. 毒与邪

张蕾认为邪与毒虽关系密切，但不可混二为一。邪甚所化之毒是邪的特殊阶段，毒与邪性质相同而程度有别。毒邪致病猛烈善变，损伤性大，应当及时救治。在治疗上，应区分邪与毒的不同阶段，分别采取祛邪与解毒之法。解毒法与一般意义上的祛邪法存在着很大差异，若过早应用解毒法，或解毒法应用不当，则会损耗正气。

2. 癌毒与肿瘤

戴小军等认为肿瘤的基本病理为“虚”和“毒”。癌毒系由人体脏腑功能失调、外感六淫、内伤七情、饮食不节、劳逸失度等因素综合作用，导致气滞血瘀、痰湿凝聚、邪毒蕴结、正气亏虚，进而产生的一种强烈的致病物质。癌毒贯穿肿瘤发生发展的始终，具有潜隐性、猛烈性、失控性、顽固性、播散性（侵袭性、浸润性、转移性）、善变性（包括恶性程度进一步增加和可分化与逆转性）等特点。因此在治疗上应用解毒法，兼顾扶正法。王文萍等认为肿瘤转移的病机为痰毒流注，临床皮肤转移者可观察到毒性郁火、毒性动血等表现，实验室检查可见肿瘤转移过程中产生各种有毒的代谢产物，并致肿瘤细胞中Ⅳ胶原增多，其可能为肿瘤毒素之一，从而损伤细胞基底膜及细胞外基质。

3. 浊毒与胃炎

蔡春江等认为慢性萎缩性胃炎的发病与浊、与毒有关，因积湿成浊，积滞化热，郁热内生，蕴热入血而为毒。毒热伤阴耗血，浊邪中阻，气机不利，肝失疏泄，脾胃升降失司，水津不布，水湿痰饮食积不化。浊毒相干，终使胃热阴伤，气滞络阻，胃络瘀滞，气不布津，血不养经，胃失滋润荣养，胃液减少，腐肉败血，腺体萎缩，黏膜变薄，日久成萎。浊毒相关为害是病机关键所在，故化浊解毒为图本之治。

4. 毒邪与中风

秦春红等认为中风是由火热、痰浊、瘀血、积滞等毒邪损伤脑络，络脉破损，或络脉拘挛瘀闭，气血运行失常，导致脑络失养，神机失守，从而形成神昏闭厥、半身不遂的病理状态。从现代医学知识推理，中风之“毒邪”当指引起神经毒性的兴奋性氨基酸、一氧化氮、自由基和某些细胞因子等各种损伤性因素，它们作用于神经细胞，最终导致细胞内钙超载，引起细胞死亡或凋亡。

5. 毒邪与环境

郑洪新提出毒邪是由于环境污染所产生，进而毒害人体的一类外感病邪。环境污染包括大气污染、水污染、海洋污染、噪声污染、生物污染、辐射污染等。环境毒邪属于外感邪气，由外而入，或从皮毛，或从口鼻，或从官窍侵入人体，但与六淫、疠气等外感病邪不同。环境毒邪致病或暴戾强烈或久积邪伏，其具有毒性，易毒害人体导致中毒，可影响气血津液代谢，损伤脏器组织导致脏腑功能失常，损伤生殖功能导致先天异常。

（李海峰）

【慢性束缚应激动物模型在中医研究中的应用】

束缚应激作为一种非损伤性刺激，与人类心身性疾病的过程有相似性，同时又适应应激领域由急性转入慢性的发展趋势，因而日益引起人们的关注。

唐已婷等通过对肝郁证实质的研究及激怒应激致大鼠肝肾阴虚证的实验研究的回顾，提示中医肝郁证与不良情志造成心理应激状态下的神经内分泌紊乱、免疫功能异常等密切相关。而束缚应激进行的固定做法是用软带子将动物四肢捆绑，使动物不能自由活动，为防止自伤和动物挣扎，把动物头部也固定在一定位置，这种状态制造最纯粹的挫折应激，还剥夺动物跑动的自由，利用这种方法塑造肝郁动物模型比较符合其发病过程。

毛海燕等用“颈部带枷单笼喂养”复制肝郁证模型，实验结果表明，带枷初期所引起的明显情志应激变化可导致去甲肾上腺素（NE）的降低，这可能是临床常见到情绪激动致血压升高的中枢机理。随造模时间的延长，5-羟色氨（5-HT）、多巴胺（DA）和NE均显著增高，引起垂体-肾上腺皮质系统活动增强，故而大鼠出现精神委靡、反应淡漠、嗜卧等表现。其中，各种递质的变化以DA的变化最为显著，因此它可作为继发原因引起进一步的情志变化，促使肝郁证的形成，以中枢递质的变化为根据，加深对机体的各种损害。

肖延龄等认为心理应激致病当从心主神明立论。心神不藏则心火必然炎上，耗伤阴血，当从清心养神立法，研制成中药复方颐心宁（黄连、生地黄、益母草等）。并观察其对束缚应激大鼠心电图、血清皮质醇的影响。结果表明，颐心宁具有降低应激大鼠的心率、改善应激大鼠异常 ST－T 改变的作用。其对血清皮质醇的调节作用可能是其抗应激性心肌损伤的机制之一。

（李海峰）

【心脑血管疾病及病危患者舌诊的研究】

中医学认为心开窍于舌，即舌为心之外候，它可以反映心的生理、病理状态。心脏疾病影响气血运行，可引起舌象的改变；心主血脉，故脑血管疾病也可以造成舌象改变。心脑血管疾病的舌诊研究取得了一些进展。

刘黎青等人将 HR－Ⅱ型红外慢扫描热像系统（由扫描器和计算机图像处理器组成，具有多种计算机热像图处理功能）用于老年冠心病患者舌图研究，以探讨舌温与老年冠心病间的联系及变化规律。方法：受试者测前 30 min 禁冷、热食物及饮料，检测时取坐位，测距 1 mm 。自然伸出舌头，屏气立即记录舌图，休息 1 min 后施以温度负荷刺激，冷负荷温度 10℃，热负荷温度 45℃。受试者于刺激后立即、以后每隔 1 min 采集舌图，共采集舌图 6 张，直到恢复刺激前状态。结果显示：冠心病患者舌体各点的温度均低于正常组（$P<0.05$）；冠心病组热负荷前后舌温差值较正常组低（$P<0.05$）；冠心病患者冷负荷前后舌温差值也低于正常组（$P<0.05$）。说明老年冠心病患者舌质的血络受阻，血流量减少等原因导致舌体辐射出的红外线降低；冷热敏感度明显低于健康老年人。将红外热像技术用于老年冠心病舌图的诊断，对于疾病转归、预后的判断和中医辨证施治及疗效观察有一定的参考意义。

梁家涞等对脑血栓患者中的 53 例短缩舌进行观察及临床统计分析。研究对象分为两组：发生舌体短缩 3 个月内者为急性；超过 3 个月者为慢性，并辨证论治观察 3 个月。梁氏认为脑血栓患者发生短缩舌是由于大脑局部血栓形成，造成缺血缺氧，出现神经系统的体征。出现短缩舌在一定程度上可提示脑血栓的发生，这有助于脑血栓的辅助诊断和指导临床辨证论治。总体来说短缩舌提示病情危重。

侣同飞研究发现大多数濒死患者的舌象无明显变化，少数患者会出现阴竭舌（舌体枯缩干瘪，色深红，舌苔黄而燥。多提示患者阴液将竭，复受热灼，病势危急）和陶土舌（指舌质色灰黄，而泛白色，舌体胖瘦适中，舌苔薄白）两种危重舌象。侣氏认为虽不能将上述两种舌象定为患者濒死的表现，但出现此类舌象常提示预后不良。

李卉等依据“舌为心之窍”的中医理论，用导赤散治愈紫胀舌一例，佐证了《医宗金鉴》提出的“紫胀舌属心经火”的论述。

中医舌诊研究与高新技术的整合，在临床诊断和预后等方面做了一些探索，但危重舌样本数量较少，影响了统计分析的可靠性。此外，方法学的创新还需作进一步的研究。

（张志枫　刘晓谷）

【芳香开窍法对中枢神经系统的影响】

芳香开窍法是临床上治疗中风急性期神昏的有效治法，具有减轻脑水肿、促进苏醒的作用。刘亚敏等观察了芳香开窍药对脑水肿大鼠脑组织超氧化物歧化酶（SOD）、丙二醛（MDA）水平的影响，以探讨芳香开窍法对缺血性中风的治疗作用机理。实验发现芳香开窍药能降低缺血再灌注大鼠脑组织含水量，其机理可能通过减少脑组织中 MDA 含量及升高 SOD 水平有关。刘氏等还发现芳香开窍药还可降低脑缺血时的兴奋性神经递质天门冬氨酸和升高抑制性神经递质 γ－氨基丁酸、甘氨酸，以对抗兴奋性氨基酸的毒性，从而保护脑缺血后继发的神经元损伤，为临床上运用芳香开窍法提供了实验依据。方永奇等发现芳香开窍药对中枢神经系统有较强的双向调节作用。石秦东等通过实验发现芳香中药可减轻由于缺血再灌注所导致的脑细胞形态学的改变，认为其机理在于降低脑组织中谷氨酸的含量，使谷氨酸与 γ－氨基丁酸比值趋向正常，进而使脑组织含水量及钙离子含量下降。

（钧　平）

【脾虚证的实验研究】

林炳辉等调查了 50～69 岁中老年人 773 例，检测血脂、血中氧化－抗氧化有关物质、性激素、肝肾功能、免疫功能、血常规、血压、肺活量等 34 项指标，发现脾虚证（101 例）与脂质代谢紊乱关系密切。

易杰等采用复合因素造成脾阳虚证和脾阴虚证大鼠模型，探讨了两者肝、脾、肾组织蛋白激酶 C（PKC）活性的变化。研究发现脾阳虚证大鼠模型脾组织细胞膜中 PKC 活性明显降低，而脾组织细胞浆中 PKC 活性无明显变化，模型大鼠肝、肾组织细胞浆中 PKC 活性均升高。温补脾阳中药有提高脾组织细胞膜中 PKC 活性的作用，但作用不显著。该中药能够降低脾组织细胞浆及肝、肾组织细胞膜中 PKC 活性。认为脾阳虚证的病理变化与脾组织细胞膜、肝和肾组织细胞膜、细胞浆中 PKC 活性变化密切相关，而温补脾阳中药可以调节脾阳虚证大鼠脾、肝和肾组织中 PKC 活性。脾阴虚证大鼠模型脾组织细胞膜中 PKC 活性明显降低，而脾组织细胞浆中 PKC 活性无明显变化，肝组织细胞膜和细胞浆中 PKC 活性均升高。滋补脾阴中药可以调节脾阴虚大鼠脾、肝组织中 PKC 活性，使之趋于正常。

陈扬荣等探讨了老年脾虚、肾虚证与血浆过氧化脂质(LPO)、超氧化物歧化酶(SOD)、血中总胆固醇(TC)、血浆三酰甘油(TG)、高密度脂蛋白胆固醇(HDL－C)的关系。发现老年脾虚证患者 LPO 含量显著升高，SOD 活性下降，TC 与 TG 含量显著升高，HDL－C 含量降低。

张根水等观察了脾虚大鼠胃壁细胞泌素受体结合位点数的变化以及黄芪注射液对其的调控作用。采用利血平方法造成脾虚模型，治疗组给予黄芪注射液。发现利血平脾虚大鼠胃壁细胞胃泌素受体结合位点数为 271.2±91.8，明显低于正常组，组间比较，$P<0.05$。黄芪注射液对其有显著上调作用。认为胃泌素受体与脾虚证关系密切。聂克等观察了脾虚模型大鼠胃壁细胞胃泌素受体结合容量的变化规律及黄芪对其的调节作用。发现脾虚大鼠壁细胞胃泌素受体结合位点数为(396.6±62.6)sites/cells 明显低于正常对照组，两组比较$P<0.01$。经黄芪注射液治疗的大鼠上述指标显著回升至(660.6±32.3)sites/cells，与模型组比较，$P<0.01$。认为脾虚证可能与胃泌素受体结合容量降低有关。

陆佰荣等探讨了脾虚证与胆碱能神经功能之间的关系。选用 30 只 Wistar 大鼠用利血平造成脾虚模型，并用特异性较强的胆碱能神经递质乙酰胆碱标志物——小泡乙酰胆碱转运体(VAChT)对延髓网状结构进行免疫组化研究。发现脾虚模型组 VAChT 免疫反应与对照组相比明显增强，细胞胞体上及边缘突起上每个神经细胞内颗粒数目为 20～40 个，体积较大，排列紧密，颗粒染色体明显加深。认为内源性乙酰胆碱的变化与脾虚证相关。

李刚等研究了脾虚大鼠各脑区和血清亮氨酸-脑啡肽(L－EK)含量的变化。选取成年 SD 大鼠 32 只，随机分为正常组、脾虚组、治疗组和自复组，每组 8 只。治疗组予以四君子汤灌胃。采用放射免疫分析法，测定各组大鼠额叶皮质、下丘脑、垂体及血清 L－EK 的含量。结果：脾虚组、自复组大鼠额叶皮质、下丘脑、垂体 L－EK 含量均较正常组、治疗组高($P<0.01$)；血清 L－EK 含量均较正常组、治疗组低($P<0.05$)。而正常大鼠额叶皮质 L－EK 含量均较下丘脑、垂体 L－EK 含量低。认为 L－EK 参与脾虚证的病理过程，四君子汤通过调节内源性阿片样肽发挥健脾益气的作用。

（钧　平）

【寒证、热证的实验研究】

杨勇等通过喂中药造成虚寒、虚热证鼠模型，研究神经、内分泌、免疫、血液流变学等机能以掌握其变化的时相性和稳定性。以血清多巴胺-β-羟化酶活性、17-羟皮质类固醇、内脏神经递质含量、淋巴细胞酸α-醋酸酯酶(ANAE)、自然杀伤(NK)细胞活性、PFC 抗体机能、纤维蛋白原含量、红细胞变形指数、全血黏度及红细胞聚集指数等指标进行测定。结果显示，虚热证大鼠存在交感神经兴奋，肾上腺皮质素释放增多，ANAE、PFC 空斑数增多，NK 细胞活性降低，血内纤维蛋白原含量增多。虚寒证大鼠神经、内分泌、免疫功能均降低，纤维蛋白原也增多。从实验结果可以得出以下结论：在整体平衡失调时，神经内分泌的变化最快也最持久，是早期症状发生、发展的生物学基础，免疫功能对内环境的变化很敏感，较早出现机能低下；血液流变学方面的变化较弱，出现也较晚；在晚期的虚寒证和虚热证时均具备发生血瘀或血栓的条件，其中血液循环减慢和凝血酶活性增强是导致血瘀的原因之一。

方邦江等对 30 例血热证患者血过氧化脂质(LPO)浓度、超氧化物歧化酶(SOD)、谷胱甘肽过氧化酶(GSH－Px)及红细胞膜钠-钾-腺苷三磷酶(Na^+－K^+－ATPase)的活性进行测定，并与正常组加以对照。结果显示：血热证时 LPO 显著升高，SOD 活力、Na^+－K^+－ATPase 及 GSH－Px 活性均显著降低。提示血热证时机体抗氧化系统防御功能减弱，脂质过氧化程度增强，同时可能存在着一定的能量代谢及神经信息传导障碍。

黄俊山等探讨了内分泌激素 FT_3、FT_4、T、E_2 及皮质醇水平与中医寒证热证的相关规律。选取了不同病种患者 202 例，辨证分为实热证、虚热证、实寒证与虚寒证，并与 50 名健康者进行对照。结果显示：FT_3、FT_4 数值热证高而寒证低，依次为虚热证组＞实热证组＞对照组＞实寒证组＞虚寒证组，提示热证基础代谢及氧消耗升高而寒证正相反。皮质醇水平表现为实证高而虚证低，依次为实寒证组＞实热证组＞对照组＞虚热证组＞虚寒证组，提示皮质醇是鉴别虚实证的指标之一。性激素 T 水平表现为热证高、寒证低，E_2 水平女性热证低而寒证高。认为内分泌激素水平的高低是寒证、热证的病理生理学基础之一。

（钧　平）

【证候研究中的方法学探讨】

有关证候本质的研究已经开展了多年，目前主要的问题集中在以下几个方面。

对于证候本质的研究思路，多数学者认为应当站在中医学术体系的角度，以整体观念为基础，结合现代科学技术和研究方法。如宋镇星指出证候研究的重点应以人为对象，强调整体观、天人合一观，做到规范化、定量化。在具体研究上，应以证带病，从证与病两个角度认清某一疾病的两种发病规律，且要注意多种因素对证候研究的影响，积极探索证组合和演变规律，并且要重视治疗效果对证本质研究的反证作用。陈蔚文认为目前证候研究仍处于资料积累阶段，辨证思维始终是证候研究的灵魂，证候研究的创新依赖于中医基础理论的源头创新。杨春波认为，证的研究首先要做好基础性工作，重点在临床。具体工作包括明确证的概念和内涵；建立证、型、期观念，统一判断标准；借助现代信息技术，开展证候文献整理；重视证候的临床流行病学调查；运用现代科学技术，对证候进行多指标探索，揭示它的微观变化及其相互间的关系等。郑林从论理、论法、论方、论药、论发展等方面对中医从证论治的模式与发展作了诠释。指出从证论治是从中医学证的属性，遵循证的组成原理，并结合相应的论治形式。认为要在对“证”的证候属性求实探索的基础上，对证的理论属性有所继承和创新，实现“证”研究的纵向分化和横向结合。黎敬波认为证候具有病因病理、病势、疾病发展趋向、体质、精神情志、环境及饮食劳逸等多重含义。因此，应采取分层研究的方法，侧重不同层次证候的特点，采用不同方法进行研究，其中尤其应分别疾病与非病（亚健康状态）的关系。方肇勤认为证候研究应在“一原三维”的原则上进行，“一原”是指中医药辨证论治具有一定优势的若干重大疾病，这些疾病要求在其不同阶段可以出现类似的证，即异病同证，而且有国际公认的疾病动物模型。证的研究应该在这样的原点上展开。“三维”指基于“一原”，分别从临床基础、治疗基础和基础医学等三个方向的延伸。

也有学者对过去的研究方法进行了反思并提出存在的问题。朱姝等指出目前证候微观化研究方法中存在的问题有：过分强调证候微观化；中医证候描述的模糊性与微观精确性存在矛盾；对于生物医学量化、微观化的研究往往期望过高；中医求证式的研究值得反思。指出应充分重视证候体现的整体观，对于科学的研究、分析和综合应相辅相成、不可分割，不必强求一致。张瑞丽等指出证在一定程度上受病的制约，只能在一定程度上部分地反映病的本质，且概念不明确，其确立来源于推理，因此影响了研究的真实性；方药的应用与中医理论也不完全切合，研究思路有西医化的倾向。认为应从系统论、网络论角度出发，运用中医理论和思维方式，发现人体内部新的联系，发展新医学理论。

在运用现代研究方法上，分子生物学和基因组学的发展为证候的研究提供了新的思路和方法。如赵晓珍等认为可以运用高通量的基因分析方法进行证的遗传学基础研究以及基因表达差异研究等，树立模式生物体和比较基因组学有助于从整体上阐明证的实质。杨宇飞指出，功能基因组学为证候实质研究提供了新的机遇。对中医证的研究，以基因表达为指标，以基因调控改变和功能修饰为主要研究方向，探讨证的基因组学特点，可望对中医证的实质研究取得突破性进展。武衡等认为分子生物学引入证实质研究可使人们从微观层面，即打开人体黑箱的方法来认识证的本质。吴敏等对加强中医病证相关性研究的分子生物学基础研究提出三点建议：以病带证，病证结合，从分子病因学角度研究病证的相关性；以药测证，药证结合，从基因水平探讨中医药防病治病的疗效机理；以病带证，研制模型，从分子病因学角度，结合中医理论，研制转基因动物病证，为中医新药开发提供依据。陈家旭认为应结合生物信息学，依据证候发生和多基因致病的关联特性，用基因组学和蛋白质组学的理论和方法，特别是从基因表达谱或表达产物的差异性比较分析，研究证候发生的基因表达及调控规律，探索证候表现的基因特性、基因表达调控的变化及其规律；总结证候发生的基因组学特征，形成证候基因诊断的基础。白晓菊等对计量医学和临床流行病学方法(DME)近年来在中医病证规范化的应用加以概述，认为证候规范化的前提和基础是四诊描述的客观化和规范化；计量诊断有一定的局限性，仍需结合中医理论，参照文献研究的结果进行协调、统一、修订；建立中医病证的流行病学，遵循DME的原则，进行大样本病例研究，把病证规范建立在牢固的临床基础上，具有可重复性和普遍性；使西医辨病和中医辨证、宏观辨证与微观辨证有机结合，是实现中医病证规范化的一条重要途径。李振英等追踪了近20余年来关于中西医结合的途径与方法，论述了中医在医学史上的特殊地位，以及现代医学模式对中医"自然整体医学模式"的挑战，主张在中西医结合研究中将现代医学关于"病理过程"的研究成果拿来，作为中医的"证"所由产生的内在根据。提出了一个新的医学命题，即"证与病理过程相关"，将中西医结合进程设想为"并轨"、"入网"及"定位"3个步骤。

对于具体证候的研究也有一定进展。在证候规范化方面，严石林等在详实的中医文献基础上，提取最能反映寒证的39个症状、体征，以单位计量、程度轻重、持续时间、发作频率、伴随条件、外界刺激、缓解条件等基本原则为依据，制定寒证的评分细则，为中医八纲辨证的定量化研究提供了初步的范例。实验研究方面，林雪娟等进行了中医证的实质和疾病的辨证分型与垂体-性腺激素水平的相关性研究。在证的实质研究中，以肾虚证、肝郁证为主，讨论了不同肾虚证与男女性激素水平之间的关系。对肝郁证的研究发现血清泌乳素(PRL)水平的检测是肝郁证的一个具有特异性的指标，而脾虚证性激素水平无明显变化。指出从内分泌角度探讨中医证的实质和疾病的辨证分型的客观指标有一定的意义。

（张苇航）

［附］ 参考文献

B

白晓菊，宋树立，高学敏. 中医证候规范化定量化研究述评. 中国医药学报，2002；(1)：37

C

蔡春江，李佃贵，裴林. 从"浊""毒"论治慢性萎缩性胃炎. 中国中西医结合消化杂志，2002；(1)：40

陈瑀. 卫气浅谈-艾滋病辨病探索. 中国中医基础医学杂志，2002；(4)：11

陈家旭. 辨析证、病、体质关系，开展证候研究. 中国中西医结合杂志，2002；(6)：408

陈蔚文. 证候研究要把握证候的本质特征. 中国中西医结合杂志，2002；(6)：409

陈扬荣，江明，李庆阳. 老年脾肾虚证 LPO、SOD、血脂关系的探讨. 中国中医基础医学杂志，2002；(7)：44

D

戴小军，朱娅敏，孙鹏. "从毒论治"肿瘤病理药理基础与临证应用浅释. 中医药学刊，2002；(1)：67

F

方邦江，周爽，陈如泉. 血热证患者血 LPO、SOD、GSH－Px 及红细胞膜 $Na^{+}-K^{+}-ATPase$ 改变的临床研究. 中医杂志，2002；(4)：287

方永奇，邹衍衍，李羚，等. 芳香开窍药和祛痰药对中枢神经系统兴奋性的影响. 中医药研究，2002；(3)：40

方肇勤. 中医基础证的一原三维研究. 中国中西医结合杂志，2002；(4)：250

H

何颖. 浅析艾滋病的病因病机. 湖北中医杂志，2002；(6)：11

黄俊山，白介辰，黄国良，等. 从检测血中 FT_3、FT_4、T、E_2 及皮质醇等指标探讨寒证热证的本质. 中国中西医结合杂志，2002；(2)：113

L

黎敬波. 略论证候的多重性含义及研究方法. 浙江中医学院学报，2002；(4)：6

李刚，梁红娟，张贺龙，等. 脾虚证大鼠各脑区和血清亮氨酸-脑啡肽的变化. 安徽中医学院学报，2002；(2)：37

李卉，高建玲，李存玉. 紫胀舌. 山东中医杂志，2002；(6)：368

李崇忠，李静. 中医药治疗艾滋病理论的建立与临证应用. 实用中医内科杂志，2002；(2)：62

李振英，张性贤．再论“证”与病理过程的相关关系．辽宁中医杂志，2002；(2)：73

梁家涞，张弘毅，王秀芳，等．脑血栓患者短缩舌现象分析．河南中医，2002；(2)：24

林炳辉，方素钦，叶盈，等．中老年人脾肾虚证实质的探讨．中国中西医结合杂志，2002；(1)：33

林雪娟，李灿东．中医证与垂体-性腺激素水平的相关性研究．中医药学刊，2002；(4)：472

刘黎青，周盛年，薛一涛．35例老年冠心病红外热像舌图特征比较．中医杂志，2002；(5)：373

刘亚敏，张赐安，徐秋英，等．芳香开窍法对全脑缺血再灌注大鼠脑水肿及超氧化物歧化酶、丙二醛水平的影响．中国中医药信息杂志，2002；(7)：22

刘亚敏，张赐安，徐秋英，等．麝香、冰片对全脑缺血再灌注大鼠脑组织氨基酸类神经递质的影响．中药新药与临床药理，2002；(4)：231

陆佰荣，张晓杰，田杰，等．脾虚大鼠延髓网状结构小泡乙酰胆碱转运体免疫组化研究．中国中西医结合消化杂，2002；(4)：209

侣同飞．两种危重病舌象观察．中国民间疗法，2002；(1)：18

M

毛海燕，叶林，叶向荣．肝郁证大鼠中枢神经递质变化的观察．福建中医药，2002；(2)：17

N

聂克，王汝俊，王建华．脾虚大鼠胃壁细胞胃泌素受体变化规律研究．中国中西医结合消化杂志，2002；(3)：157

Q

秦春红，傅业洲，侯秀娟，等．试论中西医对中风“毒邪”的认识．浙江中医杂志，2002；(5)：185

S

石秦东，蔡云，邱根全，等．脑脉康颗粒剂对大脑中动脉缺血再灌注大鼠脑的保护作用．北京中医药大学学报，2002；(3)：39

宋镇星．中医证本质的研究方法与思路．中国医药学报，2002；(3)：179

T

唐已婷，陈家旭．三种中药复方对慢性束缚应激大鼠下丘脑-垂体-肾上腺轴的调节．北京中医药大学学报，2002；(3)：23

唐已婷，陈家旭．束缚应激与中医肝的关系．中国医药学报，2002；(2)：82

W

王文萍，王垂杰，姜良铎，等．肿瘤转移的“痰毒流注”理论形成基础及实践意义．中国中医基础医学杂志，2002；(5)：4

吴敏，吴勉华．分子生物学技术与中医病证相关性研究．中医杂志，2002；(1)：8

武衡，黎杏群．分子生物学——证实质研究的关键．中医药学刊，2002；(4)：475

X

肖延龄，钱令嘉，王万银，等．颐心宁对束缚应激大鼠心电图、血清皮质醇的影响．中草药，2002；(6)：26

Y

严石林，李炜弘，王米渠，等．寒证辨证因子等级量化操作标准的研究．中国中医药信息杂志，2002；(8)：64

杨勇，梁月华，汪长中，等．虚寒、虚热证大鼠神经、内分泌、免疫与血液流变学的时相性研究．中国中医基础医学杂志，2002；(2)：29

杨春波．证的研究设想：证候研究要做好临床基础性工作．中国中西医结合杂志，2002；(6)：407

杨宇飞．从证候的普适性和基因角度入手开展证候研究．中国中西医结合杂志，2002；(6)：410

易杰，李德新，刘延梅．脾阳虚大鼠脾、肝和肾组织蛋白激酶C活性变化的研究．中医药学刊，2002；(1)：39

易杰，李德新，夏永良．脾阴虚大鼠脾、肝组织蛋白激酶C活性变化的实验研究．中医药学刊，2002；(3)：329

Z

张蕾．毒邪与广义之邪辨析．山东中医杂志，2002；(9)：515

张根水，王汝俊．脾虚大鼠壁细胞胃泌素受体研究及黄芪作用观察．中国中医基础医学杂志，2002；(6)：44

张瑞丽，陆原，李强．证的研究反思．中国中医药科技，2002；(1)：47

赵晓珍，方肇勤，李晖．基因组学对中医证的研究启示．中医药信息，2002；(3)：1

郑林．中医从证论治的模式与发展浅释．中医药学刊，2002；(1)：51

郑洪新．中医病因新说-环境毒邪．辽宁中医杂志，2002；(2)：63

朱姝，高荣林，随殿军．目前证候微观研究存在的问题．中国医药学报，2002；(2)：107

(二) 中药理论

【概述】

中药药性理论研究,2002 年主要报道了中药的归经、引经药、升降浮沉、四性、十八反,以及中西药联用等方面的内容,以文献综述为主,较少实验研究与临床研究。

1. 归经

赵宗江等、王岚等综述了近 20 年的归经理论研究概况,归纳了有关归经的含义、源流、理论依据、意义、分类、发展等归经学术内涵,并指出了研究存在的问题。赵氏等认为归经理论的各种研究和实验方法,一是根据中药有效成分在体内的分布及其作用部位来研究归经学说,二是根据药理效应,选定某种特异性的药理观察指标研究归经学说,其实质是研究药物的作用机制,是中药规范化、标准化的重要内容,是实现中药现代化的基础。王氏等认为药性理论中的"性"、"味"、"归经"三者,"味"是物质基础,"归经"具有一定独立性,体现在"味"相同的药物可以有不同的归经,归经相同的药物可以有不同的"味"。并认为现代归经研究要动物实验与临床实验总结相结合;动物实验可以加速经验的系统化和理论的科学化,而经验总结可以提供实验方法和实验指标的导向。

王海东等根据归经的含义及药物归经的依据,首次提出了具有促进学习记忆和思维作用的益智类药物应归经入脑的假说。传统将此类药物主要归属心经、肾经是不符合实际及归经含义的。现代药理亦证明益智类药物大多具有促进脑内有关神经递质的分泌或促进脑内蛋白质的合成等。

2. 引经药

苏广珠等、王岚等认为引经药的理论基础是归经理论。"引经"是药物在复方中对其他药物的影响和对机体作用的靶向性。田文等则认为引经药按其药性有升浮药和沉降药、苦寒药和辛温药之别。引经药与现代药学中的某些药物中引入"载体基因",以引药直达细胞,使药物在病处直接发挥作用的说法有相似之处。

3. 升降浮沉

徐海波指出,升降浮沉是从药物的作用趋向上对中药功效的形象概括,也是中医理论升降出入学说在药学中的体现,是由气味厚薄、四气、五味和药物质地所共同决定的,应从升降浮沉的固有性、特殊性、双向性、不显性和可变性 5 个方面去理解。

刘晓俊等、陈玉书等叙述了实践中应用升降浮沉理论的体会。刘氏等指出在充分认识病机、明确病位、辨证论治的基础上运用药物升降浮沉的特性,分别作为心系统、肝系统、脾胃系统、肺系统、肾系统疾病和杂病的遣方用药导向,做到有的放矢,达到事半功倍之效。陈氏等则用升降浮沉理论分析了《伤寒论》的治法和用药特点为升降脾胃、釜底抽薪、通下治上、开上通下、升水降火、逆流挽舟等 6 个方面。

4. 十八反

肖成荣等综述了近 20 年来有关十八反研究的概况,指出研究结论不一致,有的认为相反药配伍有一定毒性存在,有的认为对于特定病理模型、特定病种,相反药配伍有较好的疗效;有的认为反与不反在于配伍用量的比例;有的报道与中药复方的煎煮方法有关,合煎有毒性,分煎无毒性;但也有报道不论分煎、合煎均有毒性。至于配伍相反的机理在于相反药物主要成分的药理作用相互增强或相反,或产生了某种理化变化而使毒性增强。黄文权等研究了一组相反药物的配伍,结果显示相反药物配伍后有一定毒副反应。甘草反甘遂、大戟、海藻、芫花,但单味药甘草、甘遂、大戟、芫花对实验大鼠均无明显影响,对肾功能之尿素氮、肌酐及肝功能之总蛋白等亦无明显影响,而大戟、芫花可导致 ALT 升高,而甘遂、芫花可导致肌酸磷酸激酶(CPK)、乳酸脱氢酶(LDH)、γ-羟基丁酸脱氢酶(HBDH)的升高。配伍药物对大鼠循环、消化、神经系统有不同程度的损害。甘草配甘遂,甘草配芫花可导致实验动物心率加快;配伍组均可导致 ALT、CPK、LDH、HBDH 异常变化;配伍组对脏器组织及血管的影响较单味药显著增强。

5. 四性

余惠旻等对中药四性的生物热动力研究，从生物物理化学的角度阐明中药寒、热、温、凉四性的客观真实性。微量量热法是研究生命体系的热力学过程以及化学反应的微量热量变化的生物热力学的一种新的研究方法。寒、热、温、凉亦是物质热物理、热化学、热生物属性的重要反映。温热药作用于机体表现为功能的亢奋，故需要消耗较多的能量，就会产生较多的热量；反之，寒凉药作用于机体，表现为功能的抑制，则消耗能量较少，或抑制产热。

研究表明，人参与西洋参抑制细菌生长的热谱曲线两者形状基本相同，但随着药物浓度的加大，代谢过程的停滞期延长，生长代谢峰后移，热力学参数热焓（ΔH）存在较稳定的差异。在相同浓度下，人参的降低幅度大于西洋参。生晒参能降低细菌生长代谢的产热量，红参能增加细菌生长代谢的产热量，符合于人参“生甘、凉；熟甘、温”的说法。

6. 中西药联用

中西药联用的目的是要增强疗效或扩大治疗范围，有其合理性，但也有配伍禁忌。

吴敏等、胡庆旺等、冯浩等、沈美意等均从综述历年来的文献报道入手，指出了中西药联用有协同作用和非协同作用，故要正确掌握联用中西药的剂量、理化性质、性能及所含成分，应注意配伍后产生的拮抗、协同、毒性不良反应等。

(1) 吴敏等指出中西药联用的合理性　在于临床西医辨病和中医辨证相结合，可以标本兼顾，中西药有协同增效作用；中西药彼此取长补短，可降低毒副反应；可减少药量，缩短疗程。但含生物碱的中药及其制剂、含鞣质成分的中药及其制剂、含有机酸类成分的中药及其制剂、含苷类成分的中药及其制剂、含重金属类成分的中药及其制剂，与某些西药配伍时，或降低疗效，或产生和加重毒副反应。

(2) 胡庆旺等用十八反相恶、相反理论来解释中西药配伍禁忌　相恶者降低甚至丧失疗效，相反者加剧或产生毒副反应。并指出，无论中西药之间是否存在禁忌，服药时间均需间隔 1～2 h，既避免了药物间化学反应的发生，产生拮抗和毒副反应，又可有效地延长血药浓度的维持时间，提高疗效。

此外，李文杰等、李孝东等就中药注射剂的配伍禁忌作了文献综述，提出应注意输液及配伍药物的性质，pH 值的变化，有无沉淀或混浊出现，颜色有无变化，以及不溶性微粒与内毒素的变化等。李文杰等就穿琥宁、双黄连、清开灵、灯盏花、丹参等 13 种中药注射剂与不同西药的 65 组配伍禁忌列表以供临床参考。易富生等、张丽艳等分别对香丹注射液、清开灵等复方中药注射剂和单方黄芪注射液，与不同输液配伍后的稳定性和微粒变化情况进行了实验考察。

（王锦鸿）

【归经及引经药的研究】

2002 年有关中药归经的理论研究报道仍以思辨、推理综述为主，无突破性的进展。

1. 中药归经理论研究的现状及展望

赵宗江等通过综述中药归经理论研究的现状，提出了中药有效成分在体内的分布及其选择性作用，选择性富集及微量元素络合物对疾病部位的特异亲合作用，以及药物的临床疗效，均是归经理论的基础。此外，各组织的 cAMP、cGMP 含量及其比值也与药物归经有关。这些研究既阐明了中药归经的物质基础，又突出了中医理论特色，为中药规范化、标准化研究奠定了基础。王岚等认为归经理论起源于《黄帝内经》，成熟于金元时期，由张元素、李东垣、王好古等形成较完整的归经理论体系，是沿着临床—理论—临床的途径进行的。主张现代归经的研究应建立在“证”模型的基础上，开展动物实验的研究，将方、药、证、病与归经结合起来。将理论研究、实验研究、临床研究密切结合起来，从物质和功能两方面进行阐述。

王海东等通过对归经含义、依据以及传统中医对益智药认识的论述，首次提出了益智药物应归经入脑的观点。中药益智药物的作用机理包括补脑益智、养心益智、补肾益智、调脏益智以及利窍益智等。这类药物之所以具有益智作用，是因为它们直接或间接地对脑产生了药效而改善了脑功能。

2. 引经药的研究

对有关引经药的研究，目前仍局限在理论上和临床应用上。苏广珠等认为药引是指将诸药引向特定的脏腑经络，具有进行针对性治疗的作用。还具有引药归经、增强疗效，以及减少毒副反应等功能。常用的引药归经法有直接归经法、相关归经法、病因归经法、定向归经法。

王海赤等指出，李东垣《用药法象》首先提出“引经报使”这一中药引经药的理论。引经药的本质不仅是药物的功能，同时也是机体功能的反映。引经药所反映的是药物在复方中对其他药物的影响和对机体作用的靶向性。产生这种效应的途径有两条，即促进药物进入某经和抑制药物进入其他某经。在此涉及到药物作用的对象，即与之配伍的药物和所作用的机体。因此，对引经药的研究不应片面、局限，而应将其纳入方剂中进行整体考虑，研究应具有前瞻性，最终的目的在于指导临床用药。田文等着重论述了引经药的临床应用形式，包括根据疾病的寒热证型，以药物的辛温和苦寒性能分别选用各经的升浮或沉降的引经药，或根据经络的理论，以表里两经和手足同名经的经气相通的观点而选用相同的引经药，如肺与脾同属太阴经，故都选用升麻作为引经药。

（杨柏灿）

【中西药的联用和配伍禁忌】

中西药的联用在临床上已是十分普遍的现象。这种现象的产生和存在有其合理性和必然性，其结果无非是增强或减弱疗效和是否产生毒副反应两个方面。上述问题必然涉及到中药和西药之间的联用和配伍的宜与忌，相关的临床报道和综述较多。

1. 中西药联用的合理性

吴敏从4个方面论述了中西药联用的合理性，认为既坚持中医的辨证用药，又结合西医的辨病用药，其结果是标本兼治，相辅相成；互相协同，增强疗效；取长补短，降低毒性；减少药量，缩短疗程。

华冰等从甘草与氢化可的松合用，枳实与庆大霉素合用，猪苓、茯苓、泽泻与双氢克尿塞、速尿合用，金银花与青霉素合用等中西药联用后的疗效增强，论证了中西药联用后所产生的协同作用。

据斌认为中西药联用后的协同作用主要体现在中药能降低西药的不良反应、能影响西药的吸收排泄以及中西药有协同作用，能增强疗效3个方面。

2. 中西药联用的配伍禁忌

有的中西药联用后产生毒副反应，因此在临床上存在着中药和西药配伍禁忌的问题。这些问题已被认识并予以重视，如何认识中西药联用之间的配伍禁忌，涉及到许多方面。

(1) 中西药联用的配伍禁忌　胡庆旺等以中药七情配伍中的恶反理论来阐述中西药联用之间的配伍禁忌。联用后产生相恶现象的中西药包括：甘草与降压药，利尿剂与降血糖药，神曲、谷芽、麦芽与四环素、土霉素等，含鞣质的中药如虎杖、地榆、五倍子、侧柏叶等与乳酶生、胰蛋白酶、麻黄素等，大黄与氯霉素、酚妥拉明、青霉素、磺胺类、苯巴比妥、阿司匹林，细辛、川芎、附子、丹参与心得安，刺蒺藜与肾上腺皮质激素，芍药与茶碱类药物，延胡索与异丙肾上腺素，乌梅、山楂、五味子等酸性药物与胃舒平，桑白皮、枸杞子、独活、牛黄、蜂蜜与阿托品等。联用后产生相反现象的中西药包括：乌梅、山茱萸、山楂、五味子等含有机酸的中药与磺胺类药物，枳实、麦芽与单胺类氧化酶制剂，含汞中药如朱砂等与碘化钾、碘化钠，麻黄、桂枝、肉桂与阿司匹林，乌头与毒毛旋花子苷，泽泻、白茅根、金钱草、夏枯草、丝瓜络等含有钾盐的中药与保钾利尿剂，厚朴与链霉素、卡那霉素等。郭云欣等总结了大黄与西药的不合理配伍，如与部分抗生素（四环素、土霉素、红霉素等）联用，与酶制剂合用，与含金属离子的胃舒平、葡萄糖酸钙合用，与含生物碱的利血平、氨茶碱等同用，与含氨基比林的药物合用，与地高辛等洋地黄类药物联用等等，能分别降低或影响它们的疗效。

(2) 中西药联用非协同作用的机理　据斌等、冯浩等认为中西药联用后的非协同作用主要是降低疗效，增加或产生毒副反应。而产生非协同作用的机理归纳为产生涉及到中西药联用后在胃肠道的吸收、分布、排泄以及药效上的相互作用几个方面。中西药联用后形成络合物而影响和降低了胃肠道的吸收，造成毒副反应或生物效应的降低；联用后的相互作用使主要药效成分在体内的分布发生变化而导致非协同作用；中西药联用而发生酶促反应而降低疗效，发生酶抑反应而产生或增强毒副反应；中西药的酸碱性发生中和反应，降低疗效，或促进排泄，或减少吸收而致疗效降低。中西药联用后，药理作用增强，加重毒副反应；产生有毒化合物，增加毒副反应；影响排泄，增加毒副反应。

（杨柏灿）

【升降浮沉理论的研究】

中药药性理论的研究中，有关升降浮沉方面的文献报道较少。近2年来中药升降浮沉的理论研究主要体现在以下两个方面。

1. 升降浮沉的理论研究

郝凤丹等通过对阴阳升降理论发展脉络的梳理,探讨了在中药药性理论与升降理论的渊源关系,金代医家张元素根据药物的气味厚薄建立了升降浮沉理论。

徐海波通过对中药升降浮沉理论基本含义的阐述,提出要全面、正确地认识中药的升降浮沉理论,并从固有性、特殊性、双向性、不显性和可变性5个方面论述了中药的升降浮沉性能。其中所谓"固有性"是指药物的升降浮沉是自然形成的,天生的,由药物的气味厚薄、四气五味以及药物本身的质地所决定的。而"特殊性"则与此不同,很难用药物的气味厚薄、四气五味等因素来确定。如旋覆花、槐花、番泻叶、丁香等花叶类药物,药性不升浮反沉降;而苍耳子、蔓荆子等种子类药物的药性不沉降反升浮。由此说明升降浮沉只是药物作用趋向性的形象概括,只能从药物的功效上去理解。此外,中药的有些药物表现为升降浮沉的双向性,如麻黄、川芎、黄芪等既具升浮之性,又有沉降之性。这种客观存在的双向性只有在具体病证和药物的配伍中方能体现出某种趋向性。有部分药物难以用升降浮沉理论加以归类,如延胡索、南瓜子、苦楝皮以及不少外用药,升降浮沉趋向性模糊,这就是所谓的"不显性"。升降浮沉的"可变性",是指通过人为的方法包括炮制、配伍等改变药物升降浮沉的固有性。

陈玉书从升降浮沉的角度论述了《伤寒论》的治法和用药特点。通过分析半夏、生姜、甘草三泻心汤治疗寒热互结,中焦气机升降失司的病证,调节恢复了脾胃的升降功能。而《伤寒论》中的三承气汤对阳明腑实证、阳明三急下证的治疗则体现了沉降法及方药的应用,有"釜底抽薪"和"通下治上"之功。"开上通下"法是应用宣上之药以治在下之疾,如小青龙汤之外散风寒、内除水饮,越婢汤之散风宣肺、利水消肿。此外,黄连阿胶汤可以滋阴降火、交通心肾,治疗心烦不眠,体现了升水降火法的应用。葛根汤、葛根芩连汤治疗泄痢,则体现了"逆流挽舟"法,是用升散药治疗下痢。

2. 升降浮沉的临床应用

刘晓俊等以五脏为中心,论述了升降浮沉特别是"升降"理论在五脏病证治疗中的重要性。提出在坚持辨证用药的基础上,应用中药的升降理论来提高疗效。对于心系统疾病的治疗,结合现代医学对心的认识,在辨证的过程中,分左心和右心的病证,选用升浮和沉降两类不同的药物。如以左心为主的病证,选用或结合"沉降"类为主的药物;而治疗右心为主的疾病则选用或结合"升浮"类为主的药物。对于肝系统的疾病,应根据其上下虚实的不同而加用相应的升降浮沉药。如属上虚下实因肝气虚弱、生发不足者,应加用薄荷等升浮类药;而对于下虚上实因肝气郁滞、生发太过者,则应加用前胡、槟榔等沉降药。对于脾胃系统的疾病,尤应强调升降浮沉类药物的区别应用。对胃所主的疾病,多以通降类药物为主;脾所主的疾病则多以升浮类药物为主,再视具体病证配伍。对肺系统的疾病,应根据肺脏本身所具有的升降之性而辨别需宣发肺气,还是肃降肺气。对于肾系统的疾病,多以"升敛"为主,视具体病证适当选用沉降或通降类药物的应用。对于病情错综复杂的顽固性杂病,应在辨证的基础上,结合药物升降浮沉的性能,灵活应用药物。

(杨柏灿)

[附] 参考文献

C

陈玉书.从升降浮沉论《伤寒论》治法与用药特点.国医论坛,2002;(5):3

F

冯浩,王智民.浅谈中西药配伍中的相互作用.中国实验方剂学杂志,2002;(2):53

G

郭云欣,吕华,郭卫.大黄与西药不合理配伍例析.山东中医杂志,2002;(5):308

H

郝凤丹,彭进.试论阴阳升降理论的形成和发展.新疆中医药,2002;(5):6

胡庆旺,杨淑群.临床常用中药与西药合用时的恶与

反. 基层中药杂志,2001;(5):59

华冰,边振考. 中西药合用的协同作用与非协同作用. 时珍国医国药,2002;(9):547

黄文权,程相岭,肖鸿,等. 中药十八反中部分禁忌中药的毒理实验研究. 成都中医药大学学报,2001;(1):45

J

琚斌. 浅谈中西药联用的疗效分析. 河南中医药学刊,2001;(4):42

L

李文杰,曹力,李红梅. 常用中药注射剂与其他药物的临床配伍禁忌. 时珍国医国药,2002;(7):432

李孝东,袁建华. 中药注射剂配伍应用中的注意问题. 时珍国医国药,2002;(5):318

刘晓俊,黄森权. 中药升降浮沉的应用体会. 中国医药学报,2001;(3):23

S

沈美意. 浅析中西药物临床联用的相互作用. 浙江中西医结合杂志,2001;(9):580

苏广珠,李星桥. "药引"小识. 河南中医,2002;(4):69

T

田文,郝子鑫. 引经药的临床应用述要. 光明中医,2002;(2):35

W

王岚,李东晓. 论中药归经引经及其研究方法. 江西中医学院学报,2002;(1):25

王海东,陈文恺. 益智药物与归经入脑. 中医杂志,2002;(3):236

吴敏. 中西药联用的合理性和配伍禁忌. 中国中医药信息杂志,2002;(5):28

X

肖成荣,高月. 中药十八反实验研究概况. 中药药理与临床,2002;(3):23

徐海波. 中药升降浮沉理论释义. 中医药学刊,2001;(6):558

Y

易生富,张静. 香丹注射液在四种输液中的稳定性考察. 药学研讨,2001;(2):28

余惠旻,刘塔斯,肖小河,等. 中药四性的热动力学研究——人参和西洋参药性的微量量热法研究. 中国中医基础医学杂志,2001;(11):60

余惠旻,肖小河,刘塔斯,等. 中药四性的生物热动力学研究——生晒参和红参药性的微量量学比较. 中国中药杂志,2002;(5):393

Z

张丽艳,王朝营,王彦军. 清开灵及黄芪注射液在两种输液中的微粒观察. 中国医院药学杂志,2001;(5):315

赵宗江,胡会欣,张新雪. 中药归经理论现代化研究. 北京中医药大学学报,2002;(1):5

二、临床各科

(一) 名医经验

【邓铁涛】

1. 心力衰竭

尹克春等撰文介绍：邓氏认为心力衰竭"非独心也，五脏皆可致心衰"。心脾功能失调会产生痰瘀等病理性产物。心阳亏虚为本，瘀血水停为标，治疗重点在于调补心脾之气血阴阳。心阳虚型用暖心方(红参、熟附子、薏苡仁、橘红、枳壳等)温养心阳，也可用四君子汤合桂枝甘草汤或参附汤，加五爪龙、黄芪、酸枣仁、柏子仁等；心阴虚型用养心方(生晒参、麦门冬、法半夏、茯苓、三七等)滋养心阴，也可用生脉散加沙参、玉竹、女贞子、旱莲草、桑椹等。血瘀者加用桃红饮(桃仁、红花、当归尾、川芎、威灵仙)或选用丹参、三七、鸡血藤等，兼有下肢水肿者合五皮饮。邓氏喜用五爪龙，用量多在30 g以上。郭力恒等撰文介绍：邓氏认为心脾相关，在治疗上应重视调理脾胃功能，提出益气重在健脾，活血不忘化痰。推崇益气化痰、活血养心法，用生脉饮、温胆汤、桃红饮合方，重用黄芪、党参、丹参、五爪龙，适加三七末冲服。

2. 肝硬化

严峻峻等撰文介绍：邓氏认为肝硬化早期主要是脾气虚，宜补气健脾。当肝实质较硬，并见面暗、唇紫、脉涩等血瘀征象时才可加入活血化瘀药。用自拟软肝煎(太子参、白术、茯苓、萆薢、楮实子、菟丝子、鳖甲、土鳖虫、丹参、甘草)为主加减。腹水未退时则攻补兼施，加牵牛子逐水，穿山甲活血软坚；腹水退后则以补气健脾、养肝肾为主，加麦芽、大枣、黄芪等，伍以利水活血的益母草。以实脾法治疗肝硬化，确有疗效。

3. 硬皮病

郑洪撰文介绍：邓氏认为本病病位在肺，其本在肾，阴液不足是其基本病机。以补益肺脾，养阴活血为治则，方用六味地黄丸培补元阴为主，加黄芪、党参或太子参益气健脾；以阿胶养肺阴；配合红花、丹参等活血而不燥之品以软坚；加砂仁、陈皮助运以消久服滋补碍胃之虞。

（方　法）

【朱良春】

1. 肺结核

邱志济等撰文介绍：朱氏取张锡纯十全育金汤和张仲景大黄䗪虫丸之意，创制保肺丸，由䗪虫、紫河车各120 g，百部150 g，制首乌、白及各450 g，共研粉，另以生地榆、葎草、黄精各180 g煎取浓汁泛丸，每次服9 g，每日2～3次。对长期发热者配合地榆葎草汤(生地榆、山药各30 g，青蒿子、葎草各20 g，百部15 g，甘草6 g)。属顽固性或空洞型者，用肺痨膏(干蟾皮、壁虎、乳香、没药、蜈蚣共粉碎，加入黑膏药等)外敷肺俞、膻中等穴，3日换1次药膏。治厚壁空洞型者可用芪术黄精六味汤(生黄芪30～60 g，生白术15 g，炙黄精30 g，生地黄20 g，山药35 g，山茱萸、牡丹皮各20 g，茯苓30 g，䗪虫10 g，黄连2 g)，同时服保肺丸和外敷肺痨膏。在愈后存有气阴两虚症状时，用保肺丸培土生金，以巩固疗效。

2. 高血压

朱氏认为肝肾阴阳平衡失调、阴虚阳亢虽是高血压病成因之关键，而气虚挟痰瘀也是主要病机之一。对气虚兼挟痰瘀型者，以自拟"双降汤"治之，药用水蛭0.5～3 g(粉碎后装胶囊吞服)，生黄芪、丹参、生山楂、豨莶草各30 g，地龙、当归、赤芍药、川芎各10 g，泽泻15 g，甘草6 g。方中重用黄芪补气降压，气充则血行畅达，且可减轻破瘀伤正之弊。配合"降压洗脚汤"(桑叶、桑枝、茺蔚子各30 g，明矾60 g，米泔水1 000～1 500 ml，煎汤泡脚，每日1次)效果更佳。对肝肾阴虚、肝阳上亢，或肝风内动、气血逆乱并走于上，属上实下虚证，朱氏用张锡纯镇肝熄风汤治之，以乌梅易白芍药，收敛肝阳、肝风，增熄风之效。对中风后遗症也照此治理。

3. 前列腺增生症

朱氏以《医学衷中参西录》的“宣阳汤”和“温通汤”合方组成宣阳温通汤，统治肾阳虚损、寒结水道或气虚湿阻、气虚血瘀致三焦气化失常、小便不通之症。药用生黄芪30 g，刘寄奴、淫羊藿各20 g，麦门冬、威灵仙、炒川椒目各15 g，地肤子、炒小茴香各6 g。选“济阴汤”合“寒通汤”组成济阴寒通汤，统治阴虚湿热与血虚血热或下焦实热瘀结导致膀胱水道阻塞，小便滴沥不通症。药用熟地黄、知母、黄柏、地肤子、龟版各15 g，生白芍药、滑石、淫羊藿、刘寄奴各20 g。并创“芒硝半夏液”外敷关元穴，配合上述两法，以提高疗效。

4. 席汉氏综合征

朱氏强调水火并济，对命门火衰者治以自拟培补肾阳汤(淫羊藿、山药各15 g，仙茅、枸杞子各10 g，紫河车6 g，甘草5 g)，可适当加肉苁蓉、锁阳、紫石英，淫羊藿用至30 g，另嚼服生硫黄粗粒，每日2 g。对阴阳两虚、气血亏损型(皮肤干粗、少弹性和光泽，少汗，纳呆，淡漠等)，可合生脉散(红参、五味子各10 g，麦门冬30 g)。对肝肾虚损、精血亏少型以六味地黄丸加鹿茸粉1.5 g，饭前吞服。

5. 功能性子宫出血

朱氏根据气虚或阳虚、血虚或阴虚、血热或郁热，血瘀或兼夹之异。遵“崩中为气不摄血，漏下乃血不归经”之说，用补气摄血、引血归经之法。对气虚、阳虚者，在张锡纯固冲汤的基础上演变成“固冲温补汤”，药用炙黄芪 30～60 g，山茱萸24 g，炒白术20 g，乌梅、海螵蛸、艾叶各15 g，阿胶、茜草、炙甘草各10 g，血余炭9 g(用药汁分3次送服)；脾肾阳虚者酌加制附子10 g，炮姜炭8 g，鹿角霜30 g。方中以艾叶、阿胶、血余炭取代煅龙骨、煅牡蛎、棕榈炭、五倍子，乃以清代浊，以廉代贵，以简代繁。用乌梅易白芍药，以助山茱萸酸敛救脱之功，增加固阴和阳、固涩下焦之力。对血热阴虚或夹瘀者用张锡纯固冲汤之意，自拟安冲清补汤，药用生黄芪、炒白术、生地黄、续断、白头翁各15 g，茜草、生白芍药、海螵蛸各10 g，贯众、生地榆各30 g。方中用白头翁是取《伤寒论》治厥阴热痢之意，以治阴虚肝火下迫致血热妄行崩漏；去龙骨、牡蛎，以免涩血凝血，有利于消除瘀滞；加白头翁、贯众、生地榆，有“火去妄出自息”之意，且寓塞流、澄源、复旧、标本同治之妙。用自拟方“羊藿逍遥汤”(淫羊藿、当归、生白芍药、甘草、柴胡、青皮、陈皮、党参、鸡血藤)加味治久漏气血两虚，冲任失调，经行淋漓不净者，每收佳效。方中淫羊藿有类似肾上腺皮质激素之效，调整内分泌，温而不燥，补而不腻，调燮肾之阴阳，暖胃醒脾。

6. 闭经

朱氏对气血亏虚、冲任失调者治以调冲补虚，以自拟理冲汤加减，药用生黄芪30 g，炒白术、党参、鸡内金、山药各15 g，三棱、莪术、当归各5 g，肉桂、鹿角胶各10 g，紫河车粉2 g(吞服)。寒凝胞宫、冲脉瘀阻者，用理冲汤去山药、知母、天花粉，加附子、桂枝、干姜各10 g，牛膝 30 g。朱氏崇朱丹溪“调经不离痰，调经先调气”之说，对痰湿、体肥多脂闭经者治以温化痰湿，方用《丹溪心法》中和丸合治肥人湿痰方加减，药用苍术、白术、茯苓、生半夏、香附、南星、黄芩、陈皮、甘草。对肝郁闭经者，多崇傅青主所拟疏肝、养血、健脾三法合用，仿傅氏“解郁汤”合“开郁种玉汤”之意加减，药用当归，炒白术、生白芍药、茯苓、炒山栀各10 g，牡丹皮、赤芍药、香附各6 g，天花粉、郁金、生首乌各12 g。对因多囊卵巢症继发性闭经者用分化痰瘀之法治之。属寒痰瘀血胶结者，药用生半夏(先煎)、生山楂各30 g，刘寄奴、鸡内金各20 g，当归、生白芍药、熟地黄、炒白芥子各15 g，川芎、生姜各10 g。方中生半夏既能消肿散结、分化痰瘀，又有护脾健胃降逆之功。

7. 妇科肿瘤

朱氏善用张锡纯“理冲汤”加减通补兼施治疗子宫肌瘤，药用生黄芪30 g，党参、生白术各15 g，山药、鸡内金各15 g，三棱、莪术各 6～10 g，天花粉 30～60 g，海藻20 g，生贯众25 g，甘草6 g，穿山甲粉4.5 g。经前加花蕊石30 g。以自拟“外治妇瘤散”(阿魏、生南星、参三七、海藻、当归尾、王不留行、炒小茴香共研粗末，装入长 15 cm、宽10 cm布袋内)敷于神阙穴及小腹部位。朱氏重用天花粉，取其通经消肿、通补具备之性，对偏湿热者尤为合适，而对虚寒者可伍用肉桂反佐。内服穿山甲、外敷阿魏，均为辛烈走窜之品，取其直达病所，通调脏腑，疏通经络，散结除癥。相反之海藻与甘草同用，以激其溃坚消瘤之力。朱氏以自拟归桃理冲汤治卵巢囊肿，药用生黄芪30 g，党参、当归各20 g，炒白术、鸡内金、山药各15 g，炒白芥子、三棱、莪术各10 g，桃仁（连皮尖）、刘寄奴各15 g，水蛭胶囊 1～2 g（分 3 次吞服），并配合“外治妇瘤散”。临证经验表明，液性肿瘤宜加以温散，常加肉桂、附子。方中刘寄奴与生黄芪通补同用，为朱氏擅长之法。

8. 甘温除热

朱氏认为应拓宽甘温除大热法的应用范围。对上实中虚、痰饮内伏、高热痰嗽（急性支气管炎、急性鼻窦炎）之治，不用升清有余而降浊不足的补中益气汤加减，治以补土清金之法，方用六君子汤加桔梗、麦门冬、怀牛膝、桑白皮、薏苡仁、泽泻，重用牛膝30 g，使浮越之阴火下行自潜。全方以辛甘温辅以甘寒，合“惟当辛甘温之剂，补其中而升其阳，甘寒以泻其火则愈矣”之说。对妇人气滞血瘀、高热（慢性盆腔炎、子宫附件囊肿），用张锡纯理冲汤加味，药用黄芪、白术、党参、山药、天花粉、徐长卿、桂枝、鸡内金、三棱、莪术、赤芍药、白芍药、穿山甲。

（方 法）

【颜德馨】

1. 头痛

严夏等撰文介绍：颜氏根据王清任脑病多有瘀血内阻的观点，认为跌仆后头痛为头风挟瘀，治当活血攻瘀、搜风通络。用药首选川芎，用量30 g；次用全蝎、蜈蚣各1.5 g（研末吞）搜风通络，熟大黄9 g和水蛭3 g攻瘀，当归、白芍药、熟地黄各9 g和血养血，蔓荆子9 g引药归经。前额痛加白芷，巅顶痛加藁本。

2. 高脂血症

赵昊龙等撰文介绍：颜氏认为本病脾虚为本、痰瘀为标。痰浊入血是形成高脂血症的关键。脾为生痰之源，从脾论治本病寓有固本清源之意。在健脾之外，辅以疏肝，通腑泻浊。对高脂血症伴有心脑血管疾病且见虚象者，治以益气活血、化痰通络，药用黄芪、柴胡、葛根、当归、川芎、桃仁、红花、赤芍药、丹参、地龙、何首乌、枸杞子、海藻、水蛭；或治以理气活血化瘀，药用柴胡疏肝散合导痰汤加蒲黄、僵蚕、生山楂、丹参、虎杖。颜氏自拟降脂方，主药黄芪、生蒲黄、海藻、水蛭、苍术、虎杖。

3. 冠心病

张保亭撰文介绍：在治疗中颜氏注重以下几方面：① 调气血，或利气活血，或益气活血。认为气行则血行，气充则血行。气滞血瘀者，方用血府逐瘀汤加减，方中柴胡、枳壳、川芎用量宜大。颜氏认为柴胡、桔梗与川牛膝、枳壳同伍，一升一降，调畅气机，开通胸阳，有行血活血之妙。若心痛剧烈则加血竭粉、三七粉，每次1.5 g，每日 3 次。气虚血瘀者，颜氏自拟益心汤，用葛根、川芎升发清气，降香、决明子降气泄浊，生山楂配决明子降脂化浊；用党参、黄芪、丹参、赤芍药益气活血，增强心肌功能。② 温心阳。对寒饮停滞，痹阻心脉者治以宣痹通阳，阳宣则阴通。用瓜蒌、薤白通阳散结，酌加陈皮、枳壳、桔梗、石菖蒲、郁金、降香等。半夏10 g生用，先煎 30 min。对心绞痛、心肌梗死、心力衰竭者，多使用附子，配以生地黄、麦门冬等阴药，伍生脉散调和阴阳，加龙齿、磁石镇潜抑逆。③ 宗升降。颜氏在益气活血、化瘀通络组方中加用升麻，配以葛根、柴胡、党参、黄芪益气升阳，气机得以升发，心气则复其原位，痹浊之邪得散；升麻配以降香，使气机复常，血脉条达。④ 达后天。颜氏重视养脾，用归脾汤加琥珀、珍珠，旨在镇静、养心，纠正心律失常。

4. 前列腺增生症

颜氏重视恢复三焦气化功能，常用温肾化气、升清降浊、宣畅肺气三法。① 温肾化气法。常用附子温通阳气，配以小茴香、泽泻同用，或以沉香、琥珀并施，温中兼通，使气行而水行。② 升清降浊法：常选苍术运脾以振奋生化之权，配合升麻升发清阳，牛膝利水降浊，从而恢复中焦运化转输功能，以利气机之通畅。③ 宣畅肺气法：用生紫菀、葶苈子开郁泻肺，宣通壅滞，以解癃闭之苦。在应用上述三法时常配合清热利湿，以三妙丸为主，或加茯苓、泽泻以渗利，或加知母、蒲公英以清热。颜氏认为本病每有瘀血闭阻下窍，喜用穿山甲化瘀软坚，兼能活血散瘀又能通利的蒲黄、益母草、泽兰等也较多应用。对于小便点滴不出者，常以豆豉15 g，栀子9 g，葱一把，盐半匙，生姜2片，捣烂敷关元穴；或以田螺1只，盐1匙，麝香0.15 g，共捣烂后敷于脐下。

（方 法）

［附］ 参考文献

G

葛鸿庆，赵梁，郝李敏.邓铁涛教授从脾论治慢性充血性心力衰竭之经验.上海中医药杂志，2002；(4)：9

郭力恒，张敏州，陈伯钧.邓铁涛教授调脾护心治疗冠心病介入术医案4则.新中医，2002；(7)：8

Q

邱志济，朱建平，马璇卿.朱良春融各家之长治疗闭经经验选析.辽宁中医杂志，2002；(10)：583

邱志济，朱建平，马璇卿.朱良春融各家之长治疗席汉氏综合征用药特色选析.辽宁中医杂志，2002；(11)：646

邱志济，朱建平，马璇卿.朱良春应用甘温除大热临床经验分析.辽宁中医杂志，2002；(2)：70

邱志济，朱建平，马璇卿.朱良春用“锡纯效方”治疗“功血”经验选析.辽宁中医杂志，2002；(7)：387

邱志济，朱建平，马璇卿.朱良春用锡纯治癃闭方治疗前列腺增生症选析.辽宁中医杂志，2002；(9)：521

邱志济，朱建平，马璇卿.朱良春治疗肺结核及后遗症特色选析.辽宁中医杂志，2002；(5)：254

邱志济，朱建平，马璇卿.朱良春治疗妇科肿瘤的经验和特色选析.辽宁中医杂志，2002；(6)：315

邱志济，朱建平，马璇卿.朱良春治疗高血压病用药经验特色选析.辽宁中医杂志，2002；(4)：194

X

邢斌.颜德馨教授治疗前列腺肥大经验.新中医，2002；(3)：10

Y

严夏，杨志敏，刘泽银.颜德馨教授诊治头痛医案赏析及经验介绍.新中医，2002；(1)：9

严峻峻，刘小斌.邓铁涛教授治疗肝硬化验案1则.新中医，2002；(3)：20

尹克春，吴焕林.邓铁涛教授调脾护心法治疗心力衰竭经验.新中医，2002；(5)：11

Z

张保亭.颜德馨教授治疗冠心病经验介绍.新中医，2002；(7)：8

赵昊龙，沈芸，魏铁力，等.颜德馨治高脂血症的经验.辽宁中医杂志，2002；(1)：6

郑洪.邓铁涛教授治疗风湿性心脏病验案.新中医，2002；(2)：17

郑洪.邓铁涛教授治疗硬皮病验案2则.新中医，2002；(5)：10

(二)传染科

【概述】

2002年度国家法定传染病范畴发表的文献有800余篇,其中75%以上为病毒性肝炎的临床及实验研究,其次为性病、流行性腮腺炎、肺结核以及细菌性痢疾、流行性出血热、麻疹、百日咳、乙型脑炎等病证的治疗与研究。

1. 病毒性肝炎

刘雪峰等报道病毒性肝炎198例,以清肝利胆和胃汤(茵陈、川楝子、栀子、板蓝根、柴胡、郁金等)煎服治疗,总有效率为98.0%(194/198),临床治愈率(主症消失,肝功能恢复正常,HBsAg转阴,肝脾回缩)为88.4%(175/198)。柯启贤等报道急性戊型肝炎60例,随机分为治疗组32例和对照组28例。均予肝泰乐、维生素C、维生素K、甘利欣等,治疗组加用清热祛湿、疏肝活血的中药(绵茵陈、郁金、栀子、木通、厚朴、丹参、赤芍药、牡丹皮、白花蛇舌草)煎服。结果:治疗组疗效及退黄时间明显优于对照组($P<0.05$)。慢性病毒性肝炎,蔡行平报道35例脾肾阳虚型患者,以附子理中汤为基本方随证加减煎服。经治3个月,总有效率为91.4%(32/35),显效率为68.6%(24/35)。岳田义等报道398例,用虎珠清肝散Ⅰ、Ⅱ号(叶下珠、虎杖、垂盆草、北野菊、地耳草、金钱草等)煎服,经治3个月,HBsAg阴转率为39.2%(156/398),HBeAg阴转率为57.3%(82/143)。郑传运报道60例,治以瓜蒂散(瓜蒂、赤小豆、秫米)交替喷于两鼻孔内,并与用乙肝宁冲剂、甘草甜素片等口服治疗的30例作对照。疗程为2个月。近期临床治愈率(自觉症状消失,肝脾回缩至正常,无压痛,血清ALT和TBiL均降至正常值)分别为68.3%(41/60)、36.7%(11/30),组间比较$P<0.01$。杨沈秋等报道60例慢性丙型病毒性肝炎,以肝乐胶囊(柴胡、白术、茯苓、泽泻、生地黄、白花蛇舌草、蒲公英、鳖甲、丹参、郁金等)口服,每次4粒,每日3次。30日为1个疗程。经治3个疗程,总有效率为93.3%(56/60)。抗肝纤维化的临床及实验研究报道较多,刘平等研究探讨扶正化瘀方(桃仁、丹参、虫草菌丝、七叶胆等)逆转肝纤维化的配伍机制。结果表明,桃仁降低肝组织Hyp含量,丹参可显著提高血清白蛋白、降低血清TBiL含量,虫草菌丝既可显著提高血清白蛋白含量、也可降低血清ALT活性,七叶胆重在降低血清ALT活性。四味中药复方配伍能提高肝组织金属基质蛋白酶-1活性,降低肝Hyp含量、也能有效降低血清ALT活性及TBil含量,提高血清白蛋白含量等均显著优于单味中药桃仁。体现了中药复方发挥出促进肝纤维化逆转的综合优势。徐列明认为,坚持和发扬中医药特色,可能是近期我们能在肝纤维化研究领域有所作为的一项机遇,可从以下几方面加强研究:① 中药复方的药理研究,建立中药复方的质控标准。② 中药抗肝纤维化有效组方或成分的研究,其药理研究较复方研究简单、质控相对容易。③ 筛选在不同环节上能阻断肝纤维化进程的中药或中药成分,然后组成在临床上确实有显著疗效的中药复方或中药成分复方。重症肝炎的临床报道有40余篇,治疗以中西医结合为多,可明显提高存活率,其中以中药灌肠为主的治疗报道引人注目(专条介绍)。于海波等报道35例淤胆性肝炎,以益气活血中药(赤芍药、丹参、桃仁、红花、三棱、莪术、黄芪、当归)为主方,随症加减煎服,每日1剂,同时予适当的西药对症治疗。经治8周,总有效率为88.6%(31/35),显效率(TBiL降至51.3 μmol/L以下)为74.3%(26/35)。

2. 细菌性痢疾(菌痢)

临床报道多以中西医结合为主。张俊平报道急性菌痢80例,以清热化湿汤(黄芩、黄连、当归、白芍药、地榆、刘寄奴等)煎服,每日1剂。经治3～10日,均获痊愈。吴忆东报道小儿中毒性菌痢34例,自拟通腑清痢解毒汤(白头翁、生大黄、枳壳、金银花炭、秦皮、黄芩、黄连、赤芍药、生甘草)随症加减煎服或鼻饲,每日1剂。同时应用抗感染、抗休克等西药。经治3～9日,均获痊愈。

3. 肠伤寒

阳文飞报道64例,随机分为治疗组34例和对照组30例。均予氨苄青霉素、氯霉素及对症处理等常规西药，治疗组加用中药(黄连、厚朴、栀子、天花粉、知母、金银花等)煎服。结果：两组的总有效率分别为94.1%(32/34)、70.0%(21/30)，组间比较，$P<0.05$。(详见专条)

4. 艾滋病(AIDS)

关崇芬认为中医药治疗AIDS的研究工作，首先应在中医基本理论指导下辨证论治，突出中医特色；其次，参考AIDS国际判定疗效标准，尽快地制定符合中医药治疗规律的临床治疗指导原则，使中医研究规范化。蒋岩认为，中药包括抑制AIDS病毒药和免疫药物，后者的机制是调节和(或)改善免疫状况或整体调节。虽然看来并未明显改善免疫功能或病毒指标，但根据临床观察，部分患者的一般情况改善、症状减轻，CD_4升高。所以只用筛选西药抗病毒药的方法来评估中药疗效，其方法尚不恰当。现有足够的证据证明，中药在细胞水平和动物实验中，对非特异性免疫指标有效，但对特异性免疫增强剂或调节剂几乎无作用。这显示缺乏对特异性免疫指标作用，是发展中医治疗AIDS的"瓶颈"。因此，应尽快建立实验研究方法，以筛选免疫调节剂，加速发展中药制剂。

5. 百日咳

桂玉萍等报道100例，用镇咳涤痰汤(青礞石、黛蛤散、桑白皮、马兜铃、制半夏、炙百部、枇杷叶、生甘草)煎服，每日1剂。并与用愈酚待因口服液治疗的31例作对照。4～7日为1个疗程。两组的总有效率分别为98.0%(98/100)、71.0%(22/31)，痊愈率分别为93.0%(93/100)、32.3%(10/31)，组间比较，$P<0.01$。贺建华等报道62例痉咳期患者，以解痉止咳汤(蜈蚣、僵蚕、地龙、百部等)煎服，每日1剂。经治3～12日，全部有效。

此外，陈学权等报道肾综合征出血热162例，随机均分为观察组和对照组。均予病毒唑、川芎嗪静脉滴注，维持水电解质、酸碱平衡，并针对个性特点相应处理等综合治疗，观察组加用甘利欣注射液150 mg静脉滴注，每日1次，连用3日。两组的结果比较，观察组发热期缩短，越期率提高，血尿素氮、谷丙转氨酶、尿蛋白、血白细胞、血小板复常时间提前($P<0.01$或$P<0.05$)。高巍报道乙型脑炎重症患者43例，在采用西药综合常规治疗的基础上，自拟乙脑合剂(石膏、大青叶、知母、水牛角、石菖蒲、生地黄等)煎服或鼻饲，并与单用常规西药治疗的41例作对照。结果：两组的总有效率分别为88.4%(38/43)、70.7%(29/41)，组间比较，$P<0.05$。翟华强等报道肺结核50例，在采用西药的同时，加中药(黄芪、生地黄、沙参、麦门冬、川贝母、百合等)煎服，并与单用西药治疗的50例作对照。结果：两组的总有效率分别为98.0%(49/50)、90.0%(45/50)，组间比较，$P<0.05$。

(张　玮)

【中药灌肠治疗重型肝炎的临床研究】

董昌将报道83例重型肝炎，随机分成治疗组(58例)和对照组(25例)。均采用西医综合保肝疗法，治疗组加用茵陈承气汤(茵陈、大黄、芒硝、枳实、厚朴、栀子、桃仁、丹参、红花等)，每日1剂，煎液分2次灌肠，早晚各1次。10日为1个疗程。经治1～3个疗程，总有效率分别为72%(42/58)、44%(11/25)，组间比较，$P<0.05$。廖树琪等报道80例，随机均分成治疗组及对照组。均采用西医基础综合疗法，治疗组加用大黄煎剂(醋制大黄、乌梅各30 g，煎汁100 ml)保留灌肠，每日1次；对照组则予15%乳果糖100 ml，每日保留灌肠1次。均连用15日为1个疗程。结果：治疗组与对照组的存活率分别为72.5%(29/40)、42.5%(17/40)，组间比较，$P<0.05$。且治疗组在降低血清肿瘤坏死因子、肠源性内毒素及血氨等机制性指标方面与对照组相比差异均有显著性意义($P<0.01$)。傅冠琼报道100例，随机均分成治疗组和对照组，均采用西医综合疗法。治疗组同时予中药(生大黄、虎杖、柴胡、郁金、赤芍药、甘草、食醋及生理盐水)保留灌肠，每日2次，连用2～4周。治疗组与对照组的存活率分别为88%(44/50)、70%(35/50)，组间比较，$P<0.05$。何松叶等报道65例，随机分成观察组(40例)和对照组(25例)。均采用常规保肝、降酶、退黄、促肝细胞生长、抗感染等对症处理。观察组予茵陈、栀子、大黄、败酱草、黄芩、黄连、丹参、虎杖及锡类散等加水1 000 ml，煎30 min后，再加入食醋30 ml摇匀待凉后作保留灌肠，每日1次。2周为1个疗程。结果：两组的存活率分别为65.0%(26/40)、40.0%(10/25)，组间比较，$P<0.05$。

(王　奕)

【辨证分型为主治疗慢性乙型肝炎的研究】

徐学俊对36例辨证为湿热毒盛兼有正虚的慢性乙型肝炎患者采用扶正抗毒为主中药(黄芪、白术、生大黄、女贞子、鳖甲、龙胆草、虎杖、白花蛇舌草等煎服,每日1剂)联合干扰素(肌肉注射300万IU,2日1次)治疗,并与单用干扰素治疗的36例作对照。3个月为1个疗程。结果:治疗组和对照组的血清ALT水平分别下降(151.02±161.63)和(81.05±194.72)U/L,$P<0.01$。林淑华等对30例辨证为气虚血瘀型患者用益气活血汤(黄芪、制大黄、枸杞子、鳖甲、鸡骨草煎服,每日1剂)合苦参素注射液(肌肉注射4 ml,每日1次)治疗,并与单用苦参素注射液治疗的30例作比较。疗程均为6个月。结果:治疗组和对照组的HBeAg阴转率分别为50.0%(10/20)、40.0%(8/20),HBV-DNA阴转率分别为56.0%(14/25)、40.9%(9/22),组间比较,$P<0.05$。症状体征改善、好转亦较对照组明显($P<0.05$,$P<0.01$)。叶华清等将102例辨证为肝郁脾虚和肝胆湿热型患者随机分成干扰素、中成药、联合用药3组。干扰素组34例,用干扰素3 mU肌肉注射,每周3次。中成药组31例,口服和肝胶囊(由小柴胡汤加减制成,每日3次,每次3粒)、健肝灵(灵芝、丹参、五味子等制成,每日3次,每次1包)。联合用药组37例,用干扰素加中成药。疗程均为24周。结果:中药组和联合用药组在治疗开始后2个月内大部分患者临床症状消失,血清ALT复常。与单用干扰素相比,差异有显著性意义($P<0.05$或$P<0.01$)。治疗结束时,联合用药组HBeAg和HBV-DNA阴转率及HBeAb阳转率明显优于中成药组和单用干扰素组($P<0.05$)。而单用干扰素组和中成药组无显著性差异。吕宜民报道56例重度患者,辨证分为肝胆湿热、脾虚肝郁2个证型,分别以茵陈蒿汤加味(茵陈、栀子、枳实、车前子、白术、生大黄、郁金等)、健脾逍遥汤(赤芍药、白芍药、当归、陈皮、枳壳、茵陈、山楂、茯苓等)为主煎服,每日1剂,同时配合拉米夫定抗病毒及其他保肝疗法。经治20日至1个月,总有效率为96.4%(54/56),显效率(HBsAg、HBV-DNA转阴)为28.6%(16/56)。康俊杰等报道30例治疗组,辨证分肝胆湿热、肝郁气滞、肝郁脾虚3个证型,分别施以中药煎服,及苦参素注射液400 mg,每日肌肉注射1次。同时与用干扰素治疗的30例、复方益肝灵片治疗的25例分别作比较。疗程均为16周。结果:治疗组、干扰素组及复方益肝灵组的血清ALT复常率分别为66.7%(20/30)、53.3%(16/30)、12.0%(3/25),HBV-DNA阴转率分别为80.0%(24/30)、70.0%(21/30)、4.0%(1/25)。HBeAg阴转率分别为53.3%(16/30)、46.7%(14/30)、8.0%(2/25),抗HBe阳转率分别为13.3%(4/30)、16.7%(5/30)、4.0%(1/25)。

(陈云飞)

【慢性乙型肝炎辨证分型与生化免疫指标变化的相关性研究】

邢练军等探讨了慢性乙型病毒性肝炎辨证分型与病毒复制程度之间的关系。通过回顾性研究的方法,对调查资料通过数据完整性、诊断规范化、辨证标准化初步筛选出282例慢性乙型肝炎患者,各证型的分布为肝郁脾虚>肝胆湿热>瘀血阻络>肝肾阴虚>脾肾阳虚,其中以肝郁脾虚证和肝胆湿热证为常见证型,占所调查对象的84.8%(239/282)。肝胆湿热证在乙型肝炎各个阶段均可出现,多见于慢性肝炎中度;肝郁脾虚见于慢性肝炎轻、中度,一般不见于慢性肝炎重度;肝肾阴虚证见于慢性肝炎中、重度,以重度为主;脾肾阳虚证则仅见于慢性肝炎重度,而临床少见该证型;瘀血阻络证见于慢性肝炎中、重度,以重度为主。肝郁脾虚证患者以HBsAg(+)、HBeAg(+)为主,与病毒低复制及无复制呈正相关($R_1=0.938$,$P<0.01$);而肝胆湿热证则有两种表型,即HBsAg(+)、HBeAg(+)、HBcAb(+)、HBV-DNA(+),或HBsAg(+)、HBeAb(+)、HBcAb(+)、HBV-DNA(+),其与病毒高复制及中等复制状态度呈正相关($R_2=0.799$,$P<0.01$),提示病毒复制高度活跃,此时机体免疫功能与病毒复制处于一种相对的稳态,一旦病毒复制被进一步激活或机体免疫功能进一步提高,都可能加剧机体的免疫反应状态,导致感染病毒被大量清除,肝细胞大片坏死,成为重症肝炎的病理基础。

蒋健等将256例慢性乙型肝炎患者按辨证分为肝胆湿热(A)、肝郁脾虚(B)、肝肾阴虚(C)、脾肾阳虚(D)和瘀血阻络(E)5个证型,观察各证型与实验室指标之间的关系。结果显示A型血清ALT、AST、TBiL及IgG明显高于其他证型($P<0.05$),而脾肿大率低于其他证型($P<0.05$);B型仅次于A型,即血清ALT、AST显著高于除A型外

的其他证型($P<0.05$),脾肿大率也相对较低;E型的特点是脾肿大率高,IgG值为最高($P<0.05$)。HBeAg阳性率有在实证中偏低而在虚证中偏高的倾向。在一定程度上提示肝脏不同的病理变化是慢性乙型肝炎的不同证型的内在基础。

赵晓威通过观察117例慢性乙型肝炎不同证型的T淋巴细胞点状阳性率计数(ANAE)、RBC-C_{3b}受体花环率(C_{3b})等指标变化,分析不同证型间细胞免疫功能的关系。结果表明肝肾阴虚、瘀血阻络型组C_{3b}较正常组低,而肝郁脾虚型组无明显变化($P>0.05$)。肝郁脾虚、肝肾阴虚、脾肾阳虚型组ANAE较正常人低($P<0.01$),而湿热中阻、肝郁脾虚型组无明显变化($P>0.05$)。此外,对80例患者的ANAE、C_{3b}测试数据进行一元线性回归分析,得回归方程:$X_1=4.385+0.108X_2$,单相关系数$R=0.402$,说明ANAE和C_{3b}呈正相关。提示慢性乙型肝炎患者存在细胞免疫功能低下,且不同证型间存在内在联系。

(魏华风　邢练军)

【外治法治疗慢性乙型肝炎的临床研究】

郑传运报道慢性乙型肝炎60例,用瓜蒂散(赤小豆、秫米、瓜蒂按1∶1∶2比例研末备用,每次1 g,分4等分,交替喷入两鼻孔内,间隔20 min),每4日喷药1次,喷药6次后改为每6日喷药1次。同时与用乙肝宁冲剂、甘草甜素片等口服治疗的30例作对照。疗程为2个月。两组的总有效率分别为91.7%(55/60)、56.7%(17/30),组间比较$P<0.001$;近期临床治愈率(自觉症状消失,肝脾回缩至正常,无压痛,血清ALT和TBiL均降至正常值)分别为68.3%(41/60)、36.7%(11/30),组间比较,$P<0.01$。刘静宇等报道90例,采用肝康复离子导入液(白花蛇舌草、蟾酥、板蓝根、虎杖、当归、白芍药、赤芍药、郁金等用回流提取法,制成50%的提取液,加入3%的氮酮透皮促进剂,装瓶备用)作穴位导入治疗。选择主穴为期门(双侧)、章门(双侧),配穴为肝俞(双侧)、胆俞(双侧)、日月、梁门。每次治疗除选主穴外,每2日交替取2个配穴,每次40 min,30次为1个疗程。间隔休息3日,行下1个疗程。同时与用口服肝康宁治疗的30例作对照。经治3个疗程,两组的总有效率(按卫生部《中药新药治疗病毒性肝炎临床研究指导原则》中制定的疗效标准评判)分别为91.1%(82/90)、63.3%(19/30)。张又云报道61例,采用激光照射联合甘利欣治疗。湿热中阻型用2.5~3.5 mv功率,高频率,照射大隐静脉,时间为60 min;瘀血阻滞型用2.5~3.5 mv功率,照射前臂正中静脉,高频率,时间为60 min;肝郁脾虚型及肝肾阴虚型用1.5~2.0 mv功率,照射部位分别为大隐静脉近膝部和大隐静脉近足踝部,时间为40 min。同时与单用甘利欣治疗的59例作对照。10日为1个疗程。经治疗3个疗程,两组的总有效率分别为100%、86.4%(51/59),组间比较,$P<0.01$;显效率分别为75.4%(46/61)、59.3%(35/59),组间比较,$P<0.05$。

(王雨秾)

【伤寒的治疗】

阳文飞报道64例肠伤寒,随机分为治疗组(34例)和对照组(30例)。均予氨苄青霉素、氯霉素及对症处理等常规西药,治疗组加用中药(黄连、厚朴、栀子、天花粉、知母、银花、滑石、薏苡仁等)煎服,每日1剂。7日为1个疗程。结果:治疗组与对照组的总有效率分别为94.1%(32/34)、70.0%(21/30),显效率(发热、头胀痛、腹胀等临床症状基本消失,肝脾肿大恢复正常,血常规白细胞$>4\times10^9$/L,血、大便培养无伤寒杆菌生长)分别为55.9%(19/34)、36.7%(11/30),组间比较,$P<0.05$。陈建芳等报道116例,分为治疗组(65例)和对照组(51例)。均予氟哌酸0.2 g口服,每日2~3次。治疗组患者按辨证分为热重于湿、湿重于热、湿热并重等3个证型,分别选用白虎加苍术汤加减(生石膏、知母、炙甘草、制苍术、马齿苋、蚤休)、三仁汤加减(杏仁、白蔻仁、薏苡仁、制半夏、厚朴、通草、滑石、竹叶)、王氏连朴饮加减(黄连、栀子、厚朴、制半夏、豆豉、石菖蒲、芦根)煎服,每日1剂。两组均在热退后10日停药。结果:两组的总有效率分别为96.9%(63/65)、54.9%(28/51),显效率(用药3~5日体温降至正常,临床症状消失)分别为43.1%(28/65)、9.8%(5/51),$P<0.01$;体温降至正常时间平均为(4.3±1.2)、(7.4±1.6)日。聂颖明等报道102例,在应用抗生素(环丙沙星、氧氟沙星、氨苄青霉素)等常规西药的同时,以黄连解毒汤(黄连、栀子、黄芩、黄柏)随症加减煎服,每日1剂,并与单服西药治疗的100例作对照。疗程均为10日。结果:两组的总有效率分别为100%、91.0%(91/100),治愈率(症状消失,体温正常,血象恢复正常,再次血培养阴性)分别为86.3%(88/102)、69.0%

(69/100),组间比较,$P<0.01$。刘云等报道甲型副伤寒68例,随机分为治疗组和对照组,各34例。均予西药常规抗感染及支持对症处理等,治疗组加用穿琥宁注射液20 ml溶于10%葡萄糖溶液中静脉滴注,每日1次,至完全退热后的第2日停药。结果:治疗组与对照组的平均退热时间分别为(4.23±0.59)、(7.19±0.78)日,住院时间平均为(10.89±0.15)、(12.69±1.2)日,组间比较,$P<0.01$。

(张 波)

[附] 参考文献

C

蔡行平.以淡附子为主治疗慢性乙型肝炎50例.湖南中医杂志,2002;(1):30

陈建芳,杨志贤.中药与氟嗪酸合用治疗耐药伤寒65例.江苏中医药,2002;(4):21

陈学权,陆仲昌,吴丽芳.甘利欣治疗肾综合征出血热临床和免疫学观察.浙江中西医结合杂志,2002;(1):10

D

董昌将.茵陈承气汤灌肠参与抢救重型肝炎58例.浙江中医杂志,2002;(1):11

F

傅冠琼.中药灌肠联用综合疗法治疗重症肝炎50例.中国中医急症,2002;(1):60

G

高巍.中西医结合治疗重症乙型脑炎43例.陕西中医,2002;(2):116

关崇芬.中医药治疗艾滋病的研究途径.中国中西医结合杂志,2002;(10):727

桂玉萍,李志山.镇咳涤痰汤治疗小儿百日咳综合征100例.中国中医药信息杂志,2002;(8):43

H

何松叶,邢德荣.重型肝炎配用中药保留灌肠治护体会.国医论坛,2002;(4):32

贺建华,张善兵.解痉镇咳汤治疗小儿百日咳62例.黑龙江中医药,2002;(5):25

J

蒋健,高月求,吴潇,等.慢性乙型肝炎中医证型与实验室指标相互关系的研究.上海中医药杂志,2002;(6):15

蒋岩.中医治疗艾滋病的途径——实验和临床研究结合促进中医的发展.中国中西医结合杂志,2002;(10):728

K

康俊杰,康素琼.苦参素注射液配合中医辨证治疗慢性乙型肝炎30例.中医杂志,2002;(1):53

柯启贤,孔莹.运用中西医结合治疗戊型肝炎60例临床分析.现代中西医结合杂志,2002;(5):404

L

廖树琪,毛德文.大黄煎剂保留灌肠治疗重型肝炎40例总结.湖南中医杂志,2002;(4):9

林淑华,张玮,王育群,等.益气活血汤合苦参素注射液抗乙型肝炎病毒临床观察.上海中医药杂志,2002;(6):18

刘平,吴定中,刘成海,等.扶正化瘀中药复方促进CCl_4大鼠肝纤维化逆转的配伍机理研究.上海中医药大学学报,2002;(1):37

刘云,冯纯慧.穿琥宁注射液结合抗菌药治疗副伤寒甲34例报告.贵阳中医学院学报,2002;(3):18

刘静宇,李楠,史海立,等.肝复康离子导入治疗慢性活动性乙型肝炎临床研究.中医外治杂志,2002;(4):54

刘雪峰,逯敏.自拟清肝利胆和胃汤治疗病毒性肝炎198例.陕西中医学院学报,2002;(3):28

吕宜民.辨证施治配合拉米夫定治疗慢性重度乙型肝炎56例.中西医结合肝病杂志,2002;(2):110

N

聂颖明,赵而立,齐进,等.中西医结合治疗肠伤寒102例.湖南中医杂志,2002;(4):32

W

吴忆东.中西医结合治疗小儿中毒型细菌性痢疾34例.新中医,2002;(9):54

X

邢练军,季光,王育群.乙肝辨证分型与病毒复制关系的初步研究.辽宁中医杂志,2001;(12):710

徐列明.如何适应中国的特点进一步开展肝纤维化

研究. 中西医结合肝病杂志，2002；(1)：1

徐学俊. 中药联合干扰素治疗慢性乙型肝炎36例临床观察. 河北中医，2002；(7)：491

Y

阳文飞. 中西医结合治疗肠伤寒34例疗效观察——附常规西药治疗30例对照. 浙江中医杂志，2002；(1)：6

杨沈秋，吴勃岩，吴勃力. 肝乐胶囊治疗丙型肝炎60例临床观察. 中医药信息，2002；(2)：44

叶华清，梁如庆，江元森. 干扰素联合中成药治疗慢性乙型肝炎37例. 中西医结合肝病杂志，2002；(2)：108

于海波，张敏. 中西医结合治疗肝炎肝硬化重度胆汁淤积症35例. 中国中西医结合杂志，2002；(7)：549

岳田义，罗琴. 虎珠清肝散治疗慢性乙型肝炎398例. 陕西中医，2002；(1)：16

Z

翟华强，蔡代仲. 中西医结合治疗肺结核50例. 中国中医药信息杂志，2002；(4)：54

张俊平. 清热化湿汤治疗急性菌痢80例. 中国中医急症，2002；(1)：61

张又云. 激光照射联合甘利欣治疗慢性乙型肝炎61例. 中西医结合肝病杂志，2002；(2)：107

赵晓威. 慢性乙型肝炎中医辨证分型与细胞免疫功能关系的临床观察. 深圳中西医结合杂志，2002；(1)：35

郑传运. 瓜蒂散吹鼻治疗慢性乙型肝炎60例. 中医外治杂志，2002；(1)：15

（三）肿　瘤

【概述】

2002年度，公开发表的中医药治疗肿瘤专题文章约500篇。其中临床报道占60%左右，介绍中医药防治肿瘤的进展、经验、评述等综述性文章约25%，实验报道10%，其他有关肿瘤的中医诊断、病因、病机、抗癌药开发等研究的报道5%。按系统或病种分类进行报道的约占2/3，其比例为2∶1；各病种论文按数量降序可排列为肝癌、肺癌、胃癌、白血病、鼻咽癌、食道癌等。绝大部分文章以抗癌为主体占70%，对癌前期病变研究的论文以胃癌前期病变为主；配合西医（手术、放疗、化疗）增效减毒的报道约占15%；缓解癌症症状的报道占10%。抗癌方药的研究中，经典方约占3%，绝大部分为经验方。

1. 临床报道

以中西结合形式报道的约占70%。对抗癌经验方的验证占一半左右。金树文等报道用亚砷酸注射液（10 mg/10 ml）加入1%利多卡因注射液30 ml，药液维持在50℃，瘤体内注射，每10日重复1次；配合五味克瘤饮（灵芝、黄芪、薏苡仁、蛇六谷、天龙）内服，治疗浅表淋巴结转移瘤，并设立静脉化疗（异环磷酰胺、5-氟尿嘧啶、丝裂霉素，每10日重复1次）对照。2个月后，治疗组癌灶完全缓解4例，部分缓解19例；对照组完全缓解1例，部分缓解4例。夏跃胜等报道放射疗法联合应用活血与扶正活血中药治疗鼻咽癌的对比研究。将98例首程放疗的鼻咽癌患者随机分为3组。Ⅰ组单纯放疗，Ⅱ组联合活血汤（桃仁、红花、丹参、当归、川芎），Ⅲ组联合扶正活血汤（党参、黄芪、麦门冬、玄参、射干、桃仁等）。随访5年。结果：3组近期有效率差异无显著性意义（$P>0.05$）；毒副反应Ⅰ组明显高于Ⅱ、Ⅲ组（$P<0.05$）；5年生存率3组依次为35.5%、51.5%、61.7%，Ⅰ组明显低于Ⅱ、Ⅲ组（$P<0.01$）；远处转移率3组依次为19.4%、27.3%、11.8%，Ⅱ组与Ⅰ、Ⅲ组比较，$P<0.05$。治疗结束2个月后Ⅱ组CD_3、CD_4及NK细胞活性明显低于Ⅰ、Ⅲ组（$P<0.05$）。认为扶正活血中药联合放射疗法能明显提高鼻咽癌患者的远期生存率，而单纯活血中药有可能增加远处转移。中药缓解癌症症状的报道，如贾立群等用抗癌消水膏（黄芪、桂枝等）外敷胸壁治疗恶性胸腔积液，与腔内免疫治疗法比较，对体力状况PS>2的肿瘤患者并发恶性胸腔积液者随机分组（各25例），观察各组患者胸水、胸痛、生活质量的改善状况及胸水癌细胞核抗原（PCNA）弱阳性率的表达。结果提示，抗癌消水膏组有效率为56.0%，优于腔内免疫治疗组的48.0%；特别对胸痛、生活质量有明显的改善作用。秦群等报道口康含漱液（细辛、石斛、生石膏、山豆根、生地黄）治疗急性白血病伴口腔感染的临床观察及体外抑菌实验研究，并设立"口泰"对照组。结果提示，口康含漱液对各种不同口腔感染菌株均有抑制作用，临床疗效明显优于对照组（$P<0.01$）。蔡永敏等对178例癌症疼痛患者用阿麒贴（阿魏、血竭、冰片、薄荷脑、肉桂等）外用巴布剂外敷，并设立160例西药对照组进行止痛疗效观察。治疗组Ⅰ度疼痛单用阿麒贴，Ⅱ度疼痛用阿麒贴加解热镇痛药，Ⅲ度疼痛用阿麒贴加弱阿片类药或强阿片类药；对照组Ⅰ度用解热镇痛药，Ⅱ度用弱阿片类药，Ⅲ度用强阿片类药。结果：治疗组总疼痛缓解率为95.5%，平均生效时间16.4 min，与对照组比较差异有显著性意义（$P<0.01$）；且对钝痛、胀痛、刺痛、隐痛和绞痛有较好的镇痛效果，还可显著提高癌症患者的生活质量（$P<0.01$），长期连续使用无成瘾性和明显毒副反应。黄智芬等用泻白散加味（桑白皮、地骨皮、甘草、枇杷叶、蝉衣等）加用复方丹参注射液2 ml及地塞米松5 mg静脉滴注，治疗肺癌刺激性咳嗽32例。并与单用泻白散治疗的28例比较，7日为1个疗程，共2个疗程。结果：中西医结合组症状缓解总有效率为81.2%，对照组为60.7%，组间比较$P<0.01$；但中西医结合组临床症状控制时间平均7日，而对照组为11.5日，组间比较$P<0.05$。配合西医（手术、放化疗）增效减毒及并发症辅助治疗的报道如蔡红兵等用实脾散（茯苓、白芍药、白术、干姜、制附子等）辅助治疗癌性腹水50例，治疗组抽尽腹水后局部注入DDP 30 mg

(或 TIL 细胞/IL－2,每周 2 次)等,同时加用实脾散口服。对照组 36 例单用西药。结果:治疗组腹水缓解率(CR＋PR)为 82.0%,对照组为 66.7%,组间比较,$P<0.05$;不良反应比较,恶心呕吐、肾功能异常及白细胞减少治疗组明显少于对照组($P<0.01$ 及 $P<0.05$),提示实脾散与西药合用有增效减毒作用。樊凤英等用补阳还五汤加减(生黄芪、当归、川芎、桃仁、红花等)内服 4～6 周,治疗乳腺癌术后上肢水肿 19 例,经与健侧上肢周径比较提示,治疗后患侧周径比治疗前有明显缩小($P<0.01$)。唐汉均等介绍用乳安方(生黄芪、太子参、茯苓、白术、鹿角片等)治疗乳腺癌术后患者,结果能减少放化疗副反应、增加细胞免疫功能、延长 5 年生存率。

2. 实验研究

大部分为抗癌有效方药的作用验证与机理研究。如刘用楫等研究三氧化二砷对小鼠膀胱癌细胞系 WYH 929 肿瘤细胞内游离钙离子浓度的影响。用钙离子荧光探剂 Fura 2－AM,以荧光分光光度计检测三氧化二砷对膀胱癌细胞内游离钙离子浓度的变化。结果:三氧化二砷可以使肿瘤细胞$[Ca^{2+}]i$水平明显升高,由 88 nmol/L 逐渐升高至 230 nmol/L,存在明显的量效关系($P<0.05$),而与细胞外钙离子浓度变化无关($P>0.05$)。结论:三氧化二砷影响小鼠膀胱癌细胞株 WYH 929 肿瘤细胞内钙稳态,诱导肿瘤细胞内钙离子浓度持续升高;这可能是其抗肿瘤、诱导肿瘤细胞凋亡作用的机制之一。张玉红等用扶正抑瘤汤(黄芪、当归、墓头回、莪术)、扶正汤(黄芪、当归)、抑瘤汤(墓头回、莪术)煎剂,并设立复方天仙胶囊阳性对照组和生理盐水阴性对照组,分别对 S_{180} 小鼠实验模型灌胃,18 日后取瘤组织测定肿瘤细胞端粒酶活性。提示各中药治疗组的端粒酶活性被明显抑制,与阴性对照组差异具有非常显著性意义($P<0.001$),各中药治疗组中以扶正抑瘤汤作用最明显,认为使肿瘤细胞增殖受限及加速细胞衰老是其抗肿瘤的机理之一。

3. 综述及其他

中药的毒性已被重视。李永明对比利时肾病(马兜铃酸肾病)的成因和中药致癌之说进行了质疑。认为含马兜铃酸中药的肾毒性反应早有报道,多数为错服或过量、长期服用所致。“中药可致癌”仅仅是根据比利时的病例报道,该事件是医生将广防已误作汉防已给患者长期服用而导致的中毒,并不是按常规服用中药的副反应。中草药中毒事件带来医疗、社会、经济、法律等方面的问题,其安全性比疗效更重要。随着砒霜治疗白血病有效报道的出现,临床对其抗癌研究日见增多,应用砒霜抗癌就要对其用量严格加以控制。晁恩祥认为,中药有不良反应并不奇怪,误导“纯中药”、“纯天然”便无任何毒副反应是不恰当的,强调以毒攻毒、滥用有毒药品、应用代用品、错治误治、方不对证也容易造成医疗纠纷与事故,都应加以注意。

(张丽英)

【肺癌的治疗】

孙大兴等以肺康方(野荞麦根、白毛藤、干蟾皮、半夏、制南星等)为主随症加减治疗 63 例中晚期非小细胞肺癌患者,另设 36 例以 CAP 或 MVP 方案为主进行 2 个周期化疗的化疗组,治疗 2 个月后观察瘤体变化、症状缓解情况及生存质量。结果:中药组 PR、NC、PD 分别为 3.2%(2/63)、69.8%(44/63)、27.0%(17/63),化疗组分别为 8.3%(3/36)、44.4%(16/36)、47.2%(17/36);咳嗽、咯痰、咯血、气急等症状缓解率中药组均高于化疗组,两组均有统计学差异;生存质量 KPS 积分上升、稳定、下降率,中药组分别为 22.2%(14/63)、65.1%(41/63)、12.7%(8/63),化疗组分别为 11.1%(4/36)、41.7%(15/36)、47.2%(17/36),组间比较,$P<0.01$;56 例中药组中位生存期为 11 个月,32 例化疗组中位生存期为 8.5 个月,3 年生存率中药组优于化疗组($P<0.05$)。李永安等将 72 例Ⅲ～Ⅳ期非小细胞肺癌随机分成观察组(中药扶正解毒方＋MVP 方案化疗)40 例,对照组(单纯 MVP 方案化疗)32 例,观察时间为 2 个化疗周期。“扶正解毒方”由生黄芪、太子参、半枝莲、薏苡仁、蚤休等组成,应用时随症加减。结果:观察组有效率(CR＋PR)为 45.0%(18/40),对照组为 21.9%(7/32),组间比较,$P<0.05$;观察组中位缓解期(MRT)、治疗前后 KPS 改善和稳定明显高于对照组;观察组骨髓抑制、胃肠道反应和脱发等不良反应也较对照组轻。蒋益兰等观察了 86 例Ⅲ～Ⅳ期证属气阴两虚的非小细胞肺癌患者,采用信封法随机分成治疗组 56 例和对照组 30 例。治疗组采用益肺败毒汤(白参、生黄芪、灵芝、沙参、麦门冬等)随症加减治

疗，30日为1个周期，2个周期为1疗程。对照组则采用MVP方案化疗。结果：治疗组1年、2年、3年生存率均高于对照组($P<0.05$)。两组治疗后生存质量改善情况及气阴两虚临床症状(如咳嗽、痰血、神疲乏力、口干咽燥)改善情况治疗组均优于对照组，组间比较差异均有非常显著性意义($P<0.01$)。治疗组免疫指标IL－2、CD_3、CD_4/CD_8经治疗后均有提高，治疗前后比较，$P<0.05$；且与对照组治疗后比较优于对照组，亦有统计学意义($P<0.05$)。治疗组在临床症状、生存质量及免疫机能改善等方面均优于对照组($P<0.01$，$P<0.05$)，且无明显毒副反应。

（施志明　周之毅）

【胃癌的治疗与研究】

1. 临床研究

郑坚等研究进展期胃癌患者的脾虚状态与相关检测指标及生存期的关系。采用前瞻性方法对153例进展期胃癌患者的脾虚状态量化分级，进行血常规、血沉、血清蛋白、补体、免疫球蛋白、T细胞亚群等项目测定，并观察其1、3、5年生存时间。结果：进展期胃癌患者因脾虚程度不同，其血常规、血沉、血清蛋白、补体、免疫球蛋白、T细胞亚群等指标存在显著性差异，轻度脾虚组的3、5年生存期也明显高于中重度脾虚组。认为脾虚状态与进展期胃癌相关检测指标和生存时间有密切关系。刘毅等研究中西医结合治疗晚期胃癌的临床疗效。将60例晚期胃癌患者随机分成两组(两组化疗方案相同)，对照组30例单纯用化疗，治疗组30例化疗加用中药(瘀毒内阻型用失笑散加味，痰湿凝结型用二陈汤，脾胃虚寒型用附子理中汤加减，气血亏虚型用十全大补汤加减)。结果发现，治疗组和对照组的肿瘤局部近期有效率分别为43.3%(13/30)和36.7%(11/30)，组间比较，$P>0.05$；治疗组半年生存率和1年生存率分别为76.7%(23/30)和43.3%(13/30)，对照组半年生存率和1年生存率分别为36.7%(11/30)和10.0%(3/30)，组间比较差异有显著性意义($P<0.01$)；治疗组患者临床症状的Karnofsky评分亦获得明显改善。认为中西医结合治疗晚期胃癌虽未能明显改善肿瘤局部的近期疗效，但能明显改善患者症状，延长生存期。陶炼采用中医辨证方法(分为热毒蕴结、肝胃不和、脾胃虚弱、气血亏虚4型)治疗晚期胃癌40例，并与同期采用化学药物治疗的35例进行对照。主要观察两组临床症状、体重、生活质量、免疫功能、外周血象、肝功能以及生存率的情况。两组比较，中医治疗组以上指标均优于对照组($P<0.05$)；而两组治疗后瘤体变化无显著性差异($P>0.05$)。

2. 实验研究

李杰等观察养胃抗瘤冲剂(黄芪、人参、白花蛇舌草、草河车、三七等)对胃癌患者外周血T淋巴细胞rDNA转录活性和凋亡相关蛋白变化的影响及在肿瘤转移中的意义。采用KL型肿瘤免疫图像分析系统和流式细胞仪测定，观察了正常人和胃癌患者该方治疗前后外周血T淋巴细胞rDNA的转录活性和凋亡相关蛋白(Fas/FasL)的表达变化。结果：胃癌患者外周血T淋巴细胞rDNA转录活性明显降低，凋亡相关蛋白Fas表达升高，与健康人相比，差异有显著性意义($P<0.01$)，随着病情的进展，这种趋势更为明显。该方治疗后外周血T淋巴细胞的Ag－NORs升高、Fas表达降低，与治疗前比较，$P<0.01$。认为外周血T淋巴细胞rDNA转录活性和凋亡相关蛋白变化可以从淋巴细胞增殖和凋亡活性两方面评价肿瘤患者的免疫状态，在胃癌转移的临床监测中具有重要意义；该方可以降低患者外周血T淋巴细胞的凋亡能力，对增殖能力则有增强作用，从而提高机体的细胞免疫功能。徐力等观察三物白散加味方(巴豆霜、贝母、桔梗、地鳖虫、莪术等)对胃癌相关基因表达的影响。方法是以该方含药血清加入人胃癌SGC－7901细胞中，观察P^{53}、Bcl－2、rasp 21、CD 44基因表达的变化。结果：该方可降低人胃癌SGC－7901细胞的P^{53}、Bcl－2、rasp 21、CD 44基因表达率。认为该方抗胃癌的作用与其影响胃癌相关基因表达有关。王建平等观察消痰散结方(半夏、胆南星、茯苓、枳实、陈皮等)对裸鼠胃癌组织中胃癌细胞粘附分子E－Cad表达的影响，探讨该方抑制胃癌细胞转移的作用环节。方法是建立裸鼠MKN－45人胃癌模型，采用免疫组化S－P法检测胃癌组织中E－Cad的表达。结果：中药组胃癌组织中E－Cad表达水平明显高于空白对照组($P<0.05$)。认为该方抑制胃癌细胞转移的环节可能和影响粘附分子的表达，从而影响细胞的粘附性机制有关。陈华等研究中药复方癌平口服液(壁虎、莪术、陈皮等)对人胃癌细胞凋亡的影响。采用该方含药

血清，温育体外培养的人胃癌细胞 BGC-823，通过流式细胞仪细胞周期 DNA 含量分析，研究该方对体外培养的人胃癌细胞 BGC-823 凋亡的影响。结果发现，该方药物血清有诱导体外培养的人胃癌细胞 BGC-823 凋亡的作用。

（张　征）

【肝癌的治疗与研究】

1. 临床研究

王昌俊等报道了中药 960 合剂（莪术、白术、苦参、白花蛇舌草等）内服配合肝动脉栓塞化疗（TACE）治疗晚期肝癌的临床疗效。将不宜手术的原发性肝癌患者 95 例，随机分成 A 组（47 例，常规 TACE 加中药 960 合剂，介入前 7 日开始服药）和 B 组（48 例，单纯 TACE）。2～10 个疗程后发现：① A组肝区疼痛，乏力，食欲不振，腹胀，腹水等临床症状明显改善，体重增加，Karnofsky 积分等生活质量指数显著优于 B 组。② A 组无明显肝功能急性损伤，部分患者肝功能较前改善，血清肝纤维化指标均有所降低。B 组部分患者肝功能恶化，血清肝纤维化指标无改善。③ A 组 CR 5 例，PR 20 例，NC 16 例，PD 6 例；B 组分别为 3 例、18 例、18 例、9 例。两组比较差异无显著性意义。经随访显示 A 组 1、2、3 年生存率（61.4%、31.5% 和 17.7%）显著高于 B 组（32.6%、23.5%和 8.9%）。认为 TACE 配合应用 960 合剂能使患者临床症状改善，生存质量提高，生存期延长，提高了介入治疗效果，对晚期肝癌特别是伴有肝纤维化者尤为适宜。万旭英等观察苦参碱注射液配合 TACE 术治疗晚期肝癌的疗效。将 80 例肝癌患者随机分成治疗组（41 例，苦参碱配合TACE 术），对照组（39 例，甘利欣配合 TACE 术）。治疗 14 日后发现：治疗组在改善 TACE 术后的发热、疼痛有效率分别为 82.9%（34/41）、73.2%（30/41）；对照组分别为 53.8%（21/39）、53.8%（21/39）。实验室指标显示在防治 TACE 术后白细胞下降、总胆红素的升高、白蛋白和球蛋白比例的下降等保肝、护肝方面治疗组均优于对照组（$P<0.05$），在防治转氨酶升高方面则与对照组相仿。认为苦参碱联合 TACE 术能改善生活质量、防止白细胞下降、保护肝功能。朱海洪等报道用中药固肝化瘀汤（柴胡、白术、茯苓、穿山甲、水红花子、薏苡仁等）内服和消胀止痛膏（血竭、冰片、红花、乳香、没药、沉香等）外敷，配合常规化疗（FAM 方案）治疗中晚期肝癌 38 例为治疗组，另设单用常规化疗的 33 例为对照组。两组均以 3 个月为 1 疗程，治疗 3 个疗程后评定疗效。结果：治疗组半年生存率为 60.5%（23/38），1 年生存率为31.6%（12/38）；对照组半年生存率为 25.8%（8/31），1 年生存率为 9.7%（3/31）；两组半年、1 年生存率比较差异均有显著性意义（$P<0.01$）。还观察到治疗后主要症状及 ALB、ALT 两项指标的改善均以治疗组为优（$P<0.01$及$P<0.05$）。

2. 实验研究

管冬元等研究原发性肝癌的常用中医治法如清热解毒（半枝莲、白花蛇舌草等）、活血化瘀（丹参、桃仁等）、健脾理气（黄芪、白术等）等的作用机理。方法是以二乙基亚硝胺水溶液诱发大鼠肝癌形成，采用 RT-PCR 方法分别观察这些不同治法对癌基因 ras/MAPK 信号传导通路上相关基因转录的调节作用。结果：这些不同治法能够针对性地调节癌基因 ras/MAPK 信号通路上一些信号分子的转录水平，其中清热解毒法对 raf1 基因、活血化瘀法对 Grb-2 和 raf-1 基因、健脾理气法对 SOS 基因的转录水平有显著的下调作用，各治法均能上调 GAP 基因的转录水平。认为不同中医治法能够不同程度地调节肝癌发生发展过程中一些促使细胞过度增殖信号分子的转录，并且有不同的选择性。刘坚等研究中药复方搏癌丸（黄芪、叶下珠、姜黄、龙葵、莪术等）对人肝癌细胞 Hep-G_2 端粒酶活性的影响。采用药物血清和细胞药理学方法发现，人肝癌细胞 Hep-G_2 细胞经 10%搏癌丸药物血清培养 48 h 后，其端粒酶活性被显著抑制（抑制率为 66.6%），与无药血清对照组比较，有显著性差异，$P<0.05$。徐巍等观察青龙衣粉针剂对人肝癌细胞 SMMC-7721 的作用。采用 MTT 法、生长抑制实验、集落形成实验、细胞周期分析。结果发现，青龙衣粉针剂对 SMMC-7721 细胞具较强毒性作用，IG_{50} 为 1.1 μg/ml；该药可显著抑制细胞生长，剂量与时间效应关系明显，流式细胞仪细胞周期分析表明，经该药处理后的 SMMC-7721 细胞 24 h、48 h、72 h 细胞周期各时相所占百分比 S 期由 20.9 降为 16.0，G_0/G_1 由 66.2 增至 67.6，说明该药有干扰细胞周期，抑制肿瘤细胞 DNA 合成的作用。张建军等探讨叶下珠预防肝癌机制即对人肝癌细

胞株的诱导分化作用。对经叶下珠药物血清处理后的人肝癌细胞株进行生长曲线、克隆形成、甲胎球蛋白(AFP)、白蛋白(ALB)的合成和分泌、γ-GT活力的测定及细胞形态的电镜观察。结果：叶下珠药物血清对该系细胞能抑制其生长，抑制克隆形成($P<0.05$)，减少AFP和γ-GT的合成和分泌，促进ALB的合成和分泌($P<0.05$)，且呈现一定的浓度、时间依赖关系，诱导细胞形态向正常方向分化。认为该药能诱导人肝癌细胞株Bel-7402向正常方向分化，具有预防原发性肝癌发生的作用。吴玲霓等用青蒿琥酯对肝癌细胞株$HepG_2$进行研究，以阿霉素作为对照药，观察使用青蒿琥酯后肝癌细胞在电镜下的形态变化。结果：透射电镜下见经青蒿琥酯处理的$HepG_2$细胞与用阿霉素处理的肝癌细胞相似，出现了凋亡小体这一现象，提示青蒿琥酯可诱导肝癌细胞凋亡。认为该药细胞毒性相对较低，将其应用到肿瘤细胞的化疗上具有重要的意义。吴理茂等研究了青蒿琥酯抗肝癌的作用机理。用检测拓扑异构酶活性，甲基绿-派络宁染色检测凋亡细胞及免疫组化的方法来观察Bax、Bcl-2的表达。结果：经青蒿琥酯处理的SMMC-7721细胞拓扑异构酶活性增强，该药处理后，凋亡细胞明显增加，免疫组化显示，青蒿琥酯组肿瘤标本Bax蛋白阳性细胞数增多，Bcl-2蛋白阳性细胞数减少。认为该药抗肝癌的作用机理可能为上调Bax基因，下调Bcl-2基因，诱导癌细胞凋亡，同时影响拓扑异构酶活性。谭敏等研究莪术油对小鼠肝癌细胞凋亡的影响。用莪术油进行2次小鼠肝癌体内抑制实验，以细胞原位凋亡TUNEL染色方法进行评估。结果发现，该药对小鼠肝癌细胞的抑瘤率分别为51.9%和51.2%，与对照组相比有显著性差异($P<0.01$)；经该药作用过的小鼠HepA肝癌细胞的原位凋亡指数(AI)为6.64 ± 1.26，与对照组2.32 ± 0.82比较，差异有显著性意义($P<0.01$)。认为该药抑制小鼠肝癌生长的机理可能与其诱导肝癌细胞凋亡有关。

(张　征)

【白血病的治疗与研究】

1. 临床研究

张洪钧等通过对104例急性白血病(Acute Leukemia,AL)患者发病前的体质分析发现，AL易患体质为属阳的火型人；这种人的典型特点是比普通正常人平素精力更旺盛、很少生病但性成熟时间延迟，性格外向而少忧虑；患者父母的阳亢(性情急暴，易得高血压)和患者胚胎期气候的阳热(五运六气分析为火运太过或水运不及，君火或相火司天或在泉)是AL体质形成的原因。进而认为造血细胞内部五行制化系统中火气过盛、金水失治，即只有生长机制而缺乏化收藏机制，是细胞AL变的发生机制，AL细胞为体内致虚致热的特殊邪气；AL是在火气过盛而水、精相对或绝对不足的体质病因基础上，AL细胞形成并伤精耗气、致热、扰乱气机。安丽等用养阴清热法(玄参、生地黄、麦门冬、白茅根、小蓟等)与化疗配合治疗急性白血病49例为治疗组，另设44例单纯化疗的对照组。治疗组每日内服中药1剂；两组选用化疗方案的标准相同(急性粒细胞性白血病用DA方案，急性淋巴细胞性白血病用CODP方案，2周后复查骨髓)。结果急性粒细胞性白血病初治患者中治疗组的缓解率较对照组明显增高，差异有显著性意义($P<0.05$)。庞爱明等研究慢白灵胶囊(山豆根、半枝莲、青黛、甘草、黄芪等)对慢性粒细胞白血病(CML)患者免疫功能的影响及其疗效机理。采用ELISA法测定实验组、对照组CML治疗前后及正常人血清可溶性白细胞介素2受体(sIL-2R)，白细胞介素2(IL-2)水平；实验组采用慢白灵胶囊治疗，对照组用靛玉红治疗，均采用单盲法。结果发现，CML患者血清sIL-2R明显高于正常组($P<0.01$)，而IL-2则明显低于正常组($P<0.01$)；使用慢白灵胶囊治疗后，升高的sIL-2R水平有明显回落($P<0.01$)，而降低的IL-2水平则有明显升高($P<0.01$)。认为CML患者存在着免疫抑制，慢白灵胶囊能在一定程度上解除免疫抑制，这是其取得疗效的机理所在。

2. 实验研究

杨洪涌等探讨清毒饮(七叶一枝花、白花蛇舌草、大青叶、山慈姑等)和养正片(黄芪、人参、补骨脂、灵脂、三七等)抗白血病的作用机理。采用L_{7212}白血病小鼠模型，用原位末端标记法(TUNEL)观察清毒饮、养正片和化疗对其白血病细胞凋亡的影响。结果：清毒饮、养正片、化疗各组都可见较多白血病细胞凋亡。其中清毒饮组优于养正片组，合用化疗则更明显，凋亡指数均大于模型对照组($P<0.01$)，提示清毒饮、养正片能

诱导 L_{7212} 白血病细胞凋亡，且以清毒饮较明显，并可提高化疗的促凋亡作用。用免疫组化法检测模型小鼠骨髓有核细胞中 Bcl－2、P^{53} 基因的表达，其 Bcl－2 表达明显增高，予清毒饮、养正片处理后，Bcl－2 有所下降，以清毒饮组较养正片组明显，合用化疗后下降更明显（$P<0.05$）；P^{53} 表达在 L_{7212} 白血病细胞稍减低，经清毒饮、养正片、化疗处理后，表达阳性率及其强度均有所升高，但统计学处理差异无显著性意义（$P>0.05$）。杨氏等又用免疫组化法检测 L_{7212} 白血病小鼠骨髓有核细胞的 Fas 基因表达；用酶联免疫吸附法（ELISA）检测可溶性 Fas(sFas)。结果 L_{7212} 白血病细胞 Fas 表达减低，给予清毒饮、养正片、化疗处理后 Fas 升高，清毒饮组亦较养正片组明显，清毒饮加化疗组尤其明显（$P<0.01$）；清毒饮组 sFas 较模型组明显降低（$P<0.05$），并接近正常空白组水平（$P>0.05$），养正片组则无明显变化。认为清毒饮、养正片能诱导 L_{7212} 小鼠白血病细胞凋亡，并可促进化疗的诱导凋亡作用，以清毒饮尤为明显；清毒饮、养正片均能提高 Fas 的表达水平，清毒饮还可使 L_{7212} 小鼠增高了的 sFas 水平降低。提示在急性白血病早期，采用祛邪攻毒中药可诱导其细胞凋亡并与化疗有协同作用，而此期采用扶正补虚中药则作用较差。赵冬梅等研究"金龙胶囊"（守宫、金钱白花蛇等）对白血病 HL－60细胞的作用及机制。实验提示该方可抑制白血病 HL－60 细胞的生长，其作用呈剂量和时间依赖性；并观察到该方作用后 HL－60 细胞出现典型的凋亡形态学改变，DNA 片段化，流式细胞仪可检出亚 G_1 期细胞；细胞阻滞于 G_0/G_1 期，S 期细胞减少。认为该方对白血病细胞有诱导凋亡作用，且主要作用于 S 期。王怀宇等研究雄黄在诱导急性早幼粒细胞白血病细胞株 NB 4 分化及凋亡过程中基因表达谱的改变。实验应用包含1 003条人类基因的 cDNA 表达谱芯片，检测该药作用于 NB 4 细胞前后基因表达的调控。结果：NB 4细胞在雄黄作用后 12 h，9 条基因上调，37 条基因下调；2 条参与蛋白酶体降解途径的基因显著上调，多条与细胞信号传导、RNA 加工及蛋白质合成相关的基因下调。认为 PSMC 2、PSMD 1 及 ITGB 1 基因的表达改变可能与 NB 4 细胞的分化和凋亡有密切关系。李贵新等探讨蟾酥注射液（CHS）体外抑制白血病 HL－60 细胞增殖的机制。用 MTT 法检测 CHS 对白血病 HL－60细胞增殖的影响，用 Giemsa 染色和透射电镜技术观察 CHS 处理的HL－60细胞形态学和超微结构变化，用琼脂糖凝胶电泳检测 CHS 处理的 HL－60 细胞的 DNA 片段化。结果发现：CHS 24 h 对白血病细胞增殖出现抑制（$P<0.05$）；CHS 处理的 HL－60 细胞光镜和电镜出现核着边、核碎片和凋亡小体，CHS 处理的 HL－60细胞 DNA 电泳出现 DNA 梯状图谱；2.25×10^{-1} μg/ml CHS 作用 24、48、72 h 后凋亡指数（A1）高于阴性对照组（P 均<0.05）。2.25、2.25×10^{-1}、2.25×10^{-2} μg/ml作用48 h的 HL－60细胞 AI 高于阴性对照组（均 $P<0.05$）。提示该药体外能抑制白血病 HL－60 细胞增殖，并诱导其凋亡。杨海燕等亦报道了华蟾素（以蟾皮为主的水溶性制剂）诱导白血病细胞株 HL－60 凋亡的实验研究。结果显示，该药对 HL－60 的凋亡诱导在0.062 5～0.5 μg/ml浓度范围内具有明显的量效关系。Annexin V/PI 双标记法和流式细胞仪术发现，该药在上述浓度范围内对 HL－60 细胞的主要作用方式是诱导细胞凋亡而非诱导坏死。在诱导HL－6细胞发生凋亡的过程中，线粒体跨膜电势下降，提示该药的作用可能与破坏线粒体的功能有关。施文荣等观察白英水提液对人急性早幼粒白血病 HL－60 细胞生长的影响。结果显示，白英水提液对 HL－60 细胞的作用，既表现为短时间作用后的细胞杀伤，也表现为药物持续作用后的增殖抑制，提示该药具有较强的体外抑瘤活性，而其抑瘤活性并不局限于直接的细胞毒作用。买霞等应用 MTT 法测定土槿甲酸（PAA，由土槿皮中提取）对人红白血病 K 562 细胞生长的抑制作用，用荧光染色法观察细胞形态学变化，用琼脂糖凝胶电泳检测细胞 DNA 裂解。结果：K 562细胞经该药处理后 MTT 法的 IC_{50}值为5×10^{-5} M，荧光显微镜下可见染色质凝集、碎裂、凋亡小体形成，琼脂糖凝胶电泳呈典型的"DNA Ladder"，提示该药可诱导人红白血病 K 562 细胞凋亡。陈小红等选用 K 562/VCR、K 562/Adr两种白血病耐药细胞株作为靶细胞，用液体培养与半固体集落培养法观察不同浓度的人参皂苷（GS）对耐药细胞增殖的影响及 GS 协同化疗药物对 K 562/VCR、K 562/Adr 耐药细胞集落生存的抑制作用，探讨 GS 是否能提高肿瘤耐药细胞对化疗药物的敏感性。结果发现：① 单用 GS 作液体培养 MTT 分析法和集落培养

法均显示低、中等浓度的GS 5～50 μg/ml对细胞增殖无明显影响，但当浓度升高至75 μg/ml时，则抑制细胞增殖和集落形成($P<0.01$)。②当GS与化疗药物联合应用时，即使化疗药物浓度(1 μg/ml)不变，K 562/VCR、K 562/Adr耐药细胞对化疗药物的敏感性与GS呈剂量依赖关系。即GS浓度达到50 μg/ml时，化疗药物对细胞的抑制作用明显($P<0.01$)，且随着GS浓度的升高，抑制作用逐渐增强。认为GS通过提高耐药细胞对化疗药物的敏感性而与化疗药物起协同作用，同时在一定浓度下，能直接地抑制白血病耐药细胞增殖。牛泱平等观察GS是否具有诱导髓性白血病HL-60细胞株的凋亡作用。取不同浓度的GS处理HL-60细胞，观察GS所致细胞形态学的变化；用流式细胞术分析细胞DNA含量的改变，并进行DNA片段分析(DNA Ladder)；用Annexin V-FITC试验法分析细胞凋亡百分率。结果：GS能够抑制HL-60细胞生长，在一定剂量和时间范围内可引起细胞凋亡，可为临床应用GS作为化疗药物的辅助剂治疗白血病提供实验依据。

(张　征)

[附] 参考文献

A

安丽，陈遂生，岳桂英. 养阴清热法治疗急性白血病49例. 中医杂志，2002；(6)：449

C

蔡红兵，杨柳，李爱民，等. 实脾散辅助治疗癌性腹水50例. 山东中医杂志，2002；(11)：652

蔡永敏，李根林. 阿麒贴治疗癌症疼痛178例临床研究. 中医杂志，2002；(3)：200

晁恩祥. 再谈中药不良反应问题. 天津中医，2002；(4)：1

陈华，杨守峰，杨雪琴，等. 癌平口服液含药血清对人胃癌细胞凋亡的影响. 中国中医药信息杂志，2002；(8)：20

陈小红，高瑞兰，牛泱平，等. 人参皂苷对白血病耐药细胞化疗药物敏感性的研究. 浙江中西医结合杂志，2002；(4)：206

F

樊凤英，周松阳. 补阳还五汤加减治疗乳腺癌术后上肢水肿19例体会. 甘肃中医，2002；(6)：25

G

管冬元，鲁恒心，方肇勤. 不同中医治法对ras/MAPK信号通路相关基因转录调节的实验研究. 中国中医基础医学杂志，2002；(10)：36

H

黄智芬，黎汉忠，谭志强，等. 中西医结合治疗肺癌刺激性咳嗽32例总结. 湖南中医杂志，2002；(4)：7

J

贾立群，李佩文，谭煌英，等. 抗癌消水膏治疗恶性胸腔积液的临床研究. 北京中医药大学学报，2002；(4)：63

蒋益兰，潘博，仇湘中，等. 益肺败毒汤治疗中晚期非小细胞肺癌56例总结. 湖南中医杂志，2002；(2)：3

金树文，章永红. 亚砷酸注射液配合五味克瘤饮治疗浅表淋巴结转移瘤25例疗效观察. 中医杂志，2002；(8)：602

L

李杰，孙桂芝，祁鑫，等. 养胃抗瘤冲剂对胃癌患者外周血T淋巴细胞rDNA的转录活性和凋亡相关蛋白影响的研究. 中国中西医结合外科杂志，2002；(4)：253

李贵新，徐功立，姜夕锋，等. 蟾酥注射液抑制白血病HL-60细胞增殖及诱导其凋亡实验研究. 山东中医杂志，2002；(7)：424

李永安，叶兵，杨柳. 扶正解毒方联合化疗治疗晚期非小细胞肺癌40例. 安徽中医学院学报，2002；(1)：13

李永明. 对比利时肾病成因和中药致癌之说的质疑. 中国中西医结合杂志，2002；(2)：142

刘坚，屈丽波，李瀚旻，等. 搏癌丸对人肝癌Hep-G2细胞端粒酶活性的影响. 中西医结合肝病杂志，2002；(5)：272

刘毅，周洁. 中西医结合治疗晚期胃癌30例. 山东中医杂志，2002；(3)：164

刘用楫，钱宗鸣，刘辉，等. 三氧化二砷对小鼠膀胱癌细胞系细胞内游离钙浓度影响的实验研究. 中国中西医结合外科杂志，2002；(1)：35

M

买霞，张敏，陈莉，等. 土槿甲酸诱导人红白血病细胞

凋亡的研究. 中医药学报，2002；(1)：48

N

牛泱平，高瑞兰，Helen Tao，等. 人参皂苷诱导HL－60细胞凋亡的研究. 中国中西医结合杂志，2002；(6)：450

P

庞爱明，崔宇杰，于忠学，等. 慢白灵治疗慢性粒细胞白血病及对血清 sIL－2R、IL－2 水平影响的研究. 中医药学刊，2002；(4)：428

Q

秦群，谢兆霞，皮海珍，等. 口康含漱液治疗急性白血病并口腔感染的临床观察及体外抑菌实验研究. 湖南中医学院学报，2002；(1)：50

S

施文荣，刘艳. 白英对人急性早幼粒白血病 HL－60 细胞生长的影响. 福建中医学院学报，2002；(1)：36

孙大兴，裘维焰，赵树珍. 肺康方治疗中晚期非小细胞肺癌疗效分析. 中医药学报，2002；(2)：49

T

谭敏，宾晓农，吴万垠，等. 莪术油对小鼠肝癌细胞原位凋亡的影响. 中西医结合肝病杂志，2002；(5)：290

唐汉均，高尚璞，郑勇. 中医药治疗乳腺癌术后患者288 例临床观察. 上海中医药大学学报，2002；(3)：23

陶炼. 辨证治疗晚期胃癌 40 例临床观察. 湖南中医杂志，2002；(2)：5

W

万旭英，陈哲. 苦参碱注射液联合 TACE 术治疗原发性肝癌的临床观察. 浙江中医学院学报，2002；(2)：22

王昌俊，廖子君，陈庆强，等. 中药 960 合剂配合肝动脉栓塞化疗治疗晚期肝癌. 中国中西医结合消化杂志，2002；(4)：211

王怀宇，刘陕西. 应用基因芯片研究雄黄对 NB 4 细胞的作用. 中国中药杂志，2002；(8)：600

王建平，魏品康，许玲，等. 消痰散结方对裸鼠MKN－45人胃腺癌组织中 E－Cad 表达的影响. 中医研究，2002；(2)：18

吴理茂，赵一，王勤，等. 青蒿琥酯治疗肝癌的机理初探. 中国中医基础医学杂志，2002；(8)：33

吴玲霓，黄真炎，雷娓娓，等. 青蒿素诱导肝癌细胞凋亡的电镜观察. 新中医，2002；(3)：76

X

夏跃胜，王建华，刘星，等. 放射疗法联合应用活血与扶正活血中药治疗鼻咽癌的对比研究. 中国中西医结合耳鼻咽喉科杂志，2002；(2)：72

徐力，王明艳，许冬青，等. 三物白散加味方影响胃癌相关基因表达的实验研究. 南京中医药大学学报，2002；(3)：158

徐巍，郭彩玲，高奎滨. 青龙衣粉针剂对人肝癌细胞株的作用. 中医药学报，2002；(5)：47

Y

杨海燕，朱宁希，洪用伟，等. 华蟾素诱导白血病细胞株 HL－60 凋亡的实验研究. 福建中医药，2002；(1)：43

杨洪涌，翻习龙，丘和明，等. 清毒饮和养正片诱导 L_{7212} 小鼠白血病细胞凋亡及其对 Bcl－2、P^{53} 基因表达的影响. 新中医，2002；(6)：69

杨洪涌，潘习龙，丘和明，等. 清毒饮和养正片对 L_{7212} 白血病小鼠 Fas 基因及其可溶性受体的影响. 广州中医药大学学报，2002；(2)：133

Z

张洪钧，尚雪利，孙颖立，等. 急性白血病易患体质研究及病因病机探讨. 北京中医药大学学报，2002；(1)：46

张建军，黄育华，晏雪生，等. 叶下珠药物血清对人肝癌细胞株的诱导分化作用的实验研究. 中国中医药科技，2002；(5)：289

张玉红，朱玉真，王学习，等. 扶正抑瘤汤对肿瘤细胞端粒酶活性影响的实验研究. 现代中西医结合杂志，2002；(7)：595

赵冬梅，石永进，关大创，等. "金龙胶囊"抑制HL－60细胞生长并诱导细胞凋亡. 中国医药学报，2002；(6)：346

郑坚，朱莹杰，周浩，等. 脾虚状态与相关检测指标及进展期胃癌生存期的关系. 实用中医药杂志，2002；(8)：3

朱海洪，姜国盛. 中药内外治疗中晚期肝癌 38 例. 中医杂志，2002；(8)：609

(四) 内 科

【概述】

2002 年度内科领域的论文近 7 000 篇。以常见病、多发病为主,对一些难治性病证进行了有益的探索。

1. 理论探讨

李振波认为瘀血是真性红细胞增多症的主要病机。因此临床辨证分为气滞血瘀型、肝血血瘀型及血热血瘀型,分别用柴胡疏肝散合血府逐瘀汤加减、龙胆泻肝汤加活血化瘀药和芩连四物汤合犀角地黄汤加减治疗。王洁民等通过对帕金森病(PD)的研究,提出人体中多种自由基、兴奋性氨基酸以及血液中异常增多的脂质和铁离子等,均称之为"毒"。与之相应的是各种酶的减少、激素分泌的降低等。提出了补肾解毒法治疗本病的思路。何建成等认为 PD 的发病机理多为本虚标实,本虚即肝、脾、肾等诸脏皆虚,标实为痰、火、风、瘀、毒。张琦认为 IgA 肾病血尿是属于本虚标实的病症。肝肾阴虚或气阴两虚是其本,为导致 IgA 肾病血尿发病的内在因素;湿热邪毒是其标,是促发 IgA 肾病血尿产生的外在原因,内外合邪为本病的病因所在。肾阴虚是 IgA 肾病血尿发病及病变的关键环节;湿热邪毒、瘀血是 IgA 肾病血尿诱发及加重的因素;IgA 肾病血尿从发病之初即以肾为其病变中心,日久入血,继则出现血的运行失常而形成血瘀。故 IgA 肾病血尿围绕肾的虚、瘀、热、湿的消长而变化,其临床表现往往虚实夹杂互见,病程缠绵难治。魏耕树等认为气郁、痰是瘿病的基本病理因素,演变的必然结果是瘀。研究发现甲亢患者无论病情轻重,疾病处在哪一阶段,多存在不同程度的血瘀表现,按血瘀证定量标准来分析,发现绝大多数患者达到轻度或中重度血瘀,据此进行治疗取得了很好的疗效。陶双友认为,脑出血后继发癫痫与出血部位密切相关,以脑叶尤其颞、顶叶出血为多见,且出血灶越大,越接近皮层,癫痫发作就越早,且程度越重。其病机是风阳内动,气机逆乱,痰浊阻滞,脏腑虚损。早期以痰热瘀血标实为主,治宜清热化痰、活血通络为主,兼以平肝熄风,方选黄连温胆汤合小陷胸汤加减;晚期则以脏腑亏虚为本,痰瘀为标,治宜健脾补肾,化痰开窍,方选温胆汤和六君子汤加减。由于出血性中风继发癫痫可使病情加重或恶化,因此对有明显癫痫倾向的高危患者如脑叶出血,可以预防性地抗癫痫治疗 1～2 周。赵新广等认为肾虚是再生障碍性贫血(简称再障)发病关键,毒邪对再障发病起重要作用,正邪交争产生病理产物影响骨髓造血,终致再障的发生,并提出解毒为标,治肾为本,参以活血化瘀的三大治法。

2. 临床研究

(1) 呼吸系统疾病　谢敏等采取治疗组用中药(牡丹皮、黄芩、山豆根)煎汤超声雾化吸入观察治疗喉源性咳嗽 32 例,14 天后的总有效率达 93.8%(30/32);对照组用庆大霉素、糜蛋白酶、地塞米松配入生理盐水超声雾化吸入治疗 20 例,同样疗程后的总有效率为 70.0%(14/20)。组间比较,$P<0.05$。余波等用金银花、蝉蜕、玄参、射干、麦门冬、胖大海等煎汤内服,同时用清咽药(金银花、胖大海、梅花、青黛)和止咳药(百部、紫菀、款冬花、前胡)分别熬制成膏药,分别贴敷于天突穴和定喘穴上,用综合治疗法共治 181 例喉源性咳嗽,治愈 155 例,好转 24 例,总有效率为98.9%(179/181)。曹胜雁等自拟葶苈瓜蒌逐瘀汤治疗结核包裹性胸膜炎同时配服西药抗痨治疗,再外用六味内消膏贴于胸膜炎发生部位,直到胸水完全吸收。结果:36 例全部治愈,其中仅 2 例配合抽胸水。疗程最短 5 日,最长 30 日,随访 2 年无 1 例复发。

(2) 循环系统疾病　李世光等用参麦注射液 30 ml 加入 5%葡萄糖液 250 ml 中静脉滴注,每日 1 次,同时加用地高辛、速尿等西药治疗扩张型心肌病合并左心功能不全 20 例,对照组 20 例为纯西药治疗。疗程均为 14 日。结果:治疗组显效 8 例,有效 11 例,总有效率为 95.0%,对照组分别为 4 例、9 例、65.0%,组间比较,$P<0.05$。翁惠民用复方丹参滴丸治疗心功能不全 624 例,疗程为 30 日,结果显示治疗前后心功能测定差异有显著性意义($P<0.01$)。

(3) 消化系统疾病　欧阳宏等以清浊安中汤(藿香、佩兰、佛手、生薏苡仁、黄芩等)治疗脾胃湿热证31例,与15例脾气虚证及10例健康者对照。结果:经2～3周治疗,93.5%的脾胃湿热证患者症状完全消失;并发现经治疗后血胃泌素、胃动素水平恢复至正常,脾胃湿热证症状也随之解除。提示脾胃湿热证与胃泌素水平的升高有关;胃动素可能与脾胃湿热证和脾气虚证的某种共同病理特性有关。朱莹等将80例伴有抑郁焦虑症状的功能性消化不良患者随机分为治疗组和对照组。对照组单纯用抗消化不良治疗,治疗组在此基础上加用疏肝理气中药,疗程6周。结果:两组患者的消化不良症状评分,Zung自评量表分和HAMD量表评分均较治疗前下降,治疗组消化不良症状控制总有效率为92.9%,HAMD量表评分有效率为85.7%,显著高于对照组的81.6%和15.8%($P<0.05$)。

(4) 代谢系统疾病　林玉伟将83例2型糖尿病患者随机分为两组,治疗组(53例)用六味地黄汤加味,对照组(30例)给予美迪康0.5 g。结果:治疗组显效38例,有效11例,总有效率为92.5%;对照组显效12例,有效10例,总有效率为73.3%。马永泽等将73例糖尿病肾病患者随机分为两组。治疗组(42例)在糖适平、依那普利等西药治疗基础上,用加味补阳还五汤。对照组(31例)只给予西药治疗。两组均以3个月为1个疗程。结果:治疗组显效34例,有效5例,总有效率为92.9%;对照组分别为18例、7例,总有效率为80.6%,组间比较,$P<0.05$。王晓平等在西药降糖治疗的基础上用黄芪桂枝五物汤加味治疗糖尿病周围神经病变93例,并与西药对照治疗65例作比较,治疗2个疗程。结果:治疗组显效53例,有效28例,总有效率为87.1%;对照组分别为12例、22例,总有效率为52.3%,组间比较,$P<0.01$。张明等将150例急性痛风性关节炎患者随机分为两组,治疗组(100例)用自拟痛风冲剂治疗,对照组(50例)用秋水仙碱治疗,两组均以1周为1个疗程。服药期间停服其他治疗痛风的药物。结果:治疗组痊愈27例,显效40例,有效28例,总有效率为95.0%;对照组分别为14例、18例、15例,总有效率为94.0%,组间比较,$P>0.05$。动物实验结果表明:痛风冲剂能明显减少小鼠扭体反应次数,明显提高小鼠痛阈值,与生理盐水组比较,$P<0.05$。林圣光内治用自拟祛痛汤水煎服,外治用自制栀黄散研细末,米醋调敷患处,每日换药1次。共治49例。结果:用药3日内显效32例,5日内显效11例,3日内好转2例,5日内好转2例,总有效率为95.9%(47/49)。叶梅惠用针刺配用四妙丸加味治疗痛风急性发作25例,配合针刺阿是穴、三阴交、阴陵泉等,7日为1个疗程。结果:治愈18例,占72.0%;好转7例,占28.0%;总有效率为100%。

(5) 血液系统疾病　郑金福等辨证论治6例真性红细胞增多症。血瘀气滞型选用血府逐瘀汤加减;血瘀气滞兼肝胆实火型,选用桃红四物汤和龙胆泻肝汤加减;血瘀气滞兼热入营血型,选用犀角地黄汤加减。同时瘀血明显者兼服大黄䗪虫丸,脾大明显者兼服当归龙荟丸或青黛散。结果:治疗后患者血红蛋白明显下降($P<0.01$),而白细胞和血小板虽有下降,但差异无显著意义。傅汝林等将68例原发性血小板减少性紫癜(IPT)患者辨证分为血热妄行、脾不统血和阴虚火旺型3组,均给予归脾汤加减治疗3个月。3组总有效率分别为83.8%,95.6%,76.5%,据此认为脾虚失其统摄之职是IPT的病机关键,益气健脾则是IPT的重要治法。周永明等认为难治性IPT是由于外感风热毒邪伤络,阴分受损,迫血妄行;或内伤脾肾,气不摄血,阳不敛阴,以致血溢脉外。辨证分为血热络伤、阴虚型和脾肾两亏、气虚型。以泻火宁血、健脾滋肾为原则。药用生地黄、牡丹皮、大青叶、黄芪、党参、白术、熟地黄、旱莲草、当归、仙鹤草为主,随证加减治疗35例。治愈2例,显效7例,良效11例,进步11例,总有效率为88.6%。甘欣锦等收集近5年中医治疗再障的有效方剂23首,涉及中药58味,以益肾补血药为多,运用率最高的有下列12味药:熟地黄、女贞子、枸杞子、首乌、补骨脂、菟丝子、淫羊藿、巴戟天、黄芪、当归、白术、鸡血藤。张伟萍等认为过敏性紫癜系因感受风热毒邪或误食有毒鱼虾,致使热毒内蕴,邪毒外透,损伤血络而成。自拟蝉乌消斑饮(蝉蜕、乌梅、金银花、丹参、生地黄、蒲公英等)加减治疗44例。结果:痊愈41例,好转2例,总有效率为97.7%。

(6) 泌尿系统疾病　陈寿元等用泌石灵冲剂(猫须草、金钱草、丹参、牛膝等)治疗泌尿系结石患者225例,对照组用排石冲剂治疗95例,以10日为1个疗程。结果:治疗组治愈145例,好转50例,总有效率为86.7%;对照组分别为35例、

36例，总有效率为74.7%，组间比较，$P<0.01$。黄明伟用菟泽术芪汤（菟丝子、泽泻、白术、黄芪、淫羊藿、桑白皮等）加减治疗特发性水肿46例，总有效率为93.5%。林贞慧等辨证施治78例特发性水肿，分为6型：营卫不和型，方用黄芪桂枝五物汤化裁；湿热蕴结型，方用师传枇叶汤（枇杷叶、益母草、桑白皮、茯苓、白术、连翘、茵陈、大腹皮、泽泻、薏苡仁、赤小豆、通草）化裁；肝郁气滞型，方用逍遥散或柴胡疏肝散合胃苓汤化裁；肝肾阴虚型，方用滋水清肝饮化裁；脾肾亏虚型，方用真武汤化裁；肝脾肾失调型，方用柴芍四君子汤合济生肾气丸化裁。总有效率为97.4%。

（7）内分泌系统疾病　刁锦昌等运用消痔灵局部注射（消痔灵、曲安缩松、利多卡因注入肿大的甲状腺内）、口服解毒化瘀丹及小剂量他巴唑治疗甲亢40例，对照组40例予他巴唑口服治疗。结果：治疗组临床控制20例，显效13例，有效5例，总有效率为95.0%；对照组分别为13例、11例、9例、82.5%。李中岩用具有滋阴润燥、清肝散结、清肺降火、消瘿祛肿、养心安神作用的"甲亢消"方（夏枯草、赤芍药、白芍药、生地黄、天门冬、黄药子、穿山甲等），从调整机体阴阳平衡去调控血浆cAMP/cGMP的平衡，以实现体内免疫系统平衡与稳定，使甲亢得以治愈。

（8）神经精神系统疾病　韩树芬对64例急性面神经炎患者，按先后顺序随机分为两组：治疗组（32例）给予大剂量黄芪复方汤（黄芪30 g，白附子、川芎、赤芍药、僵蚕、全蝎等），西药给予强的松、维生素B_1和维生素B_{12}治疗；对照组（32例）西药用量同治疗组，中药给予小剂量黄芪（10 g）复方煎剂，两组均治疗60日。结果：治疗组痊愈23例，好转8例，总有效率为96.9%；对照组分别为18例、7例、78.1%，组间比较差异有显著性意义。提示大剂量黄芪治疗急性面神经炎有较好疗效。赵建明用羌活、防风、川芎、细辛、白芷、薄荷、黄芪、全蝎、苍术水煎滤液，用纱布条浸药液，纳入鼻腔中治疗血管神经性头痛，左侧头痛纳左鼻腔，右侧头痛纳右鼻腔，双侧头痛纳左右鼻腔，隔日交替用药，治疗66例（治疗组），同时与镇脑宁胶囊口服治疗62例作对照。结果：治疗组总有效率为97.0%；而对照组总有效率为72.6%，组间比较差异有显著性意义。何建成等认为中医药治疗帕金森病缺乏反映脑黑质细胞变性程度或病变速度的客观指标，直接影响准确评价中医临床疗效。PET或SPECT作为新型功能影像检查手段，有望从影像学角度反映黑质-纹状体系统病变程度，对评定中医药疗效有一定意义。针对患者震颤和肌强直症状，可分别选用震颤图和肌电图检查，作为客观指标。谢道俊等认为急性脑梗死（AIS）患者在中风后可产生瘀毒、痰毒、热毒等，毒邪可破坏形体，损伤经络，包括浮络、孙络等，并认为临床AIS患者多伴胰岛素抵抗（IR）及脂质代谢紊乱等病理生理变化，故据此立论遣方通脑精胶囊（大黄、菖蒲等）。随机分为治疗组（34例）和尼莫地平对照组（30例），按神经功能缺损积分改变观察疗效。治疗组基本痊愈率为35.3%，显著进步率为41.2%，均较对照组20.0%，26.7%为高。提示该方不仅具有改善AIS患者神经缺损功能，并有改善IR、调节脂质代谢功能的可能。赵宁侠等对17例吸毒者下丘脑-垂体-靶腺轴功能及肾阳虚进行相关研究。结果：17例吸毒者外周血检测黄体生成素（LH）、滤泡刺激素（FSH）、睾酮（T）明显低于健康人。戒断症状肾阳虚积分评定，17例吸毒者都有典型肾阳虚症状。徐国柱等对海洛因依赖者421例进行脱毒双盲对照临床试验。用扶正康冲剂（红参、延胡索、清风藤、洋金花、制附子、甘草等）治疗312例，用西药盐酸洛非西定作阳性对照组共79例，安慰剂作阴性对照组共30例。结果：扶正康脱毒效果明显优于安慰剂，与盐酸洛非西定疗效基本相当，不良反应发生率较低，表现较轻。

3. 实验研究

陈宇鹏等以保心康（人参、黄芪、毛冬青、炙附子等）对家兔心功能不全动物模型进行药效学研究。证明其能改善心功能不全家兔的血流动力学，延缓心衰进程，改善心功能，且疗效呈明显量效关系。其强心作用与降低NO水平有关。陈更新等发现胃祺Ⅱ号方能提高大鼠胃窦5-羟色胺（5-HT）的含量，明显优于模型组（$P<0.01$）及木香顺气丸组（$P<0.05$）。同时降低胃窦AchE的含量，明显低于模型组（$P<0.01$）及西沙比利组（$P<0.05$）。提示两者作用可能是其治疗功能性消化不良的重要机制之一。杨海燕等通过华蟾素（中华大蟾蜍皮水溶性成分）诱导白细胞株HL-60凋亡的实验研究，发现华蟾素对HL-60细胞生长有抑制作用，并具有明显的凋亡诱导作用，且在0.062 5～0.5 μg/ml的浓度范围内具有

明显的量效关系；还发现随着药物浓度的增加，对线粒体的功能损害加强。研究表明，华蟾素的作用可能与破坏线粒体的功能有关。王振学等通过动物(小鼠)实验，进行中药茉莉根浸膏戒毒效果前期研究，观察该药对小鼠中枢神经的药理作用，发现茉莉根醇浸膏对小鼠具有减少自主活动、抑制扭体反应及延长戊巴比妥阈上剂量睡眠时间的作用。提示该药对中枢神经系统具有抑制作用，对戒毒过程中出现的焦虑、烦躁、失眠等戒断症状及迁延症状可能有明显的中枢镇静、催眠和镇痛作用，为该药应用于临床戒毒，控制戒毒症状，预防复吸提供了一定的药理学依据。

(马贵同　韩　捷)

【中西医结合治疗结核性胸膜炎】

姚东坡等治疗结核性胸膜炎 136 例，均符合以下标准：初治患者，胸腔积液 200 ml 以上，除外叶间积液者。无糖尿病、营养不良、其他传染病及心肝肾疾病。掷币法分为治疗组和对照组，各 68 例。治疗组采用化疗 2S(E)HRZ/4HR 方案，口服 654－210 mg，每日 3 次。予微创一次性胸水引流术，安放静脉留置管，以 30～50 ml/min 速度进行放液。每日在留置管近胸端注入雷米封 0.3 g，地塞米松 10 mg，尿激酶 10 U。口服抗痨逐饮汤(百部、百合、生地黄、白及、柴胡、赤芍药、白芍药等)阴虚火旺者加知母、银柴胡、黄柏。痰热盛者加黄芩、全瓜蒌、大贝母；阳气虚者加人参，阳气虚甚加桂枝。对照组采用化疗 2S(E)HRZ/4HR 方案，口服强的松 20～30 mg/d，10 日后逐步减量。中等量积液予每周抽液 2～3 次，每次抽液量小于 1 000 ml，有胸膜反应者停止抽液。两组抗痨治疗总计均为 6 个月。疗效标准参照中华人民共和国卫生部 1996 年 8 月发布的《病种质量控制标准》。治疗组治愈 60 例，好转 8 例，放液量(2 100±17)ml；对照组治愈 50 例，好转 18 例，放液量(2 300±25)ml。在退热时间、胸水消退时间及副反应等方面，治疗组均优于对照组($P<0.01$)。刘建设治疗结核性胸腔积液 60 例，均为单侧胸水，其中治疗组 38 例，对照组 22 例。治疗组用自拟中药方(十大功劳叶、百部、紫菀、杏仁、射干、桑白皮等)每日 1 剂，连服 4 周；气虚者加黄芪，胸痛者加延胡索、川楝子，低热起伏者加地骨皮、连翘、石膏，胸闷者加薤白、半夏。同时口服抗结核西药，采用 αERHZ，$4RH_7$ 方案，口服强的松 5 mg，每日 3 次，自第 2 周胸水消失后，开始逐渐减量，6 周停药。中量以上胸水进行抽水治疗，每周 2 次。对照组采用上述西医治疗方法。结果：治疗组显效 29 例，有效 9 例，总有效率为 100%(38/38)；对照组分别为 3 例，17 例，91.9%(20/22)，组间比较，$P<0.01$。曹胜雁等自拟葶苈瓜蒌逐瘀汤(葶苈子、全瓜蒌、赤小豆、薤白、茯苓、百部等)治疗结核性包裹性胸膜炎 36 例，每日 1 剂，直到胸水完全消失为止。同时配合西药抗痨治疗。再外用六味内消膏(肉桂、公丁香、生南星、樟脑、猪牙皂、白芥子)贴于胸膜炎发生部位，隔日换药1 次，直到胸水完全吸收。结果：36 例全部治愈，其中仅 2 例配合抽胸水。疗程最短 5 日，最长 30 日，随访 2 年无 1 例复发。

(招萼华)

【心功能不全的治疗和研究】

张一等用生脉注射液(999 制药有限公司生产)50 ml，加入 5%葡萄糖注射液 250 ml 中静脉滴注，每日 1 次，治疗 86 例(治疗组)；对照组 69 例采用丹参注射液 20 ml 加入 5%葡萄糖注射液 250 ml 中静脉滴注，每日 1 次。两组均配合服用卡托普利，部分患者服用洋地黄类药物，未用 β-受体阻滞剂。均治疗 2 周评价疗效。结果：治疗组显效 31 例，有效 50 例，总有效率 94.2%(81/86)；对照组显效 19 例，有效 36 例，总有效率为79.7%(55/69)，组间比较，$P<0.01$。孙洪用黄芪注射液(成都地奥九泓制药厂生产，中药制剂)50 ml，加入 10%葡萄糖注射液中静脉滴注，每日 1 次，治疗 40 例(治疗组)。对照组(40 例)用丹参注射液 20 ml 加入 10%葡萄糖注射液中静脉滴注，每日 1 次。两组均以洋地黄、利尿剂为基础治疗，剂量保持一致，治疗 20 日评价疗效。结果：治疗组显效 10 例，有效 30 例，总有效率为 100%(40/40)；对照组显效 0 例，有效 28 例，总有效率为70.0%(28/40)，组间比较，$P<0.05$。李世光等用参麦注射液(正大青春宝药业有限公司生产，中药制剂)30 ml，加入 5%葡萄糖注射液 250 ml中静脉滴注，每日 1 次，同时加用西药地高辛、速尿、朴达秀常规用量，治疗扩张型心肌病合并左心功能不全 20 例(治疗组)。对照组(20 例)单纯使用上述同样剂量西药。两组均治疗 14 日评价疗效。结果：治疗组显效 8 例，有效 11 例，总有效率为95.0%(19/20)；对照组显效 4 例，有效 9 例，总有效率为65.0%(13/20)，组间比较，$P<0.05$。孙长春等用强心康口服液(黄芪、当归、

益母草、麦门冬、人参、附子等)配合西药地高辛等治疗38例(治疗组),对照组(35例)单纯用上述同样同量西药。均治疗30日评定疗效。结果:治疗组总有效率为92.1%(35/38),对照组总有效率为80.0%(28/35),组间比较,$P<0.05$。吕志红等用强心合剂(炙黄芪、太子参或西洋参、五味子、炙甘草、丹参等)水煎服,连服30日,治疗36例。结果:显效12例,有效21例,总有效率为91.7%(33/36)。翁惠氏用复方丹参滴丸治疗624例,同时进行治疗前后普通心电图描记、$PtfV_1$值测定以及超声心功能测定,治疗30日后进行疗效评定。结果:治疗前后对比,心功能测定差异有显著性意义($P<0.01$)。

陈宇鹏等用保心康(人参、黄芪、毛冬青、炙附子等)对实验性心功能不全家兔模型进行药效学研究,证明保心康能改善心功能不全动物的血流动力学状况,延缓心衰的进程;改善心功能,且疗效呈明显的量效关系;其强心作用与降低NO水平有关。

(刘道清　刘　霖)

【肠易激综合征的治疗】

1. 基础研究

沈芸总结了名老中医蔡淦治疗肠易激综合征(IBS)临床治疗经验,认为本病是胃肠道运动性疾病,以腹痛、腹泻、便秘或腹泻与便秘交替发作为主要症状。蔡氏以肝脾二脏辨治为主,强调肝郁脾虚为本病的主要病机,治以疏肝健脾为主,取古方痛泻要方之长,以抑肝扶脾,调节胃肠道功能。骆天炯总结了沈林教授治疗肠易激综合征的经验,认为肠易激综合征是一种生物-心理病症,认为饮食不节、七情郁结、劳倦过度而导致的肝、脾、大肠、小肠等脏腑功能失调是IBS的主要发病机制,其中尤以脾虚、肝郁最为关键。故采用疏肝健脾法配合化湿、温肾、清热、化瘀等分型论治方法,并需要注意饮食和心理治疗。

2. 临床治疗

张正利等用肠吉安冲剂(白术、白芍药、陈皮、防风、延胡索等)治疗腹泻型肠易激综合征患者40例,每次1包,每日3次;与得舒特西药组(26例)。治疗全程为10周。用BSS自测量表的积分变化作为判断疗效的依据,记录临床和生化检测中的不良反应。结果:中药组总有效率为80.0%(32/40),得舒特对照组总有效率为61.5%(16/26),两者差异无显著性意义($P>0.05$)。中药组和得舒特组均能显著改善患者的腹痛程度、腹痛天数、腹胀程度的积分,但在改善患者排便满意度和对生活干扰项目上,中药组优于得舒特组($P<0.05$)。李家龙等用调肠饮(白芍药、防风、白术、陈皮、龙眼肉、生麦芽等)随症加减治疗56例。治愈率为44.6%(25/56),总有效率为92.9%(52/56),与西药对照组比较差异显著。认为本病治疗宜疏肝理脾,养心安神,调整肠道功能。叶柏等用仙石胶囊(炒白术、炒白芍药、仙鹤草、石榴皮等)治疗40例,对照组40例用得舒特和思密达。结果:总有效率分别为90.0%(36/40)、72.5%(29/40),组间比较,$P<0.05$;腹痛、腹泻积分变化比也有明显差异。丁克等设心肠宁合剂(莲子肉、五味子、合欢花、甘松、白芍药等)观察组43例,小檗碱对照组37例。两组均同时结合心理治疗。15日为1个疗程。两组总体疗效经统计分析,组间比较,$P<0.05$。治疗后结肠肌电图与治疗前对比显示与上述疗效情况相符,其中观察组显效患者结肠肌电图最为接近。

(郑舜华　张正利)

【功能性消化不良的治疗】

1. 病因病机

林燕等认为运动障碍型功能性消化不良据其临床表现归于中医"胃痞"范畴,其病位在胃,气机不利、肝郁脾虚是基本病机,疏肝健脾是基本治法。在疏肝与健脾方面应以疏肝理气为主,兼顾养血柔肝;培土抑木,辅以理气化湿。林氏以疏肝健脾方(柴胡、炒枳壳、香附、佛手、炒白芍药、紫苏梗等)治疗60例。结果:显效55例,总有效率为91.7%(55/60)。

2. 现代研究

潘志恒等采用B超胃窦单切面法测定76例功能性消化不良(FD)患者的胃排空功能。结果表明肝胃不和组和肝胃郁热组患者餐后2 h胃窦面积较大,餐后2 h胃排空率明显小于正常对照组和脾胃虚弱组($P<0.05$),表明实证组的胃排空时间较正常对照组和虚证组明显延长。提示FD中医分型以"实痞"为主,肝胃不和可能是FD的主要病因病机,临床上测定患者的胃排空功能对指导中医分型和治疗均有一定意义。张小萍等将64例FD患者随机分为以加味六君子汤治疗

的治疗组和用西沙必利治疗的西药组，对治疗前后的临床症状和空腹血浆 MTL 水平进行比较、分析及评价。结果表明加味六君子汤能明显改善患者的临床症状，使患者较低的空腹血浆 MTL 显著提高，与西沙必利相当。结果说明加味六君子汤治疗功能性消化不良疗效肯定，能增加血浆胃动素的分泌。

3. 辨证治疗

金群等用胃必康颗粒剂(莪术、延胡索、制半夏、甘松、枳壳、蒲公英等)治疗 286 例 FD 患者。根据患者临床表现分为气机郁滞、肝火犯胃、痰浊中阻、瘀阻胃络、脾胃虚寒、胃阴亏虚等 6 型。15 日为 1 个疗程。结果：痊愈 166 例，好转 106 例，最长治疗 3 个疗程，总有效率为 95.1%(272/286)；以气机郁滞型、痰浊中阻型、瘀阻胃络型疗效较好。朱莹等根据 FD 多伴有抑郁、焦虑，而抗抑郁焦虑现代药物治疗又存在明显副反应的临床现状，探讨疏肝解郁法对 FD 的疗效及适应症。将 80 例伴有抑郁焦虑症状的 FD 患者随机分为治疗组和对照组：对照组给予单纯的抗消化不良治疗；治疗组在抗消化不良的基础上，加用疏肝理气的中药。疗程 6 周。结果：两组患者的消化不良症状评分、Zung 自评量表分和 HAMD 量表评分均较治疗前下降，治疗组消化不良症状控制总有效率为 92.9%(39/42)，HAMD 量表评分达常模有效率为 85.7%(36/42)，显著高于对照组的 81.6%(31/38)和 15.8%(6/38)($P<0.05$)。

（郑舜华　张正利）

【IgA 肾病的治疗】

聂丽芳等用益气滋肾冲剂(生黄芪、生地黄、白芍药、金银花、小蓟、三七粉等，西苑医院制剂，每袋 12 g)治疗 100 例 IgA 肾病患者。每日 2 次，每次 2 袋，饭后 1.5 h 开水冲服，2 个月为 1 个疗程。结果：完全缓解 33 例，显效 40 例，有效 13 例，总有效率为 86.0%(86/100)；其中 87 例患者有血尿，尿红细胞数治疗前(26.2±15.73)/HP，治疗后(5.56±10.1)/ HP，组间比较，$P<0.001$。

聂丽芳等用益气滋肾口服液(生黄芪、生地黄、太子参、当归、白芍药、旱莲草、炒栀子、金银花、丹参、芡实、小蓟、三七粉，每支 10 ml，生药含量 6.9 g，由中国中医研究院西苑医院制剂室提供)治疗 IgA 肾病 30 例，每次 1 支，每日 3 次，于饭后 1.5 h 服用，疗程为 2 个月。与 28 例健康人对照。结果：30 例患者治疗前尿 IL-6 水平(611.13 ± 271.17) ng/L，显著高于健康人(309.5±54.96)ng/L，组间比较，$P<0.05$；治疗后尿 IL-6 为(485.56±154.31)ng/L，阳性率为 46.7%(14/30)；治疗前后比较差异有显著性意义($P<0.05$)。

张琦认为 IgA 肾病血尿是属于本虚标实的病证，肝肾阴虚或气阴两虚是其本，为导致 IgA 肾病血尿发病的内在因素；湿热毒邪是其标，是促发 IgA 肾病血尿产生的外在原因，内外合邪为本病的病因所在。肾阴虚是 IgA 肾病血尿发病及病变的关键环节；湿热毒邪、瘀血是 IgA 肾病血尿诱发及加重的因素；IgA 肾病血尿从发病之初即以肾为其病变中心，日久入血继则出现血的运行失常而形成血瘀。故 IgA 肾病血尿围绕虚、瘀、热、湿的消长而变化，其临床表现往往虚实夹杂互见，病程缠绵。

（肖梅华　沈德美）

【泌尿系结石的治疗】

陈寿元等用泌石灵冲剂(猫须草、金钱草、丹参、牛膝等)治疗泌尿系结石患者 225 例(治疗组)，95 例(对照组)用排石冲剂治疗，以 10 日为 1 个疗程。结果：治疗组治愈 145 例，好转 50 例，总有效率为 86.7%(195/225)；对照组治愈 35 例，好转 36 例，总有效率为 74.7%(71/95)；两组比较差异有显著性意义($P<0.01$)。吴利君用石淋康(车前子、鸡内金、海金沙、金钱草、砂仁、瞿麦、茯苓、薏苡仁、延胡索等)治疗 117 例，痊愈 77 例，好转 21 例，总有效率为 83.8%(98/117)。郑子洲用疏肝通淋汤(柴胡、枳壳、郁金、金钱草、石韦、冬葵子等)加减治疗泌尿系结石 66 例(治疗组)，用东泰清淋颗粒(武汉康乐药业有限公司出品)治疗 42 例(对照组)。结果：治疗组治愈 43 例，好转 19 例，无效 4 例；对照组分别为 20 例，12 例，10 例。两组比较，$P<0.01$。王天明将 160 例泌尿系结石患者随机分为治疗组 80 例，用金钱疏肝汤(金钱草、海金沙、柴胡、香附、牛膝、王不留行等)治疗；对照组 80 例用肾石通冲剂(四川制药厂生产)治疗，两组均以 15 日为 1 个疗程，治疗 1～3 个疗程。结果：治疗组痊愈 53 例，好转 18 例，总有效率为88.7%(71/80)；对照组分别为 16 例、19 例，总有效率为 43.7%(35/80)，组间比较，$P<0.05$。张伟等将辨证分型治疗 60 例，其中湿热蕴结型(40 例)用清热排石汤(海金沙、金钱草、

鸡内金、石韦、冬葵子、紫石英、芒硝等)治疗;脾气虚型(12例)用益气化石汤(黄芪、鸡内金、海金沙、金钱草、王不留行、牛膝等);肾阳虚型(8例)用温肾溶石汤(鹿角霜、金钱草、鸡内金、海金沙、肉桂、菟丝子、牛膝、王不留行、穿山甲、生核桃仁)。结果:痊愈(结石排出或临床症状消失,腹平片、静脉肾盂造影及B超结石阴影消失)42例,有效(结石位置下移3 cm以上或碎裂缩小)6例,无效(结石下移小于3 cm)12例。认为在辨证分型的基础上,分别重用金钱草、黄芪、鹿角霜、紫石英等药物,可有较好的疗效。

(彭 蕾 张玉萍)

【原发性血小板减少性紫癜的辨证与治疗研究】

傅汝林等将68例原发性血小板减少性紫癜(ITP)患者辨证分为血热妄行、脾不统血和阴虚火旺型3组,均给予归脾汤加减治疗3个月,3组总有效率分别为83.8%(57/68)、95.6%(65/68)、76.5%(52/68)。据此认为脾虚失其统摄之职是ITP的病机关键,益气健脾则是ITP的重要治法。叶明则将32例患者分为阴虚血热和脾肾不足两型。阴虚血热型用仙鹤草、生地黄、白茅根、地骨皮、龟版、阿胶、侧柏叶等药;脾肾不足型则用黄芪、党参、茯苓、白术、山萸肉、枸杞子、熟地黄等药治疗。结果:治愈17例,好转11例,无效4例。董茂芝等以自拟复方卷柏汤(卷柏、茜草、黄芪、当归、阿胶、蒲黄等)为主治疗老年ITP 33例,根据血热伤络、阴亏火旺、气不摄血不同证型,随证分别加减药物。结果:显效率为81.8%(27/33),有效率为15.2%(5/33),无效率3%(1/33)。周永明等认为难治性ITP是由于外感风热毒邪伤络,阴分受损,迫血妄行,或内伤脾肾,气不摄血,阳不敛阴,以致血溢脉外。辨证分为血热伤络、阴虚型和脾肾两亏、气虚型两型,以泻火宁血、健脾滋肾为原则,药用生地黄、牡丹皮、大青叶、黄芪、党参、白术、熟地黄、旱莲草、当归、仙鹤草为主,随证加减治疗35例,其中治愈2例,显效7例,良效11例,进步11例,总有效率为88.6%(31/35)。董昌将把81例ITP患者随机分为两组:治疗组55例用基本方仙鹤草50 g,牡丹皮、旱莲草、阿胶各20 g,白芍药30 g,生地黄、当归、女贞子、白术、茯苓、人参、炙甘草各10 g为主治疗;对照组26例予强的松、路丁等药物。结果:治疗组总有效率为96.4%(53/55),明显优于对照组的75.86%($P<0.05$)。徐瑞荣等自拟凉血消斑汤(生地黄、栀子、连翘、虎杖、紫草、牡丹皮、水牛角粉、侧柏叶、鸡血藤、仙鹤草、赤芍药)治疗ITP 30例。结果:显效22例,良效4例,进步2例,总有效率为93.3%(28/30)。黄培民用止血宝颗粒(主要成分为小蓟)合归脾丸治疗ITP 52例,获痊愈21例,显效16例,有效12例,总有效率为94.2%(49/52)。

蒋旭宏中西医结合治疗ITP 53例。对照组23例用激素、免疫抑制剂和支持对症治疗,治疗组在对照组治疗方案的基础上,加服益气养阴、凉血止血、补益肝肾中药。结果:治疗组痊愈9例,显效10例,有效8例,总有效率为90.0%(27/30),明显优于对照组78.3%(18/23),$P<0.05$。袁威玲等将44例ITP患者随机分为治疗组和对照组各22例,均常规应用泼尼松及止血药物等西医综合治疗。1周后,治疗组的气不摄血型加用归脾汤,血热妄行型加用犀角地黄汤,阴虚火旺型加用六味地黄汤加减治疗。结果:治疗组显效2例,良效14例,进步4例,总有效率为90.9%(20/22);对照组显效2例,良效10例,进步6例,总有效率为81.8%(18/22),组间比较,$P<0.05$。李海燕等将ITP患者100例分为治疗组60例,对照组40例,分别予紫癜冲剂(大黄、桃仁、黄芪、当归等)和血康口服液治疗,观测其血小板计数、血小板相关抗体、T细胞亚群、骨髓巨核细胞及巨核细胞DNA标记指数。结果表明紫癜冲剂能够提高血小板数量,促使T细胞亚群比例恢复,改善巨核细胞成熟障碍,各项指标均优于血康口服液对照组($P<0.05$)。

(周永明 朱文伟)

【再生障碍性贫血的辨证治疗和研究】

赵新广等认为肾虚是再生障碍性贫血(简称再障)的发病关键,毒邪对再障发病起重要作用,正邪交争产生病理产物影响骨髓造血导致再障,并提出解毒为标,治肾为本,参以活血化瘀的三大治法。程军等总结再障病机特点是脾肾亏虚为本、血瘀为标、出血为变,治疗上应健脾补肾以生血,泻火凉血以止血,采用变法收功。胡明辉提出再障病因病机主要是脾肾亏虚、髓海瘀阻,是一个虚实夹杂的病理过程,治疗采用健脾益气、补肾填精、活血化瘀法。申秀云主张运用温阳益气为主法辨治本病,以生精化血治贫血、甘温除热治发热、补气摄血治出血。周永明治疗再障采用辨证治疗、辨病治疗和并发症治疗。辨证治疗分髓枯血热、脾肾阴虚、脾肾阳虚、脾肾两虚4型而采用相应治法方药；辨病治疗可采用健脾养血法、补益肾精法、活血化瘀法、清热解毒法。臧修明以补肾健脾、益髓填精生血的三胶三仙汤（阿胶、龟版胶、鹿角胶、仙茅、仙鹤草、仙灵脾）治疗31例慢性再障，根据脾肾阴虚和脾肾阳虚偏重加减，总有效率为93.6%(29/31)。阮道英以健脾补肾基本方（白术，黄芪，熟地黄，紫河车，鹿角胶，西洋参等）配合调理基本方（半枝莲，白花蛇舌草，银花，山栀子，败酱草，丹参等）加减治疗再障11例，疗效优于雄性激素对照组。栗世勇以基本方（白术、当归、天门冬、麦门冬、山药、白芍药、茯苓、黄精、川芎、人参、苁蓉、鸡血藤、鹿茸、皂矾等）加减治疗慢性再障35例，其中肾阴虚8例，肾阳虚15例，阴阳两虚12例，总有效率为88.6%(31/35)。甘欣锦等从补肾立法兼补气血，自拟三子补血汤（菟丝子、枸杞子、女贞子、当归、黄芪）随证加减，配合雄性激素治疗本病，有效率为86.9%(40/46)。陈永平等应用中成药免疫抑制剂火把花根联合雄性激素康力龙治疗慢性再障60例，总有效率为68.3%(41/60)。吴慧芬治疗30例慢性再障采用健脾补肾兼活血化瘀、益气养血、凉血止血中药配合雄性激素，总有效率为83.3%(25/30)。张祥东等以基本方（党参、黄芪、黄精、山萸肉、巴戟天、鹿角胶、女贞子、当归、丹参、鸡血藤、熟地黄、龟版、麦门冬、大枣）配合西药治疗36例，总有效率为91.7%(33/36)。胡永珍总结再障治疗主要有补肾化瘀及清热解毒两法，用药多含有清热解毒、补脾、补肾阴、补肾阳、活血化瘀五类药。甘欣锦等收集近5年中医药治疗再障的有效方剂23首，涉及中药58味，以益肾补血药为多，运用率最高的有下列12味药：熟地黄、女贞子、枸杞、首乌、补骨脂、菟丝子、淫羊藿、巴戟天、黄芪、当归、白术、鸡血藤。周永明等在成功建立免疫介导再障小鼠模型的基础上，观察健脾补肾活血作用的生血合剂及其拆方对再障小鼠的作用。结果表明生血合剂能降低再障小鼠死亡率，增加外周血象、骨髓有核细胞；增高Th(CD_4)百分值、Th /Ts(CD_4/ CD_8)比值、IL－3、sIL－2R；降低Ts(CD_8)、IL－2、IFN－γ水平和脾细胞IFN－γ基因表达；生血Ⅰ号（黄芪、党参、当归、熟地黄、丹参、三七等）的作用优于生血Ⅱ号（黄芪、党参、当归、生地黄、熟地黄、菟丝子、三七等）。

（胡明辉　周永明）

【白细胞减少症的治疗】

刘艳萍等治疗白细胞减少症50例，采用鸡血藤汤（鸡血藤、熟地黄、人参、白术、茯苓、甘草、山药、白芍药、骨碎补、制首乌、川芎、当归、黄精）。结果：痊愈38例，好转8例，总有效率为92.0%(46/50)。柏承宗用健脾益肾汤（黄芪、党参、太子参、丹参、菟丝子、白术等）治疗白细胞减少症36例，获显效14例，总有效率为94.4%(34/36)。隋道敬等将80例患者随机均分为两组：治疗组单纯用升白汤（人参、何首乌、黄芪、鸡血藤、鹿茸、胎盘粉、枸杞、阿胶、白豆蔻、甘草、补骨脂、女贞子、熟地黄、石韦、木香、当归）；对照组用利血生30 mg/次，鲨肝醇100 mg/次，维生素B_6 30 mg/次，每日3次口服，连用10日为1个疗程。结果：治疗组有效30例，有效率为75.0%(30/40)；对Ⅰ度骨髓抑制有效率为83.3%(20/24)，Ⅱ度骨髓抑制有效率为62.5%(25/40)；对照组有效率22.5%(9/40)，有效的9例均为Ⅰ度骨髓抑制者，Ⅱ度骨髓抑制患者中无1例有效；两组疗效比较差异有显著性意义($P<0.01$)。陈敏治疗恶性肿瘤化疗后白细胞减少症分为两组：A组30例采用自拟温肾补血汤（熟地黄、枸杞、补骨脂、淫羊藿、菟丝子、山药、党参、黄芪、鸡血藤、制首乌、茯苓、黄精、当归、山萸肉、甘草）；B组28例用鲨肝醇50 mg/次、利血生20 mg/次，每日3次口服。A组显效15例，有效13例，总有效率为93.3%(28/30)；B组显效5例，有效7例，总有效率为42.9%(12/28)。A组升高白血球同时，血红蛋白、血小板亦明显升高。提示自拟温肾补血汤升高白细胞，保证如期化疗，其作用明显优于常规西药对照组($P<0.05$)。褚贵宝等用益气升血汤（炙黄连、党参、炒白术、黄柏、女贞子、阿胶等）治疗38例，7～10日为1疗程，治疗1个疗程。结果：痊愈31例，占81.6%(31/38)。张蕾用升白汤（黄芪、白术、茯苓、当归、补骨脂、女贞子、菟丝子、枸杞、鸡血藤、紫丹参）合复方皂矾丸治疗化疗后白细胞减少80例，15日为1个疗程，治疗1个疗程后，显效55例，有效19例，总有效率为92.5%(74/80)。

（周永明　田胜利）

【白血病的治疗与研究】

朱春山等用EA方案，即国产足叶乙苷(vp16，简称E)和国产阿糖胞苷(Ara-c，简称A)联合方案加用中药协同治疗成人急性单核细胞白血病14例,其中初治10例,复治2例,难治2例,辨证为热毒炽盛者以清瘟败毒饮与犀角地黄汤加减;邪毒内蕴者予自拟蟾黄饮(蟾酥、雄黄、全蝎、蜈蚣、连翘、山豆根等);气血两虚者予蟾黄饮加阿胶、紫河车;化疗期间出现脾胃气虚、胃气上逆者,予参苓白术散加减,达到缓解后以蟾黄饮制成丸剂维持治疗。结果:14例中缓解8例(57.1%),PR 2例(14.3%),总有效率为71.4%;缓解后生存时间13~68月,中位生存时间28.6月,3例生存至今,生存时间最长者5年。吴天勤等治疗复发及难治性急性早幼粒细胞白血病20例,其中复发14例,难治6例,合并DIC 7例,主要用白血康(原名复方青黛片,每片0.25 g,主要成分为雄黄、青黛、丹参及太子参)治疗,每日3次,每次3片,3日后渐增加至每次5~8片,直至缓解。结果:缓解18例,缓解率为90.0%(18/20),其中1例2次复发均获缓解;获缓解所需时间28~62日,平均37日;7例合并DIC患者,6例治疗1~2周后,DIC指标恢复正常,1例治疗4周DIC被纠正。高炳华等治疗急性非淋巴细胞性白血病48例,以康莱特注射液(主要成分为薏苡仁油,10 g/100 ml)100 ml静脉滴注1~5日,联合HA方案化疗24例为治疗组,单用HA方案化疗24例为对照组。治疗2个以上疗程后,治疗组缓解21例,PR 2例,总有效率为95.8%(23/24);对照组缓解15例,PR 3例,总有效率为75.0%(18/24),组间比较,$P<0.05$。陈波对急性早幼粒细胞白血病25例,用复方丹参注射液20 ml加入葡萄糖液中静脉滴注预防DIC,同时给予化疗及支持治疗。结果:显效10例,好转10例,无效5例,总有效率为80.0%(20/25)。蔡宇等以补骨脂素胶囊结合HA方案、DA方案治疗对常规方案化疗无效的急性白血病,用药后P170糖蛋白表达较前有所下降,6例中有1例获得缓解,说明补骨脂素在逆转白血病多药耐药性中有一定作用。

杨海燕等通过华蟾素(中华大蟾蜍皮水溶性成分)诱导白血病细胞株HL-60凋亡的实验研究,发现华蟾素对HL-60细胞生长有抑制作用,并具有明显的凋亡诱导作用,且在0.0625~0.5 μg/ml的浓度范围内具有明显的量效关系;还发现随着药物浓度的增加,对线粒体的功能损害增强。研究表明:华蟾素的作用可能与破坏线粒体的功能有关。魏玲等发现蝎毒抗癌多肽(东亚钳蝎蝎毒中分离出的抗肿瘤有效成分)对体外培养的人早幼粒白血病细胞株HL-60有显著毒性作用,处理HL-60细胞48 h,显示明显的细胞毒性反应,可显著抑制HL-60细胞的生长,$P<0.01$,并呈现出明显的量效关系。抑制作用以48 h为最显著,96 h时效应不增强,提示蝎毒产生最佳抑制效应有一定的时间域。

(周韶虹　周永明)

【过敏性紫癜的辨证与治疗】

蒋红玉将过敏性紫癜辨证分为风热湿毒、湿热壅盛、热结肠胃和脾胃虚弱4型,采用清解脾胃伏火、祛风解毒凉血法,以泻黄散(防风、藿香、栀子、蒲公英、生地黄、牡丹皮、茜草根等)为基本方随辨证加减用药,共治疗52例。结果:临床治愈34例,显效8例,有效7例,无效3例,总有效率为94.2%(49/52);其中以风热湿毒型疗效最为显著,湿热壅盛型次之,脾胃虚弱型疗效较差。张伟萍等认为本病系因感受风热毒邪或误食有毒鱼虾,致使热毒内蕴,邪毒外透,损伤血络而成,自拟蝉乌消斑饮(蝉蜕、乌梅、金银花、丹参、生地黄、蒲公英等)加减治疗44例。结果:痊愈41例,好转2例,总有效率为97.7%(43/44)。孙虹治疗本病82例,治疗组(42例)用紫癜消胶囊(紫草、茜草、仙鹤草、旱莲草、雷公藤、焦黄柏、土牛膝、丹参、薏苡仁、生地黄、生黄芪)治疗,对照组(40例)用扑尔敏、安络血、维生素C治疗。治疗2周后,治疗组治愈35例,显效5例,治愈率为83.3%(35/42),显效率为95.2%(40/42);对照组中治愈24例,显效8例,治愈率为60.0%(24/40),显效率为80.0%(32/40),两组治愈率、显效率比较均有明显差异($P<0.05$)。

程甘露将60例过敏性紫癜患者随机均分两组:治疗组采用自拟凉血化斑汤(羚羊角粉、金银花、大青叶、黑山栀、白茅根、生地黄等)治疗;对照组采用扑尔敏、强的松、维生素C、复方路丁等西药治疗,均治疗14日。结果:治疗组显效27例,有效2例,总有效率为96.7%(29/30);对照组显效3例,有效22例,总有效率为83.3%(25/30);两组比较有显著差异($P<0.05$)。印利华将108例患者随机分为治疗组63例和对照组45例,治疗组以紫草生地汤(紫草、鲜生地黄、青黛、白及、桃仁、红花等)加减治疗,对照组以康夫丽尔(河南焦作化学制药厂生产)、强的松、维生素C治疗,2周后评价疗效。治疗组治愈52例,有效8例,无效3例,总有效率为95.2%(60/63),其中治愈率

为 82.5%(52/62),明显高于对照组的 20.0%(9/45),$P<0.01$。陈宇基将 76 例随机均分为两组:治疗组治以自拟滋阴化瘀汤(熟地黄、龟版、山萸肉、山药、泽泻、茯苓、牡丹皮、丹参、旱莲草、女贞子、紫草、三七、赤芍药)合用强的松 1～2 mg/(kg·d),2～4 周后逐渐减量;对照组单纯以强的松 1～2 mg/(kg·d)晨间顿服,2～4 周后逐渐减量。结果:治疗组治愈 18 例,好转 16 例,未愈 4 例,总有效率为 89.5%(34/38)明显高于对照组的 39.4%(15/38),$P<0.05$。

彭暾采用益气活血汤(黄芪、丹参、桃仁、乌梅炭、生地黄等)治疗过敏性紫癜性肾炎 42 例。结果:完全缓解 17 例,显效 15 例,有效 7 例,无效 3 例,总有效率为 92.9%(39/42)。司徒瑞娴中西医结合治疗过敏性紫癜性肾炎 32 例,西医以糖皮质激素、抗过敏等治疗。中医按辨证分为风热夹瘀、肾阴不足、脾肾两虚 3 型,分别以犀角地黄汤、六味地黄丸和二至丸、真武汤加减治疗。结果:痊愈 19 例,显效 11 例,总有效率为 93.8%(30/32),复治痊愈 6 例,显效 5 例,无效 2 例。

(朱文伟　周永明)

【缺铁性贫血的治疗研究】

陶红等将 80 例气血两虚型缺铁性贫血(IDA)患者随机分为两组:治疗组(40 例)口服生血宁片(由蚕砂提取物制成),每次 2 片,每日 3 次;对照组(40 例)口服福乃得,每次 1 片,每日 1 次。疗程均为 4 周。结果:治疗组痊愈 10 例,显效 14 例,有效 12 例,总有效率为 90.0%(36/40),与对照组的 92.5%(37/40)比较无显著差异($P>0.05$);中医证候疗效总有效率为 95.0%(38/40),也与对照组的 90%相似($P>0.05$);两组治疗后 Hb、RBC、MCV、MCH、MCHC、SF 均有明显改善,与治疗前比较均有显著差异($P<0.05$～0.01)。舒宏等也以生血宁片治疗 30 例胃手术后气血两虚型 IDA,治疗组治疗后中医证候、血常规、血清铁等指标的改善明显优于空白对照组($P<0.01$)。李依菲等治疗 IDA 60 例,用健脾和胃、益气生血的益中生血片(绿矾、党参、山药、薏苡仁、甘草等),每次 6 片(0.1 g/片),每日 3 次,口服 1 个月为 1 个疗程。结果:痊愈 9 例,显效 38 例,有效 13 例,总有效率为 100%(60/60)。冉东娥等以由阿胶、当归、熟地黄、黄芪、党参、白术等组成的驴胶冲剂治疗 IDA 28 例,每次 20 g,每日 3 次。结果:痊愈 12 例,好转 14 例,无效 2 例,总有效率为 92.9%(26/28)。柳雪梅等将 64 例 IDA 患儿随机平均分为两组:每周补铁组口服右旋糖酐铁 5 mg/kg,每周 1 次;每日补铁组口服右旋糖酐铁每日 5 mg/kg,分2～3次服。两组疗程均为 12 周。结果:治疗后两组血红蛋白(Hb)、血清铁蛋白(SF)明显升高,红细胞内游离原卟啉(FEP)显著下降;两组间比较无显著差异。说明 IDA 治疗可采用间断补铁,以达到经济、方便、减少副反应的目的。

(陆嘉惠　周永明)

【甲状腺功能亢进的治疗】

甲状腺功能亢进是由于甲状腺激素分泌过多而引起的一组症候群,简称甲亢。其发病主要是与自身免疫反应有关,还与遗传及精神等因素有关。

魏耕树等依据为气、郁、痰是瘿病的基本病理因素。研究发现甲亢患者无论病情轻重、疾病处在哪一阶段,都存在不同程度的血瘀表现。按血瘀证定量标准分析,大多数患者达到轻度或中重度血瘀。贾锡莲等观察了消瘿颗粒剂对甲亢症模型大鼠心律、肛温及血清 T_3、T_4 的影响。结果:治疗后消瘿颗粒剂中剂量组、他巴唑组、甲亢灵组大鼠心律减慢,肛温下降,与甲亢模型组比较差异有显著性意义($P<0.05$,或 $P<0.01$);各治疗组血清 T_3 值均下降到正常范围;治疗前后自身对照,消瘿颗粒剂中剂量组、他巴唑组血清 T_3 水平降低明显($P<0.01$);各治疗组血清 T_4 的水平均明显下降,较甲亢模型组差异有显著性意义($P<0.01$)。提示消瘿颗粒剂有与他巴唑类似的抗甲状腺功能亢进作用,对甲亢有很好的治疗作用,又以中剂量消瘿颗粒剂作用最明显。瞿忠灿用软坚散结、益气养阴的藻药散加味(黄药子、海藻、昆布、穿山甲、麦门冬、生地黄等)治疗甲亢 36 例。结果:治愈 16 例,好转 17 例,总有效率为 91.7%(33/38)。刁锦昌等运用消痔灵局部注射(消痔灵 4～6 ml、曲安缩松 20～40 mg、加 2%利多卡因 2～3 ml注入肿大的甲状腺腺内)、口服解毒化瘀丹6 g,早晚各 1 次,及小计量他巴唑,每晚 15 mg,治疗甲亢 40 例;对照组(40 例)予他巴唑 10 mg,每日 3 次,口服治疗。结果:治疗组临床控制 20 例,显效 13 例,有效 5 例,总有效率为 95.0%(38/40);对照组临床控制 13 例,显效 11 例,有效 9 例,总有效率为 82.5%(33/40);两组比较,治疗组优于对照组($P<0.05$)。李占勋用血府逐瘀汤

(莪术、三棱、夏枯草、大贝、黄药子、生牡蛎等)治疗甲亢患者40例,2个月为1个疗程,治愈27例、好转9例,总有效率为90%(36/40)。刘常林用抑亢丸(羚羊角、天竺黄、白芍药、石决明、黄药子、延胡索等)治疗甲亢200例,1个月为1个疗程。临床控制率为40%(80/200),显效率为29%(58/200),好转率为19.5%(39/200),总有效率为88.5%(177/200)。赵萍等用甲亢灵(玄参、牡蛎、浙贝母、夏枯草、赤芍药、猫爪草等)治疗肝郁痰凝型甲亢60例,随机分成甲亢灵治疗组(32例),他巴唑治疗组(28例),再选择20例健康检查者作对照组。治疗组3个月为1疗程,治疗2个疗程评定疗效。结果:甲亢灵组症状积分改善优于他巴唑组($P<0.05$);治疗组甲亢控制后甲状腺内部回声趋均匀,体积缩小28.5%,Vs降低191.3%,RI增加15.3%,与正常对照组相近,其中甲亢灵组优于他巴唑组更接近正常。李中岩用具有滋阴润燥、清肝散结、清肺降火、消瘿化痰、养心安神的"甲亢消"方(夏枯草、赤芍药、白芍药、生地黄、天门冬、黄药子、穿山甲等),从调整机体阴阳平衡来调控血浆cAMP/cGMP的比值,以实现体内免疫系统平衡与稳定,使甲亢得以治愈而不再反复的满意效果。其中夏枯草、天门冬、黄药子、穿山甲4药合用以达到快速消退甲状腺肿大的治标目的,主要是针对"禁株"细胞功能失控导致甲状腺刺激性免疫球蛋白抗体增生的病理机制,而生地黄、知母、赤芍药、白芍药、柏子仁相配伍,实现肝郁阳躁解除,而更济阴虚治"本"的双重目的,治本的药物主要为实现通过逐步提高cGMP的比值,使之与cAMP逐渐形成平衡的双向调节机制而设。

(王耀萍)

【特发性水肿的治疗】

特发性水肿是临床常见病,以中年妇女多见,目前无特效疗法,中医药治疗取得一定进展。

施菡飞以滋阴活血法,药用生地黄、熟地黄、丹参、牛膝、生山楂、泽泻、鳖甲、枸杞、女贞子、旱莲草、玄参、甘草煎汤内服,治疗50例,总有效率为92.0%(46/50)。邓宝华以疏肝理气、祛风通络立法,药用柴胡、天仙藤、香附、槟榔、豨莶草、路路通、细辛、桂枝、苏叶、木瓜、薏苡仁、吴茱萸、黄芪、茯苓、蝼蛄、牛膝、益母草、乌药为基本方,加减治疗48例,总有效率为87.5%(42/48)。孙书坤以疏肝健脾立法,药用柴胡、当归、白芍药、香附、白术、茯苓皮、冬瓜皮、车前子、猪苓为基本方,加减治疗55例,总有效率为92.7%(51/55)。穆晓君等以疏肝利水立法,药用柴胡、香附、枳壳、白芍药、川芎、当归、白术、茯苓、猪苓、桂枝、泽兰、益母草、车前子、牛膝、甘草为基本方,加减治疗54例,总有效率为96.3%(52/54)。黄明伟用菟泽术芪汤(菟丝子、泽泻、白术、黄芪、淫羊藿、茯苓、车前子、桑白皮、木香、陈皮)加减治疗46例,总有效率为93.5%(43/46)。袁振敏等用当归芍药散(当归、白芍药、白术、川芎、茯苓、泽泻、益母草、丹参)加减治疗40例,总有效率为90.0%(36/40)。吴中录等用防已黄芪汤合当归芍药散(防己、黄芪、茯苓、当归、白芍药、川芎、白术、泽泻、生姜)加减治疗74例,总有效率为93.2%(69/74)。林贞慧等辨治78例,分为6型:营卫不和型,方用黄芪桂枝五物汤化裁;湿热蕴结型,方用师传枇叶汤(枇杷叶、益母草、桑白皮、茯苓、白术、连翘、茵陈、大腹皮、泽泻、薏苡仁、赤小豆、通草)化裁;肝郁气滞型,方用逍遥散或柴胡疏肝散合胃苓汤化裁;肝肾亏虚型,方用滋水清肝饮化裁;脾肾亏虚型,方用真武汤化裁;肝脾肾失调型,方用柴芍四君子汤合济生肾气丸化裁。结果显示总有效率为97.4%(76/78)。

(刘道清 刘 霖)

【糖尿病的传统名方治疗】

近年来有传统名方六味地黄丸、补阳还五汤、甘露饮、血府逐瘀汤、膈下逐瘀汤、猪苓汤、黄芪桂枝五物汤、加味桃红四物汤等治疗糖尿病的报道。

1. 2型糖尿病治疗

林玉伟将83例2型糖尿病患者随机分为两组:治疗组(53例)采用六味地黄汤加味(山药、地骨皮、山茱萸、生地黄、泽泻、麦门冬等)治疗;对照组(30例)给予美迪康0.5 g,每日3次。1周后观察疗效。结果:治疗组显效38例,有效11例,总有效率为92.5%(49/53);对照组显效12例,有效10例,总有效率为73.3%(22/30)。赵璐观察比较补阳还五汤与六味地黄汤治疗2型糖尿病的疗效。将67例患者随机分为两组,两组患者在年龄、性别、病程等方面无显著性差异($P>0.05$)。治疗组34例用补阳还五汤(黄芪、地龙、桃仁、红花、当归、赤芍药等)随证加减。对照组33例,用六味地黄汤,两组均每日1剂,7日为1个疗程,连服2~4个疗程。结果:治疗组显效8

例，有效22例，总有效率为88.2%(30/33)；对照组显效4例，有效17例，总有效率为63.6%(21/33)，两组比较差异有显著性意义($P<0.05$)。罗燕楠用甘露饮加减(茵陈、黄芩、生地黄、熟地黄、枳壳、枇杷叶等)加玄参、苍术、全瓜蒌，治疗湿热型糖尿病的体会。方法为湿热兼阴津损伤者，苔厚腻者加佩兰，饥饿感重者加生石膏；伴气机阻滞者，加柴胡、厚朴、陈皮、白芍药、玉竹、知母；伴气阴两虚者加黄芪、太子参、山药、佩兰、玉竹；伴瘀血阻络者加当归、牡丹皮、赤芍药、菊花、丹参、白茅根、生三七粉；伴肝肾亏虚者加玄参、枸杞子、女贞子、墨旱莲、牛膝、白茅根、侧柏叶。认为该方对湿热较重并阴液损伤者疗效显著。

2. 糖尿病肾病治疗

艾淑珍等观察了血府逐瘀汤加减(红花、桃仁、当归、赤芍药、生地黄、川芎等)治疗糖尿病肾病60例。在饮食控制、西药降糖治疗与对症治疗的基础上，随症加减。每日1剂，4周为1个疗程，2个疗程后评定疗效。结果：显效22例，有效27例，总有效率为81.7%(49/60)；马永泽等将73例糖尿病肾病患者随机分为两组。治疗组(42例)在糖适平、依那普利等西药治疗基础上，加中药补阳还五汤加味(黄芪、当归、桃仁、益母草、山药、茯苓等)；对照组(31例)只给予西药治疗。两组均以3个月为1个疗程。结果：治疗组显效34例，有效5例，总有效率为92.9%(39/42)；对照组分别为18例、7例，总有效率为80.6%(25/31)；两组比较差异有显著性意义($P<0.05$)。李乐梅在西药常规治疗基础上以猪苓汤合膈下逐瘀汤加减(猪苓、茯苓、泽泻、阿胶、滑石、黄芪、怀山药等)治疗糖尿病性肾病30例，并与单纯西药疗法20例进行对照观察。每日1剂，水煎服。两组均以3个月为1个疗程。结果：治疗组显效13例，有效14例，总有效率为90.0%(27/30)；对照组分别为4例、8例，总有效率为60.0%(12/20)；两组比较差异显著($P<0.01$)，总胆固醇、三酰甘油降低($P<0.05$)，全血黏度和血浆黏度显著降低($P<0.01$)，红细胞聚集指数下降($P<0.05$)，而对照组除24 h尿蛋白定量治疗后明显下降外，其他指标虽有改善，但无统计学意义。

3. 糖尿病周围神经病变的治疗

刘淑琦在药物控制血糖的基础上，用加味补阳还五汤(黄芪、藏红花、当归尾、延胡索、五灵脂、川牛膝等)治疗糖尿病周围神经病变30例，并与用维生素B_1、维生素B_{12}肌肉注射治疗30例作对照。结果：治疗组显效17例，有效10例，总有效率为90.0%(27/30)；对照组分别为5例、11例，总有效率为53.3%(16/30)；两组比较差异有显著性意义($P<0.01$)。王晓平等在西药降糖治疗的基础上用黄芪桂枝五物汤加味(黄芪、桂枝、赤芍药、白芍药、当归、丹参、甘草等)治疗糖尿病周围神经病变93例，并与用维生素B_1、维生素B_{12}肌肉注射治疗的65例进行对照。两组均以2周为1个疗程，共治疗2个疗程。结果：治疗组显效53例，有效28例，总有效率为87.1%(81/93)；对照组分别为12例、22例，总有效率为52.3%(34/65)，组间比较，$P<0.01$。王文英等用加味桃红四物汤(当归、赤芍药、桃仁、桂枝、威灵仙、细辛等)治疗糖尿病末梢神经炎46例；上肢病变加桑枝，下肢病变加牛膝，水煎，薰洗患处，每日2次。对照组采用维生素B_1、维生素B_{12}肌肉注射治疗42例。两组均以2周为1个疗程，共治疗2个疗程。结果：治疗组显效13例，有效21例，总有效率为73.9%(34/46)；对照组分别为7例、13例，总有效率为47.6%(20/42)；治疗组明显优于对照组($P<0.05$)。

(史欣德)

【痛风性关节炎的治疗】

近年来应用中医中药等方法治疗急性痛风性关节炎的临床报道日益增多，且疗效高，毒副反应少。

1. 内服

张明等将150例急性痛风性关节炎患者随机分为两组：治疗组100例用自拟痛风冲剂(当归、羌活、防己、猪苓、虎杖等)治疗，每日2次，每次1包(12 g/包)冲服；对照组50例用秋水仙碱，每次0.5 mg，每日3次，口服。两组均以1周为1个疗程。服药期间停服其他治疗痛风的药物。结果：治疗组痊愈27例，显效40例，有效28例，总有效率为95.0%(95/100)；对照组分别为14例、18例、15例，总有效率为94.0%(47/50)，$P>0.05$。动物实验结果表明：痛风冲剂能明显减少小鼠扭体反应次数，且能明显提高小鼠痛阈值，与生理盐水组比较，差异有显著性意义($P<0.05$)。朱遵贤认为急性痛风性关节炎多由瘀血所致，故

选用桃核承气汤加减(桃仁、厚朴、枳壳、红花、全蝎、茯苓、蜈蚣等)治疗,用2～3剂症状缓解后,续用自拟痛风宁(姜黄、制川乌、炙甘草、威灵仙、羌活、白芍药等)煎液外洗,每日浴足2～3次,每次30 min,用1～2周。结果:全部有效,其中6例症状完全消失,复查血尿酸正常;6例症状明显减轻或基本消失,血尿酸下降30%以上。

2. 内外合治

林圣光内治用自拟祛痛汤(石膏、知母、秦艽、防已、忍冬藤、白芍药等)水煎服,外治用自制栀黄散(栀子、大黄、黄柏、冰片、白芷、细辛等)研细末,米醋调敷患处,每日换药1次。共内外合治急性痛风性关节炎49例。红热甚加大黄;痛剧加川草乌、全蝎、三七;皮色暗红加紫草;复发患者(兼痰瘀互结)加乌梢蛇、地龙、蜈蚣。结果:用药3日内显效32例,5日内显效11例;3日内好转2例,5日内好转2例;总有效率为95.9%(47/49)。沈晓燕等用内服自拟祛痛消风汤(山慈姑、桃仁、当归、萆薢、土茯苓、威灵仙等),兼用慈星液(山慈姑、生胆南星等量加75%酒精浸泡2日后)外擦疼痛部位。共治86例。7日为1个疗程,2个疗程后观察疗效。结果:近期治愈62例,好转20例,总有效率为95.3%(82/86)。在痊愈患者中,随访56例,有12例复发,其中9例为60岁以上体弱多病患者。叶梅惠用针刺配合中药用四妙丸加味(黄柏、苍术、牛膝、薏苡仁、当归、赤芍药等)治疗痛风急性发作25例,7日为1个疗程。配合针刺取穴阿是穴、三阴交、阴陵泉等,发于第一跖趾关节者加大都、太白、行间、太冲,累及内踝关节者加太溪、照海、中封,累及外踝关节者加昆仑、申脉、丘墟,发于膝关节者加阳陵泉、血海、梁丘,发于腕关节者加阳池、外关、阳溪、腕骨等。每日针刺1次,7日为1个疗程。结果:治愈18例,占72.0%(18/25);好转7例,占28.0%(7/25);总有效率为100%。

(史欣德)

【面神经炎的治疗】

1. 重用黄芪治疗

韩树芬对64例急性面神经炎患者,按先后顺序随机分为两组:治疗组(32例)给予大剂量黄芪复方汤(黄芪、白附子、川芎、赤芍药、僵蚕、全蝎等,其中黄芪可用至30 g),西药给予强的松、维生素 B_1 和维生素 B_{12} 治疗;对照组(32例)西药与用量同治疗组,中药给予小剂量黄芪(10 g)复方煎剂,余药均同治疗组。两组均治疗60日评定疗效。结果:治疗组痊愈23例,好转8例,总有效率为96.9%(31/32);对照组痊愈18例,好转7例,总有效率为78.1%(25/32);组间比较,$P<0.05$。提示大剂量黄芪治疗急性面神经炎有较好疗效。陆兴权用补阳还五汤治疗64例,痊愈56例,好转4例,总有效率为93.8%(60/64),亦取"重用黄芪"之意。

2. 中药加电刺激治疗

陆磊等用玉屏风散加味配合电刺激,治疗面神经炎31例(治疗组);25例(对照组)按中医辨证服药,但不配合电刺激。两组均给予西药维生素B族、尼莫地平、肌苷、辅酶A、胞二磷胆碱、病毒唑等治疗。10日为1个疗程。治疗2个疗程后,治疗组与对照组的治愈率分别为64.5%(20/31)和32.0%(8/25),总有效率分别为90.3%(28/31)和80.0%(20/25)。两组治愈率差异有显著性意义($P<0.05$)。提示应用中药玉屏风散加味配合脉冲电刺激治疗面神经炎,可在短期内提高治愈率。

3. 外敷治疗

鞠中斌等外贴香蓖膏(麝香、松香、蓖麻子)治疗面神经炎108例(治疗组),外贴于患侧下关穴为中心的区域,每6日换药1次。与西药治疗36例对照,并给予泼尼松、地巴唑、维生素B族。两组均以6日为1个疗程,治疗1～6个疗程统计疗效。结果:治疗组治愈率88.9%(96/108),总有效率为97.2%(105/108);对照组治愈率为30.6%(11/36),总有效率为72.2%(26/36);组间比较,$P<0.01$。

4. 外薰治疗

章进等用外薰方(巴豆、白附子、威灵仙、葛根、钩藤、米醋等)加水煮沸,滤取药液外熏患侧合谷穴,治疗面神经炎51例。结果:痊愈38例,显效6例,有效5例,痊愈率为74.5%(38/51),总有效率为96.1%(49/51)。

5. 中西医结合治疗

王文君用牵正散加减(白附子、僵蚕、全蝎、当归、赤芍药等）治疗面神经炎 40 例，兼用针刺地仓透颊车等，西药给予青霉素、丁胺卡那霉素注射液、麦迪霉素、维生素 B_1、维生素 C 等。结果：有效 37 例，总有效率为 92.5%（37/40）。秦绍林等采用辨证分型给药治疗 35 例（治疗组），西药口服强的松、维生素 B_1、地巴唑，肌肉注射维生素 B_{12}；对照组单纯用上述西药治疗 30 例。结果：治疗组治愈率为 51.4%（18/35），对照组治愈率为 16.7%（5/30）；组间比较，$P<0.01$。

（刘道清　刘　霖）

【继发性癫痫的治疗】

引起继发性癫痫的原因很多，出血性中风是重要原因之一。陶双友认为，脑出血后继发癫痫与出血部位密切相关，以脑叶尤其颞、顶叶出血为多见，且出血灶越大，越接近皮层，癫痫发作就越早，且程度越重。其病机是由中风后风阳内动，气机逆乱，痰浊阻滞，脏腑虚损所致。早期以痰热瘀血标实为主，治宜清热化痰、活血通络为主，兼以平肝熄风，方用黄连温胆汤合小陷胸汤加减；晚期则以脏腑亏虚为本，痰瘀为标，治宜健脾补肾、化痰开窍，方用温胆汤合六君子汤加减。无论早晚期，在癫痫发作期，均可适当配以抗癫痫西药治疗，有利于控制病情发作。对这类患者，由于出血性中风继发癫痫可使病情加重或恶化，因此对有明显癫痫倾向的高危患者如脑叶出血尤其颞叶部位，可以预防性地抗癫痫治疗 1～2 周。蒋丽霞、罗学裕用涤痰祛瘀法治疗 78 例继发性癫痫，其中原发病有颅脑外伤 41 例、脑瘤 4 例、脑血管病 29 例、急性感染 2 例、代谢障碍 2 例。根据辨证痰闭型用抗痫Ⅰ号（礞石、代赭石、磁石、白矾、天竺黄、胆南星、姜竹茹、半夏、菖蒲、皂荚、全蝎、白附子、远志、郁金、陈皮、丙戊酸镁），治疗 46 例，显效 31 例，有效 7 例，有效率为 82.6%（38/46）；瘀阻型用抗痫Ⅱ号（三棱、莪术、红花、丹参、蜈蚣、地龙、全蝎、僵蚕、琥珀、远志、竹沥、胆南星、天麻、丝瓜络、黑豆、丙戊酸镁），治疗 32 例，显效 17 例，有效 4 例，有效率为 65.6%（21/32）。服药期间未见明显副反应。吕桂月等自制抗痫胶囊（苯巴比妥、朱砂、天麻、全蝎、琥珀、复方丹参片）治疗脑囊虫病继发癫痫 30 例，服药 1 年，减量时间半年，若服药半年无效即停药。治疗后观察 3 年，有效 29 例，总有效率为 96.67%（29/30）。对照组服苯巴比妥，服药及观察时间相同，治疗 30 例，有效 23 例，总有效率为 76.67%（23/30），$P<0.01$。脑 CT 观察两组比较无显著性差异。

（王庆其）

【帕金森病的治疗与研究】

帕金森病（PD）又称震颤麻痹，主要是由于中脑黑质神经元变性坏死所导致的神经系统疾病。属于中医“颤证”范畴。多发于中老年人。目前西医治疗此病主要采用抗胆碱药和多巴胺替代疗法，虽能初期改善症状，但部分患者却出现较严重的不良反应。近年来，中医对 PD 的治疗与研究，取得可喜的进展。

1. 帕金森病的治疗

陈建宗等运用培补肝肾、熄风通络法（何首乌、枸杞、肉苁蓉、天麻、钩藤、石菖蒲等）治疗血管性 PD 40 例，随证加减，煎汤内服，每日 1 剂，3 个月为 1 个疗程，停用一切治疗 PD 的西药。结果：明显进步 5 例，进步 15 例，稍有进步 10 例，总有效率为 75.0%（30/40）。杨明会等设治疗组（40 例）用抑颤汤（山萸肉、石菖蒲、淫羊藿、肉苁蓉、枸杞子、蜈蚣等）治疗，同时服用西药美多巴及溴隐亭；对照组（32 例）单纯服用上述西药。治疗 12 周后，治疗组明显改善 21 例，改善 14 例，稍有好转 5 例，总有效率为 87.5%（35/32）；而对照组则分别为 8 例、14 例、10 例，68.8%（22/32），两组比较差异有显著性意义（$P<0.05$）。李双蕾等设治疗组（36 例）用消颤汤（制首乌、山萸肉、菟丝子、淫羊藿、肉苁蓉等）配合西药；对照组（27 例）单纯用西药，观察 12 周。结果：治疗组显效 18 例，有效 14 例，总有效率为 88.9%（32/36）；对照组总有效率为 66.7%（18/27），两组比较差异有显著性意义（$P<0.05$）。陈建宗等将西药常规治疗疗效明显减弱的 PD 患者 60 例，随机分为治疗组（中药＋西药）和对照组（单纯用西药），每组 30 例。两组疗效分别为：显著进步 3 例、0 例，进步 7 例、3 例，稍有进步 7 例、6 例，总有效率分别为 56.7%（17/30）、30.0%（9/30），两组比较差异有显著性意义（$P<0.01$）。

2. 帕金森病的研究

王洁民等认为，人体中的各种自由基、兴奋性氨基酸以及血液中异常增高的脂质和铁离子等，均称之为“毒”。与之相应的是各种酶的减少、激素分泌的降低等。提出了“补肾解毒”的治法与思路。何建成等认为，PD 的发病机理多为本虚标实，本虚即肝、肾、脾等诸脏皆虚，标实为痰、火、风、瘀、毒。赵国华等认为，治疗 PD 应采用多途径、多方法，中西医结合治疗以扬长避短，药物疗法与非药物疗法结合治疗以提高疗效，心理治疗与家庭护理结合以改善生活质量。赵国华等依据心理-社会-生物医学模式，创建国内首家“帕金森俱乐部”，把患者组织起来，进行治疗指导，健康教育，同时让患者相互交流，增强战胜PD的信心，提高了治疗效果。杨明会等设立PD大鼠模型组（给等量生理盐水）、抑颤汤组（给抑颤汤1.8 g/只）分别每日灌胃1次，连续8周，并观察PD大鼠行为特征及脑黑质细胞形态学变化。结果与模型组比较发现，抑颤汤组大鼠治疗后旋转次数明显减少（$P<0.01$），脑黑质细胞数明显增多，神经元体积较饱满，结构较清晰，细胞内高尔基体、线粒体等趋于正常。从而为临床治疗PD提供了实验依据。何建成等认为，中医药治疗PD，缺乏反映脑黑质细胞变性程度或病变速度的客观指标，直接影响准确评价中医临床疗效。PET或SPECT作为新型功能影像检查手段，有望从影像学角度反映黑质—纹状体系统病变程度，对评定中医药疗效有一定意义。针对患者震颤和肌强直症状，可分别选用震颤图和肌电图检查，作为客观指标。

（刘道清　刘　霖）

【中草药干预急性脑梗死的实验及临床观察】

1. 实验研究

李国庆等将60只SD大鼠随机分为复方仙灵脾注射液（仙灵脾、黄芪等）大（6.67 ml/kg）、中（5.00 ml/kg）、小（3.34 ml/kg）3种剂量组，及通过结扎一侧大脑中动脉而制备的局灶性脑缺血（MCAO）模型组、对照组（川芎嗪1.33 ml/kg）、假手术组等6组。各用药组在造模后通过尾静脉注射药物，每日1次，连续5日后处死，取血与脑组织。观察期间同时结合神经功能分级积分及避暗法被动性条件反射观察。结果：① 川芎嗪组、复方仙灵脾大、中、小剂量组均能明显改善MCAO大鼠神经行为症状，与模型组比较有显著性差异，P值分别小于0.05、0.01、0.001、0.01。其中以仙灵脾中剂量组差异最为明显；② 复方仙灵脾大、中、小剂量组均能明显提高MCAO大鼠记忆力，显著延长大鼠潜伏期，明显减少错误次数，与模型组比较有统计学意义（$P<0.05$），但与川芎嗪组比较无显著性差异（$P>0.05$）；③ 脑组织应用TTC染色结合图像分析发现，复方仙灵脾大、中、小剂量组脑梗死面积与模型组比较均显著缩小（$P<0.01$）；④ 通过黄嘌呤氧化酶法检测超氧化物歧化酶（SOD），硫代巴比妥酸法检测丙二醛（MDA）发现复方仙灵脾大、中、小剂量组与模型组比较，其血浆SOD活性均显著增高，P值分别小于0.01、0.001、0.001；血浆MDA显著降低（$P<0.05$）；⑤ 复方仙灵脾大、中、小剂量组与模型组比较还具有改变血液流变性及血小板聚集率（$P<0.05$）。郑永玲等以茅莓水提取物灌胃法干预通过结扎双侧Wistar大鼠颈动脉伴尾动脉放血而制备的脑缺血模型（16只），并与生理盐水干预组（16只）对照。结果：① 经TTC染色法分析，茅莓组大鼠的脑梗死面积为（5.78±0.88）%，明显小于对照组（10.51±2.37）%，$P<0.05$；② 经HE染色分析，茅莓组大鼠的病理改变较对照组为轻；③ 采用墨汁灌注法发现茅莓组大鼠的梗死范围较对照组小，且病灶中心区附近的微血管显影良好；④ 应用免疫细胞组织化学法测定发现茅莓组的热休克蛋白HSP70免疫细胞阳性数为（22.50±4.41）%，明显少于对照组（55.60±6.62）%（$P<0.05$）。

2. 临床观察

谢道俊等认为急性脑梗死（AIS）患者在中风后可产生瘀毒、痰毒、热毒等，毒邪可破坏形体，损伤经络，包括浮络，孙络等，并认为临床AIS患者多伴胰岛素抵抗（IR）及脂质代谢紊乱等病理生理变化，故据此立论遣方，服用通脑精胶囊（大黄、菖蒲等，每粒胶囊含中药浸出物0.5 g）。其按第四届全国脑血管病学术会议通过的诊断标准，按随机数字表法将64例AIS患者随机分为通脑精胶囊治疗组34例和尼莫地平对照组30例。所有病例均经临床及实验室检查排除糖尿病。在常规治疗的基础上，治疗组予以通脑精胶囊每次2粒，每日3次治疗，而对照组用尼莫地平30 mg，每日3次，观察期为3周，观察期间停用其他抗栓药物。结果：① 以葡萄糖氧化酶法测空腹及餐后2 h血糖，放免法测血胰岛素（Ins）值及胰岛素敏感指数（ISI）发现，治疗组与治疗前比较，治疗后空腹Ins、餐后2 h血糖及餐后2 h血清Ins水平均明显降低，$P<0.05$，$P<0.01$，ISI则明显升高，$P<0.05$，并在空腹Ins水平及ISI方面明显优于对照组$P<0.05$，$P<0.01$。② 以酶法测定空腹血浆胆固醇（TC）、三酰甘油（TG）和高密度脂蛋

白胆固醇(HDL－C),由 Friedewald 公式求得低密度脂蛋白胆固醇(LDL－C),发现治疗组在治疗后 TC、TG、LDL－C 含量较治疗前均显著下降,$P<0.05$,HDL－C 明显升高,$P<0.01$,而对照组除 LDL－C 较治疗前明显下降,$P<0.05$。其他指标均无显著性差异。③ 临床疗效按神经功能缺损积分改变观察发现,治疗组基本痊愈率为 35.3%(12/34),显著进步率为 41.2%(14/34),均较对照组 20.0%(6/30),26.7%(8/30)为高,$P<0.01$;提示该方可能不仅具有改善 AIS 患者神经缺损功能,并有改善 IR,调整脂质代谢功能。杜金行等将发病 1 周内的 AIS 患者随机分为治疗组(33 例)和对照组(31 例);在一般治疗的基础上,其中治疗组予以通心络胶囊加血栓通注射液治疗,而对照组仅以血栓通注射液治疗,观察期为 15 日,观察期间停用阿司匹林等抗凝药物。全部患者于入院次日清晨及观察期结束后翌日清晨空腹抽取静脉血,离心后取血清,于－40℃保存。而后以酶联免疫法测定 D－D 聚体,以发色底物法测定纤维蛋白溶酶原(plg)及抗凝血酶Ⅲ(AT－Ⅲ)。结果:治疗后两组患者的 D－D 聚体和 plg 含量较治疗前有明显下降($P<0.01$),但组间比较无统计学意义($P>0.05$);治疗后两组患者的 AT－Ⅲ含量较治疗前均有显著升高,$P<0.01$,且治疗组 AT－Ⅲ升高的含量较对照组高,$P<0.05$。提示通心络胶囊可能通过提高 AT－Ⅲ,增强血浆中主要抗凝物质的活性,灭活凝血酶,从而抑制纤维蛋白原转化为纤维蛋白,并通过抑制凝血酶诱导的血小板聚集,降低血液高凝状态,抑制血栓形成。另外,贺运河等将 72 例气虚血瘀型脑梗死患者随机分为脑泰方(黄芪、地龙、川芎等)治疗组 36 例和尼莫地平对照组 30 例。全部病例均用低分子右旋糖酐 500 ml 静脉滴注,每日 1 次,1 周后间歇 7 日,再重复使用 7 日。治疗组在此基础上予以脑泰方水煎剂(生药浓度 0.75 g/ml),每日 120 ml,分 3 次口服或鼻饲;对照组在基础治疗上予以尼莫地平 20 mg/次,每日 3 次,观察 3 周。于用药前后各取患者静脉血 3 ml,分别分离血浆与血清,运用放免法检测患者 TXB_2/6-Keto-$PGF_{1\alpha}$ 及 TNF－α。结果:治疗组降低血清 TNF－α 及血浆 TXB_2 含量和升高血浆 6-Keto-$PGF_{1\alpha}$ 的含量较对照组明显,$P<0.05$。提示该方可能具有降低血清 TNF－α 含量及调节血管内皮、血小板功能平衡。

(许旭伟)

【血管性痴呆的治疗】

血管性痴呆(VD)是由各种脑血管病所导致的痴呆综合征,随着社会老龄人口增多,其发病率也在相应增多,

周文泉认为,VD 病因病机的研究应以脏腑为本,以痰瘀阻络为标。VD 是五脏失调、脑生理功能紊乱的表现。证候研究应注意 VD 的病理演变规律。要注意临床疗效的提高、重视 VD 的基础研究,实现临床与基础研究的有机结合,使 VD 临床用药全方位化。张伯礼等用多中心、随机双盲对照的研究方法,选取轻中毒患者 242 例,中药治疗组用健脑益智颗粒(何首乌、炙黄芪、川芎、女贞子、锁阳、菟丝子等)治疗 89 例,每次 2 袋(每袋 5 g,每克生药含量 4.3 g),每日 2 次冲服。西药对照组用健脑益智方 1 号(每袋5 g,含喜得镇 1 mg),治疗 106 例。安慰剂组用健脑益智方 2 号(每袋 5 g,含炒麦芽 3 g) 治疗 47 例。3 种药的外形、大小、颜色以及服法、剂量完全相同,3 组均以 30 日为 1 个疗程,治疗 2 个疗程。结果:中药治疗组显效 35 例,有效 17 例,有效率为 58.4%(52/89);西药组显效 36 例,有效 15 例,有效率为 48.1%(51/106);安慰剂组显效 4 例,有效 7 例,有效率为 23.4%(11/47)。中药治疗组较西药对照组及安慰剂组为优,不仅对轻中度 VD 智能障碍核心症状及智能障碍所致的功能活动下降具有改善作用,而且具有明显减轻或消除周边症状的作用。王昊等用通脉益智胶囊(女贞子、何首乌、丹参、赤芍药、石菖蒲、远志等,中日友好医院制药厂制备)治疗 30 例(通脉组),每次 4 片,每日 3 次。喜得镇组 20 例口服喜得镇(意大利宝利化大药厂制),每次 1 片,每日 3 次。均观察 2 个疗程(60 日)。结果:通脉益智胶囊对纤溶功能的作用显著优于喜得镇组($P<0.05$)。通脉组患者治疗后 TPA、AT－Ⅲ活性升高至正常范围,PAI、FDP、DD、Pig 活性较治疗前下降;喜得镇组患者上述指标治疗前后差异不显著($P>0.05$)。提示通脉益智胶囊可通过调整机体纤溶系统的功能来改善血液高凝状态,阻止血栓形成。高洁等以D－半乳糖致亚急性衰老合并 Meynert 核损坏作为 AD 大鼠模型,免疫组织化学检测及体视学分析方法观察大鼠脑内 β－APP 的变化。结果显示补肾益智方能显著降低 AD 模型大鼠脑内顶叶皮质、海马 CAI 区、齿状回 β－APP 免疫阳性神经元的细胞数、积分光密度值($P<0.05$,

$P<0.01$)。

（周英豪）

【吸毒成瘾的机理研究和治疗】

1. 机理研究

郭瑞林等对17例吸毒者体内自由基、T淋巴细胞亚群改变及与肾虚的相关性进行研究。应用流式细胞仪技术，通过微量全血直接免疫荧光染色法，测定外周血T淋巴细胞亚群；应用酶标仪及851光电比色计，测定自由基含量。并参考昆明药物依赖性康复中心《阿片类药物戒断症状量表》进行戒断肾虚症状积分评定。结果：观察组17例吸毒者，外周血CD_4细胞百分率明显低于对照组30例健康人($P<0.01$)；超氧化物歧化酶(SOD)、丙二醛(MDA)明显高于健康人对照组($P<0.01$)；一氧化氮(NO)、一氧化氮合酶(NOS)明显低于健康人对照组。戒断症状肾虚症状积分评定，观察组17例吸毒者都有典型肾虚症状。赵宁侠等还对17例吸毒者下丘脑-垂体-靶腺轴功能及肾阳虚进行相关研究。结果：17例吸毒者外周血检测黄体生成素(LH)、滤泡刺激素(FSH)、睾酮(T)明显低于健康人($P<0.001$，$P<0.01$，$P<0.05$)。戒断症状肾阳虚积分评定，17例吸毒者都有典型肾阳虚症状。赵氏等的研究结论与刘菊妍等的研究结果基本相符。

2. 治疗进展

徐国柱等以扶正康冲剂(红参、延胡索、清风藤、洋金花、制附子、甘草等)治疗作为治疗组(312例)，用西药盐酸洛非西定作为阳性对照组(79例)，用安慰剂作阴性对照组(30例)，对海洛因依赖者共421例进行脱毒双盲对照临床试验研究。结果：扶正康脱毒效果明显优于安慰剂($P<0.001$)，与盐酸洛非西定疗效基本相当；不良反应(如头晕、眼花、视物模糊、步态不稳、口干、恶心、呕吐等)发生率较低，表现较轻。金俊等用十复生胶囊(海南华普制药有限公司生产，为非阿片类复方纯中药制剂)对海洛因依赖者71例进行脱毒临床研究，在用药4日后，出现戒断症状的患者明显减少，占84.5%(60/71)，用药10日后，戒断分<10的有70例，占98.6%(70/71)。韩世范等用华康胶囊(山西中药厂生产，为非阿片类复方纯中药制剂)戒断海洛因成瘾32例，每次2～3粒，每日2～3次，口服，服药7日后评定疗效。戒断效果为100%(32/32)。董仲莲等用济泰片(丹参、延胡索、洋金花、当归、川芎、珍珠等，湖北际泰药业有限公司生产，为非阿片类纯中药制剂)联合西药氯硝西泮、曲马朵，治疗海洛因依赖100例，10日内戒断症状积分在15分以下者66例，在15～25分之间者30例，总有效率为96.0%(96/100)。王小平等用参附脱毒胶囊(中国人民解放军军事医学科学院提供，为非阿片类复方纯中药制剂)对海洛因依赖者90例进行脱毒治疗，并用西药可乐定治疗30例作对照。结果：参附脱毒胶囊组和可乐定组治疗3日的有效率分别为88.8%(80/90)和76.7%(23/30)。李静等采用随机双盲对照研究，纳入海洛因依赖戒断症状患者92例，随机进入参附脱毒胶囊组33例，可乐定组30例，安慰剂组29例。在治疗3日时，有效率分别为57.5%(19/33)，46.7%(14/30)和6.9%(2/29)，提示参附脱毒胶囊组不良反应最低。王振学等通过动物(小鼠)实验，进行中药茉莉根浸膏戒毒效果前期研究，观察该药对小鼠中枢神经的药理作用，发现茉莉根醇浸膏对小鼠具有减少自主活动、抑制扭体反应及延长戊巴比妥纳阈上剂量睡眠时间的作用。提示该药对中枢神经系统具有抑制作用，对戒毒过程中出现的焦虑、烦躁、失眠等戒断症状及迁延症状，可能有明显的中枢镇静、催眠和镇痛作用。为该药应用于临床戒毒，控制戒断症状，预防复吸，提供了一定的药理学依据。

（刘道清　刘　霖）

［附］ 参考文献

A

艾淑珍.血府逐瘀汤治疗糖尿病肾病60例临床观察.新中医，2002；(6)：32

B

柏承宗.健脾益肾汤治疗白细胞减少症36例.湖北中医杂志，2002；(7)：38

C

蔡宇,曹克俭,殷忠东. 补骨脂素胶囊对急性白血病多药耐药逆转作用的临床观察. 中国中医药科技,2002;(1): 53

曹胜雁,李军民. 中药治疗包裹性胸膜炎 36 例. 现代中西医结合杂志,2002;(11): 1067

陈波. 复方丹参注射液预防急性早幼粒细胞白血病合并弥散性血管内凝血 25 例. 时珍国医国药,2002;(7): 397

陈敏. 温肾补血汤治疗恶性肿瘤化疗后白细胞减少症 30 例观察. 实用中医药杂志,2002;(5): 10

陈更新,马贵同,胡鸿毅. 胃祺Ⅱ号方对大鼠胃窦 5-羟色胺及乙酰胆碱酯酶含量的影响. 中国中西医结合消化杂志,2002;(6): 329

陈建宗,郭建英,孙静. 培补肝肾熄风通络法治疗血管性帕金森综合征 40 例. 中医杂志,2002;(7): 528

陈寿元,高春林. 泌石灵冲剂治疗泌尿系结石 225 例. 中国民间疗法,2002;(10): 36

陈永平,苟正英. 火把花根联合康力龙治疗慢性再生障碍性贫血 60 例疗效观察. 甘肃中医学院学报,2002;(1): 33

陈宇基,黄美云,王晓华,等. 滋阴化瘀汤为主治疗过敏性紫癜肾炎 38 例. 实用中医内科杂志,2002;(2):102

陈宇鹏,冼绍祥,黄衍寿,等. 保心康对家兔实验性心功能不全动物模型的药效学研究. 广州中医药大学学报,2002;(1): 36

程军,周永明. 再生障碍性贫血的中医病机特点和治疗对策. 辽宁中医杂志,2002;(8): 456

程甘露. 自拟凉血化斑汤治疗过敏性紫癜 30 例. 四川中医,2002;(4):32

储莉. 柴胡疏肝散治疗郁病肝气郁结型 91 例疗效观察. 新中医, 2002;(6): 28

褚贵保,张颖. 健脾补肾法治疗化疗后白细胞减少症 38 例. 实用中医药杂志, 2002;(4): 22

D

邓宝华. 疏肝调气、祛风通络法为主治疗特发性水肿 48 例. 安徽中医临床杂志,2002;(1): 17

刁锦昌,杨中华. 消痔灵注射治疗甲状腺机能亢进 40 例. 浙江中西医结合杂志,2002;(1): 15

丁克,朱慧卿,尹淑慧,等. 心肠宁合剂治疗肠易激综合征 43 例临床疗效分析. 山东中医药大学学报,2002;(1): 36

董昌将. 中医治疗特发性血小板减少性紫癜. 实用中医内科杂志,2002;(1):3

董茂芝,李惠霞. 辨证论治老年特发性血小板减少性紫癜 33 例. 辽宁中医杂志,2002;(6):338

董仲莲,王素芬,周雷,等. 济泰片联合氯硝西泮、曲马朵治疗海洛因依赖 100 例疗效观察. 中国药物依赖性杂志,2002;(2): 131

杜金行,史载祥,任在方,等. 通心络胶囊对急性脑梗死患者血浆 D-D 聚体、plg、AT-Ⅲ含量的影响. 浙江中西医结合杂志,2002;(8): 471

F

傅汝林,刘宏潇,张雅丽. 归脾汤加减治疗特发性血小板减少性紫癜 68 例分析. 中医药学刊,2002;(1):26

G

甘欣锦,李晓惠,吴英. 再生障碍性贫血中医治疗用药分析. 中医药研究,2002;(3): 50

甘欣锦,李晓惠,张文曦,等. 三子补血汤配康力龙治疗再生障碍性贫血 46 例. 湖北中医杂志,2002;(5): 19

高洁. 补肾益智方对 Alzheimer 病模型大鼠脑内 β-淀粉样前体蛋白的影响. 中国中西医结合杂志,2002;(9): 677

高炳华,陈金华,张艳超. 康莱特注射液联合小剂量化疗治疗急非淋 24 例. 中国中西医结合杂志,2002;(6): 462

郭瑞林,赵宁侠,任秦有,等. 吸毒者体内自由基、T 淋巴细胞亚群的改变及与肾虚的相关性研究. 中医杂志,2002;(7): 537

郭雅明,刘翠峰. 王彦恒治疗抑郁症经验. 河北中医,2002;(2): 100

H

韩世范,王存华,张永武,等. 华康胶囊戒断海洛因成瘾 32 例临床观察. 中医药研究,2002;(2): 13

韩树芬. 重用黄芪治疗急性面神经炎 32 例. 陕西中医,2002;(6): 513

何建成,卫洪昌,袁灿兴. 帕金森病的发病机理及中西医结合治疗. 甘肃中医,2002;(5): 7

贺运河,葛金文,成战鹰,等. 脑泰方对气虚血瘀型脑梗死患者血浆 TXB_2、6-Keto-PGF_1 及 TNF-α 含量的影响. 中国中医药信息杂志,2002;(4): 16

胡明辉. 健脾补肾活血治疗再生障碍性贫血探讨. 山东中医杂志,2002;(3): 136

胡永珍. 中医治疗再生障碍性贫血现状及思路简释. 中医药学刊,2002;(2): 172

黄明伟. 菟泽术芪汤治疗特发性水肿 46 例. 新中医,2002;(3): 55

黄培民. 止血宝合归脾丸治疗原发性血小板减少性紫癜 52 例. 福建中医药,2002;(1):32

J

贾锡莲,李沛霖,熊湘明,等. 消瘿颗粒剂对甲状腺功

能亢进症模型大鼠心率肛温及血清 T_3、T_4 的影响. 河北中医,2002;(8):632

蒋红玉. 泻黄散加减治疗过敏性紫癜 52 例临床观察. 湖南中医杂志,2002;(2):24

蒋丽霞,罗学裕. 涤痰祛瘀法治疗症状性癫痫 78 例,湖南中医杂志,2002;(3):36

蒋旭宏. 中西医结合治疗血小板减少性紫癜. 浙江中医学院学报,2002;(4):50

金俊,曾恒,铁恩贵,等. 十复生胶囊对海洛因依赖者脱毒的临床研究. 中国药物滥用防治杂志,2002;(3):37

金群,丁蔚. 胃必康颗粒剂治疗功能性消化不良 286 例疗效观察. 新中医,2002;(2):28

鞠中斌,刘庆辉. 外贴香蓖膏治疗面神经炎 108 例. 山东中医杂志,2002;(4):216

L

李杰. 浅谈抑郁症的辨证施治. 湖北中医杂志,2002;(4):28

李静,唐林,张树森,等. 参附脱毒胶囊与可乐定控制海洛因依赖戒断症状的随机双盲对照研究. 中国药物依赖性杂志,2002;(2):125

李国庆,武继涛,王同聚,等. 复方仙灵脾注射液对大鼠局灶性脑缺血血流变和自由基的影响. 中医药研究,2002;(2):33

李海燕,陶淑春. 紫癜冲剂治疗免疫性血小板减少性紫癜的临床研究. 辽宁中医杂志,2002;(1):33

李家龙,余朝珠. 调肠饮治疗肠易激综合征 56 例临床观察. 中医药信息,2002;(2):42

李乐梅. 猪苓汤合膈下逐瘀汤治疗糖尿病性肾病 30 例临床研究. 中医杂志,2002;(3):189

李世光,张启高. 参麦注射液治疗扩张型心肌病合并左心功能不全临床观察. 安徽医药,2002;(2):27

李双蕾. 中西医结合治疗震颤麻痹 36 例疗效观察. 临床荟萃,1999;(6):246

李依菲,刘立波,肖咏,等. 中药益中生血片治疗缺铁性贫血的临床观察. 中医药信息,2001;(4):23

李占勋. 血府逐瘀汤加减治疗甲亢 40 例. 实用中医内科杂志,2002;(1):41

李中岩. 调整阴阳平衡治疗甲亢 138 例. 中医研究,2001;(6):45

林燕,孟伟,谢孝锋. 从肝郁脾虚论治运动障碍型功能性消化不良. 山东中医药大学学报,2002;(3):174

林圣光. 内外合治急性痛风性关节炎 49 例. 福建中医药,2002;(3):23

林玉伟. 六味地黄汤加减治疗Ⅱ型糖尿病的体会. 浙江中西医结合杂志,2002;(6):373

林贞慧. 辨证治疗特发性浮肿 78 例. 光明中医,2002;(2):28

刘茹. 中西药联合治疗抑郁症的疗效观察. 天津中医,2002;(2):51

刘常林. 抑亢丸治疗甲状腺功能亢进症 200 例临床观察. 吉林中医药,2002;(2):28

刘丹卓,韩景辉,赵新广. 再生障碍性贫血病因病机新解. 山西中医,2002;(1):61

刘建设. 中西医结合治疗中量以上结核性胸腔积液 38 例. 现代中西医结合杂志,2002;(9):842

刘菊妍. 肾阳虚损与阿片类物质依赖戒断症状的关系. 中国药物滥用防治杂志,1999;(1):19

刘淑琦,易似红. 补阳还五汤加味治疗糖尿病周围神经病变 30 例总结. 湖南中医杂志,2002;(2):18

刘艳萍,刘艳杰. 鸡血藤汤治疗单纯白细胞减少症 50 例. 深圳中西医结合杂志,2002;(3):167

柳雪梅,冯一. 缺铁性贫血的间断补铁疗效观察. 现代中西医结合杂志,2002;(4):304

鲁善章. 解郁汤治疗精神分裂症后抑郁 43 例. 湖南中医杂志,2002;(4):30

陆磊,谢国华,吕健,等. 玉屏风散加味及局部电刺激治疗面神经炎 31 例. 现代中西医结合杂志,2002;(2):109

陆兴权. 补阳还五汤加味治疗面神经瘫痪 64 例. 浙江中西医结合杂志,2002;(1):35

吕桂月,辛福敏,李继民. 抗痫胶囊治疗脑囊虫病致癫痫的临床研究,山东中医杂志,2002;(9):523

吕雅琴,王彩路,都弘,等. 解郁汤治疗精神分裂症后抑郁 30 例. 辽宁中医杂志,2002;(6):350

吕志红,王玉玲,刘金西,等. 自拟强心合剂治疗慢性心功能不全 36 例. 河北中医药学报,2002;(2):11

罗燕楠. 甘露饮加减治疗糖尿病湿热证的体会. 中国中医药信息杂志,2002;(8):59

骆天炯. 沈林教授治疗肠易激综合征的经验. 国医论坛,2002;(1):13

M

马永泽. 加味补阳还五汤治疗糖尿病肾病 42 例临证报道. 中国中西医结合肾病杂志,2002;(8):484

穆晓君,李维革. 疏肝利水法治疗特发性水肿 54 例. 实用中医内科杂志,2002;(3):169

N

聂丽芳,王洪霞,李艳荣,等. 益气滋肾口服液对 IgA 肾病患者尿白细胞介素-6 的影响. 中国中西医结合杂志,2002;(3):214

聂丽芳,于大君,王洪霞,等. 益气滋肾冲剂治疗 IgA 肾病 100 例临床观察. 中医杂志,2002;(11):443

O

欧阳宏,劳绍贤. 清浊安中汤对脾胃湿热证患者血胃

泌素和胃动素及生长抑素含量的影响. 中国中西医结合消化杂志,2002;(6):326

P

潘志恒,黄冬梅,阎萍,等. 功能性消化不良患者中医证型与胃排空功能关系的研究. 中医杂志,2002;(3):213

彭暾. 益气活血汤治疗过敏性紫癜性肾炎 42 例. 四川中医,2002;(5):38

Q

瞿忠灿. 藻药散加味治疗甲亢 36 例疗效观察. 云南中医中药杂志,2002;(3):13

秦绍林,蔡增强,杨霞峰,等. 中西医结合治疗面神经炎 35 例临床观察. 浙江中西医结合杂志,2002;(1):34

R

冉东娥,刘萍,白启强. 驴胶补血冲剂治疗缺铁性贫血 28 例. 湖南中医杂志, 2002;(4):24

阮道英. 健脾补肾调理法治疗再生障碍性贫血疗效分析. 贵阳中医学院学报,2002;(1):16

阮继源. 中药结合穴位贴敷治疗抑郁症 34 例. 浙江中医学院学报,2002;(3):59

S

申秀云. 论再生障碍性贫血的中医辨治. 甘肃中医学院学报,2002;(1):10

沈芸. 蔡淦教授从肝脾论治肠易激综合征临床经验拾零. 新中医,2002;(4):12

沈晓燕,沈卫星. 中药内外结合治疗急性痛风性关节炎 86 例. 湖北中医杂志,2002;(3):32

施菡飞. 滋阴活血法治疗特发性水肿 50 例. 江苏中医药,2002;(8):27

舒宏,余作平,胡义平,等. 生血宁片治疗胃手术后缺铁性贫血的临床观察. 湖北中医学院学报,2001;(2):28

司徒瑞娴,梁奕荣. 中西医结合治疗过敏紫癜性肾炎 32 例观察. 实用中医药杂志, 2002;(6):24

粟世勇. 中西医结合治疗慢性再生障碍性贫血 35 例. 实用中医内科杂志,2002;(2):105

隋道敬,赵正熹;郭小培. 升白汤治疗白细胞减少症 40 例. 陕西中医,2002;(3):202

孙洪. 黄芪注射液治疗慢性心功能不全 40 例疗效观察. 中国中医药科技,2002;(3):187

孙虹. 紫癜消胶囊治疗过敏性紫癜的临床观察. 中国中西医结合杂志,2002;(1):32

孙长春,顾月星. 中西医结合治疗慢性心功能不全疗效观察. 辽宁中医杂志,2002;(7):420

孙书坤. 疏肝健脾法疗特发性水肿 55 例疗效观察. 北京中医,2002;(4):224

T

陶红,李纯,陈进. 生血宁片治疗气血两虚型缺铁性贫血 40 例观察. 实用中医药杂,2002;(7):37

陶双友. 出血中风继发癫痫的病理机制及治法探讨. 浙江中医杂志,2002;(1):4

W

王昊,闫小萍,孔维萍,等. 通脉益智胶囊对血管性痴呆患者纤溶功能的影响. 中日友好医院学报,2002;(2):95

王洁民,王亚丽. 补肾解毒法治疗帕金森病机制初探. 山东中医杂志,2002;(10):581

王天明. 金钱疏肝汤治疗泌尿系结石 80 例. 中国中医药科技,2002;(5):278

王文君. 中西医结合治疗面神经炎 40 例. 新疆中医药,2002;(3):40

王文英,王成银. 加味桃红四物汤熏洗治疗糖尿病末梢神经炎 46 例. 中医研究,2002;(1):31

王小平,刘铁桥,郝伟,等. 参附脱毒胶囊治疗海洛因依赖者戒断症状对照研究. 中国药物依赖性杂志,2002;(2):120

王晓平,鲁改丽. 黄芪桂枝五物汤加味治疗糖尿病周围神经病变 93 例. 中国民间疗法,2002;(4):48

王振学,王惕,胡凌歌,等. 中药茉莉根戒毒效果前期研究. 中国药物滥用防治杂志,2002;(2):41

魏玲,董伟华,孔天翰. 蝎毒抗癌多肽对人白血病细胞生长的影响. 中国医药学报,2002;(4):226

魏耕树,第五永长,夏岚. 甲状腺功能亢进症从血瘀论治的体会. 陕西中医学院学报,2002;(5):29

翁惠园. 复方丹参滴丸治疗心功能不全前后的心电图研究分析. 山东中医药大学学报,2002;(4):282

吴慧芬. 中西医结合治疗慢性再生障碍性贫血 30 例. 四川中医,2002;(5):47

吴利君. 石淋康治疗泌尿系结石 117 例. 湖南中医杂志,2002;(5):34

吴天勤,蒋复高,王网珍. 白血康治疗复发及难治性急性早幼粒细胞白血病 20 例. 中国中西医结合杂志,2002;(7):550

吴中录,韩文刚. 经方合裁治疗特发性水肿 74 例. 河南中医,2002;(5):26

X

谢敏,吴涛. 中药超声雾化治疗喉源性咳嗽. 中国中医药信息杂志,2002;(3):55

谢道俊,江停战,李之和,等. 通脑精胶囊治疗急性脑梗死胰岛素抵抗的临床研究. 北京中医药大学学报,2002;(3):54

修明.三胶三仙汤治疗慢性再生障碍性贫血31例.吉林中医药,2002;(2):27

徐巍,张玉梅.张琦教授对IgA肾病血尿的认识及辨证经验.中国中西医结合肾病杂志,2002;(4):194

徐国柱,段砺霞,刘闯,等.扶正康冲剂用于海洛因依赖脱毒双盲对照临床试验研究.中国药物滥用防治杂志,2002;(4):2

徐瑞荣,李芮,焦中华,等.凉血消斑汤为主治疗特发性血小板减少性紫癜30例.四川中医,2002;(1):27

Y

杨海燕,朱宁希,洪用伟.华蟾素诱导白血病细胞株HL-60凋亡的实验研究.福建中医药,2002;(1):43

杨明会,窦永起,刘毅.抑颤汤对帕金森病模型大鼠行为学及脑黑质细胞形态学的作用.中国中西医结合杂志,2002;(11):841

杨明会,窦永起,刘毅.抑颤汤治疗帕金森病临床对照观察.中国中西医结合急救杂志,2002;(5):256

姚东坡,徐达稳,陈向荣,等.中西医结合治疗结核性胸膜炎68例疗效观察.中国中西医结合杂志,2002;(5):390

叶柏,单兆伟.仙石胶童治疗肠易激综合征的临床研究.南京中医药大学学报,2002;(5):273

叶明.辨证治疗慢性原发性血小板减少性紫癜32例疗效观察.北京中医,2002;(3):141

叶梅惠.针药治疗原发性痛风性关节炎25例临床观察.云南中医中药杂志,2002;(3):37

印利华.紫草生地汤治疗过敏性紫癜63例.黑龙江中医药,2002;(4):14

余波,刁本怒.综合疗法治疗喉源性咳嗽181例.四川中医,2002;(1):69

袁威玲,王立.中西医结合治疗原发性血小板减少性紫癜22例.山东中医杂,2002;(7):419

袁振敏,周英.当归芍药散加减治疗特发性水肿40例.河北中医,2002;(1):32

Z

张蕾.升白汤合复方皂矾丸治疗化疗后白细胞减少80例.现代中西医结合杂志,2002;(11):1023

张明,金若敏,李斌,等.痛风冲剂治疗急性痛风性关节炎的临床与实验研究.天津中医,2002;(4):18

张伟,伊明瑞,徐瑞芳.辨证治疗泌尿系结石60例.中医药信息,2002;(4):37

张一,曾德珍.生脉注射液治疗老年慢性心功能不全的疗效分析.实用中西医结合临床,2002;(4):8

张伯礼,王永炎,陈汝兴,等.健脑益智颗粒治疗血管性痴呆的随机双盲临床研究.中国中西医结合杂志,2002;(8):577

张美茹,刘文志.郁必舒冲剂治疗老年期抑郁症36例.中医研究,2002;15(3):44

张伟萍,徐素珍.蝉乌消斑饮治疗过敏性紫癜44例.四川中医,2002;(4):44

张祥东,杨玲.中西医结合治疗慢性再障36例.中国民间疗法,2002;(5):6

张小萍,孙淑君.加味六君子汤对功能性消化不良患者血浆胃动素的影响.中医杂志,2002;(7):517

张秀荣,赵鸿运.舒神汤治疗中风后抑郁症临床研究.河南中医,2002;(3):35

张正利,郑舜华,沈芸,等.中药肠吉安治疗腹泻型肠易激综合征40例临床研究.中医杂志,2002;(12):914

章进,章震谷.外熏方治疗面神经炎51例.中国针灸,2002;(2):78

赵璐.补阳还五汤加味治疗2型糖尿病临床观察.湖北中医杂志,2002;(7):8

赵萍,张丽萍,廖世煌.甲亢灵胶囊治疗甲状腺功能亢进症的彩色多普勒观察.现代中西医结合杂志,2001;(10):1815

赵国华,李彦杰,王育勤.帕金森病的治疗目标与思路.中医杂志,2002;(3):224

赵宁侠,郭瑞林,任秦有,等.吸食阿片类毒品对下丘脑-垂体-靶腺轴功能影响及与中医肾阳虚相关关系研究.浙江中医学院学报,2002;(3):23

郑永玲,胡常林.茅莓提取物治疗局灶性脑缺血的实验研究.中医药研究,2002;(2):37

郑子洲.疏肝通淋汤治疗泌尿系结石66例.湖北中医杂志,2002;(9):33

周文泉,于向东.关于血管性痴呆研究的思考.中医杂志,2002;(4):299

周永明,程军,薛志忠,等.生血合剂及其拆方对免疫介导再生障碍性贫血小鼠作用的实验研究.上海中医药大学学报,2002;(1):56

周永明,周韶红,黄振翘,等.泻火宁血健脾滋肾法治疗难治性原发性血小板减少性紫癜35例.上海中医药杂志,2002;(1):22

周永明.论再生障碍性贫血.现代中医药,2002;(7):19

朱莹,袁伟建,毛以林,等.疏肝解郁法治疗功能性消化不良42例.中医杂志,2002;(9):681

朱春山,马琳.EA方案联合中药治疗成人急性单核细胞白血病14例.中国中医急诊,2002;(3):202

朱春山.文拉法辛与逍遥丸联合治疗抑郁症的疗效观察.中国中西医结合杂志,2002;(2):152

朱遵贤.桃核承气汤为主治疗痛风性关节炎.新中医,2002;(7):64

(五) 妇　科

【概述】

2002年,中医药治疗妇科疾病的报道文章约1 100篇,内容涉及临床研究、实验研究和基础理论等方面,基本反映了当前中医、中西医结合妇科的学术水平。

1. 月经病

今年较突出的是有关中药治疗多囊卵巢综合征、补肾中药对卵巢功能影响的报道增多。月经不调的治疗,有辨证论治和中西医结合治疗。辨证论治归纳为益气、补肾、活血等。青春期功血以补肾固冲,调补冲任、凉血止崩、滋阴固气等方法;更年期功血以补肾阴、健脾固冲、补肾填精及中西医结合治疗为主。闭经治疗以补肾为主,也有补肾化痰、养血通经、养阴祛痰等。王俊玲等用调肝补肾方治疗高泌乳素血症60例,并与溴隐亭组(30例)对照,连续服药3个月,结果中药组PRL明显下降,P及E_2值明显升高,BBT双相转化率为80.0%(48/60),总有效率为81.7%(49/60),症状改善和PRL下降明显优于溴隐亭组。方小冬等用健脾补肾调冲法治疗功能性子宫出血36例,药用黄芪、党参、川断、熟地黄、女贞子、墨旱莲等,随证加减,连续服药3个月,总有效率为91.7%(33/36),且患者血E_2、FSH明显升高。治疗痛经突出的特点是方法多样,如外耳道给药,中药敷脐,中药关元穴外敷等。内服中药治法多为活血止痛、温经活血、补肾养血等。郭李燕等首次报道用痛经膏(薄荷、樟脑)在外耳道四壁均匀涂抹治疗原发性痛经,用药30 min后痛经症状评分明显下降。认为在外耳道涂药能刺激入耳经络,进而作用于脏腑。陈卫华等采用行气活血、化瘀止痛的痛经贴外敷关元穴治疗痛经188例,于痛经出现前2～4日开始贴敷,连续治疗3个月经周期,总有效率为92.6%(174/188),其疗效远高于痛经贴贴敷下腹部任脉以外其他非穴位部分。子宫内膜异位症的研究是近年热点。辨证论治归纳为活血化瘀、祛瘀散结补肾、温肾疏化、益气养血,调经散结法等。张帆等用化瘀散结的坤积消汤(生瓦楞子、淫羊藿、肉苁蓉、夏枯草、玄胡、赤芍药)治疗子宫内膜异位症32例,对照组30例,口服安宫黄体酮,两组均连续服药3个月经周期,组间比较,$P<0.01$。且血CD_3、CD_4与CD_4/CD_8比值回升,NK细胞活性增强,具有调整免疫系统的功能,从而达到治疗目的。苏灿珍等用丹归逐瘀汤(丹参、当归、川芎、赤芍药、菟丝子、莪术等)治疗子宫内膜异位症80例,并与丹那唑对照,共服3个月经周期,中药组总显效率为80.0%(32/40),丹那唑组总显效率为75.5%(23/40),组间比较,$P<0.05$。中药治疗后E_2、LH升高,PRL降低,FSH、T、P改变不明显,提示中药能纠正子宫内膜异位症患者的内分泌功能失调。

2. 生殖器炎症

中药治疗阴道炎、宫颈炎、盆腔炎报道较多。中药治疗衣原体感染及解脲支原体感染为创新点。王海霞用清热解毒洗剂(黄芩、大青叶、蒲公英、连翘、牡丹皮、山豆根等)治疗衣原体感染性阴道炎,并与四环素口服对照,两组均以7日为1个疗程,1个疗程后取阴道分泌物镜检。中药治愈率为90.0%(90/100),远高于对照组68.0%(68/100)的治愈率。黄露芬等观察了痒炎安外洗剂(一枝黄花、蛇床子、黄柏)对老年性阴道炎阴道脱落细胞的影响,发现治疗后临床症状、体征明显改变,阴道上皮细胞成熟指数明显右移,提示该药有提高雌激素水平,增强阴道自净作用,并具有抑菌、消炎、镇痛与止痒作用。金哲等报道外用消毒栓(金银花、蜈蚣、全蝎、黄柏)治疗宫颈人乳头瘤病毒感染,用药10次为1个疗程,2个疗程后复诊,总有效率为86.5%(45/52),可逆转宫颈HPV感染的细胞学、病理学改变。陈颖异等采用益气活血、清热解毒的妇舒汤(生黄芪、制大黄、丹参等)治疗慢性盆腔炎,对照组服用头孢羟氨苄缓释片,两组均以7日为1个疗程,2个疗程后观察疗效,中药组愈显率为82.4%(173/210),明显高于对照组的30.0%(60/200)。

3. 妇科杂症

中药在体外受精与胚胎移植中的作用属首次

报道。朱文杰等采用绒毛膜促性腺激素并加服滋肾育胎丸(党参、川断、白术、巴戟天、枸杞子、何首乌等)2周,观察到患者平均血清孕酮水平、胚胎种植率和临床妊娠率显著高于未加中药组。吴瑞谨等对22例原因不明不孕症患者服用养精种玉汤前后黄体中期子宫内膜行IGF-Ⅱ及IGF-Ⅱ型受体mRNA检测,结果表明养精种玉汤能促进黄体中期子宫内膜IGF-Ⅱ及其受体的基因表达,促进子宫内膜分化,提高子宫内膜对胚泡种植的接受性。王振卿用养肝滋肾汤口服,配合清热解毒汤坐浴的方法治疗抗精子抗体、抗子宫内膜抗体阳性不孕,10日为1个疗程,结果抗精子抗体转阴率为96.1%(196/204),妊娠率为25.4%(52/204);抗子宫内膜抗体转阴率为88.7%(250/282),妊娠率为62.4%(176/282)。中药治疗子宫肌瘤的报道20余篇。蒋继芳用莪棱消瘤汤(莪术、三棱、川芎、丹参、木香、牡蛎等)治疗60例,服用6个月,总有效率为88.3%(53/60),与对照组桂枝茯苓胶囊总有效率为66.7%(40/60)比较,$P<0.01$。刘金云采用理气活血、消癥祛痰中药(丹参、黄芪、赤芍药、当归、香附、夏枯草等)配合米非司酮治疗围绝经期子宫肌瘤,并与单纯服用米非司酮组对照,服药6个月后观察疗效,治疗组总有效率为96.9%(62/64),对照组总有效率为82.3%(51/62),两组比较,$P<0.01$,但治疗后两组性激素改变无明显差异。蔡德培等报道了滋阴泻火中药(生地黄、炙龟版、知母、黄柏等)可使下丘脑GnRH、腺垂体FSH、LH及成骨细胞骨钙素(BGP)的mRNA表达水平显著下降,而益肾填精中药(熟地黄、龟版胶、淫羊藿、鹿角胶等)可使下丘脑GnRH、腺垂体FSH、LH及成骨细胞骨钙素(BGP)的mRNA表达水平显著上调。说明补肾中药可转录水平调节下丘脑GnRH、腺垂体FSH、LH及成骨细胞BGP基因表达,这可能是补肾中药调整性早熟患儿青春发育进程和改善骨骼发育的主要机理之一。王滨等报道补肾疏肝、调补冲任中药更年乐(紫河车、菟丝子、女贞子、白芍药、柴胡、当归等)能调节自主神经功能,使下丘脑单胺类神经递质的水平恢复正常;能够调节生殖内分泌系统,使E_2、FSH、LH恢复正常水平;能够提高低下的免疫功能,使血清IL-2水平明显升高,胸腺萎缩程度有所缓解。从而起到稳定机体内环境,缓解更年期症状的作用。更年期综合征的治疗以补肾法为主,常用治法有补肾宁心、补肾疏肝、补肾填精、调和肝脾、活血化瘀、养血滋阴、滋肾养肝等。董文毅等用更年丹(菟丝子、仙茅、淫羊藿、肉苁蓉、丹参、柴胡等)口服,配合耳穴贴压治疗更年期综合征37例,显效为62.2%(25/37),总有效率为94.6%(35/37),较单纯口服更年丹疗效显著。顾文元用益肾养精、解郁安神的枸杞柴胡汤(枸杞子、女贞子、旱莲草、柴胡、百合、生龙齿等)治疗更年期抑郁症32例,其汉密尔顿抑郁量表(HAMD)和抑郁自评量表(SDS)评分均较治疗前明显下降。

4. 胎产疾病

先兆流产报道涉及免疫性反复性早期流产、抗心磷脂抗体阳性反复流产、巨细胞病毒引起习惯性流产、母儿血型不合引起反复自然流产等。曾诚等对485例确定为先兆流产患者进行回顾性分析,根据四诊八纲辨证分型,按统计学方法,探讨证型分布规律。结果证型分布由多到少依次为肾虚型、脾肾两虚型、血热型、肾虚血瘀型、气血虚弱型和外伤型,总体以虚证为主。认为肾虚是本病的基本环节,随着疾病发展,脾肾两虚,甚至久病肾虚血瘀,致本病为虚实夹杂之证。这一结果对先兆流产的防治有一定的指导意义。吴宁等认为先兆流产患者外周血NK细胞活性明显高于正常早孕妇女,补肾健脾中药优生宁(菟丝子、川断、桑寄生、阿胶、黄芪、白芍药等)能降低先兆流产患者NK细胞活性而达到保胎目的。曹立幸等认为肾虚流产大鼠体内存在免疫功能异常,E_2下降、PRL上升,采用益气养血、固肾安胎中药(黄芪、阿胶、苎麻根等)治疗后上述异常指标得到调整,说明中药可能通过调整体内免疫功能而起到保胎作用。赵薇等认为,先兆流产患者β-HCG、E_2、P、FSH、LH、PRL水平低于同期正常妊娠妇女,经滋肾柔肝中药(菟丝子、女贞子、旱莲草、枸杞子、熟地黄、黄芪等)治疗至孕14周,其各项指标均上升,并达到同期正常妊娠值水平。李琼等用活血化瘀法治疗妊娠丢失抗心磷脂抗体阳性38例,并与维生素C、维生素E、叶酸组对照,连续服药3~6个月后,其转阴率明显高于对照组。舒静等对抗心磷脂抗体阳性反复流产患者于孕前2~3个月开始予以中药治疗,转阴后妊娠早期再服用此药7~10日,并配合用HCG和黄体酮,转阴率为86.9%(20/23),流产治愈率为82.6%(19/23),明显高于多种维生素对照组。刘润侠等用清热利湿的益黄散(生地黄、白芍药、茵陈、黄芩、丹参、益母草等)治疗母儿血型不合引起反复自然流产,总有效率为96.8%(31/32),认为本方能够降低血清抗体效价,使 Th 活性下降,Ts 活性明显上升,Th/Ts 比值正常,调节机体的免疫功能与状态。张烈平等用大剂量大黄 50～100 g(水煎1 000 ml,每 30 min 服 100 ml,24 h 内服完,共服1～2剂),治疗产后热毒病 100 例,其中会阴侧切42 例,急性乳腺炎 58 例,并与常规剂量大黄5～10 g(水煎 200 ml,每日 3 次口服,最多连服 15剂)对照治疗产后热毒病 242 例,其中会阴侧切136 例,急性乳腺炎 106 例,大剂量大黄组会阴侧切总有效率为 85.7%(36/42),明显高于常规剂量大黄组 23.5%(32/136)的总有效率;大剂量大黄组急性乳腺炎总有效率为 87.9%(51/58),明显高于常规剂量大黄组的 41.5%(44/106)。

5. 计划生育

报道多集中于宫内节育器出血、药物流产后出血的防治及中西医结合保守治疗异位妊娠等方面。刘瑞芬等用祛瘀清热、止血调经的宫宁颗粒(茜草、三七、黄芩、党参等)治疗宫内节育器致月经过多,连续服用 3 个月经周期,总有效率94.8%(37/39),治疗后经血及血清纤维蛋白裂解产物(FDP)明显下降,尤以 FDP 下降明显,说明该药有抗纤溶活性,能减少纤维蛋白裂解,增加纤维蛋白沉积,促使内膜血管闭合及凝血过程发生而达到止血调经的目的。雷磊等发现疏肝理气、化瘀止血的宫环止血片(香附、三七、白芍药等)能够减少置 Cu-IUD 家兔子宫内膜的炎性细胞和炎性渗出,降低红细胞比容、全血比黏度和血浆比黏度,从而修复置器对子宫的损伤,改变血液流变性,达到防治置器出血的目的。

(赵瑞华　李光荣)

【子宫内膜异位症实验及诊断研究】

1. 实验研究

许丽芬等在子宫内膜异位症动物实验中观察到下丘脑、垂体、异位内膜组织中β-内啡肽、强啡肽含量及血清促肾上腺皮质激素、皮质醇含量明显降低,血清内皮素、神经肽 Y 含量则显著升高。具有活血化瘀、软坚散结作用的中药妇痛宁可使β-内啡肽、强啡肽及促肾上腺皮质激素、皮质醇升高,降低内皮素和神经肽 Y 含量,通过神经内分泌的整体调节治疗内异症。艾莉等通过动物实验研究临床有效方剂消异饮的作用机理,发现消异饮可降低 E_2、P 水平,提示该方可抑制异位内膜的生长,通过提高 6-Keto-$PGF_{1\alpha}$、降低 TXB_2 而抑制子宫收缩,从而治疗痛经。降低IL-2则是其治疗内异症合并不孕的机理之一。消异饮抑制异位内膜生长的作用与丹那唑相似,而降低 E_2、IL-2 水平,调节 6-Keto-$PGF_{1\alpha}$、TXB_2 平衡的作用则优于丹那唑。王应兰等以温肾疏化方药(鹿角片、淫羊藿、桃仁、醋柴胡、白芥子)治疗子宫内膜异位症患者,发现治疗前患者 TNF-α 及 IL-8 水平均显著高于正常值,治疗后两者水平趋于正常。刘涛等研究了康正消异颗粒对实验性子宫内膜异位症大鼠 T 淋巴细胞亚群的影响,发现该药可使大鼠血清CD_4^+明显下降,CD_8^+上升,CD_4^+/CD_8^+比值下降,说明该药对免疫系统有一定的抑制作用。

2. 诊断研究

王曼汇总了中西医对内异症病因病机的认识及 1990 年公布的盆腔内异症的诊疗标准,内异症患者存在的血凝-纤溶亢进,现证实为血瘀本质,随病情加重血凝谱亦表现从轻至重的变化。电镜下,异位内膜腺细胞的微绒毛稀疏,细胞间隙囊状扩大粗面内质网和线粒体出现透亮区,次级溶酶体较多,此为缺氧、感染、中毒或慢性子宫内膜炎时的变化。许卫华等探讨了月经及生殖状况与盆腔子宫内膜异位症关系,进行的单因素分析和logistic回归分析表明,原发性痛经及继发性痛经均为内异症发病的危险因素。单因素分析结果提示 $t_{初孕年龄}$、$t_{初产年龄} \leqslant 24$ 岁、$N_{孕次} \geqslant 2$ 次及使用 IUD 为 4 个可能的保护因素,而在 logistic 回归分析中,此 4 个可能的保护因素却未显示与发病有联系;$t_{初产年龄} \leqslant 24$ 岁与使用 IUD 有正交作用,推测使用 IUD 避孕对内异症的保护作用可能与 IUD 放置的时间有关。王清年等通过回顾已确诊为子宫腺肌病合并巧克力囊肿的 B 超图像,认为 B 超下子宫球形增大、宫体回声较低、宫内回声强弱不均,结合生育期有痛经病史,即可诊断子宫腺肌病;无回声团块,壁毛糙,内有均匀细光点回声,后壁回声增强,即可诊断为巧克力囊肿。刘明通过对 176 例内异症患者 B 超观察,探讨了中医辨证分型与 B 超影像指标的内在联系,发现气滞血瘀型多表现为子宫直肠陷凹的不规则积液;寒凝血瘀型常见卵巢囊肿；气虚血瘀型多见于子宫肌腺病，子宫明显增大。

（王 燕）

【胎位不正的治疗】

胎位不正是指妊娠28周以后，胎位为臀位、斜位、横位、足位等。病理性者多与骨盆狭窄、子宫畸形、盆腔肿瘤、胎儿畸形有关。窦时华指出孕妇素体虚弱，正气不足或妊娠期间过度安逸以致气不运行、血不流畅，或感受寒邪，寒凝血滞、气机不利，均能导致胎位异常。

李秀珍、曹怀宁等均运用党参、白术、当归、枳壳、厚朴、川芎、白芍药、黄芪、续断、熟地黄、艾叶、炙甘草治疗本病，意在理气活血、固命门真气，以促胎儿自然调正。侯玉华、窦时华等采用《傅青主产后编》中名方保产无忧散纠正胎位不正。方中川芎、当归、白芍药养血活血，黄芪益气补胎，羌活、荆芥穗升举元气，炒艾叶以暖宫，川贝利肺气，菟丝子益肾精固胎，厚朴、枳壳宽肠理气，使胎气安和，自然复位。窦氏治疗93例，有效率为97.8%(91/93)。侯氏治疗30例，有效率为90.0%(27/30)。王慧玉应用车前子纠正胎位异常，方法是将10 g车前子焙炒后研细末，空腹开水冲顿服，3～5日后复诊。治疗73例，总有效率为82.2%(60/73)。认为车前子可以促进羊水产生及胎动活跃。赵瑞娟等采用内服益气养血转胎方配合胸膝卧位矫治胎位不正60例，总有效率为88.3%(53/60)，比单用胸膝卧位转胎率高。王爱波等用王不留行籽贴压至阴穴矫正胎位68例，并与胸膝卧位法作对照(62例)，治疗组有效率为70.6%(48/68)，对照组有效率为45.2%(28/62)，两组比较，$P<0.05$。认为至阴穴与任脉密切相关，具有疏通气血、调整阴阳、矫正胎位之功。刺激至阴穴可调和气血，振奋阳气，改变子宫活动，增强胎动，达到转正胎位的目的。

（钧 平）

【慢性盆腔炎的治疗】

慢性盆腔炎的治疗主要采用具有活血化瘀、清热解毒、除湿、止痛功能的方药，或以经方（如补中益气汤、桂枝茯苓丸），或自拟方药，随证加减。治疗方法上有中西药内服、中药保留灌肠、中药熏洗、微波及超短波治疗等，或单用，或并用，而以综合治疗的报道占多数。

在内服药物的选择上，使用较多的依次为（按频次由高到低）：败酱草、赤芍药、蒲公英、红藤、香附、桃仁、当归、牛膝、茯苓、延胡索、薏苡仁、三棱、莪术、牡丹皮、金银花、紫花地丁、黄芪、桂枝、丹参、乌药等。在灌肠药物的选择上，使用较多的依次为（按频次由高到低）：蒲公英、败酱草、赤芍药、丹参、紫花地丁、金银花、莪术、桃仁、三棱、延胡索、皂角刺、香附、乳香、没药等。中药的使用均在月经干净后2～5日内开始。

彭雅黎在经期应用庆大霉素，洁霉素，地塞米松，糜蛋白酶，自月经干净后的第1日起加服中药（金银花、连翘、薏苡仁、败酱草、赤芍药、红藤等），并将药渣以纱布包好热敷小腹治疗慢性盆腔炎38例，与单纯西药组(38例)比较，总有效率两组均为97.4%(37/38)。叶敦敏等采用盆炎康合剂（毛冬青、丹参、蒲公英、败酱草、苍术、黄芪等）加阿司匹林，连服2个月经周期治疗30例，对照组15例采用先锋霉素Ⅳ胶囊、TDP特定电磁波治疗配合胎盘组织液肌肉注射治疗，结果：两组总有效率相近。姜题平采用中药内服治疗慢性盆腔炎72例，药物组成为柴胡、金钱草、蒲公英、萹蓄、瞿麦、莪术等，总有效率为87.5%(69/72)。

袁素芹用蒲公英、丹参、败酱草、薏苡仁、白花蛇舌草、乳香等中药灌肠治疗慢性盆腔炎30例，痊愈16例，有效12例，总有效率为93.3%(28/30)，疗效优于理疗组。张丽春等用活血化瘀解毒中药（鱼腥草、金银花、丹参、延胡索、香附、皂角刺等）结合灌肠药（蒲公英、紫花地丁、白花蛇舌草、败酱草、紫草）治疗慢性盆腔炎100例，总有效率为98.0%(98/100)。赵秀清等认为灌肠液在肠道内存留2 h以上，才能有治疗效果，以存留4～6 h效果最佳。以下方法有助于药液在直肠内保留较长的时间：① 药液的温度：最适宜的药液温度是37℃～39℃，温度过高，患者感觉不适，甚至会导致肠黏膜损伤。温度过低，使肠蠕动加快，引起患者腹痛，排便，药液在短时间内排出。② 插管的深度：适当的插管深度应为15～20 cm。此位置不仅对患者的肠黏膜创伤小，同时能使药液到达更深部位。③ 灌肠的速度：应以100 ml药液在5 min内滴完为最好，过快可使肠蠕动加快，药液难以保留。

（纪 军）

【更年期综合征的治疗】

更年期综合征主要是由性腺功能衰退所引起的生理、心理上的改变而出现的一系列症状。采用中医或中西医结合治疗有较好的疗效。

1. 传统方

马铮认为更年期综合征主要病机为脾肾阳虚，从调理脾胃及阴阳气血入手，用归脾汤（黄芪、党参、白术、茯苓、龙眼肉、炒酸枣仁等）治疗 49 例，30 日为 1 个疗程，经治疗 2 个疗程，显效 8 例，占 16.3%(8/49)，有效 34 例，占 69.4%(34/49)，总有效率为 85.7%(42/49)。张素英等单用杞菊二至丸（枸杞子、菊花、女贞子、墨旱莲、淫羊藿、知母等）治疗 60 例，10 日为 1 个疗程，经治 5 个疗程，显效 32 例，占 53.3%(32/60)，有效 28 例，占 46.7%(28/60)，总有效率为 100.0%(60/60)。张季娟等认为肾虚为更年期综合征之主要病机，以六味地黄丸加减（山萸肉、山药、枸杞子、熟地黄、杜仲等）治疗 58 例，治愈 32 例，好转 20 例，总有效率为 93.1%(52/58)。

2. 经验方

赵东英等报道治疗组采用内服更年饮（淫羊藿、当归、香附、紫草、桑寄生、酸枣仁等）滋补肝肾，配合按压耳穴及捏脊治疗，对照组服用更年安（熟地黄、首乌、泽泻、茯苓、五味子、珍珠母等），共治疗 2 个疗程。结果治疗组与对照组比较，$P<0.05$。韩凤云用熟地黄、阿胶、龙齿、当归、白芍药、麦门冬等治疗本病 162 例，理气与补血并重，服药 3～10 剂，治愈 135 例，好转 21 例，总有效率为 97.0%(156/162)。王嘉梅用更年宁汤治疗 96 例，药用熟地黄、女贞子、枸杞子、肉苁蓉、知母、旱莲草等，10 日为 1 个疗程，治疗 3 个疗程后，总有效率为 92.8%(89/96)。张友和以补肾疏肝法治疗 86 例，药用当归、山药、白芍药、柴胡、茯苓、熟地黄等，充养肾阴，条达肝气，健脾行水，经治 10 日，痊愈 45 例，好转 25 例，总有效率为 81.4%(70/86)。祁秀兰以自拟滋肾宁心汤（生地黄、女贞子、知母、酸枣仁、朱茯苓、远志等）治疗阴虚火旺、心肾不交型更年期综合征 70 例，每月服 15 剂为 1 个疗程，连用 3～4 个疗程，痊愈 31 例，显效 25 例，好转 10 例，总有效率为 94.3%(66/70)。

3. 辨证论治

王亮华等采用补肾宁心法治疗本病 108 例，辨证分为阴虚火旺偏阴虚型和阴阳两虚偏阳虚型两型，分别给予更年Ⅰ号合剂（生地黄、女贞子、墨旱莲、炒枣仁、煅紫贝齿、合欢皮等）与更年Ⅱ号合剂（淫羊藿、仙茅、黄芪、党参、炒枣仁、防己等），连续服药 8 周，更年Ⅰ号组显效 16 例，好转 39 例，总有效率为 87.3%(55/63)；更年Ⅱ号组显效 4 例，好转 18 例，总有效率为 81.5%(22/27)。血清E_2、FSH水平明显改善，治疗前后比较分别为$P<0.01$、$P<0.05$。

4. 中西医结合治疗

胥玲等以中药（熟地黄、枸杞子、山茱萸、山药、茯苓、炙甘草等，占治疗时间 3/4）与西药（每日口服乙烯雌酚 0.25 mg，安宫黄体酮片 2 mg，或尼尔雌醇两周 2 mg，利维爱 2.5 mg，占治疗时间 1/4）交替使用治疗 100 例，治疗时间为 2 个月至 2 年，结果：显效 68 例，有效 30 例，无效 2 例，总有效率为 98.0%(98/100)。张爱卿等用中药加激素治疗 58 例，尼尔雌醇 2 mg，半月 1 次，每月末加服安宫黄体酮片 2 mg，每日 1 次，连续 10 日，2 个月为 1 个疗程；谷维素 30 mg，每日 3 次，连续1 个月；同时服用左归饮（熟地黄、山药、枸杞、山茱萸、茯苓、炙甘草等）加减，隔日 1 剂。对改善潮热汗出、烦躁失眠、乏力、心悸、腰痛有较好的疗效。张氏认为本疗法可提高疗效，缩短疗程，减少毒副反应。

（张婷婷　刘津馨）

【补肾法对卵巢功能的影响】

补肾法对卵巢功能影响的研究由来已久，近年其研究日渐深入。黄兆政等采用补肾养血中药（当归、炒白芍药、巴戟天、肉苁蓉、枸杞子、炙龟版等）治疗肾虚型无排卵性不孕 86 例，连续服用 3～6个月经周期，进行治疗前后自身对照，结果：妊娠 35 例，好转 29 例，总有效率为 74.4%(64/86)。范春茹等采用具有补肾阳作用的补肾嗣育胶囊（鹿茸、熟附片、女贞子、淫羊藿、川芎、龟版等）和具有补肾阴作用的补肾调经胶囊（熟地黄、知母、女贞子、黄柏、赤芍药、鹿茸）治疗排卵功能障碍 103 例，对照组 34 例采用雌-孕激素周期疗法和克罗米芬加绒毛膜促性腺激素。均经 4 个月经周期的治疗。补肾法愈显率为 70.3%(73/103)，对照组愈显率为 44.1%(15/34)，组间比较，$P<0.01$。认为补肾阳中药主要作用于垂体，能提高肾阳虚患者 E_2、LH、FSH 水平，补肾阴中药能降低肾阴虚患者 E_2、LH、FSH 水平，可能选择性作用于下丘脑-垂体轴中的黄体生成激素释放激素-黄体生成激素轴系上。说明补肾法治疗排卵功能障碍是通过对性腺轴各腺体的病理状态进行双向调节，改善性激素紊乱环境，重新调整达

到平衡，从而促进排卵的。谭新开等用补肾益气促卵汤(淫羊藿、巴戟天、肉苁蓉、枸杞子、太子参、炙黄芪等)加减治疗卵泡发育不良110例，对照组(110例)口服克罗米酚及肌肉注射绒毛膜促性腺激素。均连续治疗2～3个月经周期后经B超动态监测卵胞发育情况。结果：中药有效率为87.3%(96/110)，西药有效率为85.5%(94/110)，两组比较，$P>0.05$。但随疗程延续，中药组疗效优于西药组，具有明显的促卵胞发育作用。王玉东等用补肾活血方(菟丝子、枸杞子、女贞子、熟地黄、当归、川芎等)治疗肾虚型卵泡发育障碍性不孕症25例，对照组23例予以归肾丸冲剂。两组均连续服用3个月经周期。治疗组总有效率为92.0%(24/25)，对照组总有效率为69.6%(16/23)，两组比较，$P<0.01$。另外，在促进卵泡发育，提高子宫内膜厚度，提高E_2、LH、FSH水平，降低抗卵巢抗体效价方面，补肾活血方均优于归肾丸。认为补肾活血中药的疗效机制可能与抑制抗体对卵巢细胞的免疫反应，改善卵巢内分泌水平有关，从而改善卵巢血流而促使卵巢发育。李淑萍等对比研究了补肾活血三方，补肾调冲方(补肾方加调冲方)、补肾方(菟丝子、覆盆子、紫河车、巴戟天、熟地黄、杜仲等)和调冲方(丹参、王不留行、鸡血藤、当归、牛膝、益母草等)对接近性成熟幼小白鼠排卵、黄体、E_2、LH及卵巢环磷酸腺苷cAMP的影响，发现补肾调冲方具有明显的促卵泡发育、促黄体生成功能，可使脑垂体前叶促性腺激素细胞分泌颗粒增多及卵泡颗粒层细胞处于活跃状态，使大鼠卵巢cAMP含量增加。而补肾方只有雌激素样活性，可使去势小鼠E_2升高。调冲方能明显增加大鼠卵巢-子宫静脉血中前列腺素含量，从而诱导成熟卵泡排卵。实验结果说明补肾活血中药对垂体-卵巢生殖内分泌系统的调节作用优于单纯补肾中药。杜惠兰等观察补肾固冲系列方对雄激素所致不孕大鼠的卵巢、子宫及其微量元素的影响，发现补肾固冲系列方可提高ASR血E_2水平，增加卵巢重量，使囊状扩张的卵泡颗粒层增厚，各级卵泡及黄体的数量增加，间质腺发达。此外，还可促进卵泡发育、排卵和黄体形成。并认为补肾中药对卵巢功能的作用不是单一的，而是多环节、多途径综合作用的结果。可能通过调节性腺轴功能，促进卵泡发育、排卵，也可能补肾中药本身具有类雌激素样作用。

(赵瑞华　李光荣)

【多囊卵巢综合征的治疗与实验研究】

多囊卵巢综合征(PCOS)是最常见的妇科内分泌疾病，属中医"月经后期"、"闭经"、"不孕"、"癥瘕"等范畴。

章巧萍以补肾活血为主，根据月经周期不同采用不同方药治疗本病21例，具体方法：卵泡期治以补肾化瘀方(菟丝子、淫羊藿、女贞子、枸杞子、熟地黄、桃仁等)，若见肝郁有热之象用龙胆泻肝汤加味。排卵期、行经期均用活血化瘀行气法，用通经排卵方(当归、三棱、莪术、泽兰、熟地黄、柴胡等)。黄体期用补肾养阴温阳法，药用枸杞子、熟地黄、淮山药、菟丝子、淫羊藿、鹿角霜等。闭经者先用活血化瘀行气法促使行经，痤疮严重者用清肝泻火法，无痤疮者用补肾化瘀法。1个月经周期为1个疗程，总有效率为90.0%(19/21)。倪玲等观察PCOS患者36例，痰湿型方用苍附导痰汤加味(苍术、香附、茯苓、仙茅、淫羊藿、半夏等)，肾虚痰实型方用补肾化痰汤(熟地黄、仙茅、菟丝子、覆盆子、淫羊藿、夏枯草等)，肾虚型方用四二五合剂(当归、仙茅、淫羊藿、熟地黄、巴戟天、覆盆子等)。3个月为1个疗程，结果：显效19例(52.8%)，有效10例(27.8%)，无效7例(19.4%)。邵志英采用中西医结合的方法治疗本病50例，从月经来潮第9日开始服用自拟补肾化痰方(熟地黄、山药、茯苓、仙茅、菟丝子、半夏等)，每日1剂，连服6剂，排卵后改为健黄体汤(熟地黄、白芍药、山药、当归、菟丝子、覆盆子等)。3个月经周期为1个疗程。同时月经周期第5日开始口服克罗米芬胶囊，每日1次，每次50 mg，连用5日。B超监测卵泡发育，当卵泡发育到直径1.7～2.0 cm时加用绒毛膜促性腺激素(HCG)5 000 U肌肉注射。结果：痊愈30例，好转15例，无效5例。

王佳楣等探讨了石英毓麟汤(紫石英、淫羊藿、当归、牛膝、续断、赤芍药等)配合氯米芬对肾虚血瘀型PCOS患者生殖与代谢功能的调节作用。结果表明高黄体生成素(LH)血症，高胰岛素(INS)血症、高睾酮(T)血症及高血清瘦素(leptin)血症是PCOS患者四种重要的生化改变，用药后可将患者leptin、LH、LH/FSH、T、INS水平调整至正常或接近正常状态，使下丘脑-垂体-卵巢轴的功能及胰岛素的分泌趋于正常，从而建立新的排卵周期，对调节患者糖和脂肪代谢亦有重要意义。推测其具体作用环节可能有：① 调节下丘脑 GnRH 的脉冲分泌，促使 LH 与 FSH 分泌协调；② 降低垂体对 GnRH 的敏感性从而降低 LH 的振幅，促使卵泡的正常发育，并减少卵巢源性雄激素的分泌；③ 作用与卵巢颗粒细胞，改善卵泡微环境，调整性激素的分泌及相互转化的比例，直接促进卵泡的发育。孙永生等研究了卵巢Ⅱ号(巴戟天、菟丝子、当归、水蛭、穿山甲、苍术等)对多囊卵巢大鼠垂体及肾上腺超微结构的影响。实验应用左炔孕酮及绒毛膜促性腺激素致大鼠卵巢改变后，发现垂体促性腺激素细胞胞质内粗面内质网明显增多，溶酶体膜和颗粒界膜融合，分泌颗粒增多。经治疗后，促性腺激素细胞恢复正常结构，细胞核旁细胞器丰富，粗面内质网减少。提示腺垂体细胞形态上的异常可能与垂体分泌促性腺激素有一定联系，而卵巢Ⅱ号对此具有调节作用。

(艾　莉)

[附]　参考文献

A

艾莉，姜葆华，郑军，等. 消异饮治疗子宫内膜异位症的实验研究. 中国医药学报，2002；(4)：223

C

蔡德培，张炜. 补肾中药对下丘脑 GnRH、腺垂体 FSH 、LH 及成骨细胞 BGP 基因表达的调节作用. 中医杂志，2002；(3)：221

曹怀宁，付静. 八珍汤加减矫治胎位不正 73 例. 上海中医药杂志，2002；(4)：17

曹立幸，李同玺，李泽民，等. 益气养血、固肾安胎法治疗肾虚流产保胎作用机理研究. 天津中医，2002；(2)：53

陈卫华，周军，胡玲，等. 痛经贴外敷关元穴治疗痛经 188 例. 安徽中医学院学报，2002；(3)：38

陈颖异，曹华妹，陈伟，等. 中药妇舒汤治疗慢性盆腔炎 210 例. 中国中医药信息杂志，2002；(3)：51

D

董文毅，傅景兰，曲陆荣，等. 更年丹耳穴贴压并用治疗更年期综合征的临床研究. 中医药学刊，2002；(6)：742

窦时华. 保产无忧散纠正胎位不正 93 例. 中国民间疗法，2002；(1)：41

杜惠兰，宋翠淼，马惠荣，等. 补肾固冲系列方对雄激素所致无排卵模型大鼠卵巢、子宫及微量元素的影响. 中国中医药科技，2002；(2)：102

F

范春茹，车胜男，崔兆琴. 补肾法治疗排卵功能障碍 103 例. 陕西中医，2002；(5)：389

方小冬，须义贞，陆建英. 健脾补肾调冲法治疗功能性子宫出血的临床观察. 上海中医药杂志，2002；(3)：31

G

顾文元. 枸杞柴胡汤治疗更年期抑郁症 32 例临床观察. 天津中医，2002；(3)：57

郭李燕，陈秀廉，钱志益. 痛经膏外耳道给药治疗原发性痛经 26 例疗效观察. 新中医，2002；(7)：19

H

韩凤云. 养血滋阴法治疗更年期综合征. 陕西中医，2002；(5)：405

侯玉华，王跃清. 保产无忧汤纠正臀位 30 例. 河南中医，2002；(4)：41

黄露芬，张志安，胡曼卿. 痒炎安外洗剂治疗老年性阴道炎阴道脱落细胞的研究. 福建中医学院学报，2002；(1)：44

黄兆政，范海英. 补肾活血法治疗无排卵性不孕 86 例. 四川中医，2002；(4)：51

J

姜题平. 中药内服治疗慢性盆腔炎 72 例. 新中医，2002；(1)：50

蒋继芳. 莪棱消瘤汤治疗子宫肌瘤 60 例疗效观察. 山东中医杂志，2002；(4)：215

金哲，宋爱武，李仁杰. 消毒栓治疗宫颈人乳头瘤病毒感染的临床研究. 中国中西医结合杂志，2002；(10)：735

L

雷磊，尤昭玲，文乐兮，等. 宫环止血片对置铜宫内节育器家兔血液流变学的影响. 湖南中医学院学报，2002；(1)：14

李琼，林佑武，赖慧红，等. 活血化瘀法治疗妊娠丢失抗心磷脂抗体阳性 38 例临床观察. 中医杂志，2002；(7)：522

李淑萍,李玲.补肾调冲法治疗卵巢功能失调性不孕的实验研究.中国中医药信息杂志,2002;(3):33

李秀芬,张鸣华.微波与超微波治疗慢性盆腔炎152例疗效对比.现代中西医结合杂志,2002;(3):221

刘金云、孟凡莲、李瑞玲,等.中西医结合治疗围绝经期子宫肌瘤64例.中国中西医结合杂志,2002;(4):248

刘明.子宫内膜异位症的临床证型与B超影像指标初探.辽宁中医杂志,2002;(3):143

刘瑞芬,刘春洁.宫宁颗粒治疗宫内节育器致月经过多及相关指标的影响.山东中医药大学学报,2002;(5):343

刘润侠,刘艳巧,李百文,等.中药治疗母儿血型不合引起反复自然流产32例.陕西中医,2002;(5):393

M

马铮.归脾汤治疗更年期综合征49例疗效观察.河北中医,2002;(3):194

N

倪玲,高红.补肾燥湿化痰治疗多囊卵巢综合征.中医药学报,2002;(2):28

P

彭雅黎.中西医结合治疗慢性盆腔炎76例.河南中医药学刊,2002;(1):42

Q

祁秀兰.滋肾宁心汤治疗更年期综合征70例.陕西中医,2002;(5):407

S

邵志英.中西医结合治疗多囊卵巢综合征50例.中医研究,2002;(3):40

舒静,缪频,王若楷.中西医结合治疗抗心磷脂抗体阳性反复早期流产临床观察.中国中西医结合杂志,2002;(6):414

苏灿珍,侯敬风,周群.丹归逐瘀汤治疗子宫内膜异位症80例观察.实用中医药杂志,2002;(6):3

孙永生,赵秀芝,王秀霞,等.卵巢Ⅱ号对多囊卵巢大鼠垂体及肾上腺超微结构的影响.中国中医药科技,2002;(4):240

T

谭新开,马金娟.补肾益气法治疗卵泡发育不良110例临床观察.湖南中医药导报,2002;(6):332

W

王滨,刘宏艳,王红,等.更年乐对更年期综合征网络机制影响的实验研究.江苏中医药,2002;(10):56

王爱波,夏新强.王不留行籽贴压至阴穴矫正胎位68例.中国民间疗法,2002;(3):29

王海霞.清热解毒洗液治疗衣原体感染性阴道炎的临床观察.河北中医,2002;(3):187

王慧玉.车前子在纠正胎位异常中的应用.河南中医药学刊,2002;(2):56

王佳楣,李广文.中西药物对多囊卵巢综合征生殖和代谢功能的影响.山东中医药大学学报,2002;(3):203

王嘉梅.更年宁汤治疗更年期综合征96例.浙江中医杂志,2002;(3):47

王俊玲,刘菊芳.调肝补肾方治疗高泌乳素血症的临床研究.中国中医药科技,2002;(5):265

王亮华,闫琪.补肾宁心法治疗更年期综合征108例.辽宁中医杂志,2002;(6):334

王曼.子宫内膜异位症的中西医结合研究和诊疗标准.浙江中西医结合杂志,2002;(5):265

王清年,李苏东.子宫腺肌病合并卵巢巧克力囊肿的B超分析.现代中西医结合杂志,2002;(5):443

王应兰.生化汤化裁在药物流产后的应用——附180例分析.安徽中医临床杂志,2002;(2):122

王玉东,连方.补肾活血促卵泡发育的临床研究.山东中医药大学学报,2002;(3):207

王振卿.养肝滋肾法治疗免疫性不孕的临床研究.山东中医杂志,2002;(5):279

文乐兮,雷磊,尤昭玲,等.宫环止血片对置铜宫内节育器家兔子宫内膜形态学的影响.湖南中医学院学报,2002;(1):17

吴宁,贾长茹.中药优生宁对先兆流产患者NK细胞活性的影响.中医药信息,2002;(2):59

吴瑞谨,周馥贞.养精种玉汤对原因不明不孕症患者子宫内膜胰岛素样生长因子-Ⅱ及其受体表达的影响.中国中西医结合杂志,2002;(7):490

X

胥玲,刘承华.中西医结合治疗更年期综合征100例.贵阳医学院学报,2002;(4):355

许丽芬,韩冰,李同玺.活血化瘀、软坚散结法(妇痛宁)对子宫内膜异位症神经内分泌影响的实验研究.天津中医,2002;(1):61

许卫华,梁雪芳.月经及生殖状况与盆腔子宫内膜异位症关系的探讨.广州中医药大学学报,2002;(1):12

Y

叶敦敏,张玉珍,周 英.盆炎康合剂加阿司匹林治疗慢性盆腔炎的临床观察.中国中西医结合杂志,2002;(2):141

袁素芹.中药灌肠法治疗慢性盆腔炎30例.陕西中

医,2002;(5): 418

Z

曾诚,岳明明,罗颂平,等.试论先兆流产的中医证型分布规律.中国中医药信息杂志,2002;(8): 5

翟凤霞.活血通络汤保留灌肠治疗慢性盆腔炎 80 例.中国民间疗法.2002;(6): 27

张帆,张永洛,岳月娥.坤积消汤治疗子宫内膜异位症临床免疫观察.中医药研究,2002;(5): 14

张爱卿,续国英.中西医结合治疗更年期综合征 58 例.中医药研究, 2002;(1): 21

张季娟,宋淑贤,王晓婷.补肾填精法治疗更年期综合征 58 例. 中医药学报,2002;(3): 25

张丽春,程俊鸥,岳颖华,等.活血化瘀解毒法合中药灌肠治疗慢性盆腔炎 100 例.中医药信息,2002;(4): 46

张烈平,张素平.特大剂量大黄治疗产后热毒病的疗效对比分析.中国中医基础医学杂志,2002;(5): 79

张素英,仝瑞芬.杞菊二至丸治疗妇女更年期综合征 60 例.河北中医,2002;(6): 428

张友和.补肾疏肝法治疗更年期综合征 86 例.内蒙古中医药,2002;(3): 16

章巧萍.补肾活血为主治疗多囊卵巢综合征 21 例.浙江中医学院学报,2002;(3): 25

赵薇,陈霞.滋肾柔肝法对先兆流产患者体内性激素的影响.辽宁中医杂志,2002;(1): 38

赵东英,陈路燕.更年期综合征中医综合治疗疗效分析.中医研究,2002;(1): 41

赵瑞娟,赵丽霞.内外合治矫治胎位不正 60 例.中国民间疗法,2002;(2): 23

赵秀清,白香菊.中药灌肠液直肠保留时间对慢性盆腔炎疗效的影响.河北中医,2002;(7): 550

朱文杰,李雪梅,陈秀敏,等.滋肾育胎丸对体外受精-胚胎移植患者胎种植率的影响.中国中西医结合杂志,2002;(10): 729

(六) 儿　科

【概述】

2002年度正式公开发表的中医儿科学术论文约1 000篇。内容涉及基础理论、临床治疗、实验研究和预防保健等各个方面，基本上反映了当前中医、中西医结合儿科的学术水平。

1. 急重症的治疗

(1) 新生儿缺氧缺血性脑病　朱芮等通过检测血清肌酸激酶同功酶(CK－BB)和新生儿行为神经测定(NANB)，来判断在支持疗法、控制惊厥、治疗脑水肿等基础上，加用川芎嗪对本病脑组织的保护作用。结果显示治疗前两组CK－BB较健康组明显增高($P<0.01$)；两组治疗前后差异有显著性意义($P<0.01$)；治疗后治疗组较西药组下降更明显($P<0.01$)，且恢复到正常范围。NANB评分，治疗组明显优于西药组($P<0.01$)。

(2) 新生儿高胆红素血症　宋建平等设立以消黄汤(茵陈、栀子、大黄、黄芩、黄柏、柴胡等)结合双面蓝光照射治疗(45例)为C组，单用消黄汤(40例)为B组和单用蓝光照射(43例)为A组，其他综合治疗包括选用酶诱导剂、白蛋白、纠正酸碱平衡、控制感染等处理3组相同，比较3组疗效。结果B组在48 h胆红素下降值以及血清胆红素降至102.6 μmol/L以下时的天数，均明显优于A组和C组，$P<0.01$、$P<0.05$。夏传雄等在肝酶诱导剂、蓝光照射等基础上，应用茵栀黄联合四磨汤治疗母乳性黄疸30例(治疗组)，与西医组(30例)对照。治疗前血胆红素水平两组差异无显著性意义，治疗72 h后治疗组血胆红素水平明显低于西医组($P<0.01$)；血胆红素水平下降至51 μmol/L以下所需天数，治疗组也优于西医组($P<0.01$)。

(3) 新生儿胃肠功能衰竭　喻康野等将52例患儿以腹安灌肠液(大黄、木香、砂仁、白及、黄连)结合西医常规治疗(治疗组)，并设立西医常规治疗对照组(37例)和健康组(30例)进行比较观察。结果：治疗组对胃肠功能障碍总有效率为84.6%(44/52)，与对照组62.2%(23/37)比较，$P<0.05$；两组病死率分别为30.8%(16/52)、48.6%(18/37)，$P<0.05$；入院时两组血浆ET含量均高于健康组，$P<0.01$；伴发胃肠功能障碍时血浆ET值继续增高，与入院时比较明显增高，$P<0.01$；治疗后治疗组逐渐下降，较对照组下降明显($P<0.05$)。

(4) 呼吸衰竭　严纯雪等在抗感染、吸氧和静脉营养等综合治疗的基础上，加用参麦注射液静脉滴注治疗18例呼吸衰竭合并膈肌疲劳的患儿，对照组17例不用参麦注射液。结果：有效率分别为83.3%(15/18)、23.5%(4/17)，$P<0.01$；两种治疗方法均能增加pH值、降低$PaCO_2$，在降低$PaCO_2$方面，治疗组优于对照组($P<0.05$)；且治疗组膈肌疲劳消失所需时间少于对照组($P<0.01$)。

(5) 川崎病　江英能等以清热解毒化瘀方(金银花、连翘、赤芍药、牡丹皮、玄参、蒲公英等)、双黄连合清开灵或复方丹参注射液静脉滴注并配合西医常规治疗18例，设立西医常规治疗对照组(16例)，结果两组治愈率分别83.3%(15/18)、17.6%(3/17)，组间比较，$P<0.05$；总有效率为100%、70.6%(12/17)，组间比较，$P<0.01$。蒋红雨以复方丹参注射液4～10 ml/d静脉滴注治疗33例，设立丙种球蛋白对照组(36例)，两组均用阿司匹林30～50 mg/kg，结果：总有效率分别为93.9%(31/33)、94.4%(34/36)，组间比较，$P>0.05$。

2. 常见病、多发病的治疗

(1) 肺系疾病的治疗　① 重症肺炎。罗志英等治疗108例，用葶苈五子平喘汤(葶苈子、苏子、白芥子、五味子、莱菔子等)结合抗生素、病毒唑及对症治疗，并配合地塞米松等雾化吸入；另设单纯西药治疗的对照组(108例)。结果：总有效率分别为96.3%(104/108)、85.2%(92/108)，组间比较，$P<0.01$；且在喘憋消失、止咳、热退、肺部啰音和肺部阴影消失上治疗组均优于对照组($P<0.05$)。刘维庆等以金银花、芦根、连翘、生石膏、鱼腥草、杏仁等，结合常规西药治疗100例，并设立单纯西药治疗的对照组(80例)。结

果两组治愈率分别为93.0%(93/100)、81.3%(65/80),组间比较,$P<0.01$。② 支原体肺炎。喻小禾以桑杏汤(黄芩、桑叶、杏仁、冬瓜子、薏苡仁、南沙参等)结合红霉素治疗50例,设立单纯红霉素对照组(45例)。结果:总有效率分别为100%、84.4%(38/45),组间比较,$P<0.05$。许双虹等用四君子汤加味(党参、白术、甘草、五爪龙、茯苓、毛冬青等)治疗30例,设罗红霉素对照组(30例)。结果:治愈率分别为63.3%(19/30)、33.3%(10/30),组间比较,$P<0.01$;总有效率为100%、73.3%(22/30),组间比较,$P<0.05$。③ 螨性哮喘。褚东宁等以虫子抗敏煎(乌梅、水红花子、葶苈子、车前子、僵蚕、地龙等)治疗31例,设立酮替芬对照组(30例)。结果:总有效率分别为93.5%(29/31)、66.7%(10/30),组间比较,$P<0.05$;通过肺功能指标测定,治疗前后两组患儿肺功能均有改善,治疗组治疗前后差异有显著性意义($P<0.05$或$P<0.01$),其中最大呼气峰流速优于对照组($P<0.05$)。④ 反复呼吸道感染。刘竹云等以健儿乐冲剂(焦山楂、鸡内金、黄芪、党参、冬虫夏草、蜂胶等)治疗126例,设立转移因子对照组(121例),2个月为1个疗程。结果:总有效率分别为96.8%(122/126)、64.5%(78/121),组间比较,$P<0.01$;在改善全身状况上治疗组为优($P<0.01$);提高血红蛋白、免疫球蛋白等方面均优于对照组($P<0.05$)。张国熙等以千龙合剂(太子参、麦门冬、白芍药、千层纸、龙利叶、石斛等)治疗70例,设立核酪口服液对照组(50例)。结果:总有效率分别为94.3%(66/70)、90.0%(45/50),组间比较,$P>0.05$;治疗组治疗前血清中补体C_3的含量低于对照组($P<0.01$),治疗后与治疗前比较IgG、IgA、补体C_3均有所提高($P<0.05$)。

(2) 脾系疾病的治疗 ① 厌食症。陶拉娣等用扶正健脾方(黄芪、枸杞子、鸡内金、神曲、麦芽、焦山楂等)治疗130例,设立健康对照组(60例)。治疗前患儿T淋巴细胞亚群异常,尤以CD_3、CD_4降低明显,IgG含量低,治疗后CD_3、CD_4、CD_4/CD_8值明显提高($P<0.01$);IgG、IgA改善明显($P<0.01$);治疗组白细胞介素2受体接近正常,治疗组微量元素Zn、Fe的变化较为明显,治疗前后比较差异显著($P<0.01$)。李保萍等以扶脾养胃方(太子参、生麦芽、焦山楂、鸡内金、白术、葛根等)配合针刺四缝穴治疗166例,治愈率为66.3%(110/166),总有效率为98.2%(163/166)。孙升云以山甲颗粒剂(炮山甲、鸡内金、太子参、陈皮、枳实、砂仁等)治疗157例,设立三甲散对照组(52例)。结果:总有效率分别为96.2%(151/157)、86.5%(45/52);治疗前后体重增加,差异显著($P<0.05$)。② 轮状病毒性肠炎。杨冬梅用七味白术散辨证加减治疗65例,与西医治疗对照组(50例)比较。结果:总有效率分别为96.9%(63/65)、80.0%(40/50),组间比较,$P<0.05$。程杰梅等以止泻散(吴茱萸、肉桂、丁香、五倍子、干姜、白胡椒等)敷脐治疗40例,对照组(40例)用思密达、乳酸杆菌片等。显效率分别为52.5%(21/40)、30.0%(12/40),组间比较,$P<0.01$。

(3) 心系疾病的治疗 程国尊等辨证施治病毒性心肌炎54例,属气阴两虚挟血瘀型者药用党参、麦门冬、五味子、牡丹皮、赤芍药、柴胡等;阳虚血瘀型者药用肉桂、黄芪、红花、川芎、柴胡等。对照组(40例)用抗感染、黄芪注射液、肌苷等。结果总有效率分别为100%、77.5%(31/40),组间比较,$P<0.01$;在症状消失、心电图复常和心肌酶谱5项指标的改善方面,中药组均较对照组为优($P<0.01$或$P<0.05$)。

(4) 肾系疾病的治疗 ① 肾病综合征。李新民等以肾病合剂(太子参、黄芪、柴胡、黄芩、白花蛇舌草、猪苓等)结合强的松治疗儿童单纯型肾病综合征68例,并随机设立强的松对照组(33例)。结果:1年复发率分别为14.3%(9/63)、59.3%(16/27),组间比较,$P<0.01$。患儿治疗前血清皮质醇、IgG、IgA、CD_3、CD_4、CD_4/CD_8、红细胞C_3b受体花环率均明显低于健康组($P<0.01$或$P<0.05$);治疗组治疗6个月后,上述指标均明显上升,与健康组比较无显著性差异。唐莉珍以参芪地黄汤(党参、黄芪、山药、山萸肉、生地黄、熟地黄等)辨证加减,结合强的松、免疫抑制剂治疗小儿难治性肾病53例,完全效应26例,部分效应22例,总有效率为90.6%(48/53);随访≤12年共22例,痊愈14例,缓解7例,部分缓解1例。② 紫癜性肾炎。李彤等将96例紫癜性肾病辨证分为3型。血热兼血瘀型药用小蓟、仙鹤草、白茅根、茜草、桃仁、牡丹皮等,湿热兼血瘀型药用益母草、桃仁、赤小豆、芡实、泽泻、丹参等,脾肾阳虚、气血失调型药用桃仁、红花、当归、黄芪、茯苓、制首乌等。结果:显效率为46.9%(45/96),总有效率为86.5%(83/96)。

(5) 神经系疾病的治疗 ① 儿童注意力缺陷多动症。田新美用天王补心丹加减(太子参、枣仁、茯苓、茯神、柏子仁、益智仁等)结合利他林治疗20例,设立利他林对照组(20例)。结果:总有效率分别为90.0%(18/20)、60.0%(12/20),$P<0.01$。陈健等用降铅冲剂(制首乌、益智仁、枸杞、五味子、生龙齿、石菖蒲等)治疗40例,设立利他林组(40例)和健康组(60例)。于治疗前及治疗后3个月分别测评血铅浓度及多动指数量表(Conners)分值。结果:降铅组总有效率为92.5%(37/40),利他林组为72.5%(29/40),组间比较,$P<0.05$;两组血铅浓度及Conners分值治疗前明显高于健康组($P<0.01$),治疗后均下降,治疗组优于利他林组($P<0.01$)。② 癫痫。马融等用抗痫胶囊(石菖蒲、胆南星、天麻、太子参、茯苓、陈皮等)治疗930例,设立对照组(160例)用鲁米那治疗。结果:总有效率分别为83.3%(775/930)、51.9%(83/160),组间比较,$P<0.01$。两组治疗后癫痫发作次数及发作持续时间均较治疗前显著减少($P<0.01$),治疗组发作次数明显少于对照组($P<0.01$);治疗组对各型癫痫均有较好的抗痫效果,尤其对植物神经性发作疗效尤佳,对不同辨证分型的疗效以风痫、痰痫、惊痫为佳。治疗后脑电图复常率分别为54.3%(448/825)、38.4%(53/138),组间比较,$P<0.01$。

(6) 其他。① 难治性血小板减少性紫癜。喻康野等以补阳还五汤辨证加减,结合强的松治疗儿童难治性血小板减少性紫癜23例,对照组(21例)用强的松和环磷酰胺。结果:总有效率分别为86.96%(20/23)、57.1%(12/21),组间比较,$P<0.05$。陈捷用芪茜合剂(生黄芪、茜草、当归、甘草、牡丹皮、三七等)结合小剂量强的松治疗慢性血小板减少性紫癜60例,设立对照组(42例)以氨肽素联合强的松。结果:显效率分别为43.3%(26/60)、21.4%(9/42),组间比较,$P<0.01$;治疗组治疗后血小板、CD_4、CD_8、CD_4/CD_8均明显改善($P<0.001$或$P<0.05$)。② 小儿肥胖症。乐芹等以荷泽口服液(荷叶、山楂、泽泻、苍术、薏苡仁、枳实等)治疗64例,设立天雁减肥茶对照组(53例)。结果:显效率分别为45.3%(29/64)、43.4%(23/53),总有效率为93.8%(60/64)、92.5%(49/53),组间比较,$P>0.05$;治疗后两组患儿体重、脂肪百分率、体重指数均有下降,治疗前后比较,$P<0.01$;组间比较,$P>0.05$。③ 幼女外阴阴道炎。刘慧丽等以洁童阴洗液(苦参、黄柏、蒲公英、紫草、白鲜皮、生百部)治疗300例,与以日舒安洗液(龙胆草、百部、苦参、五倍子等)治疗60例作对照。结果:治愈率分别为93.0%(279/300)、83.3%(50/60),组间比较,$P<0.05$。李萍等药用苦参、土茯苓、蒲公英、金银花、黄柏、败酱草等坐浴治疗96例,痊愈率为92.7%(89/96),总有效率为97.9%(94/96)。④ 儿童锌缺乏症。应静芝等以健脾促长方(太子参、白术、茯苓、山药、扁豆、山楂等)治疗52例,设立葡萄糖酸锌对照组(40例)。结果总有效率分别为92.3%(48/52)、85.0%(34/40);发锌值治疗前后自身比较及治疗后组间比较,均有显著性差异($P<0.01$或$P<0.05$)。

此外,尚有不少学者研究了胃炎、小儿夜啼、性早熟等,详见专条。

(高修安 朱锦善)

【胃肠功能衰竭的治疗与研究】

钟纪茵等对68例危重病儿临床资料分析,评估疾病严重程度、多器官功能衰竭(MOF)与胃肠功能衰竭的关系。其中单项危重病15例(均无MOF)、多项危重病53例。53例中5例为单器官功能衰竭,余48例均伴MOF者。胃肠功能衰竭发生率在伴MOF的危重病儿组为60.4%(29/48),单项危重组为6.7%(1/15)($P<0.05$)。并从胃肠功能衰竭发生率在危重病评分的不同评分中发现:伴MOF的危重病儿胃肠功能衰竭发生率高;危重病评分分值越低,受损器官就越多,功能衰竭发生率就越高,应予早期干预。

多数学者治疗小儿胃肠功能障碍时均采用以大黄为主的制剂。大黄主要成分为大黄素、大黄酸、芦荟和鞣质等,具有攻下泻火、荡涤肠胃、清热解毒、凉血行瘀等功能。现代医学证实大黄为钙通道阻滞剂,可防止细胞内钙超载,而Ca^{2+}的膀膜流动和细胞内Ca^{2+}的变化对炎症介质的合成和释放必不可少。故大黄对IL-1、IL-6、TNF-α、CRP有一定的抑制作用,能有效地阻止炎症介质的严重并发症的发生,还具有抗感染、抗病毒及退热作用,可抑制多种病原菌,并能促进肠蠕动,增加肠系膜血流量,提示大黄有防止肠道细菌移位的作用。王淑珍等在积极治疗原发病、合理选用抗生素、营养支持、维持酸碱及水电解质平衡等基础上,加用生大黄粉敷脐治疗30例,设立常规治疗对照组(20 例)。结果:总有效率分别为 86.7%(26/30)、55.0%(11/20),组间比较,$P<0.05$;两组治疗前 CRP、血乳酸均高于正常对照组($P<0.01$),治疗后上述参数明显降低,且治疗组下降更为明显,与健康对照组比较无明显差异($P>0.05$)。杨清华等报道 32 例,治疗组 16 例以禁食、胃肠减压、应用血管活性药及抗生素等基础治疗,加上胃管注入大黄粉 0.5 g,每日 2 次,2～3日为 1 个疗程。对照组(16 例)仅为基础治疗。结果:在腹胀消失天数、再出血发生率、住院天数各指标上,治疗组均明显优于对照组($P<0.01$ 或 $P<0.05$);死亡率分别为12.5%(2/16)、56.3%(9/16),组间比较,$P<0.01$。喻康野等以腹安灌肠液(大黄、广木香、砂仁、白及、黄连)结合西医常规治疗治疗组(52 例),设立西医常规治疗的对照组(37 例)和健康组(30 例),分别于入院时、伴发胃肠功能障碍时、治疗后检测血浆内皮素(ET)变化。结果:治疗组对胃肠功能障碍总有效率为84.6%(44/52),与对照组 62.2%(23/37)相比,$P<0.05$;两组分别抢救成功 34 例和 16 例,死亡 16 例和 18 例,放弃治疗 2 例和 3 例,病死率分别为 30.8%(16/52)、48.6%(18/37),组间比较,$P<0.05$。入院时两组血浆 ET 含量均高于健康组($P<0.01$);伴发胃肠功能障碍时血浆 ET 值继续增高,与入院时比较明显增高($P<0.01$);治疗后治疗组逐渐下降,较对照组下降明显($P<0.05$)。苏振军等用通腑逐瘀汤(生大黄、木香、枳壳、旋覆花、乌药、牡丹皮等)治疗 54 例,配合西药洛赛克、思密达等,并设立单纯西药对照组(54 例)。结果:两组痊愈率分别为 66.7%(36/54)、27.8%(15/54)($P<0.01$);死亡率为 31.5%(17/54)、64.8%(35/54),组间比较,$P<0.01$。

余舒恩等发现,对伴胃肠功能衰竭的危重病患儿,在常规治疗的基础上加用云南白药、思密达、西咪替丁、普瑞博思等药物能促使胃肠功能的快速康复。通过观察,治疗组与对照组胃肠功能的恢复时间分别为(2.40±0.78)日、(5.16±1.04)日,组间比较,$P<0.001$。

(高修安)

【反复呼吸道感染的内治与外治】

小儿反复呼吸道感染的临床报道越来越多,内治的方法具有新意,而外治的方法越来越受到重视,疗效也非常显著。

1. 内治

梁文旺用调肝理脾、益肺固表的双屏风散颗粒剂(黄芪、柴胡、防风、白术、白芍药、党参等)治疗 30 例,对照组(30 例)用玉屏风散颗粒剂(黄芪、白术、防风),均每日 2 次,每次 1 包,连服 2 个月为 1 个疗程。结果:显效率分别为 76.6%(23/30)、56.6%(17/30),总有效率为 96.7%(29/30)、73.3%(22/30),组间比较,$P<0.05$;在减少发病次数、缩短每次复感持续时间等方面均优于对照组($P<0.05$)。张国熙等将 120 例随机分成治疗组(70 例)以千龙合剂(太子参、麦门冬、白芍药、千层纸、龙利叶、石斛等)治疗,对照组(50 例)用核酸口服液治疗。均每 2 日 1 次,3 个月为 1 个疗程。结果:两组疗效无显著差异,但治疗组在治疗前血清中补体 C_3 的含量低于对照组($P<0.01$),治疗后与治疗前比较补体 C_3、IgG、IgA 均提高($P<0.05$ 或 $P<0.01$);对照组治疗后只有 IgG 提高($P<0.05$)。治疗后组间比较无显著性差异。刘竹云等报道,将 247 例随机分成治疗组(126 例)用健儿乐冲剂(焦山楂、鸡内金、黄芪、党参、冬虫夏草、蜂胶等)治疗,每日 2 次,对照组(121 例)以皮下注射转移因子治疗。均以 2 个月为 1 个疗程。结果:总有效率分别为96.9%(122/126)、64.5%(78/121),组间比较,$P<0.01$;治疗组在提高血红蛋白和免疫球蛋白方面较治疗组为优($P<0.05$)。

杨京华等用小柴胡汤治疗 30 例,观察 6 个月;并选择同期健康儿童 30 例作对照。结果:治疗组治疗前血清 IgG、IgA、IgM 均低于对照组($P<0.05$ 或 $P<0.01$),治疗后 IgG 较治疗前明显提高($P<0.05$)。T 细胞亚群比较,治疗组治疗前 CD_3、CD_4 阳性细胞百分率,CD_4/CD_8 比值均低于对照组,治疗后 CD_3、CD_4 阳性细胞百分率明显增高($P<0.01$)。刘文选治疗 60 例,口服补中益气丸和六味地黄丸,每日 2 次,每次各 5 粒;对照组(48 例)肌肉注射胸腺肽。均以 3 个月为 1 个疗程。结果:总有效率分别为98.3%(59/60)、70.8%(34/48),组间比较,$P<0.01$。

2. 外治

夏云鹤报道 220 例,治疗组(110 例)以固本防感方(当归、肉桂各 2 份,细辛、甘遂、沉香各 1 份)加生姜汁做成药饼,于夏季三伏天贴在患儿双

侧肺俞、膏肓、百劳穴处，并用电离子导入，每3日1次，6次为1个疗程；对照组（110例）用转移因子肌肉注射。结果：总有效率分别为95.5%（105/110）、85.5%（94/110），组间比较，$P<0.05$。王明香等将216例患儿分成两组，治疗组（176例）用穴位敷贴健肺膏（黄芪、桃仁、延胡索、白芥子、甘遂等）；第1组穴位肺俞、膻中；第2组为神阙、足三里。1～3日取下，每7日1次，3次为1个疗程。第1疗程选择1组穴位，第2、3个疗程选择第2组穴位；对照组（40例）口服儿康宁。结果：总有效率分别为92.6%（163/176）和70.0%（28/40），组间比较，$P<0.01$；治疗后治疗组肺阻抗血流图和红细胞SOD活性均较治疗前升高，组间比较，$P<0.01$。健肺膏对因痰瘀致虚的复感儿有较好的作用。陈健等报道150例均在急性发作期给予抗感染和对症治疗。在稳定期治疗组82例用消喘膏（炙白芥子、延胡索、甘遂、细辛）研为细末，加姜汁在肺、心、膈俞及膏肓穴上，每穴贴1药膏，维持5～10 h，每年夏季头伏、二伏、三伏各治疗1次，连续3次为1个疗程；而对照组（68例）不用药。结果：治疗组和对照组的总有效率分别为73.2%（60/82）、35.3%（24/68），组间比较，$P<0.05$；治疗组治疗后IgG值上升明显，$P<0.05$，CD_3、CD_4、CD_4/CD_8、NK细胞活性上升，CD_8值下降。说明消喘膏能提高患儿的体液与细胞免疫功能。张倩如等采用穴位贴药治疗治疗组（53例），取穴：第1组为肺俞、脾俞、肾俞；第2组为定喘、膏肓俞、关元俞；第3组为百劳、风门、气海俞。药用细辛、附子、羌活、防风、桂枝、白芥子等。取双侧，贴敷2～4 h，每次1组，每日1次，3组交替使用。再将粘有磁珠的胶布贴耳穴肺、神门、脾等并按摩（补肺、脾、肾经，揉中脘、足三里）。均10日为1个疗程。对照组（46例）不治疗。经3个疗程治疗，连续半年随访，发病率分别为9.4%（5/53）、43.5%（20/46），并且治疗组5例发病后症状轻，痊愈快。

周平报道136例患儿在急性发作期均予抗感染及对症治疗，在缓解期治疗组68例采用经络全息刮痧法治疗。① 以百会穴为中心，向四周呈放射状刮拭，刮双侧太阳、风池；再以厉刮法刮头部各全息穴区。② 胸部从天突至膻中，以任脉为界分别向左右两侧沿肋骨走向刮拭；腹部由上至下，自左向右刮拭。③ 强壮穴（合谷、内关、足三里、涌泉）。以上均1～3日刮1次。④ 取双侧风池至肩井、大椎至长强、大杼至白环俞，与督脉相平行的双侧夹脊，每周刮1次。疗程为6周。结果：治疗组与对照组痊愈率分别为55.9%（38/68）、8.8%（6/68），总有效率为94.1%（64/68）、35.3%（24/68），组间比较，$P<0.01$。史利军等在背部脊柱督脉经线上涂以红花油用刮痧板施刮痧术，以皮肤发红出痧为度，每2日1次；并沿督脉上下推罐2次，沿膀胱经上下推罐至皮肤潮红，然后火罐留于大椎穴5 min起罐，每日1次。1个月为1个疗程。结果：治疗组的总有效率为94.0%（47/50），优于用胸腺肽肌肉注射的对照组84.0%（42/50），组间比较，$P<0.05$。许海燕等采用背肌注射法治疗68例，以黄芪注射液4 ml在脊柱两侧第3～5胸椎旁开1.5寸可触及条索状不规则反应物及其周围（也可在肺俞穴）注药，每周1次，8次为1个疗程。用药垫（黄芪、白术、白芷、木香、石菖蒲、防风等）每晚睡时垫于患儿背部。对照组（51例）口服左旋咪唑。结果：痊愈率分别为29.4%（20/68）、7.8%（4/51），组间比较，$P<0.01$；IgG、IgA与对照组治疗后比较均$P<0.01$；治疗组IgG、IgA组内比较分别为$P<0.01$和$P<0.05$。

胡红等以艾叶、菖蒲、高良姜等20余味药物做成香袋，佩戴在胸前（膻中或玉堂穴），每10日换药1次，30日为1个疗程。共治500例，显效率为73.4%（367/500），总有效率为97.8%（489/500）。

（娄国菁　滕　颖）

【哮喘的治疗与研究】

陈燕萍等采用在哮喘急性发作时进行治疗，治疗组30例用复方麻辛剂（麻黄、细辛、黄芩、甘草等），复方麻辛剂由上海中医药大学中药研究所提供，每1 ml含生药1 g，每次0.5 ml加生理盐水至2 ml雾化吸入；对照组（30例）以舒喘灵0.03～0.04 ml/kg加生理盐水至2 ml雾化吸入，每日2次，每次10 min，7日为1个疗程。两组均另用氨茶碱、激素及抗生素等。结果：治疗组临床控制13例，显效10例，有效3例，总有效率为86.7%（26/30）；对照组临床控制11例，显效9例，有效5例，总有效率为83.3%（25/30），组间比较，$P>0.05$。动物实验结果显示：复方麻辛剂能升高哮喘模型豚鼠血浆6－Keto－$PGF_{1\alpha}$含量，说明了复方麻辛剂雾化吸入与舒喘灵雾化吸入均有疗效其机理相同。任勤等用小儿寒喘合剂（麻

黄、桂枝、细辛、桃仁、川芎、苏子等，由天津中医学院第一附属医院制药厂提供，含生药1.5 g/ml）治疗小儿寒喘148例，3岁以下每次15 ml，3～7岁每次20 ml，7～10岁每次25 ml，10岁以上每次30 ml，均每日3次，饭后服。并设立对照组（50例）口服氨茶碱、辅舒酮等。两组疗程均为7日。结果：治疗组临床控制显效率为81.8%（121/148），总有效率为89.2%（132/148）；对照组分别为74.0%（37/50）、90.0%（45/50），组间比较，$P>0.05$。治疗前IL－4、IL－5水平异常增高，治疗后均明显降低，并且治疗组降低IL－4的作用更显著，组间比较，$P<0.05$。说明小儿寒喘合剂能更好改善气道变态反应性炎症；肺功能检测显示两组均较治疗前明显改善，说明小儿寒喘合剂与西药对肺功能有同样作用。

周炜等报道91例，均在急性发作期执行全国儿科哮喘协作组制定的诊疗常规治疗，并适当对症运用中药汤剂。在缓解期治疗组（61例）用祛喘丸（紫河车0.5 g，炙黄芪5 g，白芷3 g，辛夷、甘草各1 g），每丸1 g，＜6岁1粒/次，＞6岁2粒/次，均每日2次。3个月为1个疗程，观察2～3个疗程。对照组（30例）服酮替酚，＜6岁0.5 mg/次，＞6岁1 mg/次，均2次/日；喷吸普米克200～400 μg/次，每日1～2次。连用1个月，症状缓解酌情减量，观察6～12个月。结果：治疗组临床控制率为44.2%（27/61），总有效率为82%（50/61）；对照组分别为16.7%（5/30）、76.7%（23/30）。治疗组的临床控制率明显高于对照组。王勤采用脱敏止喘方（麻黄、苍耳子、僵蚕、炒杏仁、紫菀、款冬花等）治疗62例，可根据患儿体重、病情及年龄而变更剂量，每日1剂。结果：显效61.3%（38/62），总有效率为95.2%（59/62）。服药最少9剂，最多45剂，6剂见效者59例，平均21剂。王善松等用小儿定喘丸（麻黄、地龙、海浮石、侧柏叶、银杏、甘草等）治疗80例，2～3岁每次3 g，4～6岁每次6 g，均每日2次；同时用阿莫西林80 mg/(kg·d)，分3～4次口服。对照组80例，口服氨茶碱，每次4～6 mg/kg，每日3次，并同时服阿莫西林，用法同治疗组。均7～10日为1个疗程。结果：治愈率分别为65%（52/80）、57.5%（46/80），总有效率为90%（72/80）、75%（60/80），组间比较，$P<0.01$。

邓湘沅治疗68例，均在发作期常规使用抗生素、抗病毒及平喘药，有酸中毒者及时纠正，有发绀者给予吸氧等。治疗组38例在以上基础上，采用辨证施治：属寒痰阻肺者用小青龙汤合三子养亲汤加减；属痰热阻肺者用麻杏石甘汤或定喘汤加减；属肺脾气虚者用人参五味子汤合二陈汤加减；属肾不纳气者用金匮肾气丸或七味都气丸加减。并用哮喘膏（白芥子、延胡索各15 g，甘遂、细辛各6 g，五味子、葱白各5 g，共研细末，黄芪100 g加水100 ml煎至20 ml，加入药末和适量蜂蜜制成）于中午时贴在肺俞、心俞、膈俞穴上，贴12～24 h。每隔7日贴1次，共贴3次。对照组（30例）加用祛痰止咳、解痉平喘等药。两组治疗期间均不使用肾上腺皮质激素。3周后评定疗效。结果：显效率分别为52.6%（20/38）、43.3%（13/30），总有效率为92.1%（35/38）、76.7%（23/30），组间比较，$P<0.05$。

（邱静宇）

【胃炎的治疗】

封玉琳认为，小儿胃窦炎发生的根本原因是饮食不节导致脾虚湿热，药用太子参、蒲公英、怀山药、白术、茯苓、延胡索等辨证加减治疗78例，1个月为1个疗程。结果：痊愈率为29.5%（23/78），总有效率为97.4%（76/78）。季之颖等以基本方（青黛、藿香、黄芩、黄连、延胡索等）辨证加减，治疗胃镜诊断的小儿慢性胃炎40例，并设立口服麦滋林治疗的对照组（30例）。两组疗程均为4周。结果：缓解临床症状方面（脘腹胀痛、纳呆、恶心呕吐、大便异常等）治疗组均优于对照组（$P<0.05$或$P<0.01$）；胃黏膜形态及病理组织学两组治疗前后均有明显改善，但组间比较，$P>0.05$；HP转阴率分别为66.7%（14/21）、26.7%（4/15），组间比较，$P<0.05$。认为中药能明显改善临床症状，减轻炎性反应，对HP转阴有较好的疗效。闫慧敏等辨证治疗小儿HP阳性胃炎和消化性溃疡30例，急性期为湿热瘀阻型，药用青黛、藿香、黄连、黄柏、香附、延胡索等；缓解期为脾虚胃弱型，药用黄芪、茯苓、木香、草蔻、黄连、黄柏等。并设得乐冲剂加痢特灵对照组（30例）。全部病例胃黏膜尿素酶阳性，病理变化为浅表性胃炎或消化性溃疡。服药3个月后，两组在临床症状疗效、总疗效、病变疗效、胃黏膜尿素酶检测等方面基本一致，组间比较，$P>0.05$。沈林等用养胃健脾散（太子参、白术、柴胡、黄芩、丹参、神曲等）治疗小儿胃炎35例，设立雷尼替丁和德诺对照组（33例），4周为1个疗程。结果：两组有效

率无显著差异($P>0.05$);停药1个月和6个月后的复发率治疗组明显低于对照组(均为$P<0.05$)。谷玲玲用小儿健脾益胃汤(黄芪、白芍药、白术、太子参、乌贼骨、藿香等)结合治胃灵胶囊(丹参、白芍药、砂仁、三七、珍珠粉、熟大黄等)和针对HP阳性者使用阿莫西林,治疗小儿慢性胃炎和消化性溃疡(30例),结果:症状消失20例、明显缓解8例、不明显2例、总有效率为93.3%(28/30)。段东印以藿香、半夏、茯苓、苍术、白术、白芍药等为主,治疗小儿胃窦炎60例,总有效率为91.7%(55/60)。

胥小云等以土茯苓、乌贼骨按4∶1的比例混合研末,视年龄大小每次服用2～6 g,每日3次,15日为1个疗程,治疗证属脾胃湿热型的慢性胃炎,取得了较好效果。

曾桂香对62例再发性腹痛均行胃镜检查,显示有慢性胃炎为58.1%(36/62),慢性胃炎并发十二指肠球炎为8.1%(5/62),消化性溃疡为17.7%(11/62),正常为16.1%(10/62)。经胃药治疗腹痛均消失。说明慢性胃炎、消化性溃疡是儿童再发性腹痛的主要原因。

(高修安)

【锌缺乏症的治疗】

白学斌指出,锌缺乏分缺锌与缺锌综合征两个不同的概念,缺锌主要指仅有生化及代谢指标的变化而未出现形态学变化和临床症状、体征者;缺锌综合征是指在缺锌基础上出现形态学病理变化及临床表现者。缺锌对人体尤其是儿童生长发育的影响日益为人们所重视,锌是机体中200多种酶的组成部分,参与了广泛的生化作用,与人体的生长生育、免疫防卫、创伤愈合、生育功能及疾病的发生有密切关系。儿童急性缺乏时常在皮肤黏膜交界处及肢端形成经久不愈的皮炎;慢性缺乏时多有食欲不振、顽固性腹泻、生长障碍、智能发育延迟以及皮肤粗糙、容易感染和味觉障碍等。锌缺乏症属中医学厌食、异食、脾胃虚弱等范畴。本病的发生与喂养不当、饮食不节、偏食、挑食及虫积内扰等密切相关。病机为脾失健运、脾胃失和,分别以运脾和胃、健脾益气、滋养胃阴等为治则,方选曲麦枳术丸、香砂六君子汤、养胃增液汤、逍遥丸等加味。专方选择补锌糖浆(太子参、制首乌、白术、茯苓、陈皮、熟地黄等)和醒脾冲剂(白术、黄精、麦芽、龙骨、莪术各适量)等。

陈汉华等对434例以厌食、异食、生长发育迟缓为主症的小儿进行发锌含量检查,发现缺锌者(310例),辨证分为脾胃虚弱型(96例),药用党参、白术、茯苓、山药、黄芪、黄精等;脾虚夹积型(80例),药用太子参、茯苓、白术、枳壳、山楂、连翘等;脾胃阴虚型(75例),药用太子参、山药、石斛、乌梅、白芍药、扁豆等;肝脾不和型(59例),药用柴胡、栀子、孩儿草、独脚金、象牙丝、白芍药等。1个月为1个疗程,2个月后复查发锌。痊愈率为68.3%(212/310),总有效率为93.5%(290/310)。林青等治疗30例,脾气虚者药用党参、黄芪、茯苓、陈皮、麦芽、大枣等;脾虚兼湿热者药用党参、黄芪、藿香、黄连、陈皮、当归等;脾阳不足者药用陈皮、党参、黄芪、炙附子、炙甘草、红枣等。对照组(24例)口服葡萄糖酸锌片。均1个月为1个疗程。结果:总有效率分别为86.7%(26/30)、87.5%(21/24)。赖意芬观察90例,随机分为两组,治疗组(50例),治以健脾益气法,方用四君子汤加味(党参、茯苓、山药、山楂、神曲、麦芽等),每日1剂,分1～3次口服;对照组(40例)口服葡萄糖酸锌片,每日1 mg/kg,分2次口服。均以3个月为1个疗程。结果:总有效率分别为94.0%(47/50)、85.0%(34/40);发锌值治疗前后两组自身比较,分别均有显著性差异($P<0.01$和$P<0.05$);治疗后组间比较,$P<0.05$。应静芝等将锌缺乏症92例随机分为两组,治疗组(52例)用健脾促长方(太子参、白术、茯苓、山药、扁豆、山楂等)并随证加味,每日1剂,分2～4次服;对照组(40例)用葡萄糖酸锌片,每日1 mg/kg,分2次口服。均以3个月为1个疗程。结果:总有效率分别为92.3%(48/52)、85.0%(34/40);治疗后治疗组发锌值较对照组提高明显($P<0.05$)。唐堪春等以大定风珠冲剂(白芍药、阿胶、生龟版、生地黄、麻仁、五味子等)治疗难治性锌缺乏症47例,对照组(43例)按常规剂量服葡萄糖酸锌粉。两组均以10日为1个疗程,连服3个疗程。结果:显效率分别为74.5%(35/47)、12.0%(5/43),总有效率为95.8%(45/47)、38.0%(12/43),组间比较,$P<0.01$。

杨桂霞等以中西医结合治疗缺锌引起厌食症40例,采用四君子汤加味(党参、白术、茯苓、黄芪、葛根、山药等),并服小剂量锌制剂。对照组(30例)则单纯服用常规剂量的锌制剂。均以3个月为1个疗程。结果:显效率分别为80.0%(32/40)、10.0%(3/30),总有效率为95.0%(38/

40)、70.0%(21/30),组间比较,$P<0.05$。

(王宪英)

【感染后脾虚综合征的治疗】

小儿感染后脾虚综合征是指患儿在一次或多次急性或亚急性感染后不久,产生一组与脾虚证相似或以脾虚证表现为主的综合症候群。

李少春发现单纯表现为脾虚的较少,多属于脾虚为主的脏腑兼病范畴。可分8型:脾胃气虚、脾胃阴亏、脾肾气虚、脾肺气虚、心脾两虚、脾虚肺热、脾虚肝郁、脾虚湿阻。孟仲法治疗3 798例,辨证为4型。外邪未清、脾弱气虚型,方用健脾方和抗感方;脾肺不足、痰浊留恋型,方用益肺方和增免方;脾虚肾亏、气阴不足型,方用健脾方和增免方;湿邪蕴结、纳化失司型,方用健脾方和抗感方。结果:显效率为34.0%(1 292/3 798),总有效率为92.2%(3 501/3 798)。

林广裕等将163例4个月以下重症感染后患感染后脾虚综合征的婴儿随机分为辨证施治组68例,治以匀气散加减(藿香、木香、檀香、丁香、砂仁、白蔻仁等),服3~5剂后改参苓白术散善后;西药镇静组(49例),用苯巴比妥、氯丙嗪等;西药解痉组(46例),用颠茄合剂等。结果:显效率分别为85.3%(58/68)、20.4%(10/49)和26.1%(12/46),总有效率分别为94.1%(64/68)、34.7%(17/49)和45.7%(21/46),辨证施治组与其他两组比较,均$P<0.01$。农志飞应用分期辨治对69例外感患儿进行治疗,结果:与57例未分期辨治的对照组相比,治疗组在体温下降时间与感染后脾虚综合征的发生率上均明显小于对照组($P<0.05$)。表明小儿外感的分期辨治是减少感染后脾虚综合征发生的行之有效的方法。

甄穗清等以清热健脾、扶正祛邪的人参五味子汤(太子参、白术、茯苓、炙甘草、五味子、麦门冬等)辨证加味治疗36例,每周连用5日,休息2日。4周为1个疗程,连续2个疗程。结果:显效率为61.1%(22/36),总有效率为88.9%(32/36)。宜海莉等观察由健脾类药配伍补肾类药的健脾糖浆(党参、茯苓、焦白术、建曲、枳实等)口服治疗30例,7日为1个疗程。结果:总有效率为93.3%(28/30)。

闵伟福用孟氏增免方(太子参、炙黄芪、淫羊藿、黄精、五味子、白术等)治疗67例,2个月为1个疗程。结果:显效率67.2%(45/67),总有效率为91.0%(61/67)。治疗后的血清IgG、IgA与治疗前比较,$P<0.001$。朱奎华以七味白术散化裁治疗80例,1~3周为1个疗程。结果痊愈24例,显效30例,总有效率为93.8%(75/80)。张丽霞以异功散为基本方随症加减治疗(38例),对照组(30例),以健胃消食片治疗。两组均以10日为1个疗程。结果:治愈率分别为81.6%(31/38)、56.7%(17/30),总有效率为94.7%(36/38)、73.3%(22/30),组间比较,$P<0.05$。

赵永汉介绍了孟氏在治疗本病过程中应用食疗的重要性。常用的食疗方有健脾宝花粉(山药、薏苡仁、白扁豆、粳米各20 g,陈皮、茯苓、天花粉各10 g,白糖15 g)和健脾养心合剂(黑大豆30 g,金针菜、海带、胡萝卜各20 g,酸枣仁、茯苓各10 g,白糖15 g)。药膳有黄杞五味蒸鹌鹑和银香煎等。

(滕　颖)

【外治及肛肠给药法治疗秋季腹泻】

1. 肛肠给药

赵瑞芹等将100例均分成两组,对照组采用常规综合治疗,治疗组在常规综合治疗的基础上以苍苓止泻口服液(苍术、茯苓、金银花、黄芩、柴胡、葛根等)150 ml加生理盐水20 ml保留灌肠,2次/日。结果:两组显效率分别为92.0%(46/50)、66.0%(33/50),总有效率分别为98.0%(49/50)、50.0%(48/96),组间比较,$P<0.05$。

2. 外敷神阙

王艳报道观察组42例,在纠正脱水、电解质紊乱的基础上将三联膏(云南白药4 g、山莨菪硷10 mg、复方丹参注射液2 ml和75%酒精8 ml混匀成糊状)敷脐;对照组(40例)口服乳酶生、次碳酸铋片。结果:显效率分别为71.4%(30/42)和22.5%(9/40),组间比较,$P<0.01$;总有效率为92.9%(39/42)和72.5%(29/40),组间比较,$P<0.05$。止泻平均天数为(2.25±1.5)日和(7.1±1.5)日,组间比较,$P<0.01$。耿其臻等治疗100例,对照组(50例)予病毒灵、庆大霉素、ORS补液盐等;治疗组50例在以上治疗基础上加用云南白药1.3 g与50%酒精调成糊状敷脐。结果:显效率分别为68.0%(34/50)、24.0%(12/50),总有效率分别为100%、90.0%(45/50);平均退热时间分别为2.0日、4.0日;大便成形和次数恢复正常分别为3.6日、5.2日。

褚艾妮以祛风清热化湿、健脾理气止泻的秋泻散（防风、陈皮、甘草、炒白芍药、黄芩、茯苓等）口服治疗 95 例，同时外敷秋泻散（石榴皮、火炭母草、马齿苋、藿香、丁香、吴茱萸研末），每次取 3 g，用当归注射液或温水调成糊状敷脐 6～8 h，每日 1 次。对照组（97 例）予病毒唑、思密达等治疗。结果：治疗组显效率为58.9％(56/95)，总有效率为93.7％(89/95)；对照组为31.96％(31/97)、71.1％(69/97)，组间比较，均 $P<0.001$。郑学农等用秋泻 1 号散（麻黄、大黄、红参、川乌、儿茶）治疗 336 例，2～3 岁每日 1.5 g，1 岁以下每日 1 g，半岁以下减半量，水煎或冲服，每日分 2 次服。同时用温脐膏（麻黄、防风、槟榔、黑白丑、大黄、大戟等）脐贴。结果：1～2 日止泻者为 85.1％(286/336)，3 日内止泻者为 97.0％(326/336)。赵建奎报道治疗组 52 例口服粟壳葛曲汤（醋粟米壳、神曲、葛根），同时以敷脐散（艾叶、生姜、半夏、小茴、白胡椒、砂仁、川朴等量碾末，白酒调匀）敷脐。对照组（50 例）服用思密达，肌肉注射病毒唑。结果：总有效率分别为 92.3％(48/52)、74.0％(37/50)，组间比较，$P<0.01$。

3. 经皮给药

莫文等在应用补液、口服思密达治疗基础上加用经皮给药治疗仪治疗 56 例。取穴：神阙或天枢，配关元或大肠俞穴，将溶有党参、白术、茯苓、陈皮、山药、山楂的贴片贴于穴位。结果痊愈时间平均分别为(4.07±0.93)日、(5.93±1.07)日，组间比较 $P<0.01$。

（李　岚　俞景茂）

【便秘的治疗】

解传珍治疗 91 例，病程最短 1 个月，最长达 2 年。其中因便秘导致肛裂者 89 例，直肠脱垂者 2 例。先调整饮食，口服植物油，或用开塞露。因效果不佳改服清热通便汤（生地黄、石斛、知母、麦门冬、石膏、芦根等），每日 1 剂，分数次口服。结果：除 6 例因服中药困难而停用外，85 例均愈。其中服药最短 3 日，最长 7 日。欧阳作理采用口服三仙增液汤（生地黄、玄参、麦门冬、山楂、神曲、麦芽等）治疗顽固性便秘 54 例，配合饮食矫治及训练排便规律的方法。结果：治愈率为 79.6％(43/54)，有效率为 92.6％(50/54)。张凤春等用口服润通汤（火麻仁、当归、鸡内金、炒莱菔子、知母、麦门冬等）治疗慢性便秘 300 例，痊愈率为 78.0％(234/300)，总有效率为98.0％(294/300)。患儿所伴厌食、腹痛、腹胀等症状均有不同程度的改善。管一沁等进行动向观察习惯性便秘并有眼病及胃肠道症状的病例 344 例，以杨林丸（内含 50 余种微量元素）治疗 172 例，对照组（172 例）用酚肽治疗。结果治疗组排便迅速，平均为(3.1±1.8)h，对照组则为(5.5±4.2)h，组间比较，$P<0.01$；治疗 3 次后对便秘的显效率分别为 95.3％(164/172)、9.3％(16/172)，总有效率为 100％、72.7％(125/172)，组间比较，$P<0.01$；同时眼干涩痛、头昏头晕、腹胀食呆的好转率分别为 83.3％(25/30)、97.8％(44/45)、95.9％(70/73)和 16.7％(2/12)、14.6％(6/41)、43.1％(22/51)，组间比较，$P<0.01$。

赖意芬以攻补兼施治疗习惯性便秘 72 例，药用太子参、鸡内金、莱菔子、火麻仁、麦芽、杏仁等。结果：治愈率为 80.6％(58/72)，总有效率为 94.4％(68/72)。高翔等治疗 100 例，用番泻叶每日0.01 g/kg，开水泡 5 min 后频服，配合乳酸菌素片；对照组（89 例）用开塞露加口服液体石蜡。均以 4 日为 1 个疗程。结果：总有效率分别为 90.0％(90/100)、75.3％(67/89)，组间比较，$P<0.01$。李红等以小黄丸（枳实、大黄、半夏、胆南星等）治疗 86 例，治愈率为67.4％(58/86)，总有效率为98.8％(85/86)。徐佩芳等以王氏保赤丸治疗 66 例，显效率为 66.7％(44/60)，总有效率为 90.9％(60/66)。

张淑芳等用小儿消积止咳液（山楂、槟榔、莱菔子、枇杷叶、瓜蒌、桔梗等）口服，5 日为 1 个疗程，连用 3 个疗程；加外用大黄敷脐，每日 1 次，连用 3 次。经治 120 例，治愈率 95.8％(115/120)。一般治疗 2～3 日内见效，1～2 周最明显，6 周完全恢复正常。本方加用宣肺药体现了在肺与大肠相表里的理论指导下所采用的治法。

黄昌惠将大承气汤改为散剂加适量黄酒搅拌外敷神阙穴，经治 78 例，痊愈率 91.0％(71/78)，总有效率 100％。见效最快者 3 日，最慢者 11 日。陈睿取生大黄粉 3 g 和温水调成糊状，敷脐治疗新生儿便秘 40 例，经治疗 3 日，无复发者 18 例，总有效率 97.5％(39/40)。

曹建葆用泻热散（黄芩、黄柏、黄连、栀子、甘草）外敷双侧涌泉穴，连续5日为1个疗程。经治60例，治愈率为93.3％(56/60)，总有效率为 100％。

（王宪英）

【肥胖症及肥胖性性发育不良的治疗】

乐芹等将117例随机分为两组，治疗组64例中重度肥胖60例，采用荷泽口服液（荷叶、山楂、泽泻、苍术、薏苡仁、枳实等），含生药2.33 g/ml治疗，7～11岁每次20 ml，11～14岁每次30 ml，均每日2次。对照组（53例）中重度肥胖50例，予天雁减肥茶（安徽神鹿药业有限公司生产，每包10 g），7～11岁每次1包，11～14岁每次1.5包，均饭前0.5 h口服，每日2次，每包以100 ml开水冲服。两组疗程均为2个月。治疗期间，每周测量患儿体重、身高1次，注意保持恒定的测量条件（如排尿及排便时间、进食及饮水量、穿衣、运动、出汗等），以减少误差。治疗期间，患儿仍维持原有饮食、睡眠及运动等生活习惯。结果：治疗组显效率为45.3%（29/64），总有效率为93.8%（60/64）；对照组显效率为43.4%（23/53），总有效率为92.5%（49/53），组间比较，$P>0.05$。治疗后两组患儿体重、脂肪百分率、体重指数均有下降，各组治疗前后比较，$P<0.01$。

易献春等采取双盲随机分成治疗组（33例）和对照组（26例），治疗组用减肥煎剂（苍术、厚朴、大黄、丹参、山楂、陈皮等），每日1剂，分2次服。对照组用轻身减肥片（正大青春宝药业有限公司提供），每次3片，每日3次。治疗2个月后判定疗效。结果：治疗组总有效率为96.96%（32/33）；对照组总有效率为96.2%（25/26）。但在降低体重程度方面，治疗组为（3.85±0.26）%，对照组为（1.26±0.18）%，组间比较，$P<0.01$。

孙升云等采用利湿活血、减肥降脂为主治疗128例，服用山荷降脂丸，由山楂、荷叶、泽泻、大黄等药组成。6～9岁每次6 g，9岁以上每次9 g，均为每日2次。1个月为1个疗程。轻中度肥胖者治疗1～2个疗程，重度肥胖者治疗2～3个疗程。每个疗程间休息1周。用药后加强小儿运动锻炼和饮食调节控制，治疗结束后随访1年。结果：显效率为52.3%（67/128），总有效率为82.5%（109/128）；治疗后三酰甘油有明显下降，治疗前（1.41±0.31）mmol/L，治疗后（1.10±0.25）mmol/L，治疗前后比较，$P<0.05$。邱志济等用小儿减肥散（广木香、砂仁、炒枳壳、炒白术、皂荚、荔枝核等）治疗160例，6～12岁8～12 g，13～18岁13～15 g，分3次服，饭前用市售南方黑芝麻糊或红枣汤调味，温开水送服，服药期间忌食各种补品、饮料、矿泉水和生冷食物，60日为1个疗程，一般服用2～6个疗程。结果：显效率为80.0%（128/160），总有效率为100%。

李晶等报道应用综合疗法治疗肥胖性性发育不良301例，年龄7～14岁，平均11岁；体重33.5～107 kg，阴茎测量平均长度为2.14 cm，均小于正常阴茎长度平均值2.5个标准差以上。采用哈尔滨斌和科技开发有限公司生产的XYK-Ⅲ型小儿阴茎短小康复仪治疗，每日1～2次，每次20～30 min；内分泌治疗仪治疗，每日1～2次，每次20 min；口服中药小儿平衡调理冲剂，每日2次，每次1包；磁疗去脂，辅助减肥作用；加上饮食结构的调理，配合运动锻炼；个别患儿激素水平低者，肌肉注射1 000 U的HCG，2～3日1次，总量为10 000 U。结果：阴茎增长最多为2.3 cm，增粗直径0.6 cm，睾丸有所下降，阴囊增大，睾丸体积略增；体重减少1～7 kg，平均减少3 kg，腹围最多减少6 cm。

（邱静宇）

【多汗症的治疗】

茅裕琴治疗60例，辨证为表虚不固型27例，方用玉屏风散合牡蛎散加减；营卫不和型14例，方用桂枝汤加减；心血不足型9例，方用归脾汤化裁；阴虚火旺型10例，方用当归六黄汤合生脉散加减。结果：治愈率为71.7%（43/60），总有效率为91.7%（55/60）；获效最快者3日，平均获效时间为7日。韩洪芳等用敛汗合剂（黄芪、防风、白术、连翘、麻黄根、鲜芦根等）治疗44例，3岁以下患儿每次服20 ml，4～5岁者每次30 ml，每日3次。全部患儿均在6日内治愈，其中3日内治愈率为84.9%（37/44）。李志善等用牡蛎散加味（煅牡蛎、黄芪、麻黄根、浮小麦等）治疗32例，每日1剂，分早中晚服。结果：痊愈率为65.6%（21/32），总有效率为93.8%（30/32）。郑苏采用《御院药方》中的思食丸加味（太子参、乌梅肉、浮小麦、神曲、木瓜，茯苓等）治疗39例，每日1剂，2周为1个疗程。结果：治愈率为69.2%（27/39），总有效率为94.9%（37/39）。郑明以止汗汤（象牙丝、麻黄根各10 g，浮小麦30 g，瘦猪肉100 g，淡菜25 g）治疗300例，结果：痊愈率为35.3%（106/300），总有效率为97.0%（291/300），疗程最短2日，最长8日。贾宁等用奇星虚汗停颗粒（煅牡蛎、黄芪、浮小麦、糯稻根、大枣等）治疗120例，4岁以下每次半包，4岁以上每次1包，均每日2次，2周为1个疗程。佝偻病患者配合维生素

D,结核感染者配合抗痨药物治疗。结果:显效率为45.0%(54/120),总有效率为91.7%(110/120)。

方克融采用穴位外敷治疗52例,药用五倍子、公丁香、肉桂、细辛、吴茱萸等份,研末。用时取粉末20 g,用食醋调糊,做成3枚二分硬币大小的药饼,分别贴在肚脐和左右涌泉穴,外用麝香止痛膏固定,每日1次,连续使用1周。贴药后若局部皮肤出现水疱、破损等应暂停,结痂后可继续贴敷。结果治愈率100%,其中贴药1次汗止者36例,2次汗止者9例;2个月后回访,无一例复发。董传昌等用大鹏止泻敷脐贴剂(苍术、五倍子、干姜、陈皮等)治疗100例,脐部敷贴,每日换药1次。6日为1个疗程。结果:显效率为36.0%(36/100),总有效率为90.0%(90/100)。吕秀霞等以牡蛎糊(煅牡蛎、五味子、浮小麦、黄芪、党参、麻黄根等用醋调)敷脐治疗自汗42例,4日为1个疗程。结果痊愈率90.5%(38/42)。

孙增华治疗20例,局部洗净,用扑汗粉(牡蛎、薄荷脑、茉莉香精)外扑,每日2~3次,3日为1个疗程。结果:显效率为85%(17/20),总有效率为100%。

刘景慧用中西医结合方法治疗33例,并设对照组(30例)。对照组口服654-2,1~3岁每次3 mg,4~6岁每次5 mg,7~9岁每次7 mg;谷维素、维生素 B_1,1~3岁各10 mg,4~9岁各20 mg,均每日2次。治疗组在上述基础上加用玉屏散加味(防风、黄芪、白术、桂枝、白芍药、沙参等)水煎服。2周为1个疗程。结果:治愈率分别为66.7%(22/33)、30.0%(9/30),总有效率为90.9%(30/33)、80.0%(24/30),组间比较,$P<0.05$。陈燊等治疗62例,给予西药葡萄糖酸钙、谷维素、维生素 B_1 片口服,维生素 D_3 肌肉注射;中药予以龙骨、牡蛎、浮小麦、麻黄根、黄芪、白芍药等。5日为1个疗程。结果:显效率为80.6%(50/62),总有效率为95.2%(59/62)。朱彦瑄等用口服黄芪注射液配合谷维素治疗35例,患儿均为昼夜在活动或安静状态下易出汗的体弱儿,病程最短1个月,最长半年。每日1次,5岁以内每日3 ml,5岁以上每日5 ml;谷维素片按年龄口服3~6片,每日2~3次。均20日为1个疗程。结果:显效率为54.3%(19/35),总有效率为94.3%(33/35)。

(邱静宇)

【幼年型类风湿关节炎的治疗】

唐莉珍等以活血通络法为主,药用赤芍药、川芎、虎杖、丹参、威灵仙、鸡血藤等治疗40例,再根据湿热痹阻、风寒湿痹、肝肾虚损等分型进行加减,合并细菌感染者加抗生素静脉滴注,并对症治疗,加强支持疗法。结果:痊愈率为22.5%(9/40),显效率为40.0%(16/40),总有效率为87.5%(35/40)。本组40例中湿热痹占22例,提示本病以湿热为多,这是由于小儿阳气偏盛,感受风寒湿邪后,极易从阳化热,这也是与成人风湿性关节炎的不同之处。杜保荣在临床上体会到土茯苓不仅能解毒除湿,还能利关节、通络散结消肿。以土茯苓为主组成基本方:土茯苓60 g,豨莶草30 g,牡丹皮10 g,升麻6 g,全蝎5 g,辨证加减治疗106例,治愈率为24.5%(26/106),总有效率为96.2%(102/106)。

任修德以具有养血补血、祛湿通络作用的基本方(半夏、苍术、黄柏、生地黄、酒当归、白芍药)治疗34例,辨证按肾阴虚、脾胃虚弱等加减;结合西药奈普生、强的松口服和氨甲喋呤静脉滴注。并设立单用西药对照组(35例)。结果:治疗组缓解率为94.1%(32/34),副反应发生率为8.8%(3/34),对照组则缓解率为91.4%(32/35),副反应发生率为34.3%(12/35)。治疗组在提高疗效的同时毒副反应发生率明显低于对照组($P<0.001$)。

吴凤岐等采用离子导入法治疗,取得一定的效果。将47例幼年型类风湿性关节炎随机分为治疗组32例,用YD型药物导入治疗仪,将正清风痛宁注射液(湖南正清制药公司生产)50~100 mg均匀浸湿纱布药垫,将药垫对置或并排平置在肿痛关节,药垫上置用50℃水浸湿的纱布和湿电极套(内包电极),再盖上一层塑料布,压小沙袋。电流强度3 mA(<10 mA)。每日每个关节治疗1次,1次20 min,7次为1个疗程,间隔7日再行第2个疗程。对照组15例用TDP CQ-27性远红外线灯常规方法关节局部理疗。两组均口服常规剂量扶他林和正清风痛宁片。结果:治疗组关节炎积分治疗前为(8±2)分,治疗后为(4±2)分,治疗前后比较,$P<0.01$;对照组治疗前为(8±2)分,治疗后为(5±2)分,治疗前后比较,$P<0.01$。治疗组和对照组显效率分别为43.8%(14/32)、26.7%(4/15),总有效率分别为93.8%(30/32)、66.7%(10/15),组间比较,$P<0.05$。

(高修安)

【婴幼儿夜啼的治疗】

杨文庆等采用蝉蜕钩藤散加减(钩藤、蝉蜕、白芍药、木香、川芎、延胡索等)治疗32例,对照组(20例)用颠茄合剂、维生素B_1。结果:总有效率分别为81.3%(26/32)、55.0%(11/20),组间比较,$P<0.05$。金峰以安卧汤(钩藤、石菖蒲、蝉蜕、炙僵蚕、木通、灯芯草)为主辨证加减治疗30例,7日为1个疗程。结果:治愈率为86.7%(26/30),总有效率为96.7%(29/30)。刘安雪等以钩藤饮加减(钩藤、蝉蜕、灯芯草、竹叶、炒枳壳等)治疗46例,结果2日治愈11例,3～5日治愈26例,总有效率为100%。苗德远等以温胆汤加味(枳实、山楂、麦芽、钩藤、竹茹、陈皮等)治疗62例,3日为1个疗程。结果:显效率为69.4%(43/62),总有效率为96.8%(60/62)。王耀峰用钩蝉通灯汤加减(钩藤、蝉蜕、木通、灯芯草等)治疗56例,治愈率为94.6%(53/56),总有效率为100%。刘盛昌以加味导赤散(生地黄、木通、黄芩、竹叶、蝉蜕、钩藤等)治疗42例,治愈(夜啼消失,1个月不复发者)率为88.1%(33/42),总有效率为95.2%(40/42)。

吴震西介绍了辨证外治法:① 敷涌泉法适用心经积热引起的夜啼,吴茱萸、栀子各5g,共研细末,鸡蛋1个,取其蛋清,将药末调制成2个药饼,于晚间睡前敷双足涌泉穴,次晨弃去。② 贴脐法适宜于脾脏虚寒所致的夜啼,丁香、肉桂、吴茱萸各等份,共研细末,每晚临睡前取少许,用温水调成糊状,涂满脐眼,每晚换药1次,连用3～5日。③ 穴敷法适用于受惊引起的夜啼,朱砂20g,炒酸枣仁10g,分别研细末,和匀,以30%二甲基亚砜调成软膏,贴于患儿膻中穴及双侧涌泉穴,每晚换药1次。④ 涂五心法适用于各种原因引起的夜啼,取朱砂3g,白及1块。先将白及块切平,再将朱砂放于粗瓷碗底上,滴清水数滴,用白及平面将朱砂磨成糊状,每晚睡前用棉棒蘸朱砂糊涂于患儿膻中穴、双劳宫穴及双涌泉穴。⑤ 保留灌肠法适用心热、脾寒两型夜啼者,取刘寄奴20g,地龙、甘草各3g,灯芯草2g,用清水200ml浓煎成30～40ml。每晚睡前2h,将药液低压缓慢注入肛内,令婴儿继续俯卧10～15min,再用软纸在肛门处轻轻按3～5min。⑥ 敷脐法用于治疗夜啼,牵牛子7粒,研成细末,用温水调成糊状,临睡前敷于脐上,每晚换药1次。⑦ 热熨法适宜于脾胃虚寒型夜啼,干姜、小茴香各等份,研粗末,放锅内炒热,用纱布包裹,乘热从胃脘熨至小腹。

王慎明也介绍了4种疗法:① 填脐疗法:取五倍子15g,生地黄10g,黄连3g,朱砂0.5g,共研细末,用陈茶汁调成小饼状,敷于脐部,胶布固定,每晚更换1次,一般敷2～6次见效。② 外敷疗法:取吴茱萸12g,研为细末,用陈醋适量调成糊状,敷贴于两足底涌泉穴,纱布固定。每日1次,至病愈为止。③ 药枕疗法:取栀子500g,黄连200g,灯芯草、磁石各100g,竹叶、木通各50g,将磁石打碎,余药一起烘干,共研细末,和匀,装入枕心,制成药枕,予患儿枕之。④ 按摩疗法:用食指、中指的罗纹面,自患儿腕部向肘部推100次。每日1次,治愈为止。

任晓丹等以夜啼散(五倍子、炒莱菔子、木香、白芍药、朱砂、蝉蜕等)敷脐治疗72例,每日睡前敷贴,一般12h后揭开,3日为1个疗程。结果:治愈率为66.7%(48/72),总有效率为94.5%(68/72)。赵燕娥等以安神膏(朱砂0.5g,五倍子1.5g共研细末,用老陈醋调成膏)外敷神阙穴治疗123例,3日治愈50例,7日治愈60例,14日治愈13例,总有效率为100%。

(高修安)

【传染性单核细胞增多症的治疗】

王华楠等认为本病当从毒论治,治疗以清热解毒、活血化瘀、软坚散结为主,方用普济消毒饮加减,及时控制"毒邪"对机体的侵犯及在体内的播散,调节机体自身免疫功能,减轻或尽快终止其免疫反应。恢复期治以益气养阴、活血散结、清除余毒。

孙希焕等治疗35例,属温热证者治以疏风清热解毒,方用银翘蒿芩汤加减(薄荷、荆芥穗、栀子、金银花、连翘、牛蒡子等);湿热证者治以化湿清热,疏利透达,方用达原饮加减(藿香、连翘、菖蒲、黄芩、茵陈、薄荷等),并结合双黄连粉针剂静脉滴注。对照组(30例),静脉滴注病毒唑。结果:治疗组在发热、淋巴结肿痛、咽部红肿疼痛等主要症状体征的平均消退时间上均较对照组明显缩短($P<0.01$～0.05);血异常淋巴细胞数和血清嗜异凝集试验等实验室指标恢复正常率也明显高于对照组(均$P<0.01$)。季之颖等采用清热解毒、凉血活血法治疗75例,基本方用青黛、紫草、乳香、地骨皮、菊花、板蓝根等,并随证加减。对照组(58例)予静脉滴注阿昔洛韦。结果:总有效

率分别为97.3%(73/75)、84.5%(49/58),体温降至正常时间平均为5.2日、8.6日,组间比较,均$P<0.05$。

邓年春以表里双解的凉膈散为基础方加减(大黄、香薷、黄芩、连翘、金银花、淡竹叶等)治疗45例,结果:显效率28.9%(13/45),总有效率为88.9%(40/45)。朱慧华等治以清营解毒、凉血活血、化瘀散结法,用清营汤加味(水牛角粉、生地黄、黄芩、黄连、金银花、连翘等)治疗28例,对照组(24例)用干扰素肌肉注射。结果:总有效率分别为96.4%(27/28)、75.0%(18/24),组间比较,$P<0.05$;在发热、咽峡炎、淋巴结肿大等主要症状和体征好转时间上也较对照组为优($P<0.05$)。

贺金安等根据卫气营血辨证治疗37例,病初拟疏风解表、清热解毒,方用银翘散加减;热邪由表入里,转入气分、营分,予以清营透气、泄热滋阴,方用黄芩汤合清营汤加减;恢复期气阴耗伤,余热未尽者方用沙参麦冬汤合玉屏风散加减。佐以病毒唑、能量合剂静脉滴注。结果:治愈率为94.6%(35/37),总有效率为100%;退热日数平均3.8日。

此外,李凤云用清肺化瘀汤(水牛角、生地黄、牡丹皮、栀子、生石膏、知母等)治疗本病肺炎型19例,结果:平均热退时间4日,气促消失3.1日,咳嗽消失8.42日,咳痰消失10.3日,平均咽红消失3.1日,异常淋巴细胞转阴为5.2日,肺部啰音消失9.4日,淋巴结肿大消退9.4日,肝脾肿大消退9.5日。李亚黎治疗本病肝炎型24例,用清热利湿,化瘀散结的消黄化瘀散结汤(茵陈、栀子、郁金、当归、川芎、桃仁等),7日为1个疗程。结果:1个疗程痊愈17例,2个疗程痊愈7例。

(李 岚 俞景茂)

【莪术油注射液治疗儿科病毒感染性疾病】

1. 呼吸道感染

莪术油注射液是将莪术油中有效成分提取而制成,对呼吸道合胞病毒有直接抑制作用,对流感病毒A_1、A_3型有直接灭活作用。全晓会等治疗小儿呼吸道感染(上呼吸道感染、支气管炎、支气管肺炎、婴幼儿喘憋性肺炎)128例,用莪术油250 ml加青霉素20～30万/kg静脉滴注;对照组(121例)用青霉素或氨苄青霉素加病毒唑静脉滴注。结果:总有效率分别为96.1%(123/128)、86.8%(105/121)($P<0.05$)。马爱钟等用莪术油葡萄糖注射液治疗上呼吸道感染50例,对照组(46例)用利巴韦林。剂量均为每日10 mg/kg,静脉滴注。两组青霉素和对症治疗相同。疗程为3～5日。结果:治疗组总有效率为90.0%(45/50),对照组为69.6%(32/46)($P<0.05$)。戴怡蘅等用莪术油葡萄糖注射液每日25 ml/kg治疗急性上呼吸道感染85例;对照组(97例)用病毒唑,均静脉滴注。3日为1个疗程。结果:总有效率分别为83.5%(71/85)、61.9%(60/97),组间比较,$P<0.01$。退热起效和体温降至正常时间均优于对照组($P<0.01$);并提示病程越短,使用越早,疗效越好。

范铮等用莪术油注射液(安泰络韦)每日25 ml/kg合病毒唑静脉滴注治疗疱疹性咽峡炎40例,对照组(40例)单用病毒唑。结果:在热退和疱疹愈合时间方面均较对照组为优($P<0.001$)。

代晓玲用莪术油注射液10 mg/kg静脉滴注,每日1次,与氨茶碱联合治疗婴幼儿喘息性支气管炎78例。对照组(60例)用抗生素加病毒唑。结果:痊愈率分别为79.5%(62/78)、46.7%(28/60),总有效率为97.4%(76/78)、90.0%(54/60);治疗组与对照组退热分别为2.1日、4.2日,止咳止喘分别为3.6日、5.5日,肺部啰音消失分别为3.2日、3.2日,肺部阴影吸收分别为4.9日、7.4日,均$P<0.05$。王利燕等治疗毛细支气管炎54例,在采用综合治疗基础上,观察组(27例)加用莪术油注射液,对照组(27例)用病毒唑。结果:观察组在治愈率、缓解喘憋、肺部哮鸣音及咳嗽消失时间等方面均优于对照组($P<0.01$)。冒青等用相同剂量的莪术油注射液治疗60例,对照组(50例)用病毒唑。结果:总治愈率分别为96.7%(58/60)、80.0%(40/50),组间比较,$P<0.05$。两组患儿喘憋缓解、肺部哮鸣音消失及住院时间比较,$P<0.001$。

岐晓红将病毒性肺炎102例分成两组,对照组(51例)用抗感染及对症治疗,治疗组(51例)在此基础上加用莪术油注射液。结果:在退热、止喘、啰音消失时间等方面,治疗组均优于对照组($P<0.001$～0.05)。

2. 肠道感染

莪术油所含莪术醇对轮状病毒有直接抑制作用,可使感染机体的轮状病毒繁殖减慢及灭活。毛梅仙将180例分成两组,对照组(80例)口服双八面体蒙脱石，补液纠正水、电解质及酸碱平衡等对症处理；治疗组（100 例）加用莪术油注射液。结果：治疗组和对照组显效率分别为 69.0%(69/100)、51.3%(41/80)，总有效率分别为 92.0%(92/100)、81.3%(65/80)，组间比较，$P<0.05$。魏成慧等用莪术油注射液加病毒唑治疗 38 例（观察组），对照组（38 例）单用病毒唑。结果：观察组与对照组显效率分别为60.5%(23/38)、21.1%(8/38)，总有效率分别为89.5%(34/38)、44.7%(17/38)，组间比较，$P<0.01$。观察组痊愈时间也明显短于对照组（$P<0.01$）。宋品菊等治疗 340 例，在补充液体、纠正脱水酸中毒基础上分成两组，治疗组 170 例用莪术油注射液，对照组（170 例）予病毒唑或双黄连。结果：两组平均治愈天数分别为 3.5 日、6.0 日，组间比较，$P<0.01$。郭仲田用莪术油注射液加常规综合疗法治疗腹泻病 80 例，对照组（80 例）只予综合治疗。结果 5 日内治疗组与对照组在退热、止吐、止泻、纠正脱水方面组间比较，均$P<0.001$。

3. 病毒性心肌炎

孙善东治疗 82 例，对照组（41 例）用利巴韦林、能量合剂、抗心律失常药物等常规治疗；治疗组 41 例在此基础上加用莪术油注射液。30 日为 1 个疗程。结果：治疗组治愈率为 63.4%(26/41)，总有效率为 95.1%(39/41)，对照组为 36.6%(15/41)、75.6%(31/41)，组间比较，均$P<0.05$。丁晓玲等用莪术油注射液治疗 32 例，每次10 mg/kg，对照组（29 例）用利巴韦林注射液，均以 7 日为 1 个疗程。结果：显效率分别为 62.5%(20/32)、62.1%(18/29)，总有效率分别为 96.9%(31/32)、93.1%(27/29)，组间比较，$P<0.01$。徐延平等报道，治疗组 24 例静脉滴注黄芪注射液 25 ml 加莪术油葡萄糖液 250 ml；对照组（16 例）常规应用抗心律失常药和能量合剂及抗生素。结果：治疗组改善症状有效率为 83.3%(20/24)，改善心律失常有效率为 87.5%(21/24)，对 ST 段、心肌酶有效率为 37.5%(9/24)；对照组分别为 68.8%(11/16)、81.3%(13/16)、31.3%(5/16)，治疗组均优于对照组，但无显著性差异。

（李　岚　俞景茂）

[附] 参考文献

B

白学斌. 儿童锌缺乏及其中西医治疗. 陕西中医学院学报，2002；(3)：37

C

曹建葆. 泻热散外敷治疗小儿大便干结 60 例. 陕西中医，2002；(1)：54

陈健，陈玉燕，王晓鸣，等. 降铅冲剂治疗儿童注意缺陷多动障碍的临床观察. 中国中西医结合杂志，2002；(4)：258

陈健，朱永琴，董勤. 消喘膏辅助治疗小儿反复呼吸道感染的临床观察. 中国中西医结合杂志，2002；(8)：620

陈捷. 芪茜合剂治疗小儿慢性血小板减少性紫癜 60 例. 中国中医药信息杂志，2002；(7)：48

陈睿. 生大黄粉敷脐治疗新生儿便秘 40 例. 江西中医药，2002；(2)：35

陈燊，陈秋惠，刘韵洲. 中西医结合治疗小儿多汗症 62 例观察. 实用中医药杂志，1998；(8)：29

陈汉华，武晓玲. 中医治疗小儿锌缺乏症 310 例. 实用中西医结合杂志，1997；(15)：1441

陈燕萍，陈伟斌，韩群，等. 复方麻辛剂吸入治疗小儿哮喘的疗效观察与实验研究. 上海中医药大学学报，2002；(2)：21

程国尊，王盛波，崔波，等. 中西医结合治疗小儿病毒性心肌炎 54 例. 山东中医杂志，2002；(4)：229

程杰梅，王小平. 中药敷脐治疗婴幼儿迁延性腹泻 40 例. 中国中西医结合杂志，2002；(7)：485

褚艾妮. 自拟秋泻散内外合治小儿秋季腹泻 95 例. 四川中医，2002；(10)：62

褚东宁，楼金吐，杜勤，等. 虫子抗敏煎治疗螨性哮喘患儿的临床观察. 中国中西医结合杂志，2002；(11)：858

D

代晓玲. 莪术油葡萄糖注射液氨茶碱联合应用治疗婴幼儿喘息性支气管炎 78 例疗效观察. 齐齐哈尔医学院学报，2002；(2)：166

戴怡蘅，范联，吴燕玲. 莪术油葡萄糖注射液治疗急性上呼吸道感染 85 例临床观察. 广东药学院学报，2001；

(3)：225

邓年春. 中药治疗传染性单核细胞增多综合征 45 例. 天津中医，2001;(5)：22

邓湘沅. 内外合治小儿哮喘症 38 例. 湖南中医杂志，2002;(2)：47

丁晓玲，胡玲灿. 莪术油注射液佐治小儿病毒性心肌炎疗效观察. 时珍国医国药，2002;(11)：670

董传昌，冯毓. 止泻敷脐贴剂治疗小儿多汗 100 例. 河北中西医结合杂志，1997;(1)：100

杜保荣. 土茯苓治疗儿童类风湿性关节炎. 中医杂志，2001;(12)：714

段东印. 辨证治疗小儿胃窦炎 60 例疗效观察. 实用儿科临床杂志，2001;(6)：394

F

范铮，王奇俐，曹兰芳. 安泰络韦合病毒唑治疗疱疹性咽峡炎疗效观察. 青海医药杂志，2002;(1)：52

方克融. 中药穴位外敷治小儿汗症 52 例. 按摩与导引，2001;(1)：60

封玉琳. 时毓民治疗小儿胃窦炎 78 例. 上海中医药杂志，1998;(7)：23

G

高翔，杨东山，肖钧刚，等. 番泻叶和乳酸菌素片联合治疗小儿慢性便秘的疗效观察. 中国中西医结合杂志，2001;(4)：314

耿其臻，窦雯秀. 云南白药敷脐治疗小儿秋季腹泻. 中国临床医生，2002;(9)：64

谷玲玲. 小儿慢性胃炎和消化性溃疡的诊治. 中国中西医结合消化杂志，2002;(2)：111

管一沁，盖建华，韩建英，等. 杨林丸治疗小儿习惯性便秘 344 例临床观察. 云南中医学院学报，1995;(2)：26

郭仲田. 莪术油葡萄糖注射液治疗腹泻病. 实用儿科临床杂志，2002;(3)：199

H

韩洪芳，韩洪芬. 敛汗合剂治疗小儿顽固性多汗症 44 例. 中国民间疗法，2001;(7)：44

贺金安，牟春燕，刘燕飞，等. 中西医结合治疗传染性单核细胞增多症 37 例. 现代中西医结合杂志，2001;(18)：1782

胡红，王政，袁永沛，等. 小儿香包预防及治疗小儿感冒. 中国民间疗法，2001;(1)：49

黄昌惠. 中药外敷治疗小儿便秘 78 例. 中国乡村医药，2001;(7)：27

J

季之颖，杨连元，闫慧敏. 中药治疗小儿胃炎 40 例临床观察. 中医杂志，2002;(8)：597

季之颖，杨连元. 中药治疗小儿传染性单核细胞增多症临床观察. 北京中医药大学学报，2002;(4)：66

贾宁，王翠娣. 虚汗停颗粒治疗小儿多汗症 120 例分析. 实用医学杂志，2000;(12)：1060

江英能. 中西医结合治疗小儿川崎病 18 例疗效观察. 新中医，2002;(1)：37

蒋红雨. 复方丹参注射液辅助治疗儿童川崎病 33 例. 中国中西医结合杂志，2002;(8)：640

解传珍. 自拟清热通便汤治疗小儿顽固性便秘 91 例. 中国乡村医药，2002;(4)：26

金 峰. 安卧汤治疗小儿夜啼 30 例. 辽宁中医杂志，2001;(10)：597

L

赖意芬. 攻补兼施治疗小儿习惯性便秘 72 例体会. 甘肃中医，2001;(3)：39

赖意芬. 四君子汤加味治疗小儿缺锌 50 例疗效观察. 新中医，2002;(1)：20

乐芹，王大宪，夏新红，等. 荷泽口服液治疗单纯性肥胖症患儿的临床观察. 中国中西医结合杂志，2002;(5)：384

李红，陆海东，张雅梅，等. 验方小黄丸治疗小儿便秘 86 例. 中国中西医结合消化杂志，2002;(4)：214

李晶，徐斌. 综合疗法治疗儿童肥胖性性发育不良 301 例. 湖南中医杂志，2002;(4)：40

李萍，徐树梅. 中药坐浴治疗幼女阴道炎 96 例. 江苏中医药，2002;(4)：24

李彤，鲍万鹤. 小儿紫癜性肾病辨证治疗临床疗效观察. 天津中医，2002;(2)：14

李保萍，刘文. 扶脾养胃方配合针刺治疗小儿厌食症 166 例. 实用中医药杂志，2002;(9)：5

李凤云. 清肺化瘀汤治疗小儿传染性单核细胞增多症(肺炎型)临床观察. 中国临床医生，2001;(11)：39

李少春. 小儿感染后脾虚综合征辨证分型. 实用中西医结合杂志，1997;(10)：2142

李新民，马融，李少川，等. 中药肾病合剂减少儿童单纯型肾病综合征复发的临床研究. 中国中西医结合杂志，2002;(9)：650

李亚黎. 消黄化瘀散结汤治疗肝炎型传染性单核细胞增多症 24 例. 河南中医药学刊，2001;(2)：39

李志善，韩养正. 牡蛎散加味治疗小儿多汗症 32 例. 陕西中医，2001;(5)：282

梁文旺. "肝枢纽"法则防治小儿反复呼吸道感染 30 例. 陕西中医，2002;23(6)：493

林青，魏校敏，宋云艳. 小儿缺锌综合征的中西医对比治疗. 中医药信息，2001;(4)：56

林广裕，林渊液，蔡建文. 小婴儿重症感染后脾虚综

合征的临床观察. 中医杂志,1998;(1): 38

刘安雪,宋廷彦,张洪昌. 钩藤饮加减治疗小儿夜啼46例. 中医药信息,2001;(2): 49

刘慧丽,柳静,陈昭定. 洁童阴洗液治疗幼女外阴阴道炎的临床与实验研究. 中国中西医结合杂志,2002;(8): 590

刘景慧. 中西医结合治疗小儿原发性多汗症的临床观察. 广西中医学院学报,2000;(2): 35

刘盛昌. 加味导赤散治疗小儿夜啼42例. 河北中医,2000;(5): 331

刘维庆,沙涛. 中西医结合治疗小儿重症肺炎100例. 四川中医,2002;(10): 59

刘文选. 中医治疗小儿反复呼吸道感染60例. 陕西中医,2002;(7): 631

刘竹云,蔡英奇,常秀贞,等. 健儿乐冲剂防治小儿反复呼吸道感染126例临床观察. 中医杂志,2002;(5): 364

吕秀霞,慈秀红. 牡蛎糊敷脐治疗小儿自汗42例. 陕西中医,2001;(5): 292

罗志英,卿国忠. 中西医结合治疗婴幼儿喘憋性肺炎108例. 中国中西医结合杂志,2002;(3): 228

M

马融,李少川,李新民,等. 抗痫胶囊治疗小儿癫痫930例临床观察. 中医杂志,2002;(4): 279

马爱钟,邱雅铮,林越仙. 莪术油治疗小儿上呼吸道感染50例. 临床药学,2002;(1): 80

毛梅仙. 莪术油注射液治疗小儿病毒性肠炎. 中草药,2002;(5): 298

茅裕琴. 辨证论治小儿汗证60例. 实用中医药杂志,2002;(7): 20

冒青,陆韦,潘焕,等. 莪术油治疗毛细支气管炎60例疗效观察. 遵义医学院学报. 2002;25(4): 329

孟仲法. "小儿感染后脾虚综合征"的诊断和治疗——附3 798例分析. 上海中医药杂志,2000;(10): 12

苗德远,代勇. 温胆汤加味治疗小儿夜啼62例. 四川中医,2000;(10): 41

闵伟福. 孟氏增免方治疗小儿感染后脾虚综合征的临床观察. 上海中医药杂志,1996;(4): 30

莫文,裘惠萱,嵇学仙,等. 经皮给药治疗婴幼儿秋季腹泻56例观察. 现代中西医结合杂志,2002;(10): 918

N

农志飞. 中医分期辨治小儿外感后脾虚综合征临床观察. 四川中医,2001;(11): 55

O

欧阳作理. 三仙增液汤治疗小儿顽固性便秘. 四川中医,2001;(6): 62

Q

岐晓红. 莪术油葡萄糖注射液治疗小儿病毒性肺炎疗效观察. 山西职工医学院学报,2002;(2): 32

邱志济,邱江峰,邱江东. 自拟小儿减肥散治疗少年肥胖症160例. 辽宁中医杂志,2000;(1): 19

全晓会,李建玲. 莪术油配合抗生素治疗小儿呼吸道感染128例疗效观察. 河南医药信息,2002;(1): 39

R

任勤,马秀华. 小儿寒喘合剂治疗小儿寒哮临床观察. 中国中医急症,2002;(4): 237

任晓丹,苏春芝,袁伟娜,等. 夜啼散敷脐治疗小儿夜啼72例. 现代中西医结合杂志,2000;(7): 605

任修德. 中西医结合治疗幼年型类风湿性关节炎临床观察. 实用儿科临床杂志,2002;(5): 564

S

沈林,丁肖英. 养胃健脾散治疗小儿胃炎35例. 上海中医药杂志,2001;(4): 20

史利军,李吉兰. 背部刮痧走罐防治小儿反复呼吸道感染100例. 福建中医药,2002;(2): 25

宋建平,宋格林,刘淑华. 中西医结合治疗新生儿高胆红素血症的临床观察. 中国中西医结合杂志,2002;(12): 934

宋品菊,王灵芝. 莪术油葡萄糖注射液治疗小儿轮状病毒性肠炎疗效观察. 山东医药,2002;(17): 15

苏振军,彭桂兰,安文,等. 通腑逐瘀汤治疗新生儿胃肠功能衰竭的临床观察. 中国中西医结合急救杂志,2000;(1): 54

孙善东. 莪术油治疗病毒性心肌炎41例. 中医药研究,2001;(6): 21

孙升云,杨钦河,姚英民,等. 利湿活血法治疗小儿单纯性肥胖症128例临床观察. 新中医,2002;(1): 56

孙升云. 炮山甲为主治疗小儿厌食症. 中医杂志,2002;(2): 95

孙希焕,袁志毅,马融,等. 中医治疗小儿传染性单核细胞增多症65例. 中国中医药信息杂志,2002;(5): 55

孙增华,李月萍,黄柏灵,等. 扑汗粉治疗多汗症疗效观察. 中医外治杂志,1995;(3): 17

T

唐堪春,周安玉,唐婷. 大定风珠冲剂治疗小儿难治性锌缺乏症47例. 国医论坛,1995;(2): 28

唐莉珍,林秀彬. 活血通络法为主治疗幼年类风湿关节炎40例. 中国民间疗法,2002;(6): 56

唐莉珍. 中西医结合治疗小儿难治性肾病53例临床观察. 中国中西医结合肾病杂志,2002;(10): 595

陶拉娣,秦绍爱.扶正健脾方对脾虚厌食症患儿微量元素含量及免疫功能的影响.中国中西医结合杂志,2002;(6):429

田新美.中药辅助治疗儿童注意力缺陷多动症.上海中医药杂志,2002;(10):33

W

王勤.脱敏止喘方治疗小儿过敏性支气管哮喘62例.浙江中医学院学报,2002;(2):36

王艳."三联膏"敷脐治疗秋季腹泻的临床观察.华北煤炭医学院学报,2002;(1):94

王华楠,冯天明.传染性单核细胞增多症从毒论治体会.浙江中医杂志,2002;(1):32

王利燕,王瑞春.莪术油葡萄糖注射液治疗小儿毛细支气管炎疗效观察.山西临床医药杂志,2002;(3):195

王明香,张桂菊,曹宏,等.健肺膏外敷防治小儿反复呼吸道感染的临床研究.山东中医药大学学报,2002;(1):33

王善松,王桂荣,祝端明,等.小儿定喘丸治疗小儿哮喘性支气管炎80例.山东中医杂志,2002;(9):534

王慎明.小儿夜啼疗法四则.中国民间疗法,2002;(1):61

王淑珍,高薇薇,彭淑梅.中药大黄治疗危重儿胃肠功能衰竭的临床研究.中国急救医学,2001;(9):543

王耀峰."钩蝉通灯汤"治疗小儿夜啼56例.江苏中医,2000;(10):33

魏成慧,陶红.莪术油葡萄糖注射液佐治婴幼儿轮状病毒肠炎临床观察.重庆医学,2002;(3):254

吴凤岐,王淑玲.离子导入正清风痛宁注射液治疗幼年型类风湿关节炎32例.实用儿科临床杂志,2001;(2):103

吴震西.小儿夜啼有何外治方法.中医杂志,2002;(7):554

X

夏传雄,孟浦.茵栀黄联合四磨汤佐治母乳性黄疸的疗效观察.中国中西医结合杂志,2002;(8):632

夏云鹤.固本防感方外敷治疗小儿反复呼吸道感染观察.实用中医药杂志,2002;(5):33

胥小云,夏丽,简波.土茯苓乌贼骨治疗小儿胃炎.中医杂志,2002;(1):14

徐佩芳,周慈发.王氏保赤丸治疗小儿便秘66例.上海中医药杂志,1999;(12):24

徐延平,耿中保.黄芪合莪术油治疗病毒性心肌炎40例临床分析.现代中西医结合杂志,2001;(21):2 038

许海燕,吴海鹏.背肌反应物注药防治小儿呼吸道反复感染68例疗效观察.新中医,2002;(10):25

许双虹,陈治珍,许佩群,等.四君子汤加味治疗小儿支原体肺炎30例临床观察.新中医,2002;(6):25

Y

闫慧敏,李素亭.中药治疗小儿HP相关性胃炎和消化性溃疡临床研究.中国医药学报,1999;(1):37

严纯雪,杨运刚,张正霞.参麦注射液对呼吸衰竭患儿膈肌疲劳的影响.中国中西医结合杂志,2002;(6):426

杨冬梅.七味白术散治疗轮状病毒性肠炎的临床观察:附115例病例报告.成都中医药大学学报,2002;(2):48

杨桂霞,杨秀珍.中西医结合治疗缺锌引起小儿厌食症40例.陕西中医,2001;(5):278

杨京华,邓国安.小柴胡汤治疗小儿反复上呼吸道感染30例.浙江中医杂志,2002;(6):241

杨清华,刘丹,晨东平.大黄治疗新生儿胃肠功能衰竭32例.现代中西医结合杂志,2002;(18):1 803

杨文庆,殷萍.蝉蜕钩藤散治疗小儿夜啼32例临床观察.福建中医药,2002;(4):50

宜海莉,张耀明,冯宗龙.健脾糖浆治疗小儿感染后脾虚综合征30例.陕西中医,2002;(6):494

易献春,刘平.减肥煎剂治疗儿童单纯性肥胖症临床研究.江西中医药,2002;(4):27

应静芝,张瑛.健脾促长方治疗儿童锌缺乏症52例.浙江中医杂志,2002;(8):338

余舒恩,周竞旭,刘艳霞.危重患儿胃肠功能衰竭的治疗探讨.小儿急救医学,2001;(4):228

喻康野,黄新华,李黑大,等.腹安灌肠液治疗危重症患儿胃肠功能障碍的临床观察.中国中西医结合杂志,2002;(4):261

喻康野,黄新华,李文莉,等.中西医结合治疗儿童难治性血小板减少性紫癜.吉林中医药,2002;(2):43

喻小禾.桑杏汤加减辅助治疗小儿支原体肺炎50例.中国临床医生,2002;(8):50

Z

曾桂香.儿童再发性腹痛与慢性胃炎关系探讨.现代中西医结合杂志,2002;(10):951

张凤春,张桂波,林淑芹,等.自拟润通汤治疗小儿慢性特发性便秘300例.中国中医药科技,1997;(1):62

张国熙,叶锡洪,林胜英,等.千龙合剂防治小儿反复呼吸道感染的临床观察.中国中西医结合杂志,2002;(3):226

张丽霞.异功散治疗小儿感染后脾虚综合征38例.湖南中医药导报,2002;(5):255

张倩如,程建东,艾宙,等.穴位贴药为主治疗小儿反复呼吸道感染53例.中国针灸,2001;(1):42

张淑芳,常大芸,张培英,等.内服小儿消积止咳液加外用大黄治疗小儿便秘120例观察.山东医药,2002;

(10)：9

赵建奎. 中药内外合治小儿秋季腹泻 52 例. 实用中医药杂志，2002；(4)：23

赵瑞芹，白革兰，潘静，等. 苍苓止泻口服液保留灌肠治疗小儿秋季腹泻 50 例疗效观察. 河北中医药学报，2002；(1)：22

赵燕娥，张爱英. 安神膏外敷神阙穴治疗小儿惊惕夜啼 123 例. 河北中医，2002；(8)：600

赵永汉. 孟仲法食治小儿感染后脾虚综合征的经验. 中医文献杂志，1996；(3)：32

甄穗清，魏国健. 人参五味子汤治疗小儿感染后脾虚综合征的临床观察. 实用医学杂志，2002；(4)：439

郑明. 止汗汤治疗小儿汗症 300 例. 新中医，2001；(7)：51

郑苏. 思食丸加味治疗小儿汗症 39 例. 浙江中医杂志，1998；(7)：306

郑学农，郑秀秀，王明学，等. 小儿秋季腹泻的成因及治疗. 河南中医，2002；(1)：53

钟纪茵，李永康，蒋卓勤. 小儿危重病与胃肠功能衰竭的关系——附 68 例报告. 新医学，2001；(10)：592

周平，徐玉莲. 经络全息刮痧防治易感儿感冒. 中国民间疗法，2002；(1)：24

周炜，李建军，高慧，等. 祛喘丸防治儿童哮喘 61 例. 中医研究，2002；(1)：34

朱芮，王晓榕，邹典定. 川芎嗪对新生儿缺氧缺血性脑病脑组织的保护作用. 中国中西医结合杂志，2002；(1)：70

朱慧华，陈燕萍，徐钢. 清营汤加味治疗小儿传染性单核细胞增多症 28 例疗效观察. 河北中医，2001；(8)：571

朱奎华. 七味白术散化裁治疗小儿感染后脾虚综合征 80 例. 中国中西医结合脾胃杂志，1998；(4)：242

朱彦瑄，严小光，李琦. 黄芪注射液配合谷维素治疗小儿多汗症 35 例. 吉林中医药，2000；(6)：34

（七）外 科

【概述】

2002年有关中医外科领域的文献内容丰富，涉及病种广泛，大多数为临床和实验研究报道，其中在疮疡、乳房病、皮肤病、周围血管病、急腹症等方面的研究较为深入。

1. 疮疡

李萍等研究络病学在疮疡病理生理及诊疗中的应用，提出络脉病变的病理变化主要有络脉结滞、络脉空虚、络毒蕴结、络脉损伤四个方面；病机为气血运行及津液输布失常，停痰互结，痰瘀并阻，积久蕴毒，伤及络脉，形成虚滞、瘀阻、毒损脉络等。慢性疮疡常见证型为气虚血瘀、湿热下注及脾虚湿盛三型，都与虚、瘀、毒的病机相关，治疗上以化腐生肌、活血生肌、健脾化湿为法。中医学“络”的概念在形态上与现代医学的微血管和微循环概念相似，在功能上除了与血管的功能相关外，与血流动力学、血液流变学、血液成分与血管内皮细胞的相互作用、血小板功能亢进、凝血因子形成及激活、纤溶和抗纤溶系统的启动也有密切的关系。代红雨等认为“提脓祛腐”与“煨脓长肉”有本质上的区别，临床上提脓祛腐药物以升丹为主，理论上同现代医学“酶学清创”法类似，有进一步研究、改进的价值。

2. 乳房病

乳腺增生病仍是研究重点。刘松山等采用多中心、单盲、随机对照法将240例属肝郁痰凝互结证的乳腺增生病进行了系统观察。治疗组（134例）内服消核片，对照组（84例）内服乳癖消片，均每次5片，每日3次。结果显效率分别为49.3%（66/134）、46.4%（39/84），总有效率分别为85.1%（114/134）、78.6%（66/84），组间比较$P>0.05$；中医证候疗效的显效率、总有效率与对照组比较无显著性差异（$P>0.05$）；但治疗组服药前后乳腺肿块大小之差较对照组为优（$P<0.05$）。马秀芬探讨中药联合孕激素治疗乳腺增生的机理和作用环节，将737例患者随机分为中药组246例，药用柴胡、当归、香附、茯苓、王不留行、桂枝等，自月经中期开始服用至下月行经停药，15日为1个周期，共用3个周期；孕激素组246例，自月经中期开始服用普美孕酮片，每次250 μg，每日1次，10日为1个周期，共用3个周期；混合组245例组方、剂量均同中药组加孕激素组，10日为1个周期，共用3个周期。检测治疗前后患者外周血雌二醇、孕酮水平及观察其体征改变情况。结果混合组、中药组、孕激素组总有效率分别为97.96%（240/245）、73.98%（182/246）、58.5%（144/246）。提示中西药合用疗效最优（$P<0.005$）。

3. 瘿瘤

中医药辨证治疗甲状腺功能亢进、甲状腺功能减退、甲状腺炎颇有特色，总结名老专家经验的报道较多。陶小英总结季文煌经验，认为甲状腺功能亢进因久病多虚，久必及肾，无论是气滞痰凝还是肝火亢盛均可致心阴亏虚，肝肾阴虚，治疗当以益气补阴为主。甲状腺功能减退属虚症，辨证多为脾肾阳虚，大多发生于老年人，较轻者只用补脾益肾之中药，症状较明显者宜同时谨慎应用小剂量甲状腺激素治疗。高尚璞总结汝丽娟治疗桥本甲状腺炎继发甲状腺功能减退症的经验，认为其主要病机为正虚邪犯，治疗应以温肾疏肝健脾为原则，佐以利水活血、清热利咽之法。方邦江总结陈如泉经验，认为慢性淋巴细胞性甲状腺炎病机以气滞、痰凝、血瘀为主，治疗的重点应在疏肝理气、化痰活血，临床运用活血消瘿汤（柴胡、郁金、瓜蒌皮、山慈姑、三棱、莪术等）治疗。王志兴总结陈氏治疗甲状腺结节性疾病经验，以健脾化痰、活血化瘀为大法，善用虫类药及清热解毒药，喜用民间草药，慎用海藻、昆布、黄药子等药。

4. 皮肤病

有关皮肤病的文献资料仍列居中医外科文献数量之首，以临床报道为主。刘洪普等采用益气活血法治疗老年寻常性银屑病40例，经治疗后CD_4显著升高，CD_8显著降低，CD_4/CD_8显著升高，全血比高切、低切黏度、血浆比黏度、红细胞压积和纤维蛋白原均显著下降，并随着症状的改善其免疫功能也逐渐恢复正常。徐志明等将86例复发性尖锐湿疣患者用高频电灼除去全部肉眼可见疣后，随机分为3组。甲组(23例)口服疣毒净(板蓝根、大青叶、土茯苓、薏苡仁、马齿苋、金银花等)，每日3次，连服3周；外用消疣汤(苦参、黄柏、黄芩、大黄、赤芍药、龙胆草等)先薰后坐浴，于电灼后3～5日，待患部伤口愈合后，每日1次，每次10～15 min，或涂患处及其周围3～4次，连用3周。乙组(20例)肌肉注射干扰素注射液。丙组(33例)综合甲乙两组治疗方法。结果丙组与甲组、乙组复发率分别为6.1%(2/33)、30.4%(7/23)、30.0%(6/20)；治愈率分别为93.9%(31/33)、69.6%(16/23)、70.0%(14/20)，3组比较，$P<0.05$；甲乙两组比较无显著性差异($P>0.05$)。王榴慧将918例儿童过敏性湿疹患儿随机分成两组，对照组(270例)内服开瑞坦、外用氢化可的松软膏；治疗组(648例)在此基础上加用清热利湿合剂(茯苓、黄连、藿香、薏苡仁、山栀等)治疗。结果治疗组和对照组总有效率分别为97.8%(634/648)、74.1%(200/270)，组间比较，$P<0.01$；停用西药后治疗组的复发率显著低于对照组($P<0.01$)。陆建英等将45例尖锐湿疣患者随机分为治疗组30例，用扶正解毒方(党参、黄连、白术、薏苡仁、白花蛇舌草、板蓝根等)加CO_2激光治疗，对照组(15例)单用CO_2激光治疗，2周为1个疗程。结果：治疗组治疗前后血清IL-2水平升高($P<0.05$)，对照组无明显变化；两组复发率分别为10.0%(3/30)、33.3%(5/15)，组间比较$P<0.05$；两组外周血T淋巴细胞亚群比较无差异($P>0.05$)。

5. 肛肠病

胡林山等将500例肛瘘术后患者随机分为实验组180例，用愈痔膏(象皮、轻粉、紫草、琥珀、丁香、葛根等)治疗，对照Ⅰ组(160例)用生肌玉红膏治疗，对照Ⅱ组(160例)用生肌白玉膏治疗。术后10日内分别使用上述3种药物。结果在电镜下发现对照组创面的成纤维细胞数量少、不发达，坏死组织尚存在；实验组创面的成纤维细胞明显增多，细胞核大而圆、核仁大且多，常染色质丰富，细胞器增多，高尔基复合体非常发达，粗面内质网明显增多，血管大量增生；临床观察实验组创面的分泌物和坏死组织消失迅速，组织生长增快。实验组、对照Ⅰ组和对照Ⅱ组治愈日数分别为(15.1±3.6)日、(20.4±5.1)日和(22.3±6.3)日，实验组与对照组比较，均$P<0.01$。王克非用消痔浴方(苦参、黄柏、紫花地丁、芒硝粉、大黄、五倍子等)薰蒸洗浴治疗炎性外痔85例，与高锰酸钾薰洗的84例比较，显效率分别为67.1%(57/85)、41.7%(35/84)，总有效率分别为94.1%(80/85)、82.1%(69/84)。

6. 周围血管病

陈柏南等研究深静脉血栓形成血管张力因素与辨证分型的关系。将66例患者根据辨证分型分为3组：湿热下注型(27例)，血瘀湿重型(24例)，血瘀型(15例)，并设正常对照组(18例)。应用放免法测定血浆ET-1、TX B_2和6-keto-$PGF_{1\alpha}$。结果显示各证型组的ET-1水平均高于对照组($P<0.01$)；各证型组的TXB_2水平均高于对照组，其中湿热下注型、血瘀湿重型与对照组差异有显著性意义($P<0.01$)；湿热下注型、血瘀型6-keto-$PGF_{1\alpha}$低于对照组，其中血瘀型有显著性差异($P<0.05$)，血瘀湿重型高于湿热下注型、血瘀型($P<0.05$)；各组T/P比值均高于对照组($P<0.05$或$P<0.01$)。表明深静脉血栓患者存在血管张力因素的变化，血管收缩强于血管舒张；不同的证型有不同的改变特点，湿热下注型血管张力因素变化最明显，血瘀型次之，血瘀湿重型则明显好于前两者。周涛等将90例早期闭塞性动脉硬化症患者随机分为两组，治疗组(60例)用益气活血法，药用黄芪、何首乌、当归、川芎、桃仁、水蛭等，对照组(30例)用复方丹参片。经2个月治疗，治愈率分别为61.7%(37/60)、36.7%(11/30)，总有效率分别为100%、93.3%(28/30)，组间比较$P<0.05$。对主要症状体征的疗效，治疗组明显为优($P<0.05$)；治疗组治疗前后三酰甘油、高密度脂蛋白胆固醇、低密度脂蛋白胆固醇改善显著(均$P<0.01$)，血清总胆固醇、极低密度脂蛋白胆固醇、载脂蛋白A_1、载脂蛋白B_{100}无明显差异(均$P>0.05$)；治疗组治疗后血液流变学各项指标较治疗前均明显下降($P<0.01$)、血浆TXB_2、6-keto-$PGF_{1\alpha}$恢复至正常($P<0.05$)、ET-1降低、CO增高($P<0.05$)，两组的TXB_2及对照组TXB_2、6-keto-$PGF_{1\alpha}$与正常组相比仍有显著差异($P<0.01$)，治疗组治疗后股、腘动脉管腔宽度和血流量有增加，踝/肱指数明显升高

($P<0.01$)。葛辛等采用内服黄芪、党参、当归、桂枝、茯苓、白术等,外用干姜、川椒、红花等泡洗,观察对33例动脉硬化性闭塞症患者微循环和下肢动脉血流速度的影响,结果显示微循环各项积分值治疗后明显高于治疗前($P<0.05$ 或 $P<0.01$),彩色多普勒超声测定的下肢动脉血流速度治疗后值明显高于治疗前值($P<0.05$ 或 $P<0.01$);显效率为 36.4%(12/33),总有效率为100%。

7. 急腹症

有关胆石病及急慢性胆囊炎的治疗、胆管结石及胆管炎的中西医结合治疗详见专条。

(陈红风)

【慢性骨髓炎的中西医结合治疗】

王赛治疗下肢慢性化脓性骨髓炎 445 例,Ⅰ期先服骨炎汤 1 号(当归、川芎、乳香、没药、蒲公英、紫花地丁等),外用骨炎丹 1 号(水银、火硝、白矾、朱砂、牛黄、珍珠等),待体质有所恢复后施以病灶清除术。术后再服骨炎汤 2 号(骨炎汤 1 号中减去川芎、红花、乳香、没药,加肉桂、赤芍药、续断、骨碎补、芡实),外用骨炎丹 2 号(骨炎丹 1 号与熟石膏)或复方骨炎纱(黄连、黄柏、苦参、蒲公英、紫花地丁、连翘等)。Ⅱ期的治疗基本同Ⅰ期,但手术切除病骨要比Ⅰ期范围更广。西医包括病灶清除术、抗生素和抗厌氧菌药物的使用。结果:治愈率为 100%,疗程最短 15 日,最长 65 日。吴兰朝以桃红四物汤加温经散寒的肉桂、附子等,佐以软坚散结的象贝母、皂角刺(12~15 g)治疗 190 例,外用乳香、没药、冰片等研粉贴患处。结果:治愈率为 95.8%(182/190),其中用药前死骨自出者 97 例,用药后死骨自出者 42 例,死骨未形成者 43 例。张国峰等治疗 190 例,对有慢性窦道或骨外露者或有感染症状者,先行手术治疗;对血源性骨髓炎开槽取出死骨,术后第 2 日开始向伤口内灌注抗生素,每日 2 次。外伤性骨髓炎的治疗与上述相同。根据药敏试验结果选择用抗生素外,常配合维生素 C、复方氨基酸、八珍汤、十全大补汤等,局部灌注庆大霉素、林可霉素等,用至伤口愈合、症状消失后 2 个月以上,配合理疗和功能锻炼。结果评定为优 71 例,良 102 例,优良率为 91.1%(173/190)。

焦仲华等治疗 267 例,发作期予以败毒汤(金银花、虎杖、连翘、蒲公英、紫花地丁、大青叶等);窦道期予以扶正汤(黄芪、生地黄、人参、赤芍药、川芎、当归等),证属阳虚寒凝者,予以通凝温阳汤(川乌、生乳香、生没药、肉桂、透骨草、草果等),证属肾虚精亏者,予以填髓汤(熟地黄、山药、牡丹皮、山茱萸、茯苓、地骨皮等);恢复期予以培补双天汤(熟地黄、山茱萸、茯苓、当归、赤芍药、山药等);连服 4~8 周。外贴炎痛膏(麝香、红花、冰片、川乌、草乌、黄连等)和祛腐生肌膏(麝香、冰片、枯矾、煅石膏、儿茶、乳香等)。结果疗程最长 233 日,最短 32 日,平均69.6日;其中痊愈率为 32.6%(87/267),基本痊愈率为21.3%(57/267),显效率为30.1%(83/267),总有效率为94.4%(252/267)。夏万夫以神功内托散(当归、川芎、白术、黄芪、芍药、党参等)加减治疗 185 例,按脾肾阳虚型、气阴两虚型、湿热内蕴型、瘀血内阻型加味。局部创口破溃者,以 2.6%蒲公英溶液清洗创口,外敷蛇葡萄根软膏,隔日换药 1 次;合并瘘管者用瘘管散药捻(红升、轻粉、白降、熟石膏、冰片)。结果:治愈率为 82.7%(153/185),平均住院日数112.3日,总有效率为 100%。王春丽等对 141 例采用内外兼治,先将病灶清创,在常规消毒后依原窦道口顺肢体纵轴切口,取出死骨及刮净坏死组织。同时内服痨炎灵(党参、白术、茯苓、熟地黄、黄芪、当归等)每日 2 次,每次 2~4 粒。3 个月为 1 个疗程。结果:痊愈率为 55.3%(78/141),总有效率为90.8%(128/141)。李大为治疗 20 例,用清热解毒药和活血化瘀药如败酱草、野菊花、天花粉、白芷、乳香、没药等煎汁后浸泡病灶,每日 2 次,每次 2h。在浸泡完毕后外敷生肌玉红膏或生肌散,局部辅以微波治疗。对照组(20 例)单纯用中药浸泡治疗。经 60 日治疗,治愈率分别为 20.0%(4/20)、10.0%(2/20),总有效率为 90.0%(18/20)、55.0%(11/20)。

李保泉等以骨疽灵散(生南星、生大黄、马铃薯、玄明粉、冰片等)外敷治疗 138 例,与金黄散治疗(30 例)组相比,显效率分别为 63.0%(87/138)、30.0%(9/30),总有效率为 89.1%(123/138)、80.0%(24/30),组间比较,$P<0.01$。冯文岭等对 300 例化脓性骨髓炎按常规法消毒清理创面,以骨髓炎膏(桑树枝、柳树枝、榆树枝、槐树枝、桃树枝、乳香等)摊于桑皮纸或白布上外敷,隔日换药 1 次。结果:痊愈率为 70.0%(210/300),总有效率为 96.7%(290/300)。陆炳全等以复方甘灵汤(甘草、威灵仙、茯苓、川芎、黄柏、赤芍药等)

治疗 50 例,将病灶置于药液中浸泡 30～60 min,每日 3 次。30 日为 1 个疗程。结果：1 个疗程治愈 35 例,2 个疗程治愈 15 例。谭幸生治疗 100 例,先用祛腐拔毒散(水菖蒲、鸡矢藤、香蓼等量)外敷患处,每日换药 1 次,连用 2 日。再用生肌收口散(藤仲、虫蒌)温开水调匀成糊状,外敷患处,每日换药 1 次,连用 18 日。结果：显效率为 73.0%(73/100),总有效率为 97.0%(97/100)。刘秋鹤以骨髓炎膏(乳香、没药、儿茶、血竭、冰片、麝香等)贴敷患处治疗手指慢性骨髓炎 156 例,夏季或脓性分泌物多时 3 日更换 1 次,冬季或脓性分泌物少时 1 周更换 1 次。结果：治愈 134 例,显效 22 例,总有效率为 100%。

（徐兆东　薛慈民）

【淋巴结结核的治疗】

秦飞虎以健脾散结汤(党参、茯苓、黄芪、贝母、龙骨、麦芽等)治疗 46 例慢性颈淋巴结结核,与口服异烟肼加乙胺丁醇治疗组(46 例)比较,总有效率分别为 67.4%(31/46)、39.1%(18/46),$P<0.05$。郭石宏采用全虫消瘰方(全蝎、蜈蚣、夏枯草、贝母、皂刺、海藻等)治疗 48 例,与服用异烟肼和利福平对照组(24 例)比较,总有效率分别为 95.8%(46/48)、70.8%(17/24),组间比较,$P<0.01$。刘定安等治疗 150 例,中药组(30 例)口服内消丸(夏枯草、连翘、生黄芪、生牡蛎、贝母、丹参等),中西医结合组(60 例)以内消丸配合异烟肼、利福平,西药组(60 例)单用异烟肼、利福平,疗程均为 2 个月。结果：显效率分别为 60.0%(18/30)、76.7%(46/60)和 23.0%(14/60);总有效率分别为 86.7%(26/30)、98.3%(59/60)和 75.0%(45/60),中药组和中西医结合组疗效显著优于西药组。

于显章等药用柴胡、青皮、连翘、皂角刺、贝母、茯苓等治疗淋巴结核未溃型 65 例,外以回阳玉龙散或金黄散与凡士林以 1∶4 比例调成油膏摊敷患处,每日 1 次。经 15～90 日治疗,治愈率为 43.1%(28/65),总有效率为 90.8%(59/65)。程红军等治疗 56 例,将生半夏末适量,用食醋调成糊状,摊于用生理盐水浸湿之纱布条上,送入结核窦道底部引流,每 2 日换药 1 次。结果换药 3 日后,全部病例渗出减少,有新鲜肉芽组织生长,用药 12 日后窦道疮口深度变浅 1/3 以上者 25 例,3 周后窦道由新鲜肉芽组织完全填塞者 48 例,4 周后结痂,痊愈率为 100%。

邢宝春等治疗 183 例,以手术清除病灶及切开窦道,然后用药捻粘药(水银、火硝、白矾、轻粉、乳香、煅石膏等)插入窦道,隔日换药 1 次,共 2 次。术前 1 个月均采用 9 个月抗痨治疗,术前 2 周起加用青霉素静脉滴注 3 周。结果全部治愈,窦道愈合时间为 16～36 日,平均 26 日,经 1～5 年随访无一例复发或新发。李明吾等治疗 150 例,均口服瘰疬宁片(紫草科植物梓木草中提取梓木草素和三萜酸制成),每次 5 片,每日 2 次,结合口服异烟肼片;对照组(150 例),口服异烟肼片和乙胺丁醇片。均 6 周为 1 个疗程。结果：总有效率分别为 94.0%(141/150)、85.3%(128/150),组间比较,$P<0.05$。何兴宝治疗 160 例,联合组(54 例)以利福定、异烟肼和消瘰散结汤(玄参、贝母、牡蛎、黄药子、夏枯草、白花蛇舌草等)治疗,抗结核组(46 例)单用利福定、异烟肼,中药组(60 例)单用消瘰散结汤,均以 2 个月为 1 个疗程。2 个疗程后,总有效率联合组为 90.7%(49/54),与抗结核组 73.9%(34/46)比较,$P<0.01$;与中药组 81.6%(49/60)比较,$P<0.05$。周战陆等用九仙软膏(煅石膏、广丹、红升丹各 500 g,梅片 100 g,共研细末,与凡士林混合搅拌配成 25%软膏)外治结合抗结核化疗治疗溃脓期颈淋巴结核 80 例,结果：治愈率 100%,平均疗程 38 日。刘丽治疗 86 例,外敷药用夏枯草、昆布、海藻、干丝瓜络、露蜂房、干马齿苋等,联合抗结核治疗。结果 46 例脓肿破溃型 1 周内愈合者 29 例,其余 17 例均在 2 周内愈合;40 例结节浸润型中 31 例 5 日后淋巴结开始缩小,其余 9 例 8 日后开始缩小。

（徐兆东　薛慈民）

【慢性皮肤溃疡的治疗与研究】

侯玉芬等用愈疮灵软膏(紫草、地骨皮、黄柏、当归、血竭、冰片等)创面换药治疗下肢静脉溃疡 40 例,对照组(20 例)用大黄油纱(大黄、凡士林)换药,两组均每日 1 次,4 周为 1 个疗程。结果：总有效率分别为 95.0%(38/40)、75.0%(15/20),组间比较,$P<0.05$;治疗组缩短愈合时间及治疗后细菌菌株数目明显少于对照组($P<0.05$)。李长莲用三杰生肌膏(炉甘石、没药、乳香)治疗感染性创面 120 例,其中慢性溃疡 92 例,创面面积最大 4.0 cm×3.5 cm,病史最长 22 年。结果：痊愈率为 96.7%(116/120),基本痊愈率为 3.3%(4/120);疗程最长 90 日,最短 30 日。

韩洪等用解忧汤(生大黄、黄柏、桃仁、红花、冰片、生白矾等)外洗或药浴治疗慢性下肢皮肤溃疡63例,对照组(30例)用归黄油换药。结果:治愈率分别为84.1%(53/63)、33.3%(10/30),总有效率分别为96.8%(61/63)、73.3%(22/30),平均治疗日数治疗组为28日,明显低于对照组51日,组间比较,$P<0.001$。

龚旭初等治疗臁疮155例,病程最长28年,平均1年左右;反复发作27例;共有溃疡191个,面积最小5 cm^2,最大180 cm^2。用祛腐生肌膏(丹参、当归、制没药、血竭、紫草、白芷等)外贴,每2~3日换药1次。疮面脓多而不易脱者,选用海升散(海马、大黄、黄柏、蜈蚣、广丹、雄黄等)均匀布洒疮面,疮周湿疹糜烂用止湿痒剂粉与火丹粉,内含三黄末、青黛、紫金锭、制甘石、千年灰、枯矾等。另根据辨证内服中药:气滞血瘀者以桃红四物汤,湿热下注者以四妙勇安汤,寒湿为甚者以阳和汤、苓桂术甘汤,阴虚湿热者以知柏地黄汤,气血两虚者以人参养荣汤。结合抗生素、抗凝、降脂等和高位结扎剥脱术、清创术、植皮术等。结果:明显好转率为91.0%(141/155),临床症状减轻率为9.0%(14/155)。楼映等根据溃疡面渗出液,选择敏感抗生素局部外敷,待复查创面无菌生长后,改用红油膏外敷包扎。然后按辨证服药:湿热下注者用三妙丸合萆薢渗湿汤;气血两亏、气滞血瘀、经脉瘀阻者用八珍汤或十全大补汤等。67例经3个月治疗,痊愈率为86.6%(58/67),总有效率为95.5%(64/67)。

李令根等将68例分为治疗组34例,采用喷涂剂形式将壳聚糖中药复合药膜(紫草、当归、白芷、血竭、珍珠等)喷涂溃疡面,药物自然成膜,暴露创面。对照组(34例),采用生肌玉红膏。均每日1次,根据感染程度、糖尿病或动脉硬化闭塞症情况,加用辅助治疗。经治3周,痊愈率分别为91.2%(31/34)、11.8%(4/34),总有效率分别为100%、58.8%(20/34),组间比较,$P<0.01$。李氏等将54只体表溃疡大鼠分3组各18只,壳聚糖中药复合药膜(FM组),生肌玉红膏(SH组),医用凡士林(FL组)。每日定时换药1次,连续用药11日。结果FM组的溃疡面肉芽厚度增加,水肿渗出减少,新生毛细血管较多,大多直立生长且充血明显,毛细血管内皮生长因子、增殖细胞核抗原、吞噬细胞呈逐渐增多趋势,与SH组和FL组比较,均$P<0.01$。

蔡立民等用创面灵(紫珠草、大黄、黄柏、白及、白蔹、儿茶等)治疗感染性伤口32例,对照组(30例)用雷佛奴尔,均每日1~2次,2周为1个疗程。结果:治愈率分别为71.9%(23/32)、36.7%(11/30);总有效率分别为96.9%(31/32)、80.0%(24/30),组间比较,$P<0.01\sim0.05$。陈硕敏等通过动物实验研究结果提示,创面灵在体外对于引起皮肤黏膜感染的6种常见病原菌和条件致病菌均有明显的抑制作用;对小鼠体内白色念珠菌感染也有显著抑制作用,与空白基质对照,$P<0.01$。

(耿 琳 李 斌)

【荨麻疹和丘疹性荨麻疹的治疗】

梁洁利以变应2号冲剂(羌活、防风、桂枝、苍术、木通、猪苓等)治疗慢性荨麻疹60例,对照组(30例)口服西药赛庚啶、维生素C等。经30日治疗,痊愈率分别为80.0%(48/60)、30.0%(9/30),总有效率分别为96.7%(58/60)、83.3%(25/30),组间比较,$P<0.05$。王晓红等针对患者血黏度显著增高的特点,采用有降低血液黏度、改善血液流变性和局部微循环作用的桃红四物汤加减治疗慢性荨麻疹119例,对照组(40例)口服酮替芬。结果:总有效率分别为92.4(76/79)、60.0%(24/40),组间比较$P<0.01$。邱志济等以速效荨疹丸(徐长卿、蝉蜕、僵蚕、片姜黄、苦参、蜈蚣)治疗顽固荨麻疹100例,半个月为1个疗程。经1~3个疗程后,治愈80例,总有效率为100%。李兴政等对寒凉风冷物理因素所致的荨麻疹54例,采用黄芪桂枝五物汤治疗,结果:痊愈率为57.4%(31/54),总有效率为88.9%(48/54),平均疗程8.9日。陈玲等用抗敏汤(紫草、钩藤、地龙、刺蒺藜、珍珠母、石韦等)治疗荨麻疹128例,痊愈率为92.3%(118/128),总有效率为98.4%(126/128);疗程最短3日,最长36日。赵雅梅等用多皮饮(陈皮、桑白皮、茯苓皮、大腹皮、生姜皮、冬瓜皮等)治疗60例慢性荨麻疹,分为汤剂治疗38例和免煎饮片剂治疗23例,均连续用药4周,结果:总有效率分别为76.3%(29/38)、73.9%(17/23),组间比较$P>0.05$。

赵丽隽等采用脐疗法治疗丘疹性荨麻疹118例,将栀子、地肤子、蛇床子、花椒、冰片、红花各等分碾细末,与金银花、蒲公英、荆芥、防风、蝉蜕、艾叶等取浓膏汁调成药饼敷脐,配合以黄芩、野菊、艾叶、白鲜皮、白蒺藜、苍耳子等煎汁外洗。经10日治疗痊愈率为83.1%(98/118),总有效率为

98.3%(116/118)。

李凡等治疗丘疹性荨麻疹 175 例，治疗组(105 例)，用丘荨合剂(荆芥、防风、虫退、柴胡、神曲、谷麦芽等)及赛庚啶片内服，外涂炉甘石洗剂。对照组(70 例)服西药赛庚啶、维生素 C 片，外涂氢化可的松混合炉甘石洗剂。结果：痊愈率分别为 88.6%(93/105)、14.3%(10/70)，总有效率分别为 100%、77.1%(54/70)，组间比较，$P<0.01$。马惠杰治疗 58 例，以抗荨汤(金银花、荆芥、防风、黄芩、苦参、蝉蜕等)加维丁胶性钙注射血海、曲池、足三里穴；对照组(28 例)用防风通圣丸。10 日为 1 个疗程。结果：总有效率为91.4%(53/58)、53.6%(15/28)，组间比较，$P<0.001$。吴大庆等治疗 20 例，以复方丹参针剂加磷酸川芎嗪针剂加地塞米松针剂加维生素 C 针剂加刺五加针剂静脉滴注，配合针刺双侧后溪穴、拔罐神阙穴；对照组(30 例)除静脉滴注液中不加刺五加针剂外，其他一切均与治疗组相同。1 次治疗后治疗组治愈率为 100%，对照组为 60.0%(18/30)；对照组 2 次治疗后治愈率为 80.0%(24/30)。

(王　婕　李　斌)

【干燥综合征的治疗】

干燥综合征是一种以外分泌腺病变为主的全身性、慢性、炎症性自身免疫性疾病。主要侵犯唾液腺和泪腺，导致唾液和泪腺分泌减少，出现口眼干燥，涎腺肿大，关节疼痛症候群。

马武开等统计，近年来辨证分型治疗本病 588 例，其中阴虚内热型(包括肝肾阴虚、肺肾阴虚、脾胃阴虚等) 占 39.6%(233/588)，气阴两虚型占 22.8%(134/588)，脾胃气(阳)虚型占 15.0%(88/588)，气滞血瘀型占 10.4%(61/588)，其他占 12.2%(72/588)，认为本病的发病和致病是一个较为复杂的过程，临床强调整体治疗。谷家立等提出了燥从五脏证治：从肺治，益气补肺、宣发肃降；从心治，活血化瘀、养阴通络；从脾治，健脾益胃、升清降浊；从肝治，疏肝理气、畅达三焦；从肾治，助肾化气、滋水涵阳。张立亭等报道了张鸣鹤老中医经验，认为本病治疗应以滋阴润燥为主。提出了清热解毒“治本”，滋阴润燥“治标”，注重活血化瘀，配伍穿透力强的引经药和软坚散结药；有机调理脏腑，重点是心肾二脏，滋肾清心、健脾安神。

王鹏宇等辨证治疗 73 例，其中外感燥邪兼夹风热 10 例，方用疏风解毒银翘汤；风寒湿痹化燥伤阴 22 例，方用除痹润燥汤；津液气化敷布失常 23 例，方用五苓散、半夏泻心汤或桂枝汤等；精血亏损失于滋润 18 例，方用苁蓉龟杞汤。结果：总有效率为 91.8%(67/73)。吴国琳等以益气养阴祛瘀法治疗 37 例，药用生地黄、百合、枸杞子、石斛、黄芪、水牛角等，3 个月为 1 个疗程。2 个疗程后，总有效率为 94.6%(35/37)。

崔晓光等用润肺化痰通络法治疗 25 例，药用天门冬、麦门冬、南沙参、北沙参、知母、玉竹等；对照组(25 例)口服雷公藤多苷片。眼部干燥者用怡然滴眼剂。结果：总有效率分别为 84.0%(21/25)、56.0%(14/25)，组间比较，$P<0.05$。申康以六味地黄汤合增液汤治疗 30 例，1 周服 5 剂；对照组(30 例)口服必嗽平和人工泪液等对症治疗。6 个月为 1 个疗程。总有效率分别为 90.0%(27/30)、53.3%(16/30)，组间比较，$P<0.05$，治疗组客观指标及实验室检查均较对照组有明显改善($P<0.05$ 或 $P<0.01$)。

王慧等治疗 40 例，按 3∶1 的比例随机分为治疗组(30 例)，对照组(10 例)。治疗组予润燥合剂(生黄芪、当归、花粉、石斛、漏芦、三棱等)，每日 2 剂；对照组用人工泪液滴眼，同时服用左旋咪唑每次 15～45 mg，每日 3 次，每周连服 2 日。结果：治疗组治愈 20 例，好转 9 例，无效 1 例；对照组好转 4 例，无效 6 例。王氏等认为治疗本病仅以润燥难以获效，只有气阴兼补，加用活血通窍之品，方可使燥证得缓。陈一峰等以清燥救肺汤合大黄䗪虫丸(太子参、丹参、麦门冬、生地黄、枇杷叶、杏仁等)治疗 26 例，1 个月为 1 个疗程。对照组(12 例)口服左旋咪唑，同时以 0.5%羧甲基纤维素液或金霉素眼膏点眼。结果：总有效率分别为88.5%(23/26)、58.3%(7/12)。廖承建用门冬清肺饮(麦门冬、沙参、玄参、生地黄、黄芪、葛根等)治疗 32 例，对照组(11 例)以 0.5%羧甲基纤维素液或金霉素眼膏点眼。结果：治疗组和对照组分别治愈 21 例、0 例，好转 9 例、3 例，无效 2 例、8 例。

吕慧青等以健脾益气生津法治疗 27 例，药用太子参、白术、茯苓、山药、白扁豆、玉竹等，30 日为 1 个疗程。再以白花蛇舌草、谷精草、金银花、石斛、玄参加水煮沸后薰蒸双眼及口腔，每次 15～30 min，每日 3～5 次，30 日为 1 个疗程。2 个疗程后显效率为 55.6%(15/27)，总有效率为 85.2%(23/27)；治疗前后唾液流率比较，$P<$

0.001。

李春先等将60例随机分成治疗组(40例)和对照组(20例)。两组均使用常规替代对症治疗,治疗组再用生脉注射液40 ml加入5%葡萄糖液250~500 ml中静脉点滴,每日1次,连续15日为1个疗程。结果:治疗组与对照组在第8日和第16日滤纸实验恢复正常率比较,差异均有显著性意义($P<0.05$和$P<0.01$);治疗组唾液流率较治疗前明显增加($P<0.01$),治疗后组间差异亦具有显著性意义($P<0.01$);治疗组显效19例,总有效率为75%(30/40)。李佳瑜等将60例按积分分为治疗组(30例)用清开灵注射液静脉滴注,对照组(30例)服生津口服液,均以15日为1个疗程。经3个疗程治疗,显效率分别为50%(15/30)、33.3%(10/30),总有效率分别为90%(27/30)、83.3%(25/30)($P<0.05$);治疗组治疗前后在血沉、唾液Na^+、眼干症、口干症方面差异有显著性意义($P<0.01$),在血红蛋白、IgA、IgM、IgG、A/G、唾液流率、SigA、施墨试验、角膜荧光染色方面差异显著($P<0.05$)。

董振华等对60例患者的血液流变血进行检测,并与健康对照组(30例)对照分析,结果全血黏度低切变率、红细胞压积、血沉及红细胞聚集指数各指标,两组比较,差异有显著性意义($P<0.01$);同时测定20例患者的纤维蛋白原含量,并与15例健康对照组比较,$P<0.01$。董氏等以养阴生津方(生地黄、麦门冬、玄参、升麻、葛根、当归等)治疗22例,平均服药3个月后,治疗前后血液流变学检测结果呈下降趋势,无统计学意义($P>0.05$),但血浆黏度由(1.90±0.12)降至(1.81±0.09),治疗前后比较,$P<0.05$。

(樊建开)

【银屑病的治疗】

何玲等治疗寻常型银屑病(血热型)109例,随机分治疗组(58例)予牛黄冲剂(水牛角、生大黄、土茯苓、牡丹皮、生地黄、白花蛇舌草等),每日1剂,早晚分服;对照组(51例)予迪银片每日10片,分1~2次口服。30日为1个疗程,连续2个疗程。结果:总有效率分别为87.9%(51/58)、70.6%(36/51)($P<0.05$)。周聪和以愈银胶囊(生地黄、土茯苓、丹参、山豆根、紫草、白芍药等)治疗61例,对照组(36例)口服迪银片,两组均治疗8周。结果:痊愈率分别为26.2%(16/61)、11.1%(4/36),显效率分别为54.1%(33/61)、30.6%(11/36),组间比较,$P<0.05$。

杨素梅治疗165例,随机分治疗组(86例)口服复方青黛胶囊,肌肉注射转移因子,在外用硼酸糠油、氧化锌油封包、长波紫外线光疗的基础上用5%葡萄糖注射液500 ml加甘利欣注射液150 mg静脉滴注,每日1次;对照组(79例)不用甘利欣注射液静滴,余治疗相同。结果:基本治愈率分别为59.3%(51/86)、29.1%(23/79),组间比较,$P<0.01$。张永熙等治疗银屑病性红皮病76例,治疗组56例用红皮汤(生玳瑁、黄连、栀子、生石膏、白花蛇舌草、生地黄等)每日1剂,早晚分服,另加5%葡萄糖液加入鱼腥草注射液100 ml静脉滴注,每日1次。并药用蒲公英、紫花地丁、金银花、防风、白鲜皮、蛇床子等水煎洗浴,1个月为1个疗程。对照组(20例)用抑制增殖、止痒等西医综合治疗。结果:总有效率为92.9%(52/56)、75%(15/20),组间比较,$P<0.05$。杨文喜等治疗308例,治疗组(166例)服用祛癣复容胶囊(党参、当归、防风、茯苓、黄芪、三棱等)每次6粒,每日3次;外用祛癣复容软膏(轻粉、青黛、冰片等)涂于皮损处,每日2~3次。对照组(142例)口服消银片,每次6片,每日3次;外涂祛癣复容软膏。均以4周为1个疗程。结果:治愈率分别为80.7%(134/166)、52.1%(74/142),组间比较,$P<0.01$。

王雅娟等用活血通络汤(紫草、青黛、䗪虫、蝉蜕、牡丹皮、半夏等)治疗80例,对照组(72例)口服迪银片,治疗2个月为1个疗程。结果显效率分别为87.5%(70/80)、77.8%(56/72),组间比较$P<0.01$。在各主症积分、PASI积分、治疗前后差值方面,两组比较$P<0.05$或$P<0.01$;血液流变学治疗前后差值比较,$P<0.05$。刘洪普等治疗老年性银屑病40例,设健康对照组(31例)。以益气活血法治疗,药用黄芪、党参、丹参、赤芍药、川芎、地龙等,每日1剂,早晚分服。30日为1个疗程,连续2个疗程。结果:总有效率为95.0%(38/40)。治疗前CD_4、CD_4/CD_8均低于健康组,CD_8高于健康组($P<0.01$),治疗后CD_4、CD_4/CD_8均显著升高,CD_8显著降低($P<0.01$);治疗前后全血比高切、低切黏度、血浆比黏度、红细胞压积和纤维蛋白原均显著下降($P<0.01$)。韩小群治疗106例,予以滋阴清热解毒逐瘀的紫英汤(紫草根、蒲公英、生地黄、牡丹皮、菟丝子、枸杞子等),1个月为1个疗程。结果:总有

效率为 94.3%(100/106),并发现患者治疗前全血比黏度、血浆比黏度等指标均高于正常人($P<0.05$),治疗后各项指标较治疗前改善($P<0.01$)。

闵仲生等用艾柏薰剂(艾叶、侧柏叶、野菊花、莪术、蒲公英、蛇床子等)治疗 71 例,以汽疗仪加热薰蒸 25～30 min,隔日 1 次,15 次为 1 个疗程。结果:显效率为 56.3%(40/71),总有效率为 90.1%(64/71)。通过实验证实,艾柏薰剂有显著降低小鼠阴道上皮细胞有丝分裂的作用,且对小鼠皮肤的角化不全也有明显的治疗作用。

(范 斌 李 斌)

【激素依赖性皮炎的治疗】

陈国勤药用槐花、野菊花、凌霄花、鸡冠花、玫瑰花、土茯苓等内服治疗激素依赖性皮炎 109 例,每日 2 次,并以药液冷湿敷患处;对照组(80 例)口服特非那丁。经治疗 2 周,痊愈率分别为 63.3%(69/109)、36.3%(29/80),总有效率分别为 100%、80.0%(64/80),组间比较,$P<0.01$。张兴苹治疗 59 例,治疗组(36 例)用凉血清肺饮(黄芩、桑白皮、生山栀、金银花、菊花、生地黄等)内服,并外洗患部;对照组(23 例)口服酮替芬和蒸馏水加入冷膜粉施面部倒膜。两组均停用激素及其他药物。经治 1 个月,治愈率分别为 52.8%(19/36)、8.7%(2/23),总有效率分别为 97.2%(35/36)、39.1%(9/23),组间比较,$P<0.01$。崔丁章等用滋阴润燥凉血饮(生地黄、麦门冬、牡丹皮、赤芍药、槐花、菊花等)内服,配合三黄膏外涂治疗 136 例。结果:痊愈率为 72.1%(98/136),总有效率为97.1%(132/136)。

王亚美等用火把花根片(火把花根属卫茅科植物,又名黄藤根)治疗 120 例,每日 3 次,每次 5 片,外搽维肤膏;对照组(40 例)口服息斯敏,外搽维肤膏。结果:临床治愈率分别为 41.7%(50/120)、12.5%(5/40),显效率分别为 29.2%(35/120)、10.0%(4/40),总有效率分别为 70.8%(105/120)、22.5%(14/40),组间比较,$P<0.01$。

陈若萌治疗 144 例,治疗前停止应用皮质类固醇制剂。随机分对照组(48 例),静脉注射 10%葡萄糖酸钙10 ml加入 50%葡萄糖液40 ml,每日 1 次,口服敏迪片,外擦丁苯羟酸乳膏配合冷气喷雾;治疗组(96 例)加服中药,药用水牛角、丹参、赤芍药、生地黄、牡丹皮、地骨皮等。均以 1 个月为 1 个疗程。结果:治疗组红斑灼痛、瘙痒症 2 周起效;毛细血管扩张、色素沉着、炎性丘疹、粉刺 4 周起效,与对照组比较,均 $P<0.01$;而多毛、皮肤萎缩方面组间差异无显著性意义。并均顺利戒断了对激素的依赖性。

宝尔础鲁等用白菊花、野菊花、白僵蚕、白扁豆、白芍药、白茯苓等与蜂蜜调成糊状上膜治疗 28 例,每日 1～2 次;对照组(20 例)用内含 1%地塞米松的 3%复方硼酸液湿敷,每日 3 次,激素每周适当减量。治疗期间两组均口服扑尔敏、维生素 C,4 周为 1 个疗程。结果:总有效率分别为 78.6%(26/28)、45.0%(11/20),组间比较,$P<0.05$。

(王宪英)

【脱发的治疗】

1. 脂溢性脱发

杨汉兴等将 250 例随机分成治疗组(126 例)和对照组(124 例),治疗组经辨证分为风湿蕴阻型者用杨氏生发胶囊 1 型(丹参、生地黄、白芍药、当归、木瓜、羌活等),肝郁气滞型者用杨氏生发胶囊 2 型(丹参、生地黄、旱莲草、首乌藤、柴胡、白芷等);对照组口服胱氨酸、谷维素等。均以 14 日为 1 个疗程。经 6 个疗程治疗,总有效率分别为 94.4%(119/126)、48.4%(60/124),组间比较,$P<0.01$。魏跃钢将 110 例随机分为两组,治疗组(84 例)辨证分 3 型:湿热蕴结型用龙胆泻肝汤加减,血虚风燥型用祛风换肌丸加减,肝肾亏损型用六味地黄丸加减;对照组(26 例)口服养血生发胶囊。均以 4 周为 1 个疗程。经用 1～4 个疗程,两组总有效率分别为89.3%(75/84)、88.5%(23/26)($P>0.05$);服药后起效时间分别为(56.23±27.32)日、(78.64±13.59)日,组间比较,$P<0.05$。

2. 斑秃

宁洪端等将 404 例随机分治疗组(300 例)用速效生发丸(香附、枳壳、丹参、牡丹皮、桃仁、红花等),对照组(104 例)口服养血生发胶囊,连服 2 个月为 1 个疗程。结果:治愈率分别为81.7%(245/300)、39.4%(41/104),总有效率分别为 96.0%(288/300)、66.3%(69/104),组间比较,$P<0.05$。周聪和采用随机对照的方法,治疗组(91 例)以补肾养血胶囊(何首乌、熟地黄、茯苓、当归、菟丝子、枸杞子)治疗,每日 3 次,每次 6 粒;西药组(31 例)以胱氨酸片、葡萄糖酸锌片治疗;

对照组(44例)内服斑秃丸(何首乌、生地黄、白芍药、丹参)治疗。在治疗期间均局部外搽补骨脂酊(补骨脂、红花、白芷、细辛等)。3个月为1个疗程。结果总有效率治疗组为95.6%(87/91),西药组为77.5%(24/31)($P<0.05$);但治疗组与对照组88.6%(39/44)相比差异无显著性意义($P>0.05$)。余纪芬将100例斑秃患者随机分为治疗组和对照组各50例,治疗组用首乌生发丸(制首乌、熟地黄、枸杞子、当归、生地黄、黑芝麻),每日3次,每次1丸;对照组口服胱氨酸片和维生素B_6片。两组均外搽生发酊(斑蝥酊、辣椒酊、补骨脂酊各等量制成),每日搽3次。连治8周后,结果:总有效率分别为90.0%(45/50)、62.0%(31/50),组间比较,$P<0.05$。卢明仁等以保真生发汤(人参、当归、茯苓、白术、狗脊、美登木等)治疗300例,每日1剂,前2煎内服,第3煎取药汁外洗。结果:痊愈率为68.7%(206/300),总有效率为99%(297/300)。刘仁斌认为,治疗应以养血祛风排毒为主,初期宜养血清热、祛风排毒,在四物汤基础上,加蝉蜕、白鲜皮、土茯苓、桑白皮、薄荷;后期应侧重养血兼以润燥,在四物汤基础上加何首乌、桑椹、黑芝麻、牡丹皮;同时外用梅花针叩刺。经治54例,治愈率为98.1%(53/54),疗程最短为1个月,最长为4个月。倪荣中等外用湿润烧伤膏配合内服六味地黄丸、21金维他,加日光照射治疗49例,设对照组(40例),外用3%水杨酸软膏,其余治疗同治疗组。结果:总有效率分别为89.8%(44/49)、72.5%(29/40),组间比较,$P<0.05$。

(高尚璞　李咏梅)

【乳癖的治疗】

陈铁汉等用宝丹化积方(酸枣仁、合欢皮、胡桃壳、菝葜、猪胰子等)治疗120例,治愈率为85.8%(103/120),总有效率为97.5%(117/120);经不同年龄段的疗效统计,以育龄期患者为优($P<0.05$)。张小荣等用化痰消癖胶囊Ⅰ号(半夏、陈皮、夏枯草、瓜蒌等)和Ⅱ号(Ⅰ号加徐长卿、延胡索等)治疗258例,其中乳腺病96例,纤维囊性增生162例。每日3次,每次4粒,经前服Ⅰ号,经后服Ⅱ号,服1～3个月。结果:乳腺病治愈率为90.6%(87/96),总有效率为100%;纤维囊性增生治愈率为97.5%(158/162),总有效率为94.4%(161/162)。苗后清以行气散结活血汤(柴胡、当归、赤芍药、薄荷、枳壳、木香等)治疗30例,并与乳核散结片治疗的对照组30例作比较。结果:总有效率分别为96.7%(29/30)、80.0%(24/30),组间比较,$P<0.05$。

吴阿姣以活血通络法治疗60例,用大七厘散0.5 g与丹参注射液2 ml混匀于纱布上,置于前列腺离子导入治疗仪电极板上,固定于乳房肿块或疼痛处,经后3日开始,每日1次,1次30 min,经期停止治疗。对照组(60例)内服柴胡疏肝散加减。均以14日为1个疗程。结果:治疗组肝郁证36例,痊愈率为100%;血瘀证(24例),痊愈率为41.7%(10/24),总有效率为75%(20/24)。对照组肝郁证(34例),痊愈率为88.2%(30/34),总有效率为100%;血瘀证(26例),总有效率为46.1%(12/26)。各组间肝郁证疗效优于血瘀证($P<0.01$);两组间比较,在肝郁证、血瘀证、总有效率方面,治疗组均优于对照组($P<0.01$)。刘正义等将葱白、大蒜、食盐捣成糊状,按肿块大小均匀敷于肿块上,厚度3～5 mm,然后点燃艾条作啄灸,10日为1个疗程。经治13例,显效10例,有效3例,总有效率为100%。

倪凯等采用沈家骥老中医的经验,内服蒌贝散结汤(瓜蒌、贝母、柴胡、黄芩、郁金、川楝子等);外用重楼、僵蚕、白芷、黄芩、青黛、冰片等研为末,用开水调成糊状,点醋和酒各一滴,局部外敷,隔日1次。经治48例,治愈率为43.8%(21/48),总有效率为95.8%(46/48)。饶文举用单味补骨脂800 g研末,每日3次,每次3 g内服;结合补骨脂150 g,蜈蚣10条,入食醋1 000 ml内浸泡,半月后局部外搽。治疗“乳房包块”4例,均痊愈。梁少华等将120例随机分成治疗组(90例),内服乳腺康胶囊(柴胡、茯苓、白术、当归、赤芍药、香附等),外用乳康擦剂(山慈姑、田三七、延胡索等);对照组(30例)口服天冬素片和维生素B_1片。经用3个月,治愈率分别为54.4%(49/90)、23.3%(7/30),组间比较,$P<0.01$;总有效率分别为86.7%(87/90)、83.3%(25/30),组间比较,$P<0.05$。在乳痛缓解及肿块缩小程度上治疗组为优($P<0.01$)。

阙华发等将122例分为冲任失调型(86例)和肝郁痰凝型(36例),观察了分型与内分泌激素变化的关系。肝郁痰凝型的雌二醇(E_2)、催乳素(PRL)、E_2与孕酮(P)比值(E_2/P)与正常值比较异常升高(分别为$P<0.01$、$P<0.01$、$P<0.05$),而P、睾酮(T)、促卵泡刺激素(FSH)、促黄体生

成素(LH)、E_2/T 与正常值比较差异无显著性意义($P>0.05$);冲任失调型的 P、T 明显降低($P<0.01$),PRL、E_2/P、E_2/T 异常升高($P<0.05$ 或 $P<0.01$),而 E_2、FSH、LH 与正常值比较差异无显著性意义($P>0.05$);两组比较,肝郁痰凝型 PRL、E_2/T 升高尤为明显(分别为 $P<0.01$、$P<0.05$)。分型与免疫功能变化的关系:肝郁痰凝患者 CD_4、CD_8、CD_4/CD_8 值均异常升高($P<0.01$),CD_3 值明显降低($P<0.01$);冲任失调型患者 CD_3 明显降低($P<0.01$),CD_4、CD_8 异常升高(分别为 $P<0.05$、$P<0.01$),而 CD_4/CD_8 值与正常值差异无显著性意义($P>0.05$);两组比较,肝郁痰凝型 CD_4 升高尤为明显($P<0.05$)。内分泌激素与免疫功能相关性的关系:分布直线相关性回归分析表明,E_2 与 CD_4/CD_8,P、E_2/P 与 CD_3(分别为 $P<0.01$、$P<0.05$)均呈正相关,尤以 E_2、P、T 与免疫功能关系密切。以上均为分型提供了客观依据。

(刘晓鸫)

【肛肠病术后并发症的治疗】

1. 术后出血

王作端等认为痔瘘术后并发大出血的治疗要点是抗休克、补充血容量、给氧、抗感染、止血;清除肠腔积血,创面彻底止血,以缝扎出血点止血为主,加明胶海绵、云南白药等局部压迫止血;术后 24 h 尽量卧床休息,7~12 日内避免排便努挣,保持大便通畅,避免剧烈运动;术后尽量禁食,1~2 日后改为半流质,3~4 日后若无继续出血,可逐步恢复饮食;术后肛门部位作塔型敷料加压包扎,以“T”字带固定最为理想,保持 24 h 才能松解压迫。韦福生将痔瘘术后患者随机分为两组,治疗组 570 例用复方白及散(白及粉 100 g,冰片、三七粉各 10 g,创面用药粉 0.5 g/cm^2)加无菌纱布覆盖于创面,加压固定;对照组(420 例)用凡士林纱条覆盖创面,然后加压固定换药。均 2 日后常规换药。结果术后 48 h 内创面渗血率分别为 1.1%(6/570)、3.3%(14/420),组间比较,$P<0.05$;创面平均愈合时间分别为 18.4 日、22.4 日($P<0.05$)。

2. 术后排尿困难

赵国华等用排尿饮(肉桂、泽泻各 5 g,木通 15 g,车前子 20 g)治疗痔瘘术后尿潴留 38 例,开水浸泡 30 min 后饮服,每日 1 剂,连服 2 剂;设立对照组(36 例),采用新斯的明 1 mg 肌肉注射。结果:显效(用药后 3 h 排尿)分别为 17 例、6 例,有效(3~6 h 内排尿)20 例、16 例,总有效率分别为 97.4%(37/38)、61.1%(22/36),组间比较,$P<0.01$。杨金禄等以芍药甘草汤为主加味治疗肛门病术后尿潴留 40 例,每日 1 剂,开水浸泡 10 min后,反复饮用。3 日为 1 个疗程。结果:治愈率为67.5%(27/40),总有效率为 90.0%(36/40)。李索索等以五苓散为主加味治疗 61 例肛肠病术后尿潴留,每日 1 剂,经 3 剂治疗后,有效率为 95.1%(58/61)。

3. 术后便秘

邢占敏等以舒肝散(当归、白术、柴胡、薄荷、牡丹皮、白芍药等)防治肛肠术后便秘 36 例,术后第 2 日温开水送服,素有习惯性便秘者加服脾约麻仁丸;对照组(30 例)只服脾约麻仁丸。结果在肛门疼痛、便血的疗效方面,治疗组优于对照组($P<0.01$)。熊南江等以决杞冲剂(决明子、枸杞子各 10 g,加开水冲泡当茶饮)防治肛门术后便秘 78 例,自术后第 2 日开始至伤口愈合停服,显效率为 53.8%(42/78),总有效率为 96.2%(75/78)。

4. 术后肛缘水肿

徐明怡观察了 70 例混合痔患者,术后出现肛缘水肿率 27.1%(19/70),其中水肿呈环状肿 2 例,局限性水肿 9 例,轻度水肿 8 例。术后每日排便后用七叶硝矾洗剂(七叶一枝花、朴硝、明矾、苦参、地榆、当归等)薰洗坐浴,湿润烧伤膏纱条换药。治疗 5 日水肿消退 12 例,经 TRM 肛肠内腔治疗仪治疗 12 日,水肿消退 4 例,行局部修剪术 3 例,结果均治愈。李世岳等报道 1 385 例混合痔术后发生Ⅱ度以上水肿率为 22.7%(314/1 385)。其形成原因与术前痔核形态、麻醉方式、手术操作及术后处理等有关。治疗应在术后局部热水坐浴 10 min 以上,并可服用爱脉朗或强力脉痔灵等药,必要时可行手术修整,切除残余痔核等。

5. 术后创面难愈

尹玉锑等将痔科术后 231 例分为两组,对照组(95 例)单用抗生素治疗,治疗组 165 例加服血竭胶囊,每次 4 粒,每日 3 次,7 日为 1 个疗程。

结果总有效率分别为 70.5%（67/95）、91.9%（125/136），组间比较 $P<0.01$。程丽敏等用化腐散（白降丹、红粉、银珠、丁香、煅石膏、冰片等）治疗肛门病术后创口顽固不愈 80 例，将药粉少许均匀撒在创口上，再敷以凡士林或生肌玉红膏纱条。结果肛裂、外痔、单纯性肛周脓肿和混合痔的创口术后 15～21 日愈合；环状混合痔创口术后 28～35 日愈合；复杂性肛瘘术后 30～60 日愈合；另 2 例复杂性肛瘘经 2 次手术后痊愈。1 次治愈率为97.5%（78/80）。容娟等用四五四液（五倍子、大黄、两面针、苦参、明矾、苍耳子等）坐浴治疗肛门病术后 135 例，先薰再坐浴 15～20 min，每日早晚各 1 次；同时设立对照组（65 例），用高锰酸钾溶液于大便后坐浴。3 日为 1 个疗程。经 2 个疗程治疗，两组伤口愈合时间：混合痔术后为（9.9±1.8）日和（11.8±1.7）日，肛裂术后为（10.4±2.2）日和（13.8±1.6）日，肛瘘术后为（14.3±1.3）日和（16.5±1.1）日，治疗组为优（$P<0.01$）。

（郭修田　曹永清）

【直肠脱垂的治疗】

王凤仪等辨证治疗小儿脱肛 50 例，脾胃虚弱、中气下陷型用补中益气汤加减；肺气耗伤、大肠失固型用补肺阿胶汤加味；肝肾阴虚、液燥肠干型用人参固本汤加味；大肠湿热、气阴两伤型用补阴益气汤合葛根芩连汤加味。结果：Ⅰ度脱肛 38 例均愈，Ⅱ度脱肛痊愈 3 例，显效 5 例，Ⅲ度脱肛痊愈 1 例，显效 1 例，无效 2 例，总有效率为96%（48/50）。

李相利等治疗 137 例，治疗组 96 例用脱肛宁口服液（葛根、麻黄、黄芪、桔梗、白芍药、党参等），5 岁以下每次服 50 ml，每日 4 次；5～13 岁每次服 150 ml，每日 2 次；13 岁以上每次服 250 ml，每日 2 次。对照组（41 例）口服补中益气汤，剂量为常用剂量的 2 倍。10 日为 1 个疗程。结果治愈率分别为 89.6%（86/96）、41.5%（17/41），总有效率分别为 99%（95/96）、78%（32/41），组间比较，$P<0.01$。武锐用芪倍提肛汤（黄芪、党参、五倍子、枳壳、益智仁、乌药等）加减治疗小儿脱肛 36 例，前 2 煎内服，第 3 煎先薰后洗，洗后用升提散（蝉蜕、乌梅、煅龙骨、冰片）均匀喷在脱垂部位，以棉纸缓缓复位。结果：治愈率 83.3%（30/36），总有效率 97.2%（35/36）。

李又耕等用五倍子汤（五倍子、苦参、白矾、莲房、升麻、黄芩等）薰洗治疗肛管直肠脱垂 45 例，然后将收肛散（诃子、赤石脂、煅龙骨各 15 g）均匀地喷洒于患部，外用纱布垫加压固定肛门两侧，使肛门紧闭，防止再度脱出。嘱患者卧床休息 20 min，作提肛运动 100 次，当日不解大便。Ⅰ度脱垂每日 1 次，Ⅱ度、Ⅲ度脱垂每日早、晚各 1 次，7 日为 1 个疗程。年老体弱者加服补中益气丸。结果：1 个疗程治愈 24 例，2～3 个疗程治愈 20 例，治愈率为 97.8%（44/45）。

马健海认为除补骨脂内服外，用补骨脂 100 g，乌梅 30 g，五倍子 20 g，加水 1 500 ml，煮开后趁热薰洗肛门，每日 2 次，每次 20 min。经治疗 2 周后脱出症状消除，随访半年未复发。

谢长明等用自制消痔液（明矾 4 g，川黄连2 g，枸橘酸钠 15 g，普鲁卡因 1 g，加蒸馏水100 ml，调 pH 值为 4.5）治疗小儿直肠脱垂 126 例，术前给与甲硝唑 0.1～0.2 g 口服，每日 2 次，连服 3 日。根据病情Ⅰ度脱垂患者采用黏膜下注射法，找3～5 个注射点，每点注射 0.5 ml，注射点连线呈锯齿状；Ⅱ度以上脱垂者，还需配合直肠周围注射法，每点 2～3 ml，总量不超过10 ml，适当应用抗生素，预防感染。术后近期全部治愈，随访1～3 年完全正常率为97.6%（123/126），复发 3 例。

刘明全将 35 例辨证分为脾虚气陷、湿热下注、脾虚气陷兼湿热三型。分别采用补中益气汤合三仁汤和补中益气汤合三妙散加减内服。同时联合消痔液在骨盆直肠间隙和直肠后间隙注射。术后控制大便 48 h，抗生素治疗 1 周，常规换药。结果：11 例不完全性直肠脱垂经中药治疗，治愈 8 例，总有效率为 90.9%（10/11）；完全性和重度直肠黏膜脱垂 24 例，联合消痔液注射治疗后均获痊愈。庞景国等治疗 34 例，方用补中益气汤随证加味，配合消痔灵局部注射，每平面选择 3～4 个点，各点交错，每点注药 0.3～0.5 ml，总量不超过5 ml，注后控制排便 1～3 日。结果：基本治愈率为97.1%（33/34），总有效率为 100%。

（王　琛　曹永清）

【生殖器疱疹的治疗】

彭建梅等用疱疹合剂治疗生殖器疱疹 56 例，发病期用疱疹Ⅰ号合剂（龙胆草、地黄、柴胡、车前草、泽泻、薏苡仁等），非发病期患者服用疱疹Ⅱ号合剂（熟地黄、山茱萸、山药、淫羊藿、黄芪、白术等），均每次 30 ml，每日 3 次，连服 20 日。结果：痊愈率为 73.2%（41/56），总有效率为 94.6%

(53/56)。沈斐用养阴解毒汤(生地黄、麦门冬、石斛、板蓝根、马齿苋、生薏苡仁等)内服,并取汤汁反复涂于皮损处。15日为1个疗程。对照组(32例)口服阿昔洛韦。结果:复发率分别为31.3%(10/32)、65.6%(21/32),组间比较,$P<0.05$。廖树琪等以黄虎汤(生黄芪、虎杖、土茯苓、生白术、赤芍药、牡丹皮等)内服外洗治疗复发性生殖器疱疹42例,对照组(41例)口服阿昔洛韦,配合3%阿昔洛韦软膏外擦。结果:复发率分别为30.95%(13/42)、58.5%(24/41),组间比较,$P<0.05$。范瑞强等采用随机对照方法,治疗组(139例)发作期予口服抗病毒1号胶囊(板蓝根、虎杖、紫草、茵陈、苍术等),15日后改为抗病毒2号胶囊(黄柏、西洋参、虎杖、黄芪、知母等);对照组(46例)发作期给予阿昔洛韦0.2 g,每日5次,5日后改为每日2次。均以3个月为1个疗程。并用放免法对治疗组15例的血清IL-2进行检测。结果:治疗组和对照组分别失访2例和1例,总有效率为90.5%(124/137)、91.1%(41/45),组间比较,$P>0.05$;治疗前后血清IL-2均值比较,$P<0.01$。范氏等还用透射电镜采用负染方法,发现抗病毒胶囊与单纯疱疹病毒Ⅱ型(HSV-Ⅱ)相互作用后病毒颗粒变形,大小不均匀,包膜裸露或破损以及病毒颗粒凝集融合成块,结构模糊不清。说明该胶囊在体外对HSV-Ⅱ病毒颗粒的形态结构、表面成分和分散均有显著破坏作用。

高贵云治疗66例,均口服阿昔洛韦。治疗组(34例)加服加味二妙散(苍术、黄柏、薏苡仁、龙胆草、板蓝根、赤小豆等),同时用此方薰洗患处;对照组(32例)加服左旋咪唑,外用3%硼酸液湿敷。结果:总显效率分别为88.2%(30/34)、65.6%(21/32),组间比较,$P<0.01$。杨玉峰等治疗92例,均口服阿昔洛韦,治疗组(52例)加服温胆汤加减。结果:总有效率分别为90.4%(47/52)、62.5%(25/40),组间比较,$P<0.05$。于建斌等将63例随机分为对照组(29例)口服阿昔洛韦,外涂酞丁胺软膏;治疗组(34例)在对照组治疗基础上加参芪片(人参、黄芪、鹿角胶、熟地黄、枸杞子、当归等)。结果:随访3个月复发率分别为44.8%(13/29)、17.6%(6/34),组间比较,$P<0.05$;6个月复发率分别为72.4%(21/29)、26.5%(9/34),组间比较,$P<0.01$。治疗组治疗后T淋巴细胞CD_3、CD_4及CD_4/CD_8比值升高,CD_8细胞百分比降低($P<0.05$),血清IL-2水平及红细胞花环形成率升高($P<0.05$),血清可溶性白细胞介素-2受体(SIL-2R)水平下降($P<0.05$);对照组上述指标无明显变化。

刘传富等将156例随机分为西药组(70例)口服阿昔洛韦,外擦阿昔洛韦膏,肌肉注射聚肌胞和干扰素;中药组(33例)早期服龙胆泻肝汤,后期口服病毒净(板蓝根、大青叶、蒲公英、金银花、白花蛇舌草、龙胆草等),外擦2%地榆紫草油或黄连膏;中西药组(53例)口服阿昔洛韦和病毒净,外擦阿昔洛韦膏。结果治愈率分别为85.7%(60/70)、45.5%(15/33)、94.3%(50/53);复发率分别为50%(35/70)、18.1%(6/33)、9.4%(5/53)。中西药组疗效最好,痊愈时间短,不留后遗症,复发率最低,与其他两组相比,$P<0.01$。

袁少英将复发性生殖器疱疹156例随机分成4组。A组(40例)口服万乃洛韦;B组(36例)用解毒胶囊(土茯苓、败酱草、马齿苋、苦参、皂角刺、大青叶等);C组(38例)肌肉注射卡介苗多糖核酸;D组(42例)联合用解毒胶囊和卡介苗多糖核酸。均连续用药2个月。结果:A组平均起效时间最短,与其他各组比较,$P<0.05$;D组与A组治疗后年复发次数比率比较,D组为优,$P<0.01$,D组疗效较B、C组为优,$P<0.05$。程良伟将复发性生殖器疱疹66例随机分成治疗组(34例)用清毒补益汤(板蓝根、大青叶、党参、黄芪、生地黄、麦门冬等)加阿昔洛韦治疗,对照组(32例)单用阿昔洛韦。经治1周,治愈率分别为97.1%(33/34)、81.3%(26/32),组间比较,$P<0.05$。续治3个月,随访半年,总有效率分别为82.4%(28/34)、59.4%(19/32),组间比较,$P<0.05$。

张宁等治疗107例,均肌肉注射病毒唑,随机分为4组,1组(30例)外擦3%藤黄酊,两组(30例)外擦阿昔洛韦软膏,3组(27例)外擦酞丁胺擦剂,4组(20例)外擦1%美蓝。治疗7日,追踪观察半年。结果:总有效率分别为96.7%(29/30)、83.3%(25/30)、74.4%(20/27)、50%(10/20),第1组较第2组、第3组为优($P<0.05$),与第4组比较,$P<0.01$。药物起效时间第1组也较第3组、第4组为优($P<0.05$)。实验发现,藤黄的质量浓度为10E-10 g/L时,对HSV-Ⅱ有直接抑制作用。

王更生等取儿茶600 g,分成2份,制成儿茶液和儿茶散。治疗初发性生殖器疱疹39例,先擦液,再用散剂喷患处;对照1组(38例)外擦阿昔洛韦软膏;对照两组(30例)外擦酞丁搽剂。疗程均为7～10日。结果:总有效率分别为94.9%(37/39)、78.9%(30/38)、76.7%(23/30),组间比较,均$P<0.05$。

(娄国菁　王宪英)

【脱疽的治疗】

陈子胜将Ⅲ期脉管炎120例随机分为治疗组(90例),采用蕲蛇酶75 μg加生理盐水250 ml稀释后作患侧股动脉注射,双侧发病交替注射;对照组(30例)用相同剂量作静脉滴注。出现坏死或感染者予抗生素治疗。均每日1次,15日为1个疗程。经3个疗程治疗,治愈率分别为76.7%(69/90)、23.3%(7/30),总有效率分别为96.7%(87/90)、73.3%(22/30),组间比较,$P<0.01$;在患肢温度和肤色恢复、疼痛和间歇性跛行缓解时间、溃疡愈合速度方面,两组差异具有显著性意义($P<0.01$)。姜杰瑜等以四妙勇安汤加味与白玉膏外敷治疗典型热毒型50例,治愈率为62.0%(31/50),总有效率为98%(48/50),疗程为1～3个月。韩养正辨证治疗31例,虚寒型用温阳通脉汤(熟地黄、生姜炭、鹿角胶、肉桂、川乌、白芥子等)加减,血瘀型用活血通脉汤(当归、川芎、血竭、桃仁、红花、乳香等)加减,热毒型方用排毒通脉汤(玄参、当归、金银花、蒲公英、紫花地丁、连翘等)加减。结果:治愈率为64.5%(20/31),总有效率为93.5%(29/31);虚寒型与血瘀型疗效明显高于热毒型。张广利用五虫通脉汤(水蛭、䗪虫、蜈蚣、全蝎、石龙子、丹参等)加减治疗70例,对照组(70例)静脉滴注前列腺素E_1、脉络宁、川芎嗪等。合并感染者均予以适当抗生素,有坏疽或溃疡者予以外科处理。经60日治疗,治愈率分别为54.3%(38/70)、41.4%(29/70),组间比较,$P<0.05$;总有效率分别为92.9%(65/70)、70%(49/70),组间比较,$P<0.01$。

孙振杰等用中西医结合治疗Ⅰ、Ⅱ期35例,其中阴寒型以阳和汤加减,气滞血瘀型以当归补血汤加减,湿热型以四妙勇安汤加减;西药用罂粟碱或环扁桃酯(抗栓丸)、低分子右旋糖酐、妥拉苏林和高压氧。结果:治愈率为(29/35),总有效率为94.3%(33/35)。黄木兰治疗42例,Ⅰ期22例以羌活独活汤加减,Ⅱ期15例以阳和汤加减,Ⅲ期5例以顾步汤加减,均用普鲁卡因行患侧股动脉注射。结果:治愈率为83.3%(35/42),总有效率为100%。王勇等将360例随机分为A组(180例),用维脑路通注射液加山莨菪碱加葡萄糖液静脉滴注;B组(180例)用复方丹参注射液加葡萄糖液静脉滴注,川芎嗪注射液加葡萄糖液患侧股动脉注射。均14日为1个疗程。经3个疗程治疗,B组和A组治愈率分别为54.4%(98/180)、43.9%(79/180),总有效率分别为96.7%(174/180)、84.4%(152/180),组间比较,$P<0.01$。郭水英等以扩容活血调微Ⅱ号(东莨菪碱、蕲蛇酶、刺五加注射液、低分子右旋糖酐)治疗坏死期32例,结果:疼痛消失率为87.5%(28/32),减轻4例;创面愈合率为90.6%(29/32),基本愈合3例。

唐丽等对脉络通颗粒(黄芪、金银花、当归、玄参、水蛭、蜈蚣等)作用机理进行了研究。结果表明该颗粒剂可降低大鼠的血浆黏度和纤维蛋白原含量,延长血浆凝血酶原时间,提高血浆皮脂醇含量,通过保护血管内皮和抗凝血达到治疗作用。

(刘晓鸫)

【胆囊炎、胆石症的临床及实验研究】

1. 临床研究

叶植安将慢性胆囊炎60例随机均分为治疗组和对照组,治疗组用健脾和胃、升清降浊法,药用黄芪、人参、白术、炙甘草、升麻、柴胡等;对照组用疏肝利胆、理气止痛法,药用柴胡、川楝子、郁金、延胡索、香附、炒枳壳等。以4周为1个疗程,2个疗程后观察疗效。结果:显效率分别为76.7%(23/30)、60%(18/30),组间比较,$P<0.05$。张映梅等用口服十味蒂达胶囊(以蒂达为主药,配合洪连、熊胆等)治疗慢性胆囊炎70例,每日3次,每次2粒;同期设立口服消炎利胆片治疗的对照组(38例),每日3次,每次6片。均以1个月为1个疗程,连续治疗2个疗程。结果:痊愈率分别为28.6%(20/70)、13.2%(5/38),总有效率分别为91.4%(64/70)、81.6%(31/38),组间比较,$P<0.05$。郑培永等在总结朱培庭经验时指出,老年胆石病患者与反复发作患者常表现为肝阴不足,宜从肝论治。采用养肝柔肝法治疗,方用养肝柔肝汤(太子参、生地黄、枸杞子、何首乌、茯苓、甘草等)随证加味。治疗56例,显效率为32.1%(18/56),总有效率为98.2%(55/56)。张国山等应用金石通(郁金、金钱草、陈皮、茵陈、大黄等)治疗各类胆结石180例,其中胆囊结石(要求结石单发,直径在1.0 cm以下,胆囊有功能者)

94例、胆总管结石18例、左右肝管结石40例、肝内胆管结石28例(胆道结石为手术后证实的残余结石、病情稳定或带有“T”管引流者)每日1剂，每服2次，3个月为1个疗程，一般应用2～3个疗程。治疗前后以B超检查判断疗效。结果：结石消失分别为4例、5例、10例、5例；结石缩小或减少分别为74例、10例、29例、12例；结石未变分别为16例、3例、7例、5例。总有效率为82.8%(149/180)。认为金石通对各类胆结石均有较好的疗效，长期应用除大便变稀外，未见其他不良反应。

2. 实验研究

侯淑英等将胆石病45例辨证分为肝郁气滞、肝胆湿热、肝郁脾虚三型，同时设立正常对照组(30例)，并分别进行血液流变学检测。结果肝郁气滞型(20例)的高切变率、中切变率、低切变率、红细胞压积、血沉等均明显高于正常对照组($P<0.01$)；肝胆湿热型(15例)和肝郁脾虚型(10例)的中切变率、红细胞压积均明显高于正常对照组($P<0.01$)；肝胆湿热型血沉也明显高于正常对照组($P<0.01$)。说明胆石病患者全血黏度与对照组相比均有增高趋势，尤以肝郁气滞型和肝胆湿热型增高较显著，也说明肝胆气滞，胆经湿热是血液流变性改变的病理基础，胆石形成和血液黏度增高有关。临床治疗应采用疏肝理气、活血化瘀的方法，既能改变血液动力，又能促进胆汁的排泄，这是治疗胆石病的关键。赵喜新等用豚鼠建立胆色素结石的动物模型，在造模的同时对部分动物饲以消炎化石丹(赤硝、皂矾、生大黄、猪胆汁粉、核桃仁、鸡内金等)，观察其防石作用；对另一部分动物造模后再饲以消炎化石丹，观察其对结石症的治疗作用。A组(正常组)8只仅喂正常饲料；B组(防石组)10只喂致石饲料的同时，喂服消炎化石丹；C组(成石组)10只只喂致石饲料；D组(治疗组)10只开始喂致石饲料，2个月后喂正常饲料和消炎化石丹；E组(对照组)10只开始喂致石饲料，2个月后喂正常饲料。A、B、C组动物饲养2个月处死；D、E组动物饲养4个月处死。取胆、肝观察。结果：① 从胆囊外形分析，治疗组动物胆囊因长期有炎症，纤维组织增生、收缩变为葫芦或花瓶状，饲以消炎化石丹的动物胆囊外形改变明显较轻。② 从胆囊结石看，A组豚鼠无结石；B组仅1只豚鼠有结石；C组7只豚鼠有结石。B、C组差异有显著性意义($P<0.05$)，说明消炎化石丹对已形成结石的动物有一定治疗作用。③ 从胆汁量看，A组和B组量相似，均明显多于C组($P<0.05$)，说明动物成石后消炎化石丹在防石治疗过程中能促进胆汁的正常分泌、贮存和排放。④ 从胆囊黏膜上皮缺损看，B组和C组之间经Ridit分析，差异有显著性意义，说明在防石治疗中，消炎化石丹能保护胆囊黏膜上皮；D组和E组之间经Ridit分析，也有显著性意义，说明消炎化石丹对胆囊黏膜上皮的修复也有一定的作用。⑤ 从胆囊皱襞腺体数量看，经Ridit分析，B组和C组之间、D组和E组之间，差异有显著性意义，说明在防治过程中，消炎化石丹能减轻胆囊皱襞腺体的过度增生。⑥ 从胆囊壁炎性细胞浸润看，经Ridit分析，B组和C组之间、D组和E组之间，差异有显著性意义，说明消炎化石丹能防止或减轻胆囊炎症的发生。⑦ 从肝脏脂肪变性看，B组轻于C组，D组和E组无差异，说明消炎化石丹能防止肝脏脂肪变性，而对已形成的肝脏脂肪变性不具治疗作用。赵先明等采用皮下注射洁霉素制成豚鼠胆囊结石模型，160只豚鼠造模后随机分为实验组、对照组各80只。分组当天各组取20只处死，抽取胆汁待测。实验组(60只)灌以胆道排石合剂(柴胡、郁金、枳壳、青皮、大黄、木香等)，对照组(60只)灌以生理盐水，均每日1次，每次4 ml，连续灌胃3周。分别于造模后第7、14、21日从实验组和对照组各取20只豚鼠处死，抽取胆汁待测。结果：实验组7、14、21日与灌药前相比，胆汁中胆汁酸含量显著上升($P<0.01$)；胆汁中总胆红素含量显著下降($P<0.01$)；胆汁中非结合胆红素含量显著下降($P<0.01$)；胆汁中钙离子含量显著下降($P<0.01$)。对照组则均无变化($P>0.05$)。说明胆道排石合剂对实验性致石胆汁有形成分有影响，能明显增加胆汁中胆酸的含量，降低总胆红素、非结合胆红素及钙离子含量。

(朱培庭　沈　平)

【急性胰腺炎的临床及实验研究】

冷凯等根据中华医学会外科学会胰腺学组1996年急性胰腺炎的临床诊断及分级标准分组，治疗组40例中轻症21例，重症19例；对照组为18例和17例。除常规治疗外，治疗组另用生大黄100 g，加水1 000～1 500 ml煮沸约20 min，冷却后取汁100～150 ml经鼻胃管注入，夹管1 h，每日4次,5～7日为1个疗程。结果无论是轻型或重型,治疗组在症状体征缓解、血尿淀粉酶恢复正常、降低死亡率、住院时间方面均明显优于对照组($P<0.05$)。用大剂量生大黄液早期经鼻胃管注入辅助治疗急性胰腺炎疗效显著。其作用机理为可降低内毒素所致的胃肠道微血管的通透性,减轻肠壁水肿,保护黏膜屏障,降低黏膜通透性,抑制肠道细菌易位和内毒素的吸收;促进胆汁排泄,胆汁又和内毒素结合,从而抑制内毒素的吸收;大黄中的大黄酸、大黄素和芦荟大黄素等对多种细菌有抑制作用,同时抑制肠道内毒素吸收和致病菌过度生长;大黄的蒽苷等成分具有较强的泻下作用,改善肠麻痹、肠梗阻;改善微循环,增加血流量,保护黏膜屏障;能维持肠道菌群平衡,并使紊乱的菌群恢复正常;具有显著提高机体细胞免疫和促进淋巴细胞增殖的作用。杨茂森等用大承气汤高位低压灌肠法治疗60例,其中水肿性胰腺炎50例,重症10例。治疗时将胃管插入肛门内25 cm以上,以大承气汤300 ml快速滴入,滴完后即拔去胃管。水肿性胰腺炎6 h用1剂;重症急性者重用大黄(为原方量的2～3倍),4 h用1剂。结果:50例水肿性胰腺炎全部治愈,重症急性治愈8例,死亡2例(均为发病48 h转来),死亡原因为中毒性休克,呼吸循环衰竭。大承气汤能荡涤肠腑,保护和修复肠黏膜屏障,清除肠道内的细菌与毒素,阻止肠道微生物及内毒素的移位及有效地清除体内已移位内毒素。故必须重用大黄,且要早期应用。

李金龙等治疗重症急性胰腺炎69例,其中无脏器损害的Ⅰ期患者58例,伴有脏器功能障碍的Ⅱ期患者11例。除常规应用西医治疗外,采用具有清热利湿、通里攻下、疏肝解郁功效的胰安合剂。属脾胃实热型用胰安合剂2号(栀子、牡丹皮、赤芍药、木香、胡黄连、虎杖等)。肝胆湿热型用胰安合剂3号(龙胆草、木香、延胡索、连翘、栀子、大黄等)。每日2剂,从胃管中注入并夹管1～2 h,每日灌注3～4次,5～10日为1个疗程。同时针刺穴位足三里、下巨虚、内关、中脘、梁门、阳陵泉等,以达解痉止痛、止呕等作用。结果:治愈率为92.8%(64/69),死亡5例,其中12例配合手术治疗。死亡原因中成人呼吸窘迫综合征3例,感染性休克及多器官功能衰竭各1例,死亡病例均为Ⅱ期重症急性胰腺炎患者。但较国外报道病死率为10%～50%,国内报道病死率为30%而言,疗效显著。周端求报道120例急性水肿性胰腺炎,随机分为对照组(60例),治疗包括胃肠减压、禁食,以及抗生素氨苄青霉素、灭滴灵、5-氟脲嘧啶或加用善得啶,并行抗休克、防止脏器功能衰竭等治疗;治疗组(60例)在上述治疗同时,加用胰康合剂(大黄、桃仁、黄芩、柴胡、枳实、厚朴等)。每日3次,每次50 ml,7日为1个疗程。结果:治疗组和对照组治愈率分别为70%(40/60)、35%(21/60),总有效率分别为98.3%(59/60)、75%(45/60),组间比较,$P<0.05$;治疗组血淀粉酶、尿淀粉酶也明显低于对照组($P<0.05$)。

尚东等将大鼠胰胆管内注射去氧胆酸钠制备成大鼠急性出血坏死性胰腺炎模型18只,随机均分为对照组、模型组、中药组。其中对照组为假手术组,仅开腹翻动胰腺;模型组及中药组分别于造模前6 h和造模后经口灌胃生理盐水和茵陈承气汤(茵陈、栀子、厚朴、枳实、大黄、芒硝等),大鼠于造模后6 h处死,取血清及胰腺组织检查。结果中药组大鼠血清淀粉酶、IL-6、IL-8水平较造模组低,病情明显改善($P<0.05$);模型组胰腺腺泡细胞凋亡指数为2.34 ± 1.15,中药组为11.25 ± 3.41,组间比较,$P<0.01$;模型组凋亡调控基因Bax的表达水平为986 ± 276,中药组为$1\,331\pm112$,组间比较,$P<0.01$。说明茵陈承气汤可能通过上调促凋亡基因Bax的表达水平,诱导已受损的胰腺腺泡细胞发生凋亡,减轻腺泡细胞坏死,减少胰酶及炎性介质的释放,从而有利于防止急性胰腺炎的病理损害恶化。李勇等用5%的牛磺胆酸钠注入大鼠胰胆管内诱发大鼠急性胰腺炎模型,观察肝、胰的病理变化。实验分为急性胰腺炎2 h组、6 h组、12 h组,假手术分2 h组、6 h组、12 h组,生理盐水对照组,IL-2治疗组,川芎嗪治疗组,IL-2加川芎嗪治疗组,并设生存期观察4组(包括生理盐水治疗组、IL-2治疗组、川芎嗪治疗组、IL-2加川芎嗪治疗组)。结果发现急性胰腺炎组大鼠血浆淀粉酶、脂肪酶、丙氨酸氨基转移酶、天门冬氨酸氨基转换酶、乳酸脱氢酶明显上升($P<0.05$或0.01);镜检可见胰腺水肿、炎细胞浸润、坏死,肝脏肝窦充血、细胞浊肿及坏死,且损伤程度随时限延长而加重。急性胰腺炎各组中血浆IL-6、丙二醛明显升高($P<0.01$);超氧化物歧化酶明显降低($P<0.01$)。IL-2治疗组、川芎嗪治疗组、IL-2加川芎嗪治疗组与生理盐水治疗组比较,血浆IL-6、丙二醛水平明显下降($P<$

0.05)；超氧化物歧化酶明显升高($P<0.05$)；胰、肝病理损害程度减轻，并且淀粉酶、脂肪酶、丙氨酸氨基转移酶、天冬氨酸氨基转换酶、乳酸脱氢酶均明显降低($P<0.05$)；平均存活时间明显延长($P<0.05$)；联合用药组降低IL-6、丙二醛水平和减轻胰腺坏死优于单药组。因此认为，IL-6、氧自由基在急性胰腺炎合并肝损害中明显升高，而超氧化物歧化酶明显降低，其保护作用减弱。检测血浆IL-6、丙二醛、超氧化物歧化酶可作为判断急性胰腺炎合并肝损程度和预后的指标。大鼠急性胰腺炎合并肝损过程中联合应用IL-2、川芎嗪的疗效优于此2种药的单独应用。曹立瀛等用5%的牛磺胆酸钠注入大鼠胰胆管制成大鼠急性胰腺炎模型，并随机分为假手术2 h组、6 h组、12 h组、24 h组(仅向胰胆管内注射同量的生理盐水)，急性胰腺炎2 h组、6 h组、12 h组、24 h组，胆胰和胃冲剂2 h组、6 h组、12 h组、24 h治疗组。术后假手术组及急性胰腺炎组的大鼠经胃造瘘管注入生理盐水，治疗组经胃造瘘管注入胆胰和胃冲剂(大黄、黄连、黄芩、柴胡、枳壳、香附等)，以观察大鼠急性胰腺炎早期肠黏膜损伤及胆胰和胃冲剂对小肠黏膜的保护作用及其机理。结果：急性胰腺炎各组的超氧化物歧化酶、分泌型免疫球蛋白A的含量与假手术组各时段相比均有明显下降，丙二醛含量明显上升($P<0.05$)；治疗2 h组与急性胰腺炎2 h组上述指标相比无明显差异($P>0.05$)；治疗6 h组、12 h组、24 h组与同时段急性胰腺炎组的超氧化物歧化酶、分泌型免疫球蛋白A含量相比明显升高、丙二醛含量明显降低($P<0.05$)。因此认为胰腺炎可引起肠黏膜损伤，胆胰和胃冲剂能增强肠黏膜对氧自由基的清除能力，提高肠黏膜的免疫功能。

(朱培庭　沈　平)

[附] 参考文献

B

宝尔础鲁，阿茹罕，斯琴特古斯. 中药倒膜治疗面部激素依赖性皮炎疗效观察. 中国皮肤性病学杂志，2001；(3)：211

C

蔡立民，叶伟洪，陈硕敏，等. 创面灵治疗感染性伤口的临床观察. 中国中西医结合外科杂志，2002；(1)：15

曹立瀛，刘四清，王保强，等. 胆胰和胃冲剂对大鼠急性胰腺炎早期小肠黏膜抗氧化损伤的保护. 中国中西医结合外科杂志，2002；(3)：150

陈玲，朱咏梅. 中药治疗急慢性荨麻疹128例疗效观察. 中医药研究，1999；(6)：29

陈柏南，周涛，刘明. 深静脉血栓形成血管张力因素与中医辨证分型的关系. 中医杂志，2002；(2)：135

陈国勤. 中药治疗面部激素依赖性皮炎109例. 实用中医药杂志，2001；(5)：16

陈若萌. 中西医结合治疗面部皮质类固醇激素依赖性皮炎96例报告. 中国皮肤性病学杂志，2001；(2)：97

陈硕敏，叶伟洪，卢松江，等. 创面灵抑菌、化瘀及祛腐作用的实验研究. 新中医，2001；(4)：76

陈铁汉，孟丹石. 宝丹化积方治疗乳腺增生病120例总结. 湖南中医杂志，2002；(3)：23

陈一峰，任军生，韩朝军. 清燥救肺汤合大黄䗪虫丸治疗干燥综合征26例——附西药治疗12例对照观察. 浙江中医杂志，2000；(2)：57

陈子胜. 股动脉注射蕲蛇酶治疗Ⅲ期脉管炎120例. 中医药学刊，2002；(4)：537

程红军，陆保磊，王玉奇. 半夏散治疗慢性窦道56例. 河南中医药学刊，1999；(6)：43

程丽敏，郭耀辉，潘春丽. 化腐散治疗肛门病术后创口顽固不愈80例. 中医药信息，2002；(1)：39

程良伟. 清毒补益汤加阿昔洛韦治疗复发性生殖器疱疹观察. 实用中医药杂志，2002；(5)：27

崔丁章，阎海涛，贾永利. 滋阴润燥凉血饮合三黄膏治疗面部激素依赖性皮炎136例. 山西中医，2002；(2)：18

崔晓光，张丰川. 润肺化痰通络法治疗干燥综合征25例. 中国民间疗法，2002；(8)：47

D

代红雨，唐汉钧. "提脓祛腐法"浅析. 上海中医药大学学报，2002；(1)：35

董振华，郝炜新，刘晋河，等. 60例干燥综合征患者血液流变学检测及养阴生津中药治疗效果观察. 中国中西医结合杂志，1998；(3)：155

F

范瑞强，池凤好，陈永锋，等. 中药抗病毒胶囊治疗复

发性生殖器疱疹139例临床观察.中医杂志,2002;(9):679

范瑞强,谢长才,禤国维,等.中药抗病毒胶囊对Ⅱ型单纯疱疹病毒作用的电镜观察.中华微生物学和免疫学杂志,2000;(4):306

方邦江,周爽,鲁新华.陈如泉运用活血消瘿汤治疗慢性淋巴细胞性甲状腺炎经验.中医杂志,2002;(6):419

冯文岭,扈文海,燕福民,等.骨髓炎膏治疗化脓性骨髓炎300例临床观察.河北中医,1998;(6):339

G

高贵云.中西药联合治疗生殖器疱疹66例临床观察.湖南中医学院学报,2002;(1):62

高尚璞.汝丽娟教授治疗桥本甲状腺炎继发甲状腺功能减退症的经验.上海中医药杂志,2002;(1):32

葛辛,葛芃,彭玉清,等.中药对33例动脉硬化性闭塞症患者甲襞微循环和肢体血流速度的影响.中医杂志,2002;(4):273

龚旭初,丁小雯,许建华,等.中西医结合治疗臁疮155例临床分析.中国中西医结合外科杂志,2002;(6):414

谷家立,黄云.干燥综合征的五脏证治刍议.中医杂志,2000;(10):635

郭石宏.全虫消瘰方治疗颈淋巴结核48例.山西中医,2000;(6):16

郭水英,郭勇,冯蔚芬,等.扩容活血调微Ⅱ号治疗血栓闭塞性脉管炎32例.中国中西医结合外科杂志,2002;(1):28

H

韩洪,张军,张增仁,等.解忧汤外洗治疗慢性皮肤溃疡临床观察.北京中医,2002;(3):139

韩小群.紫英汤治疗银屑病106例.浙江中西医结合杂志,2002;(8):512

韩养正.中医辨证治疗血栓闭塞性脉管炎31例.陕西中医,2002;(6):521

何玲,吴淞.牛黄冲剂治疗寻常型银屑病59例临床观察.中医杂志,2002;(2):123

何兴宝.中西医结合治疗颈淋巴结结核54例观察.实用中医药杂志,1999;(2):29

侯淑英,杜立阳,张玉洁.胆石症不同中医证型血液流变学检测意义.中医杂志,2002;(2):137

侯玉芬,张玥,刘明,等.愈疡灵软膏治疗下肢静脉性溃疡的临床研究.中国中西医结合外科杂志,2002;(2):78

胡林山,郭洪杰,李云捧,等.愈痔膏对肛瘘术后创面愈合作用的疗效观察.中医杂志,2002;(10):763

黄木兰.中西医结合治疗血栓闭塞性脉管炎42例.福建中医药,2002;(4):32

J

姜杰瑜,赵剑飞,高超.四妙勇安汤加味治疗典型热毒型脱疽50例.中医药学报,2002;(4):52

焦仲华,姜继生.中药治疗慢性化脓性骨髓炎267例临床观察.中医药信息,1999;(3):26

L

冷凯,陈炜,主鹤亭,等.生大黄治疗急性胰腺炎疗效观察.中国中西医结合外科杂志,2002;(1):19

李凡,吴琼华,李永芬.中西医结合治疗丘疹性荨麻疹175例.皮肤与性病,1997;(2):21

李萍,杨丽彩,盛巡,等.络病学在疮疡病理生理及诊疗中的应用.中医杂志,2002;(4):308

李勇,也连波,张学明,等.急性胰腺炎合并肝损伤时IL-6、氧自由基变化及IL-2、川芎嗪干预的实验研究.中国中西医结合外科杂志,2002;(2):111

李保泉,周正新,刘安平,等.骨疽灵散外敷治疗骨髓炎临床观察:附168例报告.中医正骨,1998;(1):13

李长莲.生肌膏治疗感染性创面120例效果评价.现代中西医结合杂志,2002;(9):842

李春先,杨桂玲,冯玉环,等.生脉注射液治疗原发性干燥综合征疗效观察.时珍国医国药,2002;(2):92

李大为.中药微波照射治疗慢性骨髓炎.河南中医,2002;(5):38

李佳瑜,赵丽娟,黄颐玉,等.清开灵注射液治疗干燥综合征临床观察.中国中医基础医学杂志,2002;(8):41

李金龙,李荣祥,陈勇,等.中西医结合治疗重症急性胰腺炎69例分析.中国中西医结合外科杂志,2002;(1):17

李令根,李为,吴明远,等.壳聚糖中药复合药膜治疗难治性溃疡68例临床观察.中国中西医结合外科杂志,2002;(3):164

李令根,赵钢,吴明远,等.壳聚糖中药复合药膜治疗大鼠体表溃疡的机理研究.中国中西医结合外科杂志,2002;(2):80

李明吾,钮晓红.疬宁片治疗淋巴结结核150例临床疗效观察.江苏中医药,2002;(2):36

李世岳,陆稚波,蒋孝天.混合痔术后水肿分析及治疗.浙江中西医结合杂志,2002;(2):91

李索索,毛丹丹,饶世鸣.五苓散潴留肛肠疾病术后尿潴留.浙江中西医结合杂志,2002;(9):578

李相利,李京向,王佃霞.脱肛宁口服液治疗直肠脱垂的临床研究.山东中医杂志,2002;(5):269

李兴政,朱朝欣,律冶.黄芪桂枝五物汤加味治疗54例荨麻疹临床观察.黑龙江中医药,1999;(2):20

李又耕,刘艳歌.中药薰敷治疗肛管直肠脱垂45例.

中医外治杂志,2002;(4):39

梁洁利. 变应2号冲剂治疗慢性荨麻疹60例报告. 天津中医,2002;(4):67

梁少华,李廷冠. 内外合治法治疗乳腺增生病的临床观察. 四川中医,2002;(10):54

廖承建. 门冬清肺饮加减治疗干燥综合征32例. 新中医,1999;(4):44

廖树琪,毛德文. 黄虎汤治疗复发性生殖器疱疹42例临床观察. 湖南中医药导报,2001;(4):170

刘丽. 中药外敷配合抗结核治疗颈部淋巴结结核86例. 内蒙古中医药,2002;(5):13

刘传富,李淑萍,杨鲁光. 生殖器疱疹156例临床治疗及分析. 安徽中医学院学报,2000;(1):26

刘定安,唐安琪,张世明,等. 内消丸为主治疗颈淋巴结核90例. 陕西中医,2000;(4):151

刘洪普,谭奇纹,刘华昌. 益气活血法治疗老年性银屑病40例临床研究. 中医杂志,2002;(3):198

刘明全. 中西医结合治疗直肠脱垂35例. 四川中医,2002;(6):64

刘秋鹤. 骨髓炎膏的制备与临床疗效观察. 河南中医药学刊,1999;(3):25

刘仁斌. 加减四物汤与梅花针扣刺治疗斑秃54例. 湖北中医杂志,2002,(2):44

刘松山,康中英,陈红,等. 消核片治疗乳腺增生病(肝郁痰凝互结证)临床观察. 成都中医药大学学报,2002;(2):4

刘正义,许香菊. 艾条灸治疗乳腺增生13例. 陕西中医,2002;(5):439

楼映,夏峰,周凌琴,等. 中西医结合治疗下肢慢性溃疡67例. 上海中医药杂志,2002;(2):30

卢明仁,卢俊芳,卢军亚. 保真生发汤治疗斑秃300例. 中国民间疗法,2002,(3):35

陆炳全,石定华. 复方甘灵汤浸泡治疗慢性骨髓炎. 实用中医药杂志,1998;(2):36

陆建英,王智,董莉,等. 扶正解毒方治疗尖锐湿疣的疗效观察及机理探讨. 上海中医药大学学报,2002;(2):24

吕慧青,姜洪玉,陈友栋. 健脾益气生津治疗原发性干燥综合征27例. 山东中医药大学学报,2001;(4):288

M

马惠杰. 中西医结合治疗荨麻疹58例临床观察. 河北中西医结合杂志,1999;(4):621

马建海. 补骨脂是治小儿脱肛之良药. 中医杂志,2002;(6):413

马武开,王继明. 干燥综合征的中医分型辨治概况. 中医药信息,2000;(3):3

马秀芬,毛红岩. 中药联合孕激素治疗乳腺增生的临床实验研究. 甘肃中医学院学报,2002;(1):38

苗后清. 行气活血汤治疗乳腺小叶增生30例小结. 甘肃中医,2002;(3):47

闵仲生,施荣山,王子雄,等. 中药汽疗治疗寻常型银屑病71例临床及实验研究. 江苏中医药,2002;(8):12

N

倪凯,徐丽英. 沈家骥老师治疗乳腺增生病经验总结. 云南中医中药杂志,2002;(4):4

倪荣中,童燕芳. 外用湿润烧伤膏配合内服中药、维生素治疗斑秃49例. 贵阳中医学院学报,2002;(1):21

宁洪端,方敬. 速效生发丸治疗脱发300例疗效观察. 河北中医,2002;(9):661

P

庞景国,孙玉来. 补中益气汤合消痔灵局部注射治疗直肠内脱垂34例. 辽宁中医杂志,2002;(7):416

彭建梅,周耀湘,李红,等. 疱疹合剂的研制及临床疗效观察. 西北药学杂志,2002;(3):127

Q

秦飞虎. 健脾散结汤治疗慢性颈淋巴结结核46例. 湖南中医药导报,2000;(6):23

邱志济,邱江峰,邱江东. 自拟速效荨疹丸治疗顽固荨麻疹100例. 四川中医,1998;(7):42

阙华发,阙振福,王荣初,等. 乳腺增生病内分泌免疫变化与中医辨证分型相关性研究. 中医杂志,2002;(3):208

R

饶文举. 补骨脂治疗乳腺增生. 中医杂志,2002;(5):332

容娟,胡良胜. 四五四液促进肛门病术后伤口愈合疗效观察. 湖北中医杂志,2002;(7):35

S

尚东,关凤林,陈海龙,等. 茵陈承气汤对大鼠急性出血坏死性胰腺炎腺泡细胞凋亡及调控基因的影响. 中国中西医结合外科杂志,2002;(2):70

申康. 六味地黄汤合增液汤治疗原发性干燥综合征30例. 山东中医杂志,2002;(8):467

沈斐. 养阴解毒汤治疗生殖器疱疹. 中国中医急症,2001;(6):371

孙振杰,孙宝田. 中西医结合治疗血栓闭塞性脉管炎35例. 河北中医,2002;(2):138

T

谭幸生. 民间草药组方外治慢性骨髓炎100例. 中国

民族民间医药杂志，1999；(6)：331

唐丽，许保华，唐文生，等. 脉络通颗粒治疗血栓闭塞性脉管炎的作用机理. 中国中医药信息杂志，2002；(1)：32

陶小英. 季文煌治疗甲状腺疾病经验. 中医杂志，2002；(6)：417

W

王慧，刘维，左芳. 润燥合剂治疗干燥综合征 40 例疗效观察. 天津中医学院学报，2000；(2)：29

王赛. 中西医结合治疗下肢慢性化脓性骨髓炎 445 例. 实用中医药杂志，1998；(12)：26

王勇，马利，汪庆平，等. 中西医结合治疗血栓闭塞性脉管炎 360 例. 中国中西医结合杂志，2002；(10)：789

王春丽，王嵩峰，王杞红. 中西医结合治疗轻型慢性骨髓炎. 中医正骨，2002；(9)：20

王凤仪，赵党生. 中医辨证治疗小儿脱肛 50 例. 中医杂志，2002；(3)：205

王更生，漆永平，徐学武，等. 儿茶外用治疗初发性生殖器疱疹 39 例. 中医外治杂志，2001；(6)：42

王克非. 消痔浴治疗炎性外痔 85 例临床观察. 中医外治杂志，2002；(5)：43

王榴慧，周莲宝. 清热利湿合剂治疗儿童过敏性湿疹 648 例临床疗效观察. 上海中医药大学学报，2002；(1)：26

王鹏宇，王静. 辨证治疗干燥综合征 73 例. 浙江中医杂志，1997；(4)：164

王晓红，高国宇. 桃红四物汤治疗慢性荨麻疹 79 例. 福建中医药，2002；(1)：42

王雅娟，董西林，陈琪，等. 活血通络汤治疗寻常型银屑病 80 例. 陕西中医，2002；(9)：796

王亚美，潘淮. 火把花根片治疗面部激素依赖性皮炎 120 例临床观察. 中国皮肤性病学杂志，2002；(5)：314

王志兴，陶冬青. 陈如泉诊治结节性甲状腺疾病的经验. 中医杂志，2002；(8)：574

王作端，潘凌云，刘镔. 痔瘘术后并发大出血原因分析与防治对策. 中国中医急症，2002；(2)：101

韦福生. 复方白及散应用于痔瘘术后止血的体会. 黑龙江中医药，2002；(3)：36

魏跃钢. 辨证治疗脂溢性脱发 84 例. 南京中医药大学学报，2002；(4)：251

吴阿娇. 活血通络法外治乳腺增生症 60 例. 福建中医药，2002；(4)：13

吴大庆，吴光宇. 中西医结合治疗荨麻疹 50 例报告. 中医药信息，2002；(2)：58

吴国琳，范永升. 益气养阴祛瘀法治疗原发性干燥综合征 37 例. 浙江中医杂志，2002；(10)：423

吴兰朝. 桃红四物汤加减为主治疗骨髓炎 190 例. 安徽中医临床杂志，2001；(4)：315

武锐. 芪倍提肛汤加减治疗小儿脱肛的临床体会. 中国中医药信息杂志，2000；(1)：66

X

夏万夫. 中西医结合治疗慢性化脓性骨髓炎 185 例临床总结. 实用医学杂志，1999；(9)：760

谢长明，黄玉蓉. 消痔液治疗小儿直肠脱垂 126 例. 湖南中医药导报，2002；(4)：170

邢宝春，张丽娟，顾生元，等. 病灶清除术及中医药治疗溃疡型颈淋巴结结核疗效观察. 中国中西医结合杂志，1999；(4)：247

邢占敏，刘红英. 舒肝散防治肛肠术后便秘 36 例疗效观察. 实用中医药杂志，2002；(4)：10

熊南江，汪萍. 决杞冲剂防治肛门术后便秘 78 例. 中国中医药信息杂志，2002；(4)：58

徐明怡. 混合痔术后肛缘水肿临床分析. 实用中医药杂志，2002；(6)：8

徐志明，徐云，赵思哲. 综合疗法治疗复发性尖锐湿疣 33 例临床观察. 中医杂志，2002；(6)：442

Y

杨汉兴，陈心清，邓以文，等. 杨氏生发胶囊治疗脱发 126 例. 陕西中医，2002；(9)：788

杨金禄，陶孟. 芍药甘草汤加味治疗肛门病术后尿潴留 40 例. 江苏中医药，2002；(8)：22

杨茂森，程先能. 大承气汤高位低压灌肠法治疗急性胰腺炎 60 例. 中国中西医结合外科杂志，2002；(2)：116

杨素梅. 甘利欣注射液治疗银屑病 86 例. 中国中医急症，2002；(3)：226

杨文喜，李秀梅，高敏. 自制祛癣复容胶囊治疗寻常型银屑病 166 例. 内蒙古中医药，2002；(2)：12

杨玉峰，杜少辉，杨瑛. 温胆汤加减治疗生殖器疱疹的临床研究. 河北中医药学报，2000；(3)：10

叶植安. 健脾和胃升清降浊法治疗慢性胆囊炎. 湖北中医杂志，2002；(8)：30

尹玉锑，张小艺. 血竭胶囊促进痔科术后伤口愈合的临床观察. 河北中医，2002；(3)：171

于建斌，尹光文，何秋波，等. 参芪片辅助治疗复发性生殖器疱疹的临床疗效及其免疫调节作用. 中国中西医结合杂志，2001；(11)：831

于显章，李晓虹，薛广成. 中药内外兼治颈淋巴结核未溃型 65 例. 中医药信息，2000；(2)：37

余纪芬. 首乌生发丸治疗斑秃 50 例. 四川中医，2002；(3)：65

袁少英. 中西医结合治疗复发性生殖器疱疹 42 例疗效观察. 新中医，2001；(12)：38

Z

张宁，陆洪光，邓艳，等. 藤黄外用治疗生殖器疱疹患者的临床疗效和实验室研究. 中华皮肤科杂志，2000；(3)：167

张广利. 五虫通脉汤治疗血栓闭塞性脉管炎 70 例. 湖南中医杂志，2002；(3)：52

张国峰，白金广，杨强. 中西医结合治疗慢性骨髓炎 190 例报告. 中医正骨，1999；(10)：31

张国山，邢光明，冯秉安. 金石通治疗胆石症 180 例. 中国中西医结合外科杂志，2002；(1)：45

张立亭，傅新利. 张鸣鹤辨治干燥综合征经验. 山东中医药大学学报，2000；(2)：120

张小荣，龚兵，陈菊胜. 化瘀消癖胶囊治疗乳腺腺病和乳房纤维囊性增生症 258 例临床总结. 甘肃中医，2002；(3)：46

张兴苹. 自拟凉血清肺饮治疗激素依赖性皮炎. 中国医药学报，2000；(6)：78

张映梅，李吉寿，杨葆，等. 十味蒂达胶囊治疗慢性胆囊炎 70 例. 中国中医药信息杂志，2002；(3)：92

张永熙，关新生，李忻红. 综合疗法治疗银屑病性红皮病 56 例. 辽宁中医杂志，2002；(6)：343

赵国华，李慧，李瑞云. 中药排尿饮治疗肛门直肠术后尿潴留疗效观察. 现代中西医结合杂志，2002；(7)：615

赵丽隽，赵萍平. 脐疗法治疗丘疹性荨麻疹 118 例. 中医外治杂志，2002；(5)：25

赵喜新，王和平，刘茂林，等. 消炎化石丹治疗胆色素结石的实验研究. 河南中医，2002；(1)：23

赵先明，陈铭，王峻，等. 胆道排石合剂对实验性致石胆汁有形成分的影响. 新中医，2002；(4)：77

赵雅梅，陈凯. 不同剂型多皮饮治疗慢性荨麻疹疗效观察. 山西中医，2002；(1)：19

郑培永，牛颖. 朱氏养肝柔肝汤治疗胆囊结石. 湖北中医杂志，2002；(1)：11

周涛，荣文平，陈柏楠，等. 益气活血法治疗闭塞性动脉硬化症 60 例临床研究. 中医杂志，2002；(12)：907

周聪和. 补肾养血胶囊治疗斑秃 91 例临床观察. 新中医，2002；(1)：26～27

周聪和. 愈银胶囊治疗寻常型银屑病 61 例临床研究. 新中医，2002；(10)：27

周端求. 中西医结合治疗急性水肿型胰腺炎 60 例. 新中医，2002；(1)：35

周战陆，孟保. 九仙软膏外用结合化疗治疗颈部淋巴结核 80 例. 山西中医，2002；(4)：54

(八)骨伤科

【概述】

2002年度在中医骨伤科专业杂志和中医综合性杂志上发表的中医骨伤科论文约2 450篇,以临床报道为主,其次是实验研究和理论探讨。临床多采用中医辨治,突出了中医的特点和优势;实验多采用新方法,证实中医骨伤科辨治的客观性及深化中医理论在骨伤科的应用。中华中医药学会骨伤科分会第三届理事会成立大会于2002年11月30日在上海举行,确定学会的工作目标是,努力通过继承、发掘、整理而提高,并借助现代科技包括现代医疗技术,更多地显示出中医药的特色和优势。同时加强基础研究,进一步阐明中医骨伤科基本理论的内涵和临床疗效机理。

1. 理论继承及探讨

齐秀娟等对《千金方》骨伤科成就进行总结,指出这部巨著将在当前和今后的中医骨伤科理论及临床研究中发挥重要作用。朱通伯等通过分析长管状骨AO(切开复位内固定)手术治疗中的大范围剥离骨膜和软组织,破坏了骨组织的营养,许多成骨细胞缺乏营养而死亡,进而可能造成"骨不连"。反对AO未经长期考验的手术技术在我国推广,指出AO在不断发展,AO新生物学手术接骨内固定(BO)已向中国传统治疗骨折观点靠拢。四肢闭合性骨折若无并发症一般不需手术治疗,闭合复位达到功能复位即可。

2. 临床研究

约有1 500篇报道,其中骨折和脱位约占40%,骨病30%,筋伤20%,内伤和其他10%。颈椎病、骨质疏松症、腰椎间盘突出症、膝骨关节炎等的治疗本卷已设专条介绍。周英杰等为提高颈椎双侧关节突脱位的复位成功率,缩短复位所需时间,借鉴"平乐正骨八法",摸索出整复"三步法",即拔伸牵引、端提挤按、旋转复位,临床证实该法具有复位成功率高、用时短等特点,可有效地减轻脊髓的继发性损害,无明显的神经并发症。孙献武等对89例浮动肘关节损伤患者的治疗加以回顾分析,显示闭合穿针内固定结合开放内固定治疗结果优于开放内固定,有神经症状的此类损伤并非均需神经探察。张贤等采用羌活汤治疗痛风性关节炎,近期有效率93.8%,远期有效率82.5%,与秋水仙碱对照组比较,近期疗效无显著性差异,远期疗效远高于对照组,体现了中医药在治疗痛风方面的优势。陈志雄等主要采用旋翻松解、内外扣解、抱迫靠拢等正骨14法整复,结合上肢外展前臂半屈位皮牵引加小夹板外固定,治疗肱骨下段蝶形粉碎骨折36例,临床愈合时间平均为48日,认为该法治疗肱骨下段蝶型骨折,可避免手术带来的并发症,能作早期关节功能锻炼,骨折愈合快,疗效确切。

3. 实验研究

王拥军等用免疫组化检测血管内皮因子(VEGF)在软骨终板的表达情况,结果益气化瘀方可以增加血管牙数量和VEGF的表达,促进血管修复、再生和增加椎间盘营养供应。高根德等评价了复方中药和磷酸柠檬酸(PC)对强直性脊柱炎模型鼠的治疗效果,将46只基因缺陷鼠分成5组,结果中药高剂量组和PC对控制脊柱和骶髂关节的骨化有明显疗效,但PC优于中药组。郭玉海等以TNF、IL-2为指标探讨强直汤对强直性脊柱炎的治疗机理,证实该方法具有明显降低佐剂性关节炎模型体内TNF水平的作用,并可双向调节免疫异常小鼠体内IL-2水平。刘少军等用^{60}钴γ射线大剂量照射小鼠造成骨髓微循环损伤模型,证实生脉成骨胶囊可明显降低骨髓微血管的通透性、抑制骨髓血窦扩张和微小血栓形成、改善血流动态和毛细血管的充盈,减轻骨髓微循环的损害,促进血窦的修复,说明生脉成骨胶囊保护和治疗骨髓微循环损害的作用可能是其预防和治疗股骨头坏死的药理基础。

4. 获奖情况

2002年度,上海中医药大学获得中华医学科技奖三等奖(益气化瘀法延缓椎间盘退变的机理研究)和教育部自然科学奖一等奖(补肾中药综合改善骨骼质量作用优势的新认识)。北京中医药大学获得教育部科技进步奖二等奖(针刀医学——小针刀疗法)。

(施　杞　周　泉)

【肱骨外科颈骨折的治疗】

雷文涛等用摆臂皮牵引固定法治疗肱骨外科颈骨折43例(外展型15例,内收型20例,粉碎型8例)。治法:取一块6～8 cm见方的中央有孔的扩张木板,放在6～8 cm宽并与肢体长度相宜的胶布条中间。在扩张木板孔处将胶布钻孔,穿绳打结,再将胶布两端沿中线撕开10～15 cm,然后拉紧胶布,平整贴在伤肢骨折远端内外侧皮肤上,完成皮肤牵引制作。白天下床活动时悬垂摆臂皮牵引,牵引重量2～3 kg,摆臂时作前后单摆运动,前后摆动幅度夹角以60°为宜,过大或过小则失去作用。卧床休息时肩关节中立位以床边滑轮牵引,牵引重量3～4 kg,以维持骨折复位。牵引后每日测量肢体长度,防止过度牵引。共治疗3周。全部病例均获得平均10.5个月的随访。根据尚天裕等的肩关节功能标准判定疗效:优(前屈外展、上举及内外举较健侧差15°以内),良(上举及内外举较健侧差25°,外展及后伸正常),满意(肩关节各个方向活动旋转较健侧差45°以内)。结果:除4例因皮肤过敏而放弃摆臂皮牵引固定法,改用手法整复小夹板固定外,其余病例优良率为92.3%(36/39),满意率为7.7%(3/39)。而改用手法整复小夹板固定的4例,肩关节功能则达不到满意。认为该法能在保持骨折断端相应解剖关系的同时,保留了使骨折断端持续接触相互嵌插的有利活动,能刺激骨痂生长,有利于骨折愈合,增加骨的强度和刚度。欧长代等报道难复性肱骨外科颈骨折三种治疗方法的比较。69例患者均为严重移位、不稳定性闭合新鲜骨折。①切开复位钢板内固定组(20例):采取经三角胸大肌间沟的切口,必要时可作三角肌锁骨缘分离,以增加手术显露,准确复位后,可根据骨折类型和骨折线高低选用普通钢板、T型钢板或双角钢板内固定。②小切口撬拨复位骨圆针固定组(24例):采用沿三角肌前侧中段作一长约3～4 cm切口,显露骨折端。肱骨头上方前内、前外两处斜打入骨圆针作把手,以控制肱骨头在关节盂内滑动,然后进行对抗牵引复位与小切口内行骨折端撬拨相配合,即可达到满意复位。以两枚骨圆针于前内及外侧(或平行于一侧)肱骨干上端距骨折线2～3 cm处斜形钻入。③经皮撬拨克氏针内固定组(25例):采用经皮骨圆针固定肱骨头作为把手,协同对抗牵引复位。以注射针头在复位后骨折端前、外侧两处探明骨折复位情况,对复位不满意者,在经皮骨圆针经骨折处撬拨协同复位,位置满意后,经皮骨圆针交叉或平行一侧斜形经过骨折端固定。术后均颈腕带悬吊伤肢。结果:经6个月至13年随访,按尚天裕的肩关节功能恢复标准发现,切开固定组优占50%(10/20),良占30%(6/20),优良率为80%(16/20);小切口固定组优占83.3%(20/24),良占12.5%(3/24),优良率为95.8%(23/24);经皮固定组优占76%(19/25),良占20%(5/25),优良率为96%(24/25)。术后X线摄像发现,切开固定组优占90%(18/20),良占10%(2/20),优良率为100%(20/20);小切口固定组优占79.2%(19/24),良占16.7%(4/24),优良率为95.8%(23/24);经皮固定组优占44%(11/25),良占36%(9/25),优良率为80%(20/25)。提示经皮固定组的肩关节功能恢复优良率较高,而切开固定组的X线像显示其优良率较高,3种治疗方法各有特点;而微创下准确整复、有效的内固定、尽可能早的肩关节功能锻炼和动静结合、筋骨并重的治疗原则可使骨折愈合和功能恢复同时并进。梁启明等报道手法整复4块夹板超肩关节固定治疗肱骨外科颈骨折108例,按国家中医药管理局的《中医病证诊断疗效标准》评定疗效,108例中有98例得到随访,随访时间3个月至2年半;结果:治愈率为58.2%(57/98),好转率为32.7%(32/98),治愈好转率为90.8%(89/98)。董泽顺报道中西医结合治疗老年移位性肱骨外科颈骨折52例(治疗组),并与单纯用传统中医疗法治疗的45例(对照1组)和西医疗法治疗的39例(对照2组)作对照观察。治疗组治法:①针顶加手法整复、经皮穿针内固定。患者仰卧,行臂丛神经阻滞麻醉,若有脱位,手法整复脱位后将患肢置于外展90°位置,自腋窝肱动脉搏动点前缘斜向肱骨头钻入1根3.0 mm骨圆针,另一助手握住肘部行对抗牵引,术者对骨折进行手法整复后,分别经皮钻入2根2.5 mm骨圆针固定,使针尖位于肱骨头内,针体与三角肌粗隆相交,拔除腋窝内骨圆针,屈肘90°悬吊于胸前,术后4～6周拔除内固定骨圆针。

②药物治疗。内服中药按骨折分期辨证论治；患处局部外敷活血接骨膏(大黄、泽兰、南星、乳香、没药、黄柏等)；后期以活血止痛、舒筋活络之中药煎水薰洗(海桐皮、艾叶、伸筋草、威灵仙、乳香、没药等)。③练功疗法。复位固定后，即可行握拳、前臂旋转及腕关节活动，1周后肘关节做屈伸活动，10日可耸肩，3周可做肩关节各个方向活动。④后期配合理筋手法及理疗。对照1组治法：手法复位、小夹板或上肢外展支架固定；患部外敷活血接骨膏，按骨折分期辨证论治内服中药；练功疗法；理筋手法治疗。对照2组治法：开放复位、内固定；抗生素、止血药物等对症治疗；功能锻炼；理疗。疗效标准按国家中医药管理局的《中医病证诊断疗效标准》，3组患者随访时间平均(18.25±10.36)月。结果：治疗组治愈率为86.5%(45/52)，好转率为13.5%(7/52)；对照1组治愈率为62.2%(28/45)，好转率为33.3%(15/45)；对照2组治愈率为25.6%(10/39)，好转率为51.3%(20/39)；治疗组治愈率优于对照1组和对照2组($P<0.05$和$P<0.01$)。认为中西医结合治疗突出了内外兼治、筋骨并重、动静结合的特点，能保证肩关节功能最大程度的恢复。

(方东行 孟 迁)

【腰椎间盘突出症的治疗与研究】

周正新等应用活血通络汤(黄芪、当归、桃仁、红花、川芎等)治疗腰椎间盘突出症术后麻木综合征60例(观察组)，与采用维生素B_1和芬必得治疗的28例作对照(对照组)，以术后患肢麻木、疼痛和肌力减弱的改善情况为指标观察其疗效。结果显示观察组临床疗效明显优于对照组($P<0.01$)。提示活血通络汤能够促进神经传导功能的恢复，疗效确切。毕衡等就中草药对腰椎间盘突出症的疗效进行探讨。123例根性腰椎间盘突出症患者中64人接受除中草药外的全部保守治疗；59人接受全部保守治疗及中草药(当归、牛膝、续断等)内服。凡保守治疗失败者接受手术治疗。结果：经平均9.8个月的随访，64例中38例失败，59例中17例失败；两组有显著性差异($P<0.05$)，说明中草药内服是一种治疗根性腰椎间盘突出症的有效方法。刘学东对106例腰椎间盘突出症采用牵引、手法、功能锻炼结合药物治疗。随访1～5年，结果优良率为90.6%。叶德宝等采用分组对照的方法对电针、牵引配合推拿复位手法分期治疗腰椎间盘突出症进行了临床观察。结果显示早期以电针和牵引为主，中后期以推拿手法复位法为主，同时配合电针和骨盆牵引的分期治疗方法，能提高临床疗效。赖辉将235例本病患者随机分为治疗组和对照组。治疗组(115例)采用针刀加牵引推拿治疗，对照组(120例)单用牵引推拿治疗。结果：治愈率分别为71.3%、47.5%，有非常显著性差异($P<0.01$)。庄子齐等采用针刺外丘、侠溪、金门、委中、委阳、阿是穴，配合自制痹痛散外敷阿是穴、腰阳关、大肠俞、关元俞、环跳、阳陵泉等穴，治疗急性期腰椎间盘突出症33例，并随机选择30例以常规针刺治疗作对照。结果：总有效率分别为87.9%、66.7%，均有显著性差异。认为其作用可能与促进局部血运、解除神经压迫有关。章岳娟等为了解功能锻炼在配合治疗腰椎间盘突出症中的作用，将保守治疗的108例随机分为功能锻炼组(观察组)和非功能锻炼组(对照组)进行疗效比较。结果：观察组总有效率为96.6%，与对照组比较，有显著性差异($P<0.01$)。周重建等采用免疫组化和激光共聚焦扫描技术，观察大鼠L_5神经根受压后给予益气化瘀方(黄芪、人工麝香等)治疗神经肌肉结合部施旺细胞在神经再生过程中的表现，发现肌肉失神经支配后，益气化瘀组的末梢施旺细胞在神经肌肉结合部聚集，出芽数量及突起的延长均明显优于对照组，神经再生期间，末梢施旺细胞与运动终板的接触面及肌肉结合部的再构筑亦优于对照组。提示益气化瘀方能促进施旺细胞的增生及提高其再生功能，加快神经肌肉结合部的重建，缩短神经再生修复过程。段戡等对1 283例本病住院患者的证型进行分类与统计。比例较高的前5种依次是气滞血瘀证、肝肾亏虚证、肝肾亏虚并寒湿阻络证、寒湿阻络证、气滞血瘀并肝肾亏虚证。提示气滞血瘀证与肝肾亏虚证是腰椎间盘突出症的两种最常见的证型。认为本病的病机是肝肾亏虚、气滞血瘀以及风寒湿热阻络，其核心是经气不利。

(王拥军 周 泉)

【膝骨关节炎的治疗与研究】

林新晓等采用中西医不同方法治疗膝早期骨性关节炎患者238例，参照1976年HSS膝关节评分系统和1989美国膝关节外科学会评分系统将临床疗效分为优、良、中、差4级。中药(黄芪、丹参等)内服组(62例)，优良率为83.8%；关节内注射透明质酸钠疗法 27 例，优良率为 66.7%；关节内注射类固醇(33 例)，优良率为 75.8%；关节冲洗术(98 例)，优良率为 82.1%；关节镜手术(18 例)，优良率为 83.3%。提示中药内服可应用于各期关节炎中，关节内注射可作为辅助治疗，关节冲洗可有效减轻局部症状，有条件的医院可采用关节镜。周岳君等采用中药薰洗结合推拿、中药内服结合薰洗和中医综合疗法治疗膝骨性关节炎 290 例，随机分为 3 组，并将所有病例按 2∶1 比例分为治疗组和对照组。结果显示治疗组在单项症状改善和临床疗效上优于对照组($P<0.01$)，各治疗组组间疗效相仿，但以中医综合疗法较为理想。孔熙春用腾药梅花针结合治疗膝骨关节炎 50 例，结果：痊愈率为 60%(30/50)，显效率为18%(9/50)，总有效率为 88%(44/50)。该法利用腾药之热、梅花针辨证叩打体表一定部位，使气血经络通畅、关节滑利，达到治疗目的。

俞杰等观察针刀疗法疗程前后兔膝关节炎模型关节液中 IL-1β、IL-6、TNF-α 水平的变化，探讨针刀治疗膝骨关节炎的机制。将造模动物分为三组，A 组动物给予针刀治疗，配合以关节手法治疗；B 组动物只予以关节手法治疗；C 组不作任何处理。采用放免测定 A、B 两组治疗前后关节液中 IL-1β、IL-6、TNF-α 水平。结果：同 B 组相比，治疗后 A 组关节液中 3 种细胞因子水平明显降低($P<0.01$)；A 组治疗前后关节液中 IL-1β、IL-6 水平亦明显下降($P<0.05$)。认为针刀疗法能通过对关节周围经络循行部位上筋结的治疗，逐步恢复关节动力学的动态平衡，从而抑制关节液中 IL-1β、IL-6、TNF-α 水平的异常增高，达到治疗膝骨关节炎的作用。黄枫等为了解补肾强膝方(淫羊藿、补骨脂等)对绝经后妇女膝骨性关节炎的影响，采用该方治疗绝经后妇女膝骨性关节炎 38 例，对患者治疗前后血清雌二醇(E_2)和膝关节日常生活功能评定进行比较，结果表明补肾强膝方能提高患者血清雌二醇的含量($P<0.05$)，膝关节功能明显改善。

(王拥军　周　泉)

【骨质疏松症的治疗与研究】

吕朝晖等将 90 例原发性骨质疏松症(OP)患者随机分为两组，分别应用加味补肾壮筋汤(熟地黄、当归、牛膝等)和活性钙冲剂治疗，测定治疗前后腰椎骨密度，观察临床症状和体征改善情况。结果：加味补肾壮筋汤治疗组骨密度定量测量有明显提高($P<0.05$)，疼痛症状改善，疗效明显优于活性钙冲剂治疗组。聂伟志等分析女性骨质疏松症患者骨密度与体重、身体组成成分、肌力等的关系，从生物力学角度探讨骨质疏松症的危险因素。选取股骨颈骨密度 T 值低于同性别年轻人骨密度峰值-2SD 者，诊为 OP 患者。用 Excel 软件分析骨密度与体重、体重指数、全身脂肪含量、下肢肌肉分布、下肢最大肌力的相关系数。结果显示，体重、体重指数、肌肉分布、最大肌力是股骨颈骨密度的影响因素。身体组成成分中主要是肌肉对骨密度起决定作用；肌肉主要通过动态负荷即肌力对骨密度产生影响。李福安等为探讨周围神经功能性电刺激对原发性骨质疏松症的防治作用，选用 4 月龄 SD 大鼠 30 只，随机分为假手术组、去卵巢组和去卵巢电刺激治疗组 3 组。8 周后取右胫骨上段不脱钙骨切片进行骨形态计量学分析。结果显示，周围神经功能性电刺激可以提高骨小梁面积百分率，改善骨小梁结构，但仍维持原有的高骨转换率，认为周围神经电刺激可作为原发性骨质疏松症的一种防治手段。萧劲夫等以去卵巢小鼠、去卵巢大鼠以及体外培养的人成骨细胞为模型，系统研究了健骨二仙丸(鹿角、龟版等)治疗 OP 的疗效、安全性和机理。发现该方对 OP 的治疗安全有效，且有着激素替代类药物不同的复杂作用机制，认为对 NO、NOS 信号系统的双向调节作用是健骨二仙丸治疗 OP 的途径之一，该方对 OP 的治疗主要是通过调控骨骼功能性结构中有机成分的含量和构建形式来实现的。涂平生等探讨腰椎各期退行性变与不同程度骨质疏松的关系。收集 122 例腰椎不同时期退行性变的病例，将其 CT、MRI 和 X 线平片进行临床分析。结果 122 例腰椎退变与骨质疏松程度的构成比中，除椎间盘膨出病例外，其余椎间盘突出、椎间盘脱出及椎管狭窄的构成比随骨质疏松程度加重而增高。认为骨质疏松严重程度与脊椎退行性变临床表现密切相关。治疗腰椎退行性变的同时，应积极治疗骨质疏松，才能提高临床疗效。

(王拥军　周　泉)

【颈椎病的治疗与研究】

梁文参照 1993 年全国颈椎病座谈会诊断标准，采用正骨手法(在颈肩背部揉、弹拨、分筋理筋及旋转复位)配合枝川注射液(生理盐水、地塞米松)注入肌痉挛最明显处，治疗椎动脉型颈椎病 89 例。该疗法从筋骨角度，一方面考虑小关节紊乱，另一方面考虑肌紧张及肌痉挛，可改善椎动脉供血。结果：痊愈率为75.3%(67/89)，显效率为14.6%(13/89)，总有效率为97.8%(87/89)。黄日一等观察灯盏花注射液治疗椎动脉型颈椎病疗效，采用中药灯盏花注射液颈椎管给药24例与康宁克痛组19例对比观察。结果：灯盏花注射液治疗组有效率为90%高于对照组的75.4%($P<0.05$)。赵新梅对52例口服止眩灵(党参、黄芪、葛根等)的患者治疗前后做经颅多普勒超声检查以及血液流变学指标检测，结果显示治疗后椎动脉血流速度异常增高者有明显减低，血液流变学指标有较明显改善。认为该药可缓解血管痉挛，并降低血液黏稠度，从而改善椎-基底动脉供血不足的症状。罗仁瀚等观察电针、局部封闭与颈椎牵引配合神灯综合治疗神经根型颈椎病的疗效。电针、局部封闭与颈椎牵引配合神灯综合治疗神经根型颈椎病91例(A组)，并与局部封闭、颈椎牵引配合神灯治疗65例(B组)、颈椎牵引配合神灯治疗51例(C组)作疗效比较。结果：A组疗效明显优于B、C组($P<0.005$)。徐克武等采用二五通痹汤(五加皮、五味子等)外洗配合手法治疗155例神经根型颈椎病，与骨质宁擦剂治疗60例对比，其疗效有显著差异($P<0.01$)。施杞等建立了风寒湿颈椎病动物模型。实验选用8月龄雄性新西兰白兔，采用刺激条件是温度(5±0.5)℃，湿度100%，风力6级，按轻、中、重度刺激组的不同要求，分别给予32 h、64 h和128 h的间断重复刺激，每日刺激4 h。采用^{3}H－I型胶原蛋白法和免疫一步夹心法检测，结果显示轻度刺激组变化不明显，中、重度MMP－1和MMP－3活性升高明显，中、重度刺激组MMP－1、MMP－3活性明显高于轻度刺激组。说明中、重度风寒湿刺激加速椎间盘细胞外基质降解，导致颈椎间盘退变。王拥军等进行了大鼠颈椎间盘软骨细胞凋亡的研究。通过建立动静力失衡性颈椎间盘退变模型，采用透射电镜、TUNEL法、流式细胞仪PI法检测造模3个月、5个月、7个月后椎间盘软骨细胞凋亡程度，发现退变椎间盘内有典型凋亡的软骨细胞，5个月、7个月较3个月模型组软骨细胞凋亡指数明显升高，提示退变椎间盘软骨细胞凋亡数目增多可能是椎间盘退变的重要机理之一。王氏等还进行了大鼠颈椎间盘组织基因表达谱的研究。在建立动静力失衡性大鼠颈椎间盘退变模型的基础上，从5个月对照组和模型组大鼠颈椎间盘中抽提mRNA，经反转录分别用Cy3、Cy5荧光标记，获得两组动物椎间盘cDNA的探针，再与包含512个cDNA基因表达谱芯片杂交，共筛选出18条表达有差异的基因，11条基因表达量明显下降，其中细胞信号转导类有4条；7条基因表达量明显上升。说明退变大鼠椎间盘发生基因表达的调节变化，细胞内外的信号转导参与了椎间盘退变过程，这些研究对进一步阐明颈椎病在基因水平上的发病机理有重要的作用。他们观察了益气化瘀方(黄芪、人工麝香等)对大鼠颈椎间盘软骨终板内血管的影响，发现该方有增加血管芽数量和VEGF的表达，促进血管修复、再生和增加椎间盘营养供应的作用。林斌等通过建立完整的颈段脊柱三维空间有限元模型，对前屈、后伸0°～30°共11种不同牵引体位下的钩椎关节应力分布及横突位移情况进行分析。正常钩椎关节所受应力主要为纵轴上的压应力，力值以$C_{5\sim6}$、$C_{5\sim7}$为较大，横突间距离稍有减少，在牵引作用下，钩椎压应力可转变为拉应力，横突间距可拉大，且随角度的加大而逐渐加大。认为颈椎牵引的角度早期应为0°～10°，后期则应结合临床、影像学诊断选择合适的角度。

(王拥军　周　泉)

【头部内伤的治疗】

程瑞艳报道52例脑挫裂伤后综合征。患者受伤后均作CT检查，确诊有脑挫伤、脑内血肿、蛛网膜下腔出血、硬膜下积液、颅底骨骨折等损伤，且诊断符合CCMD－3标准(中国精神障碍分类诊断标准)。药用抗脑衰胶囊(何首乌、熟地黄、枸杞子、山药、人参、黄芪等)，每次口服5粒，每日3次；配合心理疏导及认知治疗；共治疗3个月。采用日本川谷氏痴呆量表(HDS)及生活量表(ADL)检查，评定治疗前后智能及生活能力恢复状况，并征求患者自身对照治疗前后临床症状的变化及对疗效的评价。结果发现，患者治疗后记忆力及生活能力提高，头痛、脑晕、疲乏、情绪不稳、睡眠障碍、胸闷、心悸等自主神经功能失调症状均有改善。其中痊愈(症状完全消失)率为3.8%(2/52)，显效(症状明显消失)率为50%(26/52)，进步(症状部分消失)率为38.5%(20/52)；总有效率为92.3%(48/52)。患者血尿常规、心电图、肝功能检查，均未发现异常。HDS、ADL治疗前后评分比较显示：HDS为(21±4、88±2)，ADL为(54±10、38±14)，治疗前后比较，

$P<0.05$。认为该方对脑挫裂伤后综合征有较好疗效，尤其能改善智能、提高生活能力和增强体质。张良等将 62 例脑挫裂伤患者随机分成中西医结合治疗组(34 例)和西医常规治疗对照组(28 例)。两组患者均按西医常规治疗原则应用脱水剂、止血剂及营养脑细胞药物等治疗。中西医结合治疗组在外伤 24 h 后加服血府逐瘀汤(桃仁、当归、柴胡、牛膝、红花、赤芍药等)，每日 1 剂，治疗 21～30 日。结果发现治疗组伤后 14 日的 CT 扫描出血吸收率为 90.6%，对照组为 59.3%，组间比较，$P<0.05$；两组患者原发性意识障碍恢复的平均日数分别为 2.3 日和 2.2 日，无显著性差异($P>0.05$)。认为该方能较好地促进脑挫裂伤患者脑出血的吸收。李献忠等将 300 例急性硬膜外血肿患者分成中西医结合治疗组(220 例)和西医常规治疗对照组(80 例)。两组患者均按西医常规治疗原则应用脱水剂、止血剂及营养脑细胞、抗感染药物等治疗。中西医结合治疗组加服祛瘀消肿合剂(三七、丹参、当归、红花、厚朴、石菖蒲等)。结果发现治疗组除 4 例中途转手术外，其余病例血肿吸收时间、临床症状消失时间均明显优于对照组($P<0.001$)。黄谊以自拟宁脑汤(黄精、牛膝、川芎、天麻、白芷、䗪虫等)口服治疗脑震荡后遗症 47 例。经 14 日治疗后，痊愈(症状全部消失，生活及工作恢复如常，连续观察 6 个月以上未复发)率为 78.7%(37/47)，显效(症状明显减轻，能参加部分工作)率为 17%(8/47)，总有效率为 95.7%(45/47)。

(方东行　孟　迁)

[附]　参考文献

B

毕衡，米兰英，王景红，等. 中草药治疗腰椎间盘突出症 123 例疗效观察. 中医研究，2002；(2)：32

C

陈志维，熊昌盛，卢绍燊. 皮牵加小夹板外固定治疗肱骨下段蝶形粉碎骨折. 中国中医骨伤科杂志，2002；(2)：42

程瑞艳. 抗脑衰胶囊在脑挫裂伤后综合征中的应用. 浙江中西医结合杂志，2002；(9)：547

D

董泽顺. 中西医结合治疗肱骨外科颈骨折 52 例. 湖南中医杂志，2002；(4)：15

段戟，邓博，罗毅文. 腰椎间盘突出症证型分析. 中国中医骨伤科杂志，2002；(2)：25

G

高根德，Hollis E Krug. 中药治疗强直性脊柱炎的实验研究. 中国中医骨伤科杂志，2002；(1)：11

郭玉海，史红霞，王明喜，等. 强直汤治疗强直性脊柱炎的疗效与免疫性炎症因子关系的实验研究. 中医正骨，2002；(11)：3

H

黄枫，唐勇，郑晓辉，等. 补肾强膝方对绝经后妇女膝骨性关节炎的影响. 中医正骨，2002；(4)：12

黄谊. 宁脑汤治疗脑震荡后遗症 47 例. 河北中医，2002；(6)：451

黄日一，黄旭. 中药灯盏花注射液治疗椎动脉型颈椎病 43 例. 中医药学报，2002；(3)：22

K

孔熙春. 腾药梅花针结合治疗膝骨关节炎 50 例临床报道. 中国中医骨伤科杂志，2002；(4)：37

L

赖辉. 针刀配合牵引推拿治疗腰椎间盘突出症 115 例临床观察. 新中医，2002；(5)：47

雷文涛，杨宝根，沈进稳. 摆臂皮牵引固定法治疗肱骨外科颈骨折. 中国骨伤，2002；(10)：606

李福安，李全，文宁. 周围神经功能性电刺激防治大鼠实验性骨质疏松的骨形态计量学研究. 中医正骨，2002；(6)：3

李献忠，滕安君，刘向东. 祛瘀消肿合剂治疗急性硬膜外血肿 220 例临床观察. 中医药研究，2002；(2)：9

梁文. 正骨手法配合枝川注射疗法治疗椎动脉型颈椎病 89 例. 中国中医骨伤科杂志，2002；(1)：30

梁启明，张风华. 手法整复 4 块夹板超肩关节固定治疗肱骨外科颈骨折. 中医正骨，2002；(6)：31

林斌，殷浩，汤兴华，等. 牵引治疗椎动脉型颈椎病的生物力学实验研究. 中国中医骨伤科杂志，2002；(1)：18

林新晓，刘劲松，梁朝，等. 膝骨性关节炎早期不同治

疗方法的疗效分析. 中医正骨,2002;(7):17

刘少军,王海彬,袁浩. 生脉成骨胶囊对骨髓微循环损害的影响. 中国中医骨伤科杂志,2002;(2):34

刘学东. 非手术疗法治疗腰椎间盘突出症 106 例. 辽宁中医杂志,2002;(6):357

吕朝晖,温振杰,吴少鹏,等. 加味补肾壮筋汤治疗原发性骨质疏松症临床观察. 中国骨伤,2002;(5):263

罗仁瀚,陈秀玲. 综合治疗神经根型颈椎病 91 例疗效观察. 新中医,2002;(1):45

N

聂伟志,石关桐. 生物力学因素与女性骨质疏松症患者骨密度的关系. 中国中医骨伤科杂志,2002;(3):1

O

欧长代,周云方. 难复性肱骨外科颈骨折三种治疗方法的比较. 中国骨伤,2002;(2):100

Q

齐秀娟,沈霖.《千金方》骨伤成就举要. 中国中医骨伤科杂志,2002;(3):52

S

施杞,王拥军,吴士良,等. 风寒湿刺激对家兔颈椎间盘 MMP-1,MMP-3 活行的影响. 中国骨伤,2002;(6):340

孙献武,于兰先,杨茂清,等. 浮肘损伤的损伤机制及其诊治. 中医正骨,2002;(3):17

T

涂平生,曾颖,黄自为,等. 不同程度的骨质疏松与腰椎退行性变的临床分析. 中国骨质疏松杂志,2002;(2):162

W

王拥军,施杞,李家顺,等. 大鼠颈椎间盘软骨细胞凋亡的研究. 中国矫形外科杂志,2002;(11):1311

王拥军,施杞,李家顺,等. 大鼠颈椎间盘组织基因表达谱的研究. 第二军医大学学报,2002;(6):1315

王拥军,施杞,沈培芝,等. 益气化瘀方对大鼠颈椎间盘软骨终板内血管的影响. 中国中医骨伤科杂志,2002;(4):1

X

萧劲夫,朱海,李昂,等. 益气补肾法防治原发性骨质疏松症. 中国中医骨伤科杂志,2002;(2):1

徐克武. 二五通痹汤洗剂治疗神经根型颈椎病疗效观察. 甘肃中医学院学报,2002;(1):18

Y

叶德宝,褚海林. 电针、牵引配合手法分期治疗腰椎间盘突出症的临床观察. 浙江中医学院学报,2002;(3):60

俞杰,明顺培,张秀芬. 针刀疗法对兔膝骨关节炎关节液中 IL-1β、IL-6、TNF-α 水平的影响. 中国中医骨伤科杂志,2002;(4):15

Z

张贤,黄波禹. 羌活汤治疗痛风性关节炎疗效观察. 中国中医骨伤科杂志,2002;(3):34

张良,张训,郭建雄,等. 血府逐瘀汤治疗脑挫裂伤的临床疗效观察——附:62 例病例报告. 成都中医药大学学报,2002;(2):6

章岳娟. 功能锻炼在腰椎间盘突出症针挑整脊治疗中的疗效观察. 按摩与导引,2002;(3):30

赵新梅,袁经林,姜世平. 止眩灵治疗椎动脉型颈椎病的作用研究. 颈腰痛杂志,2002;(2):93

周英杰,史相钦,李立新,等. 三步法复位颈椎双侧关节突关节脱位. 中国骨伤,2002;(4):193

周岳君,姚海清. 中医药疗法治疗中老年膝部骨性关节炎的临床研究. 中国医药学报,2002;(2):97

周正新,丁锷. 活血通络汤治疗腰椎间盘突出症术后麻木综合征临床观察. 中医正骨,2002;(2):14

周重建,施杞,王拥军. 益气化瘀方对腰神经压迫模型神经肌肉结合部施旺氏细胞的作用. 中国中医骨伤科杂志,2002;(6):1

朱通伯. 治疗长管状骨闭合性骨折一定要开刀吗. 中国骨伤,2002;(11):641

庄子齐,江钢辉. 针刺配合痹痛散外敷治疗急性期中央型腰椎间盘突出症疗效观察. 新中医,2002;(3):47

(九) 五 官 科

【概述】

2002年五官科发表的论文1 000余篇，其中眼科占40%，主要集中于视网膜病、内眼病、视神经病、角膜病及结膜病等的治疗及实验研究；耳科占12%，较集中于耳聋、梅尼埃病及中耳炎等的治疗与研究；鼻科占16%，集中于慢性鼻炎、变应性鼻炎、鼻窦炎及鼻出血等的治疗与研究；咽喉科占13%，以慢性咽炎、扁桃体炎及声带疾病等的治疗报道为多；口腔科占19%，多集中于口腔扁平苔藓、口腔溃疡及牙周病等的治疗。

1. 眼科疾病

(1) 眼底病。① 视网膜静脉阻塞的治疗，多以活血化瘀为主，苏藩等报道60例，以复方光明Ⅰ胶囊(血竭、水蛭、川芎、冰片等六味中药组成)口服，经治1～4个月，总有效率为95%(57/60)。② 裂孔性视网膜脱离，王勇等报道84例，随机分为治疗组和对照组各42例，均采用手术治疗，治疗组则在术前、术后服用中药。结果：治疗组与对照组的总有效率分别为95.2%(40/42)、85.7%(36/42)，平均治愈时间分别为3.7日、7.2日，组间比较，$P<0.01$。③ 糖尿病性视网膜病变(DR)的报道较多。郭连川等认为，目前对DR的发病机理多从以下两个方面论述，一是阴虚燥热、精血亏损；二是血瘀为主。欧阳永斌则报道，有研究表明发生本病的约60%为肥胖体型，70%～80%患者病前有肥胖史，且高脂血症与视网膜病变的严重程度成正相关。因此认为痰阻目络是本病的基本病机之一，与瘀血同样重要(详见专条)。④ 视网膜光损伤的治疗，岳红云等的临床研究表明，复方樟柳碱可以防止视网膜光损伤的进展，并修复损伤的视网膜非治疗区，改善视网膜功能。⑤ 老年性黄斑变性，魏建森报道35例70眼，以加减驻景丸(当归、楮实子、生地黄、熟地黄、五味子、枸杞子等)煎服及参麦注射液静脉滴注，并与用肌酐、三磷酸腺苷、辅酶A静脉滴注及维生素E、维生素C、维脑路通片等治疗的24例48眼作对照。两组的总有效率分别为74.3%(52/70)、52.1%(25/48)，组间比较，$P<0.01$。⑥ 视网膜疾病的动物实验研究方面，王毅等的研究表明，水蛭素对外伤性增生性玻璃体视网膜病变(PVR)过度的创伤修复过程所形成的增殖膜具有抑制作用，从而能防止因增殖膜形成后收缩所引起的视网膜脱离。其机制之一是抑制增殖细胞的过度增生，并可能通过抑制细胞外调节蛋白激酶信号传道通路起作用。苟立成等的研究表明，化瘀散结片(生蒲黄、丹参、水蛭)能提高闪光视网膜电图a、b波幅值，降低a、b波峰潜时，且与模型对照组比较有显著性差异($P<0.01$)。提示该制剂可防治PVR对视网膜的损害。彭清华等研究表明，散血明目片(三七、酒大黄、蒲黄、猪苓、防已、山楂、地龙、白茅根等)对兔玻璃体积血的早期能促进巨噬细胞的高趋化及对积血的清除，且能加速炎症反应过程，缩短炎症期限，进而预防PVR的发生发展。

(2) 内眼病。① 急性前葡萄膜炎，曹勤报道30例，辨证分为肝经风热、肝胆火炽、阴虚内热3个证型分别施以中药煎服，同时加用西药托品酰胺或阿托品散瞳，糖皮质激素滴眼及对症治疗等，并与用单用西药治疗的28例作对照。结果：两组的治愈率分别为90%(27/30)、64.3%(18/28)，组间比较，$P<0.05$。② 白内障，梁俊芳报道早期老年性白内障100例178眼，以障翳散滴眼，并与用白内停滴眼治疗的50例97眼作对照。两组的总有效率分别为94.4%(168/178)、68%(66/97)，组间比较，$P<0.05$。陈双厚等的研究表明，复方参果液能提高大鼠亚硒酸钠性白内障晶状体中非蛋白巯基、沉淀部分蛋白巯基和晶状体匀浆液中谷胱甘肽的含量，这可能与复方参果液抑制亚硒酸钠性白内障形成有关。复方参果液对半乳糖性白内障晶状体蛋白6-磷酸葡萄糖脱氢酶活性异常有明显的纠正作用。并使半乳糖性白内障晶状体钠钾三磷酸腺苷磷酸化酶活性明显升高(详见专条)。③ 青光眼，临床研究报道着重在视神经功能保护及眼压控制等寻找有效药物。滤过术是目前常用有效方法之一，其成功的关键是滤过泡的形成，而功能性滤过泡形成失败的主

要原因是手术区滤过处成纤维增殖瘢痕形成。郑志等的研究表明,雷公藤 T_4 单体对实验性人成纤维细胞的增殖有抑制作用。秦力维等的实验研究表明,汉防己甲素通过对细胞周期的影响抑制成纤维细胞的增生(详见专条)。

(3) 视神经病。王勇等报道视神经乳头炎36例,采用抗炎、减轻水肿、扩张血管等西药,同时按辨证分为肝郁化火与肝经郁热2个证型,分别施以中药煎服,并与单用西药治疗的36例作对照。治疗组与对照组的治愈率分别为86.1%(31/36)、63.9%(23/36),组间比较,$P<0.05$。杨光等报道顽固性视神经萎缩182例,随机分为对照组(50例58眼)和观察组(132例162眼)。对照组予维脑路通及能量合剂静脉滴注,维生素、营养合剂和中药煎服,以及针刺疗法等;观察组予"先通后补法"(第1个月予脉通液、复方丹参液静脉滴注,血府逐瘀汤加减煎服及针刺疗法;第2个月予能量合剂、黄芪注射液静脉滴注,益明汤煎服及针刺疗法)。结果:两组的视力提高率分别为41.4%(24/58)、74.1%(120/162),组间比较,$P<0.01$。

(4) 角膜病。单疱病毒性角膜炎(HSK)的发病呈上升趋势。本年度的临床及实验研究文献有30余篇、2 000余病例。赵海滨等报道,以50%鱼腥草滴眼液对家兔HSK进行疗效观察,并设无环鸟苷对照组和溶剂对照组作对比。结果鱼腥草组治疗角膜病变范围较溶剂组明显缩小(详见专条)。李红等的研究,观察角膜移植术后的免疫排斥反应病理改变及甘草次酸对大鼠新生血管化角膜模型行穿透性移植术后免疫抑制的影响。结果证实甘草次酸抑制T淋巴细胞和巨噬细胞的活化、增殖,延长角膜移植物的存活时间,并能强化地塞米松的效果。

2. 耳科疾病

(1) 耳聋。突发性聋的临床报道较集中,治疗仍多以活血化瘀为主(详见专条)。刘金洪等的实验研究(国家中医药管理局资助项目)表明,天鼓冲剂(葛根、黄精、制天虫、川芎、石菖蒲、磁石、骨碎补、补骨脂等)对庆大霉素耳毒性具有明显的拮抗作用,对内耳Corti器具有明显的保护作用。卢标清等的临床研究发现,肾虚证对听力的影响具有以下特点:① 多为高频听力下降;② 听性脑干反应测试ILD增大、波Ⅰ、波Ⅴ潜伏期延长;③ 短增量敏感指数实验得分增高。这些表现能否作为临床肾虚辨证的客观指标,有待进一步研究。

(2) 梅尼埃病。临床报道文献约20余篇,治疗乃多从"风、痰、虚、瘀"着手。赫伟彦等采用醒脑注射液静脉滴注治疗40例,其中34例病情恢复并在2年内无复发。李远良采用加味痛泻要方(白术、白芍药、陈皮、泽泻、珍珠、防风)煎服治疗60例,并与用维生素 B_6、非那根片等治疗的30例作对照。经治3~6日,两组的总有效率分别为95%(57/60)、76.7%(23/30),组间比较,$P<0.05$。

(3)中耳炎。钟渠等报道将分泌性中耳炎60例,随机分为治疗组(30例32耳)和对照组(30例31耳),均予2%酚甘油滴耳、1%麻黄素滴鼻及阿莫西林、地塞米松口服,治疗组加用通耳汤(金银花、连翘、荆芥、防风、桔梗、石菖蒲等)煎服。经治7日,两组的总有效率分别为90.6%(29/32)、80.6%(25/31),组间比较,$P<0.05$(详见专条)。徐泳等报道慢性化脓性中耳炎201例,以参连滴耳液(苦参、黄连、大黄、乌梅)滴耳治疗,并与用氧氟沙星滴耳液治疗的100例作对照。结果:治疗组在疗效、平均用药时间、改善患者症状和体征方面均优于对照组($P<0.05$或$P<0.01$)。孙楚东等报道外伤性鼓膜穿孔(60例66耳),随机分为治疗组(30例34耳)和对照组(30例32耳),均予抗生素、扩血管药、维生素、激素(地塞米松)口服,治疗组和对照组分别以浸有沙棘油薄棉片和生理盐水薄棉片贴敷穿孔处,经治4周,两组的总有效率分别为97.1%(33/34)、37.5%(12/32),组间比较,$P<0.05$。

3. 鼻科疾病

(1) 慢性鼻炎。黄汝太报道106例,以鼻通泰药膜(由疏风清热、活血化瘀、宣通鼻窍中药组成)贴于鼻甲上,每日换药1次,并与用N、C、N滴鼻液(含抗菌、抗过敏、血管收缩剂)治疗的60例作对照。经治20日,两组的总有效率分别为90.6%(96/106)、78.3%(47/60),组间比较,$P<0.05$。赵文斌等观察复方辛夷滴鼻液对慢性鼻炎患者鼻通气功能的影响,并与呋嘛滴鼻液作对照。结果显示,复方辛夷滴鼻液可以缓解慢性单纯性鼻炎患者鼻塞症状,其作用与呋嘛滴鼻液相似。

(2) 变应性鼻炎。本病的临床报道较多,严道南等对常年性变应性鼻炎(PAR)41例,予以鼻敏2号合剂(辛夷、桑白皮、菊花、茜草、紫草、旱莲草等)口服,并与用开瑞坦治疗的40例作对照。同时观察治疗前后血清IgE的变化。经治1个月后,两组的总有效率分别为90.2%(37/41)、87.5%(35/40),组间比较,$P>0.05$。两组治疗前、后的血清IgE比较,有非常显著差异,组间比较,$P<0.01$(详见专条)。

(3) 鼻窦炎。慢性鼻窦炎的治疗以验方或中成药为主。汪和平报道78例,予以香菊片(化香树果序、夏枯草、野菊花、辛夷、防风、黄芪等)口服,并与用鼻渊舒口服液治疗的70例作对照。两组的总有效率分别为91%(71/78)、91.4%(64/70),组间比较,$P>0.05$。陈福彬等报道132例,予以鼻渊冲剂(荆芥、防风、鹅不食草、鱼腥草、黄芩、鹿衔草等)冲服,并与用阿莫西林口服治疗的60例作对照。经治14日,两组的总有效率分别为88.6%(117/132)、60%(36/60),组间比较,$P<0.01$。

(4) 其他。王坤等报道萎缩性鼻炎40例,予以金纳多注射液(银杏叶制剂)下鼻甲注射,每次2.5 ml,2日1次,6次为1个疗程。经治2个疗程,全部有效。于万海等报道鼻中隔黏膜糜烂性出血300例,随机分为治疗组(180例)和对照组(120例),分别以爽鼻油(冰片、黄柏、大黄、麻油等)、复方薄荷脑油滴鼻,经治7日,两组的总有效率分别为93.3%(168/180)、85%(102/120),组间比较,$P<0.05$。

4. 咽喉口齿科疾病

(1) 咽喉疾病。① 急性咽炎,包亚军等以咽炎合剂注射液(山豆根、木蝴蝶、太子参、桔梗、麦门冬、生地黄、胖大海、甘草)行咽后壁注射治疗74例,结果全部有效。② 慢性咽炎的临床报道文献有40余篇,治疗多以养阴清热为主。张安滨报道92例,以十味龙胆花颗口服,并与用青霉素及华素片等治疗的74例作对照。经治4日,两组的总有效率分别为97.8%(90/92)、82.4%(61/74),组间比较,$P<0.05$(详见专条)。③ 急性扁桃体炎,周嵘报道80例,以山香圆片(江西山香药业有限公司生产)口服,并与用红霉素治疗的50例作对照。经治3日,两组的总有效率分别为96.3%(77/80)、72%(36/50),组间比较,$P<0.05$。④ 声带小结及息肉的治疗见专条介绍。

(2) 口腔黏膜疾病。① 口腔扁平苔藓,临床报道文献有10余篇,治疗多以中西医结合为主。赵云霞报道132例,随机分为A组(60例)和B组(72例)。均予磷酸氯喹、维生素A、维生素D、强的松龙等常规西药治疗,B组加用复方丹参片口服。经治3个月,两组治愈率分别为70%(42/60)、75%(54/72),组间比较,$P>0.05$。② 口腔溃疡,复发性口腔溃疡的临床文献有60余篇、4 000余病例。治疗多从辨证分型论治,或验方专方论治,或局部用药论治(详见专条)。

(3) 齿龈疾病。徐长德等报道肾虚型牙周病280例,采用补肾固齿汤(生地黄、熟地黄、山茱萸、牡丹皮、枸杞子、山药、骨碎补、补骨脂、黄柏)随证加减煎服,经治疗3个月,总有效率为94.3%(264/280)。覃永健报道剥脱性唇炎30例,以散火养津汤(石膏、栀子、防风、生地黄、沙参、麦门冬、玉竹、天花粉等)煎服及外用鱼肝油软膏涂唇,并与单用鱼肝油软膏涂唇治疗的30例作对照,7日为1个疗程。治疗组与对照组的治愈率分别为90%(27/30)、63.3%(19/30),组间比较,$P<0.05$。

(张应文　熊大经)

【糖尿病性视网膜病变的治疗与研究】

糖尿病性视网膜病变(DR)的报道较多。郭连川等认为,目前对DR的发病机理的论述不够深入,一般多从以下两个方面论述,一是阴虚燥热、精血亏损;二是血瘀为主。主要为脏腑功能失调、气血瘀阻、阴阳平衡失调所致。阴虚燥热,耗津灼液而成瘀血;肝肾精血虚损,络脉不充,气血不能正常运行,血少而瘀滞;在DR的发展过程中,血郁遏阻脉络,则变生动脉瘤样扩张;瘀血阻络,血不循经而溢于络外,则见出血斑。近年来,认识到DR与血瘀有密切关系,特别是眼底观察有微血管瘤、出血、渗出及增生这些均属中医眼底瘀血的征象。现代研究发现,本病患者多存在血黏度增高,微循环障碍及血流异常,这些也符合现代中医血瘀的诊断标准。欧阳永斌则报道,有研究表明发生本病的约60%为肥胖体型,约70%~80%患者病前有肥胖史,且高脂血症与视网膜病变的严重程度成正相关,因此认为痰阻目络是本病的基本病机之一,与瘀血同样重要。赵冬梅对44例合并视网膜病变及50例未合并视网膜病变的糖尿病患者进行辨证分型及比较分析,结果发现,气阴两虚证、血瘀兼证的比例明显高于未合并组，且有高血压病史者较多。提示DR与气虚关系密切，临床治疗宜以益气养阴为主，配合活血化瘀等法，并积极控制高血压，防止动脉硬化。王玥等报道20例40只眼，以活血化瘀中药为主煎服，并用血栓通冻干粉针剂280 mg加入生理盐水中静脉滴注，同时与用复方丹参注射液静脉滴注治疗的20例38眼作对照。两组的总有效率分别为97.5%(39/40)、76.3%(29/38)，痊愈率分别为47.5%(19/40)、23.7%(9/38)，组间比较，$P<0.01$。张明德等报道81例121眼，随机分为单纯激光治疗71眼(单纯组)和激光配合益气养阴中药煎服治疗50眼(综合组)，经治3个月，单纯组与综合组的有效率分别为81.7%(58/71)、96%(48/50)，组间比较，$P<0.05$。齐翠英报道58例，服用降糖明目合剂(天花粉、黄芪、麦门冬、竹茹、生地黄、葛根、白茅根等)及维生素B_1、维生素C和三磷酸腺苷、维脑路通等西药。经治疗3～6个月，有效率为96.6%(112/116)。赵奋图等报道80例160眼单纯性DR，随机分为观察组和对照组各40例，均接受降糖西药治疗，观察组加用活血化瘀，益气养阴为主中药煎服治疗。经治6～12个月，两组的总有效率分别为90%(72/80)、77.5%(62/80)，组间比较，$P<0.01$。

在临床及实验研究方面，荣亮等对76例DR患者进行辨证分型与血浆内皮素1(ET_1)、血栓素B_2(TXB_2)、6-酮-前列腺素$F_{1\alpha}$(6-Keto-$PGF_{1\alpha}$)水平及TXB_2/6-Keto-$PGF_{1\alpha}$(T/K)值对比观察。结果显示DR患者血浆ET_1、TXB_2水平及T/K值明显高于正常对照组($P<0.01$)，阴虚及气阴两虚型6-Keto-$PGF_{1\alpha}$水平显著低于正常对照组($P<0.05$～0.01)，且随着病证由阴虚→气阴两虚→阴阳两虚转化，患者血浆ET_1、TXB_2水平及T/K值逐渐升高，任意两型间比较均有显著性差异($P<0.01$)，而6-Keto-$PGF_{1\alpha}$水平则逐渐下降，但各证型间比较无显著性差异($P>0.01$)。提示DR微循环病变的发展过程，可以作为指导临床辨证和判断病情发展的依据之一。周水平等探讨了水蛭对糖尿病大鼠视网膜微血管形态的影响。结果显示水蛭对早期糖尿病大鼠视网膜病变具有良好的防治作用，可能与其能减轻氧自由基损伤、提高抗脂质过氧化作用，增强纤溶性及改善血流变学指标有关。

(李　洁)

【白内障的实验研究】

姚小萍等探讨了消障灵(枸杞子、山药、丹参、决明子、菟丝子、熟地黄等)对实验性白内障晶体超微结构的影响，实验结果表明，消障灵早期用药能显著延迟大鼠半乳糖性白内障的发生，早期、大剂量的用药能控制大鼠晶状体混浊的发展。通过对晶状体超微结构的观察，证实其有抗渗透损伤作用，其机理可能一是通过补益肝脾肾，促进水液的正常代谢；二是通过活血化瘀，改善局部微循环，促进损伤的修复。詹敏等观察内障丸(党参、黄芪、白芍药、熟地黄、山茱萸、菟丝子、枸杞子等)对大鼠D-半乳糖性白内障晶状体细胞超微结构的影响。实验结果发现，内障丸中、高剂量组的结构较模型组清晰完整，细胞质分布较均匀，细胞内空泡数量较对照组少，细胞器保存较对照组完整，高剂量组的晶状体细胞结构完整性优于中剂量组，提示内障丸具有保护晶状体细胞结构和延缓细胞变性过程的作用；且其延缓作用与药物浓度有关。陈双厚等观察复方参果液对大鼠亚硒酸钠性白内障晶状体中巯基和谷胱甘肽含量的影响，结果表明，复方参果液能提高大鼠亚硒酸钠性白内障晶状体中非蛋白巯基、沉淀部分蛋白巯基和晶状体匀浆液中谷胱甘肽的含量，这可能与复方参果液抑制亚硒酸钠性白内障形成有关。陈双厚等还观察了复方参果液对大鼠半乳糖性白内障晶状体蛋白6-磷酸葡萄糖脱氢酶和钠-钾三磷酸腺苷磷酸化酶活性的影响，结果表明，复方参果液对半乳糖性白内障晶状体蛋白6-磷酸葡萄糖脱氢酶活性异常有明显的纠正作用，并使半乳糖性白内障晶状体钠-钾三磷酸腺苷磷酸化酶活性明显升高。

(张应文)

【青光眼的治疗与研究】

对青光眼的视神经功能保护及眼压控制等寻找有效药物的研究报道较多。李捍民等对29例58眼抗青光眼手术后患者，观察服用青光眼Ⅱ号(川芎、香附、丹参、当归、陈皮、苦参、茯苓、夏枯草等)前后的视野平均敏感度(MS)、视野平均缺损(MD)和图形视野标准差(PSD)比较。结果显示治疗后患者的MS明显提高($P<0.01$)，MD和PSD则均降低($P<0.01$、$P<0.05$)。表明术后加服中药，可改善局部视野缺损。李兴英等的研究表明，活血明目汤(川芎、菊花、丹参、牛膝、穿山甲、鸡血藤、红花、钩藤、夏枯草、决明子、青葙子、

地龙)可以明显改善兔实验性高眼压所致微循环障碍,防止小梁细胞变性、坏死和纤维增生。郭跃侠等对葛根素在治疗青光眼方面的现状与前景进行探讨。药理和临床研究证明,葛根素具有β受体阻滞、改善微循环和抗谷氨酸神经细胞兴奋毒作用,并可改善视神经轴浆流运输和降低眼压。张富文等探讨了中医药在青光眼视神经保护方面的优势。如通瘀开窍中药对家兔急性高眼压神经节细胞有保护作用;灯盏细辛注射液具有改善高眼压后视神经轴浆运输的作用;复方丹参注射液球后注射对视网膜缺血再灌注损伤有一定的保护作用等;复方青光眼Ⅳ号可部分改善原发性开角型青光眼的视功能;川芎嗪可以降低原发性开角型青光眼患者的血液黏度,改善血流动力学和青光眼的视功能损害。滤过术是目前常用有效手术方法之一,其成功的关键是滤过泡的形成,而功能性滤过泡形成失败的主要原因是手术区滤过处成纤维增殖瘢痕形成。郑志等的研究表明,雷公藤T_4单体对实验性人成纤维细胞的增值有抑制作用。彭清华等报道,探讨原发性闭角型青光眼血管内皮、血小板功能改变及与中医证型的关系,结果显示,慢性闭角型青光眼患者和急性闭角型青光眼慢性期患者均存在明显的血管内皮细胞受损和血小板聚集性增强,血液呈现高凝状态的血瘀病理改变,而急性期闭角型青光眼急性发作期患者的血瘀改变不明显。在中医证型中这种血瘀病理以肝郁气滞证最明显,肝阴虚阳亢证次之,肝胆火旺证最轻,呈现肝郁气滞证>肝阴虚阳亢证>肝胃虚寒证>肝胆火旺证的趋势。

(刘红娣)

【复发性单疱病毒性角膜炎的治疗与研究】

单疱病毒性角膜炎(HSK)的发病呈上升趋势。本年度的临床及实验研究文献有30余篇、2 000余病例。赵海滨等报道,以50%鱼腥草滴眼液对家兔HSK进行疗效观察,并设无环鸟苷对照组和溶剂对照组作对比。结果:鱼腥草组治疗角膜病变范围较溶剂组明显缩小($P<0.05$)。提示鱼腥草滴眼液对实验性单纯疱疹性角膜炎有明显疗效,但对其具体作用机理有待进一步研究。吴权龙等报道118例127眼,随机分为3组,A组41例44眼,以50%鱼腥草滴眼液、100万IU/ml—干扰素滴眼液滴眼;B组39例41眼以0.1%无环鸟苷滴眼液、100万IU/ml—干扰素滴眼液滴眼;C组38例42眼以50%鱼腥草滴眼液滴眼。20日为1个疗程。结果:A、B两组的治愈率、总有效率明显高于C组($P<0.01$),平均治愈时间明显短于C组($P<0.01$,$P<0.05$);A组治愈率、总有效率略高于B组($P>0.75$),平均治愈时间略短于B组($P>0.25$)。提示鱼腥草滴眼液与α-干扰素合用对HSK有提高疗效作用。王丽芳等报道76例,以鱼腥草滴眼液加入5%葡萄糖溶液中静脉滴注,并与用甘泰加入5%葡萄糖溶液中静脉滴注治疗的74例作对照。经治14日,两组的总有效率分别为97.4%(74/76)、70.3%(52/74)。李宁泽等报道130例143眼,随机分成3组。观察Ⅰ组(45例49眼)、观察Ⅱ组(41例46眼)分别采用散翳睛明液(龙胆草、菊花、蒲公英、薄荷、鱼腥草、刺蒺藜、川芎等)超声雾化熏眼、局部滴眼,对照组则用无环鸟苷眼药水等滴眼。10日为1个疗程。经治1~2个疗程,观察Ⅰ组、Ⅱ组和对照组的治愈率分别为77.6%(38/49)、76.1%(35/46)和16.7%(8/48),观察组的疗效均明显优于对照组($P<0.01$);对治愈的73例81眼,经平均1.4年的随访,复发率分别为10.5%(4/38)、8.6%(3/35)和25%(2/8),提示该药液对控制复发率有明显的作用。陈兹满等报道40例46眼,以防毒灵汤(紫草、大青叶、羌活、防风、柴胡、木贼、白蒺藜等)加减煎服及防毒滴眼液(大青叶、熊胆、冰片等)滴眼,并与用无环鸟苷滴眼液治疗的30例32眼作对照,结果两组的树枝状角膜炎的有效率分别为100%(24/24)、88.2%(15/17),治愈时间分别为(7.58±1.66)日、(10.11±4.51)日,组间比较,$P<0.05$;对地图状角膜炎的有效率分别为94.4%(17/18)、83.3%(10/12),治愈时间分别为(18.90±3.21)日、(25.30±7.28)日,组间比较,$P<0.05$。牛俊波报道53例,以双黄连40 ml加入生理盐水中静脉滴注,每日1次;待上皮基本修复后改服玉屏风散加味(黄芪、白术、防风、黄精、五味子、淫羊藿、甘草)煎服。每日1剂,10日为1个疗程。经治1~3个疗程,全部治愈(症状消失,角膜炎症浸润消退,上皮修复,荧光素染色阴性)。随访6~24个月,角膜云翳变薄变淡,视力0.1~1.2,平均提高0.5;有3例复发。杨灵萍等观察和分析复方大黄液对兔病毒性角膜炎眼房水免疫因子的影响。结果提示该制剂对HSV-Ⅰ及FSV兔角膜炎模型有刺激眼房水免疫因子增生和抑制前房炎性反应的作用。其机制有待于今后的动物细胞实

验中进一步分析和研究。

（刘红娣）

【突发性耳聋的治疗】

突发性耳聋的临床报道较集中，治疗仍多以活血化瘀为主。魏炯洲等报道72例，随机分为治疗组(42例)和对照组(30例)。均予能量合剂、血管扩张剂及神经保护剂进行静脉滴注，治疗组加用活血化瘀中药(灵磁石、丹参、葛根、红花、川芎等)煎服。15日为1个疗程。结果(按中华医学会耳鼻咽喉科学会、中华耳鼻咽喉科杂志编委会1996年制定的疗效标准评判)：两组的总有效率分别为90.5%(38/42)、76.7%(23/30)，组间比较，$P<0.05$。郭伟等报道60例，随机分为治疗组和对照组各30例，均予复方丹参注射液、ATP等加入10%葡萄糖溶液中静脉滴注，治疗组加用耳聋复聪汤(丹参、桃仁、红花、当归、赤芍药、川芎、柴胡等)煎服。每日1剂，10日为1个疗程。经治1～3个疗程，治疗组与对照组的总有效率分别为90%(27/30)、83.3%(25/30)，组间比较，$P>0.05$；痊愈与显效率分别为76.7%(23/30)、40%(12/30)，组间比较，$P<0.05$。刘全等报道60例随机分为治疗组和对照组各30例，均予低分子右旋糖酐、能量合剂、维生素B_1、病毒灵等西药，治疗组加用活血化瘀、补肾聪耳中药(黄芪、党参、丹参、川芎、当归、白芍药、桃仁、红花、枸杞子等)煎服。经治14～30日，治疗组和对照组的总有效率分别为76.7%(23/30)、53.3%(16/30)，组间比较，$P<0.05$。刘大新治疗75例55耳，以通窍健耳方(柴胡、香附、川芎、菖蒲、路路通、山楂)煎服。每日1剂，15日为1个疗程。并与用烟酸配合ATP、维生素B_1等治疗的30例38耳作对照。经治1～2个疗程，总有效率分别为47.3%(26/55)、23.7%(9/38)，组间比较，$P<0.05$。肖家翔报道52例，以灯盏花注射液20 ml静脉滴注，每日1次；同时以通窍活血汤(川芎、赤芍药、当归、桃仁、红花、地龙、丹参、葛根、石菖蒲)为主随证加减煎服。每日1剂，7日为1个疗程。经治1～3个疗程，总有效率为88.5%(46/52)，治愈率(按国家中医药管理局颁布中医病症诊断疗效标准评判)为51.9%(27/52)。

（沈龙柱　张应文）

【分泌性中耳炎的治疗】

分泌性中耳炎的发病率较高，且治疗不及或不彻底易致迁延不愈。钟渠等报道60例，随机分为治疗组(30例32耳)和对照组(30例31耳)，均予2%酚甘油滴耳、1%麻黄素滴鼻及阿莫西林、地塞米松口服，治疗组加用通耳汤(金银花、连翘、荆芥、防风、桔梗、石菖蒲、桑白皮、木通、辛夷)煎服，每日1剂。经治7日，两组的总有效率分别为90.6%(29/32)、80.6%(25/31)($P<0.05$)。唐英报道60例小儿患者，以中耳方(金银花、薄荷、甘草、连翘、荆芥、牛蒡子、桔梗等)煎服，每日1剂。经治10～20日，总有效率为93.3%(56/60)，其中治愈率(耳痛消失，听力恢复，鼓膜正常，声阻抗呈A型，电测听示听阈在10 dB以上)为68.3%(41/60)。李官鸿等报道42例，治以行气活血、利湿通窍中药(川芎、茯苓、柴胡、桃仁、红花、泽泻、白术、香附、石菖蒲)煎服，每日1剂；同时用1%麻黄素滴鼻及鼓膜按摩。经治5～20日，总有效率为97.6%(41/42)。其中显效率(症状消失，听力恢复，鼓膜正常，电测听显示气导恢复正常范围)为66.7%(28/42)。

陈改娥等治疗30例，以复聪滴耳液(石菖蒲、全蝎、地龙、川芎、白酒等)滴耳，每日1次，经治5次，痊愈(自觉症状完全消失，电测听、声阻抗检查恢复正常，随访3个月无复发)26例。杨一丁等报道74例，以复聪通窍散(冰片、薄荷、菖蒲、路路通)放置外耳道，2日更换1次，经治4次，痊愈(症状完全消失，纯音测听听力完全恢复正常)38例。贾春芒等报道53例，以华蟾素注射液耳咽管咽口置药，每日2次，并与用1%麻黄素治疗的53例作对照。经治7日，治疗组与对照组的痊愈率(症状、体征及听力、声阻抗检查恢复正常)分别为77.4%(41/53)、37.7%(20/53)，组间比较，$P<0.05$。

（沈龙柱　张应文）

【变应性鼻炎的治疗与研究】

变应性鼻炎(AR)的发病有逐年上升趋势，本年度的临床文献报道较多。段远福将108例AR，随机分为治疗组和对照组各50例。治疗组服用辛芩颗粒(细辛、黄芩、荆芥、白术、桂枝、苍耳子、白芷、防风等)和西替利嗪，对照组服用息斯敏。3周为1个疗程，经治1～2疗程，治疗组和对照组的总有效率分别为98.1%(53/54)、94.4%(51/54)，组间比较，$P>0.05$。章诗富等报道56例，以克鼻敏汤(辛夷、细辛、麻黄、桂枝、黄芩、柴胡、炙甘草等)随证加减煎服，并与服用辛芳鼻炎胶囊(吉林通化利民药业有限公司生产)治疗的

48例作对照。经治30日,两组的总有效率分别为91.1%(51/56)、52.1%(25/48),组间比较,$P<0.01$。严道南等对常年性变应性鼻炎(PAR)41例,以鼻敏2号合剂(辛夷、桑白皮、菊花、茜草、紫草、旱莲草等)口服,并与用开瑞坦治疗的40例作对照。同时观察治疗前后血清IgE值的变化。经治1个月后,两组的总有效率分别为90.2%(37/41)、87.5%(35/40),组间比较,$P>0.05$。两组治疗前后的血清IgE(治疗组分别为155.42±12.44、42.26±12.14,对照组分别为156.22±13.22、58.49±10.36)比较,有非常显著性差异,$P<0.01$。刘巧平等探讨了气虚血瘀与PAR发病之间的关系。随机选择60例符合PAR气虚血瘀证诊断的患者为观察对象,分为治疗组和对照组各30例。治疗组用克敏饮(黄芪、白芍药、生地黄、川芎、制首乌、辛夷、荆芥、防风、钩藤、五味子)煎服,对照组采用斯特林抗组胺。疗程均为4周。两组的总有效率分别为86.7%(26/30)、83.3%(25/30),组间比较,$P>0.05$;近期显效率分别为46.7%(14/30)、16.7%(5/30),组间比较,$P<0.05$,远期复发率分别为50%、100%。治疗组治疗前、后白介素测定有显著性差异($P<0.05$)。结果表明气虚血瘀为PAR的重要病机,克敏饮能有效改善PAR患者的临床症状,并使白介素水平降低。席斌等探讨了PAR患者体内微量元素水平变化对本病辨证的影响。结果显示,本病虚证患者血清和头发中均表现为Mn、Sr含量下降,提示肺脾肾气虚或阳虚可能与Mn、Sr含量下降有一定的关系。在Mn与阴阳盛衰的关系中发现,Mn值降低属于阳虚或阳虚阴盛,而PAR患者发中Mn值降低以肾虚型最为明显,比肺虚型和肺脾气虚型更低,提示Mn与肾虚关系密切。邱宝珊等利用糖皮质激素和卵清蛋白为豚鼠建立肾阳虚型变应性鼻炎病证复合模型,探讨豚鼠在肾阳虚状态下变应性鼻炎的发病特点及鼻腔黏膜的病理改变,同时观察温补肾阳药对这一动物模型的治疗效应。结果显示,豚鼠在肾阳虚的状态下,抗御外邪的能力降低易受各种致病因素的影响;其症状特点以鼻流清涕较为突出,而温补肾阳药对这一症状具有拮抗作用;其症状的严重程度与全身阳虚程度相一致。刘巧平等认为中医药治疗AR具有广阔的前景,但有关这方面的临床研究还存在一些问题与不足。首先,临床诊断及疗效标准不统一,相当一部分以症状为依据,且缺乏合理对照组,因此,研究结论的科学性及可靠性不够;其次,实验研究不够深入,由于受实验技术和条件的限制,目前还处于探索性阶段。因此,应加强中医对变应性鼻炎的诊断及疗效标准的研究,制定统一的标准,结合中医药治疗本病的特点,采用现代科技手段与客观观察指标,加强基础研究,提高科研水平。

(沈龙柱　张应文)

【慢性咽炎的治疗】

慢性咽炎的临床报道文献约40余篇、3 000余病例,治疗多以养阴清热为主。杨玉林报道73例,以百合固金汤(生地黄、熟地黄、麦门冬、百合、炒白芍药、当归、贝母、生甘草、玄参、桔梗)煎服,经治6～30日,总有效率为97.3%(71/73)。李增义报道42例,以知柏地黄汤加减煎服,每日1剂,7日为1个疗程。经治3个疗程,总有效率为95.2%(40/42)。张贵菊等报道62例,以麦味地黄汤随证加减煎服,经治4周,总有效率为93.5%(58/62)。刘建雄等报道83例,以滋阴清咽汤(柴胡、玄参、苏梗、僵蚕、郁金、茯苓、枳壳、麦门冬等)随证加减煎服,每日1剂,并与服螺旋霉素、维生素B_6等治疗的82例作对照。经治14日,两组症状改善率分别为94%(78/83)、75.6%(62/82),组间比较,$P<0.05$;体征改善率分别为75.9%(63/83)、61.0%(50/82),组间比较,$P>0.05$。尹冬芳报道52例,以润咽汤(白参须、麦门冬、枸杞子、桔梗)冲饮,连用3个月,总有效率为96.2%(50/52)。谯凤英报道1 000例,以清音饮(金银花、麦门冬、草决明等)冲饮,总有效率为91.2%(912/1 000)。辛红卫等报道56例,以参冬利咽汤(玄参、麦门冬、菊花、金银花、甘草、青果、胖大海)冲饮,6日为1个疗程。经治6周至2个月,总有效率为96.4%(54/56)。张安滨报道92例,以十味龙胆花颗口服,每日3次,每次1包。并与用青霉素及华素片等治疗的74例作对照。经治4日,两组的总有效率分别为97.8%(90/92)、82.4%(61/74),组间比较,$P<0.05$。

(张守杰　张应文)

【声带小结及息肉的治疗】

卢进宝等报道早期声带小结78例,治以清咽化痰、散结开音为主,自拟清咽散结汤(玄参、连翘、麦门冬、桔梗、板蓝根、大青叶、金银花等)煎服。每日1剂,10日为1个疗程。经治2个疗程,痊愈率(发声正常,症状及声带小结消失者)为

71.8%(56/78)，总有效率为92.3%(72/78)。卓家文报道60例，以散结胶囊(桃仁、红花、三棱、莪术、昆布、海藻、浙贝母等)口服，每日3次，并与用庆大霉素、地塞米松等治疗的40例作对照。经治30日，两组的总有效率分别为90%(54/60)、77.5%(31/40)，组间比较，$P<0.05$；痊愈率(发音正常，症状及声带小结消失，声门闭合好，随访半年无复发者)分别为40%(24/60)、17.5%(7/40)，组间比较，$P<0.05$。张艳慧报道78例，随机分为观察组40例和对照组38例，均予适量抗生素及激素口服，配合超声雾化(庆大霉素、地塞米松加生理盐水)每日1～2次，观察组加用中药(桔梗、川芎、甘草、桃仁、射干、蒲公英、生地黄、红花)煎服。每日1剂，7日为1个疗程。平均治疗4个疗程，两组的总有效率分别为95%(38/40)、76.3%(29/38)，治愈率分别为77.5%(31/40)、52.6%(20/38)，组间比较，$P<0.05$。王永新等报道96例声带结节，以中药(麦门冬、玉蝴蝶、沙参、山药、泽泻、丹参、知母等浓煎)超声雾化吸入，每日1次，5次为1个疗程。炎症明显者，加用头孢氨苄、地塞米松等西药治疗。经治2～3个疗程，痊愈率(结节消失、发音正常者)为69.8%(67/96)。褚志华报道声带息肉69例，以金嗓散结丸(西安碑林中药厂生产)口服，每日2次，疗程1～3个月。痊愈率(声音正常、声带局部病变完全消失)为46.4%(32/69)，总有效率为88.4%(61/69)。李洁等报道声带息肉166例，对其中70例大息肉患者先采用激光烧灼术后，分别以黄氏响声丸口服治疗40例及青霉素、庆大霉素和地塞米松治疗30例，经治7日，两组的痊愈率分别为45%(18/40)、30%(9/30)，组间比较，$P>0.05$。对96例小息肉患者，分别以黄氏响声丸口服治疗54例和用增效牛黄丸治疗42例，经治14日，两组的痊愈率分别为31.5%(17/54)、21.4%(9/42)，总有效率分别为81.5%(44/54)、52.4%(22/42)，组间比较，$P<0.05$。

(张守杰　张应文)

【复发性口腔溃疡的治疗】

复发性口腔溃疡(RAU)的临床文献有60余篇、4 000余病例。治疗多从辨证分型论治，或验方专方论治，或局部用药论治。张冰等报道64例脾胃虚寒型患者，以理中汤加味(党参、白术、干姜、炒山药、炙甘草、附子、五味子、苍术)煎服，每日1剂。5日为1个疗程。经治1～2个疗程，治愈率(症状、体征消失，1年以上无复发)为68.8%(44/64)，总有效率为96.9%(62/64)。李佩洲等治疗300例阴虚火旺型患者，其中200例以口疮宁颗粒(玄参、生地黄、桔梗、赤芍药、黄连、黄芩、黄柏、知母、生晒参、枳壳)口服，100例以知柏地黄丸口服。均予复发期开始服药，治疗20日。停药后随访6个月，评定疗效。结果：两组的总有效率分别为95.5%(191/200)、52%(52/100)，组间比较，$P<0.01$。且治疗组在止痛、创面愈合、抗复发效果方面均明显优于对照组($P<0.01$)。吴慧芬报道48例，以补中益气汤加减煎服，每日1剂。5日为1个疗程。经治1～2个疗程，治愈率(溃疡愈合，随访1年以上无复发)为75%(36/48)，总有效率为97.9%(47/48)。文萍等报道90例，随机分成治疗组47例和对照组43例，分别以知柏地黄滴鼻剂滴鼻和知柏地黄汤煎服，15日为1个疗程。经治1～3个疗程，总有效率分别为93.6%(44/47)、93%(40/43)，组间比较，$P>0.05$；溃疡平均愈合分别为6.2日、9.6日，组间比较，$P<0.05$。王晓山等报道100例，予修疡口服液(半夏、黄芩、麦门冬、石菖蒲等)20 ml口服，每日3次，并与服用左旋米唑治疗的30例作对照。两组的总有效率分别为97%(97/100)、76.7%(23/30)，平均疗程分别为(2.7±1.5)日、(3.9±1.7)日，组间比较，$P<0.05$。漆明等报道RAU 86例，随机分为两组，治疗组(46例)口服独一味胶囊(甘肃独一味药业有限公司生产)及安吉含片，对照组(40例)口服复合维生素B及安吉含片。疗程均为8周，两组的总有效率分别为91.3%(42/46)、62.5%(25/40)，组间比较，$P<0.05$。任棣等报道124例，随机分为两组，治疗组(73例)以蒙脱石口腔复合膜贴于溃疡面，每日3～4次，对照组(51例)以蒙脱石散剂喷于溃疡面，每日5～6次。经治4～5日，两组的总有效率分别为97.3%(71/73)、80.4%(41/51)。杨秀丽等报道104例，以复方口腔溃疡膏(黄芩、黄连、黄柏、栀子、干姜、细辛、延胡索)涂敷患处，每日3次，并与用冰硼散涂敷治疗的104例作对照。经治5～7日，治疗组与对照组的总有效率分别为92.3%(96/104)、75%(78/104)，组间比较，$P<0.01$。刘金凤等认为，中医药治疗RAU，不论是分型辨治、基本方加减、专药治疗还是局部用药，均取得较好疗效，尤其在远期疗效、防止复发方面，显示了其独特优势。但由于其标准的不统一、

认识的差别及样本资料的局限，临床疗效呈现较大的差异，在疾病的认识、分型治疗、观察方法及判断标准方面尚不能规范、统一，有待深入研究和总结。中药外用药制剂，除传统散剂外，膜剂、凝胶剂、涂膜剂、喷剂、粘附片等剂型已广泛研制应用，并成为RAU治疗的有效手段。因此，在目前把中医辨证同现代医学理论及中药药理作用机制研究结合起来，总结探讨一种中西医结合、内治外治结合、方便有效的综合方法治疗RAU的新思路、新方法，更好地发挥中医药治疗的优势尤为必要。

（戚清权 张应文）

［附］参考文献

B

包亚军，刘永义．咽炎合剂咽后壁注射治疗咽炎的疗效观察．中国中西医结合耳鼻咽喉科杂志，2002；(2)：94

C

曹勤．中医辨证合西药治疗急性前葡萄膜炎的临床观察．广西中医药，2002；(3)：18

陈福彬，朱继先，薛秉阳．鼻渊冲剂治疗慢性鼻窦炎132例．辽宁中医学院学报，2002；(2)：112

陈改娥，寇宁，侯亚莉．复聪滴耳液治疗急性非化脓性中耳炎30例．陕西中医，2002；(9)：790

陈双厚，刘瑞华．复方参果液对大鼠半乳糖性白内障晶状体蛋白6-磷酸葡萄糖脱氢酶和钠-钾三磷酸腺苷磷酸化酶活性的影响．中国中医眼科杂志，2002；(2)：82

陈双厚，刘瑞华．复方参果液对大鼠亚硒酸钠性白内障晶状体中巯基和谷胱甘肽含量的影响．中国中医眼科杂志，2002；(1)：25

陈兹满，赖锦端，涂良钰，等．防毒灵汤为主治疗复发性单纯疱疹性角膜炎40例．安徽中医学院学报，2002；(2)：12

褚志华．金嗓散结丸治疗声带息肉69例疗效观察．现代中西医结合杂志，2002；(8)：721

D

段远福．辛芩颗粒剂联合西替利嗪治疗变应性鼻炎临床观察．中国中西医结合耳鼻咽喉科杂志，2002；(1)：12

G

苟立成，雷晓琴，王明芳．化瘀散结片对兔增殖性玻璃体视网膜病变闪光视网膜电图的影响．陕西中医，2002；(10)：950

郭伟，吴志学，闻留瑞，等．“耳聋复聪汤”为主治疗突发性耳聋30例临床观察．江苏中医药，2002；(11)：39

郭连川，丁忻，郭叶楠，等．浅谈糖尿病视网膜病变中的瘀．辽宁中医杂志，2002；(5)：279

郭跃侠，吴惠群，雷嘉启．葛根素治疗青光眼的研究现状与展望．中国中医眼科杂志，2002；(3)：182

H

赫伟彦，姜宇，姜坤，等．醒脑注射液治疗美尼尔氏病40例临床观察．长春中医学院学报，2002；(2)：29

黄汝太．鼻通泰药膜治疗慢性鼻炎．中国中医药信息杂志，2002；(8)：44

J

贾春芒，郭树繁．华蟾素耳咽管咽口送药法治疗急性分泌性中耳炎．山东中医杂志，2002；(5)：282

L

李红，郑兴，谢志忠，等．甘草次酸抑制大鼠新生血管化角膜穿透性移植术后排斥反应的免疫病理研究．中国中医眼科杂志，2002；(1)：17

李洁，黄晓敏，林杰，等．黄氏响声丸治疗声带息肉疗效观察．现代中西医结合杂志，2002；(19)：1872

李官鸿，钟利群，王万秋．中药治疗分泌性中耳炎42例．四川中医，2002；(7)：71

李捍民，陈青山，朱赛林，等．抗青光眼术后患者服青光眼Ⅱ号前后的视野比较．中国中医眼科杂志，2002；(1)：32

李宁泽，王捷，石惠丰．散翳睛明液治疗单纯疱疹性角膜炎临床观察．中国中医眼科杂志，2002；(2)：106

李佩洲，常新华．口疮宁颗粒治疗阴虚火旺型复发性口疮的临床研究．辽宁中医杂志，2002；(7)：411

李兴英，康凤英，邓爱军，等．活血明目汤对兔实验性高血压小梁细胞影响的探讨．中国中医眼科杂志，2002；(4)：192

李远良．加味痛泻要方治疗耳源性眩晕60例．湖南中医杂志，2002；(2)：50

李增义．知柏地黄汤加减治疗慢性咽炎42例疗效观察．云南中医中药杂志，2002；(5)：27

梁俊芳．障翳散治疗早期老年性白内障100例——附白内停治疗50例对照．浙江中医杂志，2002；(8)：368

刘全,刘敏,杜凤礼.中西医结合治疗突发性耳聋的疗效观察.中国中西医结合耳鼻咽喉科杂志,2002;(3):112

刘大新.通窍健耳汤治疗感音神经性耳聋临床观察.中医药研究,2002;(4):5

刘建雄,周鹏,陈雪.滋阴清咽汤加味治疗慢性咽炎83例临床观察.湖南中医学院学报,2002;(2):55

刘金凤,张康美,孔凡平.复发性口腔溃疡的中医药治疗进展.中医研究,2002;(2):48

刘金洪,王永华,楼兰花,等.天鼓冲剂对药物性耳聋干预作用的临床与实验研究.中国中医药科技,2002;(3):131

刘巧平,刘建华,刘大新.克敏饮治疗常年性变态反应性鼻炎气虚血瘀证30例临床研究.中医杂志,2002;(4):277

刘巧平,刘建华,刘大新.中医药治疗变态反应性鼻炎的研究进展(综述).北京中医药大学学报,2002;(2):63

卢标清,刘蓬,王士贞,等.肾虚的临床听力学特性初步研究.中国中西医结合耳鼻咽喉科杂志,2002;(4):157

卢进宝,田丰华,王济生.清咽散结汤治疗早期声带小结的临床研究.四川中医,2002;(6):71

N

牛俊波.中药为主治疗复发性单疱病毒性角膜炎53例.安徽中医临床杂志,2002;(4):177

O

欧阳永斌.论痰阻目络是非胰岛素依赖型糖尿病视网膜病变的基本病机之一.浙江中医杂志,2002;(2):47

P

彭清华,李建超,张琳.散血明目片对兔玻璃体积血白细胞介素-6表达的影响.中国中医眼科杂志,2002;(2):84

彭清华,朱文锋,李传课.原发性闭角型青光眼血管内皮、血小板功能改变及与中医证型关系的研究.湖南中医学院学报,2002;(2):39

Q

漆明,赵丽萍,叶丽霞.独一味胶囊治疗复发性阿弗他溃疡46例疗效观察.新中医,2002;(3):30

齐翠英.降糖明目合剂治疗糖尿病视网膜病变58例.河南中医,2002;(1):39

谯凤英.清音饮治疗慢性咽炎1 000例疗效观察.中国中西医结合耳鼻咽喉科杂志,2002;(3):128

秦力维,郭建巍,金婉容.汉防己甲素对兔结膜成纤维细胞增生的影响.中国中医眼科杂志,2002;(3):125

邱宝珊,王士贞,梁晓阳,等.肾阳虚型变应性鼻炎动物模型的建立.中国中西医结合耳鼻咽喉科杂志,2002;(1):16

R

任棣,陈玲.蒙脱石口腔复合膜治疗复发性口腔溃疡.中国中医药信息杂志,2002;(10):54

荣亮,常素清,张邓民,等.糖尿病视网膜病变中医辨证与血浆ET_1、TXB_2、6-Keto-PGF1α关系初探.山东中医药大学学报,2002;(2):116

S

苏藩,马力,孙丽平,等.复方光明胶囊治疗视网膜静脉阻塞的临床研究.云南中医中药杂志,2002;(2):27

孙楚东,董菊雅,赵国华,等.沙棘油治疗外伤性鼓膜穿孔的临床观察.中国中西医结合耳鼻咽喉科杂志,2002;(1):33

T

覃永健.自拟散火养津汤治疗剥脱性唇炎30例.安徽中医临床杂志,2002;(3):191

唐英.自拟中耳炎方治疗小儿急性分泌性中耳炎60例.中医药信息,2002;(4):57

W

汪和平,常宁遒.香菊片为主治疗慢性鼻窦炎78例.中国中西医结合杂志,2002;(5):394

王坤,张福刚,张彩英.金纳多下鼻甲注射治疗萎缩性鼻炎40例.中国中西医结合耳鼻咽喉科杂志,2002;(4):165

王毅,郑燕林,仝崇毅.水蛭素对外伤性增生性玻璃体视网膜病变增殖膜抑制剂值得探讨.中国中医眼科杂志,2002;(4):187

王勇,李景彩,王继华.中西医结合治疗视神经乳头炎36例.山东中医杂志,2002;(3):165

王勇,邵明凤.中西医结合治疗裂孔性视网膜脱离42例.山东中医杂志,2002;(11):677

王玥,张敬先.血栓通冻干粉针联合中药治疗糖尿病性视网膜病变.长春中医学院学报,2002;(1):20

王丽芳,姚越,王振秀.鱼腥草治疗单疱病毒性角膜炎76例.时珍国医国药,2002;(8):482

王晓山,陈建灵,林茜.修疡口服液治疗复发性口疮100例临床研究.甘肃中医,2002;(4):24

王永新,李慧群.中药雾化合并西药治疗声带结节.江西中医学院学报,2002;(2):44

魏建森.中药治疗萎缩型老年性黄斑变性疗效观察.黑龙江中医药,2002;(4):29

魏炯洲，丛品. 活血化瘀法治疗突发性耳聋 72 例. 浙江中医学院学报，2002；(4)：26

文萍，黄小珍. 知柏地黄滴鼻剂治疗口腔阿弗它溃疡 47 例. 中医杂志，2002；(4)：312

吴慧芬. 补中益气汤加减治疗复发性口腔溃疡 48 例. 实用中医内科杂志，2002；(1)：36

吴权龙，彭清华，罗萍. 鱼腥草滴眼液联合 α-干扰素治疗单疱病毒性角膜炎. 湖南中医药导报，2002；(7)：429

X

席斌，任为，翟春杰. 变应性鼻炎中医辨证与微量元素的相关性研究. 辽宁中医杂志，2002；(8)：464

肖家翔. 突发性耳聋的血液流变学检测及中药治疗. 中国中西医结合耳鼻咽喉科杂志，2002；(1)：27

辛红卫，相世和. 参冬利咽汤治疗慢性咽炎 56 例. 吉林中医药，2002；(2)：35

徐泳，俞军，宋琴珠. 参连滴耳液治疗慢性化脓性中耳炎临床及抑菌作用研究. 山东中医杂志，2002；(8)：459

徐长德，崔立丰，雷明辉. 补肾固齿汤治疗肾虚型牙周病 280 例. 现代中医药，2002；(4)：21

Y

严道南，蒋中秋，徐轩，等. 鼻敏 2 号合剂治疗变应性鼻炎临床疗效和对血清 IgE 影响的观察. 山东中医杂志，2002；(1)：17

杨光，张海翔，徐莉，等. 中西医结合治疗顽固性视神经萎缩临床研究. 天津中医，2002；(3)：60

杨灵萍，陈品芳，卢奕峰，等. 复方大黄液对兔病毒性角膜炎眼房水免疫因子的影响. 眼视光学杂志，2002；(2)：112

杨秀丽，薛长松，范红梅. 复方口腔溃疡膏治疗口腔黏膜溃疡的疗效观察. 中医药信息，2002；(4)：48

杨一丁，苗进，薛卫国. 自拟复聪通窍散外用治疗急性卡他性中耳炎 74 例. 中医外治杂志，2002；(1)：13

杨玉林. 百合固金汤治疗慢性咽炎 73 例. 四川中医，2002；(7)：72

姚小萍，叶陶，熊益群，等. 消障灵对白内障大鼠晶体超微结构的影响. 中国中医药科技，2002；(5)：270

尹冬芳. 润咽汤治疗慢性咽炎 52 例临床观察. 湖南中医药导报，2002；(9)：531

于万海，成小棉，吕杰. 爽鼻油治疗鼻中隔黏膜糜烂性出血(附 300 例报告). 中国中西医结合耳鼻咽喉科杂志，2002；(1)：37

岳红云，张雅莉. 复方樟柳碱修复视网膜光损伤作用临床研究. 成都中医药大学学报，2002；(1)：12

Z

詹敏，李志英，雷娓娓. 内障丸对大鼠 D-半乳糖性白内障晶状体细胞超微结构的影响. 中国中医眼科杂志，2002；(1)：1

张冰，柴峰. 理中汤加味治疗复发性口腔溃疡 64 例. 陕西中医，2002；(3)：218

张安滨. 十味龙胆花颗粒治疗慢性咽炎 92 例. 中国中医药信息杂志，2002；(1)：70

张富文，王另芳，段俊国. 青光眼视神经损害与保护研究进展. 中国中医眼科杂志，2002；(2)：117

张贵菊，付灿鋆，吴元林. 麦味地黄汤治疗慢性咽炎 62 例. 四川中医，2002；(8)：74

张明德，任建萍. 中西医结合治疗糖尿病性视网膜病变临床观察. 上海中医药杂志，2002；(4)：25

张艳慧. 中西医结合治疗声带小结 40 例. 浙江中西医结合杂志，2002；(2)：114

章诗富，陈向阳，成丽兰. 克鼻敏汤治疗变应性鼻炎的临床观察. 中国中西医结合耳鼻咽喉科杂志，2002；(4)：161

赵冬梅. 糖尿病视网膜病变与中医证的关系初探. 中医杂志，2002；(4)：289

赵奋图，许维强，官进华. 中西医结合治疗单纯型糖尿病视网膜病变的临床观察. 河南中医药学刊，2002；(3)：31

赵海滨，彭清华，吴权龙，等. 鱼腥草滴眼液治疗单纯疱疹性角膜炎的实验研究. 中国中医眼科杂志，2002；(3)：129

赵文斌，郭兆刚，黄玉芍，等. 复方辛夷滴鼻液对慢性鼻炎鼻通气功能的影响. 中国中西医结合耳鼻咽喉科杂志，2002；(5)：217

赵云霞. 复方丹参片治疗口腔黏膜扁平苔藓 72 例. 南京中医药大学学报，2002；(4)：249

郑志，孙思勤，袁华音，等. 雷公藤 T_4 单体和干扰素对人成纤维细胞增殖作用的影响. 中国中医眼科杂志，2002；(1)：21

钟渠，彭顺林，熊大经. 中西医结合治疗急性卡他性中耳炎疗效观察. 山东中医杂志，2002；(6)：352

周嵘. 山香圆片治疗急性扁桃体炎 80 例疗效观察. 中国中医药科技，2002；(1)：4

周水平，仝小林，潘琳，等. 水蛭对糖尿病大鼠视网膜微血管形态的影响. 中国中医眼科杂志，2002；(2)：79

卓家文. 散结胶囊治疗声带小结 60 例. 山东中医杂志，2002；(7)：400

(十) 针　　灸

【概述】

2002年度，在公开学术刊物上共发表与针灸有关的学术论文3 000余篇。临床报道和研究性文献占总量的68%，与2001年度基本持平；实验研究约占9.8%，较去年增加约1个百分点。临床文献中以神经系统和骨伤科疾病的报道居多，分别占28%和16%。现将本年度关于针灸学研究进展和动态归纳如下。

1. 经络

张栋等利用连续红外热像仪观察胆囊炎家兔模型，发现注射酚妥拉明后可以诱发躯干侧面出现循胆经分布的高温线，认为α受体阻断、交感肾上腺素能纤维抑制，是循经高温线形成的机制之一。陈英茂等利用示踪剂进行循经迁移线三维断层及透视的观察。对志愿者下巨虚穴位点注^{18}F-FDG，并用PET采集腿部透射及发射图像，进而对投射及发射图像进行融合重建，发现融合后的三维断层图实现了循经迁移线的空间定位显示，但只是断续线段；而重建的透视图，能够实现从各个方向，直观观察完整的循经路线迁移线及其在体内走行部位，并可立体旋转显示，认为图像融合后的透视图，能够实现循经迁移线的立体透视显示。刘里远等从三个层次研究了皮肤信息通路(即皮肤交感神经敏感线)的结构和活动机制，认为皮肤的交感物质分布线即针刺信号传递线，毛囊立毛肌具有经络实质中的动力靶器官作用，交感物质即立毛线。贾军等观察到，外周末梢间的信息传递具有传导速度较慢，传递线路相对稳定，且不受中枢调控和双向性的特点，可能是形成循经感传的生理学基础。卢六沙认为循经感传具有趋病性，且敏感程度与疾病轻重程度相关。

2. 腧穴

于建春等从基因转录水平，分析针刺腧穴和非腧穴效应的差异，结果显示针刺腧穴可引起某些基因表达的增强，而针刺非穴位则没有明显的变化，但针刺非穴位区可引起一定的应激反应，说明腧穴具有一定的特异性，临床上应准确取穴以增强疗效。衣华强等以荧光双标记法观察心脏俞募穴与心脏的联系通路，结果显示心脏俞募穴与心脏有共同传入神经元，主要分布在T_2～T_5，尤以T_5最集中。张鸥认为躯干穴位分布规律与神经节段支配理论密切相关，而四肢穴的主治病症也表现出沿肢体长轴纵向分布的循经特征，这为“宁失其穴，不失其经”的取穴规律提供了神经解剖学的依据。俞昌德等对正常颅骨标本的矢状缝、冠状缝、人字缝、翼颞部骨缝的骨性固定标志间距离和夹角进行观察，推断出观测颅骨缝所得数据的同身寸简化法，可供头针取穴参考。

魏建子等应用自行研制的经穴伏安特性检测仪，对太渊、大陵、神门及对照点的伏安特性进行研究，认为穴位惯性面积比伏安面积能更敏感地反映人体的生理变化。石现等的研究认为，寒热证患者的部分经络伏安面积有显著变化，异常经络数显著增加，且寒热证伏安面积值的变化分别趋向两极，与患者的寒热程度成正比。胡卡明等用功能性磁共振仪，对19例正常人在不同条件下(有或无视觉刺激)针刺光明穴和太冲穴时进行扫描，结果显示针刺的弱、强刺激均能改善大脑相应部位的血氧饱和水平，而与外界刺激和进针手法无关。李学惠等选用乌头碱诱发的家兔室性心律失常模型，以心律失常持续时间为指标，观察“内关”、“神门”、“心俞”单用及合用后的效应差异，发现上述三穴单用有显著疗效，且作用相近，而合用后疗效无显著提高或下降，表明作用相似且作用强度相近的腧穴间，不易出现拮抗作用，但也难以产生显著的协同作用。与此相反，冀来喜等观察不同穴组对急性胃黏膜损伤大鼠胃黏膜形态学的影响，结果以“足三里”加“内关”加“中脘”组效果最好，提示三个穴位之间具有协同作用。关于穴位间是否存在拮抗作用，尚有不同意见。

吕秀华等取1 120人MRI正中矢状位T_1加权像，研究得出哑门穴的安全针刺深度为：直刺时男性＜(51.1±2.0)mm，女性＜(41.9±2.0)mm；向上斜刺时，男性＜(47.4±1.9)mm，女性＜(39.4±1.8)mm。崔怀瑞等解剖40具成人尸体肩部，研究结果表明肩井穴直刺进针时，针刺的深度不宜超过 2.5 cm，刺入点达肩胛骨上所成的线与刺入点皮肤成角（向上的角），以小于（67.5±10.0）度为宜。啜振华等用螺旋 CT 扫描 25 例芒针深刺中脘穴后的腹部横断面 CT 图像，认为芒针透皮后进行小幅捻转、缓慢进针、不留针，同时治疗过程中嘱患者均匀浅呼吸，在近乎空腹状态下深刺中脘是安全的。王频考证了膝关节附近的穴位，认为膝中穴的位置应在膝外侧的骨缝，前与犊鼻穴而后与腘横纹相平；膝阳关穴应在阳陵泉穴上三寸，在股骨与胫骨的骨缝间；梁丘穴、阴市穴、伏兔穴分别位于膝中上二寸髌底上缘的凹陷中、膝中上五寸、膝中上八寸。

关于耳穴的研究，张诗兴等利用辣根过氧化物酶（HRP）技术的研究表明，耳穴对脑、脊神经节的投射与其神经支配来源一致。刘继洪等观察 50 例准备行手术治疗的急腹症患者，术前分别作一般诊断和耳穴定位诊断，经手术确诊后作比较，结果耳穴定位诊断的符合率为 88%，与手术确诊无统计学差异。

3. 刺灸法

何树泉等观察手十二井穴刺络放血对实验性大鼠脑缺血区的 H^+ 浓度的影响，结果表明，脑缺血后即刻挑刺井穴放血治疗，能有效降低缺血区 H^+ 浓度。刘岩采用"竖横针法"加穴位注射治疗桡神经麻痹，取得良好疗效，认为沿肌纤维平行方向和垂直角度分别针刺的"竖横针法"是传统针法与神经肌肉学知识有机的结合，是一种治疗软组织运动障碍性疾病的新疗法。李沛等观察到，不同时辰针刺对恒河猴生殖激素影响不同，而针刺效应的高低又与昼夜节律和刺激强度密切相关。还有人分别对慢性病有效的"过梁针法"、"脐针疗法"、"动静针法"、"浮刺围针温照法"加以介绍，认为这些特殊针法值得继续探讨完善。郜浩清从头部解剖角度出发，阐述了头部施针灸时的注意事项。符秋鸰等就眼针疗法的研究与应用加以介绍，指出临床中多用于中风偏瘫、痛证（急性腹痛、头痛、腰痛）、哮喘、高血压病、帕金森病、呃逆等治疗，但实验研究相当局限，应予以加强。刘效周从个体差异、针刺部位、病情、四季气候等方面论述针刺深度的问题，正确把握有关因素，有助于保证针刺安全和提高疗效。王斌等分析毫针进针产生疼痛的原因，认为与针具、进针（速度、是否捻转、押手）、选穴和心理等方面有关。李平和高希言分别就捻转补泻手法针刺效应的红外热像显示和针刺补泻的相对特异性进行了总结，认为捻转补泻存在效应差异，但补泻效果产生受条件限制，并与针刺时机体的机能状况密切相关。

徐兰凤等的观察表明，艾灸宜与癌症放疗同时进行，或在放疗前 1 周开始较好。李健等观察艾灸健康人肺俞穴对肺功能的影响，发现艾灸能提高健康人的肺活量，降低运动时血乳酸含量，而瘢痕灸则能起到预防脑血管病复发的作用，但大量艾灸时的烟雾，有导致肺小气道收缩而出现阻塞性改变的副作用，需引起注意。田丰伟等发现，尽早应用"管灸"治疗周围性面瘫初期，可以明显缩短取效的时间。

4. 治疗

涉及临床治疗的文献共约 1 800 余篇，疾病谱分布与往年基本类似。其中，急症 12 篇，以个案经验交流为主。传染病 17 篇，涉及肝炎、结核病等。儿科疾病 80 篇，集中在小儿脑瘫、腹泻和呼吸道疾病方面。肿瘤报道 16 篇，多与控制放、化疗副作用有关。呼吸系统疾病 40 篇，以支气管哮喘和支气管炎为主。消化系统疾病 100 余篇，集中在消化道溃疡、胃炎、结肠炎、呃逆、腹泻等。心血管疾病 38 篇，以高血压、冠心病为主。血液系统疾病 2 篇，主要是白细胞减少症。泌尿生殖系统疾病 92 篇，尿潴留、泌尿系结石、遗尿、前列腺炎为主要涉及病种。内分泌系统疾病 86 篇，糖尿病及其相关疾病高居榜首，其次是肥胖。神经系统疾病 520 余篇，主要病种有中风、面瘫、神经痛、头痛、癫痫等。精神神志疾病 50 余篇，50%以上是失眠。妇产科文献 85 篇，主要是月经病、盆腔炎等。外科疾病 300 余篇，集中在皮肤病和急慢性软组织损伤。骨伤科文献 290 余篇，集中在肩周炎、颈椎病、各种扭伤、腰椎间盘突出症。五官科疾病 100 篇中，以耳部疾病、牙痛、鼻炎居多。与戒毒有关的文献有 7 篇，其中戒烟 4 篇。

5. 实验研究

杨永清等研究过敏性哮喘大鼠经针刺治疗后的血清（针刺血清）的抗哮喘作用，结果显示，针刺血清可明显降低大鼠和肾上腺切除大鼠过敏性哮喘模型的气道阻力与外周血嗜酸粒细胞计数，其与针刺治疗的作用之间无明显差别，表明针刺血清具有与针刺类似的抗哮喘作用。刘志诚等采用神经电生理和生化技术，探讨针刺抗非胰岛素依赖性糖尿病的中枢神经作用机制，结果表明针刺对大鼠渴中枢的调整作用，可能是纠正胰岛素抵抗，调整其异常内分泌代谢的一个重要环节。李瑞午等使用不规则进食法造成胃电节律失常模型，模拟临床功能性消化不良，发现针刺足三里和胃俞穴后，可使胃内 NOS 的活性恢复到正常水平，有利于胃肠道功能的恢复。成泽东等用高效液相色谱仪，观察针刺“内关”、“太冲”穴对大鼠灌服川芎嗪后其在动物体内的靶向吸收现象，结果显示相同时间内川芎嗪在针刺相应穴位组大鼠相应器官内的含量，明显多于单纯灌药组，这为针药并用提供了实验依据。贾少微等的 2 次 PET 显像研究表明，针刺健康人肢体穴位时，脑局部的葡萄糖代谢增高；针刺瘫痪侧肢体穴位时，除对侧丘脑、对侧额叶和顶叶皮质区葡萄糖代谢增高外，针刺前所示的葡萄糖代谢低下区也明显增高，病灶缩小或消失，提示针刺信号可能通过神经系统发挥作用。周雪等运用免疫组化和原位杂交技术，探讨针刺促脊髓背根侧枝出芽的机制，发现针刺能够促进神经生长因子、脑源性神经营养因子、神经营养素及其 mRNA 在保留背根节的表达，这可能是针刺具有促进部分去传入纤维猫脊髓可塑性的机制之一。许贞峰等制备大鼠局灶性大脑中动脉阻塞缺血/再灌注（MCAo）模型，应用 RT－PCR 技术观察电针对其作用，结果 MCAo 大鼠缺血侧大脑皮质，在再灌注后 12 h，IL－1Ra mRNA 表达明显，但再灌注 24 h 后 IL－1Ra mRNA 表达明显下降，而电针可使 IL－1Ra mRNA 的表达明显增加，减轻了脑缺血损伤。俞瑾等采用小鼠强迫游泳实验的方法，观察针刺合用抗抑郁药对抑郁程度的改善情况，结果表明电针合用药物能使小鼠在水中静止的时间较单纯药物组或单纯电针组显著减少。

6. 针刺麻醉与针刺镇痛原理

郭继龙等观察在全身麻醉状态下，电针刺激对人体生命体征的影响，结果显示全组针刺期间与针刺前后比较，收缩压、舒张压、平均动脉压、心率均明显增加，认为全麻后，针刺仍具有引起血压和心率增加的正性心力作用。王凡等应用 SPECT 研究头皮穴位局部浸润麻醉后，对电针信号传导的影响，发现针刺前双侧大脑皮质、丘脑、基底节和小脑的血流灌注和功能基本对称；当电针头皮运动区时，以对侧丘脑、对侧额叶、对侧顶叶的运动和感觉皮质区增高更为明显；当局部浸润麻醉后再电针时，对侧丘脑血流灌注和功能下降，定量分析结果和视觉所见相同，表明针刺信号通过神经系统能够改善脑部功能活动，麻醉能减弱或阻断这种效应。林函等在急性心肌缺血再灌注损伤模型上，观察针刺麻醉复合丹参对心肌缺血再灌注损伤的保护作用及其维持心肌线粒体的功能，结果表明对照组、针刺组、针刺麻醉复合丹参组中血 IL－8、乳酸浓度逐步减少，心肌缺血再灌注区线粒体^{99}mTc－MIBI 摄取率逐步增高，血乳酸值和线粒体的^{99}mTc－MIBI 摄取率有强负相关关系，认为针刺麻醉能减轻心肌再灌注损伤、维持心肌线粒体的功能，丹参对这种效应有增强作用。王贺春等比较不同频率电针治疗大鼠神经源性疼痛的疗效，结果显示电针镇痛的效果随电针次数的增加而累加，在四组不同频率中，3 日 1 次组后续镇痛作用效果最好，对机械性超敏的抑制至电针后 48 h，对冷诱发的持续性疼痛的抑制持续至电针后 1 周，较其他针刺频率组镇痛作用有差异。在此基础上进一步得到结果：2 Hz 和 100 Hz均降低痛觉超敏，2 Hz 起效早，这两种频率均能降低冷诱发的持续性疼痛，2 Hz 持续时间长，针刺不通电也能降低冷诱发的持续性疼痛，由此认为电针频度是影响镇痛效应的重要因素，综合累加效应和后续效应以 3 日 1 次效果最优。

7. 文献与老中医经验

杜元灏等通过文献研究，总结出针灸能治疗 414 个病症，基本上代表了当前针灸临床中较为常见并有较好疗效的疾病谱。首次提出了针灸临床病谱的 4 级划分概念，对针灸适应证的选择和疗效评定有指导作用。程洁等以中医“治未病”思想为基础，对针刺及艾灸治未病的古代文献进行梳理、分析，认为“治未病”思想与现代主张的三级预防概念十分相似，在具体应用中，艾灸多于针刺。李瑛等采用循证医学和临床流行病学评价文献质量的原则和方法，对针灸治疗面瘫的临床研究文献进行分析，发现临床中常用的治疗方法是毫针、电针、灸法等，最常用的针刺方法是透刺法、浅刺法等，而透刺法优于浅刺法。郝晋东等从揣穴、进针、行针候气、守气等方面精选了郑魁山教授的临证经验，突出介绍温通针法治疗疑难杂症、“热补”、“凉泻”手法的操作特点及新型子午流注临床应用盘对择时选穴的指导意义。洪文介绍王照浩教授诊断注重视、压、探、辨,处方坚持辨证论治,取穴准确、灵活补泻的耳针治疗经验。韩毳等总结李学武教授根据病情而采取特殊进针角度与深度所使用的深刺法,并举例介绍。

8. 针灸器材

张燕泉等介绍一种利用现代科技手段,将拔罐疗法和灸疗法合二为一的新装置。可根据需要将大小不一的电热负压罐方便地施加于患者的各个部位,达到治病防病的作用。马宗廉等将激光照射穴位治疗方法与现代技术结合,研制了激光沿经络自动照射治疗仪,可以控制激光光斑的位置、运行速度和在穴位的停留时间,从而扩展了激光穴位治疗的方法。吴敏等通过实践,认为程控经络感传仪治疗原发性痛经时,具有促进"隐性感传"向"显性感传"转化的作用。管遵惠指出热针仪可调节针体的温度,保持恒温,起到针刺、灸疗、温针灸、火针等综合治疗效应。谢衡辉等使用新砭石疗法后,体会到其具有良好的平衡阴阳、扶正祛邪的作用。王维兵等研制了能增强拔罐密封效果的拔罐密封垫圈,临床应用效果良好。

9. 小结

本年度针灸学的动态可以概括为:① 在新技术应用基础上的学科交叉逐步介入针灸研究;② 穴位协同与拮抗作用研究引人注目;③ 针刺镇痛刺激参数研究对针灸临床研究有借鉴意义;④ 针灸血清研究获得新进展。存在的主要问题是,临床研究有进展无突破,刺灸法选择和针灸适应证研究较少。

(杨永清)

【针刺手法研究】

1. 理论探讨

范正忠等认为徐疾和提插补泻手法存在着一定的联系和区别,其联系主要表现在:① 徐疾补泻是提插补泻的基础;② 立法观点相同,都建立在"阳下之为补,阴上之为泻"的基础之上;③ 在操作补法时,手法重点在进针上;在操作泻法时,手法重点在出针上;④ 以针体的"提"和"插"作为基本动作。而其区别是:① 在引导阳气内交和阴气外出上,提插是用强制方式,徐疾是用诱导方式;② 从手法角度考察,两者侧重面不同,徐疾补泻是以针体进内和退外动作的相对快慢而区分补泻,内含施术时间的久暂;提插补泻则以针体在穴位深部上下运动力量的轻重区分补泻。许金森从进针前手法、进针时手法和进针后之补泻手法分述《内经》的针刺手法,认为进针前手法有助于缓解患者的紧张情绪以避免晕针,进针手法是针刺治疗疾病的重要过程,进针后的补泻手法则是治疗疾病的关键一环。吴耀在归纳整理历代关于迎随补泻源流的文献后,列出 13 种迎随补泻。而曹大明等对"担截"法提出自己新的见解,认为"担截"法就是循经取穴的一种形式,即经脉的一端发生病变时,取本经另一端的穴位来治疗,为"担"法;反之,当经脉的一端发生病变,取本经同一端的穴位来治疗以阻断之,为"截"法。倪光夏等认为针刺手法的实质,是求得一种治疗疾病的有效刺激量。袁宜勤等则对针刺手法的规范化作研究,认为提插法和捻转法的刺激量均可按大、中、小进行量化。小刺激量:提插幅度<5 mm,捻转角度<180°,频率<90 次/min,用力轻,操作时间较短。中刺激量:提插幅度为 5～10 mm,捻转角度为 180°～360°,频率 90～120 次/min,用力和操作时间适中。大刺激量:提插幅度>10 mm,捻转角度>360°,频率>120 次/min,用力较重,操作时间较长。并且认为提插捻转补泻法是以提插捻转的幅度、频率、力度和作用力的方向分补泻的操作手法。

2. 临床观察

刘运珠选用梁丘、公孙、天枢、支沟,行轻插重提,大幅度、快频率捻转手法与电针结合,配合耳穴贴压和腹部推罐治疗单纯性肥胖 50 例。结果:治疗前体重和血清总胆固醇、三酰甘油、低密度脂蛋白的含量均高于正常值,治疗后均有不同程度降低($P<0.05$),同时追踪观察 3～6 个月,停止治疗后各项指标也有不同程度下降($P<0.05$),从而提示其有明显的即时效应和较稳定的远期疗效。陈玲琳等取天枢、关元、大肠俞、脾俞穴,行子午捣臼针刺手法治疗 45 例习惯性便秘,每间隔 5 min行手法 1 次,留针半小时,1 日治疗 1 次,5 次为 1 个疗程。在行针间隔中配合艾条灸。结果:经 1 次治疗 24 h 内大便排出者 21 例,经 2～5 次治疗大便排出者 21 例,经 5 次治疗大便未排出者 3 例,有效率为 93.3%(42/45)。吴琦将 161 例梨状肌综合征患者随机分为手法组(80 例)和

常规组(81例),两组均选用环跳、秩边等穴,手法组在环跳应用齐刺结合白虎摇头手法,常规组施以捻转提插等补泻手法。结果:手法组有效率为92.5%(74/80),常规组有效率77.8%(63/81),有非常显著性差异($P<0.01$)。王寅等将135例中风后肩手综合征患者随机分为治疗组与对照组,治疗组(83例),以龙虎交战手法针刺天宗穴;对照组(52例),常规取穴采用平补平泻手法,两组患者均进行康复训练,连续两个疗程。结果:治疗组上肢功能总积分高于对照组10分左右(以Fugl-meyer运动功能评价),治疗后运动神经传导速度的改变亦较明显($P<0.01$),提示龙虎交战手法可有效缓解肩手综合征所致的疼痛。曾奕采用赤凤迎源手法针刺悬钟穴治疗落枕48例,治疗1～3次,治愈43例,好转5例。认为赤凤迎源这一复式针刺手法可明显促使针感产生和扩散,增强刺激量。

3. 实验研究

丁光宏等采用自制的毫针针体实时受力监测系统,分别检测8位针灸师,在人体和新鲜猪肉上运用提插和捻转等6种手法时针体的受力状况。结果显示在人体曲池穴上运用这些基本针刺手法的主频率参数较为集中,平均值约1.20 Hz,在猪肉上的主频率仅为0.50 Hz左右,差异有显著性意义($P<0.05$)。补法和泻法在主频率上有很大的差异($P<0.001$),泻法主频率明显高于补法。王艳君等用提插补泻手法,在30名健康人曲池穴给予量化的针刺手法,以穴位皮肤温度为指标,观察针刺手法与效应之间的关系。结果显示,针刺曲池穴后,提插补法组对同侧商阳穴皮肤温度的影响以升温效应为主,提插泻法变化不大;提插补法组和提插泻法组均使对侧少商穴皮肤温度升高,由此认为不同针刺补泻手法,对健康人穴位皮肤温度有不同的影响,针刺后穴位皮肤温度的变化不仅具有循经性,而且具有全身性的影响。郭永明等将64只Wistar大鼠随机分为正常对照组、胃溃疡模型组、热补针法组和捻转补法组,每组雌雄各8只。针法组选用"足三里"(双)、"中脘",分别行热补针法和捻转补法治疗,每日1次,连续10日。对照组和模型组每日同样抓取,不处理。结果:与对照组比较,模型组动物血浆前列腺素E_2(PGE_2)显著升高($P<0.01$);与模型组比较,热补组溃疡指数和血浆PGE_2显著降低($P<0.01$),捻补组溃疡指数显著降低($P<0.05$),血浆PGE_2降低趋势但无统计学意义($P>0.05$);热补针法降低血浆PGE_2和溃疡指数较捻补针法显著($P<0.05$),提示大鼠形成胃溃疡后,血浆PGE_2显著升高,针刺可降低血浆PGE_2,使其趋于恢复正常,热补针法的作用明显优于捻转补法。

(王彩虹 许建敏)

【不同电针参数的作用】

电针治疗是通过毫针或电极,将脉冲电流施加于人体经络穴位,从而达到治病目的,电针已广泛应用于动物实验和临床治疗,不同电针参数的应用越来越受到重视。同时电针参数在针灸实验中的规范化也已成为亟待解决的问题。本条介绍不同电针参数的作用。

1. 电针频率

王洪蓓等观察两种频率(5 Hz和100 Hz)电针,对急性佐剂性关节炎大鼠压力-缩肢阈及血浆cAMP、cGMP和皮质醇含量的影响。结果表明,这两种频率电针均能明显升高关节炎大鼠痛阈,两者无明显差异。黄诚等对低频和高频电针镇痛阿片机制进行探讨,结果表明,吗啡镇痛与2 Hz电针镇痛之间存在交叉耐受,CCK受体拮抗剂L365、L260可显著加强100 Hz电针镇痛效应。不同频率电针可产生不同效应,它们产生镇痛作用的机制可能有所不同。Guo HF研究2 Hz和100 Hz电针对大鼠大脑阿片肽基因码表达的促进作用,结果表明不同频率电针对中枢神经系统合成和释放不同阿片肽所起的促进作用不同。韩济生的研究证明,低频(2 Hz)电针引起脑啡呔和内啡呔释放,高频(100 Hz)电针则引起强啡呔释放,以达镇痛效果。王韵等观察不同频率(2 Hz和100 Hz)电针耐受对k阿片受体mRNA转录的影响,结果表明,不同频率电针可能具有不同的中枢效应,如2 Hz电针在第3、第6日可引起PAG内k受体mRNA显著降低,而100 Hz则无明显改变。田津斌等研究表明,特定频率(2 Hz、15 Hz和100 Hz)的外周刺激,可选择性地引起大鼠脊髓灌流液中生长抑素(SOM)和降钙素基因相关肽(CGRP)释放的增强或抑制,2 Hz电针对CGRP释放的抑制及15 Hz和100 Hz电针对SOM释放的抑制,均有利于相应频率电针发挥镇痛作用。熊克仁等应用低频(2 Hz)和高频

(128 Hz)电针刺激大鼠"合谷"穴,观察不同频率电针对尾壳核头部各区一氧化氮合酶(NOS)表达的影响,结果表明低频和高频电针均可使尾壳核头部各区 NOS 表达增强,高频电针更为显著。庄茂娟等实验结果表明,100 Hz 电针对大鼠脊髓背角广动力神经元伤害性放电的抑制作用,明显强于 15 Hz 电针的作用,提示电针的镇痛作用受电针频率的影响。Kwon YB 研究表明,高频电针增强背缝血清素活性的作用优于低频电针,提示背缝的血清素激活路径对高频电针镇痛起重要的作用。Hsieh CL 等观察不同频率(2 Hz、15 Hz和 100 Hz)电针对大鼠外周神经电刺激的镇痛作用的影响,结果表明不同频率电针的镇痛机制不同,2 Hz 电针对福尔马林引起的伤害性疼痛反应的作用更强,提示 2 Hz 电针可能是临床镇痛和治疗术后疼痛的最佳频率。各种电针的频率不但对镇痛有不同的影响,而且对其他方面如此。于天源等研究不同频率电针作用于不同穴位时,在保护大鼠胃黏膜效应上的差别,结果表明在预防胃黏膜损伤时,合理的预防方案为:雌鼠"中脘"10 Hz、"足三里"40 Hz;雄鼠"中脘"10 Hz、"足三里"10 Hz。Lin TB 研究表明,电针刺激大鼠"合谷"穴,可选择性地兴奋交感神经系统,升高血压,而低频(2 Hz)和高频(20 Hz)电针兴奋交感神经系统的机制不同。

2. 电针强度

徐卫东等以分别低于和高于 C 纤维阈值的低强度(2 V)和高强度(8 V)电针刺激"下关"或"足三里"穴,观察对三叉背角汇聚神经元伤害性反应的影响,及损毁中缝大核(NRM)后的变化。损毁 NRM 后,低强度和高强度电针"下关"穴,对伤害性反应从针刺中到停针后 20 min,仍有明显的抑制作用,与损毁 NRM 前相比,抑制幅度稍低。低强度电针"足三里"穴,与损毁 NRM 前的电针效应相类似,无论是针刺中还是停针后都无此效应。高强度电针"足三里"穴的镇痛效应在损毁 NRM 后消失。表明电针"下关"镇痛作用具有穴位特异性,而远节段穴位"足三里"强电针所引起的镇痛作用与 NRM 关系密切。于天源等观察不同强度电刺激网状巨细胞核(NGC),对脊髓背角神经元伤害性反应,以及电刺激 NGC 对针刺效应的影响,结果表明高强度电刺激 NGC (40 μA,0.1 ms,50 Hz,2 min)抑制 C 反应,而低强度电刺激 NGC(80 μA,0.1 ms,50 Hz,2 min)易化 C 反应,并可翻转针刺镇痛效应,表明下行性易化系统可能参与这种对抗反应。王跃秀观察不同强度、不同频率的电针参数对大鼠脊髓神经元伤害性反应的影响,结果表明在相同时间及波宽的条件下,强电针选用低频(5 Hz)较好,而弱电针时以选用高频(50 Hz)为佳。此外,夏保芦等观察不同强度或不同频率电针"内关"穴,对过敏性休克豚鼠低血压反应的影响,结果提示电针频率相同时,高强度电针"内关"穴的升压效应比低强度的好;电针强度不变时,高频电针"内关"穴的抗过敏性休克作用显著优于低频者。

3. 电针波形和刺激时间

顾一煌等观察不同的电针刺激量(留针时间分别为 4 min、8 min 和 12 min)减轻雷公藤甲素对大鼠脏器副作用的影响,结果发现中等强度的刺激较轻或强刺激有利于脏器抵抗药物的副作用;在升高白细胞方面,以较强刺激的作用更为明显。王贺春等观察电针四种时间间隔(每日 1 次、2 日1 次、3 日 1 次和 4 日 1 次)治疗大鼠慢性神经源性疼痛的疗效,结果表明,3 日 1 次的针刺频度疗效最好,过频或过疏的针刺频度疗效均不满意。

孙克兴等研究发现,电针对人体经穴超微弱发光强度的影响与电针参数相关,疏密波刺激穴位后,针刺穴位及本经远端穴位发光强度都有增加;密波刺激穴位后,针刺穴位及本经远端穴位发光强度与针刺前无显著性差异。从而认为疏密波具有兴奋作用,促进气血运行,改善能量代谢,类似补法;密波对神经系统具有抑制效应,类似泻法。

电针疗法在国内外应用日益广泛。在应用不同电针参数的实验研究中,涉及镇痛的研究较多,研究提示不同频率或不同强度的电针具有不同的效应,它们产生镇痛作用的机制也有所不同。其他实验研究也获得类似的结论。反映应用电针的实验研究的大部分文献,都未完整标明所采纳的电针参数,因此,各文献的研究结果也难以相互比较和引证。由于电针刺激能较客观地控制各种参数,便于定量分析。所以在针灸实验研究中要通过电针参数的规范化,才能为针灸实验研究提供可靠的实验数据,同时也为临床合理选择不同电针参数的提供依据。

(杨华元)

【针刺治疗中风慢性期吞咽障碍】

刘志顺等为了评价针刺治疗中风慢性期吞咽障碍的临床疗效和安全性，选择符合诊断标准的患者，随机设立针刺治疗组(60例)和康复对照组(30例)。针刺组采用针刺风府、人迎、廉泉、百劳，施平补平泻法；对照组按照Logemann JA训练法。两组均每日治疗1次，周六、周日休息，总疗程15日，疗程结束评定疗效。根据床边吞咽功能评价量表评价，针刺组和对照组的治愈率分别为31.7%(19/60)、33.3%(10/30)，有效率分别为61.6%(37/60)、76.7%(23/30)；针刺组疗效明显优于对照组($P<0.01$)；针刺组起效快，且疗效与病程长短无关；针刺组假性球麻痹疗效优于对照组。根据电视荧光吞咽功能评价，针刺组和对照组的治愈率分别为25%(15/60)、13.3%(4/30)，有效率分别为60%(36/60)、46.7%(14/30)；针刺组疗效明显优于对照组($P<0.05$)。安全性评价，中度吞咽障碍患者，两组虽均未采用胃管鼻饲等方法，但并未因可能误吸而导致肺部感染率增加(重度吞咽障碍须在胃管鼻饲前提下治疗)。针刺组与对照组治疗前后营养状况经统计学处理差异均无显著性意义，表明患者的营养状况在治疗前后保持稳定，并未因治疗期间未用胃管进食(中度吞咽障碍)而导致营养状况恶化，说明单纯针刺治疗是安全的。

张维等为了探讨针刺风府、人迎、廉泉、百劳治疗中风慢性期吞咽障碍的作用途径，测定针刺前后5 min和治疗前、后的吞咽相关肌肉肌电图和脑干诱发电位。结果：真性球麻痹患者治疗后环甲肌振幅、时限及舌肌时限较治疗前降低。假性球麻痹患者治疗前、疗后各项指标变化差异无显著意义。对于假性球麻痹，针刺主要是调节皮质和脑干网状结构中的吞咽中枢对于吞咽反射的控制作用，协调吞咽诸肌的运动；而对于真性球麻痹障碍，针刺的作用主要是直接促使损伤的周围神经恢复，从而起到治疗效应。

(李　洁)

【火针治疗慢性软组织损伤】

1. 临床观察

吴峻等按照国家中医药管理局颁布的《中医病症诊断疗效标准》，选择病程在半月以上的慢性软组织损伤患者261例进行临床研究，随机分为火针治疗组137例和针灸对照组124例。火针治疗组采用"恢刺"、"关刺"的方法，具体操作是：选择病损局部阿是穴，常规消毒，选用直径0.5～0.8 mm，1.5寸长的钨锰合金针，将针的前半段置于酒精灯上烧至通红并快速刺入穴位，深达粘连变性的筋结部位，随即出针，重按针孔片刻。一般每平方厘米病灶以刺3～5针为宜，每次针刺总数5～20针。每周治疗1次，间隔期每日以艾条悬灸针处30 min，5周为1个疗程。针灸对照组则在局部针刺得气后，施温针灸2壮，余与火针治疗组同。结果发现火针组临床治愈率显著高于针灸对照组($P<0.01$)；在疼痛程度的减轻、功能状态的改善、硬结条索状物的缩小等方面，两组均有良好疗效(两组治疗前后差异均有显著性意义，$P<0.01$)，但火针组患者的各项指标改善均优于针灸对照组。

2. 实验研究

吴峻等选用8月龄健康雄性大耳白兔45只，运用机械冲击挫伤造模法，造成实验兔右后腿急性软组织损伤，正常饲养半月后，形成慢性软组织损伤动物模型。随机分成火针组、温针组和造模组，每组各15只。然后每组再分为治疗1周组、治疗2周组和治疗3周组。治疗操作方面，火针组模型兔在兔台固定后，常规消毒病损局部，选用30 mm长，直径0.3～0.5 mm的钨锰合金针，烧红后迅速刺入病灶硬结、条索状物上，随即出针。每平方厘米病灶上刺5针，每7日火针治疗1次，治疗间隙期每日以艾条温和悬灸患处20 min。温针组模型兔于兔台固定后，施温针灸2壮，余与火针组同。造模组则不作任何处理。结果发现在整个观察过程中，造模组病损部位以瘢痕形成为主，并且皮肤表面有痂皮、瘀紫斑；温针组局部瘢痕形成，变化较少，后期多见脂肪细胞浸润(脂肪浸润是组织变性的一种形态，指在实质组织细胞之间有大量脂肪细胞增生，实质细胞萎缩，功能下降)；而火针组局部变化显著，特点为前中期多有炎症细胞浸润，结缔组织、毛细血管新生活跃；后期增生结缔组织以小血管为中心向周围肌纤维放射延伸，肌纤维正常排列结构尚存。研究表明，组织一旦形成粘连瘢痕，即不可能通过自身机制或常规治疗方法吸收而消除，而火针治疗却可呈现吸收再生的良性过程。

(刘世敏)

【针灸治疗椎动脉型颈椎病】

1. 单纯针刺

黄聪阳针刺相应的夹脊穴治疗颈椎病所致椎动脉血流动力学紊乱患者 32 例，观察其对椎动脉血流速度的影响，发现 1 个疗程(每日 1 次，连续 14 次)的针刺效应优于即刻效应(TCD 值)，有非常显著性差异($P<0.01$)，认为针灸疗效具有持续性和积累性，与疗程有一定的关系。周美启采用温针灸治疗椎动脉型颈椎病 33 例，选取 $C_{3\sim5}$ 夹脊穴，当针下出现麻胀感后置橄榄核大小艾绒于针柄上点燃，重复 4 次，每日 1 次，1 周为 1 个疗程，共治疗 3 个疗程。结果：治愈(症状全部消失，TCD 正常)10 例，显效(症状大部分消失，TCD 基本正常)13 例，有效(症状部分消失或减轻，TCD 基本正常)8 例，无效(症状无明显改善或加重，TCD 无明显变化)2 例，总有效率为 93.94%，优于毫针针刺组($P<0.05$)。张永臣采用平补平泻手法针刺双侧风池、天柱，治疗椎动脉型颈椎病 86 例，每日 1 次，12 次为 1 个疗程，2 个疗程后统计疗效。结果：治愈 51 例，好转 33 例，无效 2 例，总有效率 97.7%(84/86)，优于药物组($P<0.01$)。

2. 针刺配合其他疗法

谭吉林采用电针百会、风府、$C_{4\sim6}$ 夹脊等穴，配合坐位颈椎牵引方法，治疗椎动脉型颈椎病 39 例，每日 1 次，共治疗 15 次。结果发现患者症状显著缓解，功能显著改善($P<0.001$)；同时椎动脉($C_{3\sim6}$)内径狭窄状况、椎动脉最大血流速度(MAX)减慢现象，也较治疗前显著改善($P<0.001$)。观察结果与李彦梅、王宜欣、章秀明报道类似。刘庆彬综合运用颈椎坐位牵引、侧扳弹拨点按法和针刺风池、供血(风池穴下 1.5 寸)、百会、四神聪、晕听区、颈部夹脊穴等方法治疗 85 例，治愈 39 例，显效 25 例，好转 18 例，无效 3 例，总有效率为96.5%(82/85)。蒋戈利应用三步针罐疗法治疗椎动脉型颈椎病，即先远道针刺整脊穴(印堂上 1 寸)、颈痛穴(中渚)、中平穴(足三里下 2 寸胫腓骨间)，配合患者颈部活动 2 min，不留针；再以疏密波电针颈夹脊穴，以患者耐受为度，留针 20 min；最后在大椎及阿是穴处刺络拔罐。共治疗 197 例患者，结果：痊愈 129 例，显效 34 例，好转 31 例，无效 3 例，总有效率为 98.5%(194/197)。

王旭以针刺风池、风府、百会、太阳、率谷、颈夹脊诸穴，配合中药黄芪、党参、白术、茯苓、半夏、陈皮等内服，治疗椎动脉型颈椎病 46 例，结果：治愈 30 例，好转 14 例，无效 2 例，总有效率为 95.7%(44/46)。张卫华采用颈部常规推拿后在风池、阿是穴处注射维生素 B_{12}、丹参注射液和 2%利多卡因的混合液(比例为 1∶2∶1)，共治疗 64 例，痊愈 52 例，显效 8 例，有效 3 例，无效 1 例，总有效率为 98.4%(60/64)。

宋华英在高压氧舱内(压力 0.2 mPa)针刺百劳、大杼、天柱等穴，治疗椎动脉型颈椎病患者 30 例，显效 12 例，有效 17 例，无效 1 例，总有效率为 96.7%(29/30)。

(刘世敏)

【针刺治疗偏头痛】

老锦雄等以头部透穴为主，结合辨证选穴，治疗无先兆偏头痛患者 87 例，具体方法是：以丝竹空透率谷、颔厌透悬颅为主穴，配合风池、列缺、太阳等穴，并辨证选用太溪、太冲(水不涵木型)，丰隆、外关(痰热内阻型)或行间、合谷(肝风上扰型)，常规进针后主穴接 G 6805 电针仪，通电 30 min，疏密波，以患者耐受为度。每日治疗 1 次，10 次为 1 个疗程，共治疗 3 个疗程。疗程结束后 2 个月观察疗效。疗效标准参照 1992 年国家中医药管理局全国脑病急症协作组制定的计分法制定。结果：基本恢复 25 例，显效 16 例，有效 21 例，无效 25 例，总有效率为 71.3%(62/87)，明显优于颅痛定对照组。刘悦等选用丝竹空透率谷、头维、百会、列缺、合谷诸穴，配合野木瓜注射液双侧太阳或风池交替注射，共治疗偏头痛患者 54 例。经 8 周治疗后，治愈(头痛及伴随症状完全消失，脑血流速度恢复正常，半年无复发)41 例，好转(头痛减轻，发作次数减少，脑血流速度正常或明显改善)9 例，无效(治疗前后无明显改善)4 例，总有效率为 92.6%(50/54)。王菁华、刘芳、黄志刚、王建侠、李华贵的报道结果也大体相似。

张月成等选取耳门单穴治疗偏头痛患者 106 例，采用赤风迎源手法，即将毫针刺入皮下，逆时针将针深刺入地部，顺时针将针提至人部，反复多次，至有酸、麻、胀、痛得气感为度。得气后调整针刺方向，使针感向疼痛部位、外耳道及耳后传导，每 5 min 重复 1 次，留针 30 min，每日 1 次，连续 3～5日，并设口服西比林胶囊对照组。结果发现针刺组痊愈率及有效率均明显优于对照组($P<0.005$),且无不良反应。

王峥等在太阳、尺泽等穴位处刺血治疗偏头痛119例。具体操作:常规消毒后,用三棱针刺破穴位部位血络,以中营(刺破血管靠近体表的管壁)为度。出血量根据病情、体质、部位等灵活掌握,1次治疗每穴出血量掌握在5~10 ml,总出血量50~100 ml。每10日治疗1次,3次为1个疗程,设常规针刺组作对照。结果发现无论是即时疗效(治疗后30 min),还是远期疗效(治疗后6个月),刺血组的临床治愈率和总有效率均高于毫针针刺组。同时指出能否保证足够的出血量,是提高刺血疗法疗效的关键所在。

曹金梅等让患者佩戴偏头痛治疗活动带(一种装有5个活动药袋的外治医疗器具,袋内主要药物成分为当归、川芎、白芷、柴胡、天麻、冰片等10味中药)治疗本病132例。佩戴时边放药袋边闭合拉链,5个药袋压在左右率谷、太阳和印堂穴处,每日佩戴4~6 h,30日为1个疗程,连续治疗2个疗程。结果:显效94例,有效25例,无效13例,总有效率为90.2%(119/132)。

孙忠人等针刺风池、阳白、率谷、太阳、外关、中渚、足临泣、浮白等穴治疗偏头痛32例,总有效率达90.6%(29/32),主要临床症状在治疗后显著改善($P<0.01$)。同时还观察到偏头痛患者血中PAF、TXB_2、6-keto-$PGF_{1\alpha}$含量较之正常人均明显升高($P<0.01$),提示这三者均参与偏头痛的病理过程。而针刺能显著降低血中PAF、TXB_2、6-keto-$PGF_{1\alpha}$含量,这可能是针刺治疗偏头痛的机制之一。

(刘世敏)

【帕金森病的治疗与研究】

徐斌等观察针刺治疗原发性帕金森病疗效及其与患者脑脊液中单胺类神经递质的关系。用毫针针刺内关等穴位治疗原发性帕金森病。以《改良Webster症状评分表》评定疗效,用高效液相色谱-电化学检测法检测脑脊液中单胺类神经递质的变化情况。共收集病例31例,随机分为针刺组(21例)和对照组(10例)。针刺组的总有效率为71%(15/21),且治疗前后积分的差异有非常显著性意义($P<0.01$),治疗对中枢单胺类神经递质有影响,但疗效与递质变化未见有显著意义的相关性。徐斌等又观察穴位注射治疗原发性帕金森病的疗效及其与患者脑脊液中单胺类神经递质的关系。共收集病例33例,随机分为针刺组(23例)和对照组(10例)。用足三里、阳陵泉穴位注射脉络宁注射液的方法,治疗原发性帕金森病,评定疗效同上,用高效液相色谱-电化学检测法检测脑脊液中单胺类神经递质的变化情况。结果:穴位注射的总有效率为65.2%(15/23),治疗组治疗前后积分的差异有极显著性意义($P<0.001$)。治疗对中枢单胺类神经递质有影响,但疗效与递质变化未见有显著意义的相关性。

胡军民等探讨微电极导向在苍白球毁损术中的应用价值。制作大白鼠帕金森病模型。在28只成功的帕金森病模型中,随机分组评估治疗效果。微电极导向毁损组10只,右侧苍白球自制针灸针直接毁损组10只,观察组8只。统计学处理显示,直接毁损组与微电极导向毁损组的治疗效果与对照组比较差异有显著性意义($P<0.05$),两治疗组比较差异亦有显著性意义($P<0.05$)。提示采用微电极导向大白鼠帕金森病旋转模型苍白球毁损术定位准确,毁损确切,效果优于直接毁损苍白球术。

(李　洁　赵晓东)

【针灸治疗小儿脑瘫】

管遵惠等将150例小儿脑瘫分组治疗观察,舌针为主治疗115例,总有效率为93%(107/115),其中基本痊愈21例,显效44例,好转42例,无效8例;一般针刺治疗35例,总有效率为71.4%(25/35),其中基本痊愈5例,显效11例,好转9例,无效10例。提示舌针有助于改善患儿智力和语言功能,舌针、头针、体针综合治疗,能提高治疗脑瘫的临床疗效($P<0.01$)。米曙光采用头针滞针刺法加体针(治疗组)治疗小儿脑瘫150例,同时设头针常规刺法加体针(对照组)70例以比较疗效。结果显示治疗组在改善患儿运动功能、提高智商等方面疗效明显优于对照组。陈俊军等以"聪脑通络"针法治疗小儿脑瘫56例,并与高压氧加西药(胞二磷胆碱)治疗30例进行临床对照观察。结果:治疗组总显效率为44.6%(25/56),总有效率为91.1%(51/56);对照组总显效率为20%(6/30),总有效率为66.7%(20/30),两组比较有显著性差异($P<0.05$或$P<0.01$);两组治疗后运动功能积分均较治疗前提高,但治疗组积分提高幅度显著大于对照组($P<0.05$)。

王军英等为探讨针刺、穴位注射、推拿、运动训练综合治疗小儿脑瘫的方法和疗效,建立综合康复医疗体系。将356例0～9岁脑瘫患儿随机分为治疗组和对照组，两组均接受常规药物治疗和功能训练。治疗组在功能训练前或后施以针刺、穴位注射、推拿，并在治疗前后进行综合评价，观察整体康复疗效，进行统计学处理。结果显示综合治疗组整体疗效明显优于对照组（$P<0.05$）。梁松等将74例脑瘫患儿随机分为两组，观察组45例，运用针灸和运动疗法治疗；对照组29例，行运动疗法治疗，并应用马若飞标准评定效果。两组总有效率分别为95.6%（43/45）和75.9%（22/29），观察组明显优于对照组（$P<0.05$）。徐莹等将64例脑瘫患儿随机分为两组，观察组（40例）运用针灸及运动疗法治疗；对照组（24例）进行运动疗法治疗，效果应用马若飞标准评定。结果：两组总有效率分别为97.5%（39/40）和70.8%（17/24），观察组明显高于对照组（$P<0.01$）。

黄长琼等为了对比穴位注射脑多肽和乙酰谷酰胺治疗小儿脑瘫的疗效，以便更好地指导临床应用，将40例脑瘫患儿随机分为脑多肽组（实验组）和乙酰谷酰胺组（对照组）。根据PALCI日常生活能力评价表（P、A、L、C、I分别表示肢体位置、日常生活、移动、语言、智力），对两组治疗前后的脑瘫患儿进行评价并比较评价结果。结果发现，两组患儿的日常生活能力都有提高，脑多肽组的疗效优于乙酰谷酰胺组。

（李　洁）

【针刺治疗抑郁症】

康波等为比较电针与阿米替林对抑郁症的疗效，将52例抑郁症患者随机分为两组，各26例，分别给予电针和阿米替林治疗，疗程6周，用汉密顿抑郁量表（HAMD）评分和4级标准评定疗效。结果显示电针组显效率为61.5%（16/26），药物对照组为65.4%（17/26），起效时间对照组早于电针组；副反应对照组较电针组明显，特别是心电图改变。提示电针与阿米替林对抑郁症均有较好疗效，组间比较无显著差异，电针适合于治疗老年或伴有心血管疾病的抑郁症患者。韩毳等将治疗组30例采用电针方法治疗，取穴百会、印堂，并配合辨证选穴，对照组用麦普替林。结果显示两组治疗后HAMD分值较治疗前均有显著下降（$P<0.01$），组间比较，差异无显著性（$P>0.05$）。两组总体疗效比较，治疗组总有效率为96.7%（29/30），对照组为90%（27/30），组间比较，差异无显著性意义（$P>0.05$）。两组治疗后中医症状积分较治疗前均有明显下降（$P<0.01$），且治疗后组间比较差异亦有显著性意义（$P<0.05$），治疗组明显优于对照组。Asberg抗抑郁药物副作用量表分值的下降态势，治疗组亦明显优于对照组。两组治疗后血浆皮质醇（CORT）、内皮素（ET-1）含量均较本组治疗前明显下降（$P<0.01$），且基本恢复正常，治疗后组间比较差异无显著性意义（$P>0.05$）。提示电针疗法治疗抑郁症与四环类抗抑郁药麦普替林的临床疗效相近，而且副反应小，对症状的改善优于麦普替林。韩毳等另对分别接受电针治疗的30例和服用药物治疗的31例患者，于治疗前及治疗过程中第14、28、42日，分别采用HAMD、抑郁自评量表（SDS）、焦虑自评量表（SAS）、Asberg抗抑郁药副反应量表以及临床总体印象量表（CGI），进行疗效和副反应评分。结果表明电针和药物治疗后SDS、HAMD分数均明显低于治疗前（$P<0.01$），组间比较，差异均无显著性意义（$P>0.05$）。药物组伴躯体性综合征的患者HAMD减分率显著高于电针组（$P<0.01$）。治疗后电针组焦虑/躯体化症状群、SAS、Asberg抗抑郁药副反应量表的分数，均低于药物组（$P<0.05$），电针组疗效指数显著高于药物组（$P<0.01$）。提示电针和药物均有明显的抗抑郁作用，对主诉多、焦虑症状明显、年老体弱或体质敏感不耐药物副反应的患者，可首选电针。张洪等对210例抑郁症患者随机分为电针组与药物组进行对照研究。结果显示两组有效率经统计学处理无显著性差异。两组患者都采用国际通用的HAMD予以评定，在治疗1个疗程后，两组平均总分显著下降，经过t检验，每组治疗前后、1个疗程后的疗效差异显著（$P<0.001$），但两组间疗效比较无显著性差异（$P>0.05$）。电针与抗抑郁药阿米替林可相媲美，但口服阿米替林有不同程度的副反应，电针对于各种原因不能服用药物的患者尤为适用。薛爱国为探讨针刺对脑梗死恢复早期抑郁症状的治疗作用，将61例脑梗死恢复早期有抑郁表现的患者随机分为对照组30例和治疗组31例。对照组按神经内科常规治疗，治疗组在神经内科常规治疗的同时加用针刺治疗，用HAMD评定其疗效，同时用Barthel指数对日常生活活动（ADL）能力进行评定。结果显示治疗组抑郁评分、ADL能力评分，治疗前后有非常性显著差异（$P<0.01$），同对照

组相比，也有显著性差异（$P<0.05$）。提示针刺是一种有效的治疗脑中风恢复早期抑郁表现的方法，同时也能加速患者ADL能力恢复。

韩毳等为探讨电针对抑郁症患者血清细胞因子的影响，采用放射免疫分析法，测定电针组（30例）、麦普替林组（31例）抑郁症患者治疗前及治疗第2、4、6周末，血清IL－1β、IL－6、TNF－α水平，并与正常组（10例）进行对比。结果：抑郁症患者治疗前血清IL－1β、IL－6、TNF－α水平非常明显地高于正常人。相关性分析发现，血清IL－1β、TNF－α水平与HAMD抑郁量表总分呈显著正相关。IL－1β与认知障碍症状群，TNF－α与绝望症状群，IL－6水平与焦虑/躯体化因子，分别有明显的正相关性。经电针和四环类抗抑郁药麦普替林治疗，随着抑郁症状的缓解，以上细胞因子水平也逐渐下降，至第6周末基本恢复正常，组间比较无明显差异。提示细胞因子在抑郁症的发病过程中起一定作用，电针对细胞因子的抑制作用是电针治疗抑郁症的机制之一。

（李　洁）

【针灸治疗支气管哮喘】

2002年报道的针灸治疗支气管哮喘的方法可归纳为6种，以穴位注射和穴位敷贴居多。2 000余例平均治疗总有效率为92.9%，高于上年度。治疗手法的多样性和多种疗法综合运用是2002年度针灸治疗本病的特点之一。

刘明清等将94例患者随机分成3组，选用：①天突、大椎、定喘、风门、肺俞；②膏肓、至阳、脾俞、肾俞；③膻中、列缺、关元、丰隆、足三里。观察组（33例）用艾炷化脓灸治疗，隔姜组（30例）用隔生姜片灸治，针刺组（31例）采用针刺治疗。30日后统计疗效。结果：观察组在降低血清IgE含量、增高FEV1.0/FVC比值上，与隔姜组、针刺组相比有显著性差异（$P<0.01$）。提示化脓灸治疗支气管哮喘具有良好的抗过敏、改善肺通气量的作用。曹祥等对100名支气管哮喘患者进行肺俞穴注射治疗，背针A系从草决明中提取的决明茶碱，背针B系从穿山龙中提取的薯芋皂苷，背针C系从曼陀罗中提取的莨菪碱，背针D系利多卡因40 mg，有效率为96%（96/100），与西药治疗对照组的有效率93.0%（93/100）相比无显著性差异。刘乃积对53例哮喘患者进行穴位注射，首次取肺俞，药用曲安奈德1 ml、654－2 1 ml、10%胎盘组织液2 ml、利多卡因2 ml；15日后取迎香穴，用药为曲安奈德1 ml、维生素B_{12} 1 ml、利多卡因2 ml，总有效率为94.3%（50/53）。谢泓等选双手咳喘点注入核酪注射液0.5 ml治疗哮喘患儿428例，96.9%（415/428）有效，优于对照组。刘晓惠对40名哮喘患儿在口服一种抗生素及止咳化痰药的同时，针刺息喘、肺穴，配合谷、咽喉点、胸点，90%（36/40）有效，较对照组的有效率70%（28/40）高。黄石玺将针灸专家王乐亭教授名方“老十针”加减化裁得“脾胃十针”（中脘、气海、天枢、内关、足三里、公孙6穴，共计10针）用以治哮喘，取其健脾益气，培土固本之意。

（杨永清）

【针灸治疗类风湿关节炎】

1. 实验研究

唐照亮等通过放射免疫法和生化法测定血清TNF、IL－1、IL－2和NO的含量，在佐剂性关节炎大鼠模型上观察到艾灸足三里、肾俞穴能消肿散瘀、减小跖围、预防或减轻大鼠多发性关节炎，并能降低TNF、IL－1和NO含量，提高IL－2水平。方剑乔等采用牛Ⅱ型胶原皮内注射诱发的胶原性关节炎（Collagen-induced Arthritis，CIA），作为类风湿关节炎的大鼠模型，观察经皮电刺激“足三里”穴对模型大鼠关节炎发病率、起病时间、关节炎指数、抗Ⅱ型胶原（CⅡ）抗体水平及骨与关节破坏等的影响，结果表明经穴经皮电刺激治疗能明显推迟胶原诱发大鼠关节炎的发生，明显控制初、中期模型大鼠的肢体累及率和关节炎病变程度，但不能显著降低血清抗CⅡ抗体水平，此外还发现该疗法能有效地防止模型大鼠足爪骨与关节的破坏。李万瑶等对佐剂性关节炎（Adjuvant Arthritis，AA）动物模型，用蜂针和药物进行对照实验，结果显示，蜂针组在实验中期体重增长缓慢，有一定的体温升高，其原因可能是蜂针的过敏反应所致。在后期对佐剂引起的肿胀有抑制作用。杨顺益等也通过观察蜂针对大鼠病变关节的外观变化和对滑膜超微结构的影响，探讨蜂针对类风湿关节炎（Rheumatoid Arthritis，RA）的作用机理，认为蜂针能减轻AA大鼠滑膜细胞的病理损伤，其抗炎消肿的作用优于激素。王艳君等从血清过氧化物歧化酶（SOD）活力及丙二醛（MDA）含量角度，研究电针治疗实验性大鼠类风湿性关节炎的可能机制，提示电针治疗类风湿关节炎的机理与降低代偿性增高的SOD活力、清除

MDA 有关。余曙光报道电针足三里能够增加类风湿关节炎大鼠外周血 T 淋巴细胞的凋亡率。潘惠娟等的研究显示，针刺可降低脑组织内的 NO 含量，提高实验性 RA 大鼠痛阈，表现出较强的镇痛作用，且具有明显的后效应。

2. 临床观察

王伟明等观察不同的灸材料和隔垫材料(隔附子饼艾灸、隔附子饼微烟灸、隔姜艾灸)对治疗类风湿关节炎效果的影响，结果隔附子饼艾灸组总有效率为 93.3%，隔附子饼微烟灸组为 81.3%，隔姜艾灸组为 93.8%，经统计学处理，三组之间无显著性差异；对激素的递减，三组治疗前后均有非常显著性差异；对血红蛋白和血沉的治疗后的变化，隔姜艾灸组好于其他两组。任心荣等报道，运用针灸、理疗、药物综合疗法治疗类风湿关节炎，疗效优于单纯药物治疗组，且在改善关节症状和体征及部分生化指标方面也较明显。吴宏东等筛选符合标准的类风湿关节炎患者 84 例为研究对象，治疗组采用细火针刺阿是穴、“师氏颈夹脊穴”及局部循经取穴，对照组采用西药治疗。结果显示治疗组有效率为 91.1%，对照组有效率为 71.8%，两者有明显差异。

(邓宏勇)

【针灸治疗糖尿病】

1. 实验研究

刘志诚等为探讨针刺治疗非胰岛素依赖性糖尿病(NIDDM)的中枢神经作用机制，采用神经电生理和生化技术，观察针刺治疗前后 NIDDM 大鼠相关的变化，发现 NIDDM 大鼠空腹血糖(FBS)、空腹胰岛素(FINS)和渴中枢神经细胞自发放电频率及去甲肾上腺素(NA)、多巴胺(DA)含量，明显高于正常大鼠，而胰岛素敏感性指数(IAI)水平，明显低于正常大鼠。针刺治疗后，NIDDM 大鼠 FBS、FINS 和渴中枢神经细胞自发放电频率及 NA 和 DA 含量均明显下降，而 IAI 水平明显回升。渴中枢神经细胞自发放电频率与 FBS 呈高度正相关，与 FINS 呈中度正相关，与 IAI 呈高度负相关。以上结果提示针刺对 NIDDM 大鼠渴中枢的调整作用可能是纠正胰岛素抵抗(IR)、调整胰岛素异常代谢的重要环节。蔡春梅等通过设立针刺及胰岛素治疗对照组，观察到针刺能使实验性糖尿病大鼠视网膜微血管病变得以改善，证实了针刺对糖尿病视网膜病变的治疗及预防作用。庄严等以链脲佐菌素(STZ)糖尿病大鼠为模型，观察针刺(胰俞、肾俞、三阴交穴)对糖尿病大鼠血糖以及肾脏、红细胞 LPO 含量和 SOD 活性的影响。结果发现，针刺能使该模型大鼠病理性的 LPO 异常的高水平下降，同时提高其 SOD 活性，提示针灸具有一定的抗氧化作用。

2. 临床观察

徐放明等以针灸治疗前后体脂百分率(F%)、肥胖度(A%)、体重指数(BMI)、空腹血糖(FBS)、胰岛素水平(FINS)、总胆固醇(TC)、三酰甘油酯(TG)、高密度脂蛋白胆固醇(HDL-C)、低密度脂蛋白胆固醇(LDL-C)、胰岛素敏感指数(IAI)等为指标，观察 45 例肥胖型 2 型糖尿病患者。结果表明，F%、A%、BMI 较治疗前均显著下降($P<0.05$)，FBS、INS、IAI、TC、TG、HDL-C、LDL-C 较治疗前有极显著改变($P<0.001$)。薛宏伟运用“电涌波束”(以大能量多波形通过经穴治疗疾病的一种技术)治疗 68 例 2 型糖尿病，有效率为 94.1%，且无痛苦、无副反应。魏群利将 2 型糖尿病患者 67 例分胃肠实热、脾虚湿阻、肝郁气滞、肾气不足 4 型，辨证施以相应补泻手法。发现针灸在调整患者糖脂代谢的同时，还可以改善临床症状及肥胖指标。吴滨等采用自身前后对照法，以 B 超检测膀胱残余尿量为指标，观察电针配合药物治疗糖尿病所致神经原性膀胱病变的疗效，结果发现，针药结合能明显减少膀胱残余尿量。刘波运用温针灸治疗 43 例糖尿病性膀胱病变取得类似疗效。董卫采用胃脘下俞穴埋线治疗糖尿病 62 例，其疗效明显好于西药对照组($P<0.01$)。温军等以脾俞、中脘、足三里为主穴，治疗糖尿病并发顽固性胃部症状 32 例，痊愈 28 例、显效 3 例。秦福兰等将 80 例患者随机分为针刺治疗组(A)、运动疗法组(B)、针刺结合运动疗法组(C)和单纯进行合理饮食及口服降糖药治疗对照组(D)，观察不同方法对患者血糖、胰岛素水平以及血脂等影响。结果 A、B、C 三组的血糖、胰岛素水平均较对照组明显降低，而 C 组又明显低于 A、B 两组，各组血脂也较治疗前有所下降。谌剑飞等探讨针刺对 2 型糖尿病者细胞因子(TNF-α、IL-6)、胰岛素敏感指数及血高凝状态(体外血栓长度、血小板聚集率、纤维蛋白原、部分凝血酶原活性时间、凝血酶原时间)的影响，结

果显示，针刺能显著降低细胞因子，纠正血高凝状态，提高胰岛素敏感指数水平，与对照组比较有统计学意义（$P<0.01$）。

（邓宏勇）

【针灸对心脑血管的影响】

1. 血流量

韩兆诚等将新西兰模型兔随机分为针刺足阳明经组、足少阳经组和足太阳经组，发现针刺足阳明经、足少阳经对提高颈内动脉系统 Vp（收缩期血流速度）有显著作用，针刺足太阳经对提高椎-基底动脉系统 Vp 有显著作用。何峰采用大鼠双侧颈总动脉反复缺血-再灌注结合腹腔注射硝普钠法造模，并配合行为学测试确定模型。术后 7 日施电针百会、大椎、足三里治疗。治疗后测定各组大鼠顶叶及海马局部脑血流量，结果发现低下的大脑顶叶及海马局部脑血流量水平明显改善，说明电针能促使大鼠的缺血脑组织灌流水平恢复。

2. 血液流变学

吴童等观察"醒脑开窍"针法对脑缺血-再灌注损伤家兔血液流变学及脑超微结构的影响。选用健康家兔 24 只，随机分成假手术组、造模组、针刺组，均进行血液流变学及电镜技术观察。结果发现针刺组家兔各项血液流变学指标均较造模组改善，血黏度降低，差异显著，电镜下脑组织结构损伤亦较造模组为轻，经立体定量分析线粒体密度及毛细血管基膜厚度，针刺组与造模组相比均有显著性差异。提示针刺对缺血再灌注脑损伤具有保护作用。

3. 血压

莫飞智等探讨电针对血管性痴呆（VD）大鼠的疗效及对脑精氨酸加压素（AVP）的影响。将 30 只大鼠制成肾性高血压（RH）后再造成脑反复缺血的拟似 VD，随机分为模型组、电针组和药物（氢化麦角碱，DHET）组各 10 只，各治疗 28 日。治疗后均以水迷宫检测学习记忆行为状态，并检测脑 AVP 的含量。结果显示模型组水迷宫潜伏期明显长于电针组和药物组（$P<0.05\sim0.005$），药物组长于电针组（$P<0.05\sim0.005$）。在额叶，电针组和药物组 AVP 含量均显著高于模型组（$P<0.01$，$P<0.05$）；在纹状体，电针组 AVP 含量高于药物组（$P<0.05$），而在海马、颞叶，三组的 AVP 含量无显著性差异。提示电针能改善 VD 大鼠学习记忆行为，提高脑 AVP 的含量并使之重新分布，其作用优于 DHET。

4. 血管结构

关玲等采用血管内皮细胞荧光染色及白细胞荧光示踪法，结合显微录像系统和计算机图像分析系统，动态定量地观察针刺"水沟"、"内关"穴，对 MCAo 后软脑膜微血管形态、密度、血流速度的影响。结果显示模型组各时段微血管内皮细胞着色差，组织渗出荧光多，针刺组明显好于模型组；各时段模型组缺血区软脑膜微血管密度明显降低，针刺组微血管密度明显高于模型组；各时段模型组缺血区软脑膜微血管血流速度降低，而针刺组流速较模型组明显提高，提示针刺能及时有效地改善 MCAo 后脑微循环灌注状态。

（许佳年）

【针灸治疗胃黏膜损伤】

1. 临床研究

李咏梅等取左侧脾俞、胃俞、足三里及中脘穴行穴位埋线，配合口服益气活血方治疗消化性溃疡 36 例；同时选用口服法莫替丁治疗的 35 例为对照组进行对比观察。结果显示治疗组总有效率为 91.7%（33/36），对照组为 88.6%（31/35），两组无显著性差异（$P>0.05$），但两组显效率有显著性差异（$P<0.01$）；此外，两组治疗后的复发率，治疗组明显低于对照组。秦品杰取中脘、足三里（双）等穴，采用穴位埋线法治疗 200 例慢性胃炎及胃十二指肠溃疡患者，结果显示治愈 181 例，好转 16 例，无效 3 例，总有效率为 98.5%（197/200）。肖波取双侧胃俞透脾俞，中脘透上脘，施穴位埋线法治疗 218 例胃及十二指肠溃疡，结果显示除 6 例无效外，其他患者均在 1 至 7 日内自觉症状消失，食欲增加，取得较好的近期效果，但远期效果尚难肯定。

2. 实验研究

（1）穴位。常小荣等为探讨足阳明经与胃相关的规律，将 40 只大耳白兔用无水乙醇灌胃，造成胃黏膜损伤模型后，观察针刺对胃黏膜损伤前后胃运动功能的影响。结果显示胃黏膜损伤造模后，胃运动振幅指数显著下降（$P<0.01$），针刺

"四白"、"足三里"穴能增强胃运动,针后比针前胃运动振幅指数显著升高($P<0.01$),认为足阳明经与胃具有相关性。常小荣等还用类似方法探讨电针"足三里"对兔胃黏膜损伤的细胞保护作用,结果显示电针"足三里"可降低胃黏膜损伤指数,与非穴组比较,有显著性差异($P<0.05$)。提示电针"足三里"对胃黏膜损伤具有细胞保护作用,足三里与胃密切相关,并具相对特异性。冀来喜等针刺"足三里"不同配伍,动态观察胃黏膜损伤模型血清及胃黏膜组织中NO和ET含量,以探讨腧穴不同组方对急性胃黏膜损伤大鼠胃黏膜的保护作用。结果显示,NO/ET的平衡与胃黏膜的保护机制有关,电针"足三里"等穴对胃黏膜具有保护作用,而以"足三里"加"内关"加"中脘"对胃黏膜保护作用最强。冀来喜等还观察不同腧穴组方对急性胃黏膜损伤大鼠胃黏膜跨膜电位(PD)的影响,结果表明,胃黏膜跨膜电位可准确反映胃黏膜损伤的程度,针刺不同组方可不同程度地改善PD,如足三里不同穴组对急性胃黏膜损伤均有不同程度的保护作用,而以"足三里"加"中脘"加"内关"组的效果为最好。此外,他们以乙醇造成大鼠急性胃黏膜损伤后,动态观察了针刺"足三里"不同组穴对其胃黏膜组织学及超微结构的影响。结果发现,"足三里"不同穴组对急性胃黏膜损伤均具有保护作用,在不同穴组中,以"足三里"加"内关"加"中脘"组效果最好。总之,"足三里"加"内关"加"中脘"可作为针灸治疗胃病的基本处方。

(2) 方法。王茵萍等为探讨穴注黄芪、当归注射液对大鼠慢性萎缩性胃炎胃黏膜屏障的影响,以N-甲基-N-硝基亚硝基胍(MNNG)诱发大鼠慢性萎缩性胃炎,随机将70只大鼠分为正常组、模型1组(40μg/ml MNNG造模)、模型两组(60μg/ml MNNG造模)、穴位1组(40μg/ml MNNG造模加穴注)与穴位两组(60μg/ml MNNG造模加穴注)。穴注组均于造模10周开始以黄芪、当归注射液等份混合注入足三里穴。造模31周时观察各组大鼠胃黏膜病理及胃黏膜屏障的改变。结果发现随造模剂浓度的增加,胃黏膜损伤,黏膜上皮细胞连接减少、间隙增宽,其变化与胃黏膜萎缩、肠上皮化生、异型增生发生数呈正相关。穴注组均示细胞间隙明显缩小,胃黏膜损伤减轻(均$P<0.05$),认为黄芪、当归注射液注射足三里穴,可以抑制实验性萎缩性胃炎胃黏膜屏障的损伤。他们还用类似方法探讨穴注黄芪、当归注射液对大鼠慢性萎缩性胃炎胃黏膜上皮细胞超微结构的影响,结果发现随造模剂浓度的增加,胃黏膜损伤及胃黏膜萎缩程度等均相应加重;胃黏膜上皮细胞线粒体退变,黏原颗粒减少,细胞间隙增宽(均$P<0.05$);穴注法可明显改善胃黏膜上皮细胞功能,缩小上皮细胞间隙,保护胃黏膜屏障而逆转慢性萎缩性胃炎(CAG)(均$P<0.05$)。从而认为,胃黏膜上皮细胞的损伤与胃壁屏障结构破坏、胃黏膜萎缩发生乃至癌变密切相关;穴注法可通过改善上皮细胞的结构与功能,保护胃壁屏障而有效防治慢性萎缩性胃炎。

(3) 机理。徐颖等为探讨中枢迷走背核复合体(DVC)血管活性肠肽(VIP)参与电针对大鼠胃黏膜保护作用的机制,采用束缚-冷应激法复制胃黏膜损伤大鼠模型,通过中枢DVC微量注射VIP,观察电针对胃黏膜血流量(GMBF)、损伤模型(LI)和PD的影响。结果发现,中枢DVC微量注射VIP后,模型组GMBF、PD明显增加($P<0.05$或$P<0.01$),LI下降($P<0.01$),电针对中枢DVC微量注射VIP后的GMBF增加有协同作用,认为VIP参与电针对损伤的胃黏膜的保护作用,DVC是VIP作用的中枢特异性部位之一。高希言等通过针刺、艾灸慢性萎缩性胃炎模型大鼠"足三里"、"中脘"、"天枢"穴,观察其对胃黏膜的影响,以探讨针灸治疗萎缩性胃炎的作用机理。结果发现针灸可提高胃黏膜组织PGE_2、$PGF_{2\alpha}$、cAMP含量,降低cGMP含量;认为针灸对胃黏膜具有细胞保护作用,是临床治疗慢性萎缩性胃炎的有效方法。白艳丽等观察电针对应激大鼠血浆SOD、MDA和PGE_2的影响,以探讨电针对胃黏膜保护作用的机理。将72只大鼠平均分为空白对照组、应激组和电针组,每组再按实验时间1、3、5日平均分为3小组(每小组8只)。利用生化比色法和放免分析法测定各组大鼠血浆SOD、MDA和PGE_2含量,并计算各组溃疡指数(UI)。结果发现应激组较空白对照组大鼠血浆SOD明显下降(17.0±2.9)N/L→(11.9±3.4)N/L,MDA明显上升(4.85±2.38)N/L→(7.56±2.48)N/L,PGE_2明显下降(2.74±0.77)ng/L→(1.54±0.25)ng/L($P<0.05$),UI明显上升(1.1±0.4)→(28.0±4.1)($P<0.01$);电针组较应激组血浆SOD明显上升(11.9±3.4)N/L→(17.7±4.8)N/L,MDA明显下降(7.56±2.48)

N/L→(4.14±1.78)N/L，PGE_2 明显上升(1.54±0.25)ng/L→(3.21±0.38)ng/L，UI 明显下降(28.0±4.1)→(19.0±2.3)($P<0.01$)；电针组 PGE_2 实验5日组较实验1日组明显上升(3.21±0.38)ng/L→(4.52±1.06)ng/L($P<0.05$)。认为电针对胃黏膜的损伤具有保护作用，其机制与其影响氧自由基代谢和前列腺素水平有关；电针对PGE的调节与针刺时间有关。孙大勇等探讨电针“足三里”穴对胃黏膜的保护作用机制。将20只狗随机分为空白对照组、非经非穴组、上巨虚组、足三里组(每组5只)，采用激光多普勒血流仪连续监测狗胃黏膜血流量的变化，同步测定血浆及胃黏膜组织中降钙素基因肽(CGRP)含量，并观察其变化规律。结果发现电针“足三里”穴可使狗胃黏膜血流量增加(与针刺前比，$P<0.05$ 或 $P<0.01$)，使血浆和胃体黏膜中的CGRP含量增加($P<0.05$ 或 $P<0.01$)；而针刺上巨虚穴有同样的作用趋向，但未显示统计学意义；针刺非经非穴组未见这一变化。结果说明电针足阳明胃经穴位，尤其电针“足三里”穴可以改善胃黏膜的血流量，这种改善可能与针刺影响血浆和胃黏膜的CGRP含量升高有关，这可能也是电针足三里可以对胃黏膜起保护作用的机制之一。

(王　静)

【针灸对免疫功能的影响】

1. 针刺法

高洪泉等以碳粒廓清法测定巨噬细胞的吞噬指数，研究了针刺老年大鼠的“足三里”、“关元”穴对单核巨噬细胞吞噬功能影响。结果显示针刺能提高单核巨噬系统的吞噬功能。霍则军等用四动脉结扎法造成大鼠全脑缺血-再灌注损伤模型，分别于再灌注不同时段和针刺后取血测定TNF-α、IL-6和外周血白细胞(WBC)，以观察大鼠全脑缺血再灌注不同时段血清TNF-α、IL-6的动态变化和针刺对两者及外周血WBC的影响。结果发现，随着全脑缺血再灌注时间的延长，大鼠血清TNF-α、IL-6呈动态增高的过程，针刺可降低再灌注后升高的WBC数量和TNF-α、IL-6水平，表明针刺可抑制大鼠脑缺血再灌注的炎症反应。

2. 灸法

杨志新等建立EL4实体瘤小鼠模型，于“大椎”穴施以艾灸治疗，采用吞噬试验、MTT法、结晶紫染色、硝酸还原酶法检测巨噬细胞(Mϕ)免疫功能，以探讨艾灸抑瘤效应的免疫学机理。结果发现艾灸对荷瘤小鼠免疫功能低下或受抑状态，能起到正向免疫调节作用，实验组小鼠腹腔Mϕ吞噬功能、杀伤活性及TNF、NO产生水平较对照组明显增高。此结果表明，艾灸抑瘤效应与其增强小鼠细胞免疫功能有关。杨志新等还进行肿瘤生长抑制实验、NK细胞、LAK细胞及Mϕ杀伤活性测定、IL-6的诱发及检测，以观察艾灸对EL4实体瘤小鼠NK、LAK细胞活性(^{3}H-TdR释放法)、巨噬细胞(Mϕ)杀伤活性(MTT法)、LPS介导的IL-6活性(ELISA法)的影响。结果显示荷瘤小鼠细胞免疫功能明显低下，表现为NK、LAK、Mϕ杀伤活性降低，而艾灸可抑制EL4淋巴瘤的生长，显著增强上述细胞活性。张英等探讨不同时辰施灸的效应差异。他们以阳虚小鼠模型为观察对象，以IL-2活性为观测指标，在十二个时辰里进行艾灸。结果发现，阳虚小鼠模型在十二个时辰里IL-2活性各不相同：未时最高，丑时最低，两者相比，有显著性差异($P<0.05$)；艾灸可显著提高阳虚小鼠IL-2活性，寅时最大，亥时最小，有非常显著性差异($P<0.01$)。这一结果表明，不同时辰艾灸对阳虚小鼠模型的IL-2活性的影响存在差异。沈梅红等用红细胞C3b受体花环率检测试验法和放射免疫法分别检测红细胞免疫粘附功能和血清肿瘤坏死因子，以探讨艾灸对放疗的宫颈癌患者的红细胞免疫粘附功能和TNF的影响。结果发现，艾灸可提高红细胞C3b受体花环的形成率，增强患者红细胞免疫粘附功能，延缓TNF的下降趋势，提示艾灸改善宫颈癌患者预后、提高宫颈癌患者放疗后生活质量的机理之一，可能是提高人体红细胞免疫功能。路雪婧等选择60岁以上老人91名，分电热隔药灸组、传统隔药饼灸组、单纯贴药组、空白对照组等4个组治疗观察，结果表明电热隔药灸神阙穴能增强老年人红细胞免疫功能。贾杰等观察复方硫磺灸片(CTSM)对变态反应性关节炎(RA)大鼠的疗效。以右后足皮下注射福氏完全佐剂建立RA大鼠模型，58只大鼠随机分为正常对照组(10只)、模型对照组(16只)、氢化可的松(HCA)组(16只)和CTSM组(16只)。观察红细胞花环促进率(RFER)、抑制率(RFIR)及血清红细胞C3b受体花环率(RBC·C3bR-R)

和红细胞免疫复合物花环率(RBC · IC - R)的变化。结果发现,与模型组相比,HCA组和CSTM组RBC · C3bR - R显著升高($P<0.05$, $P<0.01$),而CTSM组RBC · IC - R显著降低($P<0.05$);与模型组相比,CTSM组红细胞RFER有极显著升高($P<0.01$);而RFIR则有不同程度降低;CSTM组模型大鼠死亡率降低,右后足跟、跖骨增大及关节肿胀度均低于HCA组与模型对照组。表明CTSM可以有效改善变态反应性关节炎大鼠的红细胞免疫功能,降低患病关节的畸变率与致残率。

3. 穴位注射法

谢玲等研究足三里穴位注射对90例放、化疗所致白细胞减少症患者的疗效。将90例患者随机分为穴位注射组及药物组,比较两组治疗后白细胞数目恢复天数及总有效率。结果发现,穴位注射组恢复比药物组快,穴位注射组总有效率明显高于药物组,认为足三里穴位注射具有疗程短、疗效显著、价廉,患者易于接受且安全的特点。杨承智等用弗氏佐剂制成佐剂性关节炎(AA)大鼠模型,穴位注射热痹灵治疗可使大鼠局部肿胀关节得到有效治疗,同时使巨噬细胞功能增强,外周血T淋巴细胞数量增加。血清溶菌酶含量增高。红细胞免疫功能也得到增强,穴位注射热痹灵治疗组与西药组对比有明显差异($P<0.05$),提示穴位注射中药治疗具有抗炎及免疫调节作用。

4. 穴位敷贴法

孙六合等以Lewis肺癌为模型,观察抗癌膏穴位贴敷对荷瘤小鼠脾NK细胞及外周血清中IL - 2活性的影响。结果发现,抗癌膏穴贴能明显增强NK、IL - 2活性,以发挥抗癌作用。李月梅等探讨穴位敷贴的治哮机制,将209例哮喘患者随机分为两组,辨证贴药组125例,脱敏组84例,分别观察两组治疗前后IL - 5及嗜酸性阳离子蛋白(ECP)水平。结果发现,穴位敷贴后患者的IL - 5及ECP含量明显降低,与治疗前比较差异具有显著性意义($P<0.01$, $P<0.05$),认为穴位敷贴的治哮机制可能是通过影响患者体内某些细胞因子及其毒性蛋白而实现的。

5. 温针法

王岚等用温针治疗类风湿关节炎(缓解期)患者并观察温针在治疗类风湿关节炎(RA)方面的疗效及对其免疫功能的影响。采用整体和局部取穴相结合的方法,用温针及单纯针刺治疗类风湿关节炎患者各32例。结果:温针组和针刺组总有效率分别为96.88%(31/32)、84.38%(27/32),组间比较,$P<0.01$;治疗后,温针组在关节晨僵时间、关节痛及压痛数、血沉、IgG、IgM水平等方面的改善优于针刺组,且有极显著性差异($P<0.01$);CD_3、CD_4、CD_8数目、CD_4/CD_8的改变,温针组优于针刺组,两者有显著性差异($P<0.05$);IgA、C3、CIC、双手平均握力等方面温针组与针刺组间无显著性差异($P>0.05$)。认为温针疗法治疗类风湿关节炎优于单纯针刺疗法,且无任何副作用并对免疫系统紊乱具有良好的调节作用。

6. 其他针灸方法

余曙光等探讨电针对类风湿性关节炎大鼠T细胞凋亡的影响。采用佐剂性关节炎(AA)作为类风湿关节炎动物模型,电针"足三里"治疗后,以流式细胞仪检测外周血T淋巴细胞凋亡率。结果发现模型组外周血T淋巴细胞凋亡率为29.5%,电针组为43.9%,认为电针能够增加外周血T淋巴细胞的凋亡率,并可能与T细胞耐受有关。俞杰等观察治疗前后兔膝骨关节炎模型关节液中IL - 1β,IL - 6,TNF - α水平的变化。将所有动物随机分为针刀治疗组(A组),手法治疗组(B组)及空白对照组(C组)。造模成功后,A组动物予以针刀治疗,配以关节手法治疗;B组只予以关节手法治疗;C组不作任何处理。采取放免测定法检测A、B两组治疗前、后关节液中IL - 1β,IL - 6,TNF - α水平。结果发现,与B组相比,治疗后A组关节液中三种细胞因子水平均明显降低($P<0.01$);A组治疗前后,关节液中IL - 1β,IL - 6水平亦明显下降($P<0.05$)。据此认为,针刀疗法能通过对关节周围经络循行部位上筋结的治疗,逐步恢复关节动力学的动态平衡,并抑制关节液中IL - 1β,IL - 6和TNF - α水平的异常升高,达到治疗膝骨关节炎的作用。陈云飞等用"艾灸血清"培养肿瘤浸润淋巴细胞(TIL),通过流式细胞仪进行检测,以观察"艾灸血清"(MS)对TIL增殖和表型的影响。结果发现"艾灸血清"能明显促进TIL的增殖,加快其进入指数生长期,"艾灸血清"能协同细胞因子γIL - 2持续升高TIL中CD_3阳性细胞数,维持CD_4阳

性细胞，显著提高 CD_8 阳性细胞，使 CD_4/CD_8 出现倒置，这种协同作用存在穴位相对特异性。显示"艾灸血清"有利于从细胞增殖和表型两方面促进 TIL 的生长。孙克兴等将 54 例 Graves' 眼病(GO)患者分为针药Ⅰ组 18 例，针药Ⅱ组 18 例，对照组 18 例，通过细胞培养，检测甲状腺刺激抗体水平，观察针药结合对 GO 患者血清甲状腺刺激性抗体水平的影响。结果发现针药结合治疗后，GO 患者血清甲状腺刺激性抗体(TSAb)水平较治疗前明显降低($P<0.05$)，但治疗后各组间未见明显差异。

（王　静）

【《针灸甲乙经》处方配穴用穴特点】

有学者认为，《针灸甲乙经》的针灸治疗内容不是处方，而是腧穴主治。张胜春等认为，《针灸甲乙经》中的针灸治疗内容主要是针灸处方，并从四方面进行论证：① 该书的行文体例；② 配穴处方的发展；③《素问》、《灵枢》、《明堂》三者的关系；④《针灸甲乙经》的内容。张氏指出，该书的针灸治疗内容是按疾病分类的，主症虽同，兼症不同，选穴治疗亦不同；同一腧穴在不同卷中出现；取穴有先后之分；有处方加减的现象；有刺、灸之别；有补、泻、刺血等不同操作；许多条文有选穴方法、治疗效果等治疗方案的痕迹。由此，张氏等推断《针灸甲乙经》是用"……主之"的格式来记述针灸处方。

张氏认为该书的处方用穴特点是：① 多为单穴处方，在 1 045 个处方中有 873 个单穴处方，占 83.5%，因为最初古人发现腧穴对疾病的治疗作用只是一对一的关系，当时针灸处方配穴的理论又不完善，而单穴在临床上也确有良好的疗效；② 选穴以局部取穴和循经取穴为主，循经常取本经穴或表里经穴，说明古人已认识到，穴位可治局部病，也可治本经病、表里经病和本经所属脏腑病；③ 大量选用特定穴，占常用穴的 83.8%，其中以肘膝以下特定穴为突出，特别是腕踝部脉口处的"经脉穴"使用频率尤高，特定穴除用于治疗局部病证以外，还用于治疗本经远端病证；④ 有若干特定配穴组合，如"……上星主之。先取譩譆，后取天牖、风池"，"……次髎主之。先取缺盆，后取尾骶与八髎"等；⑤ 强调辨证选穴，该书虽没有明确说明辨证理论，但对每一病证的辨证治疗分类极细，既从外感、内伤、不内外因与脏腑经络病的关系着手，进行宏观分类，又详细说明每一疾病不同兼证的临床特点、病因病机、发展转归、刺灸方法、刺灸量、刺灸禁忌，等等，作了要言不繁的介绍。张氏还分析了《针灸甲乙经》的配穴特点：① 五输穴与五输穴相配，包括荥输相配、荥合相配、荥经相配、输经相配、输合相配、井井相配、井荥相配、井经相配、井荥输相配等，其中既有同经的五输穴相配，也有不同经的五输穴相配；② 背俞穴、募穴的配穴，包括背俞穴与五输穴相配(如俞输相配、俞原相配)，募穴与五输穴相配(如募荥相配、募合相配)，背俞穴与背俞穴相配，募穴与募穴相配；③ 原穴的配穴，如原荥相配、原输相配；④ 经脉穴的相配，常采用手经与手经相配，或足经与足经相配，且较多采用阴阳经相配，即病变经脉与相表里的经脉相配；⑤ 局部配穴，可以是同经腧穴相配，也可以是不同经腧穴相配；⑥ 远近穴相配，即取局部穴与远道穴相配，这体现出《内经》中的"标本根结"理论。

（刘立公）

【任脉、冲脉概念的形成与演变】

近年来黄龙祥氏对"任脉"、"冲脉"概念的形成与演变进行考察，认为妇女在妊娠期间，腹中线颜色变深，宽度增粗，长度变长，这很可能是古人提出任脉循行部位的很重要根据，而后才类推于男子。

冲脉的循行路线则可能与脉气搏动相关，这包含了许多直接临床观察的经验，但主要不是基于严格的实体解剖知识。古人根据体表脉的跳动，脉行部位的脉动，尤其是腹主动脉的搏动，提出了冲脉的概念。古人以为脉动是由于气的冲动所致，故将"血海"演为"气海"。冲脉之名还可能与该脉起处(出处)"气冲"之名有关，即脉名与相应脉口名同名。

黄氏认为，"任脉"与"冲脉"概念的形成与演变，反映了中医认识史的特点：概念在一开始是直观的、感性的，而概念的向前发展，有一个意义扩充或转化的演变逐层递加的累进过程。在漫长的演变过程中，新获得的属性并不排斥早先具有的内容，《内经》同一书中不同篇之间，《内经》与《难经》两书之间，关于"任脉"、"冲脉"循行路线，方向及功能有不同记载，却都被包容于同一概念中，实际上是不同医家从各自不同角度对同一种现象或不同经验给出的不同的甚至是相反的说明，这些不同学说被纳入同一理论框架之中，久而久之,后人便难以考察其各自不同的来历。

（刘立公）

【运用循证医学方法评价针灸临床文献质量】

循证医学(Evidence-based Medicine,EBM)意为“遵循证据的医学”,它是国际上近十年来在临床医学领域内迅速发展起来的新兴学科,已成为当今国际上医学研究的热点之一。加拿大临床流行病学家 David Sackett 在 2000 年新版《怎样实践和讲授循证医学》中,再次定义循证医学为“慎重、准确和明智地应用当前所能获得的最好研究依据、同时结合临床医生的个人专业技能和多年临床经验、考虑患者的价值和愿望,将三者完美地结合制定出患者的治疗措施”。循证医学的核心思想是在临床实践中,应尽量以客观的科学依据结果为证据制定患者的诊疗决策,即临床医生的专业技能与当前系统研究所获得的最佳结果有机结合,以患者为对象查找证据,严格评价,综合分析,将最好的证据应用于临床实践。

刘屹等介绍如何运用循证医学标准和 WHO《针灸临床研究规范》的专业原则评价针灸临床防治性研究文献。同时指出临床流行病学、医学统计学知识在循证医学、规范针灸科研工作、提高论文撰写水平方面都有极大帮助。何竟等通过机检和手检收集 1980～2001 年公开发表的针灸治疗小儿脑瘫的临床文献,按照中国循证医学中心/Cochrane 手册推荐的标准,分析评价每一篇文献。规定具有随机化方法、正确对照、合适的样本量、全国性诊断标准、客观疗效判定标准、明确统计方法的文献为符合条件的文献。结果只有 1 篇文章基本符合要求,其数量及所占比例都非常少(低)。要开展系统评价必须要先具有高质量的随机对照试验,所以,在条件较好的单位进行高质量的随机对照试验,是开展针灸治疗小儿脑瘫系统评价的前提条件。王澍欣等根据流行病学/DME方法学原则,对 1994 年 3 月至 2000 年 9 月国内有关耳针治疗痤疮临床研究文献 39 篇进行评价。结果只有 7 篇文献(占 17.95%)采用对照的方法进行临床研究;从整体上讲,尚缺乏统一的诊断标准、纳入标准、排除标准和疗效评定标准;组间基线的均衡性不详;随机、对照、盲法等原则执行的描述不够清楚;设计方案不够合理和完善;数据的处理可信度较差等。指出应根据耳针临床研究特点,探索建立相对的黄金标准的证候量表,制定规范的临床研究方案,以提高临床疗效。

李瑛等采用循证医学和临床流行病学评价文献质量的原则和方法,全面检索新中国建立以来针灸治疗面瘫的临床研究文献,并对所有文献进行方法学质量评价。结果,在检出的 963 篇文献中,随机对照试验(RCT)的文献 83 篇。迄今 RCT 提供了治疗面瘫有效的可靠依据及针灸治疗面瘫应用的治法和刺法,其中最常用的方法是透刺法、浅刺法,而且透刺法疗效优于浅刺法。

（李　洁）

[附] 参考文献

B

白艳丽,张曼莉,张养民,等. 电针足三里对大鼠氧自由基和前列腺素的影响. 现代检验医学杂志,2002;(3):16

柏树祥. 穴位埋线治疗类风湿性关节炎 56 例. 中国针灸,2002;增刊:106

C

蔡春梅,张秀萍,郝琳娜,等. 针刺对糖尿病视网膜病变影响的实验研究. 中国针灸,2002;(3):186

曹祥,陆俊芹. 肺俞穴注药治疗支气管哮喘 100 例疗效观察. 安徽中医临床杂志,2002;(5):360

曹大明,路玫. “担截”法新解. 中国针灸,2002;(4):273

曹金梅,毕巧莲. 偏头痛治疗活动带临床应用. 上海针灸杂志,2002;(1):28

常小荣,严洁,李江山,等. 针刺足阳明经穴对兔胃黏膜损伤前后胃运动功能的影响. 中国针灸,2002;(10):675

常小荣,严洁,林亚平,等. 电针足三里对兔胃黏膜损伤细胞保护作用的观察. 中国中医药信息杂志,2002;(7):26

陈俊军,马越华,张惠佳. 聪脑通络针法治疗小儿脑瘫 56 例临床观察. 湖南中医学院学报,2002;(3):60

陈玲琳,马素萍. 子午捣臼针刺手法配合艾条灸治疗老年人习惯性便秘. 中国针灸,2002;(8):540

陈英茂,田嘉禾,何义杰,等. 体内 18F－FDG 循经迁

移线的三维断层及透视观察. 中国针灸,2002;(9):603

陈云飞,赵粹英,陈汉平,等."艾灸血清"对肿瘤浸润淋巴细胞增殖和表型的影响. 中国针灸,2002;(4):261

谌剑飞,丁萍,沈晶. 针刺对糖尿病周围神经病变垂体-肾上腺轴激素和免疫细胞因子的影响. 中国针灸,2002;(4):255

成泽东,陈以国,张利泰. 针刺对大鼠体内中药有效成分趋向性影响的实验研究. 中国针灸,2002;(1):511

程洁没,李忠仁. 针灸治未病的古代文献研究. 江西中医学院学报,2002;(3):49

啜振华,王子臣. 芒针深刺中脘穴安全因素探讨. 中国针灸,2002;(8):535

崔怀瑞,楼新法,蒋松鹤,等. 肩井穴进针部位的局部解剖学研究. 针灸临床杂志,2002;(9):3

D

丁光宏,沈雪勇,戴建华,等. 针刺提插和捻转手法运针频率在得气与非得气状态的差异. 中国针灸,2002;(10):679

董卫. 胃脘下俞穴埋线治疗糖尿病 62 例. 上海针灸杂志,2002;(3):3

董志航,齐勇. 脐针疗法的应用. 中国针灸,2002;(8):570

杜元灏,肖延龄. 现代针灸临床病谱的初步探讨. 中国针灸,2002;(5):347

段海涛. 过梁针法的临床应用. 四川中医,2002;(6):72

F

范正忠,张华伟,孙六合. 徐疾补泻法的联系与区别. 河南中医药学刊,2001;(5):4

方剑乔,赵天征,陈海英,等. 经穴经皮电刺激"足三里"穴对大鼠胶原性关节炎的治疗作用. 针刺研究,2001;(1):21

符秋鸽. 眼针疗法的研究与应用. 辽宁中医杂志,2002;(6):378

傅卫红,张青,沙建平,等. 六节通络仪对原发性高血压患者血浆心钠素的影响. 中国针灸,2002;(10):699

G

Guo HF, Wang XM. 2Hz and 100Hz electroacupuncture accelerate the expression of genes encoding three opioid peptides in the rat brain. Sheng li Xue Bao, 1997;(4):49

高洪泉,朱梅,王英,等. 针刺老年大鼠"足三里"、"关元"穴对免疫影响的实验研究. 针灸临床杂志,2002;(5):53

高希言,饶红,王燕,等. 针灸对慢性萎缩性胃炎模型大鼠胃黏膜保护作用的实验研究. 中医杂志,2002;(5):344

高希言. 论针刺补泻的相对特异性. 中国针灸,2002;(9):607

顾一煌,李守栋,金宏柱,等. 电针不同的刺激量对雷公藤甲素副作用的影响. 江苏中医,2001;(9):39

关玲,石现,杜元灏. 针刺对急性脑梗塞大鼠脑微循环灌注状态的影响. 针刺研究,2002;(1):29

管遵惠,郭翠萍,丁丽玲. 针刺治疗小儿脑瘫 150 例临床观察. 针灸临床杂志,2002;(1):11

管遵惠. 热针疗法的临床运用及机理研究. 中国针灸,2002;(6):417

郭继龙,贾少微,陈建良,等. 全身麻醉下观察电针刺激对人体生命体征的影响. 中国针灸,2002;(4):249

郭永明,梁宪如,郑俊江,等. 醋酸型胃溃疡大鼠 PGE_2 变化及不同针刺手法的调节效应. 辽宁中医杂志,2002;(6):313

H

Hsieh CL, Kuo CC. Analgesic effect of electric stimulation of peripheral nerves with different electric frepuencies using the formalin test. Am J Chin Med, 2000; 28:6

韩毳,李晓泓,罗和春,等. 电针治疗抑郁症 30 例临床研究. 中医杂志,2002;(6):428

韩毳,李学武,罗和春,等. 电针与麦普替林治疗抑郁症患者的对照研究. 中国中西医结合杂志,2002;(7):512

韩毳,王磊,李晓泓,等. 电针对抑郁症患者血清细胞因子的影响. 中国行为医学科学,2002;(3):277

韩毳,王磊. 李学武教授毫针深刺法经验总结. 北京中医药大学学报,2002;(3):75

韩济生. 针刺镇痛原理研究新进展. 北京:世界针灸学会联合会成立十周年学术大会论文摘要汇编,1997

韩兆诚,张登部,王盛春. 针刺三阳经对缺血性中风患者颅内动脉相关性的影响. 上海针灸杂志,2002;(1):3

郝晋东,郑俊江. 郑魁山的临证针法经验介绍. 中国针灸,2002;(7):473

何峰. 电针对血管性痴呆大鼠学习记忆能力及脑血流量的影响. 安徽中医学院学报,2002;(3):28

何竟,黄长琼,刘屹. 针灸治疗小儿脑瘫的临床文献质量评价和思考. 中国针灸,2002;(10):704

何树泉,郭义赢,马岩番,等. 手十二井穴刺络放血对实验性大鼠脑缺血区的 H^+ 浓度影响的实验研究. 针灸临床杂志,2002;(2):3

洪文. 王照浩耳针特色经验辑要. 中国针灸,2002;(1):37

洪晓瑜,冯时雨. 浮刺围针温照法治疗股外侧皮神经

炎 21 例. 江西中医药,2002;(3):37

胡军民,束枫,马廉亭,等. 立体定向微电极导向苍白球毁损术治疗帕金森病的实验研究. 中国微侵袭神经外科杂志,2002;(1):35

胡卡明,朱蔓佳. 功能性磁共振探查光明与太冲两穴与大脑功能关系的临床研究. 成都中医药大学学报,2002;(1):17

黄诚,王韵,石玉顺,等. 小鼠低频和高频电针镇痛阿片机制的探讨. 中国疼痛医学杂志,2000;(2):96

黄长琼,何竞,刘屹. 穴位注射脑多肽和乙酰谷酰胺治疗小儿脑瘫的疗效对比. 针灸临床杂志,2002;(9):32

黄聪阳,苏稼夫,周文强,等. 针刺对颈椎病所致椎动脉血流动力学紊乱的影响. 上海针灸杂志,2002;(2):17

黄龙祥. 任脉、冲脉概念的形成与演变. 中国针灸,2002;(8):529

黄石玺. "脾胃十针"的临床应用举隅. 中国针灸,2002;(4):243

黄志刚,尤斌. 项针治疗偏头痛 73 例. 福建中医药,2002;(2):22

霍则军,张莉,钱瑞琴. 针刺对全脑缺血再灌注大鼠外周血 WBC 和细胞因子的影响. 上海针灸杂志,2002;(2):41

J

冀来喜,燕平,郝重耀,等. 腧穴组方对急性胃黏膜损伤大鼠胃黏膜跨膜电位的影响. 中国医药学报,2002;(7):437

冀来喜,燕平,郝重耀,等. 腧穴组方对急性胃黏膜损伤大鼠胃黏膜形态学的影响. 针刺研究,2002;(2):136

冀来喜,燕平,郝重耀,等. 腧穴组方对急性胃黏膜损伤大鼠胃黏膜形态学的影响. 针刺研究,2002;(2):136

冀来喜,燕平,郝重耀,等. 腧穴组方对胃黏膜损伤大鼠胃黏膜保护作用的研究. 中国针灸,2002;(7):467

贾杰,魏玮,王建菊,等. 复方硫磺灸片对变态反应性关节炎大鼠红细胞免疫功能的影响. 新乡医学院学报,2002;(2):87

贾军,赵晏,王会生,等. 循经感传现象产生机理的探讨. 中国针灸,2002;(6):391

贾少微,王全师,徐文贵,等. 应用 PET 研究针刺信号对人脑能量代谢的影响. 中国中西医结合杂志,2002;(7):508

姜桂美. 艾灸对肿瘤化疗后外周血淋巴细胞凋亡影响的研究. 山东中医药大学学报,2002;(4):290

蒋戈利,刘玉珍,邢军,等. 三步针罐疗法治疗椎动脉型颈椎病的临床研究. 南京中医药大学学报·自然科学版,2002;(2):113

K

Kwon YB, Kang MS. Different frequencies of electroacupuncture modified the cellular activity of serotonergic neurons in brainstem. Am J Chin Med,2000;28(3～4):435～441

康波,张平根,熊生财,等. 电针与阿米替林治疗抑郁症对照观察. 中国针灸,2002;(6):383

L

Lin TB, Fu TC. Low and high frequency electroacupuncture at HoKu elicits a distinct mechanism to activate sympathetic nervous system in anesthetized rats. Neurosci Lett,1998;(5):247

老锦雄,赖新生. 透穴为主治疗无先兆偏头痛的临床疗效观察. 中国针灸,2002;(7):448

李沛,徐文倩,安晓英,等. 不同时间针刺对雄性恒河猴生殖内分泌影响的实验研究. 中国针灸,2002;(3):189

李健,季宝琴,赵宁霞,等. 艾灸肺俞穴对健康人肺功能影响的研究. 陕西中医,2002;(4):346

李瑞. 从"五行互藏"探讨五输穴五行属性及主治的理论渊源. 中国针灸,2002;(10):709

李瑛,梁繁荣,付戈,等. 针灸治疗面瘫临床常用治法与刺法的评价. 上海针灸杂志,2002;(3):43

李瑛,梁繁荣. 用循证医学方法评价针灸治疗面瘫的临床疗效. 中国针灸,2002;(4):265

李华贵,郝新民,王卫群. 针灸治疗偏头痛 65 例. 针灸临床杂志,2002;(5):11

李平,关卫,王舒,等. 捻转补泻手法针刺效应的红外热像研究. 天津中医,2002;(1):80

李瑞午,李翠红,郭莹,等. 针刺对大鼠胃肠肌间神经丛 NO 能神经元的影响. 上海针灸杂志,2002;(4):40

李万瑶,林锦泉,赖秀丽,等. 蜂针对佐剂性关节炎动物模型的实验研究. 中国中医基础医学杂志,2001;(8):59

李学惠. "内关"、"神门"、"心腧"间协同作用与拮抗作用实验研究. 中国针灸,2002;(12):819

李彦梅,杨金山,李晓光. 针推并用治疗椎动脉型颈椎病的临床观察. 针灸临床杂志,2002;(6):4

李咏梅,吴杞. 穴位埋线配合益气活血法治疗消化性溃疡 36 例临床观察. 湖南中医药导报,2002;(5)250

李月梅,赖新生,庄礼兴,等. 辨证贴药对过敏性哮喘患者 IL-5 及 ECP 的影响. 中国针灸,2002;(2):119

梁松,刘洪涛,李雄斌,等. 针灸加运动疗法治疗小儿脑性瘫痪疗效观察. 现代中西医结合杂志,2002;(20):1994

林函,王祥瑞,王震虹. 针刺麻醉复合丹参对心肌再灌注损伤的保护作用. 针刺研究,2002;(3):186

刘波,邓晓华,陈红涛,等. 温针灸治疗糖尿病性膀胱病变 43 例临床观察. 中医药学报,2002;(3):封三

刘芳,杨梅.管氏头颞三针治疗顽固性偏头痛36例.安徽中医临床杂志,2002;(2):135

刘岩.竖横针加穴位注射治疗桡神经麻痹50例.针灸临床杂志,2002;(11):40

刘屹,吴滨,刘巍,等.循证医学与针灸临床防治性研究文献评价.中国针灸,2002;(2):132

刘悦,章小平,陈景亮.针刺治疗偏头痛的疗效观察.上海针灸杂志,2002;(2):24

刘继洪,老锦雄,张继平.耳穴定位诊断等三种方法在急腹症诊断中应用的对照研究.中国中医药科技,2002;(2):67

刘里远,潘娟,张惠,等.皮肤经络形态学基础及其立毛肌-交感轴突反射传递机制.针刺研究,2002;(4):262

刘明清,黄启嵩,尤斌,等.化脓灸治疗支气管哮喘的临床疗效观察.中国针灸,2002;(8):537

刘乃积.肺俞迎香穴位注射治疗哮喘53例.中国针灸,2002;(1):11

刘庆彬,王军."三位一体"法治疗椎动脉型颈椎病85例报告.针灸临床杂志,2002;(6):41

刘晓惠.手针配合药物治疗儿童支气管哮喘疗效观察.中国儿童保健杂志,2002;(1):41

刘效周.针刺深度分析.针灸临床杂志,2002;(9):49

刘运珠.针刺为主治疗单纯性肥胖疗效观察.中国针灸,2002;(2):93

刘志诚,孙凤岷,马志民,等.针刺对非胰岛素依赖性糖尿病大鼠渴中枢的作用.中国针灸,2002;(2):121

刘志良.挑刺治疗非菌性前列腺炎临床观察.针灸临床杂志,2002;(4):35

刘志顺,刘宝延,张维,等.针刺治疗中风慢性期中重度吞咽障碍临床研究.中国针灸,2002;(5):291

卢六沙.利用循经感传激活基因片段组合.中国针灸,2002;(10):707

路雪婧,艾双春,钟蓝.电热隔药灸神阙穴对老年人红细胞免疫功能的影响.四川中医,2002;(3):9

吕秀华,赵传香.哑门穴针刺深度的研究.中国针灸,2002;(7):471

M

马宗廉,王麟鹏,陈海明,等.激光沿经络自动照射治疗仪的设计和应用.中国针灸,2002;(2):125

米曙光.头针滞针法治疗小儿脑瘫临床观察.中国针灸,2002;(7):461

莫飞智,李建强,陈朝晖,等.电针对高血压血管性痴呆大鼠的疗效及对脑AVP的影响.中国康复理论与实践,2002;(3):129

N

倪光夏,李玉堂.试谈提高针灸临床疗效的思路.江苏中医药,2002;(6):26

P

潘惠娟,王海燕,许建阳,等.电针对实验性RA大鼠痛阈及脑干NO/NOS变化的研究.上海针灸杂志,2002;(5):48

Q

秦福兰,贾杰,郭学军.针刺和运动疗法对2型糖尿病的疗效观察.中国针灸,2002;(9):579

秦品杰.穴位埋线治疗慢性胃炎及消化性溃疡疗效观察.适宜诊疗技术,2002;(1):13

R

任心荣,李巍,张全霞,等.针灸理疗药物综合治疗类风湿性关节炎50例临床观察.新中医,2001;(9):43

S

沈梅红,徐兰凤,詹臻,等.艾灸对放疗宫颈癌患者的红细胞免疫粘附功能和TNF的影响.安徽中医临床杂志,2002;(5):352

石现,丁宇,张诚.原穴的伏安特性与寒热病量化关系研究.中国针灸,2002;(2):103

史曙生.艾灸对运动时血乳酸的影响.上海针灸杂志,2002;(1):20

宋华英,刘建军,赵建新.高压氧配颈三针治疗椎动脉型颈椎病30例.中国针灸,2002;(7):487

孙大勇,黄裕新,高巍,等.电针足三里穴对胃黏膜保护作用的机制研究.广州中医药大学学报,2002;(3):192

孙克兴,魏建子,王静,等.针药结合对Graves'眼病患者甲状腺刺激性抗体的影响.上海针灸杂志,2002;(2):3

孙克兴,杨文英,倪秀冬,等.不同参数电针刺激对人体经穴超微弱发光的影响.中国中医基础医学杂志,1998;(3):51

孙六合,王燕.抗癌膏穴贴对荷瘤小鼠脾NK细胞、IL-2活性的影响.北京中医,2002;(2):117

孙忠人,吴燕,王薇.针刺治疗偏头痛的疗效及生化学机制研究.上海针灸杂志,2002;(1):16

T

邰浩清.谈头面部针灸应注意的一些问题.中国针灸,2002;(4):245

谭吉林,何希俊,郭瑞兰,等.针刺配合颈椎牵引治疗椎动脉型颈椎病临床研究.中国针灸,2002;(6):371

唐照亮,宋小鸽,章复清,等.艾灸对关节炎大鼠抗炎消肿作用及细胞因子、自由基影响.安徽中医学院学报,

2001；(5)：34

田丰伟，路瑜，李宁．"管灸"疗法治疗周围性面瘫的临床疗效观察．针灸临床杂志，2002；(12)：50

田津斌，王晓民，韩济生，等．电针频率对大鼠脊髓灌流液中 SOM 和 CGRP 含量的影响．生理学报，1998；(1)：101

田岳凤，严洁，林亚平等．电针"内关"对心肌缺血再灌注损伤内皮素及超微结构的影响．中国针灸，2002；(8)：547

W

王斌，赵永海．毫针进针疼痛因素浅析．针灸临床杂志，2002；(10)：3

王凡，郭长春，贾少微．应用 SPECT 研究头皮穴位局部浸润麻醉后对电针信号传导的影响．中国针灸，2002；(8)：543

王岚，段成芳，陈敏，等．温针治疗类风湿性关节炎及对免疫功能影响的临床研究．中华实用医学，2002；(21)：24

王频．膝关节相关腧穴定位考析．针灸临床杂志，2002；(5)：1

王旭．针药结合治疗椎动脉型颈椎病 46 例总结．湖南中医杂志，2002；(1)：15

王寅，杨涛，郭玉峰，等．不同针刺取穴方法结合系统康复治疗中风后肩手综合征疗效观察．中国针灸，2002；(2)：83

王韵，王晓民，韩济生，等．不同频率电针耐受对 k 阿片受体 mRNA 转录的影响．北京医科大学学报，1998；(1)：1

王峥，郭泽新，马雯．三棱针刺血治疗偏头痛的临床观察．上海针灸杂志，2002；(3)：11

王贺春，万有，姚磊，等．不同频率电针治疗大鼠神经源性痛的疗效比较．针刺研究，2002；(2)：112

王贺春，万有，姚磊，等．不同频率电针治疗大鼠神经源性痛的治疗作用．中国应用生理学杂志，2002；(2)：128

王贺春，姚磊，万有，等．不同频度电针治疗大鼠慢性神经源性痛的疗效比较．针刺研究，2001；(3)：227

王洪蓓，董晓彤，王双昆，等．不同频率电针对急性实验性关节炎大痛阈及血浆环核苷酸和皮质醇含量的影响．中国针灸，1999；(3)：170

王慧明，刘燕．瘢痕灸预防脑血管病的复发．针灸临床杂志，2002；(8)：53

王建侠．针灸治疗偏头痛 80 例．现代中医药，2002；(4)：43

王菁华．率谷透角孙治疗偏头痛 53 例．中国民间疗法，2002；(5)：15

王军英，张惠佳，王益梅，等．针刺、穴位注射、按摩、运动综合治疗小儿脑瘫 200 例临床研究．中医杂志，2002；(7)：504

王澍欣，洪文，王照浩．耳针治疗痤疮临床研究文献质量评价．中国针灸，2002；(12)：847

王维兵，王玉玲，杨爱芬．拔罐密封垫圈的设计与应用．中国针灸，2002；(6)：426

王伟明，陈汉平，杨臻．不同间接灸治疗类风湿性关节炎的临床分析．上海针灸杂志，2001；(2)：9

王艳君，胡朝阳，蔡辉．提插补泻法对健康人穴位皮肤温度的影响．河北中医药学报，2002；(3)：29

王艳君，康锁彬，齐锦生，等．电针治疗实验性大鼠类风湿性关节炎的可能机制．现代康复，2001；(6)：66

王宜欣，杨金山，孙洪恩．颈项针配合弹摇法治疗椎动脉型颈椎病 40 例．江苏中医药，2002；(4)：32

王茵萍，查玮，孙茂峰，等．穴位黄芪、当归注射液对大鼠胃癌前病变胃黏膜上皮细胞影响的定量分析．天津中医，2002；(5)：58

王茵萍，范刚启，孙茂峰，等．穴注黄芪、当归注射液对实验性慢性萎缩性胃炎胃黏膜屏障的影响．广州中医药大学学报，2002；(3)：195

王跃秀．不同电针参数对大鼠脊髓背角神经元伤害感受性反应的影响．针刺研究，1997；(1-2)：77

魏建子，沈学勇，周珏，等．穴位伏安特性的昼夜变化．辽宁中医杂志，2002；(8)：493

魏群利，刘志诚．针刺配合耳穴压籽治疗 2 型糖尿病(肥胖型)67 例．安徽中医学院学报，2002；(3)：34

魏群利．针刺对肥胖大鼠脑干中缝核群单胺类神经递质作用的研究．中国针灸，2002；(5)：331

温军，谢丙，王积荣．针灸治疗糖尿病顽固性胃部症状 32 例．针灸临床杂志，2002；(8)：14

吴滨，何竞，冉兴无．针药结合治疗糖尿病神经原性膀胱病变 20 例．四川中医，2002；(5)：72

吴峻，沈蓉蓉，邵荣世．火针治疗慢性软组织损伤的实验研究．中国针灸，2002；(1)：31

吴峻，徐国兰，邵荣世．火针为主治疗慢性软组织损伤临床研究．中国针灸，2002；(8)：515

吴琦．齐刺结合白虎摇头手法治疗梨状肌综合征 161 例临床观察．中医杂志，2002；(7)：506

吴童，程为平，王北松．针刺对家兔全脑缺血-再灌注损伤脑保护作用的电镜观察．中医药学报，2002；(1)：44

吴耀．迎随补泻法考辨．安徽中医学院学报，2002；(4)：8

吴宏东，田文海，付国宾．火针治疗类风湿性关节炎 45 例．山西中医，2002；(5)：40

X

夏保芦，程标，涂宗苹，等．电针"内关"穴抗过敏性休克作用与脑内催产素含量的关系．针刺研究，

2001；(1)：10

肖波.穴位埋线治疗胃及十二指肠溃疡 218 例.上海针灸杂志,2002；(2)：14

谢泓,张永.核酪注射液咳喘点穴位注射治疗婴幼儿哮喘.中国针灸,2002；(7)：484

谢玲,赵遴,李明众.足三里穴位注射治疗放、化疗所致白细胞减少症 90 例.陕西中医,2002；(1)：59

谢衡辉,谷世哲.新砭石疗法作用特点.中国针灸,2002；(1)：55

熊克仁,杨解人,李怀斌,等.不同频率电针对大鼠尾壳核头部一氧化氮合酶表达的影响.针刺研究,2001；(2)：90

徐斌,马骋,陈国志.穴位注射对帕金森病中枢单胺类递质的影响.上海针灸杂志,2002；(2)：2

徐斌,马骋,陈国志.针刺调节原发性帕金森病脑脊液中单胺类递质临床观察.中国针灸,2002；(3)：183

徐莹,宋红,易霞,等.针灸结合运动疗法治疗脑性瘫痪.医学理论与实践,2002；(10)：1126

徐颖,申国明,杨永兴,等.中枢 VIP 参与电针对大鼠胃黏膜的保护作用.安徽中医学院学报,2002；(3)：31

徐放明,刘志诚,宋琬北.针灸治疗肥胖型 2 型糖尿病 45 例疗效观察.天津中医,2002；(1)：55

徐兰凤,喻志冲,成惠贞,等.艾灸对宫颈癌放疗患者血象影响的观察.南京中医药大学学报,2002；(4)：238

徐卫东.电针对三叉背角汇聚神经元作用的广泛性和特异性的中枢机制研究.针刺研究,2000；(4)：248

许金森.论《内经》经络的诊断及针刺手法.甘肃中医,2002；(3)：1

许贞峰,姜建伟.电针对局灶性脑缺血/再灌注大鼠 IL－1Ra mRNA 表达的调节.针刺研究,2002；(1)：14

薛爱国.针刺治疗脑梗塞恢复早期抑郁障碍 31 例.陕西中医,2002；(8)：731

薛宏伟.电涌波束经穴疗法治疗Ⅱ型糖尿病 68 例疗效观察.针灸临床杂志,2002；(5)：43

Y

杨承智,乔谦.穴位注射中药对大鼠佐剂性关节炎免疫功能的影响.贵阳中医学院学报,2002；(1)：28

杨顺益,刘金芝,冯淑兰,等. 蜂针对佐剂性关节炎模型大鼠关节的形态学研究. 广州中医药大学学报,2001；(3)：218

杨永清,崔龙萍,马淑兰,等.过敏性哮喘大鼠针刺血清的抗哮喘作用.上海针灸杂志,2002；(1)：42

杨志新,乔跃兵,赵粹英.艾灸对荷瘤小鼠巨噬细胞免疫功能的增强作用.承德医学院学报,2002；(2)：97

杨志新,张晓峰,赵英侠,等.艾灸增强小鼠细胞免疫功能抗肿瘤作用的研究.中医药学刊,2002；(1)：94

衣华强,谷世哲,童晨光,等.心俞募穴与心脏特异性联系通路的荧光双标记法研究.针刺研究,2002；(4)：245

于琴,方宗仁,李艳华,等.网状巨细胞核对电针镇痛的双向效应.针刺研究,1997；(1－2)：28

于建春,于涛,韩景献,等.从基因表达差异分析针刺腧穴和非腧穴效应差异.中国针灸,2002；(11)：749

于天源,张露芬,孙承琳,等.电针不同穴位、频率对胃黏膜保护作用的观察.中国针灸,2001；(11)：667

余曙光,唐勇,刘旭光.电针对类风湿关节炎大鼠 T 细胞凋亡的影响.成都中医药大学学报,2002；(1)：25

俞杰,明顺培,张秀芬.针刀疗法对兔膝骨关节炎关节液中 IL－1β、IL－6、TNF－α 水平的影响.中国中医骨伤科杂志,2002；(4)：15

俞瑾,李晓艳,曹小定,等.电针合用抗抑郁药能明显减少后小鼠强迫游泳实验中的静止时间.针刺研究,2002；(2)：119

俞昌德,吴炳煌,陈跃,等.针刺颅骨缝治疗脑血管疾病的应用解剖.中国针灸,2002；(3)：177

袁宜勤,海月明,顾星,等.针刺手法规范化的初步研究.中医药学刊,2002；(2)：230

Z

曾奕.赤凤迎源针法治疗落枕 48 例疗效观察.新中医,2002；(9)：50

张栋,王淑友,马惠敏,等.α 受体阻滞对胆囊炎模型循经高温线影响的红外热像图研究.中国针灸,2002；(11)：745

张洪,何竟.电针治疗抑郁症的疗效观察.上海针灸杂志,2002；(5)：25

张鸥.从“宁失其穴,不失其经”探讨经穴主治及取穴规律.辽宁中医杂志 2002；(4)：227

张维,刘志顺,孙志顺,等.针刺治疗中风慢性期中重度吞咽障碍机理探讨.中国针灸,2002；(6)：405

张英,孙国杰,李翰旻,等.不同时辰艾灸对阳虚小鼠白细胞介素 2 的影响.中国针灸,2002；(5)：319

张胜春,赵京生.《针灸甲乙经》配穴特点分析.针灸临床杂志,2002；(3)：5

张胜春,赵京生.《针灸甲乙经》中处方用穴特点.中国针灸,2002；(7)：494

张胜春,赵京生.《针灸甲乙经》中针灸处方的概念.针灸临床杂志,2001；(12)：4

张诗兴,周坤福,姜文方,等.耳穴的脑、脊神经节投射.上海针灸杂志,2002；(3)：35

张卫华,李银太.穴位注射结合推拿手法治疗椎动脉型颈椎病.陕西中医学院学报,2002；(3)：34

张燕泉.经络温通治疗仪的研制.三零九医院院刊,2002；(4)：40

张永臣,贾红玲.针刺治疗椎动脉型颈椎病 86 例临

床观察.山东中医杂志,2002; (3): 160

张玉红.动静针法治疗抽动秽语综合征.中国针灸,2002; (4): 222

张月成,宋丽华.针刺耳门与西药对照治疗偏头痛疗效观察.中国针灸,2002; (3): 159

章秀明.针灸为主治疗椎动脉型颈椎病临床观察.中医外治杂志,2002; (4): 13

周雪,吴良芳,王廷华,等.针刺对部分促脊髓去背根猫脊髓背角与备用背根节神经营养素家族及其 mRNA 表达的影响.中国针灸,2002; (11): 769

周美启.温针治疗椎动脉型颈椎病 33 例.上海针灸杂志,2002; (2): 15

庄严,王威,盖茹霜.刺抗实验性糖尿病大鼠脂质过氧化损伤的研究.中国中医药信息杂志,2002; (4): 27

庄茂娟,刘乃江,廉萍,等.频率对电针抑制神经元伤害性反应的影响.辽宁医学院学报,1997; (3): 10

(十一) 推　　拿

【概述】

2002年有关推拿的论文有700余篇，以临床治疗经验总结居多，涉及面较广，主要集中于骨伤科疾病；在推拿教学和文献研究方面也取得了一些进展。

1. 骨伤科推拿

米新采用手法配合中药自拟方"伤筋膏"外用治疗腰椎横突综合征102例。采用俯卧三步法进行治疗：① 患者俯卧位，术者先用大小鱼际分别掌揉督脉与足太阳膀胱经，指压肾俞、环跳、风市、委中等穴。② 术者双拇指平行或重叠按压在患者第3腰椎横突病变处，先前后弹拨，再左右分离其结节或条索状物。③ 弹拨与分离局部软组织后，再用按摩㨰法。结果显示痊愈率为95.1%(97/102)，总有效率为99%(101/102)。王道全等采用推拿治疗退行性腰椎滑脱症30例，其治疗方法有腰部放松法、点按通络法、整复法、透热活血法，痊愈率为36.7%(11/30)，总有效率为93.3%(28/30)。周必伦用手法复位为主治疗腰椎小关节错缝66例。① 推拿。患者俯卧位，医者用右手小鱼际掌根偏尺侧在腰部沿膀胱经两侧自上而下用擦法按摩，继而用双手掌横擦腰骶部，以透热为度，然后沿臀部、大小腿后侧上下往返施推拿法，双拇指指腹按压秩边、环跳、委中、足三里等穴，隔日1次，30日为1个疗程。② 手法复位。经治疗2～15次后，痊愈率为77.3%(51/66)，总有效率为97%(64/66)。陈从明运用推拿配合中药内服外敷治疗梨状肌综合征60例，推拿治疗方法有舒筋法、通络法、止痛法、解挛法、斜扳法、除麻法。痊愈率为70%(42/60)，显效率为28.3%(17/60)，总有效率为98.3%(59/60)。

2. 内科、五官科推拿

褚海林等对60例脑梗死患者在早期用溶纤治疗的同时及早介入推拿治疗，探讨推拿早期介入对偏瘫肢体运动功能恢复、日常生活活动能力及血流动力学的影响。结果：推拿组有效率为93.0%，而对照组为63.0%，组间比较，$P<0.01$；血流动力学指标治疗前后变化不大。张宁龙用推拿治疗顽固性呃逆23例。治法以按揉缺盆穴、摩腹、用一指禅推法自上而下在背部膀胱经治疗等，1周为1个疗程。经1次至1个疗程治疗后，痊愈率为87%(20/23)，显效率为13%(3/23)，总有效率为100%(23/23)。张建国用推拿加脐灸治疗胃下垂43例，治法有点穴及由中极穴垂直立掌切入，震颤上托，至鸠尾穴等。结果：痊愈率为60.5%(26/43)，显效率为27.9%(12/43)，总有效率为93%(40/43)。花骏等运用推拿治疗慢性咽炎30例，20日为1个疗程，视病程长短及恢复程度分别治疗1～2个疗程。结果：显效率为60%(18/30)，总有效率为93.3%(28/30)。赵科鹏运用推拿方法治疗慢性鼻炎36例，治法：患者仰卧，术者坐于患者头前方，先用右手拇指按揉印堂穴，两手拇指桡侧沿印堂到神庭穴连线上来回推；再用两手中指指腹沿鼻两侧，从攒竹穴推抹至迎香穴，搓热手掌小鱼际部擦左右鼻唇沟，按揉两侧鼻通、迎香穴。患者俯卧，医者先用两手拇指按揉风府、大椎、风门、肺俞等穴位，继用㨰法从胸椎至腰椎，分别拿捏两侧列缺穴。实证按揉肺俞、尺泽，虚证按揉脾俞、肾俞、足三里、三阴交等穴。10日为1个疗程，每次治疗20 min。结果：痊愈率为69.4%(25/36)，显效率为25%(9/36)，总有效率为100%(36/36)。

3. 小儿推拿

薛明新运用推拿手法治疗臀肌筋膜挛缩征，治法有臀部推拿、弹拨条索状筋腱、用㨰法从阔筋膜张肌沿髂胫束到膝部、按揉阳陵泉穴、按揉患侧内收肌、被动屈膝屈髋运动等。每日治疗1次，每次20 min，15次为1个疗程。经治疗1～6个疗程，痊愈率为41.7%(5/12)，总有效率为91.7%(11/12)。李敏等采用推拿疗法治疗婴幼儿鹅口疮30例，推拿手法有清心经、清脾经、摩腹，清天河水、揉二马、揉涌泉、水底捞明月、捏脊等。每次治疗20 min，每日1次，共3次。结果：痊愈率为86.7%(26/30)，显效率为10%(3/30)，总有效率为96.7%(29/30)。陈永红等采用推拿法治疗小儿支气管肺炎，治法有运八卦，清肝、肺经，揉掌小横纹，清天河水等，每日1次，7～10次为1个疗程。结果：痊愈率为56.7%(17/30)，显效率为30%(9/30)，总有效率为96.7%(29/30)。宋世庆用推拿疗法治疗小儿厌食症300例，治法有泻肝经、补脾经、清胃经、补大肠、分腹阴阳、摩腹、按揉足三里、按大椎穴、按脊柱旁开1.5寸向下擦至尾骨等，每日1次，5次为1个疗程。结果：显效率为95.3%(286/300)，总有效率为100%。王玉用推拿治疗小儿迁延型腹泻60例，治法有补脾经、推大肠、补肾经、摩腹、揉中脘、揉天枢、推上七节骨、揉龟尾、捏脊、揉足三里。结果：痊愈率60%(36/60)，显效率为23.3%(14/60)，总有效率为90%(54/60)。

4. 足部按摩

肖劲等采用足底按摩加拔火罐治疗失眠。治法：① 足底按摩：术者先将5指放松，指掌贴在患者足底部，从足跟始至足趾用指掌上下来回运动，直至整个足底发热。接着再用单食指扣拳法垂直分别用补法缓慢按压足底的头(大脑)反射区、小脑-脑干反射区、腹腔神经丛反射区。心脾两虚型加心脏反射区、脾反射区，均用补法；心肾不交型加心脏反射区、肾脏反射区，心脏反射区用泻法重按；心肝火旺型加心脏反射区、肝脏反射区，均用补法。各型每个反射区按压2 min。除心肝火旺型外，其余各型最后用补法按压涌泉穴5 min。② 拔火罐。结果显示痊愈率为66.1%(37/56)，显效率为21.4%(12/56)，总有效率为96.4%(54/56)。

5. 推拿文献

赵毅通过考证认为，从1984年出土的简书《引书》中有几例治疗性被动式推拿手法，如治疗颈项强痛的仰卧位颈椎拔伸法、治疗痢疾的腰部踩踏法和腰部后伸扳法、治疗喉痹的颈部后伸扳法以及治疗颞颌关节脱位的口内复位法等，并对其机理和临床价值作了评述。认为上述作用于脊柱的手法是我国脊柱手法最早的记载，《引书》中的颞颌关节脱位口内复位法也是首次记载。该书中的导引并不仅是患者主动操作，亦有由他人操作的导引，可称之为“导引手法”。

6. 基础实验

严隽陶等探讨静力推拿功法训练对最大摄氧量的影响，结果发现静力推拿功法训练可以提高人体最大摄氧量。证实了以调身、调息、调心为主要锻炼方式的推拿功法训练能够提高人体极量运动时的心肺功能及代谢水平。朱升朝等研究按摩与抚摸疗法对幼兔生长期抗病能力的作用，结果表明抚摩梳理治疗有助于幼兔的生长发育和体重增长，按摩保健治疗不仅明显有助于幼兔体重增长，而且具有增强体质、提高免疫、防疫感染的预防保健功效。孙武权等将28只兔分为推拿组和对照组，观察术后3 h内和术后4 h至24 h胆汁总量，术后即刻和术后4 h开放引流后即刻石胆酸(LCA)、鹅去氧胆酸(CDCA)、去氧胆酸(DCA)、胆酸(CA)含量和总胆汁酸(TBA)含量的变化。结果提示推拿通过调节胆汁酸成分影响胆汁分泌，可能是推拿防止某些胆道疾病的内在机理之一。蔡明等选择120例陈旧性腰椎间盘突出症患者，ASA Ⅰ～Ⅱ级，以硬膜外给药加推拿六法为主的中西医结合治疗，分别于治疗前1日、治疗后1日及临床治愈后抽取患者空腹静脉血5 ml，采用反相离子对色谱-电化学法及荧光分光光度法分别测定肾上腺素(E)、去甲肾上腺素(NE)、多巴胺(DA)及5-羟色胺(5-HT)、5-羟吲哚乙酸(5-HIAA)含量，比较治疗前后血清单胺类物质的变化，结果发现血清NE在治疗后与治疗前比较，下降有显著性差异($P<0.01$)，5-HT及5-HIAA浓度明显下降(详见专条)。

(严隽陶　许　军)

【推拿治疗面神经麻痹】

龚云秀采用循经推拿治疗面神经麻痹63例，首先点揉足阳明胃经迎香穴，上推至鼻根，点揉睛明穴，用指腹由内向外推按下、上眼眶，揉按太阳穴，然后沿承泣穴下推至地仓，再由内向外，从人中推至地仓，从承浆推至地仓，接着顺下颌后方推至下关穴，沿发际推至前额，最后点揉头维、翳风穴，双掌侧合拢叩大椎、肩井。若兼一侧头痛或耳后痛，加用十指叩头部足少阳经循行处。配合治疗：针刺患侧迎香、睛明、丝竹空、地仓、颊车等穴。口服弥可保片，睡前用热毛巾湿敷患侧面部20 min，外出时避风寒。结果：除4例自动放弃外，痊愈率为93.7%(59/63)。李和意治疗本病78例，先用拇指点按患侧阳白、四白、太阳、翳风、迎香、下关、颊车穴后，嘱患者张开口，将食指伸入患者口内，在内侧面颊上下磨牙之间、近颞颌关节的区域内与在外的拇指合力揉捏患侧面部，寻找酸胀感明显点进行揉捏按摩，再由该点向口角方向揉捏至口角边沿。嘱患者每天照此方法自我按摩数次。结果：痊愈率为93.6%(73/78)，显效率为6.4%(5/78)，总有效率为100%。陈殿培采用按摩、外敷陈氏牵正膏治疗因风寒湿邪侵袭和气血亏虚及肝气郁结而引起的面神经麻痹800例。风寒湿邪侵袭型先用开关通窍、摩挲益脑、推扳揉颈、拨络叩挠等法，再掐揉点按下关、颊车、地仓、承浆、攒竹等穴。气血亏虚型先用开关通窍、摩挲益脑、推扳揉颈、拨振叩颈、捏提双耳、太极摩脑、鸣天鼓、理肢、理指法等，再掐揉点按下关、颊车、地仓、承浆、攒竹等穴位。肝气郁结型先用摩挲益脑、开关通窍、按推锁窝、宽胸按揉、推腹摩运、肘运环跳等法，再掐揉点按下关、颊车、地仓、承浆、攒竹等穴。忌凉、避风1周。结果：痊愈率为86%(688/800)，显效率为10%(80/800)，总有效率为100%。李淑英等治疗本病108例，用拇指由患侧睛明穴沿鱼腰、丝竹空、瞳子髎至太阳穴推摩，用中指指端重按并加以节律性地刺激患侧鱼腰、牵正、承浆、水沟、翳风穴。用拇指尖端按在患侧地仓穴上，食指尖端按在颊车穴上，两指同时相对捏。用大鱼际推擦患侧眼轮表情肌部分，反复推摩直至整个患部发热发红。最后用拇指指前端压在双侧合谷穴等。结果：痊愈率为90.7%(98/108)，显效率为9.3%(10/108)，总有效率为100%。

（郑贤国 何永瑞）

【推拿治疗胸椎小关节紊乱症】

丁晓方采用推拿手法治疗胸椎小关节紊乱症35例，方法：① 患者取俯卧位，医者以轻柔和缓的一指禅推法及掌根揉等推拿手法作用于病灶及其周围肌群约20 min。② 患者仰卧位，双手交叉抱紧于胸前，医者站于患者病侧，以一手掌垫于治疗床上，掌心向上，以掌根抵于患者背部压痛最敏感点，另一手托住患者健侧颈肩部，前臂及肘部压住患者紧抱的双臂，嘱患者深吸气屏住呼吸的同时，作瞬时下压动作，此时可以感觉到或听到患者背部小关节发出复位的声音，整个治疗过程即告完成，经治1～2次后，均获痊愈。毛忠清运用整脊推拿治疗胸椎小关节紊乱症47例，治疗组采用放松手法，再选择整脊手法（摇腿揉背法、俯卧推按法、端坐顶推法、膝顶按压法、端坐提肩拍打法、抱膝滚动法、肋骨平推法）；对照组采用常规推拿放松手法和掌按法。结果：治疗组痊愈率为63.8%(30/47)，总有效率为89.4%(42/47)；对照组痊愈率为25.5%(12/47)，总有效率为59.6%(28/47)；组间比较，$P<0.05$。胡祝良采用整脊疗法治疗本病。患者俯卧于床上，医者在其脊柱两旁寻找压痛点，在压痛点上下椎体处可以找到侧弯的棘突，在该处以手肘部按压，在患者吸气的同时，术者以肘部用力按压侧弯的棘突使之复位，这时往往可以听到或感觉到复位时的弹响，提示手法成功，然后让患者直坐在方凳上，双手交叉放在脑后，术者站在患者身后，双手握住患者上臂，膝关节紧抵患椎棘突处，再使患者行呼吸配合，在患者吸气时施以爆发性弹力，此时即可听到小关节的复位弹响声，一般经以上两步手法，复位即可成功。89例经治疗后均愈，其中78例在完成第一步整脊手法后症状消失，另11例经两步手法治疗而愈。李智等采用推拿手法整复本病38例，整复手法有俯卧扳压法、俯卧拇指交叉按压法和扩胸牵引扳法。结果显示痊愈率为65.8%(25/38)，总有效率为97.4%(37/38)。戴春玲等治疗胸椎小关节紊乱致假性心绞痛心律失常84例，采用点穴、㨰、旋推拿手法放松胸椎旁紧张肌肉群、点揉胸椎疼痛点、手法复位偏歪胸椎等，结果显示，73例患者治疗1～2次后症状消失，心律（率）恢复正常。程传国收治本病24例，运用俯卧推按法、端坐顶推法，24例经治疗后，临床症状、体征全部消失，随访16例，除3例由于胸部不协调运动时复发外，余13例至今良好。薛军等治疗本病228例，复位手法有按压、旋转、背伸提项等。结果显示痊愈率为89.5%(204/228)，总有效率为100%。

（许 军 严隽陶）

【推拿手法及其机理的实验研究】

严隽陶等探讨静力推拿功法训练对最大摄氧量的影响。36例分为静力推拿功法训练组和动力训练组，训练12周。在训练前、训练6周、训练12周时分别检测最大摄氧量绝对值和相对值。结果发现，静力推拿功法训练可以提高人体最大摄氧量。证实了以调身、调息、调心为主要锻炼方式的推拿功法训练能够提高人体极量运动时的心肺功能及代谢水平。朱升朝等研究按摩与抚摸疗法对幼兔生长期抗病能力的作用。选择26只刚断奶的幼兔，设置按摩保健组、抚摩梳理组、空白对照组，经治疗1个月后，以人工注射导致感染的方法来测定其病毒感染试验后的生存率，结果发现按摩保健组与抚摩梳理组，经治疗30日后体重增长均高于空白对照组，且按摩保健与空白对照两组比较具有显著性差异($P<0.05$)，而实验检测IL-2和毒力感染试验后的幼兔生存分析，则见按摩保健与空白对照两组间比较差异有显著性意义($P<0.05$)。表明抚摩梳理治疗有助于幼兔的生长发育和体重增长，按摩保健治疗不仅明显有助于幼兔体重增长，而且具有增强体质、提高免疫、防疫感染的预防保健功效。孙武权等将28只兔分为推拿组和对照组，观察术后3 h内和术后4 h至24 h胆汁总量，术后即刻和术后4 h开放引流后即刻石胆酸(LCA)、鹅去氧胆酸(CDCA)、去氧胆酸(DCA)、胆酸(CA)含量和总胆汁酸(TBA)含量的变化。结果发现推拿组手法操作后DCA含量较对照组明显下降($P<0.05$)，提示推拿通过调节胆汁酸成分影响胆汁分泌，可能是推拿防止某些胆道疾病的内在机理之一。蔡明等选择120例陈旧性腰椎间盘突出症患者，ASA Ⅰ～Ⅱ级，以硬膜外给药加推拿六法为主的中西医结合治疗，分别于治疗前1日、治疗后1日及临床治愈后抽取患者空腹静脉血5 ml，采用反相离子对色谱-电化学法及荧光分光光度法分别测定E、NE、DA及5-HT、5-HIAA含量，比较治疗前后血清单胺类物质的变化。结果发现血清NE在治疗后与治疗前比较下降有显著性差异($P<0.01$)，5-HT及5-HIAA浓度明显下降。冯燕华等为深入探讨推拿活血化瘀、降低全血比黏度及提高人体免疫功能的原理，采用彩色多普勒超声技术观察背部推拿前后对缺血性心脏病和肿瘤康复期患者脾动静脉血流的影响。结果发现A组缺血性心脏病的脾动脉平均流速增加($P>0.001$)；血流量增加60.8%($P>0.001$)；阻力指数下降4.2%。B组肿瘤康复期的脾动脉，平均流速增加($P<0.001$)；血流量增加55.6%($P<0.001$)；阻力指数下降3.5%。两组间比较，脾动脉平均流速、血流量、阻力指数均无差异，脾静脉均无明显变化。推测脾脏的滤血作用能使全血比黏度下降，推拿还能通过脾脏的免疫作用提高人体免疫功能。董新民等用实验检验按摩散热功效，同时分析与穴位感受器(R)的关系。用热敏电阻温度计与计算机联机采样，连续记录家兔耳郭温度，以内毒素所致耳温变化为指标，取轻、重按摩手法直推与指压刺激涌泉穴，对比观察两者对内毒素所致耳温变化的影响，确定两种手法的按摩散热功效及其与穴位R的关系。结果发现指压能明显拮抗内毒素性兔耳温度变化($P<0.01$)，直推效应无统计学意义。认为按摩的较重手法有明显散热作用，主要通过高阈的躯体细纤维(Ⅲ、Ⅳ类)性R所引起，按摩散热是按摩退热的主要原因。

(许　军　严隽陶)

[附] 参考文献

C

蔡明，邢勇，高广阔. 联合治疗腰椎间盘突出对神经递质影响. 现代中西医结合杂志，2001；(20)：1927

陈从明. 推拿配合中药治疗梨状肌综合征60例. 四川中医，2002；(3)：77

陈殿培. 按摩配合外敷治疗面神经麻痹800例. 按摩与导引，2001；(2)：29

陈永红，李琳. 推拿治疗小儿支气管肺炎. 按摩与导引，2002；(3)：54

程传国. 骨手法治疗胸椎后关节紊乱致心前区疼痛24例. 河南中医药学刊，2002；(3)：59

褚海林，詹红生，侯群，等. 推拿治疗早期中老年脑血管缺血性疾病(脑梗死)的临床研究. 浙江中医学院学报，2002；(3)：62

D

戴春玲，阿娜尔娃. 推拿治疗胸椎小关节紊乱致假性心绞痛心律失常84例. 内蒙古中医药，2002；(1)：25

丁晓方. 推拿手法治疗胸椎小关节紊乱35例. 南京中医药大学学报，2002；(1)：51

董新民，董泉声，先茂全，等. 按摩的散热作用及其与穴位感受器的关系. 四川中医，2002；(6)：22

F

冯燕华，刘新华，姚丽平. 背部推拿对脾动静脉血流的影响. 按摩与导引，2002；(2)：5

G

龚云秀. 循经推拿治疗面神经麻痹63例临床报道.

按摩与导引,2002;(3):35

H

胡祝良.脊疗法治疗胸椎小关节紊乱.中国民间疗法,2002;(3):24

花骏,严利平.推拿治疗慢性咽炎30例.河北中医,2002;(4):299

L

李敏,郝淑文.推拿治疗婴幼儿鹅口疮30例.中医外治杂志,2002;(2):38

李智,李静.推拿治疗胸椎小关节功能紊乱症38例.山东中医杂志,2002;(7):413

李和意.按摩治疗周围性面神经麻痹78例.广西中医药,2002;(1):24

李淑英,吕月美.按摩治疗面神经麻痹.中国民间疗法,2000;(4):14

M

毛忠清.脊推拿治疗胸椎小关节紊乱47例临床观察.福建中医学院学报,2002;(2):40

米新.手法配合药物治疗腰椎横突综合征102例.陕西中医,2002;(3):228

S

宋世庆.推拿治疗小儿厌食症300例.四川中医,2002;(1):78

孙武权,吴嘉容,沈建雄,等.推拿对家兔胆汁分泌影响的实验研究.按摩与导引,2002;(3):19

W

王玉.推拿治疗小儿迁延型腹泻60例.黑龙江中医药,2002;(3):54

王道全,于娟,师彬,等.推拿治疗退行性腰椎滑脱症30例.山东中医杂志,2002;(8):478

X

肖劲,欧羡虹.足底按摩加拔火罐治疗失眠56例疗效观察.新中医,2002;(8):45

薛军,赵颖林,赵军.手法治疗胸椎后关节紊乱症228例.安徽中医临床杂志,2002;(4):184

薛明新.推拿治疗臀肌筋膜挛缩综合征.河南中医,2002;(3):60

Y

严隽陶,张宏,徐俊,等.静力推拿功法训练对最大摄氧量的影响.按摩与导引,2002;(3):12

Z

张建国.推拿加艾灸神阙穴治疗胃下垂43例.山东中医杂志,2002;(8):482

张宁龙.推拿治疗顽固性呃逆23例.浙江中医杂志,2002;(5):210

赵毅.《引书》推拿手法评述.按摩与导引,2002;(3):8

赵科鹏.推拿治疗慢性鼻炎36例.山东中医杂志,2002;(3):163

周必伦.手法治疗腰椎小关节错缝66例疗效观察.新中医,2002;(6):40

朱升朝,戴平,于利群,等.按摩对幼兔生长期抗病能力的实验研究.按摩与导引,2002;(1):7

(十二)气　功

【概述】

2002 年度,在期刊上公开发表的气功专题文章约有 80 篇,其中以理论探讨为多,还涉及功法介绍、养生应用、临床应用及实验研究。

1. 气功理论探讨

秦明胜认为气功锻炼能调节和增强机体脏腑的生理功能。① 心。心主神明,气功锻炼非常重视意念的运用,练静功通过调心、思想入静和肌体的松弛,进入气功功能态,达到调养心神,协调脏腑功能。心主血脉,气功锻炼能使心气更好地发挥其统辖血液运行的功能,故练功后脉搏和缓有力、面色红润。心开窍于舌,许多功法都运用舌体来调心入静或调和气血。② 肝。肝主谋虑,练功中放松入静,情绪安宁,可使肝气舒和条达,不致横逆上亢。肝主藏血,气功在治疗肝阳、肝风时,注意力集中在下部,以使气血下行,从而能改善上盛下虚的局面。肝属风木,风喜疏散,故练功能增加胆汁分泌,为气功治疗肝胆病提供了依据。目为肝之窍,气功学十分重视目视在练功中的作用。③ 脾。脾有运化水谷之功能,气功锻炼,尤其是腹式呼吸,能增强脾、胃、大肠、小肠、三焦、膀胱等功能。练功中自觉肠鸣,使排便功能正常。脾主四肢,气功中的调身,动功中的运动四肢,都与脾的功用息息相关。④ 肺。肺主气,司呼吸。练功的调息形式多种多样,有胸式呼吸、腹式呼吸、停闭呼吸、胎息等。通过习练调息,使天地之精气以纳,脏腑中之浊气以吐。所吸之天气,不但充实了真气,又能进一步推动气血在全身的运行,使全身气血流畅,五脏六腑、四肢百骸都得到营养与活力。由于肺主降,肾主纳,通过有意识的气沉丹田,诱导肾的摄纳功能加强。当出现“胎息”状态时,肺的后天之气与肾的先天精气通过降纳而结合,使内部能量迅速聚集而加强。肺主皮毛,通过有意识的呼吸锻炼,常常感到皮肤温暖或微微出汗,阳虚畏寒就因此而得到改善,对易于感冒鼻塞的人,其感冒的现象也可大为减少。鼻为肺之窍,练气功中常意守祖窍(鼻根的穴位)帮助入静,求得气功效应。⑤ 肾。内藏肾阳、元阳与肾阴、元阴,气功家所说的“性命双修”、“后天返先天”以及“炼精化气”等就是在气功锻炼中,通过呼吸的开阖升降作用,意守命门,使命门的作用加强,五脏六腑更能发挥应有的作用,体质就可以得到全面增强。张天戈认为,医疗气功历史悠久,有经典文献记载,有医疗及其管理机构,有医疗护理常规、科学规范的诊断及疗效判定标准,有辨证选功及治病防病的病案记载,也有其机理的基础研究;因此,有别于武术气功、宗教等。吕直认为,气功独特的保健治病理法有别于其他各种运动锻炼和自然疗法,最突出的在于心意的运用,其实质关系到人的精神、心理、意识等方面的因素,与心理学有密切的联系。照海探讨了气功的三个基本论点:①“混元气”等于“无”;② 意“在”丹田;③ 先“觉”后“悟”。

2. 气功功法及其应用

郭科伟介绍气功保健三法:调身调意排浊、清肝明目法,捧气贯顶、调节阴阳法和调身调息、元神归窍法。白木介绍了练五禽戏养生健体的方法,并认为其习练要领有肢体动作模仿五禽活动形象、心意会悟而效其良能(深刻体会其动作姿势和这些动作的优良功能)及存神(意)养气。周蔚汝介绍的护脑养生十二法有擦面、干梳头、揉太阳、意守丹田、手指放收、吐纳、闭目养神、拿肩、补肾、掩耳弹枕、搓脚心、闭目卧思。萧志才介绍了《金刚内丹功》“服气”、“胎息”二步道家“内丹术”炼气的方法。徐洪涛探讨了气功疗法治疗颈椎病的方法及机制。韩咏霞介绍的腰椎间盘突出症锻炼法有反后搓腰、爬行、飞燕式锻炼、团身运动、退走及挺腹疗法。李运友用乌药、小茴香、木香等煎汤坐浴,配合呼吸练“提肛功”治疗前列腺肥大 46 例,效果优占 43.5%(20/46),良占 45.7%(21/46),总有效率为 97.8%(45/46)。

3. 练功偏差的纠治

李刚等报道 11 例练气功致精神障碍的病例。用认知治疗和行为干预让其停止练功,同时给予小剂量抗精神病药物纠正其偏执观念,并积极治疗原有的躯体疾病。经随访发现,其中10例患者已恢复正常的社会生活。

4. 气功实验研究

刘家骏等观察了56例虚证患者在真气意念调息功法训练前后甲皱微循环的流态和形态、相关证候以及血液学、免疫学指标的变化。结果表明,该功法可通过调节微循环来改善组织细胞的血氧灌注,对于患者相关血液学与免疫学指标具有显著的改善作用,是一种良好的强身健体和促进人体内环境稳态的治疗方法。徐军等观察练内养功对20例肺心病患者血液流变学指标的影响。结果提示,练功虽然不能很快改变患者的血液流变学指标,但是在经过一定时间的练习后,其瘀血状况没有加重,与不练习者20例相比有明显的好转。患者经过较长时间练功,不仅可以阻止该病的进一步发展,而且可以改变瘀血状况,改善心、肺功能,还能使急性发作次数减少、精神状况好转,生存质量得到明显的提高(详见专条)。

(方东行 郭常典)

【真气意念调息法的研究】

刘家骏等观察了虚证患者在真气意念调息功法训练前后甲皱微循环(MC)的流态和形态。将56例慢性病患者分为阴虚和阳虚两组,辨证标准按全国虚证专业委员会1986年5月修订的《中医虚证参考标准》。阴虚组31例,阳虚组25例,另设25例正常人作为对照组。患者的主要西医诊断病种有心脑血管疾病21例、内分泌功能失调7例、脂质与糖代谢紊乱6例、慢性胃炎及胃溃疡13例、慢性肝炎9例。练功组采用真气运行静功五步法,取坐位,用耳留意呼吸,意念自然相随,呼吸节律处于生物学稳态,意守丹田,每日练功2次,每次1 h,30日为1个疗程。对照组不限制意识思维活动。在疗程开始前1日与疗程结束后第2日早晨进行微循环观察。结果:① 练功前后MC与正常对照组相比,阴虚组患者表现为多数管襻不充盈、管径细而短、血液相对集中于通血毛细血管及其周围管襻、流速较快、微血管色泽多数呈淡红色、部分呈交叉畸形,为典型的缺血型变化;练功后微循环流态明显趋于好转。阳虚组患者则表现为大量管襻过度充盈、管径粗短、血流在微循环中瘀滞、流速明显缓慢(以粒线流与粒流为主)、微血管色泽基本呈暗红色、管襻排列紊乱、螺旋及襻顶扩张等畸形多见、出血明显;练功后微循环状态明显好转,虽然机能状态仍不如阴虚组好,但改善幅度远较阴虚组为大。② 阴虚组微循环清晰度在练功前与正常对照组比较虽然降低,但并无显著性差异,而练功前后自身对照却有极显著的差异($P<0.01$),其差值与正常组比较也有显著性意义($P<0.05$);色泽异常、襻顶出血、形态及流态积分等指标在练功前均高于正常对照组,练功后各项指标有明显改善,其差值与正常对照组比较有显著性意义。阳虚组上述各指标的组间比较与自身对照差异更大。认为该功法可通过调节微循环来改善组织细胞的血氧含量,从而在生命活动最基本的物质交换这一关键环节上发挥其功效。刘氏等还观察了这56例患者练功前后的相关证候以及血液学、免疫学指标的变化。根据"虚证治疗的临床指导原则"统计各组练功后中医证候改善的百分率。结果:① 练功后对阴、阳虚证患者的证候具有多项目,即整体水平上的改善。其中对阳虚组的畏寒肢冷、少气懒言与神疲乏力等症状的改善非常明显(92%、88%与84%),而阴虚组则对盗汗、骨蒸潮热与咽干口燥具有明显的改善作用(83.9%、80.6%与87.1%)。② 练功后可提高阳虚证患者白细胞(WBC)与血小板(Pc)数量,提高阴虚证患者血红蛋白(Hb)和Pc的指数,提高阴、阳虚证患者血清补体C_3与绝大部分免疫球蛋白的含量,提高T细胞亚群中CD_4的数量,使CD_4/CD_8比值更趋正常。表明意念调息功法对于阴虚、阳虚患者的相关血液学与免疫学指标具有显著的改善作用,是一种良好的强身健体和促进人体内环境稳态的治疗方法,这一全身性的整合作用,正是真气意念调息的优势。

(文 耘)

【内养功对肺心病患者血液流变性影响的研究】

徐军等观察内养功对肺心病患者血液流变性的影响。按照全国第二次肺心病专业会议制定的肺原性心脏病的诊断标准,选择缓解期持续1个月以上的肺心病患者40人,平均年龄为63.7岁,病程为4~32年。将患者随机分为两组,每组20人。A组为内养功练习组,B组为对照组(不做任何练习)。A组所练内养功是刘渡舟所传的功法。患者根据自己的机体状况,采用适合于自己的体位采用口鼻呼吸,吸气时自然地将气吸入引导到小腹部的气海,然后再将气自然地呼出,停顿呼吸、默念字句,字句的长度以3~9个字为宜,每日练功1~2次,每次15~30 min。患者在练功前、练功3个月后、练功1年后分别测量其血液流变学的变化。结果发现：A组患者经过3个月内养功的练习，血液流变学的各项指标同练功前相比有了一定程度的改变，但无显著性差异（$P>0.05$），但与B组相比有显著性差异（$P<0.05$）。提示练功虽然不能很快改变患者的血液流变学指标，但是肺心病患者在经过一定时间的练习后，其瘀血状况没有加重，与不练习者相比有明显的好转。B组患者血液流变学指标在3个月期间无显著性差异（$P>0.05$），在1年后有显著性差异（$P<0.05$），血液的黏稠度增加、症状加重、急性发作次数增加。1年后A组的血液流变学指标与开始练功时相比得到了改善（$P<0.05$），与B组相比有明显改善（$P<0.01$）。内养功是以意念内养为主进行气的锻炼，使气滞现象得到改变，气推动血行的能力得到加强，在气的有力推动下，血行也得到加强，这样就有效地改善了血瘀，改善心、肺功能，使急性发作次数减少，生存质量明显提高。

（文　耘）

［附］ 参考文献

B

白木. 五禽戏与养生健体. 现代养生，2002；(12)：28

G

郭科伟. 气功保健三法. 河南中医，2002；(2)：63

H

韩咏霞. 腰椎间盘突出症的几种锻炼法. 现代养生，2002；(3)：13

L

李刚，胡蕊，尤红，等. 11例气功致精神障碍的临床分析. 现代中西医结合杂志，2002；(21)：2 152

李运友. 中药坐浴练提肛功治疗前列腺肥大. 中医外治杂志，2002；(5)：22

刘家骏，刘小勤，李生财，等. 真气意念调息对人体甲皱微循环功能的调节作用. 中医药学刊，2002；(2)：145

刘家骏，明海霞，李生财，等. 真气意念调息对人体血液学与免疫学功能的影响. 中医药学刊，2002；(4)：436

吕直. 论气功养生与心理卫生(一). 现代养生，2002；(3)：41

吕直. 论气功养生与心理卫生(二). 现代养生，2002；(4)：41

吕直. 论气功养生与心理卫生(三). 现代养生，2002；(5)：44

Q

秦明胜. 浅谈藏象学说与气功锻炼. 现代养生，2002；(2)：42

X

萧志才. 修内丹　度百岁. 现代养生，2002；(4)：44

徐军，顾一煌，查炜. 内养功对肺心病患者血液流变影响的观察. 现代养生，2002；(7)：18

徐洪涛. 论气功疗法治疗颈椎病. 中国中医药信息杂志，2002；(1)：5

Z

张天戈. 医疗气功与其他气功的区别. 现代养生，2002；(11)：37

照海. 气功三论. 现代养生，2002；(7)：40

周蔚汝. 护脑养生十二法. 现代养生，2002；(4)：9

(十三) 护　　理

【概述】

随着医学模式从传统的"生物医学模式"向现代的"生物—心理—社会医学模式"转变。与之相适应,护理学经历了以疾病为中心、以患者为中心的护理阶段到现在以人的健康为中心的护理阶段,从功能制护理、责任制护理到当今的以人为本的整体护理,一种全新的护理模式已经形成,并因其科学性、实用性和先进性而受到医护人员及患者的好评。

1. 整体护理与中医学理论的相关性

整体观念是中医学的特色理论之一,而护理学中整体护理是中医整体观的体现。整体护理强调护理以患者为中心,中医认为"天人相应",这就要求从生理护理扩展到心理护理,从护理患者扩展到预防疾病,从小环境扩展到大环境。黑莲芝等认为整体护理与中医整体观念理论的内涵有其一致性,急则治标、缓则治本与护理诊断的排列准许具有一致性,同病异护、异病同护的一致性,心理护理与情志调适的一致性,未病先防、既病防变与健康宣教的相关性,在中医院开展整体护理更具有其优势。

2. 对中医系统化整体护理的建议

整体护理的核心是以患者为中心,以护理程序为框架,针对人的不同生理、心理、社会、文化需要,提供适合个体化的护理模式。詹小平认为,现阶段中医系统化整体护理尚存在一些问题: 评估阶段没有运用中医的四诊法收集资料; 护理诊断阶段与入院不相符; 计划与实施阶段个体化护理措施不突出。建议应更新观念,增强整体护理措施; 加强学习,提高护士整体素质; 加强护理管理力度; 合理安排排班人员。李秀云等从中医护理与整体护理概念的共性以及护理程序的共性入手,论述了传统中医护理与现代整体护理相结合的优越性,在此基础上更新观念,树立"中心"意识,创建具有中医特色的护理模式。李黎等报道了对整体护理体会,认为整体护理应做到突出一个中心——以患者为中心是整体护理的核心; 强化两项基础——扎实的基础护理和过硬的基本技术操作; 实现三个转变——护理观念、工作模式和管理模式; 搞好四个阶段——准备、试运行、适时、深化阶段; 保证五个关键环节——健康教育,包括入院介绍、手术前、手术时、手术后、出院指导。

3. 中医系统化整体护理的实施

中医系统化整体护理的关键是将辨证施护、三因制宜、同病异护等中医理论融入护理计划的实施与评价中。同时在中医理论的指导下,增加四季养生、情志养生和饮食养生等中医方面的内容。从文献报道中可以看出,最初的因病施护已经发展为辨证施护、因人施护、中西医结合施护。中药和中医治疗技术在护理领域中得到广泛的应用。刘莉华、王晓雯报道用中成药伤痛一喷灵、三黄珍珠膏以及艾条薰灸和艾灰外敷治疗褥疮。李冰报道了复方川芎煎外敷治疗静脉输液渗漏等,已经将中医治疗的概念融入到施护当中。茹海凤用醒脑开窍针刺法在救治神昏患者的应用及护理,参附针用于抢救垂危患者的护理,中药糊剂胃管注入治疗应激性溃疡出血的护理,中药直肠滴注通腑泻下在危急重症中的应用及护理,中药汤剂在气管切开后期到护理中的运用及护理,红花酒精按摩预防褥疮的护理,银花含漱液用于口腔护理等方面报道了中医护理特色在ICU中的应用,更加体现出在中医院开展整体护理、特色护理的独到优势,展示出中医系统化整体护理的良好前景。

4. 建立适应全新护理模式的专业队伍

随着医学模式的转变,护理工作尤为重要。护士素质的提高是推行整体护理、提高护理质量的关键。王友光等提出,年轻护士中存在交接班行为不规范的薄弱环节是影响护理质量的根本原因之一。提出了四种组合模式,对年轻护士进行以交接班行为规范为主题的岗位素质培训。吴复琴认为培养良好的气质类型对于外科护士非常重要,外科护士除了应具备高尚的职业道德感,还应具有高度的急救意识，扎实的理论基础和娴熟的抢救护理技术，以及熟练的统筹方法和积极稳定的工作情绪。

5. 对新世纪护理工作模式的展望

尽管整体护理已经成为当今护理模式的主流，但我国大部分地区仍停留在以疾病为中心的功能制护理工作水平上。刘格日乐倡议 21 世纪的护理工作无论从其服务方向、服务范围、服务方式必须更新观念，改变护理模式，护理工作要向专科化、社会化、家庭化发展，努力培养“专科护士”，建立护理网络，开展并普及远程教育，这样才能使我国的护理事业更能适应新世纪的医疗工作需要，与国际接轨。蔡玉兰亦指出了新世纪开展整体护理的重要性，但其前提是提高护理人员的整体素质，包括政治素质、职业素质、业务素质、身体和心理素质，培养过硬的护理操作技术，心理学知识的学习，才能使护理人员适应新世纪护理工作的需要。

（周文泉　罗增刚）

【腰椎间盘突出症的护理】

黄雅荣等报道腰椎间盘突出症患者在综合治疗的基础上，得到适时的心理护理，周到的生活护理，生动的健康教育，正确的康复治疗与辨证施护，在身心状态俱佳的情况下，产生最好的效果，既缩短了住院周期，提高了治愈率，并能有效地减少疾病的复发，体现了“以患者为中心”的整体护理在腰椎间盘突出症治疗中的重要性。硬膜外麻醉下大推拿术治疗腰椎间盘突出症，常伴有脊髓和神经根损伤等并发症。黄惠等采用术前心理护理，做好麻醉前准备，术后注意生命体征，双下肢感觉及二便情况的观察，指导患者进行腰背肌功能锻炼，使患者早日康复，减少复发。刘芬等总结了腰椎间盘突出症手术前后的护理经验，指出术后应密切注意观察血压、双下肢感觉及肌力的变化，翻身时应避免脊柱旋转损伤脊髓及神经根，还要观察伤口渗血情况，保持伤口引流管通畅。术后 2～3 日即可指导患者进行床上功能锻炼，防止神经根粘连。孙家明以疏筋通络、活血止痛、松解粘连为治疗原则，采用推拿、牵引、理疗及中药药化汽疗等综合疗法，治疗了腰椎间盘突出症患者 120 例，总有效率为 95％(114/120)。认为汽疗克服了传统中药热敷疗法中药物不易被吸收的不足之处，明显提高了疗效，是一项值得推广的新疗法。马界认为腰椎间盘突出症的护理既要针对腰椎间盘纤维环破裂、髓核突出的病变实质而作特殊护腰，又要从全身情况出发，辨证施护。同时在病后康复方面也有相应的要求：① 重视护腰，无论在急性发作期、治疗期，还是稳定期都要限制弯腰和侧腰程度。② 明辨虚实，辨证施护；针对实证、虚证的不同，灵活掌握护理方法。③ 运用护腰带，恰当进行康复锻炼。如病情稳定后的康复锻炼应以腰部的背伸为主，适当配合弯腰、侧腰活动，还应加强患侧下肢的锻炼和进行适当的按摩，增强功能，防止肌肉萎缩。

（钧　平）

【痹证的辨证施护】

风寒湿痹主要症状为关节肌肉酸痛，局部压痛、肿胀，影响正常肌肉关节活动。孔秀、陈文华、李涛等针对患者的临床主要表现，从疼痛、情志、饮食、体疗、生活等方面进行辨证施护。① 疼痛的护理：观察疼痛的部位、性质、时间及其与气候变化的关系，风寒湿痹局部保暖可给予热水袋或坎离砂热敷，同时配合针灸拔罐、薰洗等疗法。针灸取肾俞、大肠俞、环跳、阳陵泉等，或加局部阿是穴，每日 1 次。患者局部按摩、揉搓擦交替运用，手法要轻，以局部透热为度。热痹关节红肿热痛时可用苍术、黄柏煎水薰洗患处。另可在有关穴位针刺放血，必要时睡前服用些镇痛药。② 情志护理：痹证病程较长，缠绵难愈，患者易情绪低落，抑郁，忧思过度，可使脾气郁结，运化失常，常常会导致胸胁痞满、食欲不振、头晕目眩、失眠健忘等症状。因而要做好精神护理，其子女及家人应协助医务人员共同关心、体贴、帮助、安慰患者，使其消除顾虑，保持心情舒畅。③ 饮食护理：给高营养、清淡可口、易消化饮食。风寒湿痹忌生冷，药宜热服，并可加少量黄酒为引，可多食温性食物如羊肉汤、姜、胡椒粉等；热痹宜清淡食品，忌辛辣、肥甘、醇酒等，多饮水。④ 体疗护理：痹证日久，身弱体虚，并有局部关节红肿、活动受限，失去正常的活动功能，所以要帮助活动不利者进行功能锻炼。对患不同疾病的患者施以不同的体疗护理如气功、太极拳、健身操等。⑤ 生活护理：痹证病房要保持干燥，阳光充足，保暖要好。患者皮肤保持干燥，常换衣服。出现发热、关节肿痛，明显风湿活动期要绝对卧床休息，注意体位舒适以减轻疼痛，帮助长期卧床患者更换体位，防止褥疮，防止肌肉萎缩及影响关节功能。急性期过后，病情较稳定时，应鼓励患者适当活动。⑥出院指导：保持心情舒畅，起居有常，忌生冷，防止受凉受潮，汗后应及时擦干身体，进行适当活动，以促使经脉气血通畅。

（徐　敏　陈卓君）

［附］参考文献

C

蔡玉兰. 新世纪护理学的特点及护理工作模式. 内蒙古中医药，2002；（4）：4

陈文华. 痹证的辨证施护. 福建中医药，2002；（1）：51

H

黑莲芝，宁亚莉，李琛. 论整体护理与中医理论的内涵一致性. 实用护理杂志，2002；（1）：52

黄惠，李玉新，许文. 硬膜外麻醉下大推拿术治疗腰椎间盘突出症的护理. 中医正骨，2002；（2）：61

黄雅荣，金明月. 综合治疗腰椎间盘突出症的护理体会. 新疆中医药，2002；（1）：44

K

孔秀，岳爱香. 风寒湿痹辨证护理体会. 安徽中医临床杂志，2002；（5）：41

L

李冰，李月娣，潘觉建. 复方川芎煎外敷治疗静脉输液渗漏的护理 60 例. 实用护理杂志，2002；（10）：55

李黎，张卫萍. 以患者为中心的整体护理体会. 实用护理杂志，2002；（11）：7

李涛. 痹证中医施护的体会. 黑龙江中医药，2002；（4）：41

李秀云，徐同印. 中医病房整体护理刍议. 甘肃中医，2002；（3）：68

刘芬，杨变荣，李伟. 腰椎间盘突出症手术前后的护理. 中医正骨，2002；（2）：62

刘格日乐，赵立新. 浅谈新世纪护理工作模式. 内蒙古中医药，2002；（4）：3

刘莉华. 中药在褥疮局部治疗中的应用. 实用护理杂志，2002；（10）：51

R

茹海凤. 中医护理特色在 ICU 中的应用. 实用护理杂志，2002；（7）：51

S

孙家明. 腰椎间盘突出症的中医综合治疗与护理. 云南中医中药杂志，2002；（2）：40

M

马界，胡运光. 腰椎间盘突出症中医护理的体会. 成都中医药大学学报，2002；（2）：61

W

王晓雯，肖燕. 艾灰应用于Ⅱ期褥疮的疗效观察. 实用护理杂志，2002；（10）：53

王友光，王芳. 浅谈年轻护士岗位素质培训模式. 时珍国医国药，2002；（8）：500

吴复琴. 浅谈外科护士的气质类型和培养. 时珍国医国药，2002；（1）：61

Y

詹小平. 中医系统化整体护理存在的问题及对策. 安徽中医临床杂志，2002；（1）：57

三、中　　药

(一) 中药资源

【概述】

中药资源直接影响到中药的研究、开发和生产,因而受到更加广泛的重视。本年度中药工作者们进一步论述了中药资源研究的重要性、迫切性,并对研究的任务、方法进行探讨。如郭长源指出：没有中药材资源,就没有中药现代化的研究、生产。没有中药资源的保护开发,中药现代化进程就不可能得到持续发展。因此,保护、开发及合理利用中药资源,是中药现代化的重要课题之一。又如钟国跃指出：中药资源应是一门基础研究与应用研究并重的学科,当前的首要任务是引进现代多学科技术手段,探索中药资源系统研究模式,开展资源品质评价方法与生态适应性等基础研究,以解决制约中药资源研究发展的关键技术。在此基础上加大替代品的研究、开发和利用,探索中药资源保护、利用和谐统一的生态中药业发展模式,构建符合自然规律的多种形式的优质、绿色中药材生产体系,为优质现代中药生产、为中医药事业的发展、为人类健康提供货源充足的、道地的、高品质的、无污染的中药材。

本年度有关中药资源的报道侧重于西部地区中药资源的调查、开发和保护,中药材规范化种植技术研究,尤其是中药材种质资源研究备受重视。

1. 野生中药资源的调查、开发和保护

(1) 中药资源调查。本年度对青藏高原药用植物、新疆阿勒泰地区中草药、舟山群岛海洋药用动物、天津八仙山药用植物、甘肃大戟属药用植物、甘肃花椒属药用植物、甘肃蓼属药用植物、云南葛属药用植物、八角莲属药用植物、楼斗菜族药用植物、远志属药用植物、甘肃柴胡属植物、棱子芹属植物以及甘肃细辛、鱼腥草、土茯苓、肉苁蓉等的资源调查均有报道。如雷菊芳等对西藏林芝、米林、山南地区,青海海北、海南、玉树、果洛及甘肃甘南等地青藏高原高海拔地区(2 900～4 800 m)藏药资源进行了考察,论述了藏药的特殊生长环境及生理和形态上的特有变化,并列举了具有高原特征的主要藏药的分布情况。提出了该地区药用植物资源开发的前景和基本模式。又如刘效栓等报道了甘肃细辛的植物资源调查情况。指出：单叶细辛 *Asarum himalaicum* Hook. f. et Thoms. 分布于西北、西南及华中近十个省区,各地普遍有药用习惯,资源分布广,野生蕴藏量较大,是今后值得重视的细辛资源。再如杭益菁等报道,舟山群岛有瓣鳃纲药用动物 35 种,生存环境较理想,资源也较丰富,有良好的开发利用价值。近年已开展人工养殖,取得一定成效,如：缢蛏、牡蛎、贻贝等。

(2) 中药资源保护。张存龙等报道了麝香、红豆杉、石斛、麻黄、北五味子、肉苁蓉、黑龙江野生防风、野生龙胆草及细辛等资源逐年减少甚至濒危灭绝的现状。指出：面对国内野生药材滥采、滥挖、严重失衡的窘境,野生资源保护已迫在眉睫。陈焕亮等提出了保护对策：① 更新观念,把保护自然资源放在重要的战略位置。② 积极开展法制宣传教育,树立自觉保护意识。③ 加强科学预测,做到保护与计划收购相结合。④ 建立和完善药用动、植物保护区。⑤ 建立珍稀濒危药用动、植物园,进行引种驯化。⑥ 运用现代生物技术保护珍稀濒危动、植物种质资源。李隆云等对藏药资源的保护作了专题报道。雷菊芳等也报道了西藏药用资源的保护措施,还介绍了米林县南伊沟藏药保护基地及试验工作站、甘南藏药濒危品种试验基地的工作情况,新的高山草甸藏药资源保护区和藏药试验种植基地正在建立。贾谦等对如何保护、恢复和发展麝资源作了详细报道,指出我国麝资源已处于极度濒危状态,建议对麝进行森林围网放养,并采用野麝活捕取香来保护和扩大麝的种群。

2. 规范化栽培技术研究

规范化栽培是保证中药材质量的可靠途径。必须通过建立规范化生产基地对良种培育，药用动、植物生物学特性，栽培饲养技术等进行全面系统的研究。

(1) 种质资源研究。李隆云等指出：种质资源研究是发展中药材规范化种植的重要战略，是提高中药材产量和质量的重要途径，是实现中药现代化和产业化的重要瓶颈和关键。黄璐琦等指出：从中药材的生物学系统来看，种质资源选择极为重要。它是生产的源头，种质的优劣对产量和质量有决定作用。本年度对厚朴、地黄、桔梗、黄芩、菊花、金华佛手、四川麦门冬等的种质资源研究均有报道。如金斯平等收集7省13个厚朴主产区种源的种子，在同一地区种植，于7年生时采样，测定有效成分。结果：湖北玉峰、鹤峰和恩施3个种源厚朴质量明显优于其他种源，厚朴酚、和厚朴酚、厚朴酚类总量都很高，推广应用这3个优良种源是目前提高厚朴质量的有效途径。厚朴优良种源内优良单株的选择及无性繁殖技术的应用，是实现厚朴药材可控、稳定的关键。

(2) 生物学特性研究。本年度对药用植物生育期、器官生长发育特性、营养元素、干物质积累及需肥量等方面的研究均有报道。如方阵等报道，通过田间试验及高效液相色谱法测定黄芩不同月份生长及器官中黄酮苷的含量，结果：6～7、8～9月为地上部分生长的两个高峰，地下部分在8～10月生长旺盛，根中黄酮苷含量以10月份较高，符合传统采收季节。建议6～9月以前应加强田间水肥管理，并以11月中旬前后为最佳采收时期。

(3) 栽培技术研究及SOP制定。本年度对栽种技术、施肥技术、水肥管理、病虫害防治、农药与重金属的污染与防治等的研究均有报道。尤其是对宁夏枸杞、川产泽泻、山茱萸、云南三七、茯苓、丹参、金银花、穿心莲、川芎、板蓝根、银杏等一批常用中药的规范化种植技术研究已全面开展，并取得一定成效。如蒋传中等报道，通过田间试验和室内盆栽实验，掌握了丹参生长发育、需水、需肥和病虫害发生规律。制定实施丹参栽培的SOP，对丹参生产全过程实施监控，基本上可以达到“优质、安全可控及无污染”的目的。又如王书林等报道：通过对川泽泻产区的种植历史、生态环境、种质资源、良种选育、川产泽泻指标成分及活性成分的检测，改变生产中存在的不足，形成了川泽泻规范化种植规程、通过规范化种植生产出来的川泽泻达到优质、高产、无公害的标准。再如王朝梁等报道：云南文山州通过对三七栽培技术的研究和SOP制定、实施，对稳定三七的产量、提高有效成分、降低农药残留量和重金属含量有显著的效果，具有较强的可操作性和通用性。

3. 生物技术在药材栽培中的应用

本年度对巴戟天、地黄、盾叶薯蓣、浓蜜贝母、茜草、石牌藿香、安徽药菊、曲茎石斛、金钗石斛、千层塔、菊三七、半枫荷、金线莲等的组织培养及遗传转化的研究均有报道。如贺红等通过对巴戟天的离体培养及根癌农杆菌介导的遗传转化，获得了较高的离体再生频率，建立了有效的遗传转化系统，为巴戟天的新品种选育、引入外源目的基因奠定了基础。又如杨显志等综述了组织培养、遗传转化、菌根技术、人工种子等生物技术在石斛研究中的应用。高培元等研究了金钗石斛的茎段组织培养与植株再生，有助于在短期内提供大量的试管苗，通过人工栽培扩大药源，为金钗石斛资源的保护和可持续利用提供了有效途径。再如王志安等以繁殖优质高产薯蓣新品种为目的，在筛选最佳培养条件和外植体类型的基础上，以高皂素含量和农艺性状表现突出的种质为材料，开展快速繁育技术研究，证明运用组织培养技术选育优质高产薯蓣新品种是可行的。

4. 中药材GAP的实施与基地建设

蔺海明报道《中药材生产质量管理规范》(试行)已于2002年3月18日经国家药品监督局局务会审议通过，自2002年6月1日正式实行，标志着我国中药材生产将纳入规范化管理的轨道。国家科技部组织了一批重点中药材GAP研发项目，在全国展开工作。如贵州开展淫羊藿、太子参、石竹等道地中药材的GAP基地建设，并已制定出相关的操作规程(SOP)；湖北省承担杜仲、茯苓、独活、厚朴、麦门冬5个大宗药材的GAP基地建设，同时还开展了30个省级中药材GAP的研究工作；吉林省对现栽培的200多种中药材进行系统理论研究；甘肃省目前已开展了当归、党参、黄芪、红芪、大黄5种主体地道药材GAP的研究及基地建设，并组织制定了当归、党参、黄芪、红芪、大黄、甘草等中药材的产地环境、栽培技术和质量控制标准。另外，四川、青海、宁夏、陕西、云南等省区均将中药材基地建设列为中药现代化的一项重要工作。如四川银杏生产基地、云南三七生产基地、宁夏枸杞生产基地、陕西丹参生产基地的建设情况均有专题报道。

中药材 GAP 内容涵盖产地生态环境、种质和繁殖材料、栽培与种植管理、药用动物饲养管理、采收与初加工、包装运输与贮藏、质量管理等多个环节。其中采收时间和方法、加工和贮藏方法、包装和运输等都直接影响中药材质量，因此本年度亦有较多研究报道。

（洪　恂）

【藏药资源的开发与利用】

藏药是中国传统医学的重要组成部分，在总结民间医疗经验的基础上吸收中医药学、印度医学和阿拉伯医学的精华，逐步形成了自己的独特理论和民族特色。藏药发源于青藏高原，采用生长于此特殊地理和气候条件下的高原药材，就地取材，治疗疾病具有其独特的疗效。据记载，药用藏药达 2 294 种，常用品种有 300 多种，其中植物类 200 余种（占 70%）、动物类 40 余种（占 12%）、矿物类 40 余种（占 14%）。藏药种类繁多，分布广泛，几乎涵盖了地球位置的所有气温带，其中温带、北温带占多数，约 54%，海拔 3 500 m 以上药材品种约占 60%以上。但由于部分经济价值高、需求量大的藏药（如贝母、冬虫夏草、红景天、大黄、麻黄、雪莲花、藏羚羊、虎等）过度的采挖、盗猎，造成了一些藏药资源的濒危。所以，如何对藏药资源进行科学保护和合理开发利用，已引起了科学工作者的重视。

从 20 世纪 70 年代至今，植物学家和医药界学者对青藏高原藏药进行了系统研究，编著了《西藏藏药初步调查》、《中国藏药》、《藏药志》、《青藏高原植物图鉴》、《中华藏本草》等。对藏药开拓发展起了一定的作用。90 年代末，藏药工业化形成，原来封闭的、小量的藏药生产不能满足急速增长的藏药生产要求，从而对藏药材资源的开发、保护和利用提出了新的课题。

1. 对藏药濒危资源的保护

李隆云等对藏药的本草考证与文献整理、药性基础理论研究、资源调查与保护、质量研究、资源开发利用思路等方面进行了论述，提出了 21 世纪藏药资源开发利用的重点与热点。认为藏药资源应加强品种考证与整理、药性基础理论研究，重点开展涉及常用濒危藏药资源的保护与专题调研。① 保护濒危藏药物种：包括濒临灭绝状态的藏药野生物种（一级）、处于衰竭状态的重要野生藏药物种（二级）、处于减少状态的重要野生藏药物种（三级）。② 保护濒危藏药资源的措施：立法和先进的保护技术的应用、建立濒危藏药资源保护区、开展濒危藏药材替代品的研究。③ 保护影响生态环境的藏药资源和野生种质资源。

2. 藏药资源开发存在的问题和解决的方法

刘卫建等通过调查，提出了藏药开发面临的问题和解决的方法。

(1) 质量标准有待提高。在藏医药古典著作《四部医典》、《晶珠本草》中，仅有经验识别即外观鉴别法。虽然《中国药典》(2000 版)收载藏药验方制剂的鉴别项增至 17 味，但没有含量测定控制指标。如气相、薄层扫描、高效液相等技术应用尚属空白。

(2) 基础研究有待加强。长期以来藏药的应用基础研究相对滞后，藏成药的科技含量过低，产品的有效性和安全性缺乏规范可靠的科学依据，从原材料到产品缺乏可控的质量标准。

(3) 应用新技术，改进制剂工艺。目前，藏药生产仍大多沿用传统方法，藏成药的质量标准不完善，主成分含量差异较大。必须采用新技术，改良提取工艺，并进一步开发新剂型。

(4) 加强规范化生产，合理应用藏药资源。对藏药的发展，应更多考虑生态的影响，从生态保护和可持续发展方面整体规划，同时加快对原材料的研究，避免资源浪费和生态破坏。

(5) 避免藏药开发中的不利因素。在藏药的研究开发中，也存在着一些问题，如藏药中矿物类使用占 14%，使得藏药成药的重金属控制成为确保藏药安全性的一个不容忽视的问题。且藏药中多习用铁棒锤、榜嘎等乌头属植物，新药开发中应考虑急性毒性和长期毒性等问题。

在确保藏药安全性、有效性、稳定性、可控性的基础上，采用从经典方剂中筛选、从现有资源中筛选新药和新的活性成分、改进剂型和利用生物技术等方法，研究开发生产规范化、科学化、质量标准化的藏药。

3. 根据藏药特性,建立植物资源开发区

雷菊芳等通过对西藏林芝、米林、山南地区,青海海北、海南、玉树、果洛及甘肃甘南等地青藏高原高海拔地区(2 900～4 800 m)藏药资源情况的考察,提出了青藏高原高海拔地区药用植物资源开发的前景。

(1) 藏药材植物生长环境特殊,具有种类独特、药源繁多、复杂的特点。因此,高海拔地区药用植物资源具有不可替代的特殊价值。

(2) 具有高原特有植物活性成分特性。如茄科植物唐古特山莨菪(藏药名:唐冲纳保)是青藏高原16个特有属中较常用藏药品种之一,其有效成分山莨菪碱首次在中国发现,被国际上列为第一个由中国开发的天然化学药,山莨菪含多种生物碱(山莨菪碱、樟柳碱、莨菪碱、东莨菪碱及红古豆碱),各成分的药理及临床作用被世界医药学界肯定和重视。

(3) 已经建立的藏药资源保护区。如奇正藏药集团2000年实现藏药产销均超1.85亿元,药材原料80%以上来自青藏高原。为此,奇正藏药集团从1997年起就在西藏米林县南伊沟建立了自己的藏药材资源保护和试验种植基地。1999年在甘肃甘南藏族自治州建立了濒危藏药保护试验基地。米林县南伊沟藏药保护基地植被类型繁多,品种资源丰富,素有"药洲"之称(米林:藏意药洲)。据不完全统计,藏药植物资源品种近千种,其中分布较多、资源丰富的有红景天5个品种、独一味、雪莲5个品种、冬虫夏草、贝母、波棱瓜、藏茵陈(5个品种)、鸡蛋参、绿绒蒿(5个品种)、鬼臼、黄牡丹,也有不少是受到国家保护的珍稀物种。

(4) 正在建立新的高山草甸藏药资源保护区和藏药试验种植基地:① 色齐拉高寒草甸珍稀藏药保护区,总面积达26 km^2,藏药品种在400种以上,其中以红景天、雪莲、绿绒蒿、杜鹃、龙胆、藏茵陈、蚤缀、报春花的品种最多,资源量大。② 米瑞及扎西饶登藏药种植基地,经奇正集团藏药专业技术人员8年考察及实地观测,藏药的一些常用品种,拟在林芝县米瑞乡冲沙、德拉海拔2 950～3 800 m区间通过退耕还草,调整优化农业结构等方式,同农牧民建立农(牧)户加科研合作模式,生产当地适宜种植的藏药品种,如独一味、翼首草、鬼臼、波棱瓜、山莨菪、大黄等品种,一期计划1万亩,计划5年后达到3万亩,预期年产藏药材1 000～3 000吨。在米林县扎西饶登乡,因地制宜种植沙生藏药材,如藏麻黄、镰形棘豆、轮叶棘豆等。预计年产藏药材500～600吨。③ 作为国家计委批准立项的"现代中药产业化专项——新型藏药高技术产业化示范工程",奇正集团甘南佛阁藏药有限公司已于2003年初着手该项目的建设。该项目中主要的子项目——"濒危藏药材试验种植保护项目"已经启动,计划藏药试验种植面积6 000亩,保护基地10 000亩。

4. 藏药资源的利用

李隆云等提出藏药质量、优质资源、濒危藏药的野生变家种及有效方药的新药开发研究,将是藏药资源开发利用的关键。藏药资源的综合利用,可以通过化学、药理研究,开发与植物原药用部位有同样作用的新的药用部位,如人参叶、山楂叶、三七花叶和须根等均制成不同的剂型或成药使用;西藏产沙棘果实,维生素含量高,质量高,品质佳,除开发药品外,还可开发制成多种保健饮料。吴洪福等也报道藏药红景天属植物中含有红景天苷、红景天素等特殊有效成分,具有提高机体适应特殊环境的能力,是一种增强机体抗缺氧、抗衰老的营养保健药物,红景天属药物的开发利用将取得良好的市场效益。另外,霍丽云等研究了藏药白花假龙胆(*Gentianella albiflora* Ma)的组织培养,认为外植体、培养基、激素、培养条件等对愈伤组织诱导、继代和分化均有明显的影响,并建立了白花假龙胆的无性快速繁殖系,为藏药白花假龙胆的开发提供了有效的依据。

吴洪福等报道,目前有14种藏药已被《中国药典》收载,有49种藏药材、94种藏成药被列为中国卫生部首批藏药部颁标准,12种藏药被列为国家中药保护品种,12种藏药被列为国家级新药。青海金河藏药集团所属藏药制药厂研制生产的七十味珍珍丸、二十五味松石丸、六味安硝散和二十五味珊瑚丸等4种藏成药通过美国食品与药物管理局(FDA)的认证,并进入美国、日本等国市场。

藏药拥有丰富的植物药资源,应大力发掘,开发新型保健食品、饮料、天然色素、天然甜味剂、天然染料、天然化妆品的前景乐观,潜在经济效益巨大。

(高 山)

【山茱萸的栽培研究】

山茱萸 *Cornus officinalis* Sieb. et Zucc. 以果肉入药，具有补益肝肾、涩精固脱的功效，现代药理研究表明，山萸肉具有较好的调节免疫系统功能和显著的降血糖作用。

山茱萸主产河南、浙江、陕西等省，人工栽培历史悠久，但药材质量不稳定，阻碍了产品进入国际市场。熊开鹏等在总结前人研究的基础上，对本品规范化栽培技术立项研究，并初见成效。主要研究内容有：种质资源普查与优良品系选育、生态适应性与园地选择、田间栽培技术、水肥管理技术、病虫害防治、药材质量标准和检测技术的研究，受到国家科技发展专项基金援助，新建33 hm^2 规范化栽培示范基地，集中 30 个种质类型，300 余个性状各异的单株种质资源圃；采用组培、扦插等无性繁殖技术，建有 0.33 hm^2 良种繁育基地和 0.33 hm^2 育苗技术实验基地。

陈随清等通过调研，发现本品内性状变异现象在主生产区普遍存在，但性状稳定不受产地气候等影响，具有遗传性，可作为品种划分的依据。果型有圆柱形、椭圆形、长梨形、短梨形、长圆柱形、短圆柱形和纺锤形 7 种，其中以椭圆形、圆柱形、长梨形等类型较普遍。除纺锤形的植株长势差、果实小、产量低之外，其他果型都属优良。其果实的大小、单株的产量与生长环境有关，最适宜生长的海拔高度为 600～1 200 m，喜阳光。用除草翻土、压枝施肥等技术可缩小大年和小年之间的产量差距。本品是自花传粉兼异花传粉植物，各地均有杂交类型存在。

为了及时给山茱萸矮化、密植、早果、优质高产提供量多质好的嫁接苗，刘国杜介绍了湖北省产区药材场将落地育苗改为地膜覆盖育苗，当年播种，当年嫁接出圃定植，出苗率达 96%，比落地育苗提高 11%，比传统的催芽方法和露地育苗提早一年，育苗成本降低 25% 左右。其要点如下：① 快速催芽，一般在 12 月上旬进行。采用先变温处理和 ABT 生根粉处理种子，再低温层积催芽。从处理到萌动仅需 35 日(传统为 165 日)；用变温处理种子到出现裂口只需 8 日；用 ABT 生根粉处理种子露出胚根仅需 25 日(常规 92 日)；播种后 10 日左右出土(常规 15 日)，为当年嫁接出圃的快速育苗打好基础。② 播种，当种子低温层积半个多月后的 1 月中旬时，选背风向阳、地势较高处播种，播种用直径 14 cm，高 11 cm 花钵，内装 2 份熟土，1 份腐熟厩肥及少量复合肥，每钵播 3～4 粒，上盖细土，随即喷水覆膜，温度控制在 20℃～30℃，通风。当幼苗长到 4～5 片真叶时，用 0.4% 尿素液根外追肥，每 20 日 1 次。至 5 月上旬，气温达 15℃以上撤棚，移植至大田，行距 30～45 cm，每 15 日追肥 1 次。当苗高 20 cm时摘心。③ 6 月下旬至 7 月上旬，当砧木苗的径达 0.6 cm 时即可进行盾状芽接。接穗萌发后，加大肥水。接穗长到 5 片时剪砧，除去砧木的萌蘖。苗高 70 cm 时摘心，当年落叶后即可出圃。陈伟英则介绍了浙江淳安等主产地的加工山茱萸的方法，在徒手挑去杂质后，以水烫法或火烘法使果肉软化，降低果肉与果核间的附着力。① 水烫法：保持水温约 85℃～90℃，投入适量鲜果，留出水面 3 cm，不断拌动，当用手挤压果核能自动滑出时捞出，倒入冷水内冷却，捞出、沥干。② 火烘法：将鲜果放在竹筛内，厚度约 3 cm，距炭火约 10 cm 进行烘烤，不断翻动，避免烘焦，用手挤压果核能自动滑出时取出。待果实软化后宜用人工挤核，能保留果汁和外形完整，较机械挤核为优。挤出核的果肉可晒干或烘干，每 7～8 kg 鲜果可加工 1 kg 干燥果肉。

（方　法）

【广藿香的栽培研究】

广藿香为唇形科植物广藿香 *Pogostemon cablin* (Blanco) Benth. 的地上部分，为多年生草本或灌木，高 30～100 cm，揉之有香气。原产亚洲菲律宾等亚热带地区，中国主产广东、海南。

肖省娥等以广藿香的根尖、叶片、带节茎段为材料进行培养，研究广藿香组织培养与植株再生，结果表明，叶片及带节茎段较易诱导愈伤组织，诱导率均为 87% 以上，适宜的培养基为 MT＋BA 0.5 mg/L＋NAA 0.2 mg/L。愈伤组织的分化与增殖，以 MT＋BA 0.5～1.0 mg/L为好。在 MT 为基本培养基中，组培苗就能形成根。杜勤等进行了石牌广藿香试管苗的研制，以叶为外植体，考察消毒剂、光照条件、激素浓度、生根培养基对试管苗生成的影响。结果表明，石牌广藿香以 0.2%升汞消毒 15 min，接种于 MS＋6－BA 2 mg/L培养基上，先置黑暗下培养 2 日后置于光照下培养，能生成较多愈伤组织，继续培养生成丛生芽，丛生芽置于 1/2 MS 培养基上能生成较多根，试管苗移栽到大田后成活率达 95%以上。

严振等通过对广藿香植株矿质营养特点研

究,探索其营养需求规律,为藿香专用肥研制和科学施肥提供依据。潘超美等研究了广藿香等中药材GAP基地土壤肥力诊断与综合评价,对广东省广藿香、广佛手、巴戟天等三个道地中药材国家GAP试验基地土壤的肥力状况进行调查,并采用修正的内梅罗指数对土壤的8项肥力指标进行了综合评价。结果表明:3个基地土壤的pH偏低,有机质及其他主要养分含量水平较低而不平衡,养分障碍因子较多,综合肥力系数均属贫瘠水平。王玉生等运用气相色谱法对不同产地的广藿香进行了质量分析。结果表明,湛江、阳春、吴川、广州产的海南藿香挥发油各成分的相对保留时间基本一致,化学成分无差异,湛江产海南藿香挥发油含量最高为2.0%。

(刘祥兰)

【芦荟的栽培研究】

芦荟系百合科芦荟属多年生常绿多肉质草本植物。起源于非洲南部热带地区,世界野生品种约有300多个,原产分布在非洲大陆的有250个品种以上,马达加斯加约40个品种,其余10多个品种分布在埃及、加拿利群岛、阿拉伯等地。另外,还有自然变异和人工杂交的200多个品种。芦荟含有100多种成分,如:芦荟宁、芦荟大黄素、芦荟苦素、芦荟多糖、芦荟皂苷、氨基酸、纤维素、活性物质、酵素物质、微量元素(硼、铜、铁、钙、锰、钼、锌、镁、镍、钛、锶)等,已发现营养素(多糖和氨基酸)60～70种,有机酸20多种,矿物质20多种,烷烃类30多种,酶10多种等,芦荟鲜叶中水的含量占99.0%～99.5%。

芦荟属热带植物,有喜光、喜温暖、耐干旱、耐热力强、不耐寒、忌潮湿的生态特性。曾宋君等以木立芦荟茎尖、腋芽、叶片、吸芽为外植体来研究木立芦荟的试管苗快速繁殖,结果表明,所有外植体在合适培养基上均能产生愈伤组织与丛生芽,初代的最适培养基为MS+6-BA 3.0 mg/L+NAA 0.2 mg/L;继代培养的最适培养基为MS+6-BA 2.0 mg/L+NAA 0.2 mg/L;生根壮苗的最适培养基为1/2 MS+NAA 0.5 mg/L。且商品化生产中以白糖、片糖代替蔗糖,以卡拉胶代替琼脂具有相同效果。张兴翠等研究了芦荟的快速繁殖与多倍体诱导,方法是在无菌条件下,将丛生芽浸入0.02%、0.05%、0.2%、0.5%、1.0%秋水仙碱水溶液中浸泡24 h,然后转入MS+2 mg/L|6-BA+0.2 mg/L|NAA中培养。结果:培养40～60日后各处理丛生芽的叶片逐渐变肥大。通过根尖细胞染色体检测,变异芽为四倍体或嵌合体。表明:以浓度为0.5%的秋水仙碱水溶液处理丛生芽24 h效果最好,得到的变异芽90%为纯合的四倍体,其染色体数量由14变为28。张艳等研究了皂质芦荟的试管快速繁殖技术,结果表明:以吸芽作外植体,MS培养基附加6-BA 2～3 mg/L、NAA 0.2～0.5 mg/L,继代培养繁殖系数可达6左右;生根培养基为1/2 MS加IBA 2.5 mg/L;试管苗经炼苗后假植于疏松的扦插土中,成活率97.7%;假植1～2个月后,移植大田或盆栽,成活率100%。贺红等研究了中国芦荟的离体培养和快速繁殖,以中国芦荟地下茎发生的幼芽为外植体,诱导丛生芽的产生。结果:基本培养基选择MT较好;培养基中附加6-苄基氨基嘌呤能提高成芽率,并能增加外植体出芽的数量;BA的浓度为2 mg/L时,有利于芽的诱导与生长,出芽率达100%;根的诱导,以MT+0.5 mg/L萘乙酸培养基较好,生根率为100%。结论:通过培养芦荟地下茎发生的幼芽,既可以迅速建立快速繁殖体系,又能保持优良品种的种性。

弓明钦等研究了丛枝菌根在芦荟育苗中的应用,利用6种丛枝(AM)菌和1种AM菌剂对库拉索芦荟*Aloe vera* L.组培幼苗接种的结果表明:供试菌种或菌剂均可使幼苗形成丛枝菌根,感染率达96.7%～100%,感染指数达73.3～86.7;接种13个月的苗高比对照增加19.9%～51.9%;叶片长度比对照增加56.7%;芦荟幼苗经接种后,叶片干物质含量,比对照增加13.1%～151.0%。接种15个月的芦荟幼苗叶汁鲜重比对照增加60.9%～233.8%;折合有效成分的生药含量,比对照提高2.2～7.2倍。陆伟生等又研究了芸苔素内酯在中华芦荟栽培中应用,在中华芦荟栽培中喷施芸苔素内酯植物生长调节剂云大-120系列产品,能提高叶片的长、宽、厚度,特别对宽、厚度的促进作用十分显著。用试验期内的增长量作比较,喷施云大-120系列产品的处理比对照(喷清水)叶长增加2.3%～9.9%、叶宽增加24.3%～35.9%,叶厚增加72.2%～83.4%,从而提高了产量。另外,喷施云大-120系列产品处理,直观效果植株叶片坚硬挺拔、不易折断和倒伏,改善了农艺性状。

(刘祥兰)

［附］参考文献

C

陈焕亮，张晓春，陈然. 中药资源保护的迫切性与对策. 中药材，2002；(2)：131

陈随清，董诚明，杨晋，等. 山茱萸栽培品种调查. 中药材，2002；(5)：305

陈伟英. 山茱萸的产地加工. 时珍国医国药，2000；(6)：514

D

杜勤，王振华，徐鸿华，等. 石牌广藿香试管苗的研制. 中国中药杂志，2002；(3)：179

F

方阵，杨金兵，王康才. 黄芩生长特性与有效成分积累. 中药材，2002；(2)：84

G

高培元，陈健妙，甘铨. 金钗石斛的茎段组织培养与植株再生. 中草药，2002；(11)：1028

弓明钦，王凤珍，陈羽. 丛枝菌根在芦荟育苗中的应用. 中药材，2002；(1)：1

郭长源. 保护开发中药材资源是中药现代化的重要课题. 中草药，2002；(1)：91

H

杭益菁，朱婕婷. 舟山群岛海洋药用动物(瓣鳃纲)资源概况. 基层中药杂志，2002；(3)：39

贺红，刘春来，肖省娥，等. 中国芦荟离体培养和快速繁殖. 广州中医药大学学报，2001；(1)：71

贺红，徐鸿华. 巴戟天离体再生及农杆菌介导的遗传转化. 中国中药杂志，2002；(10)：733

黄璐琦，崔光红，陈美兰，等. 中药材GAP实施的复杂系统论——中药材种质资源的现状、问题及方法. 中国中药杂志，2002；(7)：481

霍丽云，郑晓建. 高寒藏药白花假龙胆的组织培养研究. 中国药学杂志，2002；(6)：415

J

贾谦，杜艳艳，周青，等. 麝资源保护与利用方法初探. 中药现代化，2002；(6)：547

蒋传中，王敬民，黄仁福，等. 丹参规范化种植技术研究. 中药现代化，2002；(4)：75

金斯平，童再康，曾燕如，等. 厚朴种质资源评价与利用研究. 中药材，2002；(2)：79

L

雷菊芳，李富银，扎西顿珠，等. 青藏高原藏药用植物生长特性及藏药资源保护初探. 中药现代化，2002；(2)：60

李隆云，次仁巴珠，占堆，等. 藏药资源的开发与利用. 中国中药杂志，2001；(12)：808

李隆云，占堆，卫莹芳，等. 濒危藏药资源的保护. 中国中药杂志，2002；(8)：561

李隆云，钟国跃，卫莹芳，等. 中国中药种质资源的保存与评价研究. 中国中药杂志，2002；(9)：641

蔺海明. 中药材GAP实施的国内外比较与相关基地建设问题. 中药现代化，2002；(6)：62

刘国杜. 山茱萸当年播种嫁接出圃新技术. 中药材，2002；(7)：466

刘卫建，谭锐. 试论藏药的研究开发及现状分析. 中药现代化，2002；(3)：34

刘效栓，宋平顺，丁永辉. 甘肃细辛的植物资源调查兼论细辛的产区变迁. 中草药，2002；(1)：78

陆伟生，张灿坤，王锁柱. 芸苔素内酯在中华芦荟栽培中应用. 中国民族民间医药杂志，2000；(2)：113

P

潘超美，黄海波，詹若挺，等. 广藿香等中药材GAP基地土壤肥力诊断与综合评价. 中药材，2002；(3)：157

W

王朝梁，陈中坚，崔秀明. 云南三七栽培技术研究及SOP制定. 中药现代化，2002；(2)：65

王书林，李应军. 川产泽泻规范化种植(SOP)研究. 中草药，2002；(4)：350

王玉生，邱蔚芬，严振，等. 不同产地广藿香质量分析. 中药研究与信息，2002；(3)：22

王志安，王日照. 运用组织培养技术筛选盾叶薯蓣新品种. 中草药，2002；(4)：361

吴洪福，耿排力. 藏药研究现状及发展前景. 中药材，2002；(1)：65

X

肖省娥，贺红，徐鸿华. 广藿香组织培养与植株再生研究. 中药材，2001；(6)：319

熊开鹏，高鑫. 山茱萸规范化栽培技术研究进展. 中药研究与信息，2002；(1)：25

Y

严振，丘金裕，蔡岳文，等. 广藿香营养特性研究. 中药材，2002；(4)：227

杨显志，邵华，周成，等. 生物技术在药用石斛研究中的应用. 中草药，2002；(2)：173

Z

曾宋君，彭晓明. 木立芦荟的试管苗快速繁殖. 中药材，2000；(2)：63

张艳，范俊安，王昌华，等. 皂质芦荟的快速繁殖. 中药材，2001；(6)：392

张存龙，王润芳. 我国野生药材资源的开发与保护. 中药研究与信息，2002；(9)：28

张兴翠，梁国鲁，扬光伟，等. 芦荟的快速繁殖与多倍体诱导. 中国中药杂志，2001；(8)：538

钟国跃. 中草药资源系统研究方法探讨. 中药材，2002；(6)：393

(二)药材鉴定

【概述】

本年度对中药材基原鉴定、真伪鉴别与质量评价报道较多,探求科学、准确、快速、简便、重现性好、廉价的鉴定方法及质量评价方法也是研究的热点。

1. 药材基原鉴定

配方或生产用的中药材应进行严格的品种鉴定,同一种中药材即使来源于同属不同种质量也不完全相同,应明确标明是哪一个种,才能控制该药材与相关产品的质量。如苦丁茶在贵州少数民族地区作药品和饮用品使用有悠久历史,但长期以来贵州苦丁茶的来源被误定为木樨科日本毛女贞 *Ligustrum japonicum* Thunb. var. *pubescens* Koidz. 或日本女贞 *Ligustrum japonicum* Thunb.,王世清等经文献资料考证、资源调查、植物分类研究、市场商品调查、苦丁茶茎和叶的组织鉴定,认定贵州苦丁茶的主流品种应为粗壮女贞 *Ligustrum robustum* Bl. 建议以该植物作为贵州苦丁茶的药用及饮用标准依据。又如石建功等对16个省市和自治区石韦市场品种进行调查,收集了23个样品,进行基原鉴定,并对有柄石韦化学成分、石韦样品中指标性成分含量测定、薄层色谱指纹图谱、高效液相色谱指纹图谱、重金属和农药残留测定等最新研究结果进行总结。结果表明《中国药典》(2000版)收载的有柄石韦、庐山石韦、石韦在诸多方面存在显著差异。因此,只有分别制定3种石韦的质量标准,才有可能对石韦药材及相关产品的质量进行有效控制。再如马红梅等对不同科属木通进行本草考证,并对地理分布范围和生态环境、临床、药理、毒理等方面进行比较。指出历代所用木通多为木通科木通,未见毒性记载,近代则主要用马兜铃科关木通,屡见毒性报道。马兜铃科关木通含马兜铃酸和马兜铃内酰胺,毒性大,利尿作用待确定,杀菌力较差;木通科木通不含马兜铃酸和马兜铃内酰胺,安全无毒,且有利尿杀菌作用。临床用木通科木通比用马兜铃科木通安全。因此,建议《中国药典》在修改版中恢复木通科木通的正品地位,还历史本来面目。除对植物类药材进行基原鉴定外,对动物类药材的基原鉴定亦有报道。如陈建伟等以海参类药材的口部、肛门部、背部、腹部和触手的骨片形态各异为重要依据,对市售海参药材进行品种鉴定,鉴定出8个种,并列出检索表。为合理制定海参药材的质量标准、开发海参药用资源提供科学依据。

2. 生药的系统鉴定

每种或每类药材必须进行系统的生药鉴定,作为鉴别和制定质量标准的基础。本年度对葫芦茶、广藿香、地蜈蚣、杠板归、连钱草、凤尾草、庭根藤、香鳞毛蕨、淡紫松果蕨及香果草属、闭鞘姜属药用植物等的生药鉴定均有报道。如朱华等对葫芦茶作了性状、显微、紫外光谱鉴别,鉴别结果可作为制定该药材质量标准的参考。又如张莉等对灰绿黄堇 *Corydalis adunca* Maxim.(藏药名巴牛丝哇)进行鉴别研究。灰绿黄堇是一种消炎、利胆、排石、止痛的草药,块根外观与天葵子颇为相似,有时被误作天葵子,但系统鉴别结果表明,灰绿黄堇与天葵子比较在理化及紫外吸收光谱上有显著区别。灰绿紫堇有低毒,通常需用酒浸泡2日后方可服用,因此配方时切不可与天葵子误用。再如乔春峰等对闭鞘姜、莴笋花、光叶闭鞘姜三种同属药材进行生药性状、组织显微、薄层色谱鉴别,还对三种植物的叶表皮显微特征进行比较。指出:根茎横切面中柱鞘内侧维管束环导管的排列情况、导管中草酸钙结晶的存在、皮层和木栓细胞中草酸钙结晶的类型、薯蓣皂苷元的薄层色谱定性等是主要鉴别特征。这为闭鞘姜类药材的鉴定和制定质量标准提供了依据。

3. 中药材正品与伪品、混淆品的比较鉴别

本年度对药材真伪鉴别报道甚多,其中包括不少名贵药材,如西红花、冬虫夏草、人参、麝香、羚羊角、燕窝、金钱白花蛇等;常用药材如贝母、天麻、黄连、肉桂、石斛、山茱萸、麦门冬、地骨皮、鸡血藤、女贞子、土茯苓、楮实子、半夏、秦皮、龟版、胎盘等均有伪品出现。鉴别结果可为识别和杜绝伪品提供科学依据。如:① 陈焕亮等对常

用药女贞子及其伪品水蜡果实进行比较鉴别，两者性状类同，但显微特点和紫外光谱特征区别明显。女贞子纤维为多层十字交叉束状，孔沟稀少，胞腔线形，末端稍钝，无石细胞，可见有簇晶及小方晶。水蜡果实纤维多呈梭状，成束或单个分离，有的末端具分枝，胞腔线形，有的内壁呈锯齿状，有石细胞，可见方晶但无簇晶。紫外光谱女贞子在 226.4 nm、282.2 nm、310.8 nm 处有吸收峰，水蜡果实在 226.8 nm、278.6 nm 处有吸收峰。② 厚朴与其混淆品黄杞皮外形极相似，曹阳等对两者进行比较鉴别，黄杞皮外表面呈灰白色，内表面呈棕黑色，划之不显油痕，气微，味苦、涩，稍有麻舌感。显微镜下检出簇晶，纤维壁平滑，石细胞不呈分枝状，无油细胞。理化鉴别均呈负反应，薄层色谱中未检出厚朴酚与和厚朴酚，紫外光谱吸收曲线差异明显。说明黄杞皮不能混作厚朴入药。③ 孙跃宗等采用傅里叶变换红外光谱法直接测定橘络及其伪品的红外光谱，从各样品的红外光谱吸收中可以看出橘络的品种可以是蜜橘、芦柑、红橘，三者的红外光谱吸收外貌相同，但与伪品橘内皮及无苦味橘络的红外光谱的特征吸收差别较大。说明它们所含成分有所不同。此法可以直接、快速、准确的对橘络正品和伪品进行区别。④ 黄洁等利用红外光谱和反相高效液相色谱的方法初步建立了一种鉴别人胎盘和羊胎盘蛋白质水解物的新方法，为胎盘的质量控制提供参考。

4. 中药材质量评价研究

质量是评价中药材优劣的依据。影响中药材质量的因素甚多，同一药材来源于不同品种、不同产地或同一产地不同栽培类型，质量均不一致，或同一品种采收时间不同、加工方法不同、贮藏期限不同，质量也有差别。本年度已对多种影响药材质量的因素进行探索，对多种药材作出质量评价。如：① 何报作等对褐苞薯蓣的质量进行研究。褐苞薯蓣 *Dioscorea persimilis* Prain et Burk. 根茎称广山药，是山药的地方习用品之一，其产量居山药类中药的首位。长期以来对褐苞薯蓣质量评价众说纷纭，能否作为山药的一个来源等同入药存在分歧，为此，何作报等以含水量、蛋白质含量、淀粉含量、水浸出物含量、90%乙醇浸出物含量、十八种氨基酸含量、必需氨基酸、总氨基酸等为指标，系统研究广西 5 个不同产地褐苞薯蓣的质量，并与山药佳品怀山药进行比较，结果认为褐苞薯蓣作为山药长期药用及食用是有科学根据的。为了保证山药质量并扩大药源，建议《中国药典》应增加山药质量控制定量指标（如水浸出物含量≥7.0%，蛋白质含量≥9.0%），在此前提下，可增载褐苞薯蓣为山药的一个来源。② 郭巧生等以绿原酸、总黄酮、挥发油成分为检测指标，对栽培在同一环境下的白菊花 4 个栽培类型的化学成分进行比较分析，结果表明，上述三种成分含量因栽培类型或加工方法不同而存在明显差异。为药用菊花遗传多样性研究、优良品种选育提供了依据。③ 丁平等收集全国 20 个地区 27 份市售的砂仁样品，在商品调查和性状鉴别基础上对其主要成分挥发油进行外观形态及气相色谱分析。结果表明各地区所售砂仁质量不一，有些地区甚至是伪品，有些则是不成熟或存放过久的劣质品。必须制定砂仁的质量标准并建立生产基地。④ 王小仙等报道，羌活药材一般 7～8 月采收，12 月以后鲜货上市，挥发油含量明显增高，随贮存期延长，含油量逐渐下降。挥发油的损失与产地加工的干燥条件、饮片切制后的干燥过程及贮存期过长有关，也与贮存及供货单位的仓储条件有关。因此对羌活类含挥发油中药的干燥、加工、贮存等环节的方法、条件、环境应予重视。

5. 中药材鉴定及质量控制方法的使用与研究

本年度对中药材传统鉴定方法和现代鉴定技术的使用和研究均有报道，以多种鉴定方法联合使用的报道尤多。

（1）在传统鉴别方法使用方面。如屠梅芳对野山参参芦的鉴别、周建理等对各种商品菊花的性状鉴别、李璋对 18 种常见中药材的水试鉴别、李晓光等对化州柚的性状及组织显微鉴别等均有报道。

（2）在现代鉴别技术使用方面。如：① 化学成分指纹图谱使用较多的是红外光谱、紫外光谱、薄层色谱、高效液相色谱及毛细管电泳指纹图谱、X 射线衍射 Fourier 谱等。尤其是高效液相色谱（HPLC）指纹图谱技术是对中药质量实行规范化评价的有效手段之一。如张文婷等对连翘的 HPLC 指纹图谱进行研究，结果表明不同产地、不同部位、连翘伪品暴马丁香果实、金钟花果实均显示了各自的指纹特征。证明 HPLC 指纹图谱可用于区别不同产地及来源的连翘药材。② DNA指纹图谱常用的为随机扩增的 DNA 多态性（RAPD）分析法和任意引物扩增的 PCR

(AP－PCR)DNA分子标记技术。如马伯军等根据植物形态将金华佛手分为红花、白花青皮、白花白皮3个品种,根据RAPD分析,不同品种RAPD反应有各自独特的扩增带型,白花青皮与白花白皮的亲缘关系较近。又如丁小余等对束花石斛及其相似种玫瑰石斛、喇叭唇石斛、兜唇石斛、报春石斛进行rDNAITS区序列比较研究。尽管束花石斛及其相似种的外部形态差异较小,但在rDNAITS序列上却存在着显著而稳定的差异,根据此差异能准确鉴别束花石斛及其相似种植物及药材。再如苏应娟等用AP－PCR技术获得数种厚朴样品清晰可靠的DNA指纹图谱,依据琼脂凝胶上显示的DNA带型可迅捷的区别出厚朴、凹叶厚朴及其伪品、混淆品。在分子水平上鉴别厚朴药材,为引种的准确性奠定了基础。

除上述传统和现代鉴别方法的使用和研究外,中药工作者们对中药材质量评价与中药质量控制提出不少新的思路与方法,供同行探讨。如:①秦海林以反映中药的整体化学特征为立论依据,在已经应用^{1}HNMR、HPLC、IR、UV等技术进行中药指纹图谱研究的经验和基础上,进一步提出用植物化学的研究方法研究建立规范化的中药特征性总成分获取程序,并完成对中药整体化学特征进行精细表达的方法学研究。最终建立以中药特征性总成分为基础的整体化学特征和多组分、多靶点、多层次特点的指纹法控制中药质量的新方法。②李萍等提出中药材质量控制新的方法体系,即运用多学科结合的方法,通过中药材真伪鉴定现代技术体系、中药材质量优劣评价体系和中药材安全性评价体系的建立,构建中药材质量的数字化、自动化控制技术平台,最终实现中药材质量的数字化、自动化控制。③王秀坤等将受体学理论和实验技术引用到中药鉴定研究领域,从受体角度、从中药生物效应入手,提出中药生物效应鉴定法。④钟国跃等提出"有限成分组合质量标准"论,为中药质量的定量评价提供了一种新思路。⑤余杰等将PCA、空间投影变换和可视化技术综合引入到中药材质量分析与评价中,以红外光谱分析为例,采用直观的二维灰度图构成特征性指纹图谱来表征复杂的中药材化学信息,从而可有效地整体辨识中药材质量,并发展形成了一种药材质量条形码标识法。为建立中药材质量指纹图谱分析技术开辟了新的研究方向。⑥赵宇新等报道了模式识别在中药质量评价中的应用进展。中药质量的模式识别既体现了中药成分复杂、多成分、多靶点综合作用的机理,又具有较强的科学性和实践性。随着计算机技术在中药研究领域的不断应用,模式识别方法从理论到实践性的不断发展,特别是人工神经网络的不断完善,相信它会成为中药质量评价的一种科学的、全面的、准确的方法。

6. 中药基原的本草考证

(1)单味药物的本草考证。本年度泽泻、楮实子、车前、合子草、连翘与贯叶连翘、卖子木、攀倒甑等的本草考证均有报道。如祁振声等指出,现代植物学及中药专著均考证茜草科的龙船花*Ixora chinensis* Lam.为《唐本草》或宋《图经》中的卖子木,但其形态、产地、药效均与本草记载相悖。经考证本草所载卖子木或买子木的原植物为忍冬科的川西荚蒾*Viburnum davidii* Franch.,而球核荚蒾*V. propinquum* Hemsl.及烟管荚蒾*V. utile* Hemsl.可能是后来的代用品。

(2)本草中记载药物的基原考证。如郝近大等对《本草纲目》中禾本科植物基原进行考证,指出属于禾本科者39种,作为药源开发的线索和依据。又如谢宗万等对清代四川地方性药书《分类草药性》上卷草类中收载的药物基原进行考证,为川药的开发利用提供了研究线索。

(洪　恂)

【X射线衍射法在中药鉴定中的应用】

中药鉴定是确保中药制剂质量及临床用药安全有效的基础,由于中药材品种混乱,中药材及中成药成分复杂,一般理化鉴别方法只能提取部分信息来加以区别,往往不能反映整体信息。这对于有些成分相似的品种难以达到准确的鉴别效果。所以不断探索准确、简便、可靠的鉴定方法仍是一项非常重要的任务。粉末X射线衍射分析法是一种研究物质微观结构的有效手段,它用于中药材的鉴定,既能反映中药材的整体微观特征,又能提供中药质量评价的标准。

粉末X射线衍射分析法作为结构和成分分析的一种现代科学方法,已逐步在各学科研究和生产中广泛应用。当某物质(晶体或非晶体)进行衍射分析时,该物质被X射线照射产生不同程度的衍射现象,物质组成、晶型、分子内成键方式、分子的构型、构象等决定该物质产生的特有衍射图谱。汤迎爽等报道,如果物质是混合物(如中药材或中成药)则所得衍射图是各组分衍射效应的叠加,只要混合物组成恒定,该衍射图谱就可作为该混合物的特征图谱。这是粉末X射线衍射法用于中药鉴定的理论基础。由于各种中药的成分各不相同,其衍射图谱各不相同,因此可实现对中药进行鉴定的目的。

1. 在植物类中药中的应用

1997年,吕杨等为揭示中药材道地性的客观规律,以期建立相应评价指标系统,选择茜草类、贝母类、山药类三组药材,应用该法进行图谱分析,获得了可用于标识中药的衍射图形几何拓扑规律与图谱特征标记峰,由此观察到:不同产地茜草样品的相似性及其与欧茜草的差别;同属不同种贝母样品的相似性与差异;不同产地山药样品的相似性与伪品的区别。周俊国等对3种不同产地12个样品的蛇床子进行粉末X射线衍射分析,结果表明:不同产地蛇床子衍射图谱按其几何拓扑大致可分为4类相似的衍射模糊图形,与TCL法分析的结果一致,为中药鉴定提供了新的谱学分析依据。张宏桂等采用此法对野生东北刺人参的根、茎、叶、果进行分析研究,结果野生东北刺人参4个部位的衍射图谱可用于该药鉴定。经对此分析认为野生东北刺人参根与茎具有相同的X衍射数据,为以茎代根利用东北刺人参提供了依据。王树春等通过对1个川芎药材对照品、1个川芎药材标本和3个川芎中药材样品进行X射线衍射实验,分析后获得了川芎的标准X射线衍射Fourier图谱及特征标记峰值。吴云山等通过对4个熟地黄及1个生地黄中药材进行实验、分析,得到了熟地黄的标准X射线衍射Fourier图谱及特征标记峰值。

2. 在动物类中药中的应用

李兰燕等采用粉末X射线衍射Fourier谱鉴定法,对1个广地龙对照品、4个广地龙中药材进行实验、分析,结果得到广地龙的标准X射线衍射Fourier图谱及特征标记峰值,5个广地龙样品的X射线衍射Fourier图谱几何拓扑图形规律一致,5个广地龙样品中均含有α-石英,其衍射峰共9个。朱志峰等通过粉末X-射线衍射的方法,对2个蛤蚧与1个西藏蛤蚧样品进行分析,结果蛤蚧与西藏蛤蚧具有相似的几何拓扑图形,在西藏蛤蚧中包含9个蛤蚧的特征标记峰值,表明蛤蚧与西藏蛤蚧虽然属于不同科动物,但它们所含的主要成分相近。王树春等采用X衍射Fourier谱对4个花鹿茸样品进行分析,它们的衍射图形的几何拓扑特征相同,可取它们共有的10个峰为花鹿茸的特征标记峰,以作为识别花鹿茸的依据。王氏等又采用X衍射Fourier谱分析法识别比较熊胆与伪品、天然熊胆与引流熊胆干燥品之间的差异,结果引流熊胆与天然熊胆X射线衍射Fourier图谱是一致的,说明两者所含成分的一致性,表明本法对于动物药熊胆的鉴别具有一定的参考价值,且X射线衍射Fourier图谱能识别熊胆伪品,是一种快速、简便易行的物理鉴定方法,可作为熊胆质量控制手段之一。

3. 在矿物类中药中的应用

粉末X射线衍射分析中,因为不同的晶体具有一组不同的晶面间距d值。由图谱中得到的掠射角(θ)与衍射强度(I),使结构特征具有指纹性,而进行物相分析。陈丰等应用粉末X射线衍射方法,检测中药材滑石粉的结构和其是否含有致癌物质石棉,结果:16种不同产地的样品特征标记峰均与国际晶体衍射数据库(ICDD)提供的滑石最强的特征标记峰相符,说明主成分均为滑石,但在两个样品中检出石棉的特征标记峰。农以宁等也通过研究,发现药用滑石粉中透闪石石棉、蛇纹石石棉含量在1%～20%呈线性关系,绿泥石含量在2%～60%呈线性关系,表明粉末X射线衍射分析可严格控制滑石粉中石棉的含量。刘安一等用X射线衍射分析法对矿物药紫石英成分进行分析,对主要成分氟化钙进行含量测定,可作为紫石英质量控制的标准。

4. 在菌类药中的应用

X射线衍射法同样已在菌类植物中应用。如罗俊等报道,采用波谱和X射线衍射法分析赤芝子实体的化学结构,分离得到4个化合物,鉴定为麦角甾醇、麦角甾-7,22-二烯-3β-醇和2个新化合物。

5. 在中成药中的应用

郑笑为等应用X射线衍射Fourier图谱分析方法,对不同厂家不同批号的7组牛黄解毒片进行分析,结果表明前4组样品衍射图形拓扑规律相同,特征标记峰基本相同,而后3组样品与前4

组明显不同，其图形拓扑差异反映了在药材来源、组方比例、制剂、工艺等方面不同所导致成分之变化。经分析认为X射线衍射Fourier图谱鉴别可以在微观的衍射空间再现中成药的质量，可望成为中成药质控的谱学新方法。陈海明等也分析了七厘胶囊（由血竭、乳香、没药、红花、儿茶、冰片、麝香、朱砂等组成）的X射线衍射Fourier图谱的几何拓扑规律，结果得到27个衍射峰，可作为七厘胶囊的特征标记峰值，从而达到识别和质量控制的目的。

综上所述，X射线衍射Fourier图谱分析方法简便、快速、准确，图谱信息量大、指纹性强、稳定可靠，所需样品量少且无损伤，在中药材及中成药的鉴定中具有广阔的应用前景。

（高　山）

【野山人参的真伪鉴别】

野山人参系五加科植物人参 *Panax ginseng* C. A. Meyer 的根，具有大补元气，复脉固脱之奇效。由于野山人参价格昂贵，且商品划分等级的标准较难掌握，特介绍如下。

晏马成等、付龙庚等认为野山人参的性状特征集中在芦、体、皮、纹、须5个方面。芦：系根茎，常较主根长，典型的野山人参具有三节芦，即一个芦上具有三种不同性状茎节痕，如马牙芦（芦碗形如马的牙齿，大而疏），堆花芦（芦碗紧密，堆积如花状）和圆芦（芦碗已长平，呈圆柱状）。排列顺序从上而下基本固定为马牙芦、堆花芦和圆芦。芦上生有不定根2～3枚，典型的为枣核状，多为顺长体。体：系主根，典型的短而粗，呈菱形、元宝形或疙瘩状。侧根较少，多数两条，少数3条。不拼不扭是其特点，两腿之间自然形成一个夹角，大小不等。皮纹：较紧密、坚实，黄色至黄褐色，肩部有细密凹陷较深的螺旋状横纹。须：参的腿端常生须根少许，细长不乱，柔韧而不易折断。须根上可见有数量不等的疣状突起（珍珠疙瘩）。

晏氏把上述五形特征分解为15个观察点，对其中13项进行了量化，认为野山人参的等级划分除参的重量是决定因素外，主根的直径和侧根间夹角最为重要。

付氏等就常规的野山人参伪品作了表述。①以移山参充野山参：伪品参下半部或腿部向下略显粗大，纹变浅而乱，且有跑纹，芦以竹节芦为多，须多而珍珠疙瘩少。②以野山西洋参充野山人参：表皮略黑、粗糙，须短甚少或不带须根，具有西洋参香气，味微苦后甜。用薄层分析可检出西洋参皂苷F11特征斑点，野山参具Rf特征斑点。③以粘接方法伪造，如用正品芦插入伪品参身，用具有珍珠疙瘩的断须粘贴在伪品上等。在放大镜下可见接缝，且有发亮的折光点。

屠梅芳指出，典型的野山人参的参芦呈三节芦（马牙芦、堆花芦、圆芦）或二节芦（马牙芦、圆芦或堆花芦、圆芦），常见有单一堆花芦或单一马牙芦，而未见过单一的圆芦。而野山人参最典型的特征是圆芦，与堆花芦、马牙芦相比其表面相对平滑，常带有各种形态的芽痕，一般没有丁（不定根）。屠氏从参芦的特征对伪品作了鉴别：①移山参：参芦呈弯钩状，芦碗分布不连续或形态不连贯，芦的生长方向出现骤然移向，后期的芦碗骤然放大，呈上粗下细态。②育山参（园参种子在野外种植的半野山参）：参芦细长而碗稀疏，或节间有十分明显的"竹节"状，无典型的圆芦，绝无"三节芦"或"二节芦"。③山参趴货（前期人工栽培，后期自然生长）的参芦较长，碗密，有二节芦；撂荒棒槌（遗留在老参地里的人参）的参芦较粗，芦碗稀疏，有时可见二节芦；老参地落籽生长而成者，其芦细长芦碗稀疏，上细下粗，芦的形状是越长越细。此类参数量多，市场上最为常见。

丁建弥等从经过形态鉴定的野山人参和栽培人参药材中提取DNA模板，运用随机扩增多态DNA（RAPD）技术在电泳中产生条带。实验用80个引物，其中一个引物产生野山人参可重复的特征条带。表明用RAPD技术能有效地鉴别野山参和栽培人参。

李向高等认为，由于野山人参价格昂贵，检测宜采用不破坏试验，而薄层扫描仪、高效液相色谱仪、电化学分析仪、质谱仪、核磁共振仪等仪器虽然先进，但很难保持野山人参的完整性。最好采取物理的方法，如用"X-光仪"进行X射线检查拍片、用医院的"断层扫描仪"检查等。

（方　法）

【巴戟天的真伪鉴别】

巴戟天具有补肾壮阳，强筋健骨等作用，在临床上应用广、用量大、供应紧，导致市场上混伪品较多，为保证中医临床用药安全有效，现将正、伪品鉴别经验介绍如下。

郭刚、钟小荣、苏秀芹等、张丽平等、张海峰等、陈建等对正品巴戟天与伪品进行了比较（见表3-1）。

表 3－1　正品巴戟天与伪品的比较鉴别

项目		正品	伪品				
植物名		巴戟天	羊角藤	恩施巴戟	虎刺	铁箍散	南五味子
来源		茜草科植物巴戟天 *Morinda officinalis* How 的根	茜草科植物羊角藤 *M. umbellata* L. 的根及根皮	茜草科植物四川虎刺 *Damnacanthus officinarum* Huang 的根	茜草科植物虎刺 *D. indicus* Gaertn. f. 的根	木兰科植物铁箍散 *Schisandra propinqua* (Wall.) Baill. var. *sinensis* Oliv. 的根茎及根	木兰科植物南五味子 *Kadsura longipedunculata* Finet et Gagnep. 的根
性状鉴别	外形	多为扁圆柱形，略弯曲，长短不等，直径在 0.5～2 cm	大多呈圆柱形，略弯曲，长短不等，直径在 1～1.5 cm	呈短圆柱形或圆柱形串珠状，长约 0.4～2 cm，多呈折断状	根多弯曲，呈连珠状，压扁或不压扁。膨大部位直径 0.5～1.5 cm	根茎及根呈圆柱形，细长而弯曲，多有分枝。直径在 0.3～0.5 cm	根弯曲圆柱形，具纵皱，皮部断裂露出木质部
	表面	灰黄色、黄棕色或暗灰色。具纵皱纹及横裂纹，有的皮部横向断裂露出木部	黄色或黄棕色，有的微带紫色。具不规则纵皱纹和深陷的横纹，有的皮部断裂而露出木部，形成长短不一的节	土棕黄色至棕黑褐色，具不规则纵皱纹和细的横皱纹	灰白色，有细皱纹，质坚实，横向裂纹较少	褐色或棕红色，具环状裂缝及纵皱纹，有断痕和疣状突起	淡褐色至黑紫褐色
	横断面	皮部质韧，较厚，易剥落，断面紫色或淡紫色。木部坚硬黄棕色或黄白色。直径 0.1～0.5 cm	皮部薄，厚约 0.1～0.4 cm，不易剥离，质坚硬韧，断面淡紫色或黄白色。木部较大，质坚硬，黄棕色。直径 0.3～0.7 cm，呈齿轮状	皮部厚、质硬。断面肉质黄白色或淡紫色。木部直径细小约 0.1～0.3 cm，有的抽去木心，形成一圆形小空洞	膨大部位之间为一段带有表皮的木心，木心直径 0.1～0.3 cm 表面纵纹较细，质脆易断，横切面圆形	质韧，不易折断。断面皮部薄，灰白色，有众多棕红色小点，皮部与木部交接处有紫棕色环，木部类白或淡灰棕色，约占断面直径 80%	皮部较厚，紫褐色或紫红色，木部坚硬，白色或红白色
	性味	无臭，味甘而微涩	味淡，微甜	无臭，味微甜	无臭，味甜	气香，味微苦辛。嚼之发粘	味微辛、苦
显微鉴别		较少石细胞	众多石细胞	众多石细胞	—	—	—
荧光鉴别		浅灰黄色	浅蓝灰色	浅蓝灰色	—	—	—

王湘波等对正品巴戟天与伪品黄花倒水莲进行了比较(见表 3-2)。

表 3-2　正品巴戟天与伪品黄花倒水莲的比较鉴别

项　目	正　品	伪　品
植 物 名	巴戟天(茜草科植物 *Morinda officinalis* How 的根)	黄花倒水莲(远志科植物 *Polygala aureocauda* Dunn 的根)
性状鉴别	皮部黄色或淡灰黄棕色,木部黄白色,有纵纹和横裂纹。无臭,味甜而微涩	皮部棕褐色,木部淡黄色,有数个环纹。气微,味微甜略苦
显微鉴别	石细胞呈长方形、类方形、类圆形或不规则形,直径 219.6 μm,纤维管胞长梭形,具缘纹孔较大	石细胞多见不规则,直径 153.5 μm,具缘纹孔导管多见,淀粉粒众多
理化鉴别(加 95% 乙醇,紫外灯下观察)	暗 棕 色	棕 黄 色

宋冠英等对巴戟天与伪品三叶木通进行了理化鉴别(见表 3-3)。

表 3-3　巴戟天与伪品三叶木通的理化鉴别

<table>
<tr><th colspan="3">项　目</th><th>正　品</th><th>伪　品</th></tr>
<tr><td colspan="3">植 物 名</td><td>巴戟天(茜草科植物 Morinda officinalis How 的根)</td><td>三叶木通[木通科植物 Akebia trifoliata (Thunb.) Koidz. 的根皮]</td></tr>
<tr><td rowspan="7">理化鉴别</td><td colspan="2">荧 光 鉴 别</td><td>外表面紫红色,横断面皮部淡紫色</td><td>外表面暗黄棕色,横断面皮部黄红色</td></tr>
<tr><td colspan="2">加乙醇鉴别</td><td>淡黄色</td><td>黄色</td></tr>
<tr><td rowspan="3">粉末的乙醇滤液点滤纸上</td><td>自然光下观察</td><td>浅黄色</td><td>深黄色</td></tr>
<tr><td>紫外灯下观察</td><td>暗红棕色荧光</td><td>黄绿色荧光</td></tr>
<tr><td>氨气熏后立即在自然光下观察</td><td>暗红棕色(颜色不变,与未熏前颜色一致)</td><td>淡红棕色(颜色变了,与未熏前颜色不同)</td></tr>
<tr><td colspan="2">乙醇-水(3∶2)展开</td><td>4 个暗棕色斑点</td><td>5 个斑点,颜色自上而下分别为蓝绿色、紫色、黄棕色、淡紫色、黄绿色</td></tr>
<tr><td colspan="2">紫外吸收光谱</td><td>在(230±1)nm 处有最大吸收</td><td>在(278±1)nm 处有最大吸收</td></tr>
<tr><td colspan="3">功　能</td><td>补肾阳、强筋骨、祛风湿</td><td>祛风、利尿、行气、活血</td></tr>
</table>

戴少波等对巴戟天与伪品恩施巴戟进行了薄层色谱和紫外光谱法鉴别(见表 3-4)。

表 3-4　巴戟天与伪品恩施巴戟的薄层色谱和紫外光谱鉴别

项　目	正　品	伪　品
植 物 名	巴戟天	恩施巴戟
薄层色谱鉴别	2 个斑点	5 个斑点
紫外光谱鉴别	在(275±1)nm 处有吸收峰	在(280±1)nm 处有吸收峰

(丁丽玉　高　山)

【玫瑰花的真伪鉴别】

中药玫瑰花与其他的蔷薇属植物的花，虽然形态相似在商品药材中极易混淆，但它们的性味、功能各不相同，所以不宜混用。现将近年来关于玫瑰花与伪品的鉴别介绍如下。

张树尧、黄小华等认为历史上以月季花充玫瑰花用的现象长期存在。《中国药典》在总结药工经验的基础上，在玫瑰花和月季花药材性状描述一项中除强调了前者花托半球形，后者花托长圆形外，其余的性状，诸如"雄蕊多数，着生于花托周围"(《中国药典》1995 版)，只笼统地反映了蔷薇属 Rosa 花的特征。作为蔷薇属植物与其他属植物的鉴别方法，该属植物以多数分离心皮着生在壳状下凹的花托上，雄蕊多数，连同萼片和花瓣一起以合生成被蕊管的形式着生花托边缘为特征，这是被子植物中独一无二的。本属植物根据雌蕊群花柱伸出花托口，可分为三种花柱式：① 头状花柱式(如：玫瑰、钝叶蔷薇)。② 离生花柱式(如：月季花)。③ 合生花柱式(如：粉团蔷薇)。

薛祥骥等则对杭州市医药站供给的"玫瑰花"7 个品种进行了形态性状、显微结构和理化反应的鉴定。结果除 1 种为玫瑰花外，其他皆为其混淆品，分别为月季、钝叶蔷薇、美蔷薇、野月季、月季的栽培品种和月季的杂种。而各品种有质的区别，不能将混淆品当作玫瑰花来药用，化学鉴别见表 3-5。

表 3-5 玫瑰花与伪品的化学鉴别

品　种	1% $AlCl_3$(试管反应)	荧光试验		5%香荚兰醛浓 H_2SO_4 反应	空白对照
		滤纸	硅胶板		
玫瑰花	白色混浊，片刻转为无色澄清	淡蓝	黄绿	紫红	白
月季花	白色混浊，片刻转为黄绿色澄清	黄绿	黄	紫褐	白
野月季	黄白色混浊，片刻转为亮黄色澄清	黄白	黄	深紫褐	黄
美蔷薇	白色混浊，片刻转为黄色澄清	绿黄	黄	深紫	淡黄
钝叶蔷薇	白色混浊，片刻转为淡绿黄色澄清	蓝黄	蓝黄	淡紫褐	白

姚韬、张丽芝对玫瑰花的形态鉴定也进行了报道(见表 3-6)。

表 3-6 玫瑰花与伪品的形状鉴别

项　目	玫 瑰 花	月 季 花	钝叶蔷薇
植物来源	蔷薇科植物玫瑰 *Rose rugosa* Thunb. 的干燥花蕾	蔷薇科植物月季 *Rosa chinensis* Jacq. 的干燥花	蔷薇科植物钝叶蔷薇 *Rosa sertata* Rolfa. 的干燥花蕾
外　形	呈半球形或不规则团状，质轻而脆	呈圆球形，质脆，易破碎	呈圆球形，质脆，易破碎
花　梗	花梗短，有刺，显微镜下可见短绒毛和腺毛	花梗有腺毛	花梗无毛
花　托	较大，扁球形。蕾期直径 0.5～0.7 cm	长圆形	较小，近球形或卵形。蕾期直径 0.3～0.5 cm
花　瓣	密集，呈短而圆宽卵形，色紫红而鲜艳，少数为黄棕色	散碎，呈紫红色或粉红色，多数呈长圆形，上有呈覆瓦状排列的纹理	呈倒卵形，为红色或淡紫色
花　柱	花柱不伸出花托口，聚合成头状	花柱伸出花托口，超过雄蕊，离生	花柱伸出花托口，一般不超过雄蕊，且聚合成头状

（续　表）

项　目	玫 瑰 花	月 季 花	钝叶蔷薇
气　味	芳香浓郁，味微苦涩	淡清香，味微苦，不涩口	淡清香，味微苦，不涩口
性　味	甘、微苦、温	甘、温	甘、温
功　能	行气、解郁、和血止痛	活血调经、消肿解郁	药用效果不明显

此外，胡小姜对甘肃产玫瑰花进行了理化鉴定；陈柳蓉等采用数量分类法分析了中药玫瑰花及其混淆品；石俊英等利用聚丙烯酰胺凝胶电泳技术（PAGE），对玫瑰、月季、粉团蔷薇（*Rosa multiflora* Thunb. var. *cathayensis* Rehd. et Wils.）、落雁（*Rosa chinensis* Jacq.）的花粉进行了分析，4 种样品的蛋白谱带明显不同，鉴别效果良好，为该属植物的化学分类和花类中药的鉴定，提供了一条有效途径。可把 4 种样品的电泳图谱做为鉴别中药玫瑰花、月季花及其混淆品的一项鉴别依据，且玫瑰花、月季花及非药用的蔷薇花与落雁花（月季栽培品种）虽来源于同属植物，但临床不宜混用。

（吴桂芳）

【中药材及饮片的质量控制研究】

1. 影响中药材及饮片质量控制的因素

中药材及中药饮片的质量，直接关系到中药处方或制剂的临床疗效与安全。林瑞超指出，1998 年出版的《全国中药材炮制规范》中虽收载了 500 余种中药材的炮制规范，但各省市又有各自的中药炮制规范，其名称、制法及工艺差别较大，质控标准难以统一。为满足市场需求，许多药材经营者或药农自行进行药材饮片的加工炮制，导致事故发生，因此对中药材及中药饮片建立相应的质量控制标准极为迫切。林氏认为目前达到以 GAP 要求进行规范化种植的中药材不多，难以保证质量；研究的广度和深度不够，研究手段和方法滞后；炮制加工设备或工艺落后、粗糙，缺乏客观可行的质量评价体系，严重影响质量的稳定性。梁鑫淼等认为，由于中药的化学成分复杂、多组分整合调节作用；中药材来源的混乱，采集、加工方法的差异；基础研究的不深入，缺乏高新技术和计算机技术的应用，致使中药的质量评价一直是中药研究与应用的难点。

2. 提高中药材及饮片的质量

林瑞超、毛菊敏等对于提高和完善中药材及饮片质量的方法提出了建议。

(1) 必须选择优良的种子。种子资源在药材优良品种形成过程中起着关键性的作用。

(2) 生产和加工过程规范化、规模化。如：① 按中药材 GAP 指南的具体要求进行，并按 SOP 进行优选和种植。从种质、环境、栽培方式、施肥、田间管理、采收加工、储存运输等方面进行规范和控制。② 饮片按国家药品监督管理局已颁布实施的标准执行。

(3) 药材质量的评价标准应客观真实。仅以中药内 1 或 2 个有效成分作为定量、定性指标远不能从整体上反映中药的内在质量，只有在中医药理论指导下，选择合适的药理模型，找出中药材的有效成分部位，才能制定出客观科学的药材质量标准。

(4) 将传统中医药理论与现代科技相结合。充分利用现代实验手段，把传统的质量标准客观化、数据化。并利用已有科研成果，补充新的质量标准，建立相应的检测方法。

(5) 炮制方法和工艺的科学性与规范化。应用科学方法提供的客观数据研究炮制前后的中药药性主要成分和药理作用，阐明中药炮制的基本原理，更好地掌握药性和提高临床用药的准确性。

(6) 制定饮片质量标准。建立统一的内在质量标准和中药质量管理学科，把中药饮片的产、供、用诸环节的质量管理列入饮片管理的法规体系。

(7) 完善质量标准的制订。认为应包括 ① 名称：从基源名、药用部位、加工炮制及考虑与国际接轨等方面，制定中药饮片定名原则。② 形状：是各项检测的基础，通过形状反映饮片外观质量。③ 鉴别：增加粉末显微鉴别、理化鉴别（如 UV 光谱法、纸层析和薄层层析等）、指纹图谱(如红外光谱、高效液相色谱等)。④ 检查:增加杂质检查、水分检查、灰分检查、毒性成分限量检查、黄曲毒素限量检查、制炭类药物的收率等。⑤ 含量测定:与药效学指标紧密结合完善定量检验指标和方法。

3. 如何控制中药材质量

李萍等提出了运用多学科结合的方法,通过中药材真伪鉴定现代技术体系、中药材质量优劣评价方法体系和中药材安全性评价方法体系的建立,构建中药材质量的数字化、自动化控制技术平台,最终实现中药材质量的数字化、自动化控制。刘青平提出,为了保证质量,在中药饮片制备时应广泛采用新技术、新工艺、新设备,控制药材的遗传性和变异性,保证药材种植资源的恒定性和严格控制外界因素对药材药效物质的影响,促进中药标准化。使中药真正做到"三效":高效、速效、长效;"三准":病准、效准、量准;"三小":剂量小、毒性小、副作用小;"三方便":便于储存、便于携带、便于服用。钟国跃等提出的"有限成分组合质量标准",反映了指标性成分与功效的相关性的观点,可用于指导成药组方的改良、中药复方Ⅱ类新药的研究开发及新药资源品质评价等方面都有指导意义。

4. 中药材及饮片质量控制的方法

(1) 指纹图谱技术。沙明等认为指纹图谱技术是反映中药内在质量的方法,已被国内外学者认可,通过 HPLC 指纹谱技术对 10 种中药材及注射剂的质量评价实践,表明 HPLC 指纹谱技术能够确立有特征的共有峰,鉴别专属性强,具科学性和可操作性。谢培山认为中药复杂的成分不可能全部清晰,其疗效也不是众多成分作用简单的加合。在现阶段指纹图谱分析是一种可行的质量控制模式,它不要求全部的成分都搞清楚,而是从色谱(或波谱)指纹图谱的整体综合特征来鉴别真伪。

(2) 成分分析检测法。李波认为从原料药材质量控制、饮片质量控制到中药提取物(或制剂)及产品质量控制,指标成分的分析检测是保证中药质量控制的关键方法。药材中有效成分的含量测定方法包含分离和检测过程。利用先进仪器设备进行联机分析检测已成为精密定量的发展趋势,如气相色谱法、高效液相色谱法以及与质谱仪联用的分析检测方法。建立的分析检测方法一定要简单、实用、可靠。对于复方样品有效成分分析检测,应该注意选取复方样品中是否存在中药材及饮片的化学成分。

(3) 其他方法。潘金火等以异鼠李素-3,7-二-O-D-葡萄糖苷为指标,用 TCL 法建立了垂盆草药材的定性鉴别方法;用 RP-HPLC 法测定了 2 个产地垂盆草药材中指标成分的含量。提示南京紫金山样品平均含量为:0.032%,RSD=3.83%($n=5$);宜兴凤凰山样品平均含量为:0.030%,RSD=3.33%($n=5$)。数理统计显示,两者有显著性差异($P<0.05$)。结论:该质量控制方法简单易行、稳定可靠。杜天信等认为丹参酮Ⅱ$_A$ 活性强,以丹参酮Ⅱ$_A$ 为指标建立丹参药材及含丹参中成药质量评价方法是可行的。其测定方法有分光光度法、薄层扫描法、高效液相色谱法以及超临界流体萃取法联用毛细管气相色谱法(SFE-CGC)等。但品种与产地、采收季节、加工炮制等差异会影响丹参酮Ⅱ$_A$ 的活性和含量。杜志谦等认为芍药苷专属性强,以其为指标建立白芍药、赤芍药及其中成药质量评价方法是可行的,主要是应用薄层色谱法和高效液相色谱检测法。赵骏等探讨了水溶性桑叶多糖成分的提取工艺的质量控制标准,结果用 AB-8 树脂提取工艺所得水溶性桑叶多糖平均产率为 32.96%,其产率平均方差 $S=2.095$,产率与稳定性没有显著差异($P>0.05$)。王峥涛采用多学科方法分别对龙胆、秦艽、吴茱萸、钩藤、紫菀、乌药、党参、麦门冬、木香、白头翁、半夏、荆芥、泽泻、桑白皮、山楂、菊花等 16 味中药材进行质量标准的规范化系统研究。结果:从龙胆等 16 种中药材中共分离得到166个化合物,其中新化合物 23 个;结合药理学研究,确定定性、定量化学对照品 24 个;对 16 种中药材的有害元素(铅、镉、砷、汞)和农药残留量进行了分析;建立了 16 种中药材科学、适用质量标准,其中有 6 种中药材的定性和定量分析方法被《中国药典》(2000 版)采用。张云通过对"配方剂量小包装净制饮片"质量的有效控制,这种新型饮片调剂方式,基本解决了传统模式中的配方剂量不准、饮片质量低下、调剂环境差、工作效率低、药材浪费等问题。

另外,毛淑杰认为要提高有毒中药饮片质量的关键环节是:① 确认毒性成分。② 明确炮制机理。③ 搞清炮制解毒关键因素,并且要全面地、准确地反应关键因素与毒性变化的关系。

④ 规范饮片规格、投药量等精细条件。⑤ 加强对毒性中药炮制品的有效剂量、安全性评价，以及药物在体内代谢过程等药代动力学研究。

（方 法 高 山）

【中药品种的研究】

1. 三菘

三菘是指芜菁、莱菔和白菜三种重要的食疗药物，历代本草对三者品种和药效的记载十分混乱。为此，曹林林等对它们进行了考证，结果认为芜菁 *Brassica rapa* L. 为十字花科植物，又名蔓菁，是最早的“菘”和“白菘”，有“九英菘”之名，药用幼苗（菜）、根、花和种子；莱菔 *Raphanus sativus* L. 为十字花科植物，又称芦菔，是宋代以前的温菘和紫花菘，药用其花前鲜根（萝卜）、果期后根（或当年未出地，来年变成瘦而无肉，老而多筋的根，名地骷髅）、花前基生叶（菜）、花和种子；白菜 *Brassica pekinensis* Rupr. 为十字花科植物，是唐宋时期的牛肚菘和宋明清时期的白菘，药用其花前的基生叶（白菜）和种子。

2. 山慈姑

李琴华通过考证，认为《中国药典》(1990 版)在山慈姑项下收载的兰科植物杜鹃兰 *Cremastra appendiculata* (D. Don) Makino、独蒜兰 *Pleione bulbocodioides* (Franch.) Rolfe 或云南独蒜兰 *P. yunnafnensis* Rolfe，这三种植物作为山慈姑的正品收载欠妥。因为：① 独蒜兰和云南独蒜兰在本草中未见记载（仅作为个别地区习惯用药）。② 历代本草中将百合科老鸦瓣 *Tulipa edulis* (Miq.) Baker 作为山慈姑正品记载和应用较多。③ 现代商品流通中，虽有光慈菇和毛慈菇之分，但药房则不论是光或毛慈菇，均按山慈姑应用。故建议《中国药典》在山慈姑项下收载百合科植物老鸦瓣和兰科植物杜鹃兰，前者习称“光慈菇”，后者习称“毛慈菇”。

3. 车前

车前的全草和种子均可药用。吴祥松等对车前的本草记载进行了考证，历代本草著作中所记载的车前原植物为车前科车前属植物车前 *Plantago asiatica* L. 一直是车前的主流品种。《中国药典》(2000 版)还收载了平车前 *P. depressa* Willd.，因大车前 *P. major* L. 和车前形态相似，在部分地区仍在使用，其药理作用和临床疗效是否与车前有差异，有待进一步研究。

4. 合子草

合子草始载于《本草拾遗》。20 世纪 80 年代初起日本学者研究发现合子草中含有与人参皂苷类似的皂苷成分，引起了人们对合子草的普遍关注。为了合理开发这一资源，吴启南等对合子草进行了本草考证，表明古代用合子草与近代的合子草为同一品种，即葫芦科植物合子草 *Actinostemma tenerum* Griff.。由于药名变化较大，为了避免混乱，建议采用最早的名称“合子草”。

5. 金刚藤

吕翼等对金刚藤原植物进行了考证，结果表明金刚藤原植物有 14 种，即菝葜、西南菝葜、银叶菝葜、合蕊菝葜、托柄菝葜、马钱叶菝葜、无刺菝葜、短梗菝葜、黑果菝葜、多花勾儿茶、多叶勾儿茶、云南勾儿茶、匙羹藤、昆明山海棠。但目前市场商品金刚藤的主要来源为百合科菝葜属植物，其中以菝葜 *Smilax china* L.、西南菝葜 *S. bockii* Warb.、黑果菝葜 *S. glaucochina* Warb. 最常见。金刚藤品种较多，各地所用之品种亦有不同，虽均具有利湿作用，但各自功效不同，有的还有毒，故有待进一步研究。

6. 苦丁茶

苦丁茶在贵州少数民族地区作药品和饮品使用均有悠久历史。但长期以来贵州苦丁茶的来源被误定为木樨科日本毛女贞 *Ligustrum japonicum* Thunb. var. *pubescens* Koidz. 或日本女贞 *L. japonicum* Thunb.。王世清等通过文献考证，认为贵州无上述两种植物分布，贵州苦丁茶来源应定为粗壮女贞 *L. robustum* Bl. 和光萼小蜡 *L. sinense Lour*. var. *myrianthum* (Diels) Höfk. 等。

7. 天麻

蔡永敏等对兰科植物天麻 *Gastrodia elata* Bl. 进行了药名考证，结果表明古代文献原称本品为“赤箭”，南北朝时期的《雷公炮炙论》始称本品为“天麻”；宋代对本品的记载和应用出现了混乱，误把“赤箭”、“天麻”作为两种药物收载；明李时珍《本草纲目》明确指出二者实为一物；此后的本草著作大多沿用《雷公炮炙论》记载。现代著作均以“天麻”作为本品正名，以“赤箭”作为本品异名，同时尚记载有“木浦”、“定风草根”、“水洋芋”、“山土豆”、“冬彭”等各地俗称。

8. 怀牛膝和川牛膝

牛膝始载于《神农本草经》，常用品种有苋科牛膝属植物怀牛膝 *Achyranthes bidentata* Bl. 和杯苋属植物川牛膝 *Cyathula officinalis* Kuan。袁秀荣等则对怀牛膝和川牛膝进行了考证，表明历代本草所载牛膝多指怀牛膝，为传统药用牛膝的正品，且自唐以前，大都以怀产者为佳。二者在用药方面的区别是，怀牛膝以补肝肾、强筋骨作用好，而川牛膝通利关节、活血通经作用强。

9. 金铁锁

胡成刚等通过对苗药金铁锁的本草考证，认为历代本草文献中记载的金铁锁与现代基本一致，基源为石竹科金铁锁属金铁锁 *Psammosilene tunicodies* W. C. Wu et C. Y. Wu。对照金铁锁的名称、原植物的形态特征、产地、生态环境、性味功效与应用，古代和现代研究相似。

10. 连翘和贯叶连翘

连翘 *Forsythia suspensa* Vahl 为木樨科连翘属常用中药；贯叶连翘 *Hypericum perforatum* L. 为金丝桃科金丝桃属的草本植物，在欧洲具有悠久历史的抗抑郁中药，但该属贯以“连翘”名称的植物有 13 种以上，如湖南连翘(红旱莲)、赶山鞭(小连翘)、元宝草(小连翘)、小连翘等。为此，吴立宏等对连翘和贯叶连翘的基源和药用历史进行了考证，结果表明连翘、湖南连翘、元宝草在古代许多本草中均有描述，且宋以前“连翘”中的大翘应是湖南连翘，宋以后则主要为木樨科的连翘，唐以后应用的小翘主要是贯叶连翘。李英霞等也通过考证认为最早使用的连翘为金丝桃科湖南连翘(红旱莲、黄海棠)，连翘以泽州(今山西)产者为道地药材，且“青翘”为佳，“老翘”为差，这与现今连翘的药用情况基本一致。

11. 鸡血藤和大血藤

由于鸡血藤来源比较复杂，约有 6 科 30 种之多，且鸡血藤别名为大血藤，大血藤的别名为鸡血藤，临床用药常引起混乱。为此，胡碧辉等、李运景等通过考证，表明二者都有活血通络的作用，且鸡血藤为豆科木质藤本植物密花豆 *Spatholobus suberectus* Dunn 的藤茎，具有补血调经活血功能；大血藤为木通科落叶木质藤本植物大血藤 *Sargentodoxa cuneata* (Oliv.) Rehd. et Wils. 的藤茎，具有清热解毒、活血消痈的功能。并建议临床规范使用中药名。

12. 楮实子

楮实子为桑科构树 *Broussonetia papyrifera* (L.) Vent. 的成熟果实，《中国药典》有记载，大多数文献认为构树始载于古代本草《名医别录》。然而，黄宝康等考证后发现在《名医别录》前已有零星记载，构树在古代有多个名称，如楮、谷树、穀、桑穀等均指构树。楮实子是其小瘦果，楮实是其聚花果。《新华本草纲要》谓楮实子为“种子”有误，应改为“果实”或“瘦果”。现代研究表明楮实子有改善记忆、增强免疫等方面的作用。

13. 卖子木和买子木

现代植物和中药专著均考订茜草科植物龙船花 *Ixora chinensis* Lam. 为《唐本草》中的卖子木或宋《图经》中的买子木，但其形态、产地、药效等均与本草相悖。祁振声等经考证认为卖子木和买子木的原植物应为忍冬科的川西荚蒾 *Viburnum davidii* Franch.，而球核荚蒾 *V. propinquum* Hemsl. 及烟管荚蒾 *V. utile* Hemsl. 可能是后来的代用品。但川西荚蒾现代无药用记录，这可能是“卖子木”或“买子木”失传已久的原因，所以有必要发掘这一有“续绝、补骨髓，安胎”之功的传统中药。

(丁丽玉)

[附] 参考文献

C

蔡永敏，邱彤，张玮. 天麻药名沿革考. 中国中药杂志，2002；(10)：783

曹阳，蒋天胜，廖兰，等. 厚朴与其混淆品黄杞皮的比较鉴别. 中草药，2002；(5)：468

曹林林，谢志民. 三菘功效的本草考证. 陕西中医学院学报，2002；(2)：60

陈丰，刘文启，王钢力，等. 中药材滑石粉 X 射线衍射分析. 中国药学杂志，2001；(1)：18

陈建，王丹青，贾玉荣. 巴戟天及伪品的经验鉴别. 陕西中医，2002；(2)：164

陈海明，赵斌，李兰燕，等. 七厘胶囊的 X 衍射 Fourier 谱分析. 中华新医学，2002；(1)：3

陈焕亮，于永明. 女贞子与其伪品水蜡果实的鉴别. 中药材，2002；(10)：711

陈建伟，李平，王春根，等. 市售海参类药材的品种鉴定. 中国中药杂志，2002；(4)：251

陈柳蓉，方源. 数量分类法分析中药玫瑰花及其混淆品. 浙江医科大学学报，1996；(2)：60

D

戴少波，姜慧祯. 薄层色谱和紫外光谱法鉴别巴戟天及其伪品恩施巴戟. 山东医药工业，2002；(1)：12

丁平，刘军民，徐鸿华. 商品砂仁的质量评析. 中国中药杂志，2002；(10)：786

丁建弥，万树文，梅其春，等. 用随机扩增多态 DNA (RAPD)技术鉴定野山人参. 中成药，2001；(1)：3

丁小余，徐珞珊，王峥涛，等. 束花石斛及其相似种的 DNA 分子鉴别. 中国中药杂志，2002；(6)：407

杜天信，桂伟. 丹参酮 $Ⅱ_A$ 的检测在丹参质量控制中的应用. 河南中医，2002；(5)：72

杜志谦，王广强，薛素娟. 芍药苷检测在中药质控中的应用. 时珍国医国药，2002；(9)：554

F

付龙赓，应志麟. 野山人参及其伪品的经验鉴定特征. 中成药，1999；(2)：102

G

郭刚. 几种常用中草药的鉴别. 中医药研究，2001；(1)：51

郭巧生，钱大玮，何先元，等. 药用白菊花 4 个栽培类型内在质量比较研究. 中国中药杂志，2002；(12)：896

H

郝近大，谢宗万.《本草纲目》中禾本科药物基原考. 中国中药杂志，2001；(1)：63

何报作，姜建萍，莫建光，等. 褐苞薯蓣的质量研究. 中药材，2002；(4)：233

胡碧辉，岑乐定. 大血藤与鸡血藤药名辨惑. 江苏中医药，2002；(9)：39

胡成刚，邱德文，赵俊华，等. 苗药金铁锁的本草考证. 贵阳中医学院学报，2002；(3)：1

胡小姜. 甘肃产玫瑰花的理化鉴定. 现代应用药学，1993；(4)：13

黄洁，李晓波，王钊. 红外光谱法和反相高效液相色谱法鉴别人胎盘和羊胎盘. 中药材，2002；(10)：707

黄宝康，秦路平，郑汉臣，等. 中药楮实子及其原植物的本草考证. 中药材，2002；(5)：356

黄小华，赵光树. 玫瑰花的鉴别性特征. 浙江中医学院学报，1999；(6)：64

L

李波. 成分分析检测在中药质量控制中的运用. 时珍国医国药，2002；(4)：202

李萍，徐珞珊. 中药材质量控制方法体系探讨. 中药现代化，2002；(5)：44

李璋. 18 种常见中药材的水试鉴定法. 首都医药，2002；(6)：72

李兰燕，王树春，吴云山，等. 广地龙的 X 射线衍射 Fourier 谱鉴定. 中成药，2002；(5)：380

李琴华. 山慈姑本草考证. 浙江中西医结合杂志，2002；(2)：122

李向高，孙桂芳，王丽娟. 野山参的鉴别及其相关问题的讨论. 中药材，2002；(4)：243

李晓光，林励，陈志霞. 化州柚与柚的性状及组织显微鉴别. 中药材，2002；(6)：401

李英霞，孟庆梅. 连翘的本草考证. 中药材，2002；(6)：435

李运景. 鸡血藤、大血藤考证. 中药材，2002；(9)：669

梁鑫森，徐青，肖红斌. 中药质量控制的策略与方法. 中国中西医结合杂志，2002；(9)：646

林瑞超. 中药材及其饮片质量控制重点和难点. 中药研究与信息，2002；(2)：14

刘安一，钱进夫. 用 X 射线衍射分析法对中药紫石英的研究. 中成药，1998；(12)：32

刘青平. 中药饮片剂型改革与质量控制. 安徽中医临床杂志，2002；(3)：238

吕扬，郑启泰，吴楠，等. 中药材 X 射线衍射图谱研究. 药学学报，1997；(3)：193

吕翼，芦金清，裴学军. 药用金刚藤名实考证. 湖北中医杂志，2002；(5)：47

罗俊，林志彬. 波谱和 X-衍射分析鉴定赤芝子实体三萜类化合物的结构. 中草药，2002；(3)：197

M

马伯军，章斌轶，陈镖，等. 金华佛手遗传多态性的 RAPD 分析与品种的分子鉴定. 中草药，2002；(5)：460

马红梅，张伯礼. 不同科属木通比较. 中国中药杂志，2002；(6)：412

毛菊敏,李水福.建议尽快完善中药饮片质量标准.中草药,2002;(9):附7

毛淑杰.提高有毒中药饮片质量的关键环节.中国中药杂志,2002;(8):635

N

农以宁,曾令民.射线衍射法测定药用滑石粉中石棉的研究.中国中药杂志,2002;(7):524

P

潘金火,杨建平.垂盆草药材质量控制方法的研究.南京中医药大学学报·自然科学版,2002;(2):103

Q

祁振声,秦淑英.卖子木或买子木的本草考证.中药材,2002;(4):288

乔春峰,徐珞珊,董辉,等.闭鞘姜类药材的鉴别研究.中草药,2002;(1):62

秦海林.中药物质基础整体特征的精细表达与解析——中药指纹图谱的研究.中药现代化,2002;(4):12

S

沙明,王嘉仡,曹爱民,等.HPLC指纹谱技术在中药新药质量控制中的应用.中草药,2002;(2):181

石建功,马辰,杨永春,等.中药石韦的生药学研究.中药现代化,2002;(5):36

石俊英,马秋菊.月季、玫瑰等花粉的PAGE分析.山东中医杂志,1992;(1):36

宋冠英,吴光翠,李玉琴.巴戟天与三叶木通的鉴别.中草药,2001;(7):650

苏秀芹.巴戟天真伪鉴别.时珍国医国药,2000;(10):903

苏应娟,朱建明,王艇,等.厚朴的任意引物PCR指纹图谱分析.中草药,2002;(6):545

孙跃宗,程存归,许茂成,等.橘络及其伪品的红外光谱鉴别.中药材,2002;(11):783

T

汤迎爽,戴兴凌,康阿龙,等.粉末X射线衍射法在中药鉴定研究中的现状与展望.时珍国医国药,2001;(8):744

屠梅芳.野山参参芦的鉴别.中草药,2002;(4):367

W

王世清,郑亚玉,潘文刚,等.贵州苦丁茶品种考证及显微鉴定.中草药,2002;(11):1040

王世清,郑亚玉.贵州苦丁茶品种考证及资源调查(一).中国民族民间医药杂志,2002;(2):107

王树春,龚宁波,陈海明,等.中药材鹿茸(花鹿茸)的X衍射Fourier谱分析.中草药,2001;(12):1123

王树春,李兰燕,吴云山,等.中药材川芎的X射线衍射Fourier谱鉴定.中药材,2002;(6):399

王树春,吕杨,吴楠,等.中药材熊胆的X衍射Fourier谱分析.中草药,2000;(3):214

王湘波,蔡永.巴戟天与其伪品黄花倒水莲的鉴别.湖南中医杂志,2001;(3):48

王小仙,张晓红.不同时期采购的羌活挥发油比较.中国中药杂志,2002;(8):617

王秀坤,李家实.中药生物效应鉴定方法探讨.中药现代化,2002;(4):48

王峥涛.龙胆等16种中药材质量标准的规范化研究.中国药科大学学报,2002;(4):265

吴立宏,胡海燕,黄世亮,等.连翘与贯叶连翘的本草考证.中国中药杂志,2002;(8):612

吴启南,王立新,王永珍.合子草的文献考证.基层中药杂志,2002;(1):39

吴祥松,刘贤旺,黄慧莲,等.车前的本草考证.时珍国医国药,2002;(1):40

吴云山,郑启泰,吕扬.中药材熟地黄的X射线衍射Fourier谱鉴定.中药材,2002;(5):318

X

谢培山.中药现代化的取向与质量控制模式.中药新药与临床药理,2002;(4):201

谢宗万,邹家林.《分类草药性》药物的基原考订(一).中国中药杂志,2002;(4):293

谢宗万,邹家林.《分类草药性》药物的基原考订(二).中国中药杂志,2002;(5):377

谢宗万,邹家林.《分类草药性》药物的基原考订(三).中国中药杂志,2002;(6):453

薛祥骥,陈柳蓉.中药玫瑰花及其混淆品的鉴定.中国药学杂志,1994;(8):459

Y

晏马成,缪细泉,梁路.野山人参的性状和商品等级的研究.中国中医药信息杂志,2002;(2):36

姚韬.玫瑰花与其混淆品的鉴别.湖南中医杂志,2001;(7):52

余杰,吴永江,程翼宇.一种基于分析数据可视化技术的中药材质量分析与评价新方法.中国中药杂志,2002;(2):97

袁秀荣,常章富.怀牛膝、川牛膝本草考证.中国中药杂志,2002;(7):545

Z

张莉,刘玮.灰绿黄堇的鉴别.基层中药杂志,2002;

(4)：39

张云. 配方剂量小包装净制饮片的质量控制. 中草药,2002；(8)：附5

张海峰,杨剑涛,李培. 巴戟天及其混伪品恩施巴戟、羊角藤的经验鉴别. 河南中医药学刊,2000；(5)：14

张宏桂,陈燕平,郑启泰,等. 野生东北刺人参的X射线衍射研究. 中草药,1999；(6)：463

张丽平,孙捷,孙光. 巴戟天及混淆品鉴别. 时珍国医国药,2000；(10)：901

张丽芝. 几种常用中药的掺假鉴别. 时珍国医国药,2002；(8)：480

张树尧. 玫瑰花与月季花的鉴别. 舟山医学,1999；(3)：48

张文婷,何翱,陈洁. 连翘的HPLC指纹图谱研究. 中国中药杂志,2002；(5)：357

赵骏,连娜,李青青. 桑叶多糖质量控制初探. 天津中医,2002；(5)：48

赵光树,黄小华. 谈药材玫瑰花的鉴别性特征. 中国药业,2000；(8)：26

赵宇新,李曼玲. 模式识别在中药质量评价中的应用进展. 中国中药杂志,2002；(11)：808

郑笑为,吕扬,赵斌,等. 牛黄解毒片的X衍射付里叶图谱分析研究. 药物分析,2000；(3)：202

钟国跃,于超,赵志礼. 中药质量评价方法新探——“有限成分组合质量标准”论. 中国中药杂志,2002；(9)：719

钟小荣. 巴戟天的真伪识别. 福建中医药,2001；(5)：40

周建理,袁如柏,刘翔. 各种商品菊花的性状鉴别. 中国中药杂志,2002；(1)：17

周俊国,吕扬,郑启泰,等. 中药材蛇床子的粉末X射线衍射研究. 中草药,1999；(1)：59

朱华,廖月葵,辛宁,等. 葫芦茶的生药鉴定. 中草药,2002；(6)：552

朱志峰,王树春,刘旭英,等. 中药材蛤蚧的X衍射Fourier谱分析. 中草药,2001；(10)：932

(三)中药化学

【概述】

2002年在公开发表的杂志上有关中药化学的论文近900篇。从常用中药、民间草药、民族药物、海洋生物、复方中药中分得近2 000种化学成分,其中90余种新成分。并有以下特色。

1. 进行复方有效部位的筛选和有效成分的研究

王业民等通过半夏厚朴汤抗抑郁作用实验的筛选,从4个提取部位中找到其抗抑郁成分,主要分布在石油醚和水溶性两部位,并指出起作用可能是部分地通过对单胺类神经递质系统的整合而达到抗抑郁目的。徐雅娟等结合硅胶柱层析分离,运用ESI/MS^n MALDI-TOF/MS等技术,分析了人参四逆汤抗失血性休克作用的组分S-1和S-7的组成成分,从S-7组分中分析鉴定了人参皂苷-Ra_1、-Ra_2、-Rb_1、-Rb_2、-Rb_3、-Rc、-Rd、-Re、-Rg_1、-Rg_2、-Rg_3、-Rf、尿嘧啶等14种成分;从S-1组分中检出苯甲酰次乌头碱油酸酯、苯甲酰去氧乌头碱油酸酯、苯甲酰乌头碱棕榈酸酯、苯甲酰中乌头碱、苯甲酰乌头碱、苯甲酰次乌头碱。吴军等研究了补阳还五汤中苦杏仁苷为一对含量相等的D、L差向异构体。桃仁单味水煎结果与复方相同,是高温水环境下桃仁中物质相互作用而致异构化的结果。张勇忠等从镇痛汤水煎液的氯仿部位中分得紫堇碱、四氢巴马亭、乌头碱等11种生物碱成分。

2. 开展了微生物对重要活性产物的生物转化作用的研究

占纪勋等探讨了华银霉和雅致小克银汉霉对青蒿素的生物转化作用,分离出去氧青蒿素、3α-羟基去氧青蒿素、9β-羟基青蒿素等产物。

3. 重视水溶性小分子有机酸盐有效成分的研究

张慧桢等从新疆紫草根中分得rabdosiin二钾盐、迷迭香酸钾盐、迷迭香酸钠盐、阿魏酸纳盐等成分,其中rabdosiin二钾盐具有显著的抗生育活性。

4. 重视挥发油有效成分的研究

梅文莉等从锡兰肉桂醇提取物中分离鉴定了丁香酚、大豆脑苷等7种成分,均有不同程度的抗PAF活性。魏小宁等用GC-MS分析了青杨挥发油成分,鉴定出54个化合物,约占总油的88%。阿吉艾克拜尔·艾萨等用GC-MS研究了心草挥发油成分,鉴定了73个化合物,占总油的92.46%。汪涛等用GC-MS鉴定了岷山毛建草挥发油中的61种成分,是挥发油成分的63.3%。张广文等用GC-MS分析了广藿香精油成分,筛选了抗真菌和抗细菌活性成分,且对5种致病真菌、6种条件致病真菌和5种细菌的体外抗菌实验表明广藿香精油具有一定的抗菌能力。

5. 开展了常用中药注射液的化学成分研究

窦辉等从成都地奥九泓制药厂的黄芪注射液原液中分离鉴定了14种化学成分:6种异黄酮、1种紫檀烷、1种异黄烷、6种黄芪皂苷类等成分,有助于药效物质的阐明和准确的质量控制。

(宋纯清　叶晓平)

【68种中草药中的新成分】

一年来,中国学者在68种中草药中发现了90多种新成分,见表3-7。

表 3-7　68 种中草药的新成分

中草药及原植物名	新成分名称	分子式	熔点(℃)和旋光度	生物活性	报道者
1. 黄花乌头 *Aconitum coreanum* (levl.) Rapaics	关附子素	$C_{20}H_{27}NO_4$	242 $[\alpha]_D+50°$		杨春华,等
2. 工布乌头 *Aconitum kongboense*	工布乌碱	$C_{32}H_{43}NO_7$	68～70 $[\alpha]_D-35°$	缓慢心率	阿萍,等
3. 甘青乌头 *Aconitum tanguticum* Stapf.	Tangutimine	$C_{20}H_{27}NO_2$	252～253 $[\alpha]_D+93°$	清热解毒	王海顷,等
4. 泽泻 *Alisma orientalis* (Sam.) Juzep.	24-乙酰泽泻醇	$C_{32}H_{53}O_6$	169～170		彭国平,等
	24-乙酰环氧泽泻醇	$C_{20}H_{32}O_2$	262～263		
	泽泻二萜醇	$C_{20}H_{38}O_2$	214～216 $[\alpha]_D-5.17°$		
	泽泻二萜苷	$C_{25}H_{40}O_6$	273～274 $[\alpha]_D-27.5°$		
5. 大蒜 *Allium sativum* L.	E-丙烯醛基烯丙基二硫化合物	$C_6H_8S_2O$		抗菌、抗肿瘤	陆茂松,等
	3-乙烯基-4H-1,2-二硫杂苯-1-氧化物	$C_6H_8S_2O$			
6. 两头尖 *Anemone raddeana* Regel	raddeanoside	$C_{41}H_{66}O_{12}$	274～276		路金才,等
7. 龙眼独活 *Aralia fargesii* Franch.	17-Acetoxy-16α-ent-kauran-19-oic acid	$C_{22}H_{34}O_4$	122～124 $[\alpha]_D-59°$		张津海,等
8. 灰枝紫菀 *Aster tataricus* L. f.	三萜皂苷Ⅰ		$[\alpha]_D-110°$		张嘉岷,等
9. 贺兰山黄芪 *Astragalus hoantchy* Franch.	2',4'-二甲氧基3'-羟基-异黄烷-6-O-β-葡萄糖苷		166～167		赵明,等
10. 铁破锣 *Bessia calthaefolia* (Maxim.) Ulbr.	铁破锣皂苷 O	$C_{37}H_{58}O_{10}$	196～200 $[\alpha]_D-11.3°$	免疫抑制	鞠建华,等
	铁破锣皂苷 P	$C_{37}H_{62}O_{11}$	274～276 $[\alpha]_D+2.6°$		
11. 白及 *Bletilla striala* (Thunb.) Reichb. f.	5-羟基-4-(对羟基苄基)-3',3-二甲氧基联苄		173～174		韩广轩,等
12. 乳香 *Boswellia carterii* Birdw.	羽扇-20(29)-烯-3α-乙酰氧基-24-酸	$C_{32}H_{50}O_4$	271～273 $[\alpha]_D+15.5°$		周金云,等

（续　表）

中草药及原植物名	新成分名称	分子式	熔点(℃) 和旋光度	生物活性	报道者
13. 赤芝 *Ganoderma lucidum* (Leyss. ex Fr.) Karst.	化合物Ⅵ	$C_{28}H_{44}O_8$	130～131		罗俊，等
	化合物Ⅶ	$C_{31}H_{44}O_9$	196～197		
	CalcarisporinB2	$C_{29}H_{38}O_{10}$	>320 $[\alpha]_D-7.0°$		于能江，等
	CalcarisporinB3	$C_{29}H_{38}O_{10}$	214～218 $[\alpha]_D+10.0°$		
	CalcarisporinB4	$C_{29}H_{36}O_9$	140～144 $[\alpha]_D+1.0°$		
14. 升麻*Cimicifuga foetida* L.	乙酰升麻-3-O-α-L-阿拉伯糖苷	$C_{37}H_{58}O_{10}$	261～263 $[\alpha]_D-0.012°$		潘瑞乐，等
	升麻酸	$C_{20}H_{20}O_7$	233～235 $[\alpha]_D+5.19°$		赵晓宏，等
15. 肉苁蓉 *Cistanche deserticola* Y. C. Ma	肉苁蓉多糖			补益	曾群力，等
16. 凹舌兰 *Coeloglossum viride* L.	4-(4-羟苯甲氧基)苯甲醇		132～134		黄胜阳，等
	长苞凹舌兰素甲	$C_{21}H_{29}O_{12}$	$[\alpha]_D-27.8°$		
17. 狗筋蔓 *Cucubalus baccifer* L.	6-methoxy-piperidin-2-one	$C_6H_{11}NO_2$			程永现，等
18. 攀枝花苏铁 *Cycaspanzhihuaensis*	攀枝花苏铁苷	$C_{39}H_{51}O_{24}$	$[\alpha]_D-64.0°$		周燕，等
19. 徐长卿 *Cynanchum paniculatum* Kitag.	CPB-4				王顺春，等
	新白薇苷元	$C_{28}H_{40}O_{10}$	$[\alpha]_D-39.96°$		潭华，等
20. 鱼藤 *Derris eriocarpa* How	鱼藤三萜素 A	$C_{30}H_{48}O_3$	$[\alpha]_D+0°$		张宪民，等
	鱼藤三萜素 B	$C_{30}H_{48}O_4$	$[\alpha]_D+11.0°$		
	鱼藤三萜素 C	$C_{36}H_{56}O_9$	$[\alpha]_D-20.7°$		
21. 牛筋条 *Dichotomanthes tristaniaecarpa*	圣草酚 7-O-β-D-(6'-乙酯基)-吡喃葡萄糖醛酸苷	$C_{23}H_{24}O_{12}$	158～161 $[\alpha]_D-58.1°$		梅文莉，等
	圣草酚 7-O-β-D-(6'-甲酯基)-吡喃葡萄糖醛酸苷	$C_{22}H_{22}O_{12}$	121～123 $[\alpha]_D-71.3°$		
22. 穿龙薯蓣 *Dioscorea nipponica* Makino	穿龙薯蓣皂苷 Dc	$C_{51}H_{82}O_{20}$	216～218 $[\alpha]_D-96.2°$	激素类药物的原料	都述虎，等
23. 小花盾叶薯蓣 *Dioscorea parviflora* C. T. Ting	小花盾叶薯蓣皂苷	$C_{57}H_{94}O_{28}$	194～196 $[\alpha]_D-46.1°$		金建明，等

（续 表）

中草药及原植物名	新成分名称	分子式	熔点(℃)和旋光度	生物活性	报道者
24. 紫花松果菊 *Echinacea purpurea* (L.) Moench	紫花松果菊苷 A		108～110		李继仁,等
25. 墨旱莲 *Eclipta prostrata* L.	eclalbasaponin XIII	$C_{37}H_{58}O_{10}$	195～198		赵越平,等
26. 地胆草 *Elepphantopus scaber* Linn.	Aurantiamide acetate		[α]D－40.2°		梁侨丽,等
	Aurantiamide		[α]D－43.5°		
27. 灯盏花 *Erigeron breviscapus* (Vaut.) Hand-Mazz	Erigeside D	$C_{20}H_{21}O_{12}$	139～141 [α]D－20.6°		陈斌,等
28. 小野芝麻 *Galeobdolon chinensis* (Benth.) C. Y. Wu	小野芝麻苷	$C_{30}H_{26}O_{12}$	269～271		蒋受军,等
29. 滇皂角 *Gleditsia delavayi* Franch	滇皂角苷 C'	$C_{74}H_{120}O_{38}$		抗 HIV	滕荣伟,等
30. 红豆杉 *Gliocladium sp* F.	粘帚真菌 F	$C_{28}H_{44}O_{3}$	210～212		张集慧,等
31. 红花岩黄芪 *Hedysarum multijugum* Maxim.	1,7-二羟基-3,9-二甲基紫檀烯	$C_{17}H_{14}O_{6}$	210～214		王伟,等
32. 泥胡菜 *Hemistepta lyrata* Bunge.	泥胡鞘胺醇	$C_{42}H_{85}O_{5}N$	129～130		任玉琳,等
	泥胡三萜醚	$C_{30}H_{50}O$	＞300 [α]D＋13.6°		
33. 蛇足石杉 *Huperzia serrata* (Thunb.) Trev.	蛇足石杉新碱	$C_{16}H_{23}NO_{3}$	203～205 [α]D－48.2°		袁珊琴,等
34. 毛子草 *Incarvillea arguta* (Royle) Royle	毛子草碱甲	$C_{13}H_{15}ON$	167～169 [α]D＋17.1°		吉腾飞,等
	毛子草碱乙	$C_{10}H_{12}ON_{2}$	[α]D＋16.37°		
35. 腺花香茶菜 *Isodon adenanthus* (Diels) Kudo	isodonadenanthin	$C_{30}H_{44}O_{6}$	[α]D＋59.1°	细胞毒	姜北,等
36. 细叶香茶菜 *Isodon tenuifolia* (W. W. Smith) Kudo	细叶香茶菜甲素	$C_{24}H_{36}O_{6}$	251～253 [α]D－11.7°		纳智,等
	细叶香茶菜乙素		[α]D－4.0°		
37. 牛尾草 *Isodon ternifolius* (D. Don) Kudo	牛尾草素 H	$C_{22}H_{30}O_{6}$	246～248 [α]D＋36.3°		纳智,等
38. 夏至草 *Lagopsis supina* (Steph.) Ik. Gal.	Compound Ⅰ		194～196		李佳,等
	Compound Ⅱ		206～207		

（续 表）

中草药及原植物名	新成分名称	分子式	熔点(℃)和旋光度	生物活性	报道者
39. 川芎 *Ligusticum chuanxiong* Hort	川芎三萜	$C_{39}H_{54}O_5$	313～314	活血	肖永庆,等
	4,7-二羟基-3-丁基苯酞	$C_{12}H_{14}O_4$	210	保肝作用	王文祥,等
40. 卷丹 *Lilium lancifolium* Thunb.	卷丹皂苷 A	$C_{44}H_{69}O_{16}$			杨秀伟,等
41. 单条草 *Lysimachia candida* Ldl.	单条草苷甲	$C_{41}H_{66}O_{13}$			张晓璐,等
42. 长缘厚朴 *Magnolia rostrata* W. W. Smith	1,1'-联苯-6'8'9 三羟基-3-烯丙基-4-O-β-D-葡萄糖苷	$C_{24}H_{30}O_9$	$[\alpha]_D-17.8°$		邓世明,等
43. 菱叶紫菊 *Notoseris rhombiforms* Shih	紫菊内酯 D	$C_{15}H_{17}O_5$	238～240 $[\alpha]_D-11°$		廖志新,等
44. 白芍 *Paeonia lactiflora* *Pall*	白芍苷 R_1	$C_{23}H_{28}O_{11}$	203～205		张晓燕,等
45. 黄花败酱 *Patrinia scabiosaefolia* Fisch.	酰化新皂苷		226～229		杨波,等
46. 黄海葵 *Anthopleura xanthogrammica*	青霉口山酮 A	$C_{32}H_{30}O_{14}$	235～237 $[\alpha]_D-2.2°$		蒋亭,等
47. 海绵 *Phakcellia fusca* Schmidt	2-bromoaldisin	$C_8H_7N_2O_2$			贺焕章,等
48. 马尾松 *Pinus massoniana* Lamb.	马尾松苷 A	$C_{25}H_{32}O_{10}$	130～131 $[\alpha]_D-14.8°$		毕跃峰,等
	马尾松苷 C	$C_{26}H_{34}O_{10}$	97～99 $[\alpha]_D-24.5°$		
49. 何首乌 *Polygonum multiflorum* Thunb.	polygoacetophenoside Ⅰ	$C_{20}H_{22}O_{10}$	$[\alpha]_D-22.2°$	抗衰老	肖凯,等
	polygoacetophenoside Ⅱ	$C_{26}H_{32}O_{14}$	$[\alpha]_D+58.4°$		
50. 漏芦 *Rhaponticum uniflorum* (L.) DC.	漏芦苷	$C_{41}H_{64}O_{12}$	247～249 $[\alpha]_D+21°$		张永江,等
51. 长鞭红景天 *Rhodiola fastigiata* (Hook. f. et Thoms) S. H. Fu	长鞭红景天素甲	$C_{13}H_{24}O_8$	$[\alpha]_D-22.1°$		杨辉,等
52. 乌泡子 *Rubus parkeri* Hance	2α,3α,19α-三羟基齐墩果-12-烯-28-酸				陶正明,等
53. 巴天酸模 *Rumex patientia* L.	3-甲氧基牛蒡子-4'-O-β-D-木糖苷	$C_{27}H_{34}O_{11}$	166～168		高黎明,等

（续 表）

中草药及原植物名	新成分名称	分子式	熔点(℃)和旋光度	生物活性	报道者
54. 石见穿 *Salvia chinensis* Benth	石见穿多糖 SC3				刘翠平，等
55. 西藏雪莲花 *Saussurea tridactyla* SchBip.	雪莲鞘胺醇		140～141		任玉琳，等
56. 荆芥 *Schizonepeta tenuifolia* (Benth.) Briq.	3-羟基-4(8)-烯-对-薄荷烷-3(9)-内酯	$C_{10}H_{14}O_3$			杨帆，等
	1,2-二羟基-8(9)-烯-对-薄荷烷	$C_{10}H_{18}O_2$			
57. 蝉翼藤 *Securidaca inappendiculata* Hassk.	蝉翼藤萜酸苷	$C_{11}H_{18}O_8$	80～83		杨学东，等
58. 腺梗豨签 *Siegesbeckia pubescens* Makino	3,3'-双(3,4-二氢化-6-甲氧基-2H-1-苯并吡喃)	$C_{20}H_{22}O_4$	112～113 $[\alpha]_D-60.5°$		熊江，等
	对16β,17,18-三羟基-贝壳杉-19-羧酸	$C_{20}H_{32}O_5$	244		高辉，等
59. 鸡血藤 *Spatholobus suberectus* Dunn	密花豆素	$C_{16}H_{14}O_6$	164～165		崔艳君，等
60. 川东獐牙菜 *Swertia davidi* Franch.	川东獐牙菜素 A	$C_{16}H_{14}O_7$	165～169		谭桂山，等
61. 三叶崖爬藤 *Tetrastigma hemsleyanum* Diels et Gilg	崖爬藤苷	$C_{26}H_{28}O_{13}$	218～220 $[\alpha]_D+9.0°$		刘东，等
	异崖爬藤苷				
62. 雪茶 *Thamnolia vermincularis* (SW.) Ach.	thamnolin	$C_{31}H_{56}O_3$			姜北，等
63. 雷公藤 *Tripterygium wilfordii* Hook f.	雷公藤榕碱	$C_{36}H_{45}NO_{18}$	179～181		林绥，等
64. 卵叶娃儿藤 *Tylophora ovata* (Lindl.) Hook ex steud	tylophoridicine	$C_{23}H_{25}NO_4$	216～217 $[\alpha]_D+84.8°$		甄月英，等
65. 马鞭草 *Verbena officinalis* L.	7α,22S-二羟基谷甾醇	$C_{29}H_{50}O_3$	183～185		刘宏民，等
66. 盆架树 *Winchia calophylla* A. DC	盆架酸	$C_{40}H_{56}O_7$	226 $[\alpha]_D-14.7°$		朱集明，等
67. 金铁锁 *Psammosilene tunicoides* W. C. Wu et C. Y. Wu	新三萜皂苷	$C_{67}H_{104}O_{33}$	228～230 $[\alpha]_D+10.15°$		钟惠民，等

（续 表）

中草药及原植物名	新成分名称	分子式	熔点(℃)和旋光度	生物活性	报道者
68. 黄杉*Pseudotsuga sinensis* Dods	化合物Ⅲ	$C_{16}H_{14}O_6$	243～245		易进海，等
	化合物Ⅵ	$C_{16}H_{14}O_6$	194～196		

（宋纯清 叶晓平）

【白芷的化学成分研究】

白芷为伞形科植物白芷 *Angelica dahurica*（Fisch. ex Hoffm.）Benth. et Hook. f.或杭白芷 *A. dahurica*（Fisch. ex Hoffm.）Benth. et Hook. f. var. *formosana*（Boiss.）Shan et Yuan 的干燥根，具有祛风、燥湿、消肿、排脓、止痛的功效。白芷作为一味常用中药，王梦月等总结了《中国药典》(2000 版)收载的 458 个成方中，有 43 个成方含有白芷，占所载成方总数的9.4%。近年来的研究表明，白芷和白芷有效成分欧前胡素均可抑制毒激素-L 诱导的脂肪分解反应，从而阻遏肿瘤恶病质的发生发展，为此对其化学成分的研究引起了人们更多的关注，现发现白芷不同的提取物中分得的化学成分白当归素、白当归脑、欧前胡素、珊瑚菜内酯、氧化前胡素、异欧前胡素、川白芷内酯、当归白芷内酯、佛手柑内酯、伞形花内酯、新白当归脑等均有一定的生物活性。

1. 香豆素类

香豆素类是白芷的主要化学成分，有效成分为香豆精类，其中有氧化前胡素、欧前胡素、异欧前胡素等。张富强等报道，薄层色谱测定不同生长期白芷中香豆精类的含量，结果表明生长期 3 年以上、断面直径 1 cm 以上的白芷药材中香豆精类的含量最高。游小琳等应用硅胶及 ODS 柱色谱分离，光谱法鉴定化合物的方法，系统地研究了白芷水溶性化学成分，结果共分离鉴定了 11 个化学成分，其中 6 个为首次从该植物中分离得到。怡悦报道白芷果实的甲醇提取物在氯仿(ADS-C)与水中分配，结果对肿瘤细胞(MK-1、B16F10、HeLa)增殖有抑制活性的 ADS-C 经各种柱层析、HPLC 等纯化，得到数种化合物。其中麦角固醇过氧化物对 3 种肿瘤细胞均有较强的抑制活性作用，且 3-羟基-p-甲基-1-烯-6-酮对 B16F10 细胞增殖有抑制作用，而其他化合物的活性尚在研究之中。

2. 挥发油成分

主要有甲基环癸烷、1-十四碳烯、樟脑、正十二醇正十四醇、环十二等。聂红等采用白芷的水蒸气蒸馏所得的油状物，运用 GC-MS 技术，结合计算机检索对挥发油成分进行分离和鉴定，用色谱峰面积归一化法计算各组分的相对含量。结果 75 min 内色谱分离出 148 个峰，质谱鉴定了其中 111 个组分，占挥发油总量的 89.9%。白芷挥发油的主要成分为甲基环癸烷(22.4%)、1-十二烷醇(8.6%)、十三烷醇(5.5%)、1-十四烷醇(5.1%)，与文献报道的成分有所不同。王玉春等研究表明，白芷挥发油毒性低，LD_{50} 为生药量 5.86 kg/kg，白芷水煎液的最大耐受量为人用剂量的 1 600 倍。聂红等研究也表明，白芷总挥发油可能通过增加中枢前阿黑皮素 mRNA 表达阳性细胞数和内源性镇痛物质含量，激活内源性镇痛机制。

3. 微量元素

夏黎明等报道白芷中含有 Ca、Cu、Fe、Zn、Mn、Ni、Co、Cr、Mo 等人体必需的微量元素，其中 Fe、Ca、P 的含量较高，而对人体有害的 Pb、Cd 含量极低，表明白芷毒性低、副作用小。

4. 含量测定和提取方法

张丽英等采用薄层扫描法测定白芷中欧前胡素的含量。结果每 1 g 生药中欧前胡素的含量为 0.86 mg，平均回收率为 97.92%，RSD 为 2.46%(n=6)。该测定方法稳定，重现性好，可用于测定药材白芷中欧前胡素的含量。梁明金等以欧前胡素为指标，用薄层色谱法对提取香豆素类成分所用的溶剂种类和提取方式进行系统研究。结果用 4 倍量 95%乙醇回流 2 次(每次 1 h)的方法提取白芷中的香豆素类有效成分可以获得较高的提取效率。溶剂种类和提取方式对白芷中欧前胡素的提取效率也有较大影响。彭菲等研究表明，人工四倍体白芷药材中欧前胡素的含量很高，达到了0.460%，比原二倍体白芷的含量(0.225%)增加了104.4%。

（高　山）

【仙茅有效成分的含量测定】

仙茅为石蒜科仙茅属植物仙茅 *Curculigo orchiodes* Gaertn 的干燥根茎，具有补肾阳、强筋骨、祛寒湿的功能，用于阳痿精冷、筋骨痿软、腰膝冷痹、阴虚冷泻等病症。仙茅的主要有效成分为仙茅苷和仙茅素。

吴禾等建立反相 HPLC 测定仙茅中仙茅苷的含量，样品经甲醇提取，色谱柱为 Alltima C～18，检测波长 283 nm。结果：仙茅苷在 0.25～2.59 μg范围内呈良好的线性关系，平均回收率为 99.67%，RSD 为 2.6%(n=4)。本方法简便，可靠，重现性好。黄灿华等采用紫外分光光度法测定仙茅中仙茅苷的含量，检测波长为 282 nm。结果：仙茅苷线性回归方程为 Y＝0.0093X，r＝0.9999；加样回收率为 98.9%，RSD 为 0.5%(n=3)；该法测得自采仙茅药材中仙茅苷的平均含量为1.03%，RSD为5.1%(n=5)。该方法准确可靠，操作简便易行。潘馨等建立高效液相色谱法测定仙茅中仙茅苷的含量，色谱柱为 Nova-pakC～18，检测波长为 275 nm。结果：仙茅苷在 0.3485～2.788 μg 范围内呈良好的线性关系，回归方程为$Y=2\times10^6+34\ 221$(r=0.9999)，平均回收率为 100.07%，RSD 为 0.83%。本法简便、快速、灵敏、准确、重现性好，可作为仙茅的质量控制方法。吴禾等用高效液相色谱法测定金骨颗粒剂中仙茅苷的含量，方法以甲醇提取，提取物加水溶解后用醋酸乙酯萃取，萃取液进行高效液相色谱法分析，色谱柱为 Alltima C～18，柱温：30℃；检测波长：283 nm。结果：加样平均回收率为 98.68%，RSD 为 2.1%(n=5)。该方法灵敏度高、专属性好、操作简便、重现性好。聂诗明等采用 HPLC 法对仙茅煎剂中仙茅苷的含量进行测定，以此作为煎剂的质量控制方法，结果平均回收率为 100.68%，RSD 为 2.51%。唐正平等采用 HPLC 测定仙茅超微饮片中仙茅苷的含量，结果超微饮片浸出物较传统饮片提高了约 1.39 倍，表明微粉化能提高生药中浸出物的提取率，从而有可能提高药物的生物利用度。聂诗明等以 HPLC 测定仙茅苷含量、以分光光度法测定多糖含量为考察指标，用正交试验法优选仙茅提取工艺，结果表明药材加 8 倍量水煎煮，每次 90 min，提取 3 次为最佳提取工艺。

董国明等分析不同产地仙茅的化学成分并测定其中仙茅苷的含量，结果表明各地产仙茅药材均含有仙茅苷，但其他化学成分不尽相同；仙茅苷含量分别为：1.52‰(四川宜宾)、0.65‰(云南大关)、0.42‰(湖献溆浦)、1.39‰(广东)、0.57‰(广西)、0.24‰(贵州凯里)。仙茅苷以四川宜宾产含量最高。陆惠文等也建立了仙茅中仙茅苷含量的反相高效液相色谱法，以甲醇为溶剂，超声提取，色谱柱为 Sep-Pak C～18，检测波长 283 nm。结果平均回收率为 99.2%，RSD为1.7%(n=5)，6 个不同来源的仙茅中仙茅苷的含量在 0.11%～0.35%之间。本法可作为仙茅药材的质量控制方法。

仙茅中还含有许多微量元素，为此，董国明等分析了中国产仙茅属 7 种植物，即仙茅、大叶仙茅、短葶仙茅、疏花仙茅、中华仙茅、绒叶仙茅、光叶仙茅的根茎中微量元素含量，认为该属植物微量元素含量有一定规律，其中 Ca、K、P、S、Fe、Mn、Sr、Zn 含量较高。

（郁韶明）

［附］ 参考文献

A

阿萍，陈东林，陈巧鸿，等. 工布乌碱的结构. 天然产物研究与开发，2002；(5)：8

阿吉艾克拜尔·艾萨，吕俏莹，阿布都巴力·阿布都拉. 心草挥发油成分研究. 天然产物研究与开发，2002；(5)：46

B

毕跃峰，郑晓珂，冯卫生，等. 马尾松针中木脂素苷的分离与结构鉴定. 药学学报，2002；(8)：626

C

陈斌，李伯刚，张国林. 灯盏花中的糖苷. 植物学报，

2002；(3)：344

程永现，周俊，邓世明，等. 狗筋蔓化学成分. 中草药，2002；(5)：397

崔艳君，刘屏，陈若芸. 鸡血藤的化学成分研究. 药学学报，2002；(10)：784

D

邓世明，戴好富，周俊. 长缘厚朴中的新配糖体. 云南植物研究，2002；(3)：397

董国明，张汉明. 不同产地仙茅药材薄层层析鉴别及仙茅苷的含量测定. 中国现代应用药学，1998；(6)：48

董国明，张汉明. 仙茅属植物根茎微量元素含量分析. 微量元素与健康研究，1998；(3)：56

都述虎，刘文英，付铁军，等. 穿龙薯蓣总皂苷中甾体皂苷的分离与鉴定. 药学学报，2002；(4)：267

窦辉，付铁军，张帆，等. 黄芪注射液的化学成分. 天然产物研究与开发，2002；(6)：14

G

高辉，李平亚，李德坤，等. 腺梗豨签的化学成分研究. 中草药，2002；(6)：495

高黎明，魏小梅，郑尚珍，等. 巴天酸模中化学成分的研究. 中草药，2002；(3)：207

H

韩广轩，王立新，顾正兵，等. 中药白及中一新的联苄化合物. 药学学报，2002；(3)：194

贺焕华，徐石海，曾向潮. 吡咯并内酰胺生物碱：2-溴 6,7-二氢-1H,5H-吡咯并[2,3-C]氮杂-4,8-二酮的 X-ray 晶体结构研究. 天然产物研究与开发，2002；(4)：1

黄灿华，吴美香，曾卫阳，等. 紫外分光光度法测定仙茅中仙茅苷的含量. 中国药师，2000；(4)：220

黄胜阳，石建功，杨永春，等. 藏药旺拉化学成分的研究. 中国中药杂志，2002；(2)：118

黄胜阳，石建功，杨永春，等. 长苞凹舌兰化学成分的研究. 药学学报，2002；(3)：199

J

吉腾飞，冯孝章. 毛子草化学成分的研究. 中草药，2002；(11)：967

姜北，韩全斌，项伟，等. 腺花香茶菜中的三萜化合物. 云南植物研究，2002；(5)：663

姜北，赵勤实，彭丽艳，等. 雪茶化学成分研究. 云南植物学报，2002；(5)：525

蒋亭，田黎，郭爱华，等. 黄海葵附生真菌 Penicillium thomii 的化学成分. 药学学报，2002；(4)：271

蒋受军，朱斌，魏锋，等. 小野芝麻化学成分研究(Ⅰ). 中国中药杂志，2002；(9)：671

金建明，刘锡葵，滕荣伟，等. 小花盾叶薯蓣苷的酶降解. 植物学报，2002；(10)：1243

鞠建华，林耕，杨峻山，等. 铁破锣皂苷 O 和 P 的结构及其药理活性. 药学学报，2002；(10)：788

L

李佳，陈玉婷. 夏至草中两种黄酮苷类化合物研究. 药学学报，2002；(3)：186

李继仁，王郃，乔梁，等. 紫花松果菊水溶性成分研究. 药学学报，2002；(2)：121

梁明金，杨广德，贺浪冲. 白芷中欧前胡素的提取方法研究. 中成药，2000；(12)：829

梁侨丽，闵知大，成亮. 地胆草中的两个寡肽. 中国药科大学学报，2002；(3)：178

廖志新，王明奎，彭树林，等. 菱叶紫菊的化学成分. 药学学报，2002；(1)：37

林绥，李援朝，樱井信子，等. 雷公藤榕碱的结构与分离. 药学学报，2002；(2)：128

刘东，鞠建华，林耕，等. 三叶崖爬藤中新黄酮碳苷. 植物学报，2002；(2)：227

刘翠平，王雪松，方积年. 石见穿多糖-SC3 的化学研究. 药学学报，2002；(3)：189

刘宏民，鲍峰玉，阎学斌. 马鞭草的化学成分研究. 中草药，2002；(6)：492

陆惠文，朱炳辉，梁颖康. 高效液相色谱法测定仙茅中仙茅苷的含量. 中国中药杂志，2002；(3)：192

陆茂松，闵吉梅，王夔. 大蒜有机硫化物的研究(Ⅱ). 中草药，2002；(12)：1059

路金才，徐琲琲，张新艳，等. 两头尖的化学成分研究. 药学学报，2002；(9)：709

罗俊，林志彬. 波谱和 X 衍射分析鉴定赤芝子实体三萜类化合物结构. 中草药，2002；(3)：197

M

梅文莉，倪伟，陈昌祥. 牛筋条的新化合物. 云南植物研究，2002；(6)：792

梅文莉，倪伟，刘海洋，等. 锡兰肉桂的化学成分. 天然产物研究与开发，2002；(3)：14

N

纳智，姜北，牛雪梅，等. 细叶香茶菜中两个新的对映贝壳杉烷二萜化合物. 植物学报，2002；(4)：477

纳智，项伟，赵勤实，等. 牛尾草中一新的对映贝壳杉烷二萜. 云南植物研究，2002；(2)：267

聂红，沈映君. 白芷总挥发油对疼痛模型大鼠的β-内啡肽、促肾上腺皮质激素、一氧化氮及前阿黑皮素的影响. 中国中药杂志，2002；(9)：690

聂红，沈映君. 白芷挥发油的 GC－MS 分析. 贵阳中医学院学报，2002；(2)：58

聂诗明，张丽萍，卢水珍，等. 正交试验法优选仙茅提取工艺的研究. 中成药，2002；(9)：665

聂诗明，张丽萍，卢水珍. 仙茅煎剂中仙茅苷的含量测定. 中药材，2002；(9)：667

P

潘馨，郭素华. 高效液相色谱法测定仙茅中仙茅苷的含量. 中国药学杂志，2002；(5)：370

潘瑞乐，陈迪华，斯建勇，等. 升麻地上部分皂苷类成分研究. 药学学报，2002；(2)：117

彭菲，张胜，刘塔斯，等. 四倍体白芷药材中欧前胡素的含量测定. 中国中药杂志，2002；(6)：426

彭国平，楼凤昌. 泽泻中二萜成分的结构测定. 药学学报，2002；(12)：950

彭国平，朱国元，楼凤昌. 泽泻三萜成分的研究(Ⅲ). 天然产物研究与开发，2002；(6)：7

R

任玉林，杨峻山. 泥胡菜中两个新化合物的结构研究. 药学学报，2002；(6)：440

任玉琳，杨峻山，陈建民. 雪莲鞘胺醇的结构鉴定. 中国药学杂志，2002；(6)：413

T

谭华，李顺林，郁志芳，等. 徐长卿中的一个新的 C_{21} 甾体配糖体. 云南植物研究，2002；(6)：795

谭桂山，徐康平，徐平声，等. 川东獐牙菜化学成分研究. 药学学报，2002；(8)：630

唐正平，李秀兰，周晓非，等. 高效液相色谱法测定仙茅超微饮片中仙茅苷的含量. 湖南中医杂志，2002；(4)：52

陶正明，丁立生，彭树林，等. 乌泡子根的三萜成分. 中草药，2002；(2)：99

腾荣伟，倪伟，丁靖凯，等. 滇皂角中一个新三萜皂苷 GS－C'. 云南植物研究，2002；(4)：531

W

汪涛，邓雁如，丁兰，等. 岷山毛建草挥发油化学成分分析. 天然产物研究与开发，2002；(6)：20

王伟，陈虎彪，王文明，等. 红花岩黄芪黄酮类成分研究. 药学学报，2002；(3)：196

王海顷，蒋山好，杨陪明，等. 甘青乌头的生物碱. 天然产物研究与开发，2002；(4)：13

王梦月，贾敏如. 白芷的化学成分研究进展. 中药材，2002；(6)：446

王顺春，鲍幸峰，方积年. 徐长卿中多糖 CPB－4 的化学结构研究. 中国中药杂志，2002；(2)：128

王文祥，顾明，蒋小岗，等. 川芎化学成分研究. 中草药，2002；(1)：4

王业民，孔令东，黄志起. 半夏厚朴汤抗抑郁活性部位的筛选. 中国中药杂志，2002；(12)：931

王玉春，聂红. 白芷挥发油的急性毒性及对 PGE_2 和血糖的影响. 江苏中医药，2002；(10)：54

魏小宁，刘霞，武水仙，等. 青杨挥发油化学成分研究. 天然产物研究与开发，2002；(4)：16

吴禾，刘云，陈玉敏. 高效液相色谱法测定金骨颗粒剂中仙茅苷的含量. 药物分析杂志；2001；(2)：83

吴禾，刘云，陈玉敏. 高效液相色谱法测定仙茅中仙茅苷的含量. 药物分析杂志，1999；(2)：105

吴军，屠鹏飞，赵玉英. 补阳还五汤中苦杏仁苷的存在形式及其产生机制. 中草药，2002；(2)：101

X

夏黎明，姚成. 中药白芷的研究现状. 中医药研究，2002；(5)：56

肖凯，宣利江，徐亚明，等. 何首乌中新的二苯乙烯苷. 植物学报，2002；(12)：1491

肖永庆，李丽，游小琳，等. 川芎化学成分研究. 中国中药杂志，2002；(7)：519

熊江，许云龙. 腺梗豨签的新双色满. 天然产物研究与开发，2002；(2)：7

徐亚娟，宋风瑞，赵洪峰，等. 人参四逆汤抗休克作用的有效组分成分分析. 中草药，2002；(5)：392

徐亚娟，赵宏峰，司云珊，等. 人参四逆汤活性成分的分离和鉴定. 中草药，2002；(3)：203

Y

杨波，沈德凤，丁立新，等. 黄花败酱中酰化新皂苷的分离与鉴定. 中草药，2002；(8)：685

杨帆，张仁延，陈江弢，等. 中药荆芥的单萜类化合物. 中草药，2002；(1)：8

杨辉，梅双喜，彭丽艳，等. 长鞭红景天中一个新的葡萄糖苷. 植物学报，2002；(2)：224

杨春华，刘静涵，相秉仁，等. 黄芪乌头中一个 C_{20} 二萜生物碱的结构分析. 中草药，2002；(3)：201

杨秀伟，吴云山，崔育新，等. 卷丹中新甾体皂苷的分离和鉴定. 药学学报，2002；(11)：863

杨学东，徐丽珍，杨世林. 蝉翼藤茎化学成分研究. 药学学报，2002；(5)：348

怡悦. 关于肿瘤细胞增殖抑制成分的研究(17)：白芷中的活性成分. 国外医学·中医中药分册，2002；(4)：247

易进海，张国林，李伯刚. 黄杉化学成分的研究. 药学学报，2002；(5)：352

游小琳,李丽,肖永庆. 白芷水溶性部分化学成分研究. 中国中药杂志,2002;(4):279

于能江,郭顺星,肖培根. 赤芝一共生菌发酵过滤液中的新倍半萜酯. 植物学报,2002;(7):878

袁珊琴,赵毅民,冯锐. 蛇足石杉新碱的结构鉴定. 药学学报,2002;(12):946

Z

曾群力,霍亚楠,毛俊浩,等. 肉苁蓉多糖的分离、纯化和鉴定. 中草药,2002;(12):1057

占纪勋,郭洪祝,韩健,等. 华根霉和雅致小克银霉对青蒿素的生物转化研究. 中草药,2002;(10):869

张富强,聂红,韦艺,等. 白芷的化学与药理研究进展. 南京中医药大学学报·自然科学版,2002;(3):190

张广文,蓝文键,苏镜娱. 广藿香精油化学成分分析及其抗菌活性. 中草药,2002;(3):210

张慧桢,廖矛川,宣利江,等. 新疆紫草中抗生育化学成分. 天然产物研究与开发,2002;(1):1

张积慧,郭顺星,杨峻山,等. 红豆杉内生真菌化学成分研究. 植物学报,2002;(1):1239

张嘉岷,王明奎,李伯刚. 灰枝紫菀中一个三萜皂苷成分的分离鉴定. 中国中药杂志,2002;(5):361

张丽英,任艳春,仲昭庆,等. 白芷中欧前胡素的含量测定. 中医药信息,2002;(4):24

张宪民,李忠荣,邱明华. 鱼藤的三个新三萜化合物. 云南植物研究,2000;(6):787

张晓璐,彭树林,王明奎,等. 从单条草中分得一个新的三萜皂苷. 中草药,2002;(6):481

张晓燕,高崇凯,王金辉,等. 白芍中的一种新的单萜苷. 药学学报,2002;(9):705

张永红,芦志刚,李新圃,等. 祁州漏芦中一个新的三萜皂苷. 植物学报,2002;(3):359

张勇忠,郑晓珂,冯卫生,等. 镇痛汤活性成分的研究. 中草药,2002;(2):106

张聿海,杨峻山. 龙眼独活中一个新二萜成分. 植物学报,2002;(4):474

赵 明,段金廒,黄文哲,等. 贺兰山黄芪的化学成分研究. 中国药科大学学报,2002;(4):274

赵晓宏,陈迪华,斯建勇,等. 中药升麻酚酸类成分研究. 药学学报,2002;(7):535

赵越平,汤海峰,蒋永培,等. 墨汉莲化学成分研究. 中国药学杂志,2002;(4):17

甄月英,黄学石,于德泉,等. 卵叶娃儿藤中的抗癌活性生物碱. 植物学报,2002;(3):349

钟惠民,倪伟,华燕,等. 金铁锁的新三萜皂苷. 云南植物研究,2002;(6):781

周燕,彭树林,李朝銮,等. 攀枝花苏铁叶中的一个新黄酮苷. 植物学报,2002;(1):101

周金云,崔锐. 乳香的化学成分. 药学学报,2002;(8):633

朱集明,沈月毛,洪鑫,等. 傣族药用植物盆架树中的三萜. 植物学报,2002;(3):354

(四) 中药药剂

【概述】

中药现代化是中医药事业发展的迫切要求与必然趋势，中药药剂学的理论与实践和实现中药现代化的目标密切相关，是中药制药技术进步的重要基础。以中医药理论为指导，结合中药制药的实际，运用现代科学技术，在中药药剂领域开展广泛而深入的研究，对于提高中药的整体水平，保证临床用药的安全、有效、稳定，推进中药现代化的进程具有积极的意义。2002 年在医药专业杂志上，发表中药药剂相关的论文近 600 篇，内容广泛、研究深入，关注的热点是改进中药制备工艺、优化中药制药技术、提高中药产品质量、创制新型中药制剂。

1. 中药制药新技术的应用

中药制药新技术的应用是提高中药制药水平的重要途径，也是优化中药制剂质量的关键。在中药前处理和中药制剂制备的各个工艺环节，推广应用新技术已受到日益广泛的重视。陈力等综述了超微粉碎的基本概念及粉碎机理，阐述了中药超微粉碎的应用优势，重点分析了各种超微粉碎设备在中药加工中的研究现状及其优缺点，认为振动磨是中药进行超微粉碎的理想设备。孙秀梅等以麻黄碱、甘草次酸等指标成分的提取率及干浸膏得率为指标，采用均匀设计法为麻杏石甘汤半仿生提取优选工艺条件。刘佳佳等为提高金银花中绿原酸的提取率，采用酶解醇提取工艺，并探讨酶的用量、处理时间、处理温度及酶的联合作用对提取结果的影响。葛保胜等采用二氧化碳超临界流体萃取技术，从大蒜中提取药用大蒜油，并优选确定最佳提取工艺条件。孙萍等用微波萃取技术从狭叶红景天中提取总黄酮，提取物中总黄酮含量可达 21.1%，提取时间仅需 20 min。罗兴法等以盐酸麻黄碱、甘草酸铵、盐酸罂粟碱的定性检查和盐酸麻黄碱的含量测定为指标，将壳聚糖用于咳喘宁口服液澄清工艺的研究，并同醇沉工艺比较和进行制剂稳定性考察，结果制备咳喘宁口服液可采用壳聚糖澄清工艺。程卫强等、李巧如等也分别用壳聚糖、101 澄清剂用于小儿喜食糖浆方煎液及中药制剂的澄清工艺，均有较好的分离效果。鲁传华等采用改性聚乙烯醇作为分离膜，从麻黄、黄连水提液中分离生物碱，结果表明分离效果好，分离所得生物碱纯度高。金万勤等考察 Al_2O_3 陶瓷微波膜对枳实水提液和苦参水提液的澄清效果，研究过程中以 HPLC 法测定枳实水提液中辛弗林的含量，以紫外分光光度法测定苦参水提液中总黄酮的含量，并与传统醇沉工艺的结果作比较。结果表明，Al_2O_3 陶瓷微波膜对两种药物水提液的除杂率和有效成分的得率均与醇沉法接近。苗青等提出薄膜闪蒸三效真空组合蒸发浓缩工艺，并具体应用于中药提取液的浓缩，与传统浓缩工艺比较，该工艺蒸发温度低，提取液受热时间短，蒸发浓缩效率高。何群等将愈痫灵颗粒剂中的挥发油用β-环糊精包合，并采用正交试验法，以包合物收率、挥发油转移率、油包合率为评价指标，优选包合物包合的工艺条件。何大雄等采用溶剂法将齐墩果酸制成齐墩果酸-PVP 固体分散体，并利用差热分析、X 射线衍射等方法研究测定其特性。结果表明，该固体分散体中齐墩果酸的溶出度有显著增加。符伟玉等用槲皮素和 L-精氨酸反应制成水溶性槲皮素精氨素酸复合物，并通过胶束纸色谱、紫外吸收光谱、红外吸收光谱、X 射线衍射等方法对复合物进行鉴定。结果表明，复合物性质稳定，拓宽了槲皮素的给药途径。

2. 中药新剂型的研究与制备

中药制剂种类繁多，根据临床治疗疾病的需要和药物性质的特点，创制安全、有效、稳定、使用方便的中药新剂型，也是中药药剂领域研究的重点。宋丽丽等应用 HPLC 法考察六味地黄丸超微粉和细粉中熊果酸与丹皮酚的溶出特性。结果表明该方经超微粉碎后，化学成分组成没有明显变化，但溶出速度及溶出量明显提高。于波涛等采用经典恒温法，进行穿心莲内酯原料的稳定性考察。结果表明，在不同 pH 值条件下，穿心莲内酯的稳定性不同，以 pH 值 3～5 的条件最为稳定，这为制备穿心莲内酯的相关制剂提供了基础。

张宁等采用V-C水平扩散池，对补骨脂素和异补骨脂素体外透皮特性进行研究，考察促透剂乙醇、氮酮、甘油等对补骨脂素和异补骨脂素在裸鼠皮肤中透过性的影响。结果表明10%乙醇和1%氮酮组合而成的复合促渗剂效果最好，为补骨脂透皮给药制剂的研究提供了依据。富志军等以临界相对湿度、吸湿曲线、休止角等微粉学数据为考察指标，进行风湿灵胶囊成型工艺研究。结果表明，加入总量10%的微晶纤维素与淀粉(1∶1)混合辅料较为适宜，生产车间及贮存环境的相对湿度应小于45%。朱如彩等以滴丸成型率为评价指标，用平行试验法和正交试验法对舒心滴丸成型工艺条件和基质进行选择优化。孙亦群等将中药传统制剂九分散制成经皮给药制剂九分喷雾剂，并进行透皮释放率研究。结果表明该制剂中药的释放率趋势为：随着时间的延长，累积渗透率增加，释放速率则基本维持稳定，12 h总释药约为50%，提示九分喷雾剂可维持较稳定的血药浓度。杨柳等进行香荷药条体内外释药相关性的研究。结果表明该制剂体内释药百分率与体外释药百分率有良好的相关性，提示可通过控制其体外释放度达到预测体内吸收的目的。高光伟等以羟丙基甲基纤维素为辅料，将沙棘提取物制成凝胶骨架片，并进行该片剂的体外溶出特性研究。吕红等以羟丙基甲基纤维素为包衣材料，对便通胶囊中药物颗粒进行薄膜包衣。经考察包衣颗粒临界相对湿度大，吸湿速度慢，提高了颗粒的质量，也确保了制剂的稳定。景秋芳等以甲壳胺和海藻酸钠为复合骨架材料，将葛根素制成缓释片，并进行释放度研究，探讨葛根素的释放机制。结果表明，葛根素缓释片释放稳定，以扩散机制为主。胡志方等将元胡止痛片剂改进为胃漂浮型控释片，并进行制备工艺及质量控制研究。结果表明，元胡止痛胃漂浮型控释片起漂时间1～3 min，主要有效成分延胡索乙素3 h相对溶出度为32%，9 h相对溶出度为86%，具有较好的控释作用。

（陶建生）

【微波萃取技术的研究与应用】

微波技术应用于中药材浸提的突出特点是省时、快速，有良好的浸提强化措施，一般冠以“微波萃取技术”或“微波辅助提取技术”。微波技术用于浸提，始于20世纪80年代，国外学者用家用微波炉通过选择功率档、作用时间、溶剂类型，只用几分钟就得到了传统方法需要几小时才能得到的目标物。

邓远辉等为探讨微波用于中药黄连提取的可行性，采用微波和回流法提取中药黄连，以总浸出物和小檗碱含量为指标对两种方法进行了比较。结果表明，总浸出物得率在单位时间内微波处理较回流提取具有明显优势，小檗碱含量则以回流提取所得较高。鲁建江等首次用微波技术提取车前草总黄酮，用比色法测定总黄酮含量，认为该法反应速度快，实验结果满意。王莉等用同样的方法提取并测定了新疆马齿苋总黄酮含量，提取效率亦有提高。刘志勇等以微波法提取新疆孜然果实中的挥发油，提取时间与传统方法相比，从5 h减少到20 min，而得率从3.82%提高到4.87%。孙萍等用微波法从狭叶红景天中提取总黄酮，提取物中总黄酮含量可达21.1%，提取时间仅20 min。李艳等用微波技术提取新疆党参多糖，并与水提醇沉法比较，其时间缩短12倍，而得率从50.0%提高到53.9%。

微波萃取工艺优化方面，郝守祝等用正交设计考察了微波输出功率、药材粒径、浸出时间对大黄游离蒽醌浸提效率的影响，并以优化方案对比常规煎煮法及乙醇回流法。结果表明药材粒径对浸提作用影响显著($P<0.01$)，功率和时间也有一定的影响；微波提取法优于常规方法，与乙醇回流法相当，但时间从120 min减少到20 min。张梦军等采用微波技术提取甘草黄酮，并进行了均匀设计试验优化微波提取条件。结果显示固液比1∶8，乙醇浓度38%，加热功率288 W，时间1 min，其得率达24.6 mg/g，明显优于传统水提法的11.4 mg/g。韩伟等用不同溶剂在间歇微波辅助提取装置中，分析微波作用时间、溶剂用量、物料粉碎程度，对青蒿素提取效率的影响。结果表明6号抽提溶剂，10 min，120目，固液比为1∶3条件最佳。

对于微波法的特性，沈岚等进行了微波法对不同形态结构中药及含不同极性成分中药的选择性研究。该研究以大黄、决明子中不同极性成分的蒽醌类成分及金银花中绿原酸、黄芩苷为指标成分，以HPLC进行含量测定。结果表明微波对大黄中不同极性成分的提取选择性并不明显，而同一温度条件下，对根茎类中药的提取有选择性，对含有不同极性成分中药的提取效率影响不显著。因此微波适用于中药的水浸提，而且对花类、根茎类、种子类中药的效果依次减弱。梅成认为传统加热浸提法，通过热传导、对流等方式由外至内对药材进行加热，而微波通过对极性分子的高频作用可里外同时加热，热效率高，反应速度快成为浸提的强化技术。

但是王晓玲指出，微波法不宜用于中药中热敏性成分提取，不宜用水为溶剂提取天然药物，不宜用微波法提取新鲜植物。通过分析微波提取的动力学过程，提出了用微波干燥(破壁)药材与常规浸提结合的工艺设想。

(耿　炤)

【大孔树脂吸附技术在中药制药过程中的应用研究】

大孔吸附树脂是20世纪60年代发展起来的一类有机高聚物吸附树脂，具有良好的吸附性能，近10年来逐渐被应用于中药化学成分的提取分离和中药新药的开发研制。它作为一项新技术，有利于解决长期以来中药提取分离过程中存在的诸多问题，如水溶性成分的分离等，已得到医药学界广泛的重视。该技术的合理应用，必将有助于加快中药现代化的进程。

刘俊红等将D－101、D－201、WLD－Ⅲ等3种大孔树脂用于延胡索生物碱的提取分离。结果从3种型号树脂上洗脱的延胡索乙素分别为生药量的0.069％、0.053％、0.072％，D－101和WLD－Ⅲ的洗脱效果较好，因此两种树脂都可以选用。其吸附的生药量为树脂的1倍，用2倍树脂量的95％乙醇可以基本洗脱完全。周萍等用AB－8型大孔吸附树脂分离枸骨叶总皂苷。结果表明，样品液上样前经过低温处理的工艺条件较好，树脂吸附量可增大，但室温范围内(20℃～40℃)温度对树脂吸附量的影响较小。欧来良等采用大孔吸附树脂仅通过“吸附—洗脱”一步简单的工艺，即可以从粉葛根提取液中分离得到较高含量的葛根素。比较研究还表明，具有氢键受体结构的弱极性吸附树脂，对葛根素的分离效果较好。张纪兴等以地锦草总黄酮含量为考察指标，研究确定大孔树脂富集地锦草中总黄酮的工艺条件及参数。结果表明，10 ml样品液(每毫升75％乙醇液含地锦草干浸膏0.5 g)上柱，静置时间30 min，用95％乙醇洗脱地锦草总黄酮为最佳工艺。通过大孔树脂分离富集，在洗脱液干燥后的总固体中总黄酮含量大于16％，而且洗脱率大于93％。吕茂平等选择D－301R、D－396、D－296、AB－8等4种型号大孔树脂，对栀子苷的分离效果进行比较研究。结果表明，4种型号大孔树脂，对栀子苷的分离效果差异较大，其中D－301R型大孔树脂对栀子苷的分离效果较好。谢朝晖等以白芥子碱为指标成分，比较白芥子水提液在不同树脂上的吸附洗脱效果。结果表明AB－8型树脂分离效果最好，其次为D－101型和NKA－9型。吸附洗脱的最佳工艺条件是，上柱药液量为1.5∶1(生药量∶树脂量)，药液温度为25℃，药液浓度为1.5∶1(生药量∶药液体积)。张裕卿等比较D－4020、X－5、AD－8等3种大孔树脂对番茄红素和β-胡萝卜素的吸附和解吸性能，同时研究相应的动力学过程。结果表明X－5型大孔树脂对番茄红素和β-胡萝卜素的吸附量最大，分别为7.4 mg/g和11.2 mg/g，其解吸率也较高。皮文霞等以山茱萸总苷中主要有效成分英诺苷及马钱素为指标，考察大孔树脂及活性炭富集山茱萸总苷的最佳工艺条件。结果表明30％及50％乙醇洗脱大孔树脂柱为最佳分离工艺，其富集山茱萸总苷的效果优于活性炭，洗脱率为96％。刘斌等对影响大孔树脂吸附分离中草药化学成分的因素进行了探讨。结果认为，被分离物质的性质，如极性、分子大小等，上样溶液的性质如溶剂对成分的溶解性能、溶剂的pH值、上样溶液的浓度、吸附流速等，洗脱剂的性质如洗脱剂种类、pH值、洗脱流速等，均对吸附分离效果有影响。凌宁生等考察D－101型大孔树脂正常使用时苯系列残留物的情况。结果表明动态处理树脂的工艺合理，药物提取物中未见有苯系列残留物，正常使用D－101型大孔树脂提取分离中药是安全可靠的。

(陶建生)

【中药微粉化及其微粉化技术的研究应用】

粉碎是制药过程中基本的操作手段之一，当物质被粉碎至微米(μm)甚至纳米(nm)的空间尺度，其物理化学性质与普通粉碎所得到的物质(几十微米以上)大为不同。对于药物而言，其生物利用率大为提高，体内过程也显现出自身的特点。

对于中药微粉的概念，吴纯洁提出粒径0.1～75 μm的粉体为微粉，而0.1～10 μm的可以称为超微粉；合理选用中药微粉化技术应着眼于节省药材资源、提高利用率，减少服用量，并有利于药材提取。

以溶出性质为考察重点，宋丽丽等分别用显微观察法、TLC法对蒲公英超微细粉体组织特征和有效成分溶出特性进行观察，结果表明蒲公英经超微粉碎后，显微镜下观察基本无完整细胞存在，其有效成分溶出特性有明显改变。宋氏等还选择临床应用广泛的滋阴补肾代表方六味地黄丸进行超细粉碎，对粉碎前后粉体在化学成分组成及溶出特性进行了初步考察，结果显示超微粉和细粉的甲醇提取液 HPLC 含量在相同保留时间有相同吸收峰，但峰值变化有明显差异，超微粉中熊果酸及丹皮酚含量分别较细粉高出 44.6%和 7.6%。肖丹等用酸碱滴定法测定了川贝粉和川贝微粉在不同时间内总碱的溶出量，比较二者释药性能，结果川贝微粉在各时间点上总碱溶出均大于川贝粉，因而建议临床川贝兑服用川贝微粉更佳。苏瑞强等以丹皮酚为溶出指标，用普通粉碎机、贝利微粉机制得药材细粉后再制备水蜜丸，采用转篮法进行溶出度测定，结果表明不同粉碎技术制得的制剂间溶出度差异极显著（$P<0.01$），普通粉碎工艺技术制得的制剂，不同批次间溶出度差异显著（$P<0.05$）。建议在制剂工艺中采用超微粉碎制备六味地黄丸，以提高其溶出度，并规定进行溶出度检查。孙晓燕等采用紫外分光光度法测定不同粒径当归及其制剂溶出液中特征峰的吸收度，结果表明当归超细粉及其制剂的溶出度和溶出速率均优于普通粉及其制剂。

在工艺设备方面，陈长洲等进行了天麻超细粉体工业化生产的试验研究，分析了时间、温度、给料细度对超细粉(200 目)粒度分布的影响。研究结果表明降温、提高给料细度对生产有利，而时间因素的影响不大。同时还对微粉表面改性及流动性、溶散性进行了研究，为天麻微粉工业化制备提供了工艺参数。张开达等采用由乌克兰克里科公司生产的以液氮为冷源的微米级低温粉碎机对人参、鹿茸、珍珠、灵芝孢子等中药材进行了加工。陈力等综述了超微粉碎的基本概念及粉碎机理，概述了各种常用超微粉碎设备的特点，阐述了中药超微粉碎的应用优势，重点分析了各种超微粉碎设备在中药加工中的研究现状及其优缺点，并指出振动磨是中药进行超微粉碎的理想设备。张亚红等介绍了超微粉碎技术设备及工作原理，同时从该技术在中药制药过程中的应用情况出发，对超微粉碎技术在中药领域中的应用及其可能面临的困难进行了思考，认为该技术可以提高中药产品的科技含量，改善产品外部和内在质量，但当前超微粉碎技术中机械法在粉碎糖类、黏液质类药材时有粘壁问题，气流式粉碎机械有耗能大的问题，而超声法和实用的高精度、快速、简便粒径测量技术尚在研发之中。在制药工艺链条中，超微粉碎对下游工艺，如分离、成型存在不利的影响（如硬度不足、不易压片等）也尚待解决。

对于中药微粉的药理性质变化情况也有研究报道。徐启泰等对复方地黄超细微粉（<20 μm）的药理作用进行了研究，结果表明该制剂急毒量效关系明显，抗疲降糖作用较传统复方地黄（80 目粉）增强，而且生物利用度高。

（耿　炤）

【中药指纹图谱的研究】

中药指纹图谱是指中药样品经过适当处理后，采用一定的分析手段和仪器检测得到的，能够标示该中药样品中各种组分群体特性的共有峰的图谱。李克等指出通过指纹图谱主要特征峰的相对保留时间及含量或比例的制定和比对，能够有效地控制中药材、中药饮片、中成药以及中药制剂中间体的质量，对保证中药产品质量的相对稳定具有重要作用。进行中药指纹图谱的研究与应用，已成为中药制药领域关注的热点之一。

刘艳华等采用高效液相色谱法建立了丹参药材的指纹图谱。其精密度、重复性以及试验中各共有峰相对峰面积的 RSD 均小于 5%，符合有关规定的要求，本方法可以作为控制丹参药材内在质量的标准。罗敏等在 5 种蛇胆液的薄层色谱上，采用 365 nm 为荧光激发波长进行色谱扫描，在获得一组指纹谱的基础上，进行指纹峰特征研究。结果表明，5 种蛇胆液的特征指纹图谱有差异，可作为质量鉴别依据。徐艳春等用反相高效液相法建立红车轴草中异黄酮类的指纹图谱及定性定量分析方法，结果表明，不同产地的红车轴草中异黄酮类的峰高相同或相近，但主要成分峰的比值不同；可利用主成分的峰高或峰面积比值及峰高峰面积值控制红车轴草及其制剂的质量。唐红梅用气相色谱—质谱方法分析了石菖蒲、水菖蒲挥发油的指纹图谱。结果表明，石菖蒲挥发油中除了β-细辛醚相对含量最高外，相对含量较高的成分还有α-细辛醚、顺式甲基异丁香酚、榄香素等，水菖蒲挥发油中检出了β-细辛醚、α-细辛醚、顺式甲基异丁香酚、没药醇等 4 个主要成分。石菖蒲与水菖蒲所含的主要成分不尽相同，而且含量差异很大，可根据指纹图谱予以鉴别。张文婷等采用高效液相色谱法对连翘不同产地、不同部位的样品及伪品进行指纹图谱测定。结果不同产地、不同部位的连翘样品,以及连翘伪品同科植物果实暴马丁香和同属植物果实金钟花,均显示各自的指纹特征,该指纹谱可用于区别不同产地及其来源的连翘。秦海林等应用硅胶柱色谱法分离环草石斛标准提取物的化学成分,鉴定单体化合物的结构并对其进行^1H-NMR研究,从而实现环草石斛的^1H-NMR指纹图谱解析。结果表明,不同来源的环草石斛样品,其^1H-NMR指纹图谱有很好的重现性和高度的特征性,环草石斛的^1H-NMR指纹图谱可用于其基源鉴定。石俊英等对黄精、玉竹、百合,泰山白首乌、耳叶牛皮消、白首乌、何首乌,大红袍、红条参、白银条等3组不同种或不同农家培植品种的中药分别进行蛋白质、过氧化物酶同工酶和酯酶同工酶三种聚丙烯酰胺凝胶电泳分析,并建立相应的指纹图谱。结果表明,各样品组的3种电泳指纹图谱至少有1种存在显著差异,可准确区分各组的所有样品。贾晓斌等以人参皂苷Re为对照品,应用高效液相色谱法,研究复方人参注射液的色谱指纹谱。结果共标示出复方人参注射液27个共有峰,为复方人参注射液的指纹图谱质量控制提供了依据。游松等以芦丁为内标物,采用高效液相色谱法分析银杏黄酮苷,建立银杏叶药材、中间体及其注射液的指纹图谱。结果表明银杏叶药材、中间体及其注射剂的指纹图谱有较好的相关性,所有共有峰的参数符合国家药品监督管理局关于中药注射剂的技术要求。方铁铮等采用薄层扫描法建立了地龙药材及其注射液的特征指纹图谱。薄层扫描结果标示了地龙药材及其注射液8个共有峰,非共有峰面积均小于总峰面积的5%。吴昊等采用聚类分析及马氏距离判别的多元统计学方法,对参麦注射液的高效液相色谱指纹图谱中采集的数据进行了分析。结果表明18个样品分类准确,提示多元统计分析方法可推荐作为参麦注射液质量控制的有效方法。王新宏等采用反相高效液相色谱法梯度洗脱技术,建立双黄连制剂及药材的数字化色谱指纹谱。结果表明在选定的色谱条件下建立的数字化色谱指纹谱,可进行双黄连制剂的质量控制和相关中药材的鉴定。黄宝康等用近红外漫反射光谱技术及聚类分析,对不同产地楮实子及其伪品进行指纹图谱鉴定分析。结果显示不同产地的楮实子,其指纹图谱存在一定差异,与伪品比较差异更大,该方法可用于楮实子药材质量鉴定。倪力军等对指纹图谱间相似程度的评价提出简便易行的方法并用于开发用户友好的应用软件,该方法可根据中药指纹图谱的监测数据,采用相关系数与距离系数对任意两张图谱间的相似度进行量化评价和比较,通过对9个丹参提取物的红外图谱的相似度分析,结果与实际情况相符。陈闽军等论述了中药色谱指纹图谱相似性计算的基本原理,并进行谱峰面积比较法和图谱数据点比较法的仿真实验及实例研究。结果提示谱峰面积法在方法稳健性和结果可靠性等方面优于谱图数据点比较法,前者更适合于中药指纹图谱研究。

(陶建生)

【CO_2超临界流体萃取技术的研究与应用】

二氧化碳超临界流体萃取是中药有效成分提取过程中应用的一种新技术。当CO_2处于超临界状态(温度高于31.3℃,压力高于7.2 MPa)时,成为超临界流体(Supercritical fluid,SF)单一相态,其性质介于液体和气体之间,具有和液体相近的密度,黏度虽高于气体但明显低于液体,扩散系数为液体的10～100倍。CO_2超临界萃取(CO_2-SFE)可通过改变压力和温度等因素影响超临界CO_2的溶解能力,从而提取分离药材中所含的不同成分。由于CO_2无毒、价廉、来源广泛、操作温度低,因此CO_2-SFE特别适合天然产物有效成分的提取。

与传统工艺比较,CO_2-SFE有其独特优势。于红宇进行了亚麻籽油的CO_2-SFE及GC-MS分析,亚麻籽油收率较压榨法高8%,油中α-亚麻酸含量提高11%。王振中等比较了水提醇沉、醇提碱沉、酸提-交换树脂、CO_2-SFE等工艺提取夏天无的有效成分,认为CO_2-SFE法提取夏天无所得固含物较少,有效成分含量高,其中延胡索乙素提取率达89.3%。梁宝钻等以碱处理的亚东乌头进行CO_2-SFE,总生物碱收率、含量显著提高,而未经碱处理的药材CO_2-SFE和常规提取方法提取结果相当。钟广华等进行了酸枣仁的CO_2-SFE研究,认为在温度、压力、夹带剂等因素中,夹带剂对萃取的效果的影响最大;与传统方法相比,得油组成基本相同,仅含量有差异。

在工艺研究方面,熊学敏等用均匀设计对金边瑞香鲜花香水CO_2-SFE条件进行了优化,结果表明20 MPa-39℃(萃取),8 MPa-36℃(解析)的提取条件较佳。葛发欢等通过正交实验研

究穿心莲有效成分 CO_2－SFE 的工艺条件，优化结果是 25 MPa－46℃(萃取)，6 MPa－65℃(解析 1)，6 MPa－45℃(解析 2)，40 kg/h(流量)；与传统方法相比，CO_2－SFE 时间短，溶剂用量少。黄宝华等萃取当归中藁本内酯工艺条件，结果：温度、压力、CO_2 消耗量对收率的影响依次降低，优化的条件为 40℃，35 MPa，60 ml；同时还提出用冰浴来收集提取物，可减少因 CO_2 气化造成的损失。王诗宏等采用 CO_2－SFE 对雷公藤的总萜内酯进行萃取研究，结果表明适宜的工艺条件是以乙醇作改性剂，萃取温度 50℃，压力 30 MPa，时间120 min。郁威等比较了单味当归、川芎及复方当归和川芎在不同工艺条件下 CO_2－SFE 的结果，结果表明，复方的提取量明显高于单味提取量之和；用 Chrastil 方程拟合了单味当归、川芎及复方当归-川芎体系的超临界油溶解度(提取物质量与所耗 CO_2 质量之比)方程。杨素荣等对厚朴有效成分进行了 CO_2－SFE 工业化生产的研究，获得适宜的工艺条件为萃取压力 25 MPa，萃取温度 35℃至 40℃之间，物料粒度 40 目，萃取时间 6 h；在此条件下，萃取率可达到 90%以上，萃取物中厚朴酚与和厚朴酚总含量为 60%左右。

在分离分析方面，周本杰等用 CO_2－SFE 提取川芎的挥发性成分，再将所得到的挥发性成分进行分子蒸馏，以 GC－MS 分别测定萃取物和蒸馏物的化学成分，并对成分种类及其相对含量的变化进行比较，结果表明 CO_2－SFE 与 MD 联用技术可用于挥发性成分的分离、纯化，且优于单一 SFE 技术。王鹏等通过 CO_2－SFE 与分子蒸馏联用对连翘挥发油进行提取分离，并对其进行 GC－MS 分析；本法与传统方法相比，具有低温、高效、无污染等优点，可应用于中药有效成分的提取。

超临界萃取技术在中药有效成分的提取方面有着明显的优势，其生命力或潜力有待更深入开发。

（耿　炤）

【基因芯片技术在中药领域中的应用】

陆祖宏等介绍，基因芯片主要分成 2 类：cDNA微阵列芯片和寡糖苷酸微阵列芯片。cDNA微阵列芯片是用点样法把 cDNA 片段固定在基片表面上，用标记的被测基因与 cDNA 阵列杂交，可用于基因表达差异的检测；寡糖苷酸微阵列芯片是用点样法或在基片上直接化学合成的寡糖苷酸探针阵列，可进行单个碱基错配的检测。基因芯片技术能够对细胞或生物体中核酸序列信息进行快速、高通量和低成本的检测和分析。基因芯片已在化学药物的筛选和评价，新的药物作用靶分子的确定，药物的代谢和毒性及其个体差异的检测，以及药物作用机理等方面得到了应用，并将为在分子水平上建立现代中药理论体系发挥重要的作用。

陈华友等报道，基因芯片技术可用于：① 基因表达：用基因芯片进行的表达水平检测可自动、快速地检测出成千上万个基因的表达情况。② 基因诊断：以其快速、高效、敏感、经济、平行化、自动化等特点，将成为一项现代化诊断的新技术。③ 药物筛选：基因芯片为药物筛选提供各种靶基因和分析手段。④ 给药个体化分析：由于患者遗传学上存在的差异，如药物应答基因，导致对药物产生不同的反应。⑤ 提高新药批准率：在新药临床试验时，很多较好的新药没有通过，主要因为对部分患者有极大的不良反应。若用基因芯片技术先检测患者，确定此药对一部分患者既安全又有效，而对不适合的患者避免使用，这就可挽回新药开发的巨大成本。⑥ 加速中药的发展：中药现代化是时代发展的必然，“中药基因组计划”是其重要组成部分，中药基因芯片作为其研究的重要手段，将从根本上改变长期以来人们对中药的研究手段和认识层次。中药基因芯片将是高通量、高效率地从分子水平上研究中药的最新技术手段。对中药物种的分类鉴定、识别假冒伪劣药材、发现新中药基因、新中药品种、中药药效筛选及药理分析等都有巨大的潜力。杨忠等认为中药基因组学的研究不仅有利于中药作用机理的阐明，同时也是对中药有效成分分析的辅佐，将对中药新药的开发提供有力帮助。不同中药样本的特异基因序列可理解为广义的中药指纹图谱。随着研究的深入，有望将来用生物芯片技术对不同质量、产自不同地域甚至不同季节的中药样本进行鉴别。

王怀宇等研究了雄黄在诱导急性早幼粒细胞白血病细胞株 NB4 分化及凋亡过程中基因表达谱的改变。应用包含 1 003 条人类基因的 cDNA 表达谱芯片，检测雄黄作用于 NB4 细胞前后基因表达的调控。结果：NB4 细胞在雄黄作用后 12 h，9 条基因上调，37 条基因下调；2 条参与蛋白酶体降解途径的基因显著上调，多条与细胞信号传导、RNA 加工及蛋白质合成相关的基因下调。提示雄黄在诱导 NB4 细胞凋亡的同时还有诱导 NB4 细胞分化的作用；应用基因芯片检测出在雄黄作用过程中 1 000 余条基因的表达情况；在表达差异的 46 条基因中仅有 9 条上调，其余的 37 条均下调，可见多数基因下调。所以差异基因的发现为进一步研究雄黄治疗急性早幼粒细胞白血病时的分子机制提供了具体的线索。托娅等利用基因芯片技术，从基因水平解释抗肿瘤血管生成中草药的有效组分 T_3 的分子机制，结果利用基因芯片技术可以从基因水平解释中药的作用机制，为新药的开发提供了理论依据。芯片测定结果，说明中药提取物 T_3 抗肿瘤的机制可能是多途径、多方面的，可能通过阻断介导的细胞信号转导通路引起一系列反应，最终使肿瘤细胞发生凋亡，并且对抑制肿瘤细胞的侵袭和转移有一定的作用，表明 T_3 可能是一个多作用靶点、具有很高开发价值的中药抗肿瘤化合物。陶霞等也研究了药物基因组学与高血压病的药物选择。

此外，陈氏等介绍了基因芯片技术在国内外的现状和应用前景及不足之处。① 国外：1996 年美国 Affymetrix 公司成功地制作出世界上首批用于药物筛选和实验室试验用的基因芯片，并制作出芯片检测系统。1998 年美国投资 20 亿美元正式启动“基因芯片计划”，日本、欧洲各国都积极开展 DNA 芯片研究工作；摩托罗拉、惠普、IBM 等跨国公司也相继投以巨资开展基因芯片研究。② 中国：在 1998 年 10 月，中国科学院将基因芯片列为“九五”特别支持项目，已研制出肝癌基因差异表达芯片、乙肝病毒多态性检测芯片、多种恶性肿瘤病毒基因芯片等有一定实用意义的基因芯片和 DNA 芯片检测仪样机。中国科学院上海冶金所等又将在徐元森院士、赵建龙博士等带领下，开发重大传染性疾病的诊断芯片及检测设备，如 HBV，HCV，TB 3 种基因诊断芯片。同时，清华、复旦、东南大学、军事医学科学院、第一军医大学等单位都在积极进行芯片研究。2000 年国际生物芯片技术大会在北京召开，这对中国基因芯片技术的发展具有很大的促进作用。③ 不足：基因芯片的特异性、样品制备有待简化、信号检测灵敏度有待提高、基因专利垄断、模型动物基因组研究很少、硬件昂贵。

基因芯片技术将成为 21 世纪最令人注目的高新技术领域之一，将使人类早日进入生物信息时代。

（高　山）

【中药现代化研究前景探讨】

中药现代化研究是实现中医药现代化的重要步骤，也是中医药走向世界的要求。方文贤认为中药现代化研究要在中医药理论的指导下，结合和引进最新生命科学研究的新成果、新技术。

苗明三认为 21 世纪绿色中药将成为中药材的生产主流，随着现代仪器分析方法的迅速发展，对中药质量评价的准确率提出了更高的要求；方剂研究的焦点将达到为最佳药效而寻找最合理的配伍方法；中药药理的研究重点将由脑血管系统疾病、抗菌消炎和解热作用的药物转向补益药物和肠胃疾病、免疫性疾病和益智防衰药物，并由以药效探讨为主转向作用机制、配伍规律等方面的研究；在配伍禁忌研究已获得大量数据的基础上，将致力于有毒中药的开发利用，对中药中有毒成分、毒性中药的不良反应、中药安全性评价等将继续成为中药毒理学的研究重点；由于植物基因工程的发展，新的培养技术不断出现，使中药生产周期缩短，且不受地域和气候的影响，对开发中药的优良品种和濒危品种的繁殖和选育发挥重要作用。在中药生产现代化进程中，苗氏提出为了提高饮片质量必须优化炮制工艺，从而要求研制开发新的炮制机械；为提高中药制剂质量标准，要求尽快、尽多地引入新的质量检测方法；在大力改进中药剂型的同时，应积极开发中药制剂新辅料的应用，加速微囊、毫微囊、微球、脂质体，胃溶、肠溶、抗粘剂、复合辅料、压敏粘合剂、载体材料和生物降解高分子辅料的研究和开发。

路晓钦等指出随着体外细胞培养日趋成熟、分子生物学及中医证本质的深入研究，利用转基因技术制备细胞模型将极大推动中药复方的药理研究。认为中药血清药理学的进一步规范完善，使中药复方在细胞、分子、基因水平的作用机制研究取得一些进展，但有一定的局限性，但尚不能完全替代在体动物的中药药理实验研究方法。利用脑脊液进行中药对于中枢神经系统的药效观察明显优于血清，具有发展空间。张宾等也认为血清药化学作为一种新的中药评价系统，有其创新性，尚有许多问题需要解决，如动物实验时，要选择与人的肠道菌群相似、血清成分与患者血清成分相似的动物；血清采集时间必须尽可能一致，否则会干扰实验结果。此外，由于药物半衰期不明确，必须制定合理的给药方案。因此，血清药化学只是研究中药在体内动态有效成分的方法之一，应与血清药理学、中药化学、中药药动学、分析化学、人工神经网络等学科相结合，才能更好地体现它的价值。路氏等认为通过对药物肠内菌代谢的研究，有助于发现天然前体药物，能揭示中药复方的真正作用成分。而部分学者提出的“证治药动学”假说具有一定的创造性，它能体现药物配伍后在体内彼此影响的药动学参数的差异，而该差异与疗效和毒副作用有密切关系；又能体现在辨证施治后这种差异的减少或消失。也有学者拟用基因芯片技术、蛋白质组相关分析技术及生物信息学等方法对中药复方进行多靶点、超高通量筛选，研究中药复方对细胞基因表达谱和蛋白质表达谱的影响，确定不同有效成分对应基因及蛋白表达靶点，根据表达量与复方的君、臣、佐、使理论、用药剂量的关联性进行研究，分析不同有效成分对应基因及蛋白靶点的相互作用，分析复方中各单味药之间的关系，从而阐明复方的组成原理。路氏等还认为中药复方治病的物质基础是其有效成分，因此必须将中药复方药理学的研究与复方的有效成分研究结合起来，同时检测多种成分的血药浓度变化及药效变化，建立药效-药动-时间三维模型，研究其相关性，将具有更高的科学价值。

刘逢芹等在综合众多学者的观点后指出，中药现代化应该在传统中医药理论指导下，运用现代科学技术和方法手段进行分析，如有效成分的提取分离工艺、化学特征、药物剂型、给药途径、方法或单体成分的药效学等，是当今中药研究中最复杂、最有挑战性和发展前景的研究方向。如中药莪术有效成分——揽香烯（通过多种途径对癌细胞有直接杀伤作用）的发现，既解释了药用功效，又阐明了作用机理。并由口服制剂改为动脉栓塞剂，成为肿瘤介入治疗的理想药物，是一个成功的范例。李毓群等认为采用先进的提取方法是促进中药制剂现代化的途径之一，建议以超临界CO_2流体萃取法、超滤法和大孔树脂吸附法在中药制剂规模生产中逐步推广使用。吴玉田认为指纹图谱分析已为国际公认，是现阶段控制中药内在质量的有效手段，是实现中药现代化、走向世界的重要举措。中药是生命活动终止的“生化厂”，是在不断变化的环境中产生的、经过一定时间和空间变化了的复杂混合体。化学成分的不稳定使制定合格的中药材、有效部位或中间体、中药制剂指纹图谱的物质基础不稳定；对复杂混合体分离、纯化、分析技术尚不完备，还无法弄清该复杂混合体的全部内涵，加上传统中医药理论和现代药理、药效学理论的不和谐。吴氏指出首先加强中药种植与加工的规范性，使中药材有稳定的化学成分，这是制定合格指纹图谱的物质基础。其次需作品种真伪鉴定、同一品种道地性鉴定，最后做不同采集部位、采集时间的鉴定。第三，应在不断的实践中建立、公布标准指纹图谱，并建立客观的评价机制，使中药指纹图谱分析方法得到进一步完善和推广。

（方　法）

［附］ 参考文献

C

陈力，吴懿平，张乐福. 超微粉碎技术及其在中药加工中的应用. 中药材，2002；(1)：55

陈长洲，陈路林，彭俊锋，等. 天麻超细粉体工业生产技术的实验研究. 中药材，2002；(7)：495

陈华友，崔振玲，吴自荣. 基因芯片技术及其在药学研究领域中的应用. 中国药学杂志，2002；(3)：167

陈闽军，程翼宇，林瑞超. 中药色谱指纹图谱相似性计算方法的研究. 中成药，2002；(12)：905

程卫强，陆伟根，潘天华. 小儿喜食糖浆方煎液澄清工艺的研究. 中成药，2002；(1)：15

D

邓远辉，杨柳，周蓓，等. 微波用于中药黄连的提取. 数理医药学杂志，2002；(1)：88

F

方铁铮，杨翠平，苏薇薇. 地龙及其注射液指纹特征谱研究. 中药材，2002；(11)：813

方文贤. 中药现代研究实验设计及创新思路. 中国中药杂志，2002；(10)：721

符伟玉，佘戟，莫丽儿. 槲皮素精氨酸复合物的制备研究. 中草药，2002；(8)：695

富志军，周东新，孙岩. 风湿灵胶囊剂的成型工艺研

究. 中成药,2002;(1):13

G

高光伟,张金霞,冯向东,等. 心达康控释片的制备与体外溶出特性. 中成药,2002;(4):303

葛保胜,王秀道,石滨. 药用大蒜提取物的超临界 CO_2 萃取研究. 中成药,2002;(8):571

葛发欢,林秀仙,黄晓芬,等. 超临界 CO_2 流体萃取穿心莲有效成分的正交实验研究. 中药材,2002;(2):101

H

韩伟,郝金玉,薛伯勇,等. 微波辅助提取青蒿素的研究. 中成药,2002;(2):83

郝守祝,张虹,刘丽,等. 微波技术在大黄游离蒽醌浸提中的应用. 中草药,2002;(1):23

何群,王净净,钟艳,等. 愈痫灵颗粒剂中 3 种挥发油的提取及 β-环糊精包合物的制备研究. 中成药,2002;(9):660

何大雄,陶昱斐,王峰,等. 齐墩果酸固体分散体形成和增溶机制. 中草药,2002;(4):311

胡志方,朱卫丰,郭慧玲. 元胡止痛胃漂浮质控释片研究. 中成药,2002;(8):573

黄宝华,张焜,周晓辉,等. 超临界 CO_2 萃取当归中藁本内酯工艺条件研究. 中草药,2002;(6):514

黄宝康,朱斌,郑汉臣. 不同产地楮实子及伪品的近红外漫反射指纹图谱聚类分析. 中药材,2002;(12):874

J

贾晓斌,施雅芳,陈彦,等. 复方人参注射液的 HPLC 色谱指纹谱研究. 中成药,2002;(4):243

金万勤,高红宁,郭立玮,等. 陶瓷微滤膜微滤法与醇沉法澄清二种中药水提液的比较研究. 中草药,2002;(4):309

景秋芳,任福正,沈永嘉. 葛根素缓释片释放度的研究. 中草药,2002;(11):991

L

李克,王曙东,宋炳生. 中药指纹图谱及其对中药发展的影响. 中草药,2002;(11):961

李艳,孙萍,顾承志,等. 新疆党参多糖的微波技术及含量测定. 江西中医学院学报,2002;(1):40

李巧如,郝武常,蒋宏伟. 中药制剂工艺 101 澄清剂应用研究. 中成药,2002;(1):18

李毓群,施顺清. 采用先进的提取方法促进中药制剂现代化. 中草药,2002;(6):572

梁宝钻,李菁,梁已萍,等. 亚东乌头总生物碱的超临界 CO_2 萃取及含量测定. 中药材,2002;(5):332

凌宁生,刘志清,李林,等. 中药用 D－101 型大孔树脂苯系列残留物分析研究. 中草药,2002;(2):122

刘斌,石任兵,余超. 影响大孔树脂吸附分离中草药化学成分的因素. 中草药,2002;(5):475

刘逢芹,高新跃,姚章纪. 试论中药现代化研究的前景. 时珍国医国药,2002;(8):489

刘佳佳,赵国玲,章晓骅,等. 金银花绿原酸酶法提取新工艺研究. 中成药,2002;(6):416

刘俊红,魏峻峰,王洪志. 大孔吸附树脂在延胡索生物碱提取分离中的应用. 中草药,2002;(1):37

刘艳华,赵陆华,黄剑,等. 丹参 HPLC 指纹图谱的研究. 中国药科大学学报,2002;(2):127

刘志勇,崔林,鲁建江. 微波法提取新疆孜然果实中的挥发油. 时珍国医国药,2002;(1):3

鲁传华,贾勇,张菊生,等. 麻黄及黄连生物膜提取方法研究. 中成药,2002;(4):251

鲁建江,王莉,刘志勇,等. 车前草中总黄酮的微波提取及含量测定. 中医药学报,2002;(1):34

陆祖宏,何农跃,孙啸. 基因芯片技术在药物研究和开发中的应用. 中国药科大学学报,2001;(2):81

路晓钦,高月. 中药复方现代化药理研究方法进展. 中药新药与临床药理,2002;(1):59

吕红,陈立明,吴保明,等. 通便胶囊中浸膏颗粒薄膜包衣的防吸湿研究. 中成药,2002;(3):170

吕茂平,乔庆彬,庞春燕,等. 大孔树脂对栀子苷分离效果的研究. 中草药,2002;(9):794

罗敏,霍永昌,魏献春. 5 种蛇胆的薄层色谱扫描指纹图谱研究. 中药材,2002;(1):16

罗兴法,周进东,吴静,等. 壳聚糖用于咳喘宁口服液澄清工艺的研究. 中成药,2002;(5):337

M

梅成. 微波萃取技术的应用. 中成药,2002;(2):134

苗青,王京霞. 薄膜闪蒸浓缩工艺技术. 中成药,2002;(10):809

苗明三. 中药现代化研究. 河南中医药学刊,2002;(3):1

N

倪力军,李鹏,郑荣,等. 丹参提取物红外指纹图谱间相似度的定量分析. 中成药,2002;(2):79

O

欧来良,史作清,施荣富,等. 吸附树脂对葛根中葛根素的分离研究. 中草药,2002;(2):134

P

皮文霞,蔡宝昌,潘扬. 大孔树脂与活性炭富集山茱萸总苷的实验研究. 中药材,2002;(5):349

Q

秦海林，张建新，王峥涛. 环草石斛的^{1}H－NMR指纹图谱解析. 中国中药杂志，2002；(12)：919

S

沈岚，冯年平，韩朝阳，等. 微波萃取对不同形态结构中药及含不同极性成分中药的选择性研究. 中草药，2002；(7)：604

石俊英，卢燕，徐凌川，等. 三组中药的电泳指纹图谱研究. 中药材，2002；(12)：864

宋丽丽，范丙义，蒋士忠，等. 蒲公英超微细粉体特性探讨. 中国中药杂志，2002；(1)：12

宋丽丽，张启明，范丙义，等. 六味地黄方超微细粉的有效成分熊果酸与丹皮酚溶出特性的研究. 中成药，2002；(7)：498

苏瑞强，何煜，王瑞成，等. 超微粉碎技术提高六味地黄丸(水蜜丸)溶出度的研究. 中国中药杂志，2002；(7)：511

孙萍，李艳，顾承志，等. 狭叶红景天总黄酮的微波提取及含量测定. 时珍国医国药，2002；(1)：5

孙晓燕，袁红宇，郭立伟，等. 超细粉体技术对当归及其制剂溶出速率的影响. 南京中医药大学学报·自然科学版，2002；(4)：219

孙秀梅，张兆旺，尉小慧，等. 用均匀设计优选麻杏石甘汤的半仿生提取工艺条件. 中成药，2002；(12)：914

孙亦群，周莉玲，陈孝银. 九分喷雾剂透皮释放率研究. 中成药，2002；(7)：492

T

唐红梅. 石菖蒲与水菖蒲挥发油的指纹图谱分析. 中医药研究，2002；(3)：43

陶霞，刘皋林. 药物基因组学与高血压病的药物选择. 中国临床药理学与治疗学，2002；(3)：263

托娅，苏秀兰，路桂荣，等. 基因芯片在抗肿瘤血管生成中草药相关基因筛选中的研究. 第二军医大学学报，2002；(3)：273

W

王莉，顾承志，刘志勇，等. 新疆马齿苋中总黄酮的微波提取及含量测定. 山西中医，2002；(1)：50

王鹏，张忠义，吴惠勤，等. 超临界CO_2萃取——分子蒸馏对连翘挥发油的提取分离. 中国医院药学杂志，2002；(4)：253

王怀宇，刘陕西. 应用基因芯片研究雄黄对NB4细胞的作用. 中国中药杂志，2002；(8)：600

王诗宏，杨祥良，韩定献，等. 超临界二氧化碳萃取雷公藤中有效成分的研究. 时珍国医国药，2002；(11)：641

王晓铃. 微波技术在天然药物生产中的应用. 中药研究与信息，2002，(1)：22

王新宏，安睿，邹云，等. 数字化色谱指纹谱技术在双黄连制剂质量及药材鉴定中的应用. 中草药，2002；(2)：115

王振中，彭国平. 超临界CO_2萃取技术提取夏天无成分的研究. 中国中药杂志，2002；(8)：585

吴昊，田燕华，郭平平. 多元统计学在参麦注射液指纹图谱中的应用. 中成药，2002；(1)：3

吴纯洁. 中药超细粉碎技术之浅析. 中成药，2002；(1)：59

吴玉田. 中医药现代化与中药指纹图谱分析. 中国中西医结合杂志，2002；(9)：645

X

肖丹，马莉，何兴国. 川贝粉和川贝微粉释药性能的比较实验. 时珍国医国药，2002；(5)：265

谢朝晖，张梅，蒋立东. 大孔吸附树脂对白芥子生物碱提取分离的应用研究. 湖南中医杂志，2002；(3)：69

熊学敏，方裕华，石杨，等. 均匀设计对超临界CO_2萃取金边瑞香鲜花香水条件的优化. 中成药，2002；(5)：328

徐启泰，杜钢军，包翠屏，等. 复方地黄超细微粉药理学研究. 中草药，2002；(6)：537

徐艳春，魏璐雪，周玉新，等. 红车轴草中异黄酮类的指纹图谱研究. 中国中药杂志，2002；(3)：196

Y

杨柳，邓远辉，董玉珍. 香荷药条体内外释药相关性的研究. 中草药，2002；(5)：408

杨忠，张亚鸥，黄文秀，等. 基因组学与生物芯片技术在中药研究与开发中的应用. 药学学报，2002；(6)：490

杨素荣，莫启武，杨承鸿，等. 1 000L×2超临界CO_2装置萃取厚朴有效成分的工业化研究. 中药材，2002；(8)：584

游松，王亮，蒋雅红，等. 银杏叶注射剂指纹图谱的研究. 中草药，2002；(3)：216

于波涛，张志荣，刘文胜，等. 穿心莲内酯体外稳定性研究. 中成药，2002；(5)：331

于红宇. 亚麻籽油的超临界CO_2萃取及GC－MS分析. 中药材，2002；(4)：264

郁威，张峰，苏克曼. 超临界CO_2萃取当归和川芎的研究. 中成药，2002；(6)：411

Z

张宾，赵坤珠，侯士良. 血清药化学在中药现代化研究中的应用探讨. 河南中医，2002；(4)：65

张宁，徐莲英. 补骨脂素和异补骨脂素体外透皮特性研究. 中成药，2002；(1)：7

张纪兴，李坚，程国华. 大孔树脂吸附法富集地锦草总黄酮的工艺研究. 中药材，2002；(2)：123

张开达，薄德高. 低温微粉化技术应用于中药材和保健品的加工. 江苏药学与临床研究，2002；(2)：20

张梦军，金建峰，李伯之，等. 微波辅助提取甘草黄酮的研究. 中成药，2002；(5)：334

张文婷，何翱，陈洁. 连翘的 HPLC 指纹图谱研究. 中国中药杂志，2002；(5)：357

张亚红，刘红宁，朱卫丰. 超微粉碎技术及其在中药制药中的应用. 江西中医学院学报，2002；(1)：57

张裕卿，张黎明，孟李，等. 大孔吸附树脂对番茄红素和β-胡萝卜素吸附分离的研究. 中草药，2002；(7)：602

钟广华，梁宝钻，葛发欢，等. 酸枣仁的超临界 CO_2 萃取. 中药材，2002；(6)：407

周萍，廖庆文，刘绍贵，等. 大孔树脂富集枸骨叶中总皂苷的研究. 湖南中医杂志，2002；(1)：51

周本杰，张忠义，石勇，等. 超临界 CO_2 流体萃取与分子蒸馏联用技术提取分离川芎挥发性成分及其 GC/MS 分析. 第一军医大学学报，2002；(7)：652

朱如彩，谢昭明，李顺祥. 舒心滴丸成型工艺研究. 中成药，2002；(4)：249

(五) 中药炮制

【概述】

2002年，在中药炮制的研究方面主要包括的内容有：

1. 中药炮制工艺的研究

孙华芳对砂润法、浸润法、蒸法所制白术饮片进行色度、醇溶性浸出物、薄层色谱比较，认为砂润法所得的白术饮片较好地保持了原药属性。许志等以外观质量和芍药苷含量为指标，采用正交实验法优选酒白芍药炮制工艺，结果最佳工艺为微波强度为中低火，加热3 min。毛春芹等采用高效液相法对三七不同饮片中人参皂苷 Rg1 含量进行测定，其含量分别为生三七 1.59%、油炸三七 1.32%、蒸三七 1.41%，认为临床以生品打粉入药为宜。贾天柱等用干酪素法测定狗脊中鞣质含量，结果狗脊生品为 10.32%，炮制后鞣质含量降低，砂烫品为 2.90%、盐制品为 3.00%、单蒸品为 1.54%、酒制品为 2.32%。张林丽等研究表明炮制使槟榔中槟榔碱含量降低：不同温度的烘制品中槟榔碱随温度升高而降低；在相同温度下，槟榔碱含量随时间延长而降低。韦英杰等采用正交实验，优选东北南星炮制工艺，结果表明，优选法制品刺激性与药典法制品相当，而水溶性、醇溶性浸出物均高于药典法制品，且可节省大量的白矾辅料。张志国等研究表明：青黛水飞后 3 个样品的靛蓝含量提高了 10.83%～16.22%、石灰含量减少了 17.85%～31.46%。认为水飞是提高其有效成分含量，减少杂质含量的有效方法。陈新元等比较了厚朴、金银花、藁本、苍术传统饮片与超微饮片的挥发油含量及紫外吸收度，结果两者数据接近、紫外光谱图基本一致。王实强等研究证实，肉桂超微粉碎饮片与药材相比，桂皮醛含量降低很少，表明超微粉碎对其挥发油成分影响不大。但何亚辉等研究微粉化对沉香挥发油成分的影响时发现，粉末过细，会损失挥发油等化学成分。张水寒等研究认为，炮山甲超微速溶饮片随着粉末粒径减少，浸泡液氮含量增大，说明角甲类中药超微细粉化，有利于相关成分的溶出。陈长洲等采用超细粉碎技术制备羚羊角超细粉，成分测定结果表明，该技术可显著提高水溶性蛋白质的溶出率。何亚辉等、张水寒等、唐正平等研究了微粉化对知母、穿心莲、黄芪、黄柏、仙茅中主要化学成分的影响，结果表明微粉化能提高药材中化学成分的溶出率，但粉末过细，可能会造成其化学成分的损失。徐华雄等对含人参皂苷类超微饮片浸泡液与其传统饮片煎煮液进行比较研究，结果人参、红参、三七饮片及超微饮片薄层层析图谱基本一致，超微饮片的水溶性浸出物、人参皂苷 Rg1 含量明显高于其饮片，说明超微粉碎确能提高其溶出率。蔡光先等对银翘解毒汤超微饮片浸泡液与传统饮片煎煮液的水溶性浸出物得率、总挥发油量、绿原酸、连翘苷含量进行比较，结果表明超微饮片的各项指标均不同程度高于传统饮片。敖宗华等对黄芪、白术、牡丹皮、巴戟天和葛根 5 种中药饮片及其同批饮片生产的相应的免煎饮片中的黄芪多糖、苍术酮、白术内酯、丹皮酚、巴戟天甾醇和葛根总黄酮进行检测和分析，结果：除葛根总黄酮基本相同外，其他免煎饮片中的各成分均含量较低，且含有较多杂质，表明免煎饮片的生产工艺与质控上有不足之处。黄开颜等测定了生鸡内金、沙烫鸡内金、微波处理鸡内金中浸出物含量、蛋白质含量、胃蛋白酶、淀粉酶活力，结果表明鸡内金沙烫与微波处理无明显差异。

2. 炮制前后化学成分和药理作用的比较研究

郭富礼等采用薄层扫描法对山茱萸炮制品中熊果酸的含量进行测定，结果表明，酒浸、酒炖、酒蒸样品中其含量明显高于生品，清蒸品含量较生品有所降低。贺祝英等采用高效液相色谱法测定生黄芩、酒炒黄芩、酒润麸炒黄芩饮片中黄芩苷的含量分别为 6.8%、6.0%和 6.7%。李会军等采用 HPLC 法测定酸枣仁不同炮制品中两种黄酮碳苷的含量，结果表明各样品中的含量炒品均高于生品。寿洲芳对不同方法润切炮制三棱饮片中总皂苷含量进行比较，结果：传统浸润为0.272%、减压温浸为0.274%、减压冷浸为0.321%、加压温浸为 0.268%、加压冷浸为 0.302%、生品为

0.275%、清蒸三棱为0.259%、麸炒三棱为0.255%、醋炒三棱为0.301%、醋煮三棱为0.284%。张群智等认为三棱浸润时间越长，甘露醇损失越多。麸炒、醋炒、醋煮、清蒸三棱中甘露醇含量差异不大。陆兔林等研究发现淫羊藿饮片经炮制后淫羊藿苷均有不同程度的下降，炮制对总黄酮含量影响不大。铁步荣等研究发现，瓦楞子生品经煅制后，其砷含量均有不同幅度的下降，约为生品的40.7%～96.3%。在650℃煅制，随加热时间的延长，其砷含量逐渐降低，50 min时未检出砷。蔡丽云等采用发射光谱法测定全蝎宏量和微量元素，结果显示，盐全蝎的宏量元素Ca、Mg和微量元素Fe、Pb的含量均明显高于淡全蝎($P<0.01\sim0.001$)，而微量元素Zn、Mn的含量明显低于淡全蝎($P<0.05$、$P<0.001$)，Cu含量两者无明显差异。贾天柱等从狗脊升华物中分离鉴定了5-羟甲基糠醛，认为该成分是狗脊炮制品中刺激性成分之一。王东等研究发现，清炒及盐炙使车前子中多糖降解，从而影响其多糖含量，故炮制后多糖含量降低。杨玉琴等研究发现，生半夏经炮制后，Mg含量剧增。陈丽坤认为诃子生品、炒诃子、麦麸煨诃子、面煨诃子及其煎煮液中相对应的11种元素含量相差极大，临床使用中不能随意变换炮制品种。关木通主要毒性成分是马兜铃酸Ⅰ、马兜铃酸Ⅱ和马兜铃内酰胺Ⅰ。马红梅等研究表明，关木通与炮附子以6∶1比例共煎后以上三种成分的含量分别比关木通单煎降低了35%、32%和37%，故炮附子可制约关木通的毒性。陈丽坤研究证实经麸炒、面煨、滑石粉炒制后的肉豆蔻挥发油和脂肪油含量比生品低。其对肠管的抑制和对抗乙酰胆碱的作用比生品作用大。认为肉豆蔻炮制后用于固肠止泻有其科学性。黄青等研究表明，川乌各炮制品提取物均无致突变性，各药对环磷酰胺引起的小鼠骨髓嗜多染红细胞微核、骨髓细胞姊妹染色单体交换和染色体畸变有显著的抑制作用，且制川乌对环磷酰胺引起的遗传损伤有明显的拮抗作用，川乌经蜜炙后其抗突变性有所增强。

3. 炮制品的质量控制

刘鹏等对35种各3批中药饮片进行微生物限度检查，结果：生药片染菌数高，而炮制后中药饮片的染菌数明显降低。戚爱棣对何首乌炮制前后二苯乙烯苷含量进行比较，发现：生品含量在13.14%～48.15%，制品在4.04%～12.20%。刘振丽等对10批制何首乌中二苯乙烯苷含量进行测定，其含量范围为0.127%～4.150%，各样品间存在很大差异。江海燕研究发现益母草不同炮制品生物碱含量与生药比较呈显著性差异，生品为1.383%，炒黄和酒炙品含量分别为1.327%和1.331%，而醋炙品升高为1.438%。许石钟研究表明吴茱萸生品与药典法、醋制法、烘烤法炮制品总生物碱和水浸出物含量差异不大。肖述章等检测了武汉市7个单位醋炙延胡索的质量，结果各样品中延胡索乙素的含量及其外观性状均有明显差异，延胡索乙素含量在0.022%～0.062%之间。

（李　飞）

【25种中药炮制前后化学成分的比较】

1. 狗脊

贾天柱等用干酪素法测定了狗脊经烫制、蒸制、炙制法炮制后狗脊中鞣质含量的变化。结果生品10.23%、砂烫品2.90%、单蒸品1.54%、酒炙品2.32%、盐炙品3.00%。表明狗脊的鞣质含量以生品为高，炮制后均明显降低，但砂烫品和盐炙品含量稍高。两种方法比较，盐炙法稍麻烦，砂烫法简便可行。狗脊入药具补肝肾、强腰膝、祛风湿、止痛之功，由经炮制后鞣质含量降低可以看出，鞣质并非是狗脊中的主要有效成分，但若以鞣质为有效成分时，宜用生狗脊。贾天柱等又从砂烫狗脊样品中分离、提取、鉴定了5-羟甲基糠醛，并证明是由果糖或葡萄糖脱水而成。并认为5-羟甲基糠醛有一定的刺激性，但不是狗脊炮制品惟一的刺激性成分，可作为狗脊炮制品的一个指标物质进行检测和控制质量。

2. 全蝎

蔡丽云等采用发射光谱法测定了盐全蝎与淡全蝎的宏量元素(Ca、Mg)、必需微量元素(Fe、Cu、Zn、Mn)、有毒微量元素(Pb)等7种元素的含量(μg/g)。结果盐全蝎中7种所测元素的含量分别为7 600、630、300、174、330、5.6、8.5；淡全蝎中7种所测元素的含量分别为1 900、380、240、148、420、13.6、3.4。盐全蝎的微量元素特征谱为Zn>Fe>Cu>Pb>Mn，而淡全蝎的微量元素特征谱为Zn>Fe>Cu>Mn>Pb。表明盐制法对全蝎中宏量与微量元素含量有明显影响，盐制法对提高全蝎中的有益微量元素 Fe、Zn、Mn 的含量有一定价值，说明全蝎盐制有一定的科学性。另外，盐全蝎中的有毒微量元素 Pb 含量明显升高，提示全蝎盐制后可能其毒性增加。为保证用药安全，临床应用盐全蝎时其剂量应比淡全蝎低。

3. 瓦楞子

铁步荣等采用二乙基二硫代氨基甲酸银(DDCAg)法，对浙江舟山等 11 个不同产地的瓦楞子炮制前后饮片中有害元素砷含量的变化进行比较研究。结果从各地收集的瓦楞子生品中均含有砷，且差异较大，高(厦门产)低(舟山产)相差约 7 倍；煅制后其砷的含量均有不同程度的下降，与生品相比，约为 40.7%～96.3%。用同样方法，铁氏等又对同一产地(大连)，在相同炮制温度(马福炉中 650℃)条件下、经不同炮制时间(5～50 min)煅制的瓦楞子进行了砷含量(μg/g)测定，结果 5 min 为 0.931、10 min 为 0.888、15 min 为 0.598、20 min 为 0.556、25 min 为 0.480、30 min 为 0.308、40 min 为 0.201、50 min 时未检出。表明煅瓦楞子中砷的含量随着炮制时间的延长而逐渐降低，即瓦楞子的煅制时间越长，有害元素砷越易除去。所以应将有害元素砷的限量作为衡量海洋药物是否合格的一项指标，以保证用药安全。

4. 淫羊藿

陆兔林等采用高效液相法测定淫羊藿中主成分淫羊藿苷，采用紫外分光光度法测定其总黄酮，以比较炮制对其含量的影响。结果淫羊藿苷的含量，生品为 0.78%、炙品为 0.71%、盐品为0.69%、酒品为 0.72%；总黄酮的含量，生品为 9.98%、炙品为9.94%、盐品为 9.76%、酒品为 10.52%。表明淫羊藿饮片经加热炮制后其活性成分淫羊藿苷均有不同程度的下降，对总黄酮的影响不大。

5. 酸枣仁

李会军等以橙皮苷为内标，用 HPLC 法测定了 7 个产地的酸枣仁生品和炮制品中 2 种黄酮碳苷成分 spinosin 及 6 - ferulosylspinosin 的含量(mg/g)。结果河北安国、邢台、石家庄的生酸枣仁分别为 4.63、3.66、3.84，炒酸枣仁分别为 5.87、5.32、4.42；山东济南、泰安、枣庄、临沂的生酸枣仁分别为 1.82、4.74、2.13、4.85，炒酸枣仁分别为 2.75、5.99、2.72、5.15。表明各样品中 2 种黄酮碳苷成分均是炒酸枣仁高于生酸枣仁。

6. 黄芩

贺祝英等用 HPLC 法测定黄芩及其不同炮制品中黄芩苷的含量。结果生品 6.8%，酒品 6.0%，酒润麸炒法炮制的黄芩饮片为 6.7%。表明生黄芩、酒炒黄芩、酒润麸炒法炮制的黄芩饮片中，黄芩苷的含量差别不大。所以酒炒法和酒润麸炒法适合黄芩的炮制。刘羽祥用分光光度法研究了不同炮制方法对黄芩水煎液总黄酮成分的影响。结果黄芩不同炮制品中总黄酮含量(mg/g)，蒸品为 65.4%、煮品为 59.4%、冷浸品为50.4%、酒炒品为 58.7%。黄芩蒸 1 h 软化切片，色黄鲜艳，黄芩素含量较高，质量较好，与冷浸 24 h 切片比较，总黄酮含量平均高 22.9%，经统计学处理 $P<0.01$；与水煎煮 10 min 切片比较，总黄酮平均高于 9.2%($P<0.05$)；酒炒后总黄酮含量平均下降 10.1%($P<0.01$)。表明不同炮制方法黄芩中总黄酮含量均有显著性差异。

7. 广豆根

江海燕等采用双波长薄层扫描法对不同广豆根炮制品中苦参碱含量进行测定。结果广豆根不同的炮制品中苦参碱的含量：生品为0.2231%、姜炙品为0.2175%、醋炙品为0.2126%、蜜炙品为 0.2104%、酒炙品为 0.2331%、米泔水炙品为 0.2117%、盐炙品为0.2125%。表明广豆根中苦参碱的含量多少依次为酒炙品＞盐炙品＞生品＞姜炙品＞米泔水炙品＞醋炙品＞蜜炙品。所以广豆根不同炮制方法及辅料对广豆根中苦参碱的含量有一定的影响。

8. 三七

毛春芹等用 HPLC 法测定了三七不同饮片中人参皂苷 Rg1 的含量。结果生品为 1.57%、油炸品为 1.32%、蒸品为 1.41%。各样品以三七粉中人参皂苷 Rg1 含量为高。表明三七饮片经以油炸法或蒸制法炮制后，其活性成分人参皂苷 Rg1 均有不同程度的下降。提示三七临床以生品打粉入药为宜。

9. 马钱子

蒋以号等用 HPLC 法对马钱子的江西炮制方法及其改良法炮制品中士的宁和马钱子碱含量

进行测定。结果士的宁的含量，生品为1.8%、油炸品为1.4%、砂烫品为1.5%、尿泡品为0.64%、尿泡滑石粉炒品为0.58%、尿泡后砂炒品为0.63%、醋酸浸品为0.48%、醋酸浸砂炒品为0.47%、醋酸煮品为1.3%、醋酸煮砂炒品为1.2%；马钱子碱的含量，生品为0.78%、油炸品为0.51%、砂烫品为0.55%、尿泡品为0.2%、尿泡滑石粉炒品为0.19%、尿泡砂炒品为0.18%、醋酸浸品为0.13%、醋酸浸砂炒品为0.098%、醋酸煮品为0.43%、醋酸煮砂炒品为0.36%。各炮制品中士的宁和马钱子碱的含量均较生品有所降低，醋酸浸品和醋酸浸砂炒品中的含量最低。所以江西炮制法与改良法炮制的马钱子中士的宁和马钱子碱含量比砂烫法和油炸法下降较多，且质量易于控制。

10. 丹参

张瑞芬等采用HPLC、分光光度法比较炮制对丹参中丹参素及总酚性成分的影响。结果5批丹参炒制前后，丹参素含量生品为1.16%～1.30%、炒制品为1.17%～1.31%；丹参总酚性成分含量生品为4.3%～6.0%、炒制品为4.8%～6.4%。总酚性成分炒制后比生品提高6%～13%，显示有较大变化。表明炒制对丹参中丹参素成分无影响，而对总酚性成分有影响。

11. 金钗石斛

陈照荣等用酸性染料比色法对石斛碱进行含量测定，用苯酚-硫酸比色法对多糖含量进行测定，探讨不同炮制方法对金钗石斛有效成分石斛碱和多糖溶出率的影响。结果石斛碱的含量(mg/100 g)，石斛干品为27.50，清炒品为32.50，酒炙品为98.75；多糖的含量(mg/100 g)，石斛干品为132.8，清炒品为176.2，酒炙品为751.1。表明用酒炙法炮制的石斛饮片中其石斛碱和多糖含量明显高于其他炮制法。所以酒炙方法可增加石斛有效成分的溶出率。

12. 半夏

何凌云等采用薄层扫描法测定了不同产区半夏药材中琥珀酸的含量。结果不同产区的半夏药材中琥珀酸的含量存在很大差异，其中以山西省产的半夏药材中琥珀酸含量最高(约为0.0254%)，而湖南省产的含量最低(约为0.0038%)。杨玉琴等用原子吸收法测定了半夏不同炮制品中的微量元素。结果生半夏、清半夏、法半夏、京半夏中均含有Fe、Mn、Cu、Zn、Ca、Mg、Al、P、Pb、Cd、Co、Ni、Cr等微量元素。黄海欣用白矾水溶液在不同温度和不同浓度下浸泡观察中药材的炮制对其草酸钙结晶的影响。结果半夏的草酸钙结晶在40℃以上的白矾水溶液(14%)中可逐渐消失。表明温度越高，白矾水溶液的浓度越大，其结晶消失的速度越快。且大黄、麦门冬、黄柏等药材的情况相同。所以药材中的草酸钙结晶，在加工炮制过程中会发生变化和消失。

13. 白芍药

彭百承采用双波长薄层扫描法对白芍药几种不同炮制品中芍药苷的含量进行测定。结果芍药苷的含量，生品为0.98%、炒品为0.88%、酒制品为0.81%、焦品为0.53%、土制品为0.72%、醋制品为0.80%、麸制品为0.92%、酒麸制品为0.89%、白芍炭为0.23%、盐制品为0.85%、煨制品为0.71%。表明白芍药经炮制后其芍药苷含量均有下降，其含量规律为生品＞麸制品＞酒麸制品＞炒制品＞盐制品＞酒制品＞醋制品＞土制品＞煨制品＞制焦品＞制炭品。

14. 山茱萸

郭富礼用薄层扫描法考察不同炮制方法对山茱萸中熊果酸含量的影响。结果生品为0.1537%、酒炖品为0.1926%、酒蒸品为0.1961%、清蒸品为0.1470%、酒浸品为0.1694%。表明不同炮制方法和加入的辅料对熊果酸含量有一定影响，其炮制品除清蒸品外，加酒炮制的各样品中熊果酸含量均高于生品，并以酒蒸品含量最高。

15. 桑白皮

李洪玉等用HPLC法测定了不同来源桑白皮降压成分桑根酮C含量。结果浙江昌化品为0.020%、江西樟树品为0.135%、湖南品为0.145%、浙江嘉兴品为0.130%、安徽品为0.075%、湖北品为0.085%、云南寻甸品为0.040%、浙江临安品为0.550%、浙江天目品为0.080%。表明不同来源桑白皮中桑根酮C的含量，最高0.55%(浙江临安品)，最低0.02%(浙江昌化品)。

16. 何首乌

刘振丽等采用高效液相色谱法测定不同地区制何首乌中二苯乙烯苷含量、采用高温及$^{60}Co-\gamma$射线辐射实验考察其稳定性。结果制何首乌中二苯乙烯苷的含量，贵州贵阳制品为1.881%、江苏南通制品为2.562%、四川成都制品为4.150%、安国制品为1.344%、北京制品为0.452%、安徽合肥制品为2.321%，不同地区的制何首乌质量存在着明显差异。表明温度及湿度影响二苯乙烯苷稳定性，干燥条件下$^{60}Co-\gamma$射线辐射稳定。

17. 诃子

陈丽坤等用WFX-IB型原子吸收分光光度计测定了生品及3种炮制品的诃子样品及煎煮液中的11种微量元素。结果不同炮制品及其水煎液中相对应的元素含量相差极大；炮制后Pb的含量降低至原含量的1/3～1/5；而Fe、Zn、Cu等微量元素含量增加；生诃子中Ni的含量比炮制品多。表明临床用药时不能随意变换炮制品种。

18. 槟榔

张林丽等采用滴定法对槟榔生品、5种传统不同炮制品及现代烘品中槟榔碱含量进行测定。结果生品为0.3276%、炒黄品为0.2605%、炒焦品为0.2181%、炒炭品为0.1065%、蜜炙品为0.2739%、酒炙品为0.3084%；烘制品中80℃ 20 min为0.3003%、80℃ 30 min为0.2445%、120℃ 30 min为0.2881%、100℃ 30 min为0.2044%、130℃ 20 min为0.2501%、130℃ 30 min为0.2460%、160℃ 20 min为0.2211%、160℃ 30 min为0.1494%；槟榔不同炮制品槟榔碱含量与生品比较，有显著性差异($P<0.01$)。表明不同炮制方法和炮制温度、时间等对槟榔中槟榔碱成分影响较大。

19. 延胡索

肖述章等检测了湖北武汉市7个单位醋炙延胡索中延胡索乙素的含量。结果其各自的百分含量各自为0.053、0.061、0.062、0.044、0.040、0.022、0.026。表明不同的加工单位，醋炙延胡索的内在质量差异很大，饮片炮制应由专业定点厂家生产。

20. 肉豆蔻

陈丽坤等对肉豆蔻炮制前后有机和无机成分含量变化进行了研究。结果麸炒品、面煨品、滑石粉烫品等不同炮制品的挥发油和脂肪油均比生肉豆蔻降低；各炮制品之间鞣质含量无明显差异，麸炒品略高；Fe、Mn、Zn等10种无机成分炮制后其含量也有不同程度的变化。

21. 黄芪、白术、牡丹皮、巴戟天、葛根

敖宗华等采用GC-MS、HPLC等现代分析方法对黄芪，白术，牡丹皮，巴戟天和葛根5种中药饮片及其由同批饮片生产的相应的免煎饮片中的黄芪多糖、苍术酮、白术内酯、丹皮酚、巴戟天甾醇和葛根总黄酮进行检测与分析。结果黄芪多糖的得率：黄芪饮片为9.34%、黄芪免煎饮片为5.90%；白术挥发油的得率：白术饮片为3.0%、白术免煎饮片为0.88%；白术、牡丹皮、巴戟天和葛根的GC-MS和HPLC图谱显示，免煎饮片中黄芪多糖，苍术酮，白术内酯，丹皮酚和巴戟天甾醇含量较低，尤其是高分子黄芪多糖和挥发性有效成分苍术酮，白术内酯，牡丹酚含量更低，且含有较多杂质。所以免煎饮片的生产工艺与质控有其不足之处。

（王兴法　修彦凤）

【8种中药炮制前后药理作用的比较】

1. 生地黄

黄霞等用环磷酰胺造模、断尾取血法比较研究了熟地黄水煎剂及其提取物对小鼠外周血象的影响。结果各组对正常小鼠外周血象组间无显著差异($P>0.05$)；对血虚模型小鼠各给药组与模型比较，熟地黄水煎剂(RGD)与熟地多糖(RGP)有显著意义($P<0.01$)；熟地黄非多糖(RGNP)仅对白细胞(WBC)有升高意义；RGP与RGNP均可对抗环磷酰胺所致小鼠WBC下降，但RGP作用优于RGNP。表明熟地黄补血功能具有双向调节作用，且熟地黄多糖为其补血作用的有效部位。戴岳等以compound 48/80(N-甲氧苯胺和甲醛的缩合物)诱导小鼠过敏性休克，皮肤搔抓反应及大鼠腹腔肥大细胞释放组胺，分别测定1 h内的死亡率、10 min内的搔抓次数及组胺的释放量和残留量(荧光法)；以氯化钴诱导小鼠耳郭迟发型超敏反应，测定耳郭肿胀度。结果熟地黄配

伍的四物汤(500 mg/kg)能显著抑制 conmpoud 48/80 所致小鼠过敏性休克,而生地黄配伍的四物汤无明显影响;熟地黄和生地黄配伍的四物汤(500 mg/kg)均显著抑制 compound 48/80 诱导的小鼠搔抓反应(抑制的百分率分别为 46.5%和 31.3%)及氯化钴所致小鼠迟发型超敏反应(抑制的百分率分别为 62.5%和 42.4%),前者的作用强于后者;体外实验中,熟地黄或生地黄配伍的四物汤(100～400 μg)抑制 compound 48/80 诱导的大鼠肥大细胞释放组胺,前者的作用强于后者,熟地黄提取物减少组胺释放,而生地黄提取物无明显作用。表明熟地黄配伍的四物汤对肥大细胞依赖性速发型变态反应及 T 淋巴细胞依赖性迟发型变态反应的抑制作用均强于生地黄配伍的四物汤。提示熟地黄和生地黄作用的差异可能是其主要原因。

2. 川续断

辛继兰等采用小鼠扭体实验、小鼠耳郭肿胀实验以及小鼠皮下消血肿实验,考察了川续断的不同炮制品在镇痛、抗炎、消血肿方面的药效作用。结果酒炙品(40 g/kg)有镇痛作用,清炒品(20 g/kg)、生品和盐炙品(40 g/kg)有消血肿作用,生品和酒炙品(20 g/kg、40 g/kg)有抗炎作用。表明不同的炮制方法对续断的药效具有一定的影响。

3. 川乌

黄青等采用小鼠骨髓嗜多染红细胞微核(MN)实验,小鼠骨髓细胞姊妹染色单体交换(SCE)实验及染色体畸变(CA)实验,探讨蜜炙川乌醇沉提取物,蜜炙川乌提取物与药典法制川乌提取物的体内致突变与抗突变作用。结果川乌各炮制品提取物均无致突变性,各药对环磷酰胺(CP)引起的昆明种小鼠骨髓嗜多染红细胞 MN,骨髓细胞 SCE 和 CA 有显著的抑制作用,其中蜜炙川乌醇沉提取物和蜜炙提取物的抗突变作用优于药典法制川乌提取物。表明制川乌对由环磷酰胺引起的遗传损伤有着明显的拮抗作用,川乌经蜜炙后其抗突变性有所增强。

4. 菟丝子

林慧彬等采用幼年小鼠性器官称重及造模“阳虚”小鼠 SOD、MDA 测定及其免疫器官,性器官称重的方法,对山东产 4 种菟丝子的补肾壮阳作用进行比较研究。结果山东产 4 种菟丝子(菟丝子、南方菟丝子、金灯藤和啤酒花菟丝子)的醇提物具有较好的使幼年小鼠睾丸和附睾增重的作用,对“阳虚”小鼠 SOD、MDA 的改善及免疫器官增重的作用,以菟丝子水提液效果较好。表明菟丝子和南方菟丝子的补肾壮阳作用较强,金灯藤和啤酒花菟丝子的作用次之。

5. 甘草

陆凤琴等采用乌头碱诱发小鼠心律失常的模型,观察炙甘草与牛磺酸合用对于心律失常的预防作用。结果炙甘草、牛磺酸合用组,各心律失常发生率与生理盐水组、炙甘草组和牛磺酸组比较明显降低($P<0.05$);且奎尼丁组与上述各组比较均无显著性差异;室性早搏的发生率,合用组与生理盐水组及单用牛磺酸组比较也明显降低($P<0.01$和 $P<0.05$);而单用炙甘草组和牛磺酸组与生理盐水组比较则无显著性差异;对窦性心律完全转复率,合用组与生理盐水组和奎尼丁组比较差异显著($P<0.05$),而两个单用组与后两组比较无显著意义。表明炙甘草与牛磺酸合用对抗乌头碱诱发小鼠心律失常有较好的预防作用,且优于单用组及奎尼丁组。

6. 生姜

陈碰玉等用生姜与干姜进行体外对幽门螺杆菌(HP)抑菌试验。结果经打孔法观察显示出不同生姜试验液对体外 HP 均有抑菌作用,其效能依次为新鲜生姜汁＞生姜水煎液＞干姜水煎液。其中 HP 对新鲜生姜汁和庆大霉素高度敏感,5% NaCl 溶液无抑菌现象出现。平板稀释法测定新鲜生姜汁、生姜水煎液和干姜水煎液抑制 90% HP 菌株的最低抑菌浓度分别为 3.1%、6.3%和 25%;F24 和 F11 菌株试验结果无明显差异。表明新鲜生姜汁对体外幽门螺杆菌有很强的抑菌作用,其药效明显强于生姜与干姜的水煎液。

7. 马钱子

薛焰等以热板法镇痛效应为指标,测定马钱子超细粉和马钱子普通粉的药物动力学参数。结果马钱子超细粉的吸收、达峰时间、清除率均快于普通粉。表明超细粉体技术既可加快马钱子在体内吸收,使其迅速发挥疗效;又可加速马钱子在体内的清除,提高了用药的安全性。袁红宇等研究了超细粉体技术对马钱子主要成分士的宁在小鼠体内分布的影响。结果马钱子超细粉给药组士的宁在心、肝、脾、肺、肾、肌、脑等各组织器官中吸收、分布、排泄普遍快于普通粉组,且在体内脏器含量明显高于普通粉组。表明超细粉体技术可加快马钱子在体内的吸收、分布,而减少其在体内的蓄积。

8. 肉豆蔻

陈丽坤等对肉豆蔻生品、麸炒品、面煨品和滑石粉烫品的药理作用进行了比较。结果从各炮制品对肠管的抑制和对乙酰胆碱的作用来看,炮制品均比生品作用大;各炮制品都有止泻作用,生品比炮制品作用要小;对小鼠小肠推进运动的抑制则以麸炒品略强。表明肉豆蔻炮制后用于固肠止泻是有科学道理的。

(王兴法 任晓瑛)

【21种中药炮制方法的比较】

1. 三棱

甘露醇系三棱活性成分之一,为优选三棱最佳炮制工艺,制定合理的质量标准,张群智等采用滴定法对三棱不同炮制品中甘露醇的含量进行了比较研究。结果不同润切工艺饮片中甘露醇的含量:传统浸20日为0.55%、传统浸12日为0.94%、减压温浸为1.25%、减压冷浸为1.26%、加压温浸为1.27%、加压冷浸为1.28%;不同炮制方法中甘露醇的含量:生品为1.28%、麸炒三棱为1.30%、醋煮三棱为1.33%、醋炒三棱为1.35%、清蒸三棱为1.33%。表明在炮炙方面,醋炒样品中含量略高,比生品高5%,不同方法炮制品中含量差异不大,说明炮制方法对三棱中甘露醇成分影响不大;在润切方面,传统冷浸切制的样品中,其含量较减压冷浸法下降25%~56%,表明甘露醇在水中流失严重。所以改进三棱传统浸润软化切制工艺,缩短浸润时间是非常必要的。寿洲芳以三棱总皂苷为指标,对其不同炮制品进行比较。结果传统浸润为0.272%、减压温浸为0.274%、减压冷浸为0.321%、加压温浸为0.268%、加压冷浸为0.302%、生品为0.275%、清蒸三棱为0.259%、麸炒三棱为0.255%、醋炒三棱为0.301%、醋煮三棱为0.284%。表明在改进的浸润软药制方法中,以冷浸法为佳,其中以减压冷浸含量为最高,说明水溶性皂苷在传统浸及温浸中有流失;在炮炙样品中,清蒸饮片和麸炒饮片较醋制品为低,说明不同的炮制方法直接影响饮片中有效成分的含量。

2. 远志

李希以远志乙醇浸出物及薄层层析鉴别试验为指标,对远志5种不同炮制品进行了比较。结果远志为31.62%、制远志为29.53%、蜜远志为44.15%、炒远志为30.02%、炒制远志为28.63%,远志乙醇浸出物的量为蜜远志>远志>炒远志>制远志>炒制远志。而薄层鉴别结果显示其成分未明显变化。这一研究为今后制定远志合理的炮制工艺,以及临床用药提供了参考依据。

3. 延胡索

马忠杰等利用薄层扫描法对长距延胡索常规加工法(水炙法)与蒸炙加工法中的延胡索乙素进行了含量测定。结果水炙法为0.0108%、蒸炙法为0.0139%。蒸炙加工品中延胡索乙素比常规加工品中的含量高28.7%。表明依药材外观、硬度及有效成分含量,长距延胡索蒸炙法可以取代传统的常规加工法。包树励则以延胡索总生物碱为指标,用酸性染料滴定法对醋延胡索的不同工艺进行了比较研究。结果不同醋延胡索炮制品中总生物碱的煎出量(mg/20 g):醋煮延胡索为69.64、醋炒延胡索为72.78、醋拌延胡索为75.22、醋浸延胡索为68.26。表明用醋为辅料,煮、炒、拌、浸法炮制延胡索,其水煎液中总生物碱的含量相差不大,以拌法略高。

4. 穿山甲

曹站霞等从饮片性状和水溶性浸出物多少比较了穿山甲几种不同的炮制方法。结果水溶性浸出物含量:砂烫醋淬法饮片为8.28%、爆米机机制法饮片为10.4%;饮片性状是:机制品质地均匀、体积膨胀度增大,更加疏松易碎。表明机制法优于砂烫法。

5. 怀牛膝

彭百承采用高效液相色谱法比较了砂烫法与炒制法对怀牛膝中有效成分齐墩果酸含量的影响。结果5种怀牛膝炮制品中:生品为0.813%、盐炙品为0.944%、酒炙品为1.037%、盐烫品为1.150%、酒烫品为1.239%。表明砂烫法比炒炙法为优。宋晓琳对同一来源的5种不同规格饮片(即片厚为1、

2、5、9、15 mm)3 种不同浸出时间(30、60、90 min)的水溶性浸出物进行了含量测定。结果存在着非常显著的差异,经 3 种浸出时间试验,均以切制成 1 mm 厚的薄片浸出物含量为最高。表明牛膝饮片应切制成1～2 mm的薄片,供临床入药为宜。

6. 虎杖

江海燕等采用分光光度法测定虎杖不同炮制品中总蒽醌的含量。结果生品为 0.814%、炒黄品为 0.864%、炒焦品为 0.869%、炒炭品为 0.900%、盐炙品为 0.260%、蜜炙品为 0.984%、姜炙品为 0.390%、醋炙品为 0.940%。表明虎杖不同炮制品中总蒽醌含量大小依次为盐炙虎杖>姜炙虎杖>生品炒黄>炒焦>炒炭>醋炙虎杖>蜜炙虎杖。提示不同炮制方法、辅料、温度、时间对虎杖中总蒽醌含量有一定的影响。

7. 东北南星

韦英杰等以口尝麻辣味为指标,采用正交实验设计,优选东北南星炮制工艺;并对不同炮制品的刺激性、浸出物量及紫外吸收光谱进行了比较研究。结果最佳炮制工艺为:东北南星生品 100 kg,清水漂 8 日(每日换 2～3 次水),加入到适量水煮沸的生姜片和白矾的水溶液中(每 100 kg生品用生姜 12.5 kg,白矾 6 kg),煮 2 h,取出,晾至 4～6 成干,切薄片,晾干。新法制品刺激性与药典法制品相当,而水溶性、醇溶性浸出物却高于药典法,紫外吸收略高于药典法。

8. 白术

孙华芳在研究不同软化法对白术饮片内在质量的影响过程中,对各饮片进行色度,醇溶性浸出物,薄层色谱进行了比较。结果砂润法、浸润法、蒸法等不同软化法对白术饮片内在质量的影响各异。而以"砂润法"所得饮片较好地保持原药属性。孙华芳等又以白术挥发油为指标,对白术三种炮制工艺及饮片质量进行了比较。结果白术挥发油的含量(ml/100 g):原药材为 0.69、改进法(即砂润法)为 0.66、浸润法为 0.55、蒸法为0.44;挥发油损失率分别为:4.35%、20.29%、36.23%。表明改进后的砂润法工艺可行、合理、饮片质量理想。

9. 白芍药

许志等以芍药苷为指标,采用正交试验法对酒制白芍药的炮制工艺进行优选试验。结果酒制白芍药中芍药苷的含量:生白芍药为4.83%、炒白芍药为 4.21%、微波制白芍药为 4.39%。表明采用中低火,加热 3 min 为最佳工艺,且用微波加热炮制酒白芍药的工艺是可行的。

10. 青黛

张志国等、杨广民等采用吸附 TLC,UV 法对水飞青黛中的靛蓝、用络合滴定法对水飞青黛中的石灰含量进行了定性定量检测。结果青黛水飞后 3 个样品的靛蓝含量提高了 10.83%～16.22%、石灰含量减少了 27.85%～31.45%。表明青黛水飞炮制是提高靛蓝,减少石灰含量的有效方法。

11. 麦芽

关怀等以麦芽中的淀粉酶活性为指标,用正交试验对烘法炮制炒麦芽的最佳工艺进行了筛选。结果在电热干燥箱内,以 140℃加热20 min 烘制的炮制品,其质量最佳。

12. 吴茱萸

许石钟等对吴茱萸不同炮制品中总生物碱和水浸出物含量进行了比较。结果吴茱萸总生物碱的含量,生品、甘草制品(药典法)、盐制品、烘烤制品、醋制品分别为 0.51%、0.52%、0.53%、0.58%、0.50%;水浸出物含量生品、甘草制品、盐制品、烘烤制品、醋制品分别为 6.50%、6.57%、6.72%、6.82%、6.46%。表明吴茱萸不同炮制品中总生物碱和水浸出物的含量差异不大,烘烤法优于其他制法。

13. 益母草

江海燕等以益母草生物碱含量为指标,采用分光光度法对其不同炮制品进行了含量测定。结果益母草不同炮制品生物碱含量,生品为 1.383%、炒黄品为 1.327%、酒炙品为1.331%、醋炙品为 1.438%,酒烘品 60℃10 min 为1.300%、140℃15 min 为 2.421%,与生益母草比较,均呈显著性差异($P<0.01$);酒烘品随着温度的升高而增加,超过 160℃又呈下降趋势。薄层鉴别显示,生物碱的组分无明显改变。表明不同炮制方法和炮制温度对益母草中生物碱含量影响较大。

14. 龙胆

饶高雄等研究了加工方法对龙胆中龙胆苦苷含量的影响。结果影响龙胆苦苷含量的主要因素是酶解。所以龙胆生药加工应在采集洗净后,用暴晒或烘烤的方法尽快干燥,以避免酶解的破坏;龙胆药材加工成饮片时,浸洗时溶出和酶解均是主要因素,因此最好直接切段,不宜再浸洗。

15. 鸡内金

黄开颜等以药典法测定生鸡内金、砂烫鸡内金、微波处理鸡内金中相关物质的含量。结果水浸物含量分别为16.48%、18.26%、18.05%;醇浸物含量分别为9.85%、8.68%、8.80%;蛋白质含量分别为91.38%、94.56%、94.08%;胃蛋白酶活力(U/g)分别为86.74 、24.54、28.23;淀粉酶活力(U/g)分别为42.55、8.52、8.14。表明鸡内金砂烫与微波处理无明显差异,这为鸡内金微波处理的可行性提供了一定的依据。另外,刘纪青等按药典法,以部分中药炮制品的水浸出物、醇浸出物为指标,对常规炒法和微波炉烘法进行比较。结果用微波炉烘制的炮制方法效果较好,所以微波炉可用于部分药物的炮制。

16. 当归

孙晓燕等采用紫外分光光度法测定当归超细粉体及其制剂溶出液中特征峰的吸收度、通过威布尔分布函数求出相应的溶出速率参数。结果当归超细粉及其制剂的溶出速率参数T50、Td分别为129.3、215.7 min和139.5、221.1 min;当归普通粉及其制剂T50、Td分别为179.5、304.7 min和208.0、328.7 min。表明当归超细粉及其制剂(微丸)的溶出度和溶出速率均优于普通粉及其制剂。

17. 苍术

罗学伦以苍术挥发油含量为指标,对苍术生品、传统炮制品、烘品进行比较。结果生苍术为1.760%、炒黄品为1.722%、炒焦品为1.654%、麸炒品为1.544%、米泔炙品为1.416%、70℃ 30 min烘品为1.458%、80℃ 20 min烘品为1.674%、100℃ 20 min烘品为1.618%、150℃ 20 min烘品为1.562%。表明苍术经炮制后其挥发油含量生品>炒黄品>炒焦品>麸炒品>米泔水品,生品>80℃ 20 min烘品>100℃ 20 min烘品>150℃ 20 min烘品>70℃ 30 min烘品。且70℃ 30 min烘品的挥发油含量与米泔水品相近,饮片外观性状相似,而烘法简便,对大生产尤为适用。

18. 厚朴、金银花、藁本、苍术

超微粉碎在加工过程中是否对中药传统饮片中的挥发油成分造成影响,陈新元等以厚朴、金银花、藁本、苍术为对象进行研究。结果传统饮片和超微饮片中:挥发油的含量(%),厚朴分别为0.33和0.32、金银花为0.36和0.37、藁本为0.43和0.41、苍术为0.47和0.49;挥发油紫外吸收度(A值),厚朴分别为0.6136和0.5603、金银花为0.6078和0.5672、藁本为0.6213和0.5987、苍术为0.4903和0.4416。表明两者数据接近,紫外光谱图基本一致,超微粉碎对厚朴等4种中药的挥发油成分影响不大,超微饮片有很好的发展前景。杨梓懿等则采用自然降氧法、真空降氧法、充氮降氧法贮存与常规贮存方法,对金银花等10种中药饮片的浸出物、挥发油进行比较,研究中药饮片小包装气调养护对成分含量的影响。结果真空降氧、充氮降氧贮存相对稳定,自然降氧次之,常规贮存不稳定。所以中药饮片在小包装贮存中,与环境温度影响和包装密封程度有一定的关系。其影响程度与密封程度、贮存时间密切相关,密封程度高,贮存时间短,它们的含量相对较高,反之则略有减少。

(王兴法　郑杭生)

[附]　参考文献

A

敖宗华,尹光耀,陶文沂.5种中药饮片及其免煎饮片有效成分的对比研究.中药新药与临床药理,2002;(3):183

B

包树励.醋延胡索炮制方法的探讨.吉林中医药,2002;(4):47

C

蔡光先，杨永华，陈燕军，等. 银翘解毒汤超微饮片与传统饮片的化学对比研究. 中国实验方剂学杂志，2002；(6)：5

蔡丽云，张继平，香卫红，等. 盐制法对全蝎宏量和微量元素含量的影响. 中成药，2002；(8)：599

曹站霞，唐进法，付敏，等. 穿山甲的几种炮制方法的比较. 河南中医药学刊，2002；(6)：24

陈长洲，郭用庄，彭俊峰，等. 羚羊角超细粉体的水溶性蛋白质溶出特征的研究. 湖南中医杂志，2002；(5)：51

陈丽坤，李绍华. 诃子不同炮制品功效与微量元素的关系. 微量元素与健康研究，2002；(1)：36

陈丽坤，李绍华. 肉豆蔻炮制研究. 中药材，2002；(3)：174

陈础玉，林蒙，陈艳，等. 新鲜生姜对幽门螺杆菌抑菌杀菌作用的实验研究. 中医药通报，2002；(1)：49

陈新元，王实强，刘亚雄，等. 超微粉碎对厚朴金银花藁本苍术中挥发油含量的影响. 湖南中医杂志，2002；(3)：67

陈照荣，来平凡，林巧. 不同炮制方法对石斛中石斛碱和多糖溶出率的影响. 浙江中医学院学报，2002；(4)：79

D

戴岳，詹亚玲，毕培曦，等. 熟地黄和生地黄配伍的四物汤抗过敏作用的研究. 中医药学刊，2002；(5)：596

G

关怀，王地，陈昕，等. 烘法加工中药炮制品炒麦芽的工艺研究. 北京中医，2002；(2)：114

郭富礼，张振凌，王洪波. 不同山茱萸炮制品中熊果酸含量的比较. 时珍国医国药，2002；(7)：404

H

何凌云，吴皓，沈红，等. 薄层扫描法测定不同产区半夏药材中琥珀酸的含量. 中成药，2002；(4)：290

何亚辉，蔡萍，杨永华，等. 微粉化对沉香挥发油等成分的影响. 湖南中医杂志，2002；(5)：50

何亚辉，罗新建，陈双君，等. 微粉化对知母、穿心莲中主要化学成分的影响研究. 湖南中医杂志，2002；(6)：54

贺祝英，曹佩雪，梁光义，等. HPLC 法测定黄芩及其不同炮制品中黄芩苷的含量. 中国中药杂志，2002；(4)：258

黄青，刘启福，李飞，等. 川乌不同炮制品提取物的致突变与抗突变作用研究. 北京中医药大学学报，2002；(2)：41

黄霞，庆慧，王惠森，等. 熟地黄水煎剂及其提取物对小鼠外周血象影响的比较研究. 中成药，2002；(2)：111

黄海欣. 中药材的炮制对草酸钙结晶影响的实验研究. 基层中药杂志，2002；(3)：28

黄开颜，曹丽冰. 鸡内金沙烫与微波处理的比较. 中药材，2002；(7)：475

J

贾天柱，陈焕亮，解世全，等. 狗脊升华物中 5-羟甲基糠醛分析. 中成药，2002；(10)：768

贾天柱，刁秀兰，李军，等. 狗脊不同炮制品中鞣质的含量测定. 中成药，2002；(1)：32

江海燕，蔡少芳，潘莹. 虎杖不同炮制品的实验研究. 中医药学刊，2002；(4)：426

江海燕，陈勇，莫缓恒. 不同广豆根炮制品中苦参碱含量比较. 中草药，2002；(10)：894

江海燕，陈国佩，宁海梅. 益母草不同炮制品的质量研究. 中成药，2002；(4)：271

蒋以号，杨武亮，龚千锋. HPLC 法测定马钱子及其炮制品中士的宁和马钱子碱的含量. 中国中药杂志，2002；(12)：899

L

李希. 远志不同炮制工艺比较. 四川中医，2002；(3)：19

李洪玉，孙静芸，吴素香. 不同来源桑白皮降压成分桑根酮 C 含量测定. 中成药，2002；(2)：104

李会军，李萍. HPLC 法测定酸枣仁不同炮制品中两种黄酮碳苷的含量. 中国中药杂志，2002；(4)：260

林慧彬，林建强，林建群，等. 山东四种菟丝子补肾壮阳作用的比较. 中成药，2002；(5)：354

刘鹏，许华玉，特玉香，等. 中药饮片微生物限度的考察与思考. 中国中药杂志，2002；(8)：628

刘纪青，张尚斌. 微波炉炮制中药的研究. 河北中医药学报，2002；(3)：25

刘羽祥. 不同炮制方法对黄芩水煎液总黄酮成分的影响. 时珍国医国药，2002；(11)：封 3

刘振丽，宋志前. 不同地区制何首乌中二苯乙烯苷含量测定及稳定性考察. 中成药，2002；(9)：684

陆凤琴，聂桂丽，刘慧颖，等. 炙甘草水提液与牛磺酸合用抗乌头碱所致小鼠心律失常的实验研究. 天津中医学院学报，2002；(1)：32

陆兔林，张余生，毛春芹，等. 炮制对淫羊藿中淫羊藿苷及总黄酮的影响. 中国中药杂志，2002；(6)：461

罗学伦. 苍术炮制的实验研究. 中国中医药科技，2002；(5)：291

M

马红梅，郭俊华，戚爱棣，等. 炮附子对关木通减毒作

用的初步研究. 中草药,2002;(4):319

马忠杰,赵汝海,耿东升. 长距延胡索炮制方法比较研究. 新疆中医药,2002;(3):9

毛春芹,陆兔林,叶定江. HPLC 法测定三七不同饮片中人参皂苷 Rg1 含量. 中成药,2002;(12):942

P

彭百承. 白芍不同炮制品中白芍苷含量测定. 广西中医药,2002;(3):51

彭百承. 砂烫怀牛膝与炒制怀牛膝中齐墩果酸的含量比较. 广西中医学院学报,2002;(3):83

Q

戚爱棣. 何首乌中二苯乙烯苷提取工艺优选及炮制对其含量的影响. 中草药,2002;(7):609

R

饶高雄,普建英,高运玲,等. 加工方法对龙胆生药中龙胆苦苷含量的影响. 云南中医学院学报,2002;(2):1

S

寿洲芳. 三棱不同炮制品中总皂苷含量比较. 中国中药杂志,2002;(7):547

宋晓琳. 中药牛膝饮片炮制规格的探讨. 时珍国医国药,2002;(11):659

孙华芳,姚伟生,黄江红,等. 白术炮制工艺的改进. 中药材,2002;(6):403

孙华芳. 不同软化法对白术饮片质量的影响. 时珍国医国药,2002;(5):285

孙晓燕,袁红宇,郭立玮,等. 超细粉体技术对当归及其制剂溶出速率的影响. 南京中医药大学学报·自然科学版,2002;(4):219

T

唐正平,李秀兰,周晓非,等. 高效液相色谱法测定仙茅超微饮片中仙茅苷的含量. 湖南中医杂志,2002;(4):52

铁步荣,刘菁菁,张谦. 瓦楞子炮制前后砷含量的研究. 中国中药杂志,2002;(9):697

W

王东,林力,袁昌鲁,等. 车前子及其炮制品中多糖含量的分析. 时珍国医国药,2002;(4):197

王实强,杨瑛,舒建斌,等. RP-HPLC 法测定肉桂超微饮片中桂皮醛的含量. 中国实验方剂学杂志,2002;(5):15

韦英杰,杨中林,杜慧,等. 正交设计优选东北南星炮制工艺. 中成药,2002;(11):846

X

肖述章,马新华. 醋炙元胡的内在质量分析. 时珍国医国药,2002;(2):83

辛继兰,赵雅娟. 续断及其炮制品的药效学研究. 中医药学报,2002;(4):16

徐华雄,杨永华,蔡光先. 含人参皂苷类超微饮片与其传统饮片的化学对比研究. 中国实验方剂学杂志,2002;(5):13

许志,孟凡胜. 微波法炮制酒白芍工艺的实验研究. 时珍国医国药,2002;(2):82

许石钟,王瑞锋,余行俭. 不同吴茱萸炮制品的质量比较. 时珍国医国药,2002;(1):22

薛焰,郭立玮,袁红宇,等. 药理效应法测定超细粉马钱子和普通粉马钱子的药动学参数. 南京中医药大学学报·自然科学版,2002;(2):94

Y

杨广民,张志国,欧阳荣,等. 青黛水飞及产地加工对其质量的影响. 湖南中医药导报,2002;(6):307

杨玉琴,张丽艳,高言明. 半夏及不同炮制品中微量元素分析. 微量元素与健康研究,2002;(2):33

杨梓懿,石继连,蒋孟良,等. 中药饮片小包装气调养护对浸出物、挥发油含量的影响研究. 湖南中医学院学报,2002;(4):18

袁红宇,郭立玮,薛焰,等. 超细粉体技术对马钱子中士的宁在体内分布的影响. 南京中医药大学学报·自然科学版,2002;(1):27

Z

张林丽,陈国佩,韦凤. 槟榔不同炮制品中槟榔碱含量的比较. 中药材,2002;(6):404

张群智,毛淑杰,张淑运. 三棱不同炮制品中甘露醇含量的测定. 中国中药杂志,2002;(6):430

张瑞芬,冯文军,李伟光,等. 炒制对丹参中丹参素及总酚性成分的影响. 中医药学报,2002;(2):40

张水寒,肖娟,杨永华. 微粉化对黄芪、黄柏中主要化学成分的影响. 湖南中医杂志,2002;(6):55

张水寒,肖娟,杨永华. 炮山甲超微速溶饮片不同粉末粒径氮含量测定. 湖南中医杂志,2002;(5):20

张志国,欧阳荣,李康,等. 青黛水飞炮炙方法的研究. 中成药,2002;(3):202

(六)中药药理

【概述】

2002年中药药理的研究涉及1 000余味中药，以对心脑血管系统及抗肿瘤作用研究为主。与以往相比，本年度更加注重实验方法的科学性、先进性及对中药作用机制的研究。多数研究运用中药有效成分(有效部位)，从器官组织、细胞、分子、基因等多水平加以探讨。

1. 对心血管系统的研究

抗心肌缺血及缺血再灌注损伤仍是当前研究的热点。李格等研究表明大蒜素能提高心肌缺血再灌注犬血清SOD及谷胱甘肽过氧化物酶的活性，降低内皮素水平。但汉雄等发现三七中人参二醇皂苷预防性静注可显著降低大鼠心肌缺血再灌注心律失常的发生率，降低心肌组织中MDA含量和血清中乳酸脱氢酶的水平，提高心肌组织中SOD及ATP酶的活性，明显对抗再灌注后血压的下降。武淑芳等报道西洋参叶20s-原人参二醇组皂苷(PQDS)可使实验性心肌梗死大鼠血浆TXA_2水平明显下降，PGI_2/TXA_2比值明显增高，心肌梗死及非梗死区FFA及LA含量明显降低，提高SOD和谷胱甘肽过氧化物酶的活性，明显缩小心肌梗死面积，降低血清CK、LDH活性及LPO含量。

许多中药对动物宏观的血流动力学及微观的心脏电生理和离子通道有显著影响。赵春燕等报道龙牙葱木皂苷可使动物离体心脏产生剂量依赖性的正性肌力作用，且该作用可被维拉帕米所拮抗。陈家欢等研究表明，银杏叶提取物能明显降低家兔左心室收缩压和左室内压最大上升速率，延长左室开始收缩至左室内压最大上升速率的间隔时间，减慢心率；显著增加大鼠离体心脏冠脉流量，降低大鼠心肌的收缩振幅。戴云等报道棉酚对离体兔左心室收缩力具有不可逆的抑制作用，并且使心肌失钾，而镁离子能部分逆转棉酚此作用。

部分中药抗心律失常、心肌肥厚的作用及机制得到了进一步的阐明。许东晖等提出海星甾醇能对抗动物多种心律失常，其机制可能与抑制心肌细胞膜上的Ca^{2+}通道，稳定细胞膜有关。鲁云鹤等报道水芹正丁醇提取物能明显增加引起动物室性心律失常的乌头碱及哇巴因用量，显著减少氯化钡所致双向性室性心律失常发生率。阮长武等研究表明苦参碱能显著逆转去甲肾上腺素致肌球蛋白重链同工蛋白的病理转换作用，其在心肌细胞肥大的防治中具有一定价值。饶曼人等报道前胡丙素能抑制血管紧张素Ⅱ致体外培养大鼠血管平滑肌细胞肥厚，使细胞NO含量明显增加，改善肥厚细胞因PKC和Gi蛋白的信号转导改变所致的$[Ca^{2+}]i$改变。

降血脂和抗动脉粥样硬化是中药保护心血管系统的重要方面。黄云峰等提出青心酮可使体外培养的肺动脉内皮细胞弹性系数K_1和K_2增大，黏性系数μ变化不大，红细胞表观指数和最大变形值也明显增加。李庆林等提出金丝桃苷对缺血再灌注引起的大鼠心肌细胞有保护作用，可能与其抗细胞凋亡有关。

2. 对中枢神经系统的研究

中枢神经系统涉及到脑血管疾病、神经退行性疾病、镇静催眠及改善记忆等。陈东风等报道龟版能部分下调大鼠局灶性脑缺血脑侧皮层和尾状核nNOS、iNOS的异常表达，上调eNOS表达。李旻等发现何首乌能增加海人酸(KA)毁损大鼠脑乙酰胆碱能神经元后投射到海马及大脑皮质胆碱能纤维数目，对胆碱能神经投射纤维有保护作用。尹飞等报道黄芩苷预处理对百日咳杆菌所致神经细胞损害具有保护作用。黄丽萍等指出麝香酮可明显拮抗D-半乳糖所致痴呆小鼠的学习记忆功能减退，并可升高其血清SOD活力，降低脑组织的MDA含量，抑制MAO活力。郑莉等研究表明贯叶连翘提取物抗抑郁作用与抑制脑内单胺氧化酶及单胺类神经递质的摄取有关。杨国愉等报道人参皂苷可使短时睡眠剥夺大鼠脑干中缝核群5-HT增加，对长时间睡眠剥夺大鼠，则使5-HT积累程度明显减轻。陈艳明等提出硕苞蔷薇提取物Rba-Ⅰ能对抗吗啡依赖大鼠戒断症状，升高其下丘脑和垂体中β-内啡肽的含量。

3. 对消化系统的研究

大多集中在对胃肠平滑肌作用和对肝损伤的防治。杨小军等报道白芍总苷可增强结肠收缩幅度而调节结肠运动，作用点之一是M受体。田杰等报道芸香苷能降低急性胰腺炎大鼠血清AMS、LPS水平，减小胰腺系数和提高24 h存活率。孟德胜等研究表明槲皮素能提高烫伤大鼠肠黏膜COX－1/COX－2酶活性比率，降低PGE_2降解速率，维持适当水平的PGE_2而发挥黏膜保护作用。刘洁报道西藏胡黄连根茎醇提物能明显降低四氯化碳等引起的急性肝损伤小鼠血清ALT、AST的升高；对四氯化碳所致的亚急性肝损伤大鼠ALT、AST的升高有明显抑制作用，同时可升高总蛋白的含量；并能够增加正常大鼠胆汁流量。杨文卓等报道氧化苦参碱抗大鼠肝纤维化的部分机制是通过降低TGF－β 1mRNA表达水平，抗脂质过氧化。

黄正蔚等研究表明五倍子能有效抑制口腔致龋菌变形链球菌、黏性放线菌和血链球菌的生长和产酸，并可抑制变形链球菌产生不溶性葡聚糖。杨新波等报道水芹的提取物在乙型肝炎病毒基因转染的肝癌细胞系2 215细胞培养中，无细胞毒浓度对2 215细胞HbsAg和HbeAg的分泌有明显的抑制作用。宫毓静等应用半固体药基混合法体外观察164种中药乙醇提取物对白色念珠菌、啤酒酵母和威克海姆原藻3种真菌的作用，其中土槿皮、牡丹皮乙醇提取物对3种真菌均有较强的抑制作用。

4. 对免疫系统的研究

詹莉等实验表明，猫爪草中小毛茛内酯能显著减少耐药结核患者外周血淋巴细胞内结核菌小热休克蛋白基因拷贝表达量，激活休眠菌的同时显著增加了周围血淋巴细胞（PBL）颗粒裂解肽mRNA的表达水平，增强机体细胞毒性淋巴细胞（CTL）杀菌能力，达到抗耐药的作用。宋淑珍等报道葛根的水溶性部分可以促进异戊佛波豆蔻乙酸醇（PMA）体外刺激外周血嗜酸细胞（EC）和淋巴细胞（LC）产生多量活性介质，而醇溶性部分作用则相反。魏文青等报道海藻硫酸多糖对体外培养的淋巴细胞NF－$_{K}$B和P_{53}的表达有抑制作用，使G_1期细胞进入S期，抑制其凋亡。魏虎来等研究表明红景天、红芪、地黄、枸杞子、沙参的多糖成分单独对体外培养的T－AK细胞增殖无明显作用，但在rIL－2和抗CD_3单抗存在下，可促进T－AK细胞的增殖，增强其杀伤活性，其作用效应与其促进IL－2受体的表达有关。

5. 对泌尿系统的研究

吴东方等实验表明淫羊藿提取液对庆大霉素所致肾损伤具有保护作用。刘红提出魔芋甘聚糖能有效降低糖尿病大鼠异常增高的肾小球滤过率和肾血浆流量，但对血糖无影响。司晓芸等报道宽叶缬草在降低高胆固醇血症大鼠总胆固醇、低密度脂蛋白和尿蛋白的基础上，还可减轻肾小球系膜病变和细胞外基质产生，降低肾小球α－SMA和Ⅳ型胶原表达。许晨等报道雷公藤红素对BWF1自发性狼疮模型小鼠的肾小球硬化具有明确保护作用，降低肾脏Ⅰ、Ⅳ型胶原的沉积。徐成钢等报道含三棱血清能抑制体外培养的常染色体显性遗传多囊肾病（ADPKD）囊肿衬里上皮细胞增殖及上皮生长因子受体磷酸化，从而延缓多囊肾病的发生与发展。吴国欣等认为白芥子提取物能明显抑制外源激素诱导的去势小鼠前列腺增生，表现出抗雄性激素作用。

6. 抗肿瘤作用的研究

主要集中在影响癌基因及蛋白产物表达，促细胞凋亡、促分化等方面，还涉及抗多药耐药，影响肿瘤血管生成及免疫抗肿瘤等。杨小平等报道青蒿酯钠处理肝癌细胞（BEL－7 402）后，Bcl－2蛋白表达水平降低。王丽娟等实验表明：薯蓣皂苷元对S_{180}，HepA，U14小鼠移植肿瘤具有抑制作用，而对EAC无抑制作用；体外对L929，HeLa，MCF肿瘤细胞株具有抑瘤作用，而对A375－S2细胞效果不明显。顾春红等对急性早幼粒细胞白血病细胞株NB4在硫化砷作用前后基因表达的差异性进行比较，筛选出相关表达有差异的基因共34条，其中6条表达上调，28条表达下调。董庆华等报道浙江蝮蛇毒能诱导人白血病Jurkat细胞凋亡，且呈剂量依赖关系，此作用与Bcl－2蛋白表达下调有关。潘子民等指出人参皂苷Rg_3可下调荷卵巢癌的严重联合免疫缺陷小鼠肿瘤血管内皮生长因子mRNA及蛋白的表达量，阻滞肿瘤血管生成，抑制肿瘤生长和转移。人参皂苷Rg_3对血管内皮细胞及肺腺癌SPC－A－1细胞的增殖没有直接影响，但Rg_3对肺腺癌 SPC-A-1 细胞条件培养液诱导的血管内皮细胞增殖具有抑制作用。王秀丽等报道三氧化二砷可部分逆转人乳腺癌 MCF-7/ADM 细胞对阿霉素的耐药性，其机制与下调 GST-πmRNA 的表达，降低谷胱甘肽 S-转移酶的活性，增加细胞内阿霉素的浓度有关。

7. 对延缓衰老作用的研究

李友元等报道黄精水煎液可明显提高衰老小鼠脑、性腺组织端粒酶活性，而其 MDA 含量无显著变化。王学美等研究表明：淫羊藿、枸杞子可减少老年大鼠心、脑、骨骼肌组织线粒体 DNA 缺失，提高心、脑线粒体三磷酸腺苷的合成和心、骨骼肌线粒体呼吸链复合酶Ⅳ活力及脑线粒体呼吸链复合酶Ⅰ活力；淫羊藿还可提高脑线粒体呼吸链复合酶Ⅳ活力和骨骼肌线粒体 ATP 的合成对老年大鼠线粒体 DNA 的氧化损伤具有保护作用。乌日娜等认为广枣总黄酮可抑制红细胞的自氧化和激活氧化，保护氧合血红蛋白，抑制过氧化物和绿色素的生成。周敏等报道黄芩苷可抑制长波紫外线和中波紫外线诱导的体外培养黑素细胞增殖，还可通过抑制酪氨酸酶活性减少黑素细胞合成黑素。毛晓健等指出僵蚕能显著降低雌性小鼠卵巢、子宫重量及妊娠率，增加雄性小鼠睾丸、贮精囊的重量。

8. 对其他系统的研究

李志奎等报道雷公藤甲素可促进哮喘豚鼠嗜酸粒细胞 Fas mRNA 表达，抑制 Bcl-2 mRNA 表达，促进嗜酸粒细胞的凋亡。孙仁宇等报道银杏叶提取物对脂多糖诱导 D-半乳糖致衰老大鼠急性肺损伤具有显著保护作用，可明显降低血中乳酸、丙二醛、一氧化氮、内皮素-1及肿瘤坏死因子-α的含量及肺组织中过氧化物酶活性，升高肺组织中 Na^+-K^+-ATPase 活性，减少肺泡灌洗液中蛋白质含量，降低肺通透指数。李学军等认为三七总苷能有效减少肺纤维化大鼠肺组织Ⅰ、Ⅲ型胶原含量，抑制博莱霉素引起的肺纤维化形成。徐梓辉等研究表明薏苡仁多糖能改善糖尿病大鼠糖耐量异常，增加肝糖元含量和肝葡萄糖激酶活性。黄志江等报道人工虫草多糖能显著降低糖尿病小鼠的血糖水平和糖基化血清蛋白含量，明显改善糖尿病小鼠的糖耐量。郝海平等认为山茱萸环烯醚萜总苷能降低糖尿病血管并发症大鼠血清中过高的可溶性细胞间粘附分子(sICAM-1)、TNF-α水平。陈文梅等报道芦丁可抑制血小板激活因子诱导的血小板聚集、5-HT 释放及血小板内游离钙浓度增加。

9. 中药药代动力学的研究

高其品等报道银耳多糖口服后仅有微量(0.4%)通过胃肠道入血，口服与静脉给药的器官分布结果相似，大部分在肝肾中，并由肾脏排出。王晓波等认为家兔单剂量口服纳米级雄黄的药动学发生显著变化，其峰浓度、AUC 显著大于传统雄黄，吸收相增加而消除相减小。马海英等指出黄山药总皂苷容易被人和大鼠消化道菌群代谢，随代谢时间的延长，出现了各种甾体皂苷的降解产物及终产物薯蓣皂苷元。

此外，对中药不良反应也有研究，如唐功耀等观察到关木通所含的马兜铃酸对人肾小管上皮细胞株(HK-2)有明显的细胞毒作用，并可上调人肾小管上皮细胞株及人肾间质成纤维细胞纤溶酶原激活物抑制物、转化生长因子β、金属蛋白酶组织抑制物 mRNA 表达。

（王树荣　王　欣）

【中药抗肝癌细胞的作用研究】

肝癌的发生、发展是一个多因素、多阶段、多位点的变化过程，目前临床上对于肝癌的治疗及肝癌患者生活质量的改善缺乏有效的药物。由于合成药物在伴随治疗中出现明显的副反应，天然药物越来越受到人们的重视。

1. 诱导肿瘤细胞凋亡

细胞凋亡(apoptosis)是细胞在一定生理和病理条件下，由基因控制、遵循自身程序的细胞自主性死亡，它负责清除生理上不需要的细胞以维持机体的自我稳定性，当细胞无法启动正常凋亡程序而无限增殖就发生癌变，诱导肿瘤细胞凋亡是最主要的抗癌途径之一。杨春旭等报道东亚钳蝎毒生物提取物可诱导人肝癌 7 404 细胞的凋亡。石灵春等报道莪术油可下调小鼠 HepA 肝癌细胞周期素 D1(cyclinD1)的表达，抑制细胞增殖核抗原(PCNA)的阳性表达率，从而诱导细胞凋亡。任双义等报道莪术中提取的有效成分——榄香烯可显著抑制小鼠肝癌细胞系 Hca-F25/CL-16A3 的增殖，使 G1-S 期进程减缓，细胞周期停滞于 G1 期，其作用机制与促进视网膜母细胞瘤抑癌蛋白(pRB)的表达有关。赵世义等报道紫杉醇可诱导肝癌 SMMC-7 721 细胞系凋亡,使细胞周期受阻于 G2/M 期。黄华艺等报道芒果苷能够阻滞人肝癌细胞株 BEL-7 404 的细胞周期于G2/M期,诱导肝癌细胞凋亡。吴理茂等报道青蒿琥酯能上调 Bax 基因,下调 Bcl-2 基因,诱导细胞凋亡,同时影响拓扑异构酶活性。刘长利等报道"参臼胶囊"对人肝癌细胞 SMMC-7 721 细胞有抑制作用,并抑制肿瘤细胞中 P_{53}、TopoII 及 Bcl-2 的表达,诱导细胞凋亡。

2. 抑制端粒酶活性参与细胞周期调控

端粒酶是一个核糖核蛋白复合体,激活后可促进细胞无限增殖,细胞周期则表现为肿瘤细胞始终处于增殖状态不能进入静止期。端粒酶蛋白质组分是其活性调控的主要成分,其中催化亚单位端粒酶逆转录酶(hTERT)具有限速作用,对端粒酶的活性调节最为重要。陈伟忠等研究了苦参碱对肝癌细胞株 HepG2 端粒酶活性的调控作用和细胞周期的影响,发现苦参碱可抑制端粒酶活性,明显下调 hTERT 启动子的表达,肝癌细胞 G0/G1 期百分比明显增多,S 期和部分 G2/M 期显著减少。侯华新等报道板蓝根高级不饱和脂肪组酸可抑制人肝癌 BEL-7 402 细胞端粒酶活性,具有体外抗肿瘤活性。

3. 诱导肿瘤细胞分化

黄炜等以细胞的核质比例、反映肝细胞恶变的甲胎蛋白(AFP)分泌量、γ-谷氨酰转肽酶(γ-GT)、反映肝癌细胞分化的酶学指标鸟氨酸氨基甲酰转移酶(OCT)、酪氨酸-α-酮戊二酸转氨酶 TAT 和碱性磷酸酶(ALP)比活性等 6 项作为肝癌细胞的分化指标,研究表明桂皮酸、18β-甘草次酸和甘草酸体外处理 BEL-7 402 人肝癌细胞后,核质比例显著减小,AFP 分泌量和 γ-GT 比活性明显下降,OCT、TAT 和 ALP 3 种分化酶的比活性显著升高,证明这两种药物能抑制人肝癌细胞的增殖并诱导其分化逆转。刘俊卯等报道桂皮酸能诱导人肝癌细胞株 HepG-2 的分化。彭安等、张建军等报道葛根提取物、富硒绿茶含药血清及川芎嗪能有效诱导体外培养的 BEL-7 402 人肝癌细胞的分化。李祺福等报道中国鲎鲎素能有效改变肝癌 SMMC-7 721 细胞恶性形态和超微结构特征,改变肝癌细胞相关酶活性和抗原表达,对肝癌细胞具有一定的诱导分化作用。

4. 抑制细胞癌变

当与肿瘤发生相关的基因发生点突变、扩增、易位、重排、缺失,或者过表达等某种变异后,原癌基因活化成癌基因,抑癌基因则失活甚至转变为癌基因(例如突变型 P_{53} 基因)。叶健等研究表明复方半枝莲可以显著减少二乙基亚硝胺(DEN)诱发大鼠肝脏异型性增生灶和肝癌结节的形成,肝细胞 G0-G1 期比例下降,G2-M 期比例升高,延缓和抑制二乙基亚硝胺诱发的大鼠肝细胞癌变。

综上所述,中药通过多途径、多靶点作用影响肝癌发生、发展,其毒副作用小,对肝癌的防治有西药不可替代的优势。随着研究深入,利用现代科学手段(如生物芯片、基因组和蛋白组学等技术),结合传统中药理论和现代科学理论,深入剖析中药抗肝癌作用机理、物质基础、复方配伍规律,对研制新型防治肝癌的有效药物具有重要意义。

(王　鹏　余伯阳　严永清)

【中药降血糖活性机制研究】

糖尿病是一种常见的代谢性疾病,发病率逐年升高,目前已成为仅次于肿瘤、心血管疾病的第三大疾病,引起世界各国的高度重视。但迄今为止西药治疗效果不甚理想,具有一定的局限性或副作用。中药在治疗糖尿病方面有其独特的优势,探讨中药降血糖活性的机制,可为开发新型高效抗糖尿病药物提供依据。

1. 提高血清胰岛素含量,降低胰高血糖素水平

研究发现广西藤茶中的总黄酮(钟正贤等报道)、桑叶多糖(孙莲等报道)、苦瓜皂苷(侣丽红等报道)、石斛合剂(施红等报道)可抑制自由基对胰岛 B 细胞的损伤,促进胰岛 B 细胞的修复与再生,提高血清胰岛素含量,从而发挥降血糖作用。茅彩萍等报道百草降糖片对四氧嘧啶所致的血糖升高有明显的抑制作用,其机制与改善胰岛功能、促进胰岛素分泌及升高 SOD 水平、降低 LPO 含量等有关。另外,黄芩苷(王文安等报道)、海麦素(章荣华等报道)、血竭(张汝学等报道)、泽泻提取物(杨新波等报道)、花芪降糖胶囊(逮尚远等报道)、降糖搽剂(周立国等报道)、糖目清袋泡剂(刘玲等报道)、糖尿乐胶囊(王玉芬等报道)、糖脉宁(邓晓明等报道)及降糖灵浓缩散剂(张春华等报道)均具有升高血清胰岛素含量,从而降低血糖的作用。

2. 作用于受体,提高胰岛素受体亲和力与数目

柳红芳等报道开郁清胃颗粒降低链脲佐菌素所致糖尿病大鼠肝及骨骼肌细胞膜胰岛素受体结合力,升高胰岛素样生长因子水平,从而减少了胰岛素受体前的抵抗,改善了糖尿病糖代谢紊乱。

3. 促进葡萄糖转运及周围组织、靶器官对糖的利用

Ⓡ型糖尿病的主要特征是胰岛素抵抗伴有高血糖,并常出现高胰岛素血症。脂肪细胞在Ⓡ型糖尿病的发生和发展中有重要作用,是目前最常用的研究外周组织葡萄糖代谢的模型。高糖和胰岛素诱导 IR(胰岛素受体)的脂肪细胞能模拟外周组织在Ⓡ型糖尿病/IR 状态下葡萄糖转运通路受损的状况。黄志江等报道人工虫草多糖能促进高糖和胰岛素诱导 IR 的脂肪细胞的胰岛素刺激葡萄糖摄取,表明其降血糖作用机制可能与促进外周组织的葡萄糖代谢有关。朱莉莎等报道荞麦种子提取物降糖作用是通过增加靶组织对胰岛素敏感性,具有类胰岛素作用而实现的。

4. 保护受损胰细胞

钦传光等、李磊等报道泥鳅多糖、青钱柳多糖的降低血糖作用可能与恢复受损的胰岛结构和功能等有关。

此外,许惠琴等报道 7 味中药可抑制蛋白质糖化终产物(AGEs)的生成,从而有效防治糖尿病并发症。叶菲等报道中药桑枝提取物具有抑制 α 葡萄糖苷酶作用。而郝海平等报道山茱萸环烯醚萜总苷降糖机制与调节细胞黏附分子表达等有关。但苦参碱(嵇扬等报道)、丹皮多糖-2b(王钦茂等报道)、香豆素中的磺酰脲类化合物(韩莹等报道)、地骨皮中的生物碱(周晶等报道)、枳椇水提取液(嵇扬等报道)都有很好的降糖作用,但其作用机制尚不十分清楚。单俊杰等、苗明三等、马松涛等则综述了有关天然多糖、中药的降糖成分及相关药物降糖作用的机理。

(裴兴辰　寇俊萍)

【中药保护血管内皮功能研究】

血管内皮功能复杂,在调节血管舒缩、凝血纤溶、防止有害脂蛋白浸润及自由基损伤等方面起重要作用,其功能异常已被视为创伤、休克、肿瘤和动脉粥样硬化等多种疾病发生发展的病理机制。中药可通过不同途径预防内皮损伤,有效改善其形态或功能异常,从而有效防治心脑血管等相关疾病。

1. 保护血管内皮免受氧化或缺氧损伤

血管内皮损伤是动脉粥样硬化的始动环节,多种因素可导致内皮损伤,其中氧化损伤对内皮功能的破坏是研究重点。王桂敏等报道中药复方首乌延寿丹能显著抑制高脂血清引起的人脐静脉内皮细胞氧化损伤,减少 LPO 蓄积,升高谷胱甘肽过氧化物酶 GSH-PX 活性,促进前列环素 PGI_2 合成,减轻细胞及细胞膜结构的损伤程度,从而达到抗 AS 和抗衰老的作用。王陆军等报道养阴三方含药血清均可降低正常原代人脐静脉内皮细胞的 MDA 含量,升高 SOD 活性,并抑制 LPS 引起的 MDA 增加。另外,王东等报道软脉宁可减轻脂质过氧化造成的内皮细胞损伤,使 LP(a)浓度下降,t-PA 活性增加,PAI 活性降低。高凌云等报道复方心脉神口服液含药血清可调节氧化型低密度脂蛋白导致的血管内皮损伤。叶希韵等报道山楂叶总黄酮对血管内皮细胞氧化损伤具有保护作用。绪广林等报道西红花苷可剂量依赖性减少过氧化氢损伤牛主动脉内皮细胞的 MDA 释放,提高其 SOD 活性,阻止 LDH 外漏,并抑制内钙升高,从而有效防治心血管疾病。闫彦芳等报道三七总皂苷及主要化学成分 Rb_1、Rg_1、Re 均具有显著的抗血管内皮缺氧损伤作用。李胜富等报道中药益生注射液等均可拮抗内皮细胞缺氧/再氧化损伤。

2. 调节血管内皮的 NO/ET 平衡

ET 和 NO 是近年来发现的器官局部调节因子。血管内皮细胞通过释放 ET 收缩血管和促进内皮细胞增殖,同时释放 NO 松弛血管平滑肌和抑制内皮增殖,正常情况下,二者处于动态平衡,维持血管的舒缩功能,一旦破坏,易产生高血压、动脉粥样硬化等一系列心血管疾病。李瑞峰等研究表明,中药半边莲组分 B001 可使高脂模型大鼠内皮素阳性细胞减少,内皮素合成释放减少,并促进内皮源NO合成酶合成。王奇等报道血府逐瘀汤可调节血瘀证模型兔血清引起的内皮ET/NO释放失衡。另外，川芎嗪(朱晓琴等)、葛根素(肖礼祖等报道)、黄芪多糖(吴勇等报道)、川芎(梁日欣等报道)、赤芍药(梁日欣等报道)、补肾煎(费震宇等报道)、养阴方(万海同等报道)等均具有类似作用。

3. 影响内皮细胞增殖与凋亡

钱勇等采用流式细胞仪分析第4代人脐静脉内皮细胞周期，发现含活血利水中药血清可降低S期细胞数目，抑制细胞DNA合成，从而抑制血管内皮生长因子诱导的增殖作用，对于视网膜新生血管具有预防作用。钱睿哲等研究表明灵芝能促进体外培养肺微血管内皮细胞增殖，使G2-M期细胞增殖，从而保护内皮，加速其修复作用。韩冰等报道丹皮酚等中药提取物能有效拮抗糖基化终末产物(AGEs)引起的ECV304细胞增殖抑制，为其延缓糖尿病血管病变发生提供有利依据。李国等报道槲皮素可促进高糖损伤的细胞增殖。方放治等报道氯苄四氢小檗碱可显著降低过氧化氢诱导无血清培养内皮细胞凋亡。

4. 影响细胞因子等的分泌

血管内皮通过其分泌的细胞黏附分子、生长因子和化学因子等活性物质，调节血管壁的舒缩功能和VSMC稳态和增殖，参与AS等多种疾病的发生。王保华等研究发现当归及其有效成分阿魏酸钠可明显促进高脂血清损伤的ECV304细胞表达TGFβ1，抑制bFGF表达，为其抗AS机制之一。此外，张红梅等报道绿谷灵芝含药血清可降低糖化蛋白及氧化型低密度脂蛋白诱导的内皮细胞表面黏附分子表达。李敏杰等报道葛根素可抑制TNFα和IL-1β诱导的内皮细胞黏附分子表达。任永欣等报道荆芥、紫苏叶含药血清也可显著抑制TNFα诱导的内皮细胞ICAM-1表达。

5. 抑制血管内皮细胞通透性

血管内皮屏障功能障碍是炎症的主要特征之一，并参与肿瘤转移、免疫反应及多器官障碍的发生。通透性是检测内皮屏障功能的客观计量指标。吴大正等研究发现水蛭素可明显抑制凝血酶造成的血管内皮细胞单层通透性增高。邱彦等报道丹酚酸B体内给药可显著抑制血管内皮因子引起的内皮通透性增加作用，从而发挥脑保护作用。

6. 调节钙离子或钙通道

绪广林等研究发现西红花苷对培养的牛内皮细胞内钙有调节作用。刘永宏等报道大川芎丸中CD_1、T_3A、T_3B、T_4A等4种成分对血管内皮的钙通道具有明显阻滞作用，为其治疗偏头痛提供了实验依据。

(寇俊萍　严永清)

【中药调脂作用的研究】

高脂血症是国内外公认的引起动脉粥样硬化(AS)的主要危险因素，其发病率日趋增高，故防治高脂血症受到医学界的广泛重视。高脂血症的治疗一般需要长期服药，联合用药。目前多数降脂药对肝、肾功能都有不良影响，合用药物多有不良的相互作用，并且多数西药价格偏高。随着天然药物和自然疗法的兴起，中医药的降脂作用受到人们的极大关注。

1. 中药有效成分调脂作用

欧阳静萍等报道阿魏酸钠能降低高脂血症家兔血清三酰甘油(TG)水平，并能减少AS斑块面积形成，增加内皮细胞NO分泌及改变细胞因子的表达。张红锋等、曹明富等、刘颖琳等报道茶多酚对高脂鹌鹑具有较强的降血脂作用和抗脂肪肝作用，能明显降低高脂血症大鼠血清胆固醇(TC)和TG的含量，提高HDL-C值，从而降低AI值，在体外还剂量依赖性地抑制Cu^{2+}诱导的LDL氧化修饰。聂松柳等研究表明，党参总皂苷对高脂乳剂灌胃复制高脂血症大鼠模型具有显著调节血脂和抗氧化作用。李续娥等报道决明子蛋白质和蒽醌苷皆可降低高脂血症大鼠的TC、TG和低密度脂蛋白-胆固醇(LDL-C)，并可降低高脂血症大鼠的全血黏度、全血还原黏度、血浆黏度、血小板黏附率。韩淑英等发现荞麦叶总黄酮能不同程度地抑制TC、TG、Apo B和LDL-C的升高，而明显升高血清HDL-C和Apo A的含量，同时还可增加血清SOD活性，降低血清和肝组织MDA含量，抑制脂质过氧化。李贵海等报道山楂中有效成分熊果酸和金丝桃苷均有明显降低高脂模型小鼠血清TC的作用，其作用与其升高HDL百分比值和SOD活性有关。徐娟华等报道石莼多糖能明显降低高脂血症大鼠体内 TC 和 TG 水平，且对高密度脂蛋白也有降低趋势。刘琼等发现酸枣仁油对实验性高脂血症家兔具有明显的调脂作用，能有效地预防高脂血症的发生。张金宝报道用黄连素治疗 36 例继发性高胆固醇，结果：黄连素降 TC 显效 13 例，有效 9 例，总有效率为 61.1%(22/36)；降 TG 显效 5 例，有效 10 例，总有效率为 41.67%(15/36)，无明显副反应。

2. 单味中药调脂作用

李银萍等报道 25%当归注射液能降低高脂血症家兔血清 TG，升高外周血红细胞及红细胞压积，并改善高脂血症家兔血液流变性。陈晓莉等研究表明，虎杖片和辛伐他汀均能明显降低 TC、LDL－C、AI 水平，虎杖片还能显著降低 TG 水平，而辛伐他汀疗效不明显。陈莉莉等也报道血脂康胶囊和辛伐他汀两种药物均能显著降低高胆固醇血症患者 TC 和 LDL－C，但血脂康降 TG 作用稍优于辛伐他汀。张汝学等报道血竭能明显降低四氧嘧啶诱导的糖尿病模型大鼠血清 TC、TG 含量。李国年等、黄颖等报道血脂康除了能降脂外，还能提高血清 NO 水平，抑制黏附分子表达，发挥其降脂以外的作用。

3. 复方调脂作用

王文祥等给高脂血症兔服用百草降脂灵胶囊(由丹参水溶性总酚和山楂总三萜酸按一定比例混合而成)，服药 4 周就能明显降低血清 TC 和 LDL－C 的含量，服药 6 周则可使 TC、TG 和 LDL－C 降至接近正常水平，且可使 Apo AI 含量升高、Apo B 的含量下降。费震宇等、傅晓东等报道补肾煎(含淫羊藿、菟丝子、泽泻、熟地黄、首乌、枸杞等)有明显抑制绝经后动脉粥样硬化模型家兔血清 TC、TG 异常升高，提高 NO 水平，降低 ET 含量，抑制平滑肌细胞的增殖及增加其凋亡。张秋华等发现补肾益气活血胶囊不仅可以延缓老年大鼠的衰老，而且能降低实验性高脂血症大鼠 TC、TG、LDL－C 的水平，升高 HDL－C 的水平，并将体内多余的 TC 运输到肝脏代谢，减少 LDL－C在动脉的沉积，降低血小板中 TAX_2 的含量，维持 PGI_1/TXA_2。范英昌等、陆一竹等、金华等报道调肝导浊中药(含炙首乌、柴胡、草决明、泽泻、丹参、姜黄、荷叶)能明显降低大鼠高脂血症模型血清 TC、TG、LDL 含量，升高 HDL 及其亚型含量；能有效升高家兔实验性动脉粥样硬化模型 Apo AI 含量，降低 Apo B 含量；明显抑制高脂血清培养下大鼠主动脉平滑肌细胞的增殖；能显著增强体外大鼠肝细胞 HDL 受体的表达及升高 LDL 受体的作用。李冀等报道活血化瘀方剂能显著降低高脂饮食喂饲法建立高脂血症模型大鼠血清 Apo B、Lp(a)水平，显著升高 Apo AI 水平及 LCAT 活性，同时能显著降低血中 MDA、ox－LDL 水平，显著提高 SOD 活力。金智生等报道健脾降脂灵对正常大鼠血清 TC、TG 有降低作用，对 HDL－C 有升高作用，而对实验性高脂血症大鼠 TC、TG 及 LDL－C 均有显著降低作用，对 HDL－C 有显著升高作用。刘少娟等观察降脂胶囊(含决明子、制首乌、山楂、金樱子、制黄精、夏枯草等)对喂饲高脂饲料大鼠的影响，结果表明降脂胶囊能降低血清 TG，升高血清 HDL－C。关建红等报道降脂宁水煎剂可显著上调高脂血症大鼠肝脏的 LDL－R 基因表达水平。李文彪等报道清源调脂胶囊(含茵陈、泽泻、穿山龙、何首乌等)能有效降低动脉粥样硬化模型大鼠 TC、TG、LDL－C 及 MDA 含量，并对 AS 早期病变产生明显的抑制作用。梁日欣等发现血府逐瘀汤中的川芎和赤芍药合用或单用均可明显降低高脂大鼠血症血清 TC、TG 和 LDL，对 HDL 没有影响，分别单用对 MDA 活性及 NO 的释放均没有影响，但合用血清 MDA 活性降低，NO 释放增加。陆红等发现脂清冲剂(含泽泻、白术、生蒲黄、郁金、生山楂、桑寄生、制首乌、决明子等)能降低高脂血症家兔的血清 TG、TC、LDL－C 以及 MDA 的含量，提高 HDL－C 的含量，同时明显降低肝脏 TG 含量，并减轻主动脉斑块病变程度。

(徐宏江　朱丹妮　严永清)

【中药防治肝纤维化的研究】

肝纤维化是向肝硬化发展的主要中间环节，是当今肝病治疗的难点之一，也是当前国内外研究的热点。

一般认为，前胶原Ⅰ型(PCⅠ)、前胶原Ⅲ型(PC Ⅲ)mRNA 的过量表达，会导致胶原蛋白和其他肝细胞外基质(ECM)的过度增生或异常沉积，肝组织中羟脯氨酸含量升高，这一途径是肝纤维化形成的主要机制之一。王胜春等报道，柴胡与五味子提取物使肝硬化大鼠血清与组织内 PCⅠ、PC Ⅲ显著下降，提示两者配伍对肝纤维化有明显治疗效果。韦艾凌研究表明，瘀痛消胶囊抗肝纤维化作用可能是通过抑制胶原纤维增生及其在肝内的沉积、增加胶原纤维的降解以及加强吞噬细胞吞噬功能等实现的。钱妍等报道，肝复健冲剂可明显延缓化学致癌物 DEN 所致大鼠肝纤维化进展，减少肝内胶原沉积，从而阻抑肝硬化形成及继续发展为肝癌。陈锡美等发现，联合应用粉防己碱与甘草酸能够显著抑制肝纤维化大鼠肝组织中Ⅰ型和Ⅲ型前胶原 mRNA 的表达，提示两药联合应用可在转录水平减少胶原蛋白的合成与分泌。另外，唐有为等、晏军等、孙玉凤等也报道复方益肝康、软肝化丸、益肝浓缩煎剂亦具有类似作用。

脂质过氧化也是肝纤维化形成机制的一个重要组成部分，是 CCl_4 诱导大鼠肝纤维化的主要原因。针对脂质过氧化这一环节开发具有抗氧化活性的中药正成为治疗肝纤维化的一种新方法。李凌等报道，解毒软肝汤能显著降低 MDA，升高 SOD，通过抗脂质过氧化作用抑制肝纤维化。而且姜黄素（刘永刚等报道）、绞股蓝总苷（韦登明等报道）、桑黄（张万国等报道）、丹参酮ⅡA（刘永刚等报道）、氧化苦参碱（杨文卓等报道）、双利肝合剂（赵龙凤等报道）等中草药均具有清除氧自由基和抗氧化的作用。

研究还表明各种细胞因子在肝纤维化形成中扮演重要角色，如大鼠肝星状细胞（HSC）转化生长因子 β1（TGF-β1）参与肝星状细胞的活化，并且还有很强的促纤维生成作用，可以显著促进Ⅰ型胶原合成。虽然不同肝病其发生机理不尽相同，但最终的变化是肝星状细胞经激活，转化为成纤维细胞，HSC 的激活是肝纤维化的细胞学基础。蔡方刚等研究发现，丹参可抑制 TGF-β1 mRNA 及Ⅰ型胶原 mRNA 的表达，表明丹参对 HSC 有直接的抑制作用。软肝化丸（杨彦芳等报道）、复方红景天（曾维政等报道）也有类似作用。唐有为等也报道益肝康对肝纤维化的主要效应细胞——肝星状细胞具有抑制增殖并诱导其凋亡作用。

此外，王胜春等报道肝纤维化形成中常伴随血清谷-丙转氨酶（ALT）、谷-草转氨酶（AST）、单胺氧化酶（MAO）活性异常升高。表明柴胡与五味子提取物对肝纤维化大鼠高 ALT、AST、MAO 酶活性有显著降低作用，其抑制作用与秋水仙碱相当。绞股蓝总苷（韦登明等报道）、肝纤宁颗粒（喻长远等报道）也有类似作用。

值得一提的是，刘平等用正交试验方法对六味扶正化瘀中药（虫草菌丝、五味子、七叶胆、丹参、松黄、桃仁）促进 CCl_4 大鼠肝纤维化逆转的配伍机理进行研究，结果表明，优化复方可降低血清 ALT 活性及 Tbil 含量、提高血清 ALB 含量、提高肝组织 MMP1 活性、降低肝 Hyp 含量的作用均显著优于单味桃仁。该结果提示，与单纯从胶原代谢入手、阻断关键靶位点寻找有效方法的治疗学观点相比，中医治疗思维方式指导下的药物综合作用是中药复方的优势所在。

（代国飞　寇俊萍）

【中药皂苷类成分药理活性研究】

皂苷是中草药所特有的一类成分，具有广泛药理生理活性，日益受到国内外学者的重视。

1. 人参中皂苷类成分

沈志强等、任杰红等、陈滢等报道人参皂苷 Rg_1 能显著降低凝血酶激活的血小板与中性粒细胞间的粘附率，延长血栓形成时间；能增加小鼠免疫器官的重量和巨噬细胞的吞噬功能，提高大鼠血清中 IL-2，补体 C_3、C_4 的含量；减少 PD 鼠模型黑质致密带 Nissl 阳性神经元和 TH 阳性神经元的脱失现象，降低黑质神经元 TUNEL 染色的阳性率，从而抑制其凋亡。张志伟等发现人参皂苷 Rg_2 可明显改善内毒素性血管内凝血致心肌损伤及相关血液流变学指标。孙乾等报道人参 Rb 组皂苷对实验性心肌梗死犬心脏血流动力学及氧代谢有明显改善作用。庞慧民等发现人参茎叶总皂苷对体外培养的视网膜色素上皮细胞（RPE）增生有直接抑制作用，认为人参茎叶总皂苷可能通过阻滞钙通道、干扰 RPE 细胞代谢对 RPE 细胞增殖具有剂量-效应和时间-效应关系的抑制作用。另外，陈方等报道人参茎叶皂苷可增强 5-氟脲嘧啶抗肿瘤作用。

2. 三七中皂苷类成分

闫彦芳等发现三七总皂苷及其主要成分三七皂苷 Rb_1、Rg_1、Re 使缺氧损伤的血管内皮细胞 LDH 漏出率、细胞死亡率显著下降，细胞存活率显著提高，认为三七总皂苷的活血化瘀作用机制与其对血管内皮细胞缺氧损伤的保护作用有关。李菲等则发现三七总皂苷对溶血磷脂酰胆碱引起的脑微血管平滑肌细胞增殖有抑制作用；刘建辉等发现三七总皂苷能降低脑缺血再灌注期 NO 含量及 IL－1 及 TNF 活性，降低脑内 Ca^{2+}、降低兴奋性氨基酸，从而发挥脑保护作用。此外，但汉雄等发现三七中人参二醇苷对大鼠心肌缺血再灌注损伤有保护作用。

3. 西洋参中皂苷类成分

张晶等报道西洋参总皂苷具有体外抑制胰脂肪酶活性，比人参总皂苷作用强。丁涛等发现西洋参茎叶总皂苷对心肌缺血有保护作用。

4. 绞股蓝中皂苷类成分

曹晓勍等报道绞股蓝总皂苷能显著降低大鼠急性局灶性脑缺血再灌损伤脑亚细胞器内 NO 含量，升高海马 CA_1 区存活的锥体细胞数。张莉等报道绞股蓝总皂苷可明显减轻血管性痴呆大鼠大脑皮质及海马的 DNA 和 RNA 损伤。

5. 其他中药皂苷类成分

绪广林等报道西红花苷可剂量依赖性的减少过氧化氢所致牛主动脉内皮细胞 MDA 生成，提高 SOD 活性，阻止 LDH 的外漏，并抑制细胞内钙升高，减少细胞凋亡百分率。聂松柳等报道党参总皂苷能降低高脂血症大鼠血清总胆固醇、三酰甘油、低密度脂蛋白胆固醇含量，提高 NO 和高密度脂蛋白胆固醇含量和 HDLC/DC 比值。王军等报道地黄苷 A 可使小鼠体重明显增加、血浆 cAMP 含量和 cAMP/cGMP 值明显降低，能明显提高小鼠血清溶血素水平，增强小鼠迟发性变态反应。肖振宇等报道商陆皂苷甲能显著促进 Con A活化的胸腺细胞的凋亡。李卫真发现黄花倒水莲总皂苷能显著提高 Th 细胞亚群的数量，增高 Th/Ts 细胞亚群的比值，提高 IL－2 生成的水平。徐先祥等报道黄芪总皂苷和赤芍总苷具有协同抗血小板作用。李明娟等报道蒺藜皂苷具有降血糖作用。王志琪等报道苦丁茶皂苷类物质可对抗 NE、$CaCl_2$ 所致血管收缩。另外陶玲、孙麒等人综述了具有生物活性的甾体皂苷类化合物及中药皂苷类物质抗动脉粥样硬化作用研究进展。

综上所述，中药皂苷类成分具有防治心脑血管疾病、增强免疫、降血糖、抗肿瘤等多种药理活性，深入阐明其作用机制和构效关系，将为创新药物的研制提供新作用靶点和重要的先导化合物。

（林钰文　司敏达　寇俊萍）

【树舌多糖的药理作用】

树舌多糖 GF 是从真菌科植物树舌中提取的一个组分，近年来报道有：

1. 抗肿瘤作用

研究表明树舌多糖有明显的抗肿瘤作用。近年来不少学者对其抗肿瘤机理进行了深入的研究。

于英君、潘洪明等采用链霉素抗生素蛋白－过氧化酶免疫组化法发现树舌多糖可明显增加腹水型肝癌小鼠细胞中的抑癌基因 P_{16}、Rb 的表达，而抑制促癌基因 P_{53} 的表达。潘氏等采用免疫组化的方法研究树舌多糖对腹水型肝癌小鼠癌瘤细胞肿瘤坏死因子 TNF－α 表达的影响，结果表明小鼠瘤细胞 TNF－α 表达显著增强。

王玉等报道树舌多糖能明显降低腹水型肝癌小鼠骨髓细胞染色体 SCE 值。还利用核仁组成区的银染方法显示相应 NOR 和 rDNA 的变化，结果多糖的抑瘤率为 51.8%，其瘤细胞 AgNOR 的数目为(3.91±2.81)，面积比为(0.38±0.18)，这表明树舌多糖抑制瘤细胞核的分裂与其影响核仁的形成有关。

张庆梅等应用链霉菌抗生素蛋白－过氧化酶免疫组化法来测定瘤组织中 Rb 蛋白含量，通过多媒体图像分析系统，探明树舌多糖 GF 对小鼠 HepA 瘤 Rb 基因表达的影响。结果表明，树舌多糖 GF 组、猪苓多糖组与荷瘤对照组比较，差异均非常显著($P<0.01$)，即树舌多糖 GF、猪苓多糖明显增强 HepA 瘤组织中 Rb 基因的表达。树舌多糖组与猪苓多糖组比较，差异非常显著($P<0.01$)，即树舌多糖 GF 更能显著增强 Rb 基因表达，优于猪苓多糖。因此可初步认为，树舌多糖 GF 作用于抑癌基因 Rb 并使之表达增强，是其抗瘤作用机制之一。

2. 免疫调节作用

于英君等报道树舌多糖对小鼠脾细胞增殖作用具有一定量效关系。其浓度在(0.01～0.001) μg/ml 时刺激最强，该浓度下树舌多糖对产生 IgM 的抗体生成细胞数有抑制作用，可以刺激脾脏免疫细胞增殖，而使脾脏重量增加。但对胸腺重量无显著性作用。结果表明，树舌多糖抗肿瘤作用是通过影响癌细胞中的某些基因、染色体、核分裂及提高机体免疫功能而实现的。

（成秉辰　金若敏）

【无花果的药理作用】

无花果为药食同源植物，其性味甘、平，具有健胃清肠，消肿解毒的功效。近年来报道无花果的药理作用有：

1. 抗肿瘤作用

戴伟娟等报道，小鼠荷瘤前 10 日按 100～200 mg/kg灌胃给药每日 1 次，连续 10 日，结果发现无花果对 S_{180} 实体瘤和艾氏腹水癌(EAC)实体瘤有明显抑制作用，对 EAC 腹水型荷瘤小鼠的存活期并无明显延长，但可增加脾和胸腺指数。朱凡河等也报道，以荷 S_{180} 实体瘤小鼠为模型，灌胃给药，连续 10 日，测定小鼠血清中 SOD、GSH－PX 的活性及 MDA 的含量，结果无花果多糖可提高荷瘤小鼠血中抗氧化酶的活性，降低脂质过氧化物的含量。无花果多糖的抗瘤作用可能与提高 SOD、GSH－PX 的活性，和降低自由基水平有关。赵素华等也发现无花果多糖对超氧阴离子有一定清除作用。

马国建等报道无花果提取液在 0.05～0.45 g/ml剂量范围内对人淋巴细胞无致突变性，但可以拮抗丝裂霉素 C 和 γ 射线诱发突变和老年人肿瘤患者自发微核形成。

2. 提高免疫功能作用

戴伟娟等报道无花果多糖以 50～400 mg/kg 剂量灌胃给药，能明显提高正常小鼠血清溶血素抗体水平，增强正常小鼠、环磷酰胺抑制小鼠及应激所致免疫功能低下小鼠的迟发型超敏反应。体外实验显示无花果多糖在 50～1.56 μg/ml 浓度时，可显著提高巨噬细胞的吞噬能力，大于 100 μg/ml时抑制吞噬能力。提示其具有双向调节作用。以 200 mg/kg、400 mg/kg 灌胃给药，无花果多糖可提高荷瘤小鼠吞噬细胞功能，增加抗体形成细胞数，促进淋巴细胞转化。

3. 降血脂作用

杜海燕报道，链脲菌素型糖尿病大鼠口服无花果叶提取物，可降低其血糖和三酰甘油浓度。胡丽萍报道长链三酰甘油乳型高血脂大鼠口服无花果叶煎剂可以降低其三酰甘油的含量。

（金若敏　成秉辰）

【灯盏花素的药理与临床研究】

灯盏花素是由菊科短亭飞蓬属(Erigeron)植物灯盏花中提取的有效成分，近年来对其作用及临床应用进行了较多的研究。

1. 改善血液流变性的作用

徐晤等研究表明，对不稳定型心绞痛患者在常规治疗的基础上静脉滴注灯盏花素注射液 20 ml(加 10％葡萄糖液 200 ml)，可使患者 TXA_2 水平明显降低，6－keto－$PGF_{1\alpha}$水平明显升高，脂质过氧化物(LPO)、遗传性假血友病第Ⅷ因子(vWF)和纤维结合蛋白(Fn)水平均降低，超氧化物歧化酶(SOD)水平增高。提示灯盏花素注射液具有抗脂质过氧化反应，调整 TXA_2/PGI_2 比例平衡，保护血管内皮细胞及促进损伤血管内皮细胞修复的作用。

包铧的研究显示，静脉滴注灯盏花素 25 mg (加 5％葡萄糖注射液或生理盐水 250～500 ml)治疗肾病综合征 1 个疗程(10～14 日)后，可使患者血小板聚集率、全血黏度低切变明显下降，血三酰甘油 TG 下降，血清总胆固醇(CH)、低密度脂蛋白(LDL)、血浆黏度、全血黏度高切变有下降趋势。提示灯盏花素注射液可以降低肾病综合征的血脂水平，改善高凝状态。

马海清等研究发现，用灯盏花素注射液15 ml (加入 5％ 葡萄糖液 500 ml)静脉滴注，治疗 70 例急性脑梗死患者，其临床显效率(基本治愈＋好转)为 82.8％(58/70)，总有效率(基本治愈＋显著好转＋好转)为 95.7％(67/70)。可使患者全血比黏度、血细胞比容、血浆比黏度、还原比黏度、纤维蛋白原与治疗前比较，均显著降低，其作用优于复方丹参组。

2. 对心脑血管的作用

王丽娟等应用全细胞膜片钳制技术，发现灯盏花素以剂量依赖的方式增加豚鼠心室肌细胞钾离子电流 I_k，0.01 g/L 灯盏花素使 I_k 增大 44.6％，0.02 g/L 灯盏花素 I_k 增大 60.3％，灯盏花素此作用经冲洗可部分消退。表明灯盏花素能促进 K^+ 通道开放，促进 K^+ 外流。提示灯盏花素可能有抗高血压、抗心绞痛及抗心律失常的作用。

周浩等报道，灯盏花素灌胃给药 50 mg/(kg·d)可使慢性低氧大鼠肺动脉平均压(mPAP)、左右心室重量比(RV/LV＋S)、肺细小动脉管壁面积/管总面积(WA/TA)、中膜平滑肌细胞核密度(SMC)明显下降，肺动脉中膜平滑肌细胞、胶原纤维增生明显减少，还可使肺组织PKC总活性(PKCt)、胞膜PKC活性(PKCm)、胞质PKC活性(PKCc)、及胞膜PKC活性(PKCm)占PKC总活性(PKCt)的百分比明显下降。免疫组化结果显示，灯盏花素可使肺细小动脉PKC含量明显低于低氧组。提示灯盏花素抑制PKC信号途径可能是其抑制慢性低氧肺动脉高压和肺血管重构的重要作用机制之一。陈少贤等的研究也得出相同结果。

张焰等研究表明，腹腔注射灯盏花素注射液10 ml/kg，可使脑缺血-再灌注沙土鼠海马ATP含量高于脑缺血组和再灌注不同时间组，也可使缺血10 min及再灌注1 h、12 h和24 h海马Na^+-K^+-ATP酶和Ca^{2+}-ATP酶活性均高于脑缺血组和再灌注不同时间组。提示灯盏花素注射液可减轻脑缺血-再灌注损伤。

3. 对肾脏的作用

蒋涛等研究表明，0.1 mg/L灯盏花素可通过抑制PKC活化而有效阻止高葡萄糖引起的肾小球系膜细胞中c-fos、c-jun蛋白表达和C-Ⅳ合成增加，提示灯盏花素可能有防治糖尿病肾病的作用。

马特安等研究发现，静脉滴注灯盏花素40 mg(加生理盐水250 ml)，合用强的松治疗肾病综合征患者4周后，能降低患者血清总胆固醇、三酰甘油、减轻蛋白尿，改善肾功能，提示灯盏花素有辅助治疗肾病综合征的作用，且临床疗效优于单用强的松组。

4. 抗自由基作用

陈小夏等以3种自由基生成体系诱导的红细胞膜脂质过氧化为模型，研究灯盏花素对细胞膜脂质过氧化损伤的作用。结果表明，灯盏花素对黄嘌呤-黄嘌呤氧化酶系统、H_2O_2及UV照射3种方法引起的细胞膜硫代巴比妥酸反应物(TBARS)生成增加均有抑制作用，并呈剂量依赖性，IC_{50}分别为21.11、12.77和33.26 μmol/L，提示灯盏花素对自由基引起的细胞膜脂质过氧化损伤有保护作用。

（黄　坚　金若敏）

【仙人掌的药理作用】

仙人掌是仙人掌科植物的总称，全世界共有84属2 000余种。在中国作为药用首载于清《本草纲目拾遗》，仙人掌味淡性寒，具有行气活血、清热解毒、消肿止痛、健脾止泻、安神利尿的功能。民间多用于治疗腮腺炎、乳腺炎、疖肿等。近年来，对于仙人掌的药理研究又有了新的进展，主要有以下几个方面：

1. 抗病毒作用

娄桂贤等以仙人掌复方制剂10%的水浸液为原液稀释后做体外抗病毒药效实验，结果该药在体外对7型腺病毒、4型腺病毒、Ⅰ型单纯疱疹病毒、Ⅰ型汉坦病毒、2型副流感病毒虽无明显的直接灭活作用，但对上述各种病毒增殖有不同程度的抑制作用，并且无细胞毒作用，可用于由以上病毒导致的疾病的治疗。

2. 抗胃溃疡及胃黏膜损伤作用

崔景朝等报道仙人掌提取物Ⅲ(鲜仙人掌低温干燥后加水煎煮，浓缩成3.7 g/ml)2～32 g/kg给大鼠口服，对应激型、消炎痛型、结扎胃幽门型胃溃疡皆有明显的抗溃疡作用。在进一步探讨仙人掌抗溃疡作用有效部位的实验中还发现，仙人掌乙醇提取物抗溃疡的作用较强，可提高幽门结扎型大鼠胃黏膜的血流量，并可明显提高正常大鼠胃壁组织中的前列腺素E_2含量。

3. 降血糖作用

蒋建勤等报道仙人掌酸水提取物200～400 mg/(kg·d)给小鼠腹腔注射，连续6日，能显著降低正常小鼠和四氧嘧啶型糖尿病小鼠的血糖，且降血糖作用呈剂量依赖性。林晓明等报道仙人掌液12.5～25 g/kg给小鼠灌胃21日，能减轻链佐菌素型糖尿病小鼠异常增多的饮水量和摄食量，缓解其症状。张淑君等将仙人掌粉(墨西哥食用仙人掌经脱水处理)按比例拌入基础饲料中按1.25～10 g/(kg·d)喂饲四氧嘧啶型糖尿病大鼠，结果能显著降低模型大鼠的血糖，且降糖作用与给药剂量有关，但对正常大鼠血糖无明显影响。

4. 抗应激作用

徐霞等以仙人掌提取物400 mg/kg给小鼠灌胃，连续14日，可提高小鼠常压耐缺氧存活时间。王桂秋等以仙人掌水煎液1.25～2.5 g/kg给小鼠灌胃或腹腔注射，连续给药3日，能延长小鼠常压耐缺氧存活时间及冰水游泳时间，连续给药7日，能延长小鼠热水游泳时间，提高小鼠在高温(45±1)℃及在低温(−14±2)℃环境中的存活率，表明仙人掌可提高动物应激反应能力。

5. 抗诱变作用

郭冬梅等报道仙人掌水煎液给小鼠灌胃，可使重铬酸钾诱发小鼠骨髓嗜多染红细胞微核呈剂量依赖性下降，并对重铬酸钾导致的染色体损伤具保护作用。徐厚铨等报道仙人掌提取物2.5～10 mg/(kg·d)，连续灌胃14日，可抑制小鼠骨髓嗜多染红细胞微核率，体外染色体畸变试验显示可抑制人外周血淋巴细胞染色体畸形率，对六价铬所致小鼠染色体损伤有显著的保护作用。王桂秋等实验也表明，仙人掌水煎液1.25～2.5 g/(kg·d)给小鼠灌胃，连续7～10日，能显著降低环磷酰胺诱发小鼠骨髓嗜多染红细胞微核率和骨髓细胞染色体畸变率。为进一步研究仙人掌在肿瘤的预防和治疗上的作用提供了依据。

6. 其他作用

王桂秋等报道，口服2.5 g/kg仙人掌水煎液，连续7日，可提高正常及环磷酰胺型小白鼠末梢血中的白细胞数。王氏等又报道，仙人掌提取物1.25～2.5 g/kg给小鼠灌胃，连续6日，能显著提高小鼠腹腔巨嗜细胞的吞噬功能，连续10日，能显著提高小鼠脾指数及末梢血白细胞总数，具有一定增强机体免疫功能的作用。

贺建国等报道，将仙人掌粉按0.3 g/kg拌入饲料喂饲家兔，结果用药后家兔凝血时间、出血时间及凝血酶原时间均显著缩短，全血浆凝块溶解时间延长，血小板数变化呈现先降后升的变化过程，最终趋势为增高，表明仙人掌有促凝血作用。

王建人等报道，健康雄性小鼠灌胃仙人掌提取物200～400 mg/(kg·d)，连续30日，结果实验组小鼠骑跨次数、交配次数、潜伏期均明显高于对照组，表明仙人掌可提高雄性小鼠性功能。

7. 毒副反应

赵声兰等报道给小鼠和大鼠分别灌服梨果仙人掌粉2.50～10 g/kg后，观察14日，动物未见异常和死亡。骨髓微核试验结果显示，仙人掌粉无诱导微核率增加及降低嗜多染红细胞/成熟红细胞(PCE/RBC)的比值。Ames试验结果表明，仙人掌粉在78.13～5 000 μg/皿范围对TA_{97}、TA_{98}、TA_{100}、TA_{102}菌株无致突变作用。

（沈云辉　金若敏）

【蓝靛果的药理研究】

蓝靛果(*Lonicera edulis*)是忍冬科植物，在中国东北地区分布广、产量大。蓝靛果果汁中含有多种维生素(维生素B_1、维生素B_2、维生素PP、维生素C等)、矿物质(尤其是锌，硒，铁等微量元素含量较高)、氨基酸(必需氨基酸占总量40%左右)、黄酮苷类等。近年来蓝靛果药理作用的研究报道较多。

1. 降压作用

郎杰等报道，通过十二指肠给蓝靛果汁80 ml/每只动物，可使肾上腺素型高血压犬血压开始缓慢下降，2 h血压平均下降(高、低压均降)2.65 kPa，而未给药动物的高血压几乎未下降。

2. 肝保护作用

王启伟等发现蓝靛果0.5～2.0 g/kg灌胃给药，连续4日，能降低四氯化碳肝损伤模型小鼠血清谷草转氨酶活力。金政等对四氯化碳肝损伤模型小鼠的形态学研究发现，蓝靛果提取物10 g/kg灌胃给药，连续6日，能显著降低模型小鼠肝损伤程度，给药组动物各肝小叶变性坏死范围缩小，油红O法染色显示的脂滴范围和大小均减少，琥珀酸脱氢酶颗粒增多，线粒体大小形态结构基本正常。表明蓝靛果具有减轻肝细胞坏死，防止脂肪变性及促进肝细胞恢复的作用，对四氯化碳模型小鼠肝损伤具修复作用。金政等研究还发现，蓝靛果提取物灌胃给药，连续6日，可使四氯化碳肝损伤模型小鼠肝细胞中溶酶体数量减少，酸性磷酸酶活性减低，提示蓝靛果可能通过保护溶酶体膜对肝细胞起到保护作用。

3. 抗疲劳及抗应激作用

金政等报道蓝靛果0.5～2.0 g/kg灌胃给药，连续28日，能延长小鼠游泳时间和小鼠爬杆时间，具有抗疲劳作用。邱绍婕等报道蓝靛果汁给小鼠灌胃，2次/d，连续7日，可显著延长小鼠在高温水中游泳时间，提高小鼠在寒冷环境中的存活率，延长小鼠常压耐缺氧存活时间。韩京振等报道蓝靛果总提取物0.5～2.0 g/kg灌胃给药，连续14日，不仅可显著延长小鼠常压耐缺氧存活时间，并可延长异丙肾上腺素缺氧或减压缺氧小鼠存活时间，还可延长亚硝酸钠中毒缺氧小鼠存活时间，表明蓝靛果可提高小鼠抗应激能力。

4. 抗突变作用

全成旭等报道，预先灌胃给予蓝靛果汁 5～15 g/(kg·d)，一周后再腹腔注射环磷酰胺，可拮抗环磷酰胺诱发小鼠骨髓嗜多染红细胞微核率的增加，并显示剂量依赖性下降。说明蓝靛果汁的某些成分具有抗诱变作用，提示蓝靛果汁在肿瘤的预防及临床肿瘤化学疗法上有潜在的应用价值。

5. 急性毒性试验

侯江雁等灌胃给予小鼠蓝靛果保健颗粒(20 g/kg)，连续给药 14 日，结果给药组小鼠无一死亡或出现异常反应。

（金若敏　沈云辉）

【关木通的肾毒性作用和减毒作用】

《中国药典》(2000 年版)收载的关木通，其来源系马兜铃科植物东北马兜铃 *Aristolochia manshurienisi* Kom 干燥藤茎。法定剂量为 3～6 g，并注明有毒，肾功能不全及孕妇忌用。

1. 关于关木通肾毒性报道概况

王智民、马红梅等检索了 1964 年至 1999 年共 34 例关木通的肾毒害病例，其中国内 21 例，服药时间 1～28 日，剂量 15～400 g/d。10 例死亡，9 例肾功能未恢复，仅 2 例病情稳定，肾功能也一度恢复正常。大多认为是过量服用或品种混杂所致。国外 13 例，服药时间 66～2 190 日，剂量 1 g/d。其中 3 例停药后病情逐步改善，10 例停药后肾功能未恢复，5 例透析，2 例肾移植。刘继红、桑健、何建英等、高天等、蒋鹏等、鲍思蔚等对有关关木通及其含关木通的中药复方应用引起的肾损害都进行了报道。

2. 关木通的肾毒性作用

(1) 临床特点。关木通的肾毒性可分为两类，即急性损伤型和慢性损伤型，临床表现大多为急性肾功能衰竭或由急性病变转为慢性肾功能不全。早期有明显的消化道不适症状，如食欲不振、恶心呕吐、腹泻等；继则颜面及全身浮肿、尿少或无尿或夜尿增多；肾功能急剧下降，可伴有贫血、轻度血压升高、出现糖尿等；慢性损伤型则以慢性肾功能不全的症状为主。

(2) 实验室检查特点。生化检查大多显示血肌酐升高、血尿素氮升高等；尿液检查显示低分子小管性蛋白尿明显升高、溶菌酶及尿 NAG 升高、尿渗量降低等。

(3) 病理特点。肾活检病理特征：急性损伤型表现为肾小管上皮细胞显著变性、萎缩、坏死，可伴有间质水肿，损伤重点在近曲小管，突出表现在皮、髓交界处。肾小球有轻度系膜增生或轻度缺血的改变。慢性损伤型则表现为肾小管逐步萎缩，并伴间质纤维化。

(4) 药理实验结果。叶志斌等在国内首次建立了关木通所致大鼠急性肾损伤的动物模型，并观察了中毒时的大鼠肾功能指标变化，结果表明：给予关木通水煎剂(60 g/kg·d)实验组大鼠的血肌酐、尿素氮、糖尿值呈上升的趋势，低分子蛋白尿明显，尿渗量呈降低趋势。与上述临床结果相吻合，并与国外动物实验相一致。采用 5/6 肾切除方法复制大鼠慢性肾衰竭模型，结果表明大剂量关木通组(3 g/kg)的血清肌酐、尿素氮和尿蛋白排泄量均显著高于生理盐水组，肾间质变化和肾小球硬化程度也较重，小剂量关木通(1 g/kg，与药典剂量相当)的肾脏毒性作用的易感性增加，长期小剂量应用关木通可显著加速慢性肾衰大鼠肾脏毒性作用。

孙伟采用含关木通复方及拆方短期给药方法，观察给药前后体重、血尿生化及肾组织系变化，发现关木通及含关木通复方(关木通：白木通=1 g∶10.5 g)有肾毒性，而白木通则无毒性。

3. 关木通的肾毒性解毒作用

关木通肾毒性的主要成分为马兜铃酸，这已被公认。然而对关木通肾毒性的防治尚处在探讨研究阶段。马氏等根据中药配伍炮制增效减毒基本理论和实践经验，首次提出用炮附子对关木通减毒的思路。利用高效液相色谱仪，对单味关木通制剂及关木通配附子(6∶1)制剂中的马兜铃含量分别进行测定，实验结果显示：关木通和附子共煎后，马兜铃酸的含量比关木通单煎减低了 32%～37%。提示在一定的配伍比例范围内，两者可相互减毒。此现象的机理尚不清楚，还有待进一步研究。

孙丽华等、崔宁等提出由于目前尚未有特效

的肾毒性治疗方案，故应以预防为主，严格掌握用药剂量，减少、杜绝误用和滥用现象的发生。曾有实验报道，马兜铃(3～6 g)对大鼠肾功能及间质结构无明显不良影响，所以用药期间应定期检测肾功能，以期早发现、早治疗、及时停药，要避免与有肾毒性的药物配伍，尤其是避免与含有马兜铃酸成分的药物配伍。

(潘颖宜)

【中药毒性和过敏反应】

1. 中毒反应

(1) 心血管系统。吴秋枫报道一中年女性因四肢大关节酸痛饮服药酒 30 ml(附片 20 g 放入 500 ml 白酒浸泡 3 个月)，30 min 后口唇、四肢发麻继而胸闷、心悸、气短、汗出。体检：HR88 次/min，可闻及早搏。心电图示窦性心律与交界性心律交替出现，频发室性早搏二联律。廖伯成报道一患者因关节痛服含川乌、草乌各 10 g 汤剂，1 h后出现舌、口唇及四肢麻木，并伴恶心呕吐、头晕眼花等。体检：心率 100 次/min，心律不齐，偶可及二联律；另一男子服含川乌、草乌和附片各 5 g 汤剂，30 min 后出现舌麻、唇麻、面麻、四肢麻木及视物昏花。吴允青等报道 5 例患者均以服草乌浸泡白酒约 100 ml，0.5 h 后出现口唇、四肢麻木，继而恶心、呕吐、心悸、胸闷。心电图：均出现频发逸搏；4 例窦性心动过缓、1 例室性心动过速；2 例高度房室传导阻滞、3 例室性早搏。

(2) 消化系统。上官文静报道一男子用鲜红茴香 30 g 煎水内服，另一男子用黄酒冲服红茴香粉 5 g，15～20 min 后均出现呕吐、腹痛，其中一例有胃部烧灼感。童丽平报道一男性乙肝患者服含虎杖 30 g 汤剂，半月后出现恶心呕吐、腹泻等症。高巧燕等报道一男子因关节痛用雷公藤 500 g 水煎后 2 次服下，次日出现腹痛腹泻，恶心呕吐。

(3) 泌尿系统。王立等报道一男子因膝关节疼痛自购木通 100 g 煎汤内服，次日出现恶心呕吐，3 日后症状加重，全身乏力，颜面、下肢肿胀，尿量略减少，夜尿 2～3 次(平常无夜尿)。体检：BP 24/14 kPa，颜面肿胀，双肾区扣击痛阳性，双足踝重度凹陷性浮肿。实验室检查：尿糖－，尿蛋白＋＋＋，BUN 16.81 mmol/L，Cr 853 μmol/L。B超：两肾轻度肿大，皮质部分呈弥漫性不均匀回声。被诊为急性肾功能衰竭。钟良宝报道 4 例肾病患者每日服车前草汁 100～200 g，3～5 日后均出现尿量减少和浮肿现象。实验室检查分别为：BUN 18 mmol/L，Scr 478 μmol/L；BUN 29 mmol/L，Scr 1 054 μmol/L；BUN 15.6 mmol/L，Scr 527 μmol/L；BUN 13.1 mmol/L，Scr 249 μmol/L。林素姐等报道一女童因肾病综合征服含土茯苓 10 g 的汤剂，服药后每周复查，其 BUN、Cr 均持续上升。

(4) 中枢神经系统。胡纪源等报道 6 例男性患者，其中 5 例一次煎服山豆根 20～40 g，一例煎服含山豆根 15 g 的汤剂，均于服药后数小时至 7 日内出现不同程度的发音困难、张口伸舌及吞咽困难、四肢动作笨拙、不能站立行走、全身扭转痉挛、姿位性震颤、肌僵直、腱反射亢进、Babinski 征及吸吮反射阳性等。其中 5 例还出现嗜睡至浅昏迷等意识障碍、2 例出现谵妄。CT 扫描 6 例均有双侧基底节区大片对称性低密度灶，密度较均匀，边缘较清晰。张兵报道一患者服含天葵子 10 g 的汤剂，5 h 后神志恍惚，烦躁不安，颜面潮红，浑身颤抖，答不切题，不能行走，双瞳孔等大等圆(阿托品化)。上官文静报道一男子因软组织损伤用鲜红茴香 30 g 煎水内服，20 min 后出现头昏出汗，躁动不安，手足发冷，四肢肌颤，继而口唇发绀，呼吸困难，角弓反张，反复惊厥；另一男子因腰部不适用黄酒冲服红茴香粉 5 g，15 min 后出现流涎、出汗、头昏头痛、全身频繁抽搐并神志不清。

(5) 中毒性休克。高巧燕等报道一男子因关节痛用雷公藤 500 g 水煎后 2 次服下，次日出现腹痛腹泻，恶心呕吐，第 3 日出现血尿，尿量明显减少，全身无力，出汗不止。急诊检查：BP 10.7/6 kPa，心电图示频发性室性早搏，血生化显示：k^+ 6.2 mmol/L，BUN 18.9 mmol/L。林雪报道一老年女性患者因感冒服含山豆根 12 g 的汤剂，服后即出现胸闷、心悸、气短、恶心、呕吐，急诊检查，BP 60/40 mmHg，呼吸困难，意识模糊。

(6) 其他。苏全胜等报道 3 例男性患者在煎服生晒参 5～6 g 的当日或隔日，出现全身热感，测体温 38.1℃～38.6℃。蒋涛报道一癌症患者一次冲服蟾酥 1.5 g，2 min 后恶心呕吐，腹泻，数分钟后惨叫一声倒在床上，再无声息。急诊入院，呼吸、心跳已停止，瞳孔散大，角膜发射消失。阿依贤姑报道一女子因便秘服用番泻叶 18 g，期间多次出现头晕，恶心，口唇、颜面、四肢麻木，走路摇晃，站立不稳，全身无力，诊断为低血钾症。检测静脉血：k^+ 3.07 mmol/L，BUN 20.17 mmol/L，Cr 474.7 umol/L。

2. 过敏反应

(1) 皮疹。方秀兰报道一男子服用含半枝莲30 g汤剂，20 min后全身出现大片风团，色红，瘙痒，上下眼睑红肿，难以睁开。毛伟松报道一女子服用含当归6 g的汤剂后出现颜面及颈部丘疹样皮疹，瘙痒潮红。赵藏朵等报道一男子用番白草泡水代茶饮，2 h后全身奇痒，出现粟粒状皮疹。章曼云等报道一男子和一女子用鲜芦荟汁涂敷皮肤后均出现局部瘙痒，疹斑红肿。郭田秀等报道一女子用含冰片的粉末撒布在起泡破溃的足趾间，当天即在用药的局部出现散在性皮疹，瘙痒。

(2) 其他。常佃樵报道一男子每日摘山鹰椒1～2 h，数日后出现头面肿胀，起泡糜烂，眼睑难睁。张乙平报道一男子按常规炮制肉桂，切片1 h后双手及颜面发痒，继而水肿，目框皆肿，不可开合。赵藏朵等报道一男子服含番白草汤剂，2 h后出现腹痛腹泻。

(汪文娟)

[附] 参考文献

A

阿依贤姑.番泻叶慢性中毒1例报告.新疆中医药，2002；(4)：18

B

包铧.灯盏花素注射液改善肾病综合征高凝状态.现代中西医结合杂志，2001；(24)：2345

鲍思蔚，刘林.中草药肾毒性概述.时珍国医国药，2001；(2)：159

C

蔡方刚，林永，翁山耕，等.丹参对大鼠肝星状细胞转化生长因子β1与Ⅰ型胶原mRNA表达的影响.中国现代医学杂志，2002；(13)：17

曹明富，陆一鸣，李彦舫.茶多酚复合物对高脂血症大鼠的降脂作用.中国兽医学报，2002；(1)：76

曹晓勍，张岫美，魏欣冰，等.绞股蓝总皂苷对大鼠局灶性脑缺血再灌注损伤的保护作用.中国药学杂志，2002；(7)：499

常佃樵.山鹰椒刺激反应症治验1例.山西中医，2002；(4)：50

陈方，吴铁，傅玉萍，等.人参茎叶皂苷对5-氟脲嘧啶抗肿瘤的增强作用.中国临床药理学与治疗学，2002；(4)：299

陈滢，陈晓春.人参皂苷Rg_1抗黑质神经元凋亡的可能机制.药学学报，2002；(4)：249

陈东风，杜少辉，李伊为，等.龟版对大鼠局灶性脑缺血模型3种NOS亚型的作用.中药新药与临床药理，2002；(5)：278

陈家欢，黄仁彬，何萍，等.银杏叶提取物对心脏血流动力学和冠脉流量的影响.广西中医学院学报，2002；(1)：35

陈莉莉，刘建.血脂康胶囊对高胆固醇血症的调脂作用.医药导报，2002；(1)：31

陈少贤，周浩，王良兴，等.灯盏花素对慢性低氧大鼠肺动脉压力及管壁胶原的影响.上海医药，2002；(6)：363

陈伟忠，林勇，谢渭芬，等.苦参碱对肝癌细胞端粒酶活性调控及细胞周期的影响.第二军医大学学报，2002；(5)：498

陈文梅，金鸣，吴伟，等.芦丁抑制家兔血小板激活因子诱导血小板活化作用的实验研究.中国中西医结合杂志，2002；(4)：283

陈锡美，王志荣，李定国，等.联合应用粉防己碱与甘草酸抗肝纤维化分子生物学机制研究.同济大学学报·医学版，2002；(2)：82

陈小夏，何冰.灯盏花素对红细胞脂质过氧化损伤的保护作用.中药药理与临床，2001；(2)：5

陈晓莉，肖华，薛克昌.虎杖片与辛伐他汀治疗高脂血症的比较.医药导报，2002；(1)：25

陈艳明，张忠贤，田育望，等.硕苞蔷薇提取物Rba-Ⅰ对抗吗啡依赖动物戒断症状的实验研究.中药新药与临床药理，2002；(1)：14

崔宁，方银杏，钱继红.薄层扫描法测定关木通及其制剂中马兜铃酸A的含量.中成药，2001；(2)：147

崔景朝，陈玉兴，周瑞玲.仙人掌提取物抗胃黏膜损伤的研究.中药药理与临床，1999；(2)：26

崔景朝，陈玉兴，周瑞玲.仙人掌提取物抗溃疡作用.时珍国医国药，1999；(5)：321

崔景朝，周瑞玲，陈玉兴.仙人掌抗溃疡作用的研究.时珍国医国药，1998；(5)：406

D

逮尚远，隋在云，陈兆昌.花芪降糖胶囊降血糖作用

的实验研究. 时珍国医国药,2002;(7):396

戴云,赵祥梅,郑惠敏. 镁离子棉酚对心脏的影响. 微量元素与健康研究,2002;(1):10

戴伟娟,司端远,辛勒,等. 无花果多糖对小鼠细胞免疫功能的影响. 中草药,2000;(5):355

戴伟娟,司端运,苏艾兰,等. 无花果多糖对小鼠迟发型超敏反应的影响. 济宁医学院学报,1999;(4):26

戴伟娟,司端运,苏艾兰,等. 无花果多糖对正常小鼠免疫功能的影响. 济宁医学院学报,1999;(3):16

戴伟娟,司端运,王绍红,等. 无花果多糖对荷瘤小鼠免疫功能的影响. 时珍国医国药,2001;(12):1059

戴伟娟,司端运,王绍红,等. 无花果多糖对免疫抑制小鼠的免疫调节作用. 中国中医药信息杂志,2002;(3):23

戴伟娟,司端运,辛勒,等. 无花果多糖对移植性肿瘤生长及对小鼠免疫功能的影响. 中国民族民间医药杂志,2000;(3):160

戴伟娟,司端运,辛勒,等. 无花果多糖果对移植性肿瘤生长及对小鼠免疫功能的影响. 中国药理学会通讯,2000;(4):34

戴伟娟,司端运,辛勒,等. 无花果多糖预防性给药对荷瘤小鼠的影响. 中成药,2001;(10):740

戴伟娟,司端运,仲伟法,等. 无花果多糖对小鼠单核吞噬细胞吞噬功能影响的研究. 中医药学刊,2002;(1):98

戴伟娟,仲伟法,司端运,等. 无花果多糖对荷 S_{180} 小鼠血清 MDA、SOD、GXH－PX 的影响. 济宁医学院学报,2002;(1):20

但汉雄,刘翠霞,江南,等. 三七中人参二醇苷对大鼠心肌缺血再灌注损伤的保护作用. 湖北中医学院学报,2002;(3):26

邓晓明,张艳,韩崇旭,等. 糖脉宁降血糖作用的实验研究. 中国实验方剂学杂志,2002;(2):39

丁涛,徐惠波,孙晓波,等. 西洋参茎叶总皂苷对心肌缺血的保护作用. 中药药理与临床,2002;(4):14

董庆华,郑树,吕庆华,等. 浙江蝮蛇毒能诱导人白血病 Jurkat 细胞凋亡的体外实验研究. 中国中西医结合杂志,2002;(11):851

杜海燕. 无花果叶水提取对链脲菌素-糖尿病大鼠的降血脂作用. 国外医学·中医中药分册,1999;(1):47

F

范英昌,陆一竹,马东明. 调肝导浊中药对血载脂蛋白含量及肝细胞膜脂蛋白受体的影响. 中国动脉硬化杂志. 2002;(3):228

范英昌,陆一竹,张艳军,等. 调肝导浊中药对大鼠实验性高脂血症及主动脉平滑肌细胞增殖影响的实验研究. 中国老年学杂志,2002;(2):127

方放治,戴德哉,王自正,等. 氯苄四氢小檗碱对抗 H_2O_2 引起的无血清培养的血管内皮细胞凋亡和坏死的影响. 中国临床药理与治疗学,2002;(3):200

方秀兰. 煎服半枝莲致过敏 2 例. 中国中药杂志,2002;(8):634

费震宇,王文健,陈伟华,等. 补肾煎对绝经后动脉粥样硬化内皮功能保护作用的实验研究. 中成药,2002;(6):438

傅晓东,王文健,陈伟华,等. 补肾煎对去势兔动脉粥样硬化血管平滑肌细胞增殖与凋亡的影响. 上海中医药杂志,2002;(6):6

G

高天,王文莉. 含马兜铃酸药品不良反应 3 例. 时珍国医国药,2002;(10):636

高凌云,何作云. 心脉神口服液对低密度脂蛋白介导的内皮细胞分泌一氧化氮和内皮素－1 的影响. 中国微循环,2002;(3):151

高其品,陈慧群,王坤,等. 银耳多糖在大鼠体内的吸收、分布和排除. 中国药学杂志,2002,(3):205

高巧燕,王炳云. 口服雷公藤致中毒性休克. 河南中医药学刊,2002;(3):49

宫毓静,安汝国,虞慧,等. 164 种中药乙醇提取物抗真菌作用研究. 中草药,2002;(1):42

顾春红,陈芳源,韩洁英,等. 硫化砷作用后 NB4 细胞基因表达谱变化的研究. 中华血液学杂志,2002;(1):16

关建红,梁爱华,冯前进,等. 降脂宁水提取剂对高脂血症大鼠肝细胞基因表达的影响. 中国中药杂志,2002;(4):289

郭冬梅,贺国强,王淑娥,等. 仙人掌水煎液拮抗重铬酸钾诱发小鼠骨髓微核的研究. 预防医学文献信息,1999;(2):126

郭田秀,郭清凤. 冰片引起过敏反应 1 例报告. 中国民间疗法,2002;(3):59

H

韩冰,王坚,朱荃. 丹皮酚等对 AGEs 抑制人脐静脉内皮细胞增殖的影响. 中医药学刊,2002;(5):681

韩莹,屠树滋,周卫芬,等. 香豆素磺酰脲类化合物的合成及其降血糖活性研究. 中国药科大学学报,2002;(2):93

韩京振,金政,金松竹,等. 蓝靛果抗氧化作用的实验研究. 中国中医药科技,2002;(1):45

韩淑英,朱丽莎,刘淑梅,等. 荞麦叶总黄酮调血脂及抗脂质过氧化作用. 中国煤炭工业医学杂志,2002;(7):711

郝海平,许惠琴,朱荃,等. 山茱萸环烯醚萜总苷对链脲佐菌素诱导的糖尿病血管并发症大鼠血清 sICAM－1、

TNF－α的影响. 中药药理与临床,2002;(4):13

何建英,刘丽华,冯雪亮,等. 木通肾损害 3 例及文献复习. 陕西中医,2001;(1):51

贺建国,李健,贺建昌,等. 仙人掌凝血作用的实验研究. 广东药学院学报,2001;(2):106

侯华新,秦箐,黎丹戎,等. 板蓝根高级不饱和脂肪组酸的体外抗人肝癌 BEL－7402 细胞活性. 中国临床药学杂志,2002;(1):16

侯江雁,李彦冰,崔立杰. 蓝靛果保健颗粒的制备和毒理实验. 中医药学报,2001;(3):58

胡纪源,陆松,何光远,等. 山豆根中毒致亚急性坏死性基底节脑病 6 例. 安徽中医学院学报,2002;(3):20

胡丽萍. 无花果叶对实验性高三酰甘油血症大鼠的降脂活性. 国外医药·植物药分册,2000;(3):119

黄炜,黄济群,张东方,等. 18β－甘草次酸和甘草酸对人肝癌细胞增殖的抑制和诱导分化作用. 中国中医药科技,2002;(2):92

黄炜,黄济群,朱文渊,等. 桂皮酸诱导白血病肝癌肺癌细胞的分化和抗肺癌细胞侵袭作用. 中山医科大学学报,2002;(1):40

黄颖,陈运贞,史若飞,等. 血脂康抑制高脂血症患者单核细胞粘附. 中国动脉硬化杂志,2002;(1):53

黄华艺,农朝赞,郭凌霄,等. 芒果甙对肝癌细胞增殖的抑制和凋亡的诱导. 中华消化杂志,2002;(6):341

黄丽萍,黄敬耀. 麝香酮对 D－半乳糖所致拟痴呆小鼠抗痴呆作用研究. 江西中医学院学报,2002;(1):35

黄云峰,叶笃筠,吴萍,等. 青心酮对肺动脉内皮细胞及红细胞生物力学特征的影响. 中草药,2002;(7):624

黄正蔚,周学东,李继遥,等. 中药五倍子对口腔致龋菌影响的体外实验研究. 华西药学杂志,2002;(2):104

黄志江,季晖,李萍,等. 人工虫草多糖降血糖作用及其机制研究. 中国药科大学学报,2002;(1):51

J

嵇扬,陈善,张癸荣. 苦参碱对四氧嘧啶糖尿病小鼠血糖和肝糖原含量的影响. 中国医药学报,2002;(7):436

嵇扬,陈善,张癸荣. 枳椇水提取液对四氧嘧啶糖尿病小鼠血糖和肝糖原含量的影响. 中药材,2002;(3):190

蒋鹏,王春菊. 中草药所致肾损害研究近况. 时珍国医国药,2001;(5):468

蒋涛,高妍,熊祖应. 灯盏花素对高糖环境肾系膜细胞 c－fos、c－jun 蛋白表达的影响. 中国药理学通报,2001;(5):503

蒋涛. 内服蟾酥急性中毒致死 1 例报告. 新疆中医药,2002;(4):17

蒋建勤,李佩珍,肖文东,等. 仙人掌提取物降血糖作用研究. 基层中药杂志,1996;(1):40

金华,陆一竹,陈静,等. 调肝导浊中药对家兔实验性动脉粥样硬化脂质代谢的影响. 中草药,2002;(4):336

金政,王启伟,金美善,等. 蓝靛果对四氯化碳所致小鼠肝损伤修复作用的形态学研究. 中国中医药科技,2002;(1):46

金政,王启伟,金美善,等. 蓝靛果抗疲劳作用的实验研究. 延边大学医学学报,2001;(1):16

金政,王启伟,李相伍,等. 肝损伤后溶酶体和酸性磷酸酶活性改变和蓝靛果的作用. 延边大学医学学报,2001;(2):79

金智生,何建成. 健脾降脂灵对高脂血症大鼠血脂的影响. 中国中西医结合急救杂志,2002;(1):41

L

郎杰,隋政,高慧英. 蓝靛果降压作用的实验研究. 中医药信息,1996;(1):45

李菲,张梅,张书海,等. 三七总皂苷对溶血磷脂酰胆碱引起脑微血管平滑肌细胞增殖的抑制作用. 中国中药杂志,2002;(4):305

李格,史载祥,贾海忠,等. 大蒜素防治犬心肌缺血再灌注损伤生物化学机制的实验研究. 中药药理与临床,2002;(2):11

李国,张红锋,李义良,等. 槲皮素对高糖损伤血管内皮细胞的保护作用. 中药材,2002;(4):268

李冀,焦亚斌,肖洪彬,等. 活血化瘀法对实验性高脂血症大鼠载脂蛋白与脂蛋白(a)的影响. 中医药信息,2002;(2):63

李冀,焦亚斌,张鹏. 活血化瘀法对实验性高脂血症大鼠脂质氧化的影响. 中医药学报,2002;(1):50

李磊,谢明勇,易醒. 青钱柳多糖降血糖作用研究. 中药材,2002;(1):39

李凌,聂广,王松,等. 解毒软肝汤对 CCl_4 诱导的大鼠肝纤维化的作用. 现代实用医学,2002;(7):352

李旻,杜小平,叶晖,等. 何首乌对 KA 致大鼠脑胆碱能纤维损伤的保护作用. 脑与神经疾病杂志,2002;(3):137

李贵海,孙敬勇,张希林,等. 山楂降血脂有效成分的实验研究. 中草药,2002;(1):50

李国年,欧阳森,彭道地,等. 血脂康降脂作用与血清一氧化氮关系的研究. 临床心血管病杂志,2002;(4):169

李敏杰,刘勇,马琳,等. 葛根素对内皮细胞增殖及黏附分子表达的影响. 陕西中医,2002;(2):148

李明娟,瞿伟菁,王熠非,等. 蒺藜皂苷的降血糖作用. 中药材,2002;(6):420

李祺福,欧阳高亮,刘庆榕,等. 中国鲎鲎素诱导人肝癌 SMMC－7721 细胞分化的观察. 癌症,2002;(5):480

李庆林,俞桂新,陈志武,等. 金丝桃苷抑制大鼠心肌缺血再灌注损伤引起的细胞凋亡作用的机制. 药学学报,2002;(11):849

李瑞峰，温海涛，李莉，等. 半边莲不同组分对内皮细胞内皮素及内皮源一氧化氮合酶代谢的影响. 中国动脉硬化，2002；(1)：19

李胜富，蒋红梅，李幼平，等. 益生注射液对人内皮细胞缺氧再给氧损伤的拮抗机理. 华西医大学报，2002；(2)：215

李卫真. 黄花倒水莲总皂苷对小鼠T细胞亚群和IL-2的影响. 中国中药杂志，2002；(3)：219

李文彪，石瑞丽. 清源调脂胶囊对大鼠实验性动脉粥样硬化形成的影响. 包头医学院学报，2002；(1)：1

李续娥，郭宝江. 决明子蛋白质和蒽醌苷对高脂血症大鼠血脂的影响. 中国中药杂志，2002；(5)：347

李续娥，杨水云. 决明子蛋白质和蒽醌苷对高脂血症大鼠血液流变学的影响. 中草药，2002；(5)：429

李学军，崔社怀. 三七总苷及甲泼尼龙对实验大鼠肺纤维化的干预作用及机制的初步探讨. 中华结核和呼吸杂志，2002；(9)：520

李银萍，欧阳静萍，余追，等. 当归对正常家兔和高脂血症家兔血液流变性的影响. 微循环学杂志，2002；(1)：27

李友元，杨宇，邓红波，等. 黄精煎液对衰老小鼠组织端粒酶活性的影响. 华中医学杂志，2002；(4)：225

李志奎，王长征，钱桂生. 雷公藤甲素对哮喘豚鼠嗜酸粒细胞凋亡及Fas mRNA，Bcl-2 mRNA表达的影响. 中国新药与临床杂志，2002；(5)：261

梁日欣，黄璐琦，刘菊福，等. 药对川芎和赤芍对高脂血症大鼠降脂、抗氧化及血管内皮功能的实验观察. 中国实验方剂学杂志，2002；(1)：43

廖伯成. 乌头碱中毒2例报告. 湖南中医杂志，2002；(1)：48

林雪. 服过量山豆根煎剂致严重不良反应1例. 中国中药杂志，2002；(7)：559

林素姐，张喜媛，林文狮. 土茯苓对肾功能不全者应慎用. 中国民间疗法，2002；(10)：46

林晓明，桂立辉. 仙人掌缓解糖尿病小鼠症状和降血糖作用的研究. 中药药理与临床，1998；(2)：33

刘红. 魔芋甘聚糖对糖尿病大鼠肾脏血流动力学的影响. 湖北民族学院学报·医学版，2002；(1)：30

刘洁，刘保林，张健强，等. 西藏胡黄连保肝利胆作用的研究. 中国新药杂志，2002；(6)：459

刘玲，郭霞，陈雨震，等. 糖目清袋泡剂对四氧嘧啶诱发糖尿病大鼠的治疗作用. 中国实验方剂学杂志，2002；(3)：31

刘平，吴定中，刘成海，等. 扶正化瘀中药复方促进CCl_4大鼠肝纤维化逆转的配伍机理研究. 上海中医药大学学报，2002；(1)：37

刘琼，孙红亚，郭俊明. 酸枣仁油对家兔血脂的影响. Modern Practical Medicine，2002；(8)：426

刘长利，吴苏冬，王慧川，等. 中药复方“参臼胶囊”对肝癌细胞抑制作用的实验研究. 肿瘤研究与临床，2002；(3)：147

刘继红. 木通引起肾损害1例报告. 浙江中西医结合杂志，2001；(3)：178

刘建辉，冀凤云，王婷，等. 三七总皂苷对脑缺血再灌注损伤保护作用的实验研究. 中国临床神经科学，2002；(1)：90

刘建辉，冀凤云，王婷，等. 三七总皂苷对缺血再灌注鼠脑组织Ca^{2+}和兴奋性氨基酸的影响. 中国临床药理学与治疗学，2002；(1)：33

刘俊卯，丁海，盛伟华，等. 桂皮酸逆转人肝癌细胞某些恶性表型的研究. 中国航天医药杂志，2002；(1)：4

刘少娟，林健，何聆，等. 降脂胶囊调节血脂的研究. 实用预防医学，2002；(2)：176

刘颖琳，刘耕陶. 丹酚酸-A体外对人血清低密度脂蛋白氧化修饰的抑制作用. 药学学报，2002；(2)：81

刘永刚，陈厚昌，蒋毅萍. 丹参酮ⅡA对四氯化碳致大鼠肝纤维化的实验研究. 中药材，2002；(1)：31

刘永刚，陈厚昌，蒋毅萍. 姜黄素抗肝纤维化的实验研究. 时珍国医国药，2002；(5)：273

刘永宏，周东，陈友琴，等. 大川芎丸各成分对血管内皮细胞钙通道的阻滞作用. 华西药学，2002；(1)：19

柳红芳，仝小林，王庆国. 开郁清胃颗粒对链脲佐菌素诱发糖尿病大鼠降糖机理的实验研究. 中国实验方剂学杂志，2002；(5)：31

娄桂贤，张兰君，陈军. 仙人掌复方制剂抗病毒的药效实验. 陕西中医，2002；(7)：661

鲁云鹤，郑培芬，张红英，等. 水芹正丁醇提取物抗心律失常作用的实验研究. 中国中医药科技，2002；(5)：292

陆红，程志清，龚一萍，等. 脂清冲剂对高脂血症家兔血脂及血清丙二醛(MDA)的影响. 浙江中西医结合杂志，2002；(4)：223

陆红，吕圭源，张信岳，等. 脂清冲剂抗动脉粥样硬化作用研究. 中药药理与临床，2002；(1)：26

陆一竹，范英昌，陈静，等. 调肝导浊中药对家兔实验性动脉粥样硬化血载脂蛋白含量及动脉硬化指数的影响. 中国实验方剂学杂志，2002；(2)：44

侣丽红，赵余庆. 苦瓜的降血糖作用及活性成分的研究. 中药材，2002；(6)：449

M

马国建，王俏先，薛开先，等. 无花果提取物抗突变效应研究. 癌变·畸变·突变，2001；(4)：259

马国军，孟正杰，王俏先，等. 无花果提取物致突变及抗突变研究. 癌变·畸变·突变，2002；(3)：177

马海清，马玉兰. 灯盏花素注射液对急性脑梗死的临床观察. 山西医科大学学报，2002；(1)：57

马海英,周秋丽,王继彦,等.黄山药总皂苷肠内菌代谢及代谢产物吸收的研究.中国药房,2002;(4):204

马红梅,郭俊华,戚爱棣,等.炮附子对关木通减毒作用的初步研究.中草药,2002;(4):319

马红梅,张伯礼,徐宗佩.含关木通复方及拆方短期给药对小鼠肾脏的毒性影响.中国药学杂志,2002;(6):456

马红梅,张伯礼.关木通肾毒害及其防治.中草药,2001;(4):369

马松涛,柯尊洪,郑伟.中药降血糖作用研究概况.湖北中医杂志,2002;(11):54

马特安,程骏章.灯盏花素治疗肾病综合征的临床观察.中国中西医结合肾病杂志,2002;(1):50

毛伟松.当归致皮疹1例报告.新中医,2002;(2):70

毛晓健,毛小平,肖庆慈,等.僵蚕抗生育的药理研究.云南中医学院学报,2002;(3):26

茅彩萍,徐乃玉,顾振纶.百草降糖片降血糖作用机制研究.中草药,2002;(2):149

孟德胜,汪仕良.槲皮素对烫伤大鼠肠黏膜 PGE_2 代谢的影响.第三军医大学学报,2002;(10):1202

苗明三,孙艳红.中药的降糖成分及作用机理.河南中医药学刊,2002;(5):1

N

聂松柳,徐先祥,夏伦祝.党参总皂苷对实验性高脂血症大鼠血脂和NO含量的影响.安徽中医学院学报,2002;(4):40

O

欧阳静萍,王保华,刘永明,等.阿魏酸钠对高脂血症家兔动脉粥样硬化形成的影响及其机制的研究.中国药理学通报,2002;(2):207

P

潘洪明,王玉,于英君.树舌多糖对小鼠HepA瘤细胞 P_{16}、Rb基因表达的影响.医学研究通讯,2002;(3):46

潘洪明,于英君.树舌多糖、猪苓多糖对小鼠HepA瘤细胞TNF-α表达的影响.中国基层医药,2002;(6):486

潘子民,叶大风,谢幸,等.人参皂苷 Rg_3 对荷卵巢癌的严重联合免疫缺陷鼠的抗肿瘤血管生成作用的研究.中华妇产科杂志,2002;(4):227

庞慧民,朱玉琢,明月,等.人参茎叶总皂苷对培养的人胚视网膜色素上皮细胞增生的抑制作用.吉林大学学报·医学版,2002;(4):363

彭安,陈敏珍,袁劲松.葛根提取物诱导人肝癌细胞分化的研究.现代中西医结合杂志,2002;(16):1533

彭安,叶红军.川芎嗪诱导Bel-7 402人肝癌细胞恶性表型逆转的研究.临床肝胆病杂志,2002;(3):157

Q

钱妍,凌昌全,金岩.肝复健冲剂对大鼠肝纤维化胶原沉积的影响.安徽中医学院学报,2002;(4):36

钱勇,张励,李庆生.含中药血清对血管内皮生长因子诱导的人脐静脉内皮细胞增殖的影响.中国中医眼科杂志,2002;(3):132

钱睿哲,孙宁,金惠铭,等.灵芝对体外培养的微血管内皮增殖和凋亡的影响.中国微循环,2002;(2):72

钦传光,黄开勋,徐辉碧.泥鳅多糖对实验性糖尿病小鼠血糖血脂的影响.中国药理学与毒理学杂志,2002;(2):124

邱彦,芮耀诚,张黎,等.血管内皮生长因子对大鼠脑血管通透性的影响及丹酚酸B对其抑制作用.解放军药学学报,2002;(1):17

邱绍婕,李盈,蔡和金.蓝靛果汁对小鼠应激反应的影响.哈尔滨医药,2001;(1):20

全成旭,韩春姬,李莲姬.蓝靛果汁拮抗环磷酰胺诱发小鼠骨髓细胞微核.延边大学医学学报,2001;(2):87

R

饶曼人,孙兰,张晓文.前胡丙素对AngⅡ致离体血管平滑肌细胞肥厚及胞内钙、NO含量和信号转导的影响.药学学报,2002;(1):5

任杰红,陈林芳,张路晗,等.人参皂苷 Rg_1 的免疫促进作用.中药新药与临床药理,2002;(2):92

任双义,左云飞.榄香烯对小鼠肝癌腹水瘤细胞系Hca-F25/CL-16A3的视网膜母细胞瘤抑癌蛋白及腺病毒E2启动子结合因子表达的影响.中华实验外科杂志,2002;(2):112

任永欣,曾南,沈映君.荆芥紫苏叶挥发油对TNF-α诱导的内皮细胞ICAM-1表达的影响.哈尔滨商业大学学报·自然科学版,2002;(2):134

阮长武,何仲海,金朝俊,等.苦参碱对去甲肾上腺素促心肌细胞肥大及肌球蛋白重链基因表达的影响.临床心血管病杂志,2002;(4):171

S

桑健.木通中毒致急性肾衰竭1例.中国中西医结合肾病杂志,2001;(6):357

单俊杰,邓军娥,田庚元,等.天然多糖降血糖活性及机理初步探讨.中药材,2002;(2):139

上官文静.红茴香口服中毒2例.浙江中西医结合杂志,2002;(3):185

沈志强,吴蓝鸥,雷伟亚,等.人参皂苷 Rg_1 对中性粒细胞与血小板之间粘附的影响.中草药,2002;(2):138

施红,杨奇红,张捷平,等.石斛合剂对高脂高糖加

STZ造模大鼠的作用及机制探讨.中药药理与临床,2002;(3):22

石灵春,汪波,吴万根,等.莪术油对小鼠肝癌细胞抑制作用的分子机理.中药药理与临床,2002;(1):6

司晓芸,贾汝汉,黄从新,等.宽叶缬草对高胆固醇血症大鼠肾脏保护作用的探讨.中国中西医结合肾病杂志,2002;(4):196

宋淑珍,董振南,谷峰,等.葛根中不同提取物对外周血免疫细胞R调节机理研究.中国中药杂志,2002;(9):684

苏全胜,林勇,任苏虹.服生晒参致发热3例.中国中药杂志,2002;(1):79

孙莲,孟磊,阎超,等.桑叶的降血糖活性成分和药理作用.中草药.2002;(5):471

孙麒,巨勇,赵玉芬.具有生物活性的甾体皂苷.中草药,2002;(3):276

孙乾,睢大员,于晓风,等.人参Rb组皂苷对实验性心肌梗死犬心脏血流动力学及氧代谢的影响.中草药,2002;(8):718

孙伟.对中草药肾毒性的理性探讨.江苏中医,2001;(10):1

孙丽华,安儒峰,庄文选.关木通的肾毒性及其防护.中药材,2002;(5):369

孙仁宇,张宏,斯琴,等.银杏叶提取物对脂多糖诱导D-半乳糖致衰老大鼠急性肺损伤的保护作用.中华结核和呼吸杂志,2002;(6):352

孙玉凤,姚希贤,崔东来.益肝浓缩煎剂抗肝纤维化的实验研究.中国中西医结合消化杂志,2002;(2):84

T

唐功耀,田雪飞,谌贻璞.马兜铃酸对人肾细胞作用的实验研究.中华肾脏病杂志,2002;(4):266

唐有为,姚希贤,姚洪森.益肝康对实验性肝纤维化大鼠肝细胞的保护作用及超微结构观察.中国中西医结合消化杂志,2002;(2):76

陶玲.中药皂苷类物质抗动脉粥样硬化作用.基层中药杂志,2002;(2):53

田杰,赵维中,王宇翎,等.芸香苷对实验性急性胰腺炎的保护作用.安徽医科大学学报,2002;(1):31

童丽平.口服虎杖煎剂致消化道不良反应1例.时珍国医国药,2002;(5):277

W

万海同,白海波,杨洁红,等.养阴方对培养人脐静脉内皮细胞ET和NO含量的影响.中国中医急症,2002;(1):44

王东,刘皿,姜良铎,等.软脉宁对高脂血清诱导内皮细胞损伤的影响.北京中医药大学学报,2002;(2):44

王军,于震,李更生,等.地黄苷A对“阴虚”及免疫功能低下小鼠的药理作用.中国药学杂志,2002;(1):20

王立,王亚平,同生志.超大量煎服关木通致肾功能衰竭1例.中国中药杂志,2002;(9):710

王奇,陈云波,赖世隆,等.血府逐瘀汤对用血瘀证兔模型血清损伤的血管内皮细胞内分泌功能的影响.中国实验方剂学杂志,2002;(2):12

王玉,潘洪明,刘枫.树舌多糖对HepA鼠骨髓细胞染色体SCE影响的研究.中国优生与遗传杂志,2002;(3):42

王玉,徐广有,刘枫,等.树舌多糖对瘤细胞AgNOR表达的影响.齐齐哈尔医学院学报,2001;(10):1105

王保华,欧阳静萍,魏蕾,等.当归及阿魏酸钠对内皮细胞中TGFβ1及bFGF表达的影响.辽宁中医杂志,2002;(1):45

王桂敏,吴秀青.首乌延寿丹抗血管内皮老化的实验研究.中国中医药学刊,2002;(3):314

王桂秋,聂晶,朱黎霞,等.仙人掌抗诱变效应的实验研究.中国中医药科技,2001;(4):252

王桂秋,强苓,孙一杰,等.仙人掌对小白鼠不同应激状态的影响.中国中医药科技,2001;(4):251

王桂秋,邱绍婕,李廷宇,等.仙人掌升白细胞作用的实验研究.中国中医药科技,2001;(4):251

王桂秋,姚月梅,许伟.仙人掌提取物对小鼠免疫功能的影响.中医药学报,2001;(4):38

王建人,王红伟,徐霞,等.仙人掌提取物对雄性小鼠性功能的影响.海峡药学,2002;(1):16

王丽娟,王岩,陈声武,等.薯蓣皂苷元体内、外的抗肿瘤作用.中国中药杂志,2002;(10):777

王丽娟,王勇,李金鸣.灯盏花素对豚鼠心室肌细胞迟发性外向钾电流的影响.中国药理学通报,2002;(3):326

王陆军,李民,张旭,等.养阴三方抗内皮细胞的损伤机理研究.国医论坛,2002;(1):24

王启伟,金政,李相伍,等.蓝靛果对四氯化碳损伤小鼠血清谷草转氨酶的影响.延边大学医学学报,2001;(3):191

王钦茂,洪浩,赵帜平,等.丹皮多糖-2b对2型糖尿病大鼠模型的作用及其降糖作用机制.中国药理学通报,2002;(4):456

王胜春,赵辉萍,贺雪梅.柴胡与五味子配伍对实验性肝纤维化作用的观察.中成药,2002;(4):286

王文安,蔡定芳,吕传真.黄芩苷对糖尿病大鼠脑缺血再灌注的影响.中国中西医急救杂志,2002;(2):111

王文祥,顾振纶.百草降脂灵胶囊对实验性高血脂症兔的治疗作用.中草药,2002;(3):253

王晓波,袭荣刚,张治然,等.纳米级雄黄粉药代动力学研究.解放军药学学报,2002;(6):324

王秀丽,孔力,赵瑾瑶,等.三氧化二砷逆转人乳腺癌MCF-7/ADM细胞耐药的机制研究.中华肿瘤杂志,2002;(4):339

王学美,富宏,刘庚信.淫羊藿、枸杞子对老年大鼠线粒体DNA缺失、线粒体呼吸链酶复合体和ATP合成的影响.北京大学学报·医学版,2002;(1):68

王玉芬,韩双红,孙国英,等.糖尿乐胶囊降血糖作用的实验研究.中药材,2002;(6):426

王志琪,田育望,杜方麓,等.苦丁茶皂苷类物质对家兔离体胸主动脉条影响的实验研究.湖南中医学院学报,2002;(2):29

王智民.含马兜铃酸的中成药情况分析.中国中药杂志,2002;(10):800

韦艾凌.瘀痛消胶囊抗肝纤维化的实验研究.辽宁中医杂志,2002;(7):446

韦登明,余舰,宋琦,等.绞股蓝总苷防治大鼠肝纤维化的实验研究.时珍国医国药,2002;(5):257

魏虎来,姚小健,赵怀顺,等.植物多糖增强肿瘤杀伤效应细胞的增殖活性和细胞毒活性.中草药,2002;(2):140

魏文青,丛建波,先宏,等.海藻硫酸多糖对淋巴细胞凋亡的抑制作用及其机制.中国药学杂志,2002;(9):664

乌日娜,李大力,娜仁花,等.广枣总黄酮对红细胞氧化损伤的抑制作用.时珍国医国药,2002;(11):653

吴勇,欧阳静萍,涂淑珍,等.黄芪多糖对糖尿病大鼠内皮细胞的影响.辽宁中医杂志,2002;(1):22

吴大正,樊懿,韩志芬,等.水蛭素对凝血酶造成的血管内皮细胞单层通透性增高的抑制作用.上海中医药杂志,2002;(8):43

吴东方,马俊玲,周健,等.淫羊藿提取液对庆大霉素急性肾损伤的影响.中国医院药学杂志,2002;(5):270

吴国欣,林跃鑫,欧敏锐,等.白芥子提取物抑制前列腺增生的实验研究.中国中药杂志,2002;(10):766

吴理茂,赵一,王勤,等.青蒿琥酯治疗肝癌的机理初探.中国中医基础医学杂志,2002;(8):593

吴秋枫.附子酒致心律失常1例.浙江中西医结合杂志,2002;(1):9

吴允青,陈琛.急性乌头碱中毒致多发性心律失常5例.现代中西医结合杂志,2002;(5):461

武淑芳,睢大员,于晓风,等.西洋参叶20s-原人参二醇组皂苷抗实验性心肌缺血作用及其机制.中国药学杂志,2002;(2):100

X

肖礼祖,罗伟,苏海,等.葛根素对羟自由基培养HUVECs分泌NO和ACE活性的影响.江西医学院学报,2002;(1):39

肖振宇,郑钦岳,郑向民,等.商陆皂苷甲对小鼠胸腺细胞凋亡的影响.第二军医大学学报,2002;(6):659

徐晤,陈建辉,王向东,等.灯盏花素注射液对不稳定型心绞痛患者内皮细胞保护作用的观察.基层中药杂志,2001;(5):5

徐霞,许世华,邓延慧,等.仙人掌提取物对小鼠抗疲劳、耐缺氧能力的影响.河南医科大学学报,2001;(6):730

徐成钢,梅长林,葛守一,等.中药三棱对多囊肾病囊肿衬里上皮细胞增殖及上皮生长因子受体磷酸化的影响.中华肾脏病杂志,2002;(1):38

徐厚铨,郭冬梅,韩发彬,等.天然植物提取物对六价铬所致染色体损伤的拮抗作用研究.环境与健康杂志,2000;(2):100

徐娟华,马武翔,谢强敏,等.石莼多糖的提取分离及其降血脂作用的初步研究.中国中医药科技,2002;(3):167

徐先祥,夏伦祝,高家荣,等.黄芪总皂苷和赤芍总苷协同抗血小板作用研究.中药材,2002;(9):653

徐梓辉,周世文,黄林清,等.薏苡仁多糖对实验性Ⅱ型糖尿病大鼠胰岛素抵抗的影响.中国糖尿病杂志,2002;(1):44

许晨,吴兆龙.雷公藤红素防治狼疮性肾炎肾小球硬化的研究.中国中西医结合肾病杂志,2002;(3):132

许东晖,刘振龙,梅雪婷,等.海星甾醇抗实验性心律失常的作用.中国药科大学学报,2002;(2):149

许惠琴,朱荃,李祥,等.7味中药对体外非酶糖化终产物生成的抑制作用.中草药,2002;(2):145

绪广林,钱之玉,任萱.西红花苷对培养的牛内皮细胞内钙的调节作用.中国药科大学学报,2002;(5):445

绪广林,钱之玉.西红花苷对血管内皮细胞的保护作用研究.中草药,2002;(5):439

Y

闫彦芳,张壮,孙塑伦,等.三七总皂苷及其主要成分对血管内皮细胞缺氧损伤的保护作用.中国实验方剂学杂志,2002;(1):34

晏军,王煦.软肝化瘕丸抗肝纤维化作用和机制的研究.中国实验方剂学杂志,2002;(1):48

杨春旭,戴盛明,朱灵.东亚钳蝎毒生物提取物对人肝癌细胞体外增殖及凋亡的影响.广西医科大学学报,2002;(2):170

杨国愉,冯正直,黄甫恩,等.人参皂苷对睡眠剥夺下大鼠脑干中缝核群5-HT的影响.第三军医大学学报,2002;(2):158

杨文卓,曾民德,范竹萍,等.氧化苦参碱防治半乳糖胺诱导大鼠肝纤维化的实验研究.中华肝脏病杂志,2002;(3):193

杨文卓,曾民德,陆伦根,等.氧化苦参碱预防半乳糖胺诱导的大鼠肝纤维化的实验研究.肝脏,2002;(1):2

杨小军,李建军,轩原清史,等.白芍总苷对豚鼠结肠平滑肌M受体作用的研究.南京医科大学学报,2002;(1):22

杨小平,张星.青蒿酯钠诱导人肿瘤细胞凋亡及其分子机制的探讨.中草药,2002;(9):819

杨新波,黄正明,曹文斌,等.泽泻提取物对正常及四氧嘧啶小鼠糖尿病模型的影响.中国实验方剂学杂志,2002;(3):24

杨新波,刘贺之,曹文斌,等.水芹提取物对HBV-DNA克隆转染2 215人肝细胞分泌HBsAg和HBeAg的抑制作用.解放军药学学报,2002;(1):4

杨彦芳,王绵之,王煦,等.软肝化丸对肝星状细胞活化的影响.北京中医药大学学报,2002;(2):38

叶菲,申竹芳,乔凤霞,等.中药桑枝提取物对大鼠糖尿病并发症的实验治疗作用.药学学报,2002;(2):108

叶健,徐锡坤,周建伟,等.复方半枝莲防治二乙基亚硝胺诱发大鼠肝癌的研究.中国中西医结合消化杂志,2002;(2):67

叶希韵,王耀发.山楂叶总黄酮对血管内皮细胞氧化损伤的保护作用.中国现代应用药学,2002;(4):265

叶志斌,许静,梅小斌,等.长期小剂量应用关木通对部分肾切除大鼠肾脏的影响.中国中西医结合杂志,2002;(6):447

尹飞,杨于嘉,虞佩兰,等.黄芩苷对百日咳菌液致离体大鼠脑组织损害的保护作用和量效关系的研究.中国中西医结合杂志,2002;(4):286

于英君,刘丽波,何维.树舌多糖GF免疫调节作用.中医药信息,1999;(2):64

于英君,潘洪明,张庆梅.树舌多糖GF对HepA瘤细胞P_{16}基因表达的影响.中医药学刊,2002;(2):160

于英君,张庆梅,郭丽新.树舌多糖GF对HepA瘤细胞P_{53}基因表达的影响.中医药学报,2002;(2):56

喻长远,李家邦,郭振球.肝纤宁颗粒对CCl_4所致大鼠肝纤维化模型的影响.中国中医基础医学杂志,2002;(3):30

Z

曾维政,吴晓玲,蒋明德,等.复方红景天对大鼠肝组织转化生长因子β_1mRNA表达的影响.中国中西医结合消化杂志,2002;(3):138

詹莉,戴华成,杨治平,等.小毛茛内酯影响耐药结核患者外周血淋巴细胞SHP和GLS表达的研究.中国中药杂志,2002;(9):677

张兵.天葵子中毒1例报告.陕西中医,2002;(9):843

张晶,郑毅男,李向高,等.西洋参总皂苷及单体皂苷对胰脂肪酶活性的影响.吉林农业大学学报,2002;(1):62

张莉,吴光亮,陈小义,等.绞股蓝总皂苷对血管性痴呆大鼠大脑皮层及海马的影响.中草药,2002;(4):330

张焰,陈群,丁浩中,等.灯盏花素注射液对脑缺血再灌注沙土鼠海马ATP含量和ATP酶活性变化的影响.中国中西医结合急救杂志,2002;(2):92

张春华,李中平,祝红利.降糖灵浓缩散剂药效学研究.中成药,2002;(9):721

张红锋,徐曼艳.茶多酚对高脂鹌鹑的血脂和肝细胞贮脂水平的影响.中国药学杂志,2002;(5):342

张红梅,田辉凯,姚小皓,等.绿谷灵芝对人脐静脉内皮细胞ICAM-1和VCAM-1表达的影响.中国药理学通报,2002;(4):460

张建军,黄育华,晏雪生,等.富硒绿茶对人肝癌细胞株恶性表型逆转作用的血清药理学研究.微量元素与健康研究,2002;(2):3

张金宝.黄连素的降脂作用观察.山东医药,2002;(8):61

张庆梅,刘丽波,潘洪明,等.树舌多糖GF对小鼠HepA瘤Rb基因表达的影响.中医药学刊,2002;(4):431

张秋华,孙文静,李敏.补肾益气活血胶囊对衰老和高脂血症大鼠的实验研究.中成药,2002;(6):449

张汝学,王金锐,吴春福,等.血竭对大鼠血糖、血浆胰岛素及血脂的影响.中药新药与临床药理,2002;(1):23

张淑君,雅更,李春艳,等.仙人掌粉对四氧嘧啶糖尿病大鼠降糖作用的实验研究.中国中医药科技,2002;(3):192

张万国,胡晋红,蔡溱,等.桑黄抗大鼠肝纤维化与抗脂质过氧化.中成药,2002;(4):281

张乙平.炮制肉桂引起过敏反应1例.中国中药杂志,2002;(6):480

张志伟,赵永娟,叶金梅,等.人参皂苷Rg_2对内毒素性血管内凝血致心肌损伤及血液流变学的影响.中草药,2002;(9):814

章曼云,邱婉玲.芦荟致皮肤过敏2例报告.实用中医药杂志,2002;(1):48

章荣华,王芳,徐彩菊,等.海麦素降糖作用观察.中药药理与临床,2002;(4):36

赵藏朵,王秀霞,冯赞红.翻白草引起过敏反应2例.中草药,2002;(3):257

赵春燕,郭春尧,张义,等.龙牙楤木皂苷对离体工作心脏的正性肌力作用.吉林大学学报·医学版,2002;(3):244

赵龙凤,李红,韩德五,等.中药合剂双利肝防治肝硬化的实验研究.山西医科大学学报,2002;(1):13

赵声兰,周玲仙,陈朝银,等.仙人掌粉急性毒性和致突变性试验.卫生毒理学杂志,2001;(3):191

赵世义,马力,王祥.紫杉醇诱导肝癌细胞SMMC-7721凋亡的实验研究.肿瘤防治杂志,2002;(3):257

赵素华，司琴图亚.黑加仑、无花果、桑椹和啤酒花苦味酸及制品抗氧化作用研究.食品科学，2002；(2)：35

郑莉，刘国卿.贯叶连翘提取物对单胺氧化酶与单胺递质的影响.中国药科大学学报，2002；(2)：138

钟良宝.大剂量车前草致肾功能损害——附4例分析.中国中西医结合肾病杂志，2002；(7)：401

钟正贤，覃洁萍，周桂芬，等.广西藤茶总黄酮降血糖的实验研究.中国中药杂志，2002；(9)：687

周浩，陈少贤，王良兴，等.灯盏花素对慢性低氧大鼠PKC的影响.中国药理学通报，2002；(1)：39

周晶，乔卫，张扬，等.地骨皮降血糖有效部位的筛选.中成药，2002；(9)：718

周敏，李利，周光平.黄芩苷对紫外线诱导人正常黑素细胞黑素合成的抑制作用研究.临床皮肤科杂志，2002；(10)：613

周立国，李辅军，雷刚.降糖搽剂药效学研究与毒性作用测定.中国现代应用药学，2002；(1)：19

朱凡河，王绍红，徐丽娟.荷 S_{180} 小鼠血清 MDA、SOD 和 GSH－PX 的变化及无花果多糖对其影响.中国民族民间医药杂志，2002；(4)：231

朱莉莎，韩淑英，吕华，等.荞麦种子提取物对糖尿病小鼠的降血糖作用.中成药，2002；(4)：307

朱晓琴，雷水生，胡祁生.川芎嗪对大鼠高胆固醇血症内皮细胞及血栓 A_2 的作用.湖北中医杂志，2002；(10)：53

(七)中药营销

【中药发展规划】

国家经贸委发布的《中药行业"十五"规划》的重点一是建立与完善质量标准体系,进一步完成中药材质量标准,逐步完善饮片炮制规范,提高和完善中成药质量标准。二是推进中药材生产产业化进程,保护野生药材资源,加强野生药材和动物的家种、家养和代用品研究,鼓励中成药生产企业建立药材基地,促进中药提取物产业化。三是改进中药饮片管理,提高饮片质量。四是充分利用现代科学技术,建立高效、微量、准确、快速的中药有效成分的评价方法和指标体系,加快中成药二次开发,开发适合市场需求的新产品,加快中成药剂型改革。

国家药品监督管理局对各地上报的2 429个中药保健药品批准文号进行整顿,占总批准文号的55.6%,据《关于撤消中药保健药品批准文号的公告》(第1、2、3号)共撤消1 959个,为期3年的整顿于2002年11月30日前完成。

目前我国共有经国家批准建立的中药材专业市场17个,国家药品监督局从2002年起逐步建立中药材专业市场质量监测机制,定期抽检公布。

(方　法)

【中药营销推广】

香港亚洲天然产品博览会暨中国中草药国际推广日研讨会于2002年5月15～18日在香港举行。来自美国、法国、德国、英国、日本、加拿大、澳大利亚、韩国等20多个国家的近6 000人参会,40余家企业参展。就美国、欧洲及日本对天然产品的市场营销与拓展,天然有机产品的营销和成功案例,以及产品包装和产品注册作了最新的研究报告。

(方　法)

【中药产品走势】

广金钱草主产广西、广东,广西年产200～220万kg,全国销量为310～320万kg。2000年春因供不应求而致使2001年扩大种植,产量增加1倍。2001年5～11月销售价逐月下跌,跌幅达54%～60%,至2002年开始出现回升。

浙江省医药商业协会认为2002年全国延胡索仍然产大于销,调减生产的要求尚未完成到位,浙江存量约4 000 t,全国存量约6 000 t可供全国2年之用,因此应进一步调减生产面积,选好良种,按GAP标准生产管理。

山茱萸主产地陕西、河南、浙江,在2001年产量分别为60万kg、80万kg、40万kg,其他20万kg,共约200万kg,近年年容量为160～180万kg,产大于销,形成2002年降价,据历史的经验,山茱萸全国销量每5年有1次大的升幅。我国老龄人口众多,山茱萸是治肾病、糖尿病、冠心病和配制六味地黄丸、肾气丸等几十种中成药的重要原料,2002年韩国大量定购,并签订长期购货意向,因此,2003年的价格将稳中有升。

龙眼肉主产广西(年产1 000 t)、广东、福建。近三四年由越南、柬埔寨、泰国产(早熟1～2个月)的龙眼进入广西再销往全国各地的量呈大幅度上升,加上2001年鲜果增产2 000 t,致使市场的走势放慢,价格下行。龙眼肉为保健品原料之一,约年耗200～350 t,由于近年保健品市场疲软,年消耗量才达到100 t左右,加上龙眼肉存量充沛,因此,即使走势好转,价格难以反弹。

(方　法)

【中药市场调研】

国家中医药管理局国际合作司负责人认为仅从中国中药的出口额(5～6亿美元)与世界中药市场150～160亿美元相比而得出中国中药销量仅占世界中药市场份额3%的说法有误,应加进中国国内中药市场约50亿美元的销售量,世界中药市场销售总额将达200亿美元,中国至少应占25%左右。

香港贸易发展局认为,近年全球兴起回归自然的潮流,带动了中药产品需求量持续增长,2000年已达196亿美元,平均每年增长8%以上。草本药物销售额最高的是欧洲(占35%,其中德国占最大比重)、美国(占20%),是中草药市场增长率最高的国家。中国内地每年销售约20亿美元,市场庞大。

香港上市公司香港药业拟在3年内在贵州

(200 家)、东北地区(200 家)、湖北(300 家)、华东地区(300 家)共开设药品零售点增加到 1 000 家以上。

(方　法)

【国外中药市场】

越南民间自古以来就有使用中药治疗疾病的习惯,但至今尚没有一家上规模的中成药生产厂家,所需中药大部分依赖进口。越南卫生部副部长黎文传表示越南医药市场尚有 65%的空缺,且采用的标准与中国相似,其市场前景蕴藏量巨大。

自 2001 年起,俄罗斯进口了 3 万多吨价值 5 300万美元生物活性补充剂(BAS),包括药用草药、药用植物、海藻和动物组织或器官的提取物和制剂,以及来自天然原材料的维生素、矿物质和蜂产品。卫生部允许 BAS 注册,并公布有关 BAS 安全性和有效性保证的指导说明。

新西兰已成为全球最大的鹿茸生产国,饲养 150 万只,年出口额达 1 700 万美元,约占全球出口总额的 40%,最大出口国是韩国,约占总出口量 80%。

英国中医供应商协会与中国医药保健品进出口商会共同决定用标识和认证的方式对进入英国市场的中医药产品进行严格的质量控制,双方建立一套质量认证机制,保证中医药产品符合中国医药保健品进出口商会的《药用植物及制剂进出口绿色行业标准》以及英国卫生部药物控制机构对医药产品质量和安全性的要求,从而推进中医药在英国的健康发展。

韩国国内中药材生产萎缩,市场需求扩大,中国对韩国的出口量(包括药用和食用)大幅增长。

南非卫生部 2002 年 2 月发布进行为期 6 个月的中成药注册登记通告,批准中药进入南非市场,但整个审查时间约需 2～3 年。南非市场的药价比中国高 5～10 倍。

(方　法)

【中药经营与投资】

从 2003 年 1 月 1 日起开始允许外商以合资形式投资零售药店,已在上海、北京等城市试点。条件是申请前 3 年的年均销售额外商应在 20 亿美元以上,中方 3 亿美元以上,申请前一年的资金总额外商应在 2 亿美元以上,中方在 5 000 万元以上。从事批发业务者,中方出资应在 50%以上。

华中科技大学同济医学院研究人员在国家自然科学基金及卫生部、湖北省科委的资助下,经 10 年研究,已研制成功"人工蛇胆",并获国家发明专利证书,与天然蛇胆的药效相当,毒性较小。

(方　法)

【中药现代化】

湖南省中医药研究院开发成功单味中药超微速溶饮片,不需煎煮,只需开水浸泡 15 min 左右即可服用。质量标准较《中国药典》(2000 年)有所提高,在有效、安全的前提下,用量减少,对充分利用中药材资源、促进中药现代化、产业化有重要意义。

由三九企业集团等 30 家中医药企业投资7.2 亿元,在北京中关村科技园建立三九中医中药药谷,将成为我国最大的中医中药现代化产业研发基地。

天士力集团在陕西商洛建成符合国家中药材生产质量管理规范(GAP)和欧共体 GAP 标准、面积达 333.5 hm^2 的种植基地,制定出丹参生产操作规程(SOP)。系目前全国硬件设施配置最好的基地之一。

经国家有关部门批准,江西省开始建立华东地区最大的国家级中药材规范化种植基地,总面积达 66 667 hm^2,包括重点品种种子种苗基地,至 2005 年良种率可达 95%。

江西余江制药厂与江西省中医药研究所合作建立夏天无药材种植岗位 SOP、质量标准、生态环境监测,使夏天无种植达到 GAP 标准,被科技部列为国家"十五"攻关重大专项项目。

四川郎中药业有限公司的产品"肝苏缓释颗粒"获得《国家中药保护品种证书》,列入《国家基本药物目录》,成为我国第一个由国家立项的中成药缓释制剂,也是全国近 300 个肝病药品中惟一获得国家立项的项目,已在沙特阿拉伯、日本、美国作商业或药品注册,签订销售合同。

(方　法)

【2000 年度全国中成药企业销售、利润、利税额前 10 名】

2000 年度全国中成药企业的有关情况,见表 3-7～9。

表 3-7　2000 年度全国中成药工业企业销售额前 10 名

2002 年 3 月统计　单位：万元

企业名称	销售总额	排序	企业所在地
中国北京同仁堂集团公司	231 766	1	北京
太极集团有限公司	161 132	2	重庆
天津中新药业集团股份有限公司	128 107	3	天津
汇仁制药有限公司	127 886	4	江西
上海市药材有限公司	124 120	5	上海
深圳万基制药有限公司	108 637	6	广东
深圳太太药业有限公司	87 640	7	广东
成都地奥集团	83 308	8	四川
云南盘龙云海药业有限公司	59 448	9	云南
正大青春宝药业有限公司	57 159	10	浙江

表 3-8　2000 年度全国中成药工业企业利润前 10 名

2002 年 3 月统计　单位：万元

企业名称	利润总额	排序	企业所在地
成都地奥集团	23 111	1	四川
芜湖张恒春制药厂	19 508	2	安徽
深圳太太药业有限公司	17 405	3	广东
吉林修正药业有限公司	17 152	4	吉林
正大青春宝药业有限公司	14 466	5	浙江
深圳万基制药有限公司	13 036	6	广东
天津天士力制药集团有限公司	11 342	7	天津
天津中新药业集团股份有限公司	11 220	8	天津
桂林三金药业集团公司	10 570	9	广西
山东东阿阿胶股份有限公司	10 397	10	山东

表 3-9　2000 年度全国中成药工业企业利税总额前 10 名

2002 年 3 月统计　单位：万元

企业名称	利税总额	排序	企业所在地
成都地奥集团	33 599	1	四川
天津中新药业集团股份有限公司	26 962	2	天津
芜湖张恒春制药厂	24 190	3	安徽
吉林修正药业有限公司	23 534	4	吉林
汇仁制药有限公司	22 932	5	江西

（续 表）

企 业 名 称	利税总额	排 序	企业所在地
正大青春宝药业有限公司	22 838	6	浙 江
中国北京同仁堂集团公司	19 741	7	北 京
深圳太太药业有限公司	19 621	8	广 东
天津天士力制药集团有限公司	17 065	9	天 津
桂林三金药业集团公司	16 717	10	广 西

（方 法）

【2000 年度全国中药饮片工业企业前 10 名】

见表 3-10。

表 3-10 2000 年度全国中药饮片工业企业前 10 名

2002 年 3 月统计 单位：万元

企 业 名 称	所在地	销售收入	排 序	利税总额	排 序	利润总额	排 序
上海浦东新区医药药材有限公司	上海	8 373	1	755	3	627	2
无锡市中药饮片厂	江苏	7 318	2	503	4	331	4
上海虹桥药业有限公司中药饮片厂	上海	6 568	3	245	9		
上海童涵春堂中药饮片厂	上海	5 277	4	282	6	130	6
天津市中药饮片厂	天津	5 139	5	276	7		
深圳津村药业有限公司	广东	4 634	6	1 297	1	1 237	1
上海雷允上中药饮片厂	上海	3 094	7			94	10
上海德华国药制品有限公司	上海	2 866	8	233	10	114	8
上海康桥中药饮片厂	上海	2 647	9			123	7
南京先河制药有限公司	江苏	2 455	10	880	2	514	3
昆明天紫红药厂	云南			321	5		
上海市徐重道中药饮片厂	上海			248	8	279	5
安国中华饮片厂	河北					97	9

（方 法）

［附］ 参考文献

D

单味药速溶饮片在湘问世. 中国中医药信息杂志，2002;(3):8

G

国际草本药物市场增长迅速. 中国中医药信息杂志，2002;(8):76

国家经贸委发布《中药行业"十五"规划》. 中国中医药信息杂志，2002;(3):40

J

江西建立华东最大的中药材种植基地. 中国中医药信息杂志，2002;(4):75

L

李世全. 山茱萸市场调查. 中国中医药信息杂志，2002;(10):35

陆善旦.广西金钱草、龙眼肉产销状况及预测.中国中医药信息杂志,2002;(1):92

N

南非中成药市场商机多.中国中医药信息杂志,2002;(8):78

R

人工蛇胆研制成功.中国中医药信息杂志,2002;(7):50

S

沈鸿林,于江林.郎中药业“肝苏颗粒”走俏国际市场.中国中医药信息杂志,2002;(3):34

孙亚莉.香港亚洲天然产品博览会在香港举办.中国中医药信息杂志,2002;(7):31

T

天士力集团在商洛建成GAP药源基地.中国中医药信息杂志,2002;(7):54

W

万德昌.2002年延胡索产销情况分析.中国中医药信息杂志,2002;(6):68

我国中药材市场将建科学监管机制.中国中医药信息杂志,2002;(11):68

我国中药的国际市场份额不少于25%.中国中医药信息杂志,2002;(4):26

我国最大的中医药谷奠基.中国中医药信息杂志,2002;(5):4

X

夏天无被列为国家科技部“十五”攻关项目.中国中医药信息杂志,2002;(4):62

香港药业拟在华东开设300家零售店.中国中医药信息杂志,2002;(1):93

新西兰鹿茸已占领全球4成市场.中国中医药信息杂志,2002;(7):52

Y

英国将以认证制度加强中医药供应质量管理.中国中医药信息杂志,2002;(4):46

越南中成药市场有空缺.中国中医药信息杂志,2002;(6):64

Z

中国2003年允许以合资形式开办洋药店.中国中医药信息杂志,2002;(1):93

中国药协会.2000年度全国中成药工业企业50强排序.中药研究与信息,2002;(4):32

中国药协会.2000年度全国中医药饮片工业企业前10名.中药研究与信息,2002;(4):34

中药保健药品整顿工作如期完成.中国中医药信息杂志,2002;(5):74

(八) 方剂研究

【概述】

2002年,中医方剂学临床应用与实验研究又不断取得进展,其应用广泛、研究深入之特点更加突出,全年论文达万余篇之多。

1. 临床应用

(1) 古方(经方)的应用。周劲刚以大柴胡汤化裁(即大柴胡汤加代赭石、白花蛇舌草、蒲公英、吴茱萸、竹茹)治疗胆汁反流性胃炎,30日为1个疗程,治疗组78例,西药对照组42例,其总效率分别为96.2%(75/78)、71.4%(30/42),组间比较有明显差异(P<0.01)。沈中良等用大黄䗪虫丸防治慢性乙型病毒性肝炎肝纤维化症,其治疗组与对照组治疗前后比较均有显著性差异(P<0.01),而且两组之间比较亦有显著性差异(P<0.05),结果表明本方药不仅能消除乙肝患者之胁痛、腹胀、纳差等症状,并且可减少胶原蛋白的合成,缓解肝纤维组织的增生,具有一定的抗肝纤维化作用。夏宝泉等以麻黄附子细辛汤加味治疗Ⅲ度房室传导阻滞30例,设对照组30例,其总有效率分别为93.3%(28/30)、63.3%(19/30),组间比较,P<0.05。张茹兰用桂枝茯苓丸治疗子宫肌腺瘤112例,疗程3~6个月,3个月有效率为60.7%(68/112),6个月有效率为87.5%(98/112),治疗后临床症状及体征有不同程度的改善,亦大可免除手术之苦。

(2) 时方的应用。赖意芬以四君子汤加味治疗小儿缺锌50例,设西药对照组40例,两组总有效率分别为94.0%(47/50)、85.0%(34/40),两组比较具有显著性差异(P<0.05)。王荣欣等用清心莲子饮治疗儿童隐匿性肾炎(LGN)血尿62例,分治疗组34例、对照组28例,其总有效率分别为75.5%(26/34)、28.6%(8/28),组间比较,P<0.01,治疗组治后尿中AIB、IgG显著降低,不仅能治疗肾炎血尿,同时还减轻了蛋白尿。张志忠以半夏白术天麻汤加减治疗单纯性收缩期高血压,治疗组40例(显效20例、有效18例、无效2例),对照组40例(显效10例、有效16例、无效14例),两组总有效率分别为95.0%(38/40)、65.0%(26/40),组间比较,P<0.05。李伟林等以大定风珠治疗肝纤维化30例,治疗组3个月后血清透明质酸(HA)、Ⅲ型前胶原(PC-Ⅲ)、Ⅳ-型胶原(Ⅳ-C)、层黏蛋白(LN)较治前均明显下降(P<0.01),而对照组仅HA明显下降(P<0.05),两组比较,PC-Ⅲ、IV-C不仅均有显著差异(P<0.05),而HA更有显著性差异(P<0.01)。樊莉莉用生化汤治疗药物流产后出血187例,设对照组187例,两组比较,其治愈率与总有效率分别为75.4%(141/187)、33.2%(62/187);89.3%(167/187)、72.2%(135/187),具有显著性差异(P<0.01)。

(3) 自拟方的应用。汤志顺以健脾降脂方(丹参、白术、茵陈、柴胡、海藻、半夏)治疗脂肪肝56例,治疗前后肝功能及血脂变化差异非常显著(肝功能,P<0.05;血脂,P<0.01),其中显效13例,有效32例,总有效率达80.4%(45/56)。张富山等用利胆胶囊(柴胡、黄芩、枳实、虎杖、栀子、郁金、大黄)治疗慢性胆囊炎60例(治愈14例、显效29例、有效14例、无效3例),对照组20例(治愈1例、显效6例、有效10例、无效3例),两组总有效率分别为95.0%(57/60)、85.0%(17/20),有显著性差异(P<0.05)。赵青春以宁心汤(黄芪、北沙参、麦门冬、五味子、玉竹、大青叶等)治疗病毒性心肌炎100例,治疗组与对照组(35例)疗效比较,具有显著差异(P<0.05)。沈玉杰用风湿仙丹(淫羊藿、仙茅、生地黄、苏木、全蝎、蜈蚣等)治疗类风湿关节炎53例,对照组亦53例,其治愈显效率分别为54.7%(29/53),26.4%(14/53),总有效率分别为92.4%(49/53)、66.0%(35/53),组间比较,P<0.01。李莹莹等以龟羚熄风胶囊(龟版、羚羊角、钩藤、白芍药、地龙、生地黄等)治疗脑缺血性中风的临床观察,治疗组120例(基本治愈20例、显效42例、有效37例),对照组100例(基本治愈14例、显效24例、有效23例),两组总有效率分别为82.5%(99/120)、61.0%(61/100),有显著性差异(P<0.05)。靳国春等以益精胶囊(淫羊藿、雄蚕蛾、冬虫夏草、鹿茸、菟丝子、紫河车等)治疗少精症138例,治疗组睾酮、

精子数量和精子活动度均明显增加，并且畸变之精子数量明显减少，其与对照组比较治疗后性激素变化无明显差异（$P>0.05$），提示本方药对少精症有升精作用并提高精子活动度，减少精子畸变。

2. 实验研究

（1）对传统名方功用机理的研究。宁炼等做了当归补血汤促进造血功能的化学成分及其作用的研究，结果表明本方中多糖与非多糖组分均有补血作用，多糖组分作用较强，尤以当归多糖的作用最为明显，非多糖组分中以阿魏作用最强，黄芪异黄酮等也有一定作用，上述各成分可在不同的作用环节上促进造血细胞的形成，证明本方是通过多成分多环节作用改善血虚动物的造血功能。吴伟康等用四逆汤对心肌缺血大鼠心肌内皮素影响的实验研究，研究表明本方可显著降低缺血心肌内皮素（ET）浓度，认为这可能与其有效抑制缺血心肌 ET－Ⅰ基因的表达及蛋白合成有关。鞠大宏等研究了左归丸对卵巢切除所致骨质疏松大鼠 IL－1 和 IL－6 活性的影响，结果表明本方药能使胫骨骨小梁体积百分比（TBV%）显著提高，使骨小梁表面吸收百分比（TRS%）和骨小梁形成表面百分比（TFS%）显著降低，大鼠切除卵巢后雌二醇（E_2）含量大幅度降低，而 IL－1 和 IL－6 活性显著提高，左归丸对 E_2 含量无显著性影响，但对 IL－1 和 IL－6 活性有明显抑制作用，证明本方药抑制 IL－1 和 IL－6 的活性是其防治骨质疏松症的机理之一。姚茹冰等研究乌梅丸对溃疡性结肠炎病变结肠黏膜面部肿瘤坏死因子－o（TNF－o）、IL－8 及 IL－10 的影响，结果表明本方药组 TNF－o、IL－8 含量低于模型组（$P<0.01$），IL－10 含量高于模型组（$P<0.01$），本方药可以通过升高抑制因子 IL－10 含量及降低促炎因子 TNF－o 的含量，抑制肠道炎症的扩大与加剧，提示此为乌梅丸治疗溃疡性结肠炎的分子免疫学机理之一。吴捷等研究了八正合剂（即八正散方）抗感染的实验研究，结果表明本方药可显著降低大肠杆菌上行感染肾脏的带菌部面的百分率[ED50 为（11.01±1.63）g/kg，95.0%可信限为 9.50～12.7 g/kg]，抑制大肠杆菌内毒素诱发家兔体温升高，减轻角叉莱胶所致大鼠足跖炎性肿胀及致炎后肿胀部位机械压迫痛阈降低程度，其治疗泌尿系感染疾病的作用机制主要与其清除尿路细菌和减轻发热，肿胀疼痛等炎症反应有关。

（2）对方剂配伍机理的研究。李锐等对四逆汤药动学研究，结果揭示了本方配伍规律，认为该方药有药效作用快、维持时间较长的特点，反映出本方“走而不守，守而不走”的特性，其药代动力学与药效动力学参数相关性好。孙慧兰等做了四逆汤有效成分不同组合抗心肌缺血再灌注损伤的作用研究，其三种有效成分：附子生物碱（A）、干姜挥发油（B）、甘草酸粗品（C），最佳配伍剂量 $A_4B_4C_4$，三种因素对 SOD、MDA 影响大小顺序为 A＞C＞B，对乳酸影响大小顺序为 A＞B＞C，认为三种有效成分临床极量组合疗效最佳，A 是本方中有效成分的关键因素，B 和 C 是方中不可缺少的因素。宋宗华等研究苓桂术甘汤配伍机制，确定方中以茯苓为君，桂枝为臣，佐以白术、甘草的配伍关系，该结果与传统诠释相一致。

此外，一年来在方药剂型改革上也有所进展，潘光强等做了醒脑静（由安宫牛黄丸改制而成）注射液治疗急性脑梗死临床观察研究，冷文章观察了养阴清肺糖浆（由养阴清肺汤改制而成）对急性支气管炎的临床疗效等等。

（王道瑞）

【中药复方基因调控作用研究】

近年来，中医药不仅在药物的配伍、剂型研究等方面取得了进步，同时在基因调控研究方面的也取得了一定的进展。

1. 循环系统疾病

谭红梅等通过以 β－actin 为内参照对谷胱甘肽 S 转移酶（GST）基因表达水平的检测发现四逆汤（生附子、干姜、炙甘草）能显著上调缺血心肌 GST 基因表达。结果显示（GST/β－actin）：四逆汤组为 3.34±0.73，对照组为 1.38±0.27，空白组为 1.75±0.32，四逆汤组与其他两组比较，$P<0.05$。证实四逆汤能诱导 GST 基因的表达，其产物能催化谷胱甘肽与亲电子物质发生结合反应，具有解毒作用，能清除自由基，保护心肌，改善缺血状态。张梅等检测黄芪、川芎及其配伍对脑缺血后 Bcl－2、P53 的影响，结果发现川芎对脑缺血 60 min 后 Bcl－2、P53 无明显作用（$P>0.05$），黄芪和川芎各组 P53 表达较空白组显著下降（$P<0.05$、$P<0.01$），Bcl－2 表达则明显增强（$P<0.05$、$P<0.01$），表明黄芪、川芎可抑制 P53 的表达，有效保护了神经元。王新陆等观察补阳

还五汤(黄芪、当归、川芎、桃仁、红花、赤芍药、地龙)对缺血再灌注损伤大鼠脑组织 ET-1 基因表达的影响,发现补阳还五汤治疗组缺血再灌注侧皮层及尾状核 ET-1 基因表达显著低于生理盐水对照组($P<0.05$),两组大鼠缺血再灌注侧皮层和尾状核 ET-1 基因表达均显著高于健侧相应脑区($P<0.05$、$P<0.01$)。表明补阳还五汤可在一定程度上下调脑缺血诱导的 ET-1 基因的表达,这可能是其防治缺血性脑血管疾病的主要作用机制之一。

2. 消化系统疾病

宋明等观察复方中药(丹参、柴胡)对肝硬化大鼠肝组织Ⅰ型胶原 mRNA 表达的影响,发现治疗组大鼠肝组织Ⅰ型胶原 mRNA 表达显著低于模型组,$P<0.05$。与对照组相比无显著差异。说明丹参与柴胡配伍能显著降低肝硬化大鼠Ⅰ型胶原 mRNA 的表达。

3. 泌尿系统疾病

陈志强等观察肾炎 3 号方(柴胡、黄芪、山茱萸、金银花、白花蛇舌草等)对肾小球系膜细胞 TGF-β_1 及其 mRNA 表达的影响。结果肾炎 3 号方能显著抑制系膜细胞 TGF-β_1 的分泌及其 mRNA 的表达,这可能是其治疗系膜增生性肾炎防治肾小球硬化的机制之一。

4. 造血系统疾病

周永明等观察升血合剂(黄芪、党参、当归、熟地黄、菟丝子、补骨脂等)及其拆方对再障模型小鼠的作用,发现升血合剂可降低造血负调控因子 IFN-γ 水平和脾细胞 IFN-γ 基因表达。

5. 神经系统疾病

岳少杰等观察清开灵(牛黄、水牛角、黄芩、金银花、栀子等)对谷氨酸神经毒性脑损伤脑组织 c-fos基因表达的影响。结果显示,清开灵可抑制 Glu 所诱导的 c-fos 基因表达增强,降低脑组织中 c-fos 阳性细胞率。

6. 新陈代谢疾病

关建红等研究降脂宁水提剂(决明子等药)对高脂血症大鼠肝脏 LDLR 基因表达的影响,发现正常组动物肝 LDLR 基因表达水平为(100±19)%,高脂血症组(39±14)%,两组比较,$P<0.05$,降脂宁组(108±8)%,与高脂血症组比较,$P<0.01$。说明高脂饲料喂大鼠可显著抑制其肝脏 LDLR 基因的表达,而降脂宁水煎剂可显著上调高脂血症大鼠肝脏的 LDLR 基因表达水平。

7. 肿瘤

徐力等观察三物白散加味方(巴豆霜、贝母、桔梗、地鳖虫、莪术、参三七等)对胃癌相关基因表达的影响。结果三物白散加味方可降低人胃癌 SGC-7901 细胞的 P53、Bcl-2、rasp21、CD44 基因表达率。陈震等观察健脾理气中药(党参、白术、茯苓、八月札、生山楂、白花蛇舌草等)对肿瘤肝转移灶 nm23 基因表达的影响,发现健脾理气中药组 nm23 阳性表达率为 80.0%,高于对照组的 20.0%($P<0.05$)。

8. 其他

郭为民等探讨右归饮(附子、肉桂、熟地黄、山茱萸、淮山药、淫羊藿、茯苓、炙甘草)和补肾益寿胶囊(制首乌、黄精、人参、枸杞子、仙灵脾、灵芝等)两个补肾复方,及活血复方(桃仁、红花、生地黄、白芍药、当归、川芎)下调老年大鼠 T 细胞凋亡的基因调控模式。结果与年轻组比较,老年对照组大鼠促凋亡的 Fas、FasL、TNFR1 基因的转录水平均高于年轻组大鼠($P<0.05$,$P<0.01$),Bax 基因未见显著变化,而抗凋亡的 Bcl-2、TNFR2 基因的转录水平则低于年轻组大鼠($P<0.05$,$P<0.01$)。

(陈德兴 张 倩)

【方剂的配伍研究】

近年,展开了对方剂配伍机理、方剂君臣佐使配伍关系等方面的研究。

1. 方剂配伍机理的研究

李锐等应用中医方药血药 PK(pharmacokinetics)—PD(pharmacodynamics)模型,即利用同一来源的含药血清同步进行药物代谢动力学与药理效应力学研究,探讨二者的相关性。血药浓度法与药理效应法回归分析表明,在 0~6 h 之间,乌头类碱血药浓度与 NO 净增率有良好的相关性。说明虽然乌头类生物碱只是四逆汤(附子、干姜、炙甘草)众多化学成分中的一部分,但是它在整个复方制剂的药效发挥中起着重要作用。其动力学特征在一定程度上可以反映本方回阳救逆的药效变化。同时具有药效作用快、维持时间较长的特点。上述研究结果与四逆汤“走而不守,守而不走”的特性相吻合。孙慧兰等考察四逆汤有效成分不同组合抗心肌缺血再灌注损伤的作用研究,采用正交试验法,以SOD、MDA以及乳酸为指标,考察附子生物碱(A)、干姜挥发油(B)、甘草酸粗品(C)3个因素。结果3种有效成分最佳水平组合为$A_4B_4C_4$(附子生物碱31.2 mg/kg,干姜挥发油1.84 μl/kg,甘草酸粗品4.68 mg/kg),3个因素对SOD和MDA影响大小顺序为A＞C＞B,对乳酸影响大小顺序为A＞B＞C。3种有效成分临床极量组合的疗效最佳。附子生物碱是四逆汤有效组合中的关键因素,干姜挥发油和甘草酸粗品也是组方中不可缺少的因素。

2. 方剂君臣佐使的配伍关系研究

宋宗华等采用正交试验设计对《伤寒论》名方苓桂术甘汤(茯苓12 g、桂枝9 g、白术9 g、甘草6 g)进行药味与药量同时加减拆方,选择小鼠常压耐缺氧、对抗氯仿所致小鼠心律失常和利尿3项药理指标,对所得16个处方进行药理实验;并用方差分析、逐步回归分析(SREG)与典型相关分析(CCOR)考察所得药理数据和组方药味及药量关联性,探讨本方君臣佐使的配伍机制。结果确定了方中以茯苓为君,以桂枝为臣,佐以白术,使以甘草的配伍关系。

3. 方剂配伍的逆向思维

张兰凤等通过经方组剂应用思维解析、逆向思维解经方、方剂配伍多效应应用解析等方面研究,认为方剂配伍多效性与药物本身特点有关,一种药物可以包括多方面的性能,一首方中药物组合具有灵活性,使得一首方可能潜在数种功效,对于不同的疾病发挥其相应特有的功用。一首方的一种功效可呈现出几种不同的作用,如“温肾”这一功效,可呈现温肾散寒、温肾化气利水、温肾祛湿、温肾止泄等多种效应;另一方面,方剂的多效应只有在药物与机体相互作用时才能体现出来,即药物进入人体后与蛋白质、氨基酸及在酶的作用下才能更好地体现出药效。当药物进入病理状态的人体时,药物与人体之间发生整合作用,在药物功效所对应的疾病范围内,对不同的疾病,同一药物会有不同的作用方式与靶点,因而表现出药物不同效应而起到治疗作用。

商洪才等认为,方剂是复杂的,配伍是非线性的,以复杂的、非线性的思维方式去学习中医药理论、研究方剂配伍,将中医药与现代药理学、药化学、药剂学、生物信息学、数理统计学、计算机技术等相关学科有机结合,才有可能突破。

(张玉萍 鲍建新)

【当归芍药散的应用与研究】

当归芍药散系《金匮要略》治疗“妇人腹中诸疾痛方”,由当归、白芍药、川芎、白术、茯苓、泽泻组成。

1. 临床应用

张宁海认为凡血虚、血瘀、肝郁脾虚等虚实夹杂,标本同见之证皆可以本方加减使用,其临床用于治疗月经量少、闭经、头痛、胃痛等。夏耘以本方加减治疗慢性肾炎水肿、输卵管囊肿、泄泻。朱丽梅以本方加减治疗尿路感染、尿路结石、附件炎等。辛晓红以本方加减治疗妊娠高血压综合征、胎位不正、月经不调、带下、妊娠水肿、羊水过多、异位妊娠、更年期综合征等。还有袁振敏等以本方加减治疗特发性水肿40例(治愈26例,好转10例)总有效率为90.0%(36/40)。郭延秋等以本方加山莨菪碱治疗偏头痛29例(治愈10例,显效8例,有效10例)总有效率为96.5%(28/29),与纯西药对照组比较有显著差异($P<0.01$)。

2. 实验研究

郭恒林等以当归芍药散水煎醇提取物对大鼠子宫平滑肌的影响,研究认为本方可抑制大鼠离体子宫的自发收缩,对抗垂体后叶素、前列腺素E_1引起的子宫收缩加强,使子宫平滑肌完全舒张,保护垂体后叶素所致的大鼠痛性痉挛。是以其在缓解痛经过程中有重要意义。舒斌等以本方对动物学习记忆功能及其单胺递质系统的影响,实验研究认为本方能提高正常东莨菪碱模型动物学习记忆功能,其作用机制可能与其抑制脑内MAO-B的活力,调节脑内不同部位单胺类递质含量有关。寇俊萍等也以本方对多种记忆损伤动物模型的影响,认为当归芍药散可能通过降低乙酰胆碱酯酶活性,增强单胺系统功能及可能的雌激素样作用等环节,明显改善不同因素所致多种记忆损伤。此外刘景超等以本方对小鼠腹腔巨噬细胞NO释放的影响，实验表明本方对自身免疫性疾病及阿尔茨海默氏病的疗效机制，显示其能显著降低巯基乙酸诱导及脂多糖刺激NO的合成与释放。

（王道瑞）

【活血化瘀方的应用与研究】

活血化瘀方剂血府逐瘀汤、补阳还五汤等在治疗临床各科疾病中得到了广泛应用，在药理作用方面也有深入的研究和探讨。

1. 血府逐瘀汤

(1) 临床应用。韩建锋在西药常规化疗的基础上加服血府逐瘀汤加减煎剂治疗晚期结直肠癌45例，结果部分缓解7例，稳定28例，进展10例，缓解稳定率为77.8%(35/45)，优于单纯西药化疗组($P<0.05$)。张新军用血府逐瘀汤加减治疗顽固性失眠60例，服药后多数患者能在30 min内入睡，睡眠时间明显延长，醒觉次数明显减少，服药前后比较差异有显著性意义($P<0.05$)。王爱军用血府逐瘀汤加减治疗颅脑外伤后综合征51例，结果痊愈17例，显效18例，好转11例，有效率为90.2%(46/51)，疗效明显优于西药对照组($P<0.01$)。宋爱青用血府逐瘀汤加减治疗中心性浆液性脉络膜视网膜病变58例，结果治愈41例，显效11例，有效4例，治愈率为70.7%(41/58)，总有效率为96.6%(56/58)。应旭文用血府逐瘀汤加减治疗带状疱疹后遗神经痛30例，结果痊愈24例，显效5例，痊愈率为80.0%(24/30)，显效率为96.7%(29/30)，疗效明显优于口服消炎痛和维生素B_1的对照组($P<0.01$)。

(2) 实验研究。王晓华血府逐瘀汤能较显著地减轻注射CCl_4大鼠的肝细胞变性与坏死，减轻肝纤维化形成，降低门静脉高压和预防门静脉高压形成。刘伯阳等血府逐瘀汤灌胃8日能显著抑制荷瘤小鼠S_{180}瘤重，活化T细胞增殖能力，明显促进NK细胞活性和IL-2分泌水平，提示其抑瘤作用与增强机体细胞免疫功能有关。

2. 补阳还五汤

(1) 临床应用。赵璐用补阳还五汤治疗Ⅱ型糖尿病34例，结果：显效8例，有效22例，总有效率为88.2%(30/34)，与口服六味地黄汤33例对照组的总有效率63.6%(21/33)相比，有显著差异($P<0.05$)。郑国钦等用补阳还五汤结合西药治疗急性心肌梗死30例，设对照组29例单用西药治疗。两组的疗效分别为：临床治愈率为70.0%(21/70)、48.4%(13/29)，好转率为23.3%(7/30)、31.0%(9/29)，死亡率为6.7%(2/30)、20.7%(7/29)。陈奎等将60例老年性心力衰竭随机分为对照组24例采用常规治疗，治疗组36例，在常规治疗的基础上加服加味补阳还五汤(原方加熟附子、党参、泽泻、茯苓、葶苈子)，疗程均为1个月。结果治疗组显效12例，有效22例，总有效率为94.4%(34/36)。对照组分别为6例、10例、66.7%(16/24)。治疗组总有效率优于对照组($P<0.05$)。

(2) 实验研究。尚改萍等同时给予家兔高脂饮食和补阳还五汤，9周后用组织学方法观察动脉壁病理形态学改变，并测定血脂、内皮素、一氧化氮及FⅦ促凝活性水平。结果补阳还五汤组主动脉、腹主动脉和冠状动脉粥样斑块面积比高脂组显著减少($P<0.01$)，血清总胆固醇和三酰甘油明显降低($P<0.01$)。血浆FⅦ促凝活性和一氧化氮水平明显降低($P<0.01$)。胥显民等对瘀血病理模型大鼠在造模的同时灌胃补阳还五汤煎液15日，可显著降低全血比黏度、TXB_2、血清LPO，增高红细胞SOD活性。提示本方治疗“气虚血瘀”证的机制可能与提高SOD的活性，抑制体内LPO生成，减少自由基反应对血管内皮的损伤，从而减少血小板聚集释放反应有关。钱叶斌等用切断坐骨神经的成年SD大鼠以补阳还五汤灌胃，结果4周后相应节段脊髓前角运动神经元存活率69.2%，脊神经节感觉神经元存活率79.1%，明显高于对照组($P<0.01$)，表明其能提高周围神经损伤后脊髓前角运动神经元和脊神经节感觉神经元存活率，减轻神经元胞体萎缩程度，有利于周围神经损伤后神经功能的恢复。

（陈仁寿　褚　蔚　瞿　融）

[附] 参考文献

C

陈奎,胡东升,吕冰峰.加味补阳还五汤对老年性心力衰竭患者心功能的影响.四川中医,2002;(11):28

陈震,黄雯雯,程琳,等.健脾理气中药上调 nm23 表达.中国癌症杂志,2002;(2):120

陈志强,黄怀鹏,黄文政,等.肾炎 3 号方对肾小球系膜细胞 TNF-β1 及其 mRNA 表达的影响.中国基础医学杂志,2002;(9):468

F

樊莉莉.生化汤治疗药物流产后出血 187 例.陕西中医,2002;(11):967

G

关建红,梁爱华,冯前进,等.降脂宁水提剂对高脂血症大鼠肝细胞基因表达的影响.中国中药杂志,2002;(4):289

郭恒林,晏军,尚炽昌.当归芍药散水煎醇提取物对大鼠子宫平滑肌的影响.中医药学报,2002;(1):91

郭为民,沈自尹,陈瑜,等.补肾活血类方对老年大鼠 T 细胞凋亡相关基因表达调控模式的比较研究.中国中西医结合杂志,2002;(3):203

郭延秋,黄蓉,杨晓霞.当归芍药散加山莨菪碱治疗偏头痛 29 例.淮海医药,2002;(5):434

Q

靳国春,龚振岭,杨艳瑞,等.益精胶囊治疗少精症 138 例临床观察.河北中医,2002;(10):775

鞠大宏,吕爱平,张春英,等.左归丸对卵巢切除所致骨质疏松大鼠 IL-1 和 IL-6 活性的影响.中医杂志,2002;(10):777

寇俊萍,金卫峰,华敏,等.当归芍药散对多种记忆损伤动物模型的影响.中成药,2002;(3):191

L

赖意芬.四君子汤加味治疗小儿缺锌 50 例疗效观察.新中医,2002;(1):20

冷文章.养阴清肺糖浆对急性支气管炎的临床疗效观察.中草药,2002;(3):256

李锐,晏亦林,周莉玲,等.四逆汤的药动学研究.中成药.2002;(10):777

李伟林,王才党,张君利.大定风珠治疗肝纤维化 30 例临床观察.中医杂志,2002;(7):520

李莹莹,王宝亮,任德启,等.龟羚熄风胶囊治疗脑缺血性中风的临床观察.河南中医,2002;(6):24

刘景超,赵云芳,杨新年,等.当归芍药散对小鼠腹腔巨噬细胞 NO 释放的影响.辽宁中医杂志,2001;(6):373

N

宁炼,陈长勋,金若敏,等.当归补血汤促进造血功能的成分及其作用的研究.中国中药杂志,2002;(1):50

P

潘光强,易兴阳.醒脑静注射液治疗急性脑梗死临床观察.河北中医,2002;(10):787

S

商洪才,张伯礼,高秀梅.方剂配伍研究探讨.中国中医药信息杂志.2002;(7):6

沈玉杰.风湿仙丹治疗类风湿关节炎 53 例临床观察.河北中医,2002;(1):33

沈中良.大黄䗪虫丸防治慢性乙型病毒性肝炎纤维化的疗效观察.中医杂志,2002;(8):21

舒斌,马世平,瞿融.当归芍药散对动物学习记忆功能及其单胺递质系统的影响.江苏中医,2002;(6):34

宋明,张忠涛,王宇,等.复方中药对肝硬化大鼠Ⅰ型胶原 mRNA 表达的影响.山西医科大学学报,2002;(1):8

宋宗华,戴舒佳,黎辉琴,等.苓桂术甘汤配伍机制研究.中国中药杂志,2002;(10):760

孙慧兰,吴伟康.四逆汤有效成分不同组合抗心肌缺血-再灌注损伤的作用研究.中草药,2002;(4):333

T

谭红梅,吴伟康,罗汉川.四逆汤对缺血心肌谷胱甘肽S转移酶基因表达影响.中国病理学杂志,2002;(4):413

汤志顺.健脾降脂方治疗脂肪肝临床观察.湖北中医杂志,2002;(10):31

W

王荣欣,石志超,贾维刚.清心莲子饮治疗儿童隐匿性肾炎(LGN)血尿 62 例疗效观察.中医药学报,2002;(1):20

王新陆,王中琳,周永红,等.补阳还五汤对脑缺血再灌注损伤大鼠脑组织 EF-1 基因表达影响.山东中医药大学学报,2002;(1):66

吴捷,曹舫,刘传镐,等.八正合剂抗感染作用的实验研究.中草药,2002;(6):523

吴伟康,周琳,孙慧兰.四逆汤对心肌缺血大鼠心肌

内皮素(ET)影响的实验研究. 中西医结合杂志,2002;(8):610

X

夏耘. 当归芍药散临床新用. 湖北中医杂志,2001;(5):432

夏宝泉,刘岳. 麻黄附子细辛汤加味治疗 III 度房室传导阻滞 30 例. 国医论坛,2002;(2):8

辛晓红. 当归芍药散在妇产科常见病证中的应用概况. 中国中医基础医学杂志 2002;(9):649

徐力,王明艳,许冬青,等. 三物白散加味方影响胃癌相关基因表达的实验研究. 南京中医药大学学报,2002;(3):357

Y

姚茹冰,邱明义,蔡辉,等. 乌梅丸对溃疡性结肠炎大鼠病变结肠黏膜面部肿瘤坏死因子 Q、白介素-8 及白介素-10 的影响. 中医杂志,2002;(12):935

袁振敏,周英. 当归芍药散加减治疗特发性水肿 40 例. 河北中医,2002;(1):32

岳少杰,罗自强,冯德云,等. 清开灵对谷氨酸神经毒性脑组织 c-fos 基因表达影响. 北京中医药大学学报,2002;(2):27

Z

张梅,李平. 黄芪、川芎及其配伍对脑缺血后相关基因表达影响的实验研究. 中国中医基础医学杂志,2002;(7):496

张富山,周萍. 利胆胶囊治疗慢性胆囊炎 60 例临床观察. 国医论坛,2002;(5):23

张兰凤,王阶. 经方配伍的逆向思维探讨. 中国中医药信息杂志,2002;(8):3

张宁海. 当归芍药散的临床应用. 陕西中医,2002;(11):1037

张茹兰. 桂枝茯苓丸治疗子宫肌腺瘤 112 例. 上海中医药杂志,2002;(10):27

张志忠. 半夏白术天麻汤加减治疗单纯性收缩期高血压疗效观察. 辽宁中医杂志,2002;(1):31

赵青春. 宁心汤治疗病毒性心肌炎 100 例. 江苏中医药,2002;(10):22

周劲刚. 大柴胡汤化裁治疗胆汁反流性胃炎的临床研究. 河北中医,2002;(7):489

周永明,程军,薛志忠,等. 生血合剂及其拆方对免疫介导再障小鼠作用的实验研究. 上海中医药大学学报,2002;(1):56

朱丽梅. 当归芍药散新用. 新中医,2002;(10):68

四、养生与保健

【概述】

随着生物-心理-社会医学模式逐步取代了传统的生物医学模式，人们对健康涵义的理解和对于养生保健的意识正在日益增强，养生保健医学在强身健体、防病治病、康复愈后等方面都起着重要的作用。诸多医家对养生保健学从理论、实践等方面均进行研究探索，并通过实验手段对其机理进行了论证。

1. 对传统养生文献的论述

许家松指出《内经》中所倡导的养生保健理论是在整体恒动的自然观和生命观的指导下的“全方位康寿养生观”，建立了“顺应自然-身心健康-心理道德完善-适应社会”的康寿养生模式。其养生法则有顺自然、宜饮食、节房事、适劳逸、调情志、避邪气、治未病、慎服药、重康复、三因施养等10个方面。尹亚东通过比较《道德经》和《内经》的养生思想意蕴，以“天人相应”为指导，以顺应自然为原则，认为《内经》重视“养神”和“养气”的养生思想，确是《道德经》养生思想的延续和发展。郭海英对高濂的《起居安乐笺》中的睡眠养生法进行了总结，其内容包括起居有时、睡姿正确、卧具舒适、环境优雅和保健措施得当。

2. 对古代养生保健思想的继承和发展

邓沂对《内经》学家周信有养生方法总结为调摄精神、无摇尔精，运动气血、增强体质，调节饮食、不可偏嗜，扶正补虚、进食补药，生活规律、节制情欲等五方面。郑志坚根据《内经》的有关养生思想，总结养生法则为顺应自然观、未病先防观、摄养情志观、适当运动观、食饮有节观、起居有常观等6个方面。陈传珍宗“正气存内，邪不可干”、“邪之所凑，其气必虚”理论，强调人体应调阴阳、养心神、怡情志、节饮食、慎起居、勤锻炼等，以保养正气，五脏安和，病无由来。

3. 对中医养生学科建设的思考

张雪亮指出鉴于现阶段养生理论研究的无序，养生知识的匮乏以及养生保健作用的日益突出，认为加大养生学科的建设意义重大。现阶段中医院校养生康复专业的设立，为专业化人才的培养和学科的建立奠定了重要的基础，但也存在着学科“因人施养”的指导思想不够突出、研究目标不够清楚、研究方法不够先进等状况，应改善研究思路和方法，建立中医个体化养生保健体系，对中医各种养生方法进行科学化评价，才能更好地完善和发展中医养生学科。

4. 对中西方古代养生比较

黄世钧等通过对中医学“行与神俱”与古希腊养生学家希波克拉底水火学说“动则强体”的养生观以及各种养生实际方法的比较，发现了中西方虽因地域、文化背景、生活习惯的不同，但对养生的理解和延年益寿的手段却有异曲同工之处，揭示了养生术的历史性和延续性。

5. 养生保健医学的实践运用

(1) 对亚健康状态的防治。据世界卫生组织调查显示，全世界75%的人处于亚健康状态。《内经》中已有“圣人不治已病治未病，不治已乱治未乱”的记载，“治未病”的概念中即包含有现代医学所谓亚健康状态的内容。马寰等指出亚健康状态的主要病机是饮食不节、起居无常、情志不遂、劳逸无度、年老体衰等导致脏腑气血阴阳失调，或正气耗伤。以肝郁气滞、痰湿内生、心脾两虚、肝肾阴虚、脾肾阳虚、湿热内蕴、瘀血内阻等分型证治疗效满意。认为应从证候入手，建立亚健康状态的中医证候学资料库，是目前研究本病的关键。

(2) 对疾病的预防。周苏宁等强调加强冠心病二级预防和养生康复有着十分重要的意义。其二级预防主要包括：① 健康教育干预，帮助患者改变不良的生活习惯和行为方式，包括戒烟、控制体重、体育活动、合理饮食和心理调适等，建立起健康的生活行为方式，控制冠心病的各种危险因素。② 中、西药物的合理应用。另外在适当的身体锻炼活动中，我国传统的太极拳、太极剑、五禽戏等运动也值得提倡。使患者对冠心病及其冠心病二级预防的认识有所提高，增强患者的依从性及自我保护意识和能力。

6. 对养生保健药物的研究和探索

徐旭发现在抗衰老处方的中药组成中，其配伍规律非常明显，且与其用量互相协调，在抗衰老上起到联合作用以减缓人体的衰老过程。韩萍等根据古代文献记载及资料统计、现代理论研究和实践运用、保健食品功能学评价的要求和保健药茶的特点要求，采用综合分析方法进行组方，从而探索保健药茶的组方思路。张崇泉等对 120 例中老年慢性患者进行随机对照试验，观察组用益寿康口服液，对照组用维生素 E 胶丸，观察衰老症状和检测生理功能指标的变化，并进行果蝇寿命试验，小鼠迷宫试验和对老龄小鼠抗氧化能力影响的试验。结果：临床观察表明，两组患者治疗后衰老症状和生理功能测定均有不同程度改善，而以益寿康口服液组为优($P<0.01$)。动物实验结果表明，益寿康口服液有明显延长果蝇寿命、增强小鼠记忆力、抑制小鼠脑、肝组织过氧化脂质生成等作用。许多有效方剂如七宝美髯丹、安神补脑液、敖东壮肾水丸等也在人们的养生保健中起到了积极的作用。

（周文泉　罗增刚）

【亚健康状态的中医研究】

马寰等认为所谓亚健康状态是指人的身心处于疾病与健康之间的一种健康低质状态，也称作“中间状态”、“灰色状态”、“游离状态”或“第三状态”。机体虽无明确的疾病，但在躯体上、心理上出现种种不适应的感觉和症状，从而呈现活力和对外界适应力降低的一种生理状态。这种状态多由人体生理机能或代谢机能低下、退化或老化所致。武维屏等提出亚健康状态有两种情况：特异性疾病的临界状态和非特异性疾病的临界状态。殷淑珍将亚健康分为轻度心身失调阶段和浅临床阶段，前者以疲劳、失眠、纳差、情绪不定等为主要表现，进一步发展则进入浅临床状态，这时已经呈现出可能发展成某些疾病的高危倾向，突出表现为三种减退(活力、反应能力、适应能力)，“三高一低”(高血脂、高血糖、高血黏度、低免疫力)，发展趋势是“五病综合”(肥胖、高血压、冠心病、糖尿病、中风)。马氏认为中医学中“未病”、“未乱”就是疾病前状态，是质变疾病的量变积累过程，就是亚健康状态。中医体质学说中分健康体质和病理体质，具有病理体质之人，如阳虚体质、血虚体质、痰湿体质等，其气血阴阳必然有失平衡，但尚未发展为疾病，即所谓病与未病之间的亚健康状态。亚健康状态的主要病机是饮食不节、起居无常、情志不遂、劳逸无度、年老体衰等导致脏腑气血阴阳失调，正气耗伤。现代医学认为导致亚健康的主要原因是生活工作节奏加快，心理和社会压力不断加重，饮食不规律，长期处于紧张状态，以及睡眠不足和自然衰老等。

根据亚健康的临床表现，马云枝将亚健康分为肝郁气滞、痰湿内生、心脾两虚、肝肾阴虚、脾肾阳虚五型。武维屏将其分为瘀血内阻、阴虚火旺、气血亏虚、湿热内蕴四型。姚亚南提出了防治亚健康状态的方法，认为宁心怡神是前提，劳逸结合最关键，方药治疗为辅助。张岚云等认为亚健康者普遍存在着“肾虚综合征”，采用补肾活血法效果良好。张爽从镇静安神入手，治疗亚健康状态下的相关症状，有较好疗效。

（王庆其）

【中国保健品行业现状概况】

1. 保健品的定义

目前中国的保健品是一个泛称，它包括保健食品(“食健字”号)、保健药品(“药健字”号)以及营养药品、滋补类中成药(OTC 药品，为“药准字”号)。而在国际上，保健品并未统一命名，一般泛指保健食品，其含义基本一致，即对人体健康必须具有特殊的保健功能。我国国家药品监督管理局已决定在 2003 年 1 月 1 日起取消代表保健药品的“药健字”批准文号，明确药品和食品的划分。

2. 保健品行业的发展过程

中国的保健品行业兴起于 20 世纪 80 年代，发展至今经历了几次大起大落。80 年代末期到 1995 年初是第一个高速发展时期。在这一阶段，由于高额利润和相对较低的政策、技术壁垒，涌现出大大小小 3 000 多家保健品生产企业。但因经营方式集中在广告宣传和营销方式的创新上，而非产品开发，企业难以持续发展。1995 年至 1998 年，保健品行业陷入低谷，生产企业的数量和销售额急剧萎缩，直到国家有关部门公布了一系列有关保健品行业的法规之后，我国保健品行业才步入规范、良性发展的轨道。1998 年至今，全国又掀起了新一轮的保健品消费热潮，保健品行业进入了一个前所未有的高速发展时期。据统计，目前获准国家卫生部审查批准的保健食品有3 000多个，1 300多种，年销售额约在300～400亿元之间。

3. 保健品的分类

中国的保健品一般按国家卫生部的审批方法，按功能分类，如免疫调节、延缓衰老、改善记忆、促进生长发育、抗疲劳、减肥、耐缺氧、抗辐射、抗突变、抑制肿瘤、调节血脂、改善性功能、调节血糖、改善胃肠道功能、改善睡眠、改善营养性贫血、对化学性肝损伤有保护作用、促进泌乳、美容、改善视力、促进排铅、调节血压和改善骨质疏松食品等24类。

4. 我国现在的保健品有4大特点

(1) 产地比较集中。42.79％集中在北京、广东、江苏、上海等经济发达地区，而云南、西藏、青海、新疆、贵州5个经济不发达地区的产品仅占1.25％。

(2) 申报功能雷同。功能分布集中在免疫调节、调节血脂、抗疲劳3项，约占62.2％。

(3) 相同原料重复开发。集中在螺旋藻、褪黑素、鱼油、灵芝、鲨鱼软骨、冬虫夏草、甲壳质、银杏等。

(4) 保健品产品剂型以药品剂型为主。主要采取胶囊、片剂、口服液、颗粒剂(冲剂)等剂型。

5. 国家政策的影响与保健品行业发展预测

随着国家法规的完善(准入门槛的提高)和消费的理性化，整个行业正趋于规范。据预测，我国保健品行业发展将表现为：① 保健品的需求量越来越大，上升空间大。② 消费的理性化，高品质、知名品牌的保健品将受青睐。保健品市场的核心竞争力不再是广告，而是“科技含量”。③ 新资源、高技术、方便剂型的保健品将成为主流 。这主要表现在昆虫、海洋生物和中药三个方面。功能成分的开发逐步形成有效成分含量更加稳定、保健作用更加确切。软胶囊、口服液成为产品包装趋势。④ 保健品价格总体水平将下降。与国际同类产品相比，我国保健品的利润还处于不太正常的高水平，保健品在价格上还存在比较大的降价空间。在我国加入“世贸”组织以后，国外保健品将大量进入我国市场，在这种形势下，保健品降价将不可避免。保健品将逐渐由奢侈消费品向普通消费品转化。

(边　沁)

[附] 参考文献

C

陈传珍. 调养正气防未病. 甘肃中医，2002；(4)：53

D

邓沂.《内经》学家周信有教授养生思想探析. 甘肃中医学院学报，2002；(2)：9

G

郭海英. 高濂《起居安乐笺》睡眠养生法撷要. 山西中医，2002；(1)：58

H

韩萍，张蕾，冯克玉. 延缓衰老保健药茶的组方思路. 中医药学报，2002；(2)：46

黄世钧，张庆武. 中西方古代养生比较. 安徽中医学院学报，2002；(4)：5

M

马寰，张伯礼，雒明池. 亚健康状态的中医学研究现状. 天津中医学院学报，2002；(2)：36

马云枝. 亚健康状态与中医药防治. 河南中医，2001；(3)：11

W

武维屏. 亚健康状态的中医治疗. 中医杂志，2002；(4)：251

X

徐旭. 抗衰老处方用药规律分析. 河南中医药学刊，2002；(4)：28

许家松. 论《黄帝内经》的养生观与养生法则. 中国中医基础医学杂志，2002；(7)：1

Y

姚亚南. 中医学与亚健康状态. 江西中医学院学报, 2002;(1):56

殷淑珍. 亚健康与 QT 离散度. 中国全科医学杂志, 1999;(3):227

尹亚东,刘书红.《黄帝内经》与《道德经》养生思想的初探. 河南中医,2002;(3):71

Z

张爽. 安神补脑液挑战"亚健康". 吉林中医药,2002;(4):62

张岚云,车树强,陈翠兰,等. 张氏补肾活血法在亚健康状态临床治疗中的应用. 吉林中医药,2002;(2):13

张雪亮. 对中医养生学学科建设若干问题的思考. 中国中医基础医学杂志,2002;(1):64

郑志坚.《黄帝内经》养生保健观初探. 安徽中医杂志,2002;(3):5

五、医史文献

(一)医药古籍

【概述】

2002年医药古籍在古籍考证校勘、国内亡佚古医籍研究、医家著述考、文献综述、古籍简介等方面研究取得了进展。现分述于下：

1. 古籍考证校勘

史常永考察了现收藏于中国军事医学科学院图书馆，认为由明代吕复校正的《难经本义》原刻残卷可能已是孤本。赵含森等人初步考证了《类经》的版本，认为流传版本有两类，即带有《内经》原篇目的版本和不带有《内经》原篇目的版本。前者有日本国立公文书馆内阁文库所藏明刻本，国内未曾流传，现有影印本；后者有明天德堂刻本等多种明清版本。郭玲等人将《类经》与现存《内经》的不同版本作比较，认为《类经》的《素问》部分与胡氏古林书堂本、赵府居敬堂本等12卷本的系统较为接近；《灵枢》部分与周曰校本、马莳注九卷本较为接近。《类经》与诸本的异文，可能是张介宾选定底本后，依据其他版本进行校勘所造成的。陈婷考证了《难经》注释诸书中各种图形、图表，认为图释始于宋代丁德用，历代图释的传承关系归为3大系统，分别以宋代丁德用《难经补注》(载图23幅)、元代滑寿《难经本义》(前列图释13幅)、明代张世贤《图注八十一难经》(每难附图)为代表。王振国考证了史堪的生平事迹，《史载之方》的版本源流，通过对宋代《洪氏集验方》、《全生指迷方》等书所引史氏《指南方》内容考察，结合清代诸家考证，认为《指南方》另有其书，并非《史载之方》异名。朝鲜许浚撰著的《东医宝鉴》，成书于1610年，朝鲜首刻于1613年，中国首刻于1763年，长春中医学院图书馆所藏清代乾隆十二年(1747)王如尊手抄本是我国最早的版本，阎桂银、冯晶介绍了该抄本的概况、柴潮生序、王如尊后记，并探讨王如尊生活年代、书中的时空印记，至于抄本据朝鲜或日本何种刻本抄写，尚待考证。陈增岳对《敦煌中医药全书》(中医古籍出版社，1994年)的校勘提出6条修正意见。钱超尘校读了北京图书馆和日本国立公文图书馆内阁文库所藏明万历二十七年(1599)赵开美影宋《伤寒论》刻本的影印本，将两部宋本文字不同之处一一录出，共计23处，并介绍了两书的版本，刊登了北图本由后人撰写的《伤寒论后序》全文。宋本《伤寒论》有子目，系北宋校正医书局孙奇、林亿等校正《伤寒论》时所增，后世各种传本皆无子目。钱氏通过对子目的考察，论述了子目的作用，以及孙奇、林亿等编写子目的目的。

林楠、王立子将《千金要方》重要的早期传本《孙真人千金方》与宋臣校订刊本《备急千金要方》进行对校，从两书的版本流传和条文顺序、卷次章节、条文形式、语言文字的不同，证明宋臣校订时对医学资料进行过较大程度的校改，大幅度重整了章目编次，增补了大量的医学内容，而且以宋时的医学水平对全书的医学阐述进行多处的大修正，并在行文格式、用字、药名、剂量等方面均予规范化统一修改，使两种版本有了显著的差异。

2. 国内亡佚古医籍研究

张增敏等据古书目著录及古医籍援引之内容，对早已亡佚《明堂经》进行了考析，探讨该书的书名、内容、成书年代及卷数。蔡元定(西山)为南宋巨儒，其所著《脉经》在国内久已亡佚，郑金生依据元代戴起宗《脉诀刊误集解》、明代刘浴德《医林续传》等，考得从日本内阁文库回归的《诊脉须知》卷四“脉经”正是蔡氏《脉经》的节选本。墨西哥人石振铎所著《本草补》，医史学家范行准称之为“西洋传入药物之嚆矢”，国内已经散佚，甄雪燕、郑金生根据从法国巴黎国家图书馆复制回归的《本草补》，研究了该刻本的作者、内容及其价值。

3. 医家著述考

张灿玾等考察了历代史志及目录著作中的扁鹊著作,古医籍中引用扁鹊著作及扁鹊著作传文,《难经》撰人及所解之经,初步认为扁鹊应有著述,扁鹊《脉书》当为以扁鹊署名的综合性医书;《扁鹊内经》、《扁鹊外经》为托名之作;后世著录诸多扁鹊著述必有伪作;《难经》所解似非《黄帝内经》。窦默为金元时期医学家,撰有《针经指南》一卷,《针经标幽赋》一卷,《流注通玄指要赋》一卷等多种著作,李会敏、董尚朴考察了窦默的相关著作与版本。朝鲜太医许任所著《针灸经验方》,成书于仁祖四年(1644)。18世纪传到日本,清乾隆年间经日本传入我国。王宗欣研究了该书的流传,认定清《勉学堂针灸集成》系伪书,是书商由《针灸经验方》全部内容、《东医宝鉴》中的针灸内容和《类经图翼》卷六至卷八的十四经穴的主治部分拼合而成。书中序文经黄龙祥考证,是书商将廖氏《考正周身穴法歌》序文篡改而成。从而纠正了《中医图书联合目录》及针灸史著作中关于该书著作年代之误。《针灸经验方》现有日刊本的影印本,见中医古籍出版社《中国医学科学院馆藏善本医书》第12种。

4. 文献综述

张延昌对30年来武威汉代医简研究加以总结,从武威的历史地貌及出土文物、武威汉代医简研究概况、所载方药的临床应用3方面作了综述。刘玉玮从《医林改错》版本、研究文献、王清任学术思想交流会、研究王清任的组织机构等方面,对50年来我国对王清任研究情况作了简要概述。在古籍简介方面,中国中医研究院藏有《秘传推拿秘诀》、《推拿总诀仿歌》、《幼科推拿》、《秘本小儿推拿》、《医学玄枢推拿秘诀》、《儿科推拿全书》、《秘传小儿推拿要决》等9种推拿古籍抄本,因从未刊行,程东旗等将9书的卷数、作者、内容及学术要点作了介绍。何任对徐灵胎生平及其亲自撰著的《难经经释》、《神农本草经百种录》、《医贯砭》、《医学源流论》、《伤寒类方》、《兰台轨范》、《慎疾刍言》、《洄溪医案》8种医学著作作了简要介绍和评述,对托名徐灵胎的7种医书作了说明。叶新苗对明清时期《跌损妙方》、《正体类要》、《疡医大全》、《医林改错》等14种中医骨伤科文献作了简要介绍。

5. 古籍简介

藏医《四部医典》约成书于公元773～783年间,传为老宇妥·元丹贡布所著。该书内容丰富,白纯介绍了书中的针灸学内容,指出该书不以中医经络统穴,对刺血放血有完整的理论和方法,有温针、刀针、火罐拔出血等十余种刺灸法,重视火灸,创铜针刮剔眼翳,是一本具有重要参考价值的民族医药学巨著。《达生编》是清代康熙五十四年(1715)刊行的产科名著,牛占兵对该书作者、版本、书名含义、全书的内容作了简要介绍和评述。

(包来发)

【《诊脉须知》中的发现】

蔡元定为南宋巨儒,其《脉经》在国内久已亡佚,郑金生对《诊脉须知》进行了考证,认为该书卷四"脉经"就是蔡氏《脉经》的节选本。

《诊脉须知》原藏日本国立公文书馆内阁文库。《内阁文库汉籍分类目录》著录该书为"新编诊脉须知,五卷,要诀三卷,明吴洪,江户写"。据考,吴洪系南宋人。《诊脉须知》五卷中至少是3种宋代或间有元代脉书的汇集。

《诊脉须知》卷四各节之前又另有《脉经》一名,有别于其他各卷,其文风也别具一格,与宋元医家所论脉学大相径庭。依据元代戴起宗《脉诀刊误集解》、明代刘浴德《脉学三书》后附《医林续传》等,考得本卷所录的"脉经"正是我国久已亡佚的南宋巨儒蔡元定所撰《脉经》中部分内容。蔡元定,字季通,建州建阳(今属福建)人。因他苦读于西山,而被尊之为"西山先生"。他以治理学绪余,写成了《脉经》一书。《宋史》载有他的传记。

《诊脉须知》中所存蔡氏《脉经》只有脉论八篇,为论十二经、寸关尺、论胃气、论三阴三阳、论四时脉、论三部、论男女、论奇经八脉。蔡氏论脉重脉理本原,但却疏于对具体脉象主病的论述。

(陆肇基)

【《针灸经验方》及其流传】

《针灸经验方》是朝鲜太医许任于仁祖四年(1644)著成梓行,成为朝鲜针灸史上一部重要著作。王宗钦对其流传作了考证。

该书自序称:"先著查病之要,并论转换之机,发明补泻之法,校正取穴之讹,有著杂论若干,且记试效要穴及当药,会为一卷。"该书在18世纪初传入日本,后分为三卷,又经日本传入我国。现国内却未见有《针灸经验方》单行本刊行。《中医图书联合目录》录有日本刊本两种。国内一些医史著作和工具书中对其介绍多有错误。

清乾隆年间，我国有《勉学堂针灸集成》一书刊行，其中多有其他针灸书未载的内容，后来成为清末时期针灸学的代表著作，博得较高评价。经考《勉学堂针灸集成》系书商据《针灸经验方》、《东医宝鉴》中全部针灸学内容和《类经图翼》部分相关内容汇集而成的伪书。该书虽是伪书，但收载了国内未见刊行的《针灸经验方》的全部内容，也颇为可贵。

（陆肇基）

【《难经》图释考】

图释是辅助释义的一种手段，包括各种图形、图表，又有物象图与示意图之分，利用图释对《难经》理论进行说解，无疑使其变得形象而明了。陈婷对《难经》注释诸书中的图释进行分析，得出如下结论。

1.《难经》图释始于宋代丁德用

丁德用，济阳人，嘉祐年间（1056～1063）名医。补注《难经》撰《难经补注》五卷，著《伤寒慈济集》三卷等行世。据《郡斋读书志》晁公武曰：“丁德用《注难经》五卷。经文隐奥者，绘为图。”《直斋收录解题》陈振孙亦曰：“《难经》二卷。德用者，乃嘉祐中人也。序言太医令吕广重编此经，而杨玄操复为之注。览者难明，故为补之，且间为之图。”另据《万卷精华楼藏书记》耿文光案曰：“图自丁注始，元本未见。”综上，《难经》有图始自丁德用。

2.《难经集注》图释即为丁德用之图

《难经集注》一书为宋代王惟一集 5 家之说而成。此书载图 23 幅。据《万卷精华楼藏书记》耿文光题《难经集注》五卷曰：“间附以图……《晁志》云：丁注有图，当即是也。”又《皕宋楼藏书记》陆心源题曰：“《难经集注》五卷。书中图说，殆德用所为。”今《难经集注》每卷首题曰：吕广、丁德用、杨玄操、虞庶、杨康侯注解，王九思、王鼎象、石友谅、王惟一校正。附音释。据此王惟一在集丁德用之说的同时，将其所绘之图亦附于书中。

3.《难经》注释诸书图释的传承关系归为 3 大系统

(1) 丁氏系统。即丁德用《难经补注》之图释。王惟一《难经集注》当属此系统（见上）。宋代李駉的《难经句解》一书，前给有图释。将之与《难经集注》之图相较，其中“二难画图”与“三难画图”内容大同小异，而次序有别；“十八难图”与“十九难图”内容大同小异，而李駉误将“十九难图”合入“十八难图”中；“六十六难图”两书内容无大异而李駉标以“六十七难图”，其余诸图两书尽同，故亦当属丁氏系统。

(2) 滑氏系统。滑寿《难经本义》是注释《难经》的一部承前启后之作，此书前列图释 13 幅。据《万卷精华楼藏书记》耿文光题：《难经集注》五卷曰：“间附以图，与滑注本图异。”又曰：“《难经》惟滑寿《本义》最有条理，简首有图，于宋之丁德用不尽合。”将其与《难经集注》之图相较，两本迥异，当为不同系统。明代熊宗立的《勿听子俗解八十一难经》之图释亦为滑氏系统。

(3) 张氏系统。明代张世贤注《难经》，撰为《图注八十一难经》，每难必附图。其谓说：“实深患夫《难经》之解未悉，而图未全也。于是折衷群言，侑以己意，每节为之注，每难为之图。精微曲折，如指诸掌。然后八十一难答以发明，而八十一图始见详备。”《万卷精华楼藏书记》耿文光案曰：“今俗本有《图注难经》，非丁图也。”将此书之图与《难经本义》之图相较，皆不同，由是本书当是自成系统。另外尚有《(王氏秘传)图注八十一难经评林捷径统宗》与《(新刻)八十一难经图解》等。

（姜　枫　蔡永敏）

【古《明堂经》考析】

古《明堂经》为针灸学领域最早的一部专著，惜在宋以后即散佚不见，然其内容在今存古医籍中尚多有援引。张增敏等据古书目著录及古医籍援引之内容对其进行了考析。

1. 称谓

书名至少有 4 种称谓。如《隋书·经籍志》著录有《明堂孔穴经》，《旧唐书·经籍志》著录有《黄帝明堂经》，皇甫谧《甲乙经》自序中有《黄帝明堂针灸治要》，王焘《外台秘要》有《明堂经》。其中，《黄帝明堂针灸治要》为现存古籍所见援引《明堂经》最早者。皇甫谧自序云《素问》、《针经》（即《灵枢经》）、《黄帝明堂针灸治要》“三部同归，文多重复，错互非一……乃撰集三部，使事类相从，删其浮辞，除其重复，论其精要，至为十二卷”，即《甲乙经》系将《素问》、《针经》及《明堂经》三书类编而成。后世有人认为《黄帝明堂针灸治要》应为二书，即《明堂孔穴》与《针灸治要》，但从其内容，结合《外台秘要》及杨上善《明堂经》来看，可证应是一书。称《黄帝明堂》者，疑是托名之故。称《明堂孔穴》者，系该书重点论述经脉腧穴及腧穴主治。

2. 内容

① 经脉(合奇经八脉)及其发病，与《针经》及《甲乙经》卷二诸篇有关内容相同。② 五脏重量及形象(如肺重三斤二两，六叶两耳)，此内容不见于今《内经》、《甲乙经》，或被删除。③ 六腑重量、长度及容量，据《千金方》、《外台秘要》提供的数据，与今《灵枢》、《甲乙经》中所具部分内容不尽相同。④ 五脏六腑傍通诸项内容，与《内经》相同。⑤ 脏腑经脉流注出入，此部分内容《甲乙经》与《黄帝内经明堂》(杨上善撰注)均在腧穴项中，《千金方》、《外台秘要》虽单列，然义相同。⑥ 腧穴，见于《甲乙经》卷三。

3. 成书年代

①《汉书·艺文志》无著录。② 该书经脉内容与《灵枢经》尽同，似可说明古《明堂经》经脉内容当是源于《针经》(即今存《灵枢经》)。③《明堂经》中腧穴数较《内经》为多，并收载了有关腧穴主治方面的丰富内容，故其成书年代似应以东汉时期为是。

4. 卷数

从现有诸书记载的卷数来看，特别是杨上善《黄帝明堂》序称“旧制此经分为三卷”，说明杨上善所见古《明堂经》为三卷本无疑，故古《明堂经》当为三卷本，别有多于三卷或少于三卷者，当系古人别传整理本，有分合之不同。

(蔡永敏　姜　枫)

【《本草补》刻本内容及其价值】

《本草补》在国内散失已久，近年在法国国家图书馆被发现，藏书号为 R24345。2001 年复制回归。原书共 18 页，无刊刻堂号。书前有南丰(今江西)刘凝撰于清康熙三十六年(1697)的一篇序。作者题署为“泰西石铎琭振铎述”。据考证，石氏乃墨西哥人，汉名铎琭，字振铎，康熙十五年(1676)作为传教士来华，康熙四十三年(1704)卒。

该书仅在《竹崦庵传钞书目》见有著录，称“《本草补》一卷，西士石铎琭述，计二十六页”。在医药书中，也仅赵学敏《本草纲目拾遗》吸毒石条下记有“泰西石振铎《本草补》”，并引用了其中 8 条药条。

在回归的《本草补》刘氏序中称“泰西石振铎先生，微言眇论，剔人聋瞽。又以其绪余，辨物表用，攻人膏肓”，《本草补》是据“见闻所及，汇为一畞帙”，旨在将“简易而切要，裨于人而捷于效”的药物作一介绍。又指出《本草补》所录载的药物“有中邦所无，今携来种艺；有来自外国，非中邦本土所产；有药料乏缺，制自外国；有中邦习用未审其疗治。各疏而列其功效，真有补于本草矣。又以单方附于其后，犹之《天宝单方药图》也”。全书共载药物 13 种，其中外来药 8 种。书后附录漏痔、痘疹、生产等 3 类疾病的单方。

该书药物内容与中国传统主流本草相比，显得过于单薄。各药一般首先介绍其产地，形态，然后以病症为纲，罗列用药部位、剂型、用法，或介绍药后调理、禁忌及疗效等。该书不讲究药物的性味归经，不按中药理论用药。甚至偶尔用西洋医学的理论来解释药理。从其治伤方法可了解当时西医对外伤的酒精消毒和缝合技术。敷药之时要有出血，“以通药气”，有别中医用药方法。书后所附治病单方，与同期中医用药相比，也显得过于原始。

经考察，《本草纲目拾遗》已经引录该书外来药的全部内容，提示《本草补》可能有增补本。该书药物品种的来源多数难以确定，故其对中国以后的医药发展并没有明显的影响。

(陆肇基)

【《类经》版本、底本考】

《类经》一书，由明代张介宾历时 30 年而完成，是历代注释《内经》最有成就的著作之一。《类经》刊行后，经多次翻刻，形成多种刻本。赵含森等对此进行了初步考察。

1. 日本国立公文书馆内阁文库所藏明刊本(以下简称日藏明刻本)的影印本

藏本见于山东中医药大学，该书扉页以行书大字题写“类经”书名，该页右上题“张景岳类注”，“附图说心法”，首卷第一页书缝右下有“会稽谢应魁镌”数字，此本在《类经》目录之后又有“《黄帝内经》原目”，首列“《灵枢经》篇目”，次列“《素问》篇目”，每篇目之下皆详列该篇在《类经》中的目次，在“《灵枢经》篇目”的篇题前注曰：“按《汉书·艺文志》曰：《黄帝内经》十八卷，盖《灵枢》九卷、《素问》九卷，即《内经》也，二经各载八十一篇，皆合黄钟九九之数，而天人之道尽乎是矣。今存其原目，并列本经类次，以便查考。”据此段注释内容和语气，可说明此“原目”出自张介宾之手，不是后人所补刻。如是后人补刻，当有所说明。从其所刻“原目”的字体来看，与《类经》正卷的字体一致，说明“《内经》原目”不是在重刻或重印时所补刻。

2. 明金阊童涌泉本

所见版本藏于天津中医学院。此书扉页有粗黑直线组成的长方形外框，正中以楷书题写“类经”之书名，书名之右下解题“张景岳类注，附图翼说”九字。书名左上角有双行小字题“黄帝素问灵枢合集”，该页之右下解题“金阊童涌泉梓”。此本没有“《内经》原目”，于首卷第一页书缝右下亦有“会稽谢应魁镌”数字。

将以上两本比较发现书中各页字体和款式不同，且童本无“《内经》原目”。两本也有许多相同之处：第一，首卷第一页中缝皆刻有“会稽谢应魁镌”数字；第二，正卷内容的行款、格式、字体、标记符号完全一致；第三，比较二本的序文、目录和前三卷的内容，二本无任何异文。由张介宾自书的行草书序文的笔迹十分相似。目录篇“汤液醪醴论全”一句中的“汤”字皆误作“阳”。由是，赵含森推测有两种可能：① 童涌泉本可能与日藏明刻本出自同一书板，即童涌泉本的书板由日藏明刻本的书板删去“《内经》原目”而来。② 童涌泉本可能是日藏明刻本删去“《内经》原目”后的影刻本。由于“《内经》原目”不可能是后人所加，故日藏明刻本可能是目前所知《类经》最早刻本。由此可将《类经》之版本流传归为两大类型，即带有“《内经》原目”的版本和不带有“《内经》原目”的版本。前者还有北京中医药大学图书馆所藏的日刻本，后者还有山东中医药大学图书馆藏的明代天德堂刊本、清代萃英堂刻本、民国期间千顷堂石印本。天津中医学院图书馆藏的明刻本，中国中医研究院图书馆藏的清代崇让堂刻本、清代宏道堂刻本。金阊童涌泉本、天德堂本等明刻本为国内诸清刻本之源，日刻本源于带有“《内经》原目”的明刻本。

郭玲等将《类经》的早期版本与《类经》以前的《内经》版本相对照，发现《类经》中《素问》部分的底本与胡本、熊本、赵本等十二卷版本系统较为接近；《灵枢》部分的底本与周本的二十四卷本系统和马莳注九卷本系统较为接近。郭氏还指出，《类经》中《素问》部分与顾本的异文多与胡本、熊本、赵本等其他本相一致；而该部分与胡本、熊本和赵本系统的异文也有许多与顾本等其他本相一致。同样，《类经》中《灵枢》部分与赵本的异文与周本、马莳本等共同的异文也有许多与赵本相一致。据此可以说明，《类经》与诸本的异文多是有其依据的。进而可以推测，张介宾可能在选定底本之后又依据其他版本加以校勘，以致与目前诸本皆不相同。

（蔡永敏　姜　枫）

【《难经本义》原刻残卷考察】

元代滑寿著《难经本义》，由吕复校正的《难经本义》原刻本上卷，现藏于中国军事医学科学院图书馆。史常永考察后认为此卷很可能已是孤本。

《难经本义》是元代滑寿(1304～1386)著。滑寿，字伯仁，晚号樱宁生，余姚人。按《隋书经籍志》载：《黄帝八十一难经》，并云“梁有《黄帝众难经》，吕博望注，亡”。《旧唐书经籍志》也载有《黄帝八十一难经》，是否《难经》的白文本，由于均已亡佚，不得而知。但《黄帝众难经》是一个注解本，已是确定无疑。唐初杨玄操加以整理，“使类例相从，凡为一十三篇，仍旧八十首，吕氏未解，今并注释，吕氏注不尽，因亦申之”。这就是杨氏注解本《难经》。至宋代，又有《王翰林集注黄帝八十一难经》，这是杨玄操注本以后，进一步的补助本。至元明时期，连这个补注本我国也不见传世。因此，滑寿《难经本义》就成为我国学术水平最高的惟一《难经》注解本。至于日本安庆五年(1652)，《王翰林集注黄帝八十一难经》的刊本传入我国，那已是晚清年代的事了。最早是清咸丰二年(1852)钱熙祚的《守山阁丛书》刊载了《难经集注》。钱氏的跋语中云：“今去明季仅二百载，而诸家之注亡佚殆尽，独此书流入日本，佚而复存，若有神物呵护。今为校正刊入丛书。”

一般见到的《难经本义》，最早刊本为明万历十八年(1590)蓝印本，凌耀星等《难经校注》，即是以蓝印本为校本。其次为万历二十九年(1601)《古今医统正脉全书》本。史氏所见到的《难经本义》上卷为吕复校正本。此书板框为19.3 cm×12.5 cm，上下黑口，鱼尾之间题有“难经本义，卷上”，行21字，小字双行，行21字。前有元至正二十六年(1366)工部郎中揭弘序、至正二十五年(1365)翰林学士承旨荣禄大夫知制诰兼修国史张翥序、至正二十一年(1361)腊月奉直大夫温州总管管内劝农兼防御事天台刘仁本叙及滑寿自序。首页有“明善贤书画印”、“怡府世宝”、“安乐堂藏书印”、“文光”四方朱印。正文题“《难经本义》，许昌滑寿著，四明吕复校正”，并有“潘祖荫藏书印”、“文光”两朱印。此书的朱印，可使我们了解它的藏书流源。“怡府世宝”乃怡亲王府的藏书印，怡亲王是康熙的十三阿哥允祥。康熙于 1722 年 11 月死，雍正继位后立即晋封允祥为怡亲王。《难经本义》最初是允祥的藏书，不知怎样辗转到了大藏家潘祖荫(1830～1890)的手中，此时《难经本义》已只存上卷了。但在日本，还有翻刻本，如日本宽永十年(1633)吉田原仁左卫门翻刻的吕复校正本，现上海图书馆有收藏(据《上海图书馆藏书目·中医书类》，1957 年刻印本)。这部《难经本义》上卷，现藏中国军事医学科学院图书馆。

吕复，字元膺，晚号沧州翁，浙江鄞县人(今宁波市)，也是著名医学家，吕复对《难经》亦很有研究，惜吕氏许多著作并皆亡佚。吕复今校正《难经本义》，亦足珍贵。滑寿是余姚人，二人是好友，滑寿著《十四经发挥》即是吕复于至正二十四年(1364)为之作序的。

滑寿撰《难经本义》，成书于元至正二十一年，但当时未曾刻板，观前元至正二十五年张翥序及至正二十六年揭汯序可知。张翥序云：“今年秋，来谴所撰《难经本义》，阅之使人起敬。”揭汯序云：“许昌滑君伯仁，笃实祥敏，博极群书，工于医者三四十年，起废愈痼，不可胜纪。遂昼帷夕思，旁推远索，作《难经本义》二卷。”这是一部原刻本无疑。这部《难经本义》上卷与其他刻本不同，除一些异体字外，还有些校刊别本文字之处。史氏认为这部《难经本义》上卷可能已是孤本了。

(王玉琢)

【《敦煌中医药全书》校理拾正】

对于敦煌古医集的整理，今人经过不懈努力，已取得了丰硕成果，但由于敦煌医药卷子的特殊性，难以毕其功于一役，需要反复探索，逐步完善。陈增岳以《敦煌中医药全书》(以下称《全书》)为例，就其在校勘上的不足加以商讨，希望能起到补隙拾零的作用。

1. 箄

硝石棋子许大，研如面，令患者侧卧，箄子头取小豆许大末，随病处内鼻中，作意吸取，使石末逐喘气起直到病处，其肿自消。(495 页)校注：“箄：竹器”。

陈氏认为此说不当，“箄”若指竹器，当是笼篓之类，此处“箄子头”当是一语，即篦字头，箄通篦，音同通假。《外台秘要》卷二十一，眼闇令明方一十四首引《近效》疗眼中一切诸疾目翳方：“每欲著以两米许，硬和少许蜜，稀稠如熟面糊，篦子头分置两眼眦……”句中即作“篦子头”，可证。

“篦子头”亦作“篦子”，《外台秘要》引《效方》疗耳聋方：“以好神明膏如枣核许，纳耳中……三五日以篦子挑耳中塞，或痒取瘥。”据此可证明。

2. 疗牛疫方

“右取葱一大握去须火中烧令极热向酢中安浸浸水热即尉(熨)牛鼻冷即更准前烧浸尉之七度。”(513 页)按语：“本方原卷中位于鬼疰方之后，因其为兽医疗牛疫方……”

陈氏认为《全书》将“疗牛疫方”移录置于卷末，并无不可，但此疗牛疫方原有“又方”，其文为：“又方。取野狐肉和米煮作粥，灌即差。未着者先灌即不着。”此“又方”亦是疗牛疫方，原书移录时未将“又方”一道移录，导致此条“又方”接在“疗鬼疰方”之后，不知者观之，误以为是“疗鬼疰方”之又方，这显系整理时疏忽造成。

3. “五经四部”

其五经四部，军国礼服，若详用乖越者犹可矣，止于事迹非宜尔。(394 页)五经四部，校注云：“盖‘四书五经’之误。”

陈氏认为此校非是，原文“五经四部”无误。四部也叫四部书，系古代图书分类名称，将群书分甲乙丙丁四类。晋代荀勗将群书分为四部。此处文中，“四部”即指四大类书籍而言。至于原校所云：“四书五经”之“四书”，是南宋朱熹所定的《大学》、《中庸》、《孟子》、《论语》，这是后代的事，生活在南朝的陶弘景焉有此说？所以“四部”不宜改成“四书”。

4. 阿魏用量

着荜拔末少许，阿魏一斗，立暴煎五六沸，着酥一两，盐少许，煎令调和。(609 页)校注：“斗：原假作‘豆’。暴：原假作‘报’。”

陈氏认为若依原校，少许荜拔末，竟用一斗阿魏，药量相差悬殊，有违药理。此校恐非，原文无误。原句当作"阿魏一豆立,报煎五六沸",文中立通粒,报有再、复之义,如此句义自顺。

5. 鹿茸,麻勃为之使

麻勃,校注云:"即马勃之异名。"(437页)

陈氏认为此说殊非,麻勃,马勃本不相同,麻勃并非马勃之异名。《千金翼方》卷三,草部下品之下:"马勃:味辛,平,无毒。主恶疮马疥。一名马疕,生园中久腐处。"可知马勃即马屁菌。又《千金翼方》卷四,米谷部:"麻蕡:……多食令人见鬼狂走。久服通神明,轻身。一名麻勃,此麻花上勃勃者。七月七日采,良。"则知麻勃为麻蕡之异名,其得名之由为"麻花上勃勃者",据此可明原校注之误。

(王玉琢)

【《四部医典》中的针灸学】

《四部医典》约成书于公元773～783年间,传为老宇妥・元丹贡布所著,是藏医药史和我国民族医药史上的巨著,为藏族同胞及西藏周边其他少数民族的医疗健康作出过巨大的贡献。白纯总结了其中的针灸学内容:

1. 独特的针灸理论体系

不以中医经络统穴,无十四经、十五络等经络概念,以类似现代医学中神经、血管系统的白脉、黑脉(两者合称连接脉)系统为确定刺灸点的基准。据《四部医典・第二部・论述本》第四章纪载,可刺灸放血的大脉道即有77条,全文可针刺放血之穴位、脉道约262处,其中有以汉医之穴为穴者共23穴,百会、三阴交、鸠尾等十四穴有穴有名,脐下四指、脐下二寸等9穴有位无名,有穴名者如都果穴、兴浪穴等65穴,其余大多以某某脉或部位命名这些刺灸点,分布较中医腧穴广泛,如卑隐之地的外阴区、阳物两侧,以及危险性较高的禁针之地,如眼球上,都有取穴、脉刺灸者,这反映了藏医具备较先进的解剖学知识及较现实、客观的态度。

2. 丰富的刺灸法

所述刺灸法有:金针、温针、熟针、热针、冷针、刀针、针刺放血、铜针刮剔眼翳、火灸、艾绒灸、茜草灸、藿尔的灸法、火罐拔出血等十几种。其中铜针刮剔眼翳技术娴熟,手法精细;刀针治疗范围较现行之小针刀广;冷针可治关节风湿病之偏热性者,如黑风湿病。其针灸的具体操作未有述及。艾灸有专章论述,所施皆为直接灸,崇信火灸,认为"其他治术穷尽时,还可采用火灸施治"。

3. 独树一帜的针刺放血技术

所治病种含内、外、妇、儿等各科,甚至包括"体腔出血危及五脏,流血过多而不止者",也"可以在疾病的初期及时放血治疗"。其放血理论完整,包括放血前的结扎,确定放血的穴、脉,辨析放出血液的颜色,放血量的掌握,放血后的辅助治疗等。其放血部位由颜面、四肢至胸腹遍及全身;其部位的选择亦有局部与远取,如:足心与足背肿胀、黄水病等,在颜面、马镫脉针刺放血;其放血量之大者,远非汉医所能比拟。至于其具体量的掌握,最首要的原则是由放出血的颜色(辨好血、坏血)来决定,当然同时得兼及患者的体质与病种等等。对放血禁忌症,《四部医典》亦作高度重视,且对误放导致的坏症作专门阐述。

(姜 枫 蔡永敏)

【窦默著作内容与版本考】

窦默为金元时期医学家,以针灸见长。李会敏等对其著作内容与版本加以考证。

1. 《针经指南》一卷

书中首列《外经标幽赋》,全面总括针灸学基础理论,次列《流注通玄指要赋》,精选五十多种病的针治腧穴,后列针经直说、络说、交经辨、气血问答、手足三阴三阳表里支干、八穴定位及所主病证、真言手法、素问泻必用方补必用圆法、呼吸补泻法、寒热补泻法、春夏刺浅秋冬刺深法、手指补泻法、迎随补泻法、生成数法、夫妇配合、古江流注、杂忌法等。还录有五卷本《铜人腧穴灸图经》中的"避忌太一之图"。该书反映了窦氏针灸学术之三个特点:一是倡用八脉交会穴,二是总结了下针十四法,三是创真言补泻手法和寒热补泻法。该书编入《针灸四书》后,《普济方・针灸门》亦基本收录本书内容,但与他书掺合,内容分散,故版本流传宜参见《针灸四书》和《普济方》。

2. 《针经标幽赋》(《标幽赋》)一卷

该赋不分卷,赋中不少文句与金代阎明广《子午流注针经》所载何若愚《流注指微针赋》及阎氏注文相同或相近,可知该赋系发挥阎注《流注指微针赋》之作。"针经"即指《子午流注针经》,"标幽"

之"幽"亦取何氏"既而感指幽微,用针真诀"之义。赋文言简意赅,论述了经络、脏腑、气血、取穴、刺法、宜忌等丰富的针灸基础知识及常见病症的证治,可谓精辟的针灸学纲要。此赋首载于窦默代表作《针经指南》中,此后注解者颇多,多以《标幽赋》称谓该赋,以元代王开和明代祝定注本为代表,惜均佚。现存最早的注本为元代王国瑞之父王开《重注标幽赋》原本,但误注较多。此外尚有明代《针灸大全》徐凤注本、《针灸大成》杨继洲注本、《针灸六集》吴崑注本,清代《针灸逢源》李学川注本。明代高武《针灸聚英》、徐春甫《古今医统大全》、楼英《医学纲目》等也收录该赋。

3.《流注通玄指要赋》(《流注指要赋》、《通玄指要赋》、《通玄赋》)一卷

赋文简短,不分章节,首述针刺治疗祛邪扶正、回阳倒阴的作用及通晓经络的重要意义,后列行走难移、脊膂强痛、呆痴、风伤项急、头晕目眩、耳闭、眼痛等五十多种病症的治疗用穴。各种病证均取单穴,共用腧穴四十多个,而肘膝以下的五腧穴占大多数,体现了选穴精、疗效显著的学术特点。赋文首载于元代罗天益《卫生宝鉴》中,后收入窦默的《针经指南》。元代杜思敬《济生拔粹》收载,题为"窦太师流注指要赋";明代徐凤《针灸大全》收载,题为"通言指要赋";楼英《医学纲目》收载,题为"通玄赋"。该赋无单行本,版本详见以上诸书。

另外还有《玉龙歌》一卷、《磐石金直刺秘传》一卷、《窦太师秘传》一卷与《扁鹊神应针灸玉龙经》所载《玉龙歌》穴法相近。以上几种为窦默相关著作,或为窦氏门人所编,属窦默针法。

（蔡永敏）

【扁鹊著作研究】

扁鹊是我国古代伟大的医学家,对我国医学发展有极大的影响,为《史记》中仅收的两名医学家之一,但对于扁鹊的著作问题,至今尚无一致看法。张灿玾等检阅了历代史志及目录著作,认为:① 扁鹊应有著述。根据《史记·扁鹊仓公列传》(长桑君)"乃悉取其《禁方》书,尽与扁鹊",以扁鹊之为医,名闻天下,不会终生独守《药方》,定当有所发展,应有方书传世。又仓公列传中所言扁鹊《脉书》,包括病证、经脉、预后、病机、脉诊等内容,故扁鹊《脉书》当为以扁鹊署名之综合性医书。②《扁鹊内经》与《外经》或为托名之作。《史记》选扁鹊、仓公作传,定是当时在医学人物中影响最大、原始资料较多的二位医家。《汉志》特列出黄帝《内外经》、扁鹊《内外经》、白氏《内外经》医经三家,早有学者提出《内经》系时之好事者,集诸医著,汇为一编,托名黄帝而著录的,故扁鹊《内外经》也可能系有人利用当时存世之医著,或加扁鹊之医著,汇集而成,托名扁鹊。③ 后世著录诸多扁鹊著述,必有伪作。扁鹊著作,在汉以前文献中仅有的几种,后皆佚失,然自隋、唐至宋代出现了数种,是值得怀疑的。且在古医籍中,已知系托名前人或当代名人或托名神仙隐士者,自不鲜见。④《难经》所解,似非《黄帝内经》。《难经》所解有可能是《扁鹊内经》或《外经》中的部分经文。《扁鹊内外经》很有可能与《黄帝内经》同为托名之作,时人在编纂该书时,均使用了当时存世的相同素材,如经脉、刺灸等,因而有些问题可见载于两书中。

阎珂等从《难经》的著录和学术特点入手,论证了其所解之经并非《内经》。从引文看,《难经》称"经言"者较之《内经》有文字与理论完全相同者,有文字略有出入但理论大致相同者,有论述同一问题观点不同者,亦有在《内经》中未载述者,另有引"《十变》言"及直问不言何书但内容与《内经》相仿或相左者。在学术特点方面颇多与《内经》不同之处:① 立命门、元气、三焦整体说。《内经》言"命门者目也",《难经》言"右肾为命门";《难经》首次将"元气"引入医学领域;《内经》认为三焦是有形的,《难经》认为三焦"有名无形",《难经》又补充了三焦的生理功能。② 创独取寸口诊脉说。③ 补充与发展了经络学说。④ 发展了奇经八脉理论。《难经》首先提出"奇经八脉"的名称,并对其具体经脉名称、起止、病候以及与十二正经的关系等均作了详细论述。⑤ 首次提出八会穴。⑥ 丰富了原穴。《内经》将原穴作为脏腑收受、输送精气的地方,而《难经》认为原穴之所以重要是由于原穴为三焦之气所运行和留止之处,三焦通行原气以达周身脏腑,促进其功能的发挥,以达到治疗疾病的目的。综上,阎珂等认为《难经》一书,当属扁鹊学派,其所解之经,也应为扁鹊学派的著作。

（蔡永敏　姜　枫）

【9种抄本推拿古籍要述】

中国中医研究院图书馆收藏之9种抄本推拿古籍,因从未刊行,世所罕见,弥足珍贵。程东旗等对其学术要点叙述如下。

1.《秘传推拿秘诀》

清抄本。两卷，补遗一卷。此书系钱汝明于清乾隆四十一年（1776）在明代周于蕃《小儿推拿秘诀》（1605）基础上参定增补而成。此书首述小儿望诊，再叙述推拿之汗吐下三法。举凡指纹三关，男左女右推拿法、小儿节饮食养护法等，均予述说，载有经验活幼黄金散等儿科方3首。并叙述天门入虎口等9种推拿手法、13种拿法、60余种儿科疾患之推拿手法，叙述颇详。载有周身穴图，手掌穴图、灯火灸穴图、推三关手法图等10余幅推拿穴位手法图，附文解说，一目了然。书末附载钱氏补遗一卷。先述小儿按摩手法，再叙出生儿诸病证治。于小儿惊风之病因、症状、诊断、治法阐析尤详。所载病机赋一篇，以六淫论诸病治法，言简意赅，提纲挈领。

2.《推拿总决仿歌》

清光绪三年（1877）抄本。作者佚名，撰年不详。此书以歌诀体裁述说小儿推拿穴位与手法。对望目诊病法叙述颇详。并述小儿指节之脏腑定位，饮食偏食与疾病之关系，全身触诊，手指触诊，小儿手掌、手背、全身按摩穴位，手法及主治病证（并配之以手穴图）。麻疹、泄泻、腹痛、饱胀、发热、痢疾、口疮、头痛、喘症等10余种儿科常见病证按摩处方。书末附载治惊风之保婴镇惊丸及治疗痞积之保婴痞积丸。

3.《幼科推拿》

清抄本。不分卷。作者佚名，撰年不详。此书先述小儿变蒸、望诊、脉诊，对浮沉分表里、红紫辨寒热、淡滞定虚实等望指纹纲领及小儿危候、死证叙述较详。继则列述手掌穴位推拿手法及主治，尤详于蛇丝惊、马蹄惊、水泻惊等20种惊风之推拿法及灯火灸法。又述急惊风、摇鞭风、担竿风等18种惊风之灸法、方药。载录小儿手掌、手背、面部、上身正面及背面推拿穴位图。配图载述流珠形、长珠形、松形、鱼骨形、针形、水字形等指纹名目及主病。所列辨指纹医案10余则、亦具特色。

4.《秘本小儿推拿》

抄录朝代待考。不分卷。撰者佚名，撰年不详。此书先列小儿之面部望诊图、手掌手背推拿穴位图、二人上马推拿部位图等20余图，并配文详述诸手法操作要领与适应症。继则载述五脏六腑病证推拿决、入门审候歌、看症定症歌等推拿歌诀10余首。叙述辨指纹、望面色之法，其中从望色断生死之诊法尤具特色。并述惊风、腹痛、痢疾、四肢冷弱、咬牙、口歪、火眼等80余病之推拿处方及汗吐下三法之推拿操作要领。述说天门入虎口、推脾土、推肾水等20余种手法之功效。

5.《医学玄枢推拿秘诀》

清光绪三十二年（1906）休西汪显文抄本。不分卷。作者佚名，撰年不详。此书先述小儿急慢惊风诊治、望面、望指纹、小儿危证及死证，继则简述推拿汗、吐、下三法、手掌部位推拿法、全身12种拿法。又述小儿四肢冷弱、吐乳、遍身潮热、目黄有痰、眼不开、口渴、昏厥、鼻衄等常见50余种病证之推拿处方，详述胎惊、脐风惊、蛇丝惊、马蹄惊等20余种惊风之按摩手法及灯火灸法。载录周身正面背面按摩及灯火灸穴位图、手掌穴位图、天门入虎口手法图、屈指补脾手法图、推中指手法图。书末附有紫金锭等儿科常用方8首。

6.《儿科推拿全书》

抄录年代待考。不分卷。作者佚名，撰年不详。此书先述初生儿护养、并以歌诀叙述望面断死期法等望诊法，尤详于指纹望法。次述脐风、咳嗽、呕吐、泄泻、腹胀，肢冷、吐涎、目不开，两眼看地、两眼向上、面青、不语、哭声不出、昏厥、咳声不出等60余病及小儿24种惊风之推拿处方。并载周身穴位图、左右旋推法图、手掌按摩部位图。其屈指补脾、推中指、推三关诸图，文图并茂，方便学者。并以绘图、歌诀说明脾、膀胱、胃、肝经若干穴位及主治。载有阳掌、阴掌穴位推拿主治歌。其阳掌推拿及汗、吐、下推拿手法，述说尤详。并述天门入虎口、凤凰单展翅、水里捞明月、打马过天河诸手法。其述针刺治惊风垂死之法，颇具特色。

7.《秘传小儿推拿要决》

抄录年代约清末民初。不分卷，共两册。作者佚名。撰年不详。此书阐述小儿望诊，尤详于指纹、面色望诊。其指纹八段锦颇有提纲挈领之妙。又载掌心八卦五行图、手背穴位手法图、腿足穴位主治图。再述打马过天河、水中捞月、二龙戏珠、猿猴献果等多种手法，尤详于12种拿法。并详述天吊惊等24种惊风之症状、推拿手法，灯火灸法，并配以图解。还论述脐风诊治。载有疟疾、大头瘟、肠胃中痒不可忍、脐中出血、脱骨疽、舌忽肿出口外、孕妇痢疾、小儿水泻、鼻痔等内、外、妇、儿、五官各科120余病的中药单方、验方。

8.《二十四惊推拿手法》

抄录朝代待考。不分卷。作者佚名，撰年不详。此书叙述马蹄惊、水泻惊、鲫鱼惊、夜啼惊、脐风惊、天吊惊、胎风惊、吐逆惊、撮口惊等36种惊风症候、推拿手法，间或述及灯火灸法。并结合推拿手法详述汗、吐、下三法。载录看孩儿惊法歌、看面部诀、看面色生死诀、相儿寿夭歌等数种望诊歌诀。叙述水里捞明月、打马过天河等多种按摩手法。分别载录男子左手正面背面推拿穴位图、女子右手正面背面推拿穴位图；配图述男子握拳形状与疾病预后之关系，颇具特色。

9.《急救小儿推拿秘传手术》

清抄本。作者佚名，撰年不详。此书选述十一经络疾患之推拿处方。继则配图详述赤凤摇头、猿猴摘果、二龙戏珠、凤凰展翅等10余种按摩手法及主治病证。又列指纹望诊图，设有流珠形、鱼刺形、悬针形、乙字形、线形等17种名目，颇具特色。对蛇丝惊、马蹄惊、潮热惊、水泻惊等20余种惊风之按摩处方，亦与介绍，间或述及灯火灸处方。再述指纹望诊及预后；配图介绍五脏之惊、积、寒、热证之面部望诊法；其望色断死期之法，亦具特色。又述五脏虚、实证之按摩处方。

（王玉琢）

[附] 参考文献

B

白纯.《四部医典》中的针灸学. 中华医史杂志，2002；(2)：92

C

陈婷. 难经图释考. 北京中医，2002；(1)：46

陈增岳.《敦煌中医药全书》校理拾正. 中医文献杂志，2002；(1)：40

程东旗，刘培生，程英. 九种抄本推拿古籍要述. 中医文献杂志，2002；(4)：32

G

郭玲，赵含森.《类经》底本研究. 中华医史杂志，2002；(4)：213

H

何任. 徐灵胎及其医学著作. 浙江中医学院学报，2002；(4)：13

L

刘玉玮. 50年来我国王清任研究概况. 中华医史杂志，2002；(3)：169

李会敏，董尚林，邓国兴. 窦默医著内容与版本考. 河北中医，2002；(5)：392

李会敏，董尚朴，赵士斌. 窦默相关著作内容与版本考. 河北中医，2002；(6)：476

林楠，王立子.《千金要方》异文对校与研究. 中华医史杂志，2002；(2)：87

N

牛占兵.《达生编》评介. 中医文献杂志，2002；(4)：54

Q

钱超尘. 宋本《伤寒论》校读录异. 中医文献杂志，2002；(1)：1

S

史常永.《难经本义》原刻残卷考察. 中华医史杂志，2002；(1)：24

Z

赵含森，郭玲.《类经》版本初考. 中华医史杂志，2002；(1)：26

W

王振国. 史堪与《史载之方》考. 中华医史杂志，2002；(3)：140

王宗欣. 许任《针灸经验方》及其流传. 中华医史杂志，2002；(3)：145

Y

阎珂,孙鲁,李静.《难经》非解《内经》之作.山东中医药大学学报,2002;(2):134

阎桂银,冯晶.王如尊手抄本《东医宝鉴》探讨.中华医史杂志,2002;(3):151

叶新苗.明清时期的中医骨伤科文献介绍.浙江中医学院学报,2002;(2):14

Z

张灿玾,张增敏.扁鹊著作文献研究刍议.中国医药学报,2002;(1):16

张延昌.30年来武威汉代医简研究进展.中华医史杂志,2002;(3):184

张增敏,吕霞霞,张灿玾.古《明堂经》考析.山东中医药大学学报,2002;(1):56

赵含森,郭玲.《类经》版本初考.中华医史杂志,2002;(1):26

甄雪燕,郑金生.石振铎《本草补》研究.中华医史杂志,2002;(4):205

郑金生.蔡西山《脉经》考.中华医史杂志,2002;(2):82

(二) 学派研究

【概述】

2002年度，在中医各家学说和学派研究领域共发表学术论文约350篇。文献分布频数的比例按递减次序排列为：张仲景及其著作的研究(约45.0%)，清代医家及温病学说的研究(21.0%)，金元医家研究(12.0%)，明代医家研究(10.0%)，近代医家研究(5.0%)，晋、隋、唐、宋医家研究(4.0%)，综合性文章(3.0%)。

王付认为，汉代张仲景所著《伤寒论》对气的研究与应用范围较广，其对气的认识可归纳为指人体正气、阳气、阴阳二气、致病因素、人体脏腑组织器官的生理功能，指水气病理、某些病理概念、某些病证、肿胀，指色泽(如气色)、物质(如阴血)、穴名(如气冲)、排气(如矢气)、方名(如承气汤)及专指肾阴肾阳(如肾气)、特指脏腑之气等。张润平认为，张仲景在诊断思维中的科学预见方法，对于预见、掌握伤寒的病变规律有重要的意义，其所著《伤寒论》中除了根据时间、体质、病史和信号进行预见外，还充分注意到疾病演变过程中的特殊性、多样性，从而把握该类疾病的本质。王建康认为，张仲景是水诊(通过审查对饮水的不同反应以判断疾病)的创立者，其诊法在《伤寒论》、《金匮要略》中得到充分的运用，如察水之是否喜咽、观饮后有否呕吐、审饮之喜寒喜热、看饮水数量多寡、问饮后小便利否、询饮后伴随症状。水诊的作用是揭示病机、诊断病证、据水论治、预测病势，但须与其他诊法同时使用，综合判断。杨宏宝等认为，张仲景对药物的毒副作用高度重视，并十分娴熟地避其毒、用其长而治病。其慎药防弊的学术思想可归纳为：慎方药配伍，力求扬长避短；慎炮制煎煮，妙用解毒增效；慎服法剂量，严防误用致弊；慎药后反应，巧施救逆诸法。武肇玲等归纳了张仲景药物配伍方面的特点：① 相辅相成，温阳药配解表药以增强阳气达邪于外之力，如附子配麻黄；益气药与温阳药配伍，如人参与干姜相伍以健脾益气、温运中阳。② 相反相成，主要有寒热并用，攻补兼施，升降相合，散收并投，刚柔相济，动静相伍，其中论述较多者为寒热并用。③ 药对应用，章恪从整体性原则、相互联系的原则、有序性原则、动态原则、辨证论治原则、抓主要矛盾原则、透过现象看本质、预防思想、原则性与灵活性相结合、辨病与辨证相结合等方面论述了仲景学说的精神实质。认为张氏所著《伤寒论》和《金匮要略》虽成书年代久远，其局限性显而易见，然而仲景学说体现了中医学最本质的特征，其中许多精神实质和原则是永恒的。在当今中医现代化的进程中不必再去做繁琐的考证或固守其早已过时的东西，而应努力用现代科学知识来阐发其基本精神和原则，在医疗实践和实验研究中去发掘和发展。

汪碧涛归纳唐代孙思邈的养生保健思想有善养性者，则治未病；养性之道，常欲小劳；食能排邪而安脏腑等。李崇忠等认为，刘禹锡是我国医学史上一位较有影响的医学爱好者。他一生“笃好医方”，著有《本草经方》、《传信方》等。书中所收方药，大多符合验、便、廉的原则，加之临床疗效卓著，药物易得，颇受广大人民的喜爱。丁春探讨了宋代福建中医药发展的特色有：① 人才辈出(如苏颂、宋慈等)。② 形成闽版医书的出版中心。③ 成为中外药物交流的窗口(如泉州海港)。贾红娥等认为，钱乙“脾主困”的学术思想概括了脾的特点。如脾胃运化机能的正常与否，取决于脾胃的燥湿、升降、纳化等方面是否协调，若产生失调，即可致病而出现脾不健运的病理现象等。在治疗上，钱氏特别强调助其运化，并创立了有效的补脾方剂，如易黄散、异功散、白术散等，对后世脾胃学说的形成有较大的影响。

孟繁洁认为，金代刘完素对多种病因所致的“郁”进行了总结，灵活地辨证运用开郁之法，通过调畅气机治疗郁证，取得良好的效果，且其辛凉甘寒开郁、辛苦寒开郁、苦寒开郁、热药开郁、寒热并用开郁等法对后世临床有较大的指导意义。何云锋等探讨了张从正的“下法”：① 拓宽了下法的范围。张氏将能通达气血，祛除邪气，使之从下而行的多种治法均作为下法。曰“催生、下乳、磨积、逐水、破经、泄气，凡下行者，皆下法也”。② 充实了下法的内容。张氏针对热壅、寒结、水聚、痰滞、血瘀病机，采用凉下、寒下、热下、温下、调中攻下之剂，总结了常用30味攻下药的主治性味;从证候至选方,轻重缓急均有详述。③ 下法具有特色。张氏曰"下法即是补法",凡大积大聚,大病大秘,大固大坚,下药即是补药。不仅临床治疗病种广泛,并切实掌握病情轻重,体质强弱,欲下则下,欲止则止,反复攻下,中病即止。潘国凤认为,李杲的阴火论中,"阴火"属内伤虚火;"阴火"是气虚、血虚、阴虚、阳虚(相兼或单独)有火,以气虚有火和气血虚有火居多;其阴火证之主方补中益气汤亦为补虚之方。

李孝刚认为,元代朱丹溪的医学思想与宋儒理学有密切的关系。朱氏的治学方法是以刘完素、张从正、李杲"三家之论,去其短而用其长,又复参之以太极之理,《易》、《礼记》、《通书》、《正蒙》诸书之义,贯穿《内经》之言,以寻其指归"。由于其认识到"医者,儒家格物致知一事",故宋儒理学与丹溪医学的结合是十分自然的,有"医具哲之理,复为哲所用"的特点。茅晓从录载于《名医类案》的丹溪医案入手,经归类整理统计分析,结果提示朱丹溪并非以知母、黄柏泻火滋阴见长,相反更注重甘温补益脾胃法的临症应用。如善用党参、黄芪、甘草、当归、川芎、芍药、地黄等,在常用方中则更推崇四君子汤的应用。认为甘温助脾的学术特点,不仅展现于朱氏临床的各个层面,而且对后世诸多医家在温补领域的发展产生了重要的影响。王玉凤认为,王好古对阴证的发病原因、病机鉴别诊断和辨证施治,提出了许多独到的见解。如提出了"伤寒"阴证的严重性在于它的难辨及难治。其所以"难辨"是因为阴证的"变证"复杂,如阴证似阳、阴盛格阳、内阴外阳等。若不能看清本质,就会以阴为阳,误治遗害。其所以"难治",是因为阴证由脾肾两虚(特别是肾虚)的内因起主导作用。其对阴证的治疗重在保护肾气,强调温养脾肾,并提出了"解毒"的问题。这些关于阴证的理论与实践,既补充了仲景学说,又发挥了易水学派之说,许多观点被后世医家所继承。

吴小明分析明代张介宾的药论特色有探析药性的阴阳与五味、详论药性之刚柔与归经、辨析药性之轻重缓急、强调重用填精血之味以及药物炮制之法。于泳等认为,绮石所著《理虚元鉴》在环境学、医学心理学和调摄治未病学思想方面具有独创性,对于调治亚健康状态有重要的意义。林慧光认为,王肯堂对优生优育的贡献是博采众说,结合己见,认为求子之理关键在于男子聚精、女子调经,不孕之理男女有责,对早孕的诊断结合脉诊和药物验胎,在养胎与安胎方面均方全法备。何任认为,傅山在妇科上的特色有重视带脉、探讨血崩成因和病机、指出经不调则百病丛生等。其学术承《灵枢》、《素问》,旁涉诸家,尤受金元四家及张介宾的影响较深,其辨证宗肝脾肾立论,治疗重精气血同补,用药纯正平和。蓝正字通过对《本草纲目》所载妇产科学内容的研究,总结了李时珍对妇产科学方面的贡献。① 保存妇产科文献资料。在《本草纲目》编写的过程中,书考800余家,妇科专著博览广涉,这些珍本医书许多已散失,而在该书中得以记载。② 明确了妇科分类方法。将妇产科分为妇人经水、带下、崩中漏下、胎前、产难、产后、阴病、断产等八大门类,并阐述了病机和随症用药法则。③ 广收博采妇科方剂。收集妇科方剂800余首,凡亲试有验,则重点载录,以肯定其疗效。④ 增补推广妇科用药。在修订本草的过程中,新增药物374种,有一部分是李氏在临床实践中新发现的妇科病药物,还记载了妊娠禁忌药物86种。

杨晓冰认为,清代徐大椿的治学方法与学术特点有:① 理论联系实际。主张研究医学应从源到流,首先熟读《内经》等古典著作,以广见识,然后多经临证,才不致步入偏见而误入歧途。② 实事求是。如对当时盛行温补,仅执一二补方调治患者的医疗作风颇有微词。③ 倡命门元气论。将元气提高到"医家第一活人大义"的高度来认识和界定。④ 理法方药灵活运用。黄定良探讨了叶桂辨证用药、润燥适宜的特色,将其归纳为:察病证议润燥。如病因病机、脏腑病位不同,用药润燥有别;根据病情状况,勿过刚燥或腻滞等。察脾胃辨润燥。胃主受纳,喜润而恶燥,宜润宜降则和;脾主运化,喜燥而恶湿,宜燥宜升则健。察整体议润燥。立治法应全面考虑,标本兼顾,润燥适宜;又应审体质,辨节令及地域等。林慧光等认为,陈修园对脾胃学说深有研究,颇有独得之道。他把脾肾视作生殖的共同基础;在生理上阐发土能生水,精生于谷之理,并提出"五脏皆受于脾,脾为五脏之本"之说;在病理上论述了"胃为后天之本,不及固病,太过亦病"的诸多病因病机;其调理脾胃,方法众多,独创了温脾燥脾法治消渴,燠土胜水法治腰痛等。李官火认为,从学术思想来追溯陈士铎的学术渊源,可以发现是来自于张介宾。如被张介宾推为"药中四维"的人参、熟地黄、附子、大黄4种药,取张、陈两家之说作一比较，就可发现存在着明显的继承关系。茅晓探讨了王清任的“气虚致中”学说及其临床应用。认为此说从一元论的角度系统深入地阐明了元气是人体生命的根源，脏腑经络、四肢百骸的所有功能活动均有赖于元气。并在中风半身不遂的病机分析及治法方药上具体发挥，如提出了补气活血治疗中风的思路等。侯岁明认为，唐宗海所著《血证论》综合170余种血证，收录治方200余首，治法尤重脾胃，其特点有：论阴阳水火气血、扬治血以脾为主之旨，止血取阳明、泻心即泻胃，生新以除旧、化瘀治在脾，宁心即宁血、降血清胃热，补血先补土、脾旺气血生等。

对近代医家的研讨以张锡纯较为集中。如彭红华认为，张锡纯治疗痢疾主张辨病性、祛病因，察病机、辨病位，分病期、辨虚实，别时域、辨见症，审表里、分上下等，充分体现了其辨证论治的学术思想。韩颖萍等认为，张氏对消渴的治疗特点有倡大气学说、治重升举，治热当清胃、下消固肾，补固相结合、以脏补脏等。张霆等认为，张锡纯用经方有许多独到之处，主要有提倡寒温合病、变通使用经方、应时应地而异等。潘登善认为，张氏在《医学衷中参西录》中，喜用生黄芪入汤剂，且多作主药，其用量与当今法定剂量相近。该书有关黄芪的“生用熟用”说、“发汗止汗”说及“配伍知母”说，颇有特色。其论述黄芪的主要作用有补气升气、补气生血、益气固表、保摄气血、温补肺阳、补气固崩、补气益阴、祛风驱邪、利水消肿等。

（方东行 孟 迁）

【刘禹锡医学思想探析】

李崇忠等认为，刘禹锡（字梦得）不仅是我国唐代杰出的文学家，同时也是我国医学史上一位较有影响的医学爱好者。他一生“笃好医方”。著有《本草经方》以及《传信方》二书。由于历史原因，二书早已散佚，但书中所收方药，大多符合验、便、廉的原则，加之临床疗效卓著，药物易得，颇受广大人民的喜爱，故被明以前的各家方书所收录，因而得以保存下来。该书中之方药引用最多的则是明代王鏊所辑录的《古单方》，其次为《普济方》。杂病部分，引用最多的则是清嘉庆二十二年(1817)由胡廷光编著的《伤科汇纂》一书。关于《本草经方》一书，书中所载的有关药物论述，转载最晚的则是清道光时期(1821)由云南省总督阮元、伊里布等编修的《道光志》即《云南通志稿》一书。《传信方》著于元和十三年(818)，该书共收集50多个方剂。涉及病种13个，医学科目4个。其中内科杂病方药12个，五官科疾病方药32个，外伤科疾病方药4个，预防养生方药5个，其他怪病杂病方药1个。所收方剂从内容上看，多数均为历代医家们所引用过的良验秘方，亦有部分是从民间收集的“民间验方”。这些方剂，有的是刘禹锡已亲自应用实践过，有的是先推荐给其他患者用于临床，尔后再通过仔细观察研究，使之得出预期正确的效果，再进一步下结论。如经别人推荐，自己在实践中总结再推荐的“治伤寒”一方，文中写道：“治伤寒，时气温病，头痛壮热，防风、羌活，川芎、陈皮各等分，胡桃肉六个。上药同煎，将起，加葱头七个，临卧服即愈。曾试果验。”刘禹锡引用古人的方剂较为普遍，他将确实可信、疗效突出、简便易行的方药推荐给患者，尔后再总结升华。如在“治咽中如有炙肉脔”一方时，引用方剂即是张仲景《金匮要略》一书之方。《金匮要略》妇人杂病脉症并治第十二条谓：“妇人咽中如有炙脔，半夏厚朴汤主之。”《赤水玄珠》谓：本症“多由肝郁气滞，痰凝咽部，痰气互结所致。”此症同时兼见胸腔痞闷，气郁不畅，呃逆恶心。多见于癔病，慢性咽炎等病。临床治疗时，主以理气化痰，舒肝散郁为主，由此也可窥见刘禹锡对该方理解与研究之透彻，选方用药也恰到好处。另外，在眼科疾病类的方剂中，刘禹锡曾引用古代《龙木论》一书的方剂，之后又被整理此书的晚辈保光道人所引用，同时收录在保光道人整理的《眼科龙木论》一书中。云：“眼泪（目）痒、或生翳、或赤脉并皆治。”肯定了该方引用的正确性以及临床效果。引方用“宣洲黄连捣筛末，蕤核仁去皮，研为膏，等分和合，取无虫疾干枣三收，割头少许”留之，去核壳，以二物满填于中，去将割下枣头，依前合定，以少绵裹之，以薄为佳，大茶碗量水半碗于银器内，用文武火煎取一鸡子大，以绵滤，待冷点眼，前后试数人皆验。今医家用之多得效，故附之，不失，有验。可见这是刘禹锡通过自己的实践，医家们证实有效而推荐的又一张效方。关于《本草经方》一书，由于唐代前后曾多次组织编修了《新修本草》，刘禹锡亦参加了编修，故明显的条文难以分辨。较有代表性的论辨识“燕麦、蔓菁”二条，被明《永乐大典》医药部分所收载。综观全书，该方书所收方剂中，眼科方药占全书之首，共计方药32个。刘禹锡注重收集有关方药，这大概是古往今来，读书人眼病较多以及穷乡僻壤之无眼医之故。这些方剂，为进一步研究我国古代医药学的发展与普及，特别是分析眼科疾病的发病原因，提供了较为丰富的资料。

（文　耘）

【李杲阴火理论研究】

潘国凤解释李杲的阴火论：①“阴火”属内伤虚火。潘氏援引张年顺统计李氏主要著作(《脾胃论》、《内外伤辨惑论》、《兰室秘藏》、《医学发明》)中使用“阴火”一词共43处，明确指“阴火”为心火者2处，肾火者5处，脾火者3处，胃火者1处，肝火者1处，肺火者1处，经脉之火者6处，五志化火者2处，为实者1处，为虚者6处，无法以脏腑、经络虚实类分可确定为内伤之火者15处。由是可见李杲之“阴火”属内伤之火是毋庸置疑的。李杲阴火证之主方补中益气汤亦为补虚之方。②“阴火”是气虚、血虚、阴虚、阳虚(相兼或单独)有火，以气虚有火和气血虚有火居多。

王宁认为：①阴火本于脾胃元气不足而产生，系由饮食不节、劳倦过度、七情郁结、起居不慎等病因，先令脾胃元气大伤而产生。②心火与相火在正常情况下为生理之火，但在某一特定条件下(脾胃气衰)可妄动而产生阴火。《内外伤辨惑论》：“既脾胃气衰，元气不足，而心火独盛，心火者，阴火也，起于下焦，其系于心，心不主令，相火代之。相火，下焦包络之火，元气之贼也。”说明阴火之生必由两个条件，先由脾胃内伤，再由心(相)之火妄动。③阴火可内乘脏腑，外入肢体、经络，临床表现复杂多变，其临床辨证可概括为“标热正虚”证。标热可见多脏腑、器官、肢体、经络之火热证，本虚即为脾胃元气之虚。④阴火可用甘温除热法清之，甘寒、苦寒之品可内伤脾胃，乃为所禁，“惟当以辛甘温之剂，补其中而升其阳”。⑤阴阳之火，常相兼为病，临床表现为虚实夹杂。李杲笔下之阴火亦有二义，一为单纯之阴火，二为由阴火产生阳火——阴阳夹杂之火。

张奇等认为探究李杲的“阴火论”，首先必须明白“中焦如枢”为脾胃之生理特点，即中焦(脾胃)为脏腑联系的枢纽，能沟通上下的气机，是机体能处于协调的动态平衡状态而维系有序的生命活动的前提。在此前提下，张氏认为中焦失衡为“阴火”发生之根本。中焦不能“如枢”则“上焦不行，下脘不通”。“上焦不行”则心肺之阳不能下降而郁积于胸中，而见气高而喘；心神被扰而见心烦不宁；郁火循经上冲而见头面有烧燎感、头痛；肺主卫，肺气失降，卫阳被遏故身热、见寒。“下脘不通”则肝肾之阴不能上升，清气在下故生飧泻；下焦阴盛格阳，“相火”因生，与上焦之郁火同气相求，共化为蚀气之壮火。气损故见怠惰少神而嗜卧、四肢不收等症。总之，因为中焦不能“如枢”，则下焦离经之“相火”与上焦阳郁之火即相互媾结，“阴火”遂因之而发生。

关红孝等认为：①阴火乃气火的对立统一。李氏之“阴火”乃脾胃内伤后一个病理演变过程(动态的)，即元气与阴火(邪火)的对立统一，其病机关键乃气火共济失调。②阴火乃相火之变。李杲论相火包括常与变两方面。言其常，即命门相火，为真阳之火；言其变，实为邪火(壮火)，属阴火范畴。从用药上分析，李氏用黄芩、黄连、黄柏泻火，羌活、防风、柴胡、葛根等散火胜湿，不难看出，李氏泻“阴火”实乃泻邪火(相火之变)。因阴火产生于下焦，故李氏又称之为相火、包络之火。肾经相火上通于心，包络之火为冲任所起，下焦督脉与膀胱经相辅上行，下焦阴火炽盛，影响上述诸经，就能通于诸经逆而上冲。

（姜　枫　蔡永敏）

【张介宾用药特点探析】

贾芸等通过对张介宾《新方八阵·寒阵》的研究，认为张氏治疗热证，除了用苦寒清实火、甘寒甘平退虚火外，还擅长用通利小便以引热下行、泻热外出。经过对《寒阵》20首新方的统计发现其利水渗湿药所用数量(19.1%)比补血药(11.5%)和补阴药(6.1%)之和还要多，说明其在《寒阵》中注重利水药的运用较补血补阴药为甚。在利水药中重视木通的应用，寒阵20首新方中有5首以木通为主药，但不限于治淋证，《寒阵》中木通用6次，除大分清饮治小便不利外，余方如抽薪饮、清膈煎、安胃饮、太清饮、服蛮煎均未将小便不利列为主证。这与张氏认为：“木通，味苦，气寒，沉也，降也。能利九窍，通关节；消浮肿，清火退热”有关。吴小明分析张介宾药论特色，归纳有四：①探析药性的阴阳与五味。《传忠录》：“用药之道无他，惟在精其气味，识其阴阳。”“升散者为阳，敛降者为阴，辛热者为阳，苦寒者为阴，行气者为阳，行血者为阴”。而且药性中“阴中有阳”、“阳中有阴”，如芍药、天门冬为阴药，麻黄、川芎为阳药，丹参、威灵仙为阴中阳药，麦门冬、半夏、天南星为阳中阴药。于五味理论，张氏认为苦味药作用很广，首先应与阴阳结合而论，故有“苦之阳”与“苦之阴”之不同，其用有六：“苦发，苦燥，苦温，苦坚，苦泄，苦下”(《传忠录·辨河间》)，如麻黄、白芷、柴胡、升麻为苦发；木香、白术、苍术为苦燥；附子、干姜、肉桂、人参为苦温；诃子、五味子、续断为苦坚；黄连、栀子、龙胆草为苦泄；大黄、芒硝为苦下。从而发展了苦味燥湿的理论。② 详论药性之刚柔与归经。《传忠录》：“气味之刚柔，柔者纯而缓，刚者躁而急，纯者可和，躁者可劫”，“非刚不足以去暴，非柔不足以济刚”。用药当刚柔相济。于归经理论，《新方八略》谓：“咸谓黄连清心，黄芩清肺，石斛、芍药清脾，龙胆草清肝，黄柏清肾，今之用者，多守此法，是亦胶柱法也。大凡寒凉之药皆能泻火，岂有凉此不凉彼者。”提示后学不可拘泥。又曰：“但当分其轻清重浊性力微甚”，告之医者不可局限于一经一腑，应当将归经与药物轻重厚薄性能相结合。③ 辨析药性之轻重缓急。《新方八略》曰：“用散之法，当知性力缓急及气味寒温之辨。”具体到药物：麻黄、桂枝峻散者也；防风、荆芥、紫苏平散者也；细辛、白芷、生姜温散者也；柴胡、干葛、薄荷凉散者也；羌活、苍术能走经去湿而散者也；升麻、川芎能举陷上行而散者也。张氏喻人参、熟地黄为“治世之良相”，附子、大黄为“乱世之良将”，且谓“兵不可久用，故良将用于暂乱，不可妄治，故良相不可或缺”(《本草正·附子》)。认为笃病莫救非良将良相不可为。④ 强调填精血与药物炮制。《治形论》指出：“凡欲治病者，必以形体为主；欲治形者，必以精血之先”，强调治形务必先治精血的原则，对阴精不足或阳气虚损者均以填补真阴、滋养精血为主，尤善用熟地黄。《本草正》所载很多药物条下均附炮制一项，体现了其重视药物炮制的用药特点。张霆认为张介宾善于重用熟地黄、人参是补虚治形学说之绪。熟地黄能救阴补精血，一切精血亏虚之证皆可用，人参伍熟地黄是扶阳滋阴的理想配伍，可治阴阳气血亏虚之证，正虚之瘟疫患者用之可收补中托里之效。其学说历史背景有二：一是介宾驳丹溪阳常有余，倡“天之大宝，只此一丸红日；人之大宝，只此一息真阳”的温补观点；二是受薛立斋影响，且所诊疗接触的官宦豪门患者多属阳虚之故。

(蔡永敏　姜　枫)

【傅山论治妇科疾病的特色】

朱惠云阐述了傅山论治妇科疾病的特色：① 强调“肾”在妇科中的重要作用，喜用熟地黄、山茱萸、巴戟天等补肾之品。② 重视“脾”在经、带、胎、产、乳疾病中的作用，其众多验方中，大多使用了人参、黄芪、白术、茯苓、陈皮等健脾益气之品。③ 重视“肝”在经、带、胎、产、乳疾病中的作用，采用疏肝、养肝、柔肝之法，在其处方中常选用当归、白芍药、柴胡、香附等药。④ 肾肝脾三脏同治，重补心肾之火，以火暖土，强调肾肝脾三脏的脏腑功能失调是导致经、带、胎、产、乳诸疾的主要原因，治疗上宜三脏同治，傅氏自拟的“完带汤”、“援土固胎汤”是为代表方。

何任认为，傅山在妇科上的成就有：① 重视带脉，创制效方，方用完带汤。② 探讨血崩成因和病机，治重固本补气，方如固本止崩汤。③ 经调则无病，不调则百病丛生，立方温经摄血汤、定经汤。其学术思想上承《灵枢》、《素问》，旁涉诸家，尤受金元四家及张景岳学术思想影响较深，辨证宗肝脾肾立论，治疗重精气血同补，用药纯正平和。

郑锦分析了傅山治病的思路：① 善于辨证论治。如带下篇先以“夫带下俱是湿证”概括其成因，后据带下性质、临床表现，进一步分为白带下、青带下、黄带下、黑带下、赤带下，指导处方用药，高度概括而不囿古。② 治疗扶正求本。在辨证基础上，注重妇人生理病理，从肝脾肾三脏入手，扶正祛邪。③ 一方为主，常中有变。如傅山治疗产后病，以生化汤为主；新产后有寒热，稍佐发散之药；产后脾虚停食身热，加扶脾消食之品；产后大便干燥，加肉苁蓉；产后妄言妄见，用安神生化汤；产后伤食，用健脾消食生化汤等等。④ 调经之法，注重疏肝。傅氏认为月经先后无定期为肝肾之郁所致，而经水出于肾，又调之于肝，肝气郁或通或闭，故月经断续，其本在肝，投疏肝解郁之剂，使肝气畅、精气旺、气血通则经自调。

朱玲等探究了傅山有关安胎证治特色：① 安胎之要，气血为本。其所创的治疗妊娠病的12首方剂中除润燥安胎汤以养阴血药组方外，其余11首方剂或以益气养血的药为主组方，或辅以补气补血之品于方中，均强调补益中气、补益阴血的重要性，补气善用人参、白术，养血喜用当归、熟地黄。② 固胎之旨，培脾补肾。创安奠二天汤、援土固胎汤，均重用人参、白术、山药补脾，以杜仲、枸杞等补肾。③ 养胎之法，调畅情志。十分强调孕期调摄精神的重要性。

黄小巧探讨了傅山治崩漏的特点：① 不止涩，寓补于涩。傅氏合塞流、澄源、固本三法为一体，以气血为本，寓补于涩，求因固本同为一法，随证加减，见效迅速，大大缩短了治疗时间。② 不止补血，更重补气。在固本止崩汤中，傅氏以熟地黄、当归、人参、白术、黄芪等重补气血，并释之曰："方妙在不只止血而惟补血，又不止补血而更补气"。③ 用药得当，轻重分明。重补血以附气，补气以摄血，非量重不足以镇之、收之，故常以大剂熟地黄、黄芪等填精补气。④灵活应用，加减自如。在补气补血同时，傅氏对妇人心志易动、情不能自已者加远志、五味子，宁心安神；枣皮、杜仲补肾填精而成固气汤；交感出血者则加车前子、黄柏、茯苓平相火清利下焦湿热；荆芥穗引败血而成引精止血汤。

（蔡永敏　姜　枫）

[附] 参考文献

D

丁春. 论宋代福建中医药发展的特色. 福建中医学院学报，2002;(1)：50

G

关红孝，王道坤. 李东垣阴火之我见. 甘肃中医学院学报，2002;(1)：7

H

韩颖萍，周世印. 张锡纯治疗消渴经验初探. 浙江中医杂志，2002;(10)：417

何任.《傅青主女科》成就说略. 浙江中医学院学报，2002;(3)：16

何云锋，何云长. 对张子和下法的探讨. 中国中医基础医学杂志，2002;(8)：77

侯岁明.《血证论》治脾胃学术思想述要. 河北中医，2002;(1)：54

黄定良. 叶天士用药润燥刍议. 中国民间疗法，2002;(3)：7

黄小巧.《傅青主女科》治崩漏探讨. 贵阳中医学院学报，2002;(2)：37

J

贾芸，许红峰. 张景岳用木通利小便泻热法探析. 新疆中医药，2002;(3)：48

贾红娥，赵晓华. 浅述钱乙脾主困思想及其临床运用. 新疆中医药，2002;(2)：6

L

蓝正字. 李时珍对妇产科学的贡献. 中医药学报，2002;(5)：52

李崇忠，李静. 刘禹锡与《传信方》历史探源. 中医文献杂志，2002;(2)：31

李官火. 从药中四维看陈士铎的学术渊源. 浙江中医杂志，2002;(3)：93

李孝刚. 医具哲之理，复为哲所用——从朱丹溪医学与方以智哲学谈起. 上海中医药杂志，2002;(5)：36

林慧光，芮立新. 陈修园对脾胃学说的实践与发挥. 中国医药学报，2002;(8)：458

林慧光. 王肯堂对优生优育的贡献. 福建中医学院学报，2002;(3)：48

M

茅晓. 王清任气虚致中学说及其临床应用. 山西中医，2002;(1)：38

茅晓. 朱丹溪甘温助脾学术经验及其后续影响. 中国医药学报，2002;(8)：461

孟繁洁，王秀莲. 刘完素开郁法之探讨. 浙江中医杂志，2002;(9)：372

P

潘登善. 张锡纯应用黄芪经验探要. 辽宁中医杂志，2002;(2)：77

潘国风. 再释东垣之"阴火". 浙江中医学院学报，2002;(4)：11

彭红华. 张锡纯辨证论治痢疾刍议. 浙江中医学院学报，2002;(4)：8

W

汪碧涛. 孙思邈养生保健思想谈. 中国民间疗法，2002;(5)：58

王付. 对张仲景气的研究与应用探讨. 中医杂志，2002;(3)：226

王宁. 李东垣阴火论浅析. 江西中医药，2002;(5)：8

王建康. 仲景妙用水诊临证运用特色. 中医药学刊，2002;(5)：663

王玉凤. 论王好古对阴证学说的贡献. 福建中医学院学报，2002;(1)：53

吴小明. 张景岳药论的特色. 安徽中医临床杂志，2002;(2)：148

武肇玲，周铭心. 仲景方剂用药及组配规律的研究进

展. 新疆中医药,2002;(1):56

Y

杨宏宝,张炳填. 张仲景慎药防弊学术思想探微. 新中医,2002;(8):5

杨晓冰. 清代名医徐大椿的治学方法与学术特点. 黑龙江中医药,2002;(1):6

于泳,王戈,吴深涛. 从《理虚元鉴》探析亚健康状态. 中国中医药信息杂志,2002;(8):28

Z

张奇,丁建国. 李东垣"阴火论"探微. 内蒙古中医药,2002;(5):30

张霆,戴锡孟,黄文政. 张锡纯用经方之我见. 四川中医,2002;(10):7

张霆. 张景岳重用人参、熟地黄之我见. 山东中医药大学学报,2002;(4):260

张润平,路振平. 仲景在诊断上的科学预见. 湖南中医药导报,2002;(9):514

章恪. 仲景学说的精神实质摄要. 中医药学刊,2002;(5):661

郑锦. 温故纳新,知常达变——《傅青主女科》读后. 辽宁中医学院学报,2002;(2):93

朱玲,罗颂平. 傅青主安胎学术思想探微. 中医药学刊,2002;(4):457

朱惠云. 浅述傅青主论治妇科疾病的特色. 贵阳中医学院学报, 2002;(1):6

(三) 医 药 史

【概述】

2002年全年发表的论文在300篇左右，从许多文章中，都可以深切体味到学者们探索的热情，在医学与文化，流派论争，医学人物考证等方面都进行了深入的研究，现摘要分述如下：

1. 医学与文化

孟庆云撰文探讨了宋明理学对中医学理论的影响，指出宋明理学的学风和思潮，开启了当时医家们的创新精神，引起了他们对医学理论研究的重视，强化了辨证论治的发展道路。理学的有关内容，太极、气化、体用、先天后天等也被吸收为医学理论的要素，但理学对中医学的发展也产生了负面的影响。袁冰、石东平论述了中庸思想对中医方剂学的影响，通过对方剂名称、治则治法、制方原则、具体用药、药物剂量、煎服方法的研究，指出儒家中庸思想已深入方剂学的各个方面。文仕通医是医学史上引人注目的观象，黄之蓉等撰文详细分析了主要原因，认为文仕通医现象是文仕博士多才和受传统文化熏陶的必然结果。林琳探讨了古代官制文化对《内经》运气学说的影响。

2. 流派论争

朱锦善分析了儿科寒温两派学术争鸣的源流与影响。儿科寒温两派的学术争鸣，源于宋代钱乙和陈文中对麻痘疾病的治疗主张，钱氏主寒凉，陈氏主温补。金元后，历代医家对钱、陈的寒温治法进行了不断的修正和补充，并引发了学术争鸣，从麻痘扩展到儿科其他疾病领域，推动了中医儿科学术的不断发展。

3. 医学人物

干祖望认为张子和受印度医学影响极深，并把他的“三法”与印度医学相比较，指出张子和已不是传统中医一脉中人，而是效法印度吠陀医学的医生。他投身吠陀，创立新派，是对中医的发挥和弘扬，功不可没。陆士鄂，精于医术，在近代中医界颇有影响，田若虹对陆氏的医著、医文等进行了详考。胡本祥等撰文对黄以周《内经》研究方面建树不少。黄宗羲是旷世名儒，在医学方面亦有很高的造诣，杨小明通过对黄氏关于张介宾、赵献可、高鼓峰的评传的研究，讨论了黄氏对温补学说的看法。

4. 疗法源流

茅晓对通络法历史沿革进行了分析，认为其肇端在秦汉，理论渊源在《内经》、《难经》、《伤寒论》，嬗变则在晋唐至明，此期虽未在理论和临床上有深度推进，但关于治血法的研究和实践已很受重视，其基本成型则以叶天士的络病理论为标志。张玉珍、赵颖对中医安胎法的沿革加以梳理。包来发认为药粥疗法奠基于秦汉，发展于晋唐，兴盛于宋元明，成熟于晚清。

5. 医学事件

针灸自古为临床常用的治疗方法，亦被皇室采用，然而清道光皇帝却于继位后第二年(1822年)突然颁旨永禁针灸于太医院，个中原因颇费思量。马堪温通过考证清廷有关历史文献资料，认为道光此举最有可能是因当时朝廷危机四伏，为保自身安全而采取的。“神农尝百草，一日而遇七十毒”是医史中经常提到的一个上古记述，又常被理解为半神话式的传说，但郝保华等认为，其历史背景是事实和朴素的，“日”和“七十”有特定的含义，上古一“日”并不是现今的一天，而是三十六天，至于“七十”则是指“七十二”，与日干有关，是古时作为常数的习惯用语。“一日而遇七十毒”，表达了深厚的历史文化内涵，其意应为“在几十天不长的一段时间内，就中过多次毒”。

6. 方药史

朱建平对通关散的方源进行了考辨。周祯祥等则讨论了细辛用量之争的渊源和沿革。关于“十剂”的最早出处，现仍有模糊认识，吕本强等“十剂”原始考一文有助于此问题的明朗化。

(傅　芳　陈东枢)

【宋明理学对中医学理论的影响】

宋明理学的学风和思潮，开启了当时医家们

的创新精神和对医学理论研究的重视，强化了辨证论治的发展道路。为此，孟庆云撰文加以论述。

1. 宋明理学的学风与金元医家的创新精神

宋初在太祖赵匡胤“佑文”政策下，学术氛围宽松，大破汉唐传注，又从舍传求经到疑经改经，由是蕴发了创新活力。如刘敞作《七经小传》首开疑经之风，继后欧阳修著《易童子问》，首次提出《系辞》非孔子所作，对河图、洛书持否定态度等。此意识也渐藉于医学，如金元四家都反对“集前人已效之方，应今人无限之病”，均以王冰在次注《素问》时补入“七篇大论”中的某些论述为基始，创立自家新理论。金元四家的魁首刘完素，以五运中的“火”立论，据以阐发亢害承制与病机十九条，提出著名的火热论。可见宋明理学启发了金元医家敢于自立门户的创新意识。但是，宋明理学的“正统”观念，也影响着医学家。宋明理学进一步强化“正统”观念，号称踵事春秋的《通鉴纲目》把客观历史伦理化，把历史人物神圣化。在《伤寒论》受到重视的同时，张仲景先后被称为仲师和医圣，这又导致对《伤寒论》的真伪之辨。

2. 宋明理学与《伤寒论》的学派之争

儒学的辨疑之风和正统观念还掀起了《伤寒论》研究的学派之争。医分门户突破了定仲景于一尊的观念，学者们对《伤寒论》也敢辨疑质难。诸如庞安时著《伤寒总病论》，王实编《伤寒证治》，朱肱著《伤寒百问》、《南阳活人书》等，敢于发挥，甚至补亡，以至发展到对《伤寒论》原文也敢怀疑否定。元代朱丹溪怀疑《伤寒论》有错简，此之后元末明初的王履对《伤寒论》原书即有脱文之疑。明初硕儒宋濂也指出所见《伤寒论》并非全书，嗣后程德斋也有不铃之论。其后方有执进扬其说，在所著《伤寒论条辨》中始发错简之论。针对王肯堂等强调《伤寒论》章节“神龙出没，首尾相应”，不可改动，便攻矛直指王叔和、成无已、方有执和清代的喻嘉言、张璐、吴仪洛等人，形成了重订错简派；又吸取了孙思邈、许叔微的有关论点，把风伤卫、寒伤营、风寒两伤营卫定为伤寒论的基本精神，创立了三纲学说。从错简论到三纲学说，方有执、喻嘉言等人，无非是以尊仲景为缘由，从敢于怀疑错简开始，以创立新学说为目标，这也堪称是一大进步。对《伤寒论》的质疑还带来了一种新的思绪，即认识到治外感并非全循仲景之法，如系温热之为病，当以清解里热为主，此系温病理论之先声。清代叶天士在此基础上又汲取三纲之论，确立了温病学派。

3. 宋明理学开启的命门学说、气化论、体用说和先后天理论

明代医学家以命门为人身太极，创立了多种命门学说，其思想原旨是宋儒以太极“究天人合一之原”。宋代周敦颐著《太极图说》以后，太极之论大行于世，并有多种样式的五层太极图和阴阳鱼太极图流传。至明代以后，太极概念在医学中泛用，其中最有实践意义而又扩展了中医学理论体系框架的，就是援用太极论说命门的命门学说。如赵献可说：“命门即在两肾各一寸五分之间”，创肾间命门学说；张介宾说“命门具两肾之中”，创水火命门学说；孙一奎说命门“惟具此太极之理，则日用动静之间”，创动气命门学说。此外尚有李梴以脾胃为人身之太极，虽非命门学说，但也设立了一个高于五脏的机制。命门学说提出了一个超越五脏的中枢，是对《内经》藏象理论的发展，又为开拓新的治法、研制新方剂提供理论依据，如大温中饮、右归饮等。命门学说成为薛立斋、赵献可、张介宾、李士材等确立温补学派的中坚。

气论的发展，从战国时期稷下学派的精气论、两汉隋唐的元气本体论，发展到宋代张载的气一元论。张载提出“太虚即气”的气一元论，彻底否定了道家“有生于无”和佛教“以天地万物为幻化”之论，肯定了世界物质的统一性。他的一物两体学说，把事物运动变化的原因归结为事物内部的一与两，是即对立又统一的关系，朱熹以此为基点，建立了哲学的理气论和气化学说，这也推动了中医气化理论的发展和完善，而气化论发展了中医学的有机人体观，成为中医学卓有特色的理论之一。

宋明理学家还开拓了体用和先天后天之辨。汉代经学与魏晋玄学均讲体用，但体用之学到宋代才臻为成熟。明代以后医学家以体用说明形质与功能的关系，如李时珍用以释药性与功能主治的关系，张介宾、叶天士以体用论脏腑特征，汪昂以体用论制方。先天后天之论为邵雍象数学的重要内容，以伏羲八卦为先天八卦，文王八卦为后天八卦。明以后医学家在讨论脏腑功效时，以肝肾为人体先天，以脾胃为人体后天，并形成赵献可、孙一奎、张景岳重先天的一派和薛立斋、李士材等重后天的一派，两派均用温补，合为温补学派。

总之，宋明理学为中医学理论的发展提供了许多新概念和有价值的理论要素，以其重视理论，促进了宋以后医学理论的发展。但是宋儒求正统和夸诞治经之风，也曾染指医家注述经典，诠释医籍常有失精确之处。

（吴鸿洲）

【早期针刺器具探源】

郝保华等对我国古代早期针刺器具的发展情况加以整理。

1. 砭石——最早的一种针刺工具

针灸疗法历史悠久，据文献记载及出土文物的考证，一般把针灸术的起始定在新石器时代，但其端绪可追溯到距今数万年前的旧石器时代。其时砭石（有锋尖）或镵石（有刃口），就作为后世针刀的前身已经出现了。当然，种类较多、比较精细的石器只有在新石器时期，乃至以后方才出现。

2. 早期金属针具特征与石针一脉相承

考古发现的砭石呈各种形状，有剑形、刀形、针形等，多数出自新石器到春秋战国时期。后世出现的金属针其形状特征往往与砭石针有着许多共同之处。如张厚墉等于1978年在内蒙古达拉特旗树林召公社从一批古铜器中发现的一枚青铜砭针，其形状、大小等酷似1963年在内蒙多伦旗头道洼新石器时代遗址中出土的一根磨制石针。另有河北满城汉墓出土的金针，亦与此枚石针具有共同的方柄特征。

3. 早期针刺器具及针刺术俱是正负经验的积累

在殷墟大司空村一座商墓的人骨架背下，发现有两件骨锥，呈八字形放置，针尖对人体，其中一件深刺及人胸椎骨，骨锥刺破肌肤而深扎入体内，似属于针刺治疗失败致死的病例。《盐铁论·轻重》曾云："拙医不知脉理之腠，血气之分，妄刺而无益于疾，伤肌肤而已矣。"技艺低劣加之器具粗放，往往会使人们付出惨重代价。在长期的医疗实践中，人们逐渐摸索掌握了一些正确的知识和针刺方法。

4. 早期的针刺器具多种多样

据出土文物资料显示，原始针具较多以石、玉、牙、骨、竹等材料制成，直至铜器使用广泛的商代，还在较普遍地使用石砭针类器具。因金属具有良好的加工使用性能，随着它的广泛使用，便出现了铜、金所制的针具。

5. 特殊的原始针具——觜

在先民们探索、试制、发展针具的过程中，也使用过一种现在人们较少了解的东西——觜。觜，是指一些禽类的尖利的喙，它坚硬、锐利、易加工、不易崩裂，性能在一定意义上超过燧石类材料。《广雅·释器》中记述到："石针谓之觜。"由于鸟喙不易保存下来，故和竹针一样，难以见到实物，不过通过这个事实，可以更深入地理解在远古时期先民为何把医术高明的医生扁鹊绘画成一个人首尖喙鸟身，手持尖锐针具的模样。名医秦越人被崇拜鸟图腾的东夷地区的人们冠以"扁鹊"神医的名号，是在情理之中的。

（陈东枢）

【"十剂"原始考】

十剂，即宣、通、补、泻、轻、重、涩、滑、燥、湿，是中医药学中药性理论的基本内容之一。关于"十剂"的最早出处，历代医家曾有误解，甚至在1995年上海科学技术出版社出版的高等教育中医药类规划教材《中药学》与《方剂学》中，有出于陈藏器《本草拾遗》和徐之才《药对》的大相径庭的提法，存在着明显的矛盾。吕本强等对"十剂"的沿革作了分析，对其原始加以考证。

1. "十剂"名称的由来

在现存本草文献中，"十剂"内容最早见于宋代唐慎微的《证类本草》，原文转录自《嘉祐本草》序录。在其"臣禹锡等谨按徐之才《药对》、孙思邈《千金方》、陈藏器《本草拾遗》序例如后"标题下有四部分内容，第三部分为"十剂"，记载"诸药有宣、通、补、泻、轻、重、涩、滑、燥、湿，此十种者是药之大体。"可见在嘉祐年代，"十剂"还未作一专有名词出现，仅是"十种"而已。至《圣济经》，十种之后各添一"剂"字，始有"十剂"之说，"十剂"之名由此而生。

2. "十剂"出自梁代陶隐居

宋代寇宗奭等认为"十剂"出自梁代陶隐居之作。寇氏在《本草衍义》序例中称："陶隐居云，药有宣、通、补、泄、轻、重、涩、滑、燥、湿。"由现存文献记载可知,“十剂”之名形成于《圣济经》之后,其相关内容在《名医别录》、《本草经集注》中未见记载,可以说“十剂”出自陶隐居之作这一提法是没有可靠证据的。

3. “十剂”出自北齐徐之才

明代李时珍认为出自北齐徐之才《药对》,《证类本草》在转录“十剂”等内容时,没有详细注明各部分之出处,李时珍在修《本草纲目》时注意到这一点,并略加考证,认定“十剂”出自北齐徐之才。由于李时珍对中医药的巨大贡献和《本草纲目》在中医学史上的权威地位,其后很少有医家对此提出质疑,皆认为出自徐之才。

4. “十剂”出自陈藏器的《本草拾遗》

丹波元坚认为出自唐代陈藏器的《本草拾遗》。在总结各家之说,细加考证之后,丹波元坚在《药治通义》“功用大体”一节对《证类本草》中“十剂”等内容作了详细讨论,认为“其首节,《千金方》论处方,引《药对》;第二节至第九节,即《千金方》,仍知第十节,说药之大体,第十一节论五方之气,即陈氏所言,无可复疑”。按丹波氏推理,《证类本草》中“十剂”等内容的转录之文依次引用《药对》、《千金方》和《本草拾遗》,这与“臣禹锡等谨按徐之才《药对》、孙思邈《千金方》、陈藏器《本草拾遗》序列如后”标记之文的排列顺序一致。可见,丹波元坚的推理最为可信。

其实,“十剂”最早出自《本草拾遗》已在凌一揆主编的《中药学》中得到肯定,重提的目的是为澄清此问题,不再以讹传讹,造成错误。

(陈东枢)

【宋金元时期医案发展的成就与特点】

宋金元时期的医家著作中以方、论、药后附医案资料的模式相当普遍,医家自觉积累和利用医案作为论说佐证,宣传各自的学术主张,并且出现了第一部医案专著《伤寒九十论》,这些都标志着医案逐渐走向成熟,为医案在明代成为一门专门学问奠定了基础。

陶御风撰文指出,两宋时期医学教育发展迅速,尤其注重学生实际诊疗能力的培养。不仅已将医案分析列入考核范围,并且要求学生每治一病皆须记录诊疗经过和所施方药,待到年底,依据留下的医案中反映出的实际治病水平,来决定医学生能否升级或毕业。这种教育方式和制度,极大促进了医案的普及与提高。而方、论、药后附案的格局,在宋代逐渐固定成型,为后世医家所效仿,流传至今。宋代钱乙、许叔微两家的医案,现存的就近 200 例。如《小儿药证直诀》,中卷保存有 23 则钱乙医案,先阐述病症,后论述证治方药,属方论附案的一种新形式,也成为专科辑案的先声。又如《普济本事方》中,不少方剂后都附有亲验的医案。在卷二论及惊气丸时,许氏先后附上 3 则医案,证明惊气丸疗效确凿,经得起反复验证。首部医案专著《伤寒九十论》的出现,在医案学发展史上具有重要地位。《伤寒九十论》,是许叔微治疗伤寒的医案集,以医案作为单位编序,共分 90 论。每论首记病例和治疗过程,然后以《内经》、《难经》、《伤寒论》等典籍为依据,并结合个人见解加以剖析,阐发病机和处方用药的心得,从而扩大了《伤寒论》方的临床运用范围,使仲景的辨证论治精神得到了进一步弘扬,同时也反映了许氏研究《伤寒论》的深厚根底和尊师不泥古的施治特点。该书在临床实践中发挥了《伤寒论》的精髓,称得上历代医案中的佳作。

金元时期,学派争鸣,以刘完素、张子和、李东垣、朱丹溪为代表的四大家,竟相著书立说,大大推动中医学理论的发展。他们注重对临床医案的积累和利用,作为论说佐证,以宣扬各自的学术主张,形成金元时期医案发展的一个显著特点。如《儒门事亲》中,留下了张子和大量医案,主要集中在《六形三疗》篇中,约有 100 多种病症的验案 150 余例,可谓医案之专卷。治法上多取汗、吐、下三法,或单用,或并用,均获得满意疗效。又如丹溪医案,散见在其医著及其门人整理的《丹溪心法》中,《名医类案》、《古今医案按》中亦有收载,约有 100 余则。在提出“病邪虽实胃气伤者勿使攻击论”时,丹溪就举出 3 则具体医案作为佐证,使读者对其论点有了深刻的印象,对准确理解丹溪的学术思想,获益匪浅。

(杨奕望)

【西北地区出土的秦汉以前医药文化资源】

中国医药学在数千年不断发展、创新、记录中,流传下来特别丰富的医药文化资源,它们均以医药文献及医药器物等形式有所反映。马继兴撰文对出土的秦汉以前医药文化资源进行了研究。

1. 甘肃省敦煌县与新疆省蒲昌海地区

1901～1910 年间,英国探险者斯坦因第二次中亚考察时,曾在我国甘肃省敦煌与其西北部的疏勒河流域以及新疆省的蒲昌海(即今罗布泊东北部的罗布泊湖)地区先后发掘出土了很多汉代的木简残存文书。这些汉代木简残存文书均出自当时驻守边疆军队人员之手,记录着有关驻军官兵的疾病、死伤、治病的药方以及军队所驯养的马、牛所患疾病的文字资料。

在敦煌以北地区发现的汉简中所记载的医疗方剂共有9枚,其中有6枚汉简是治疗疾病的处方,有一首是保存文字较完整的医方,其主治病症及所用的药物配伍均未见于传世的古医书中。内容为:"治久欬逆,胸痹,心腹久积,伤寒方:人参、紫菀(原作'茈宛')、菖(原作'昌')蒲、细辛、薑、桂、蜀椒各一分。乌喙十分。皆合,以……"

与木简同时出土的还有2件与医药有关的器物,一件是宽65 cm、高120 cm的木板。板的上方呈半圆形,下方呈长方形。在板的正面与背面均记有"折伤簿"(原作"薄")字样。从"折伤"二字之义来看,此物应当是记录军队士卒疾病伤残编联简册,具有护封性质。另一件器物是个长方形的木板,正面记以"显明队药函"五字。这种"药函"的木板应相当于后世存放药物容器的外盖。

在敦煌附近地区发现的汉简中还可见到某些记录在当地戍边士卒疾病死伤的残简,或是属于个别信札中问候疾病的内容。在敦煌地区发现的汉简中有6枚是治疗马病和牛病的兽医处方。治疗牛病的医方是:"……治药,以和膏,炊令沸。涂牛令,良。"这是一首治疗牛病方最后的制药及用药法部分。此方是用研磨配置并经加热处理后的药膏外敷病牛的颈项处。

在新疆蒲昌海地区发现的医方汉简只有4枚,虽文字残缺过甚,而能见到个别药名、药量或方名。即:"……承前,桔梗八两……","……前,茱萸五升,称得……","……藜(原作'犂')芦(原作'卢')四两……","……发寒散五合……"。

2. 甘肃省居延海地区的第一次发现

1930~1931年间,中国和瑞典组成的西北科学考察团在甘肃省延海地区(张掖郡居延和肩水两都尉遗址)挖掘出上万枚的汉简,均是西汉初期驻守在居延边塞地区的烽燧人员所记录书写的各种有关文书。

治疗疾病的医方,共6支残简,在这6支残简中文字较完整的只有以下一首医方,原文是:"伤寒四物(汤):乌喙十分,细辛六分,术十分,桂四分。以温汤饮一刀圭(刲),日三,夜再,行解,不出汗。"此方应属治疗伤寒之方。

记载疾病、死伤的汉简,其性质、内容与在敦煌地区发现的同类汉简类似,是记录有关当地驻防烽燧官兵患病与伤亡情况的档案。从中可以看到患病士卒的姓名或有关症状、简要的医治处理情况以及日期等。

记载医疗器物与针灸法的汉简,如:"饮药二十剂(原作"斋")"。其次,有丸剂,如:"三月乙酉,病心腹,丸药三十五","二月甲申病时肿(原作'种')肉('月'),已灸('久')"。

居延汉简中还有若干记载由于兵械斗殴而致伤残或死亡后经过检验的记录,可供法医鉴定之用。如"……县,南首,□偃,口吟,目□,手卷,足展,身完,毋兵刃木索□。"这是记某尸体在死亡现场头部向地,身体仰卧,口闭,眼目(此处缺文),手部卷屈,足部伸展,没有兵刃与绳索的痕迹。

3. 甘肃省居延海地区的第二次发现

1972~1982年间由甘肃省文物部门组成的居延考古队在居延地区的甲渠候官(即破城子)、甲渠塞第四燧和肩水候官(即红城子)3处烽燧遗址发掘了约近2万枚汉简。这批汉简由于均系记录屯戍边疆官兵的文书,虽然没有专门的医书,但还是可以看到很多与医学有关的资料。

临床医方除了记录方剂中所用药物及其剂量外,有的还记有患者名、诊断症状、服药法等,而其全文则多残缺。如:"……治除热方:贝母一分,桔梗三分……","……桑螵蛸未有远志……石公龙六分半,附('付')子毋有……枳壳六分,多一分,高夏柴(原作'茈')……干桑一分半,熟地黄五分,多二分"。

记载疾病死伤的汉简如:"野明队长郑放。六石弩渊中三分。吏十一月廿五日病伤寒……视一岁病积五日"。

有关法医鉴定的汉简如:"夏侯、谭争言斗。夏('宪')以所带剑刃击伤谭胸('匈')一所,广二寸","……当时死,身完。毋兵刃木索迹。实疾死审,皆证……"。

4. 甘肃省武威县旱滩坡

甘肃省武威县柏树公社下五畦大队在1972年兴修水利工程时于旱滩坡地区挖土中发现了一

座汉墓。在这类木简中的一支记有:“右《治百病方》”五字,应是这些木简最后所记原来医书的名称。

(萧惠英)

[附] 参考文献

B

包来发.药粥疗法简史.中医文献杂志,2002;(3):41

G

干祖望.张子和倡导汗吐下法考释-张子和不像中医而像古印度吠陀医生.中医药学刊,2002;(4):401

H

郝保华,康兴军,郭小青.论“神农尝百草,一日而遇七十毒”的内涵.中华医史杂志,2002;(4):218

郝保华,康兴军.我国古代早期针刺器具探源.陕西中医学院学报,2002;(3):5

胡本祥,黄友梅,俞成芬.黄以周治《内经》.中华医史杂志,2002;(1):29

黄芝蓉,侯国洪.文仕通医现象析因.中华医史杂志,2002;(1):45

L

吕本强,赵素霞,侯士良.“十剂”原始考.河南中医,2002,(2):66

M

马继兴.全国各地出土的秦汉以前医药文化资源(续一).中医文献杂志,2002;(4):7

马继兴.全国各地出土的秦汉以前医药文化资源.中医文献杂志,2002;(3):1

马堪温.清道光帝禁针灸于太医院考.上海中医药杂志,2002;(4):38

茅晓.通络法历史沿革剖析.中医杂志,2002;(7):485

孟庆云.宋明理学对中医学理论的影响.中华医史杂志,2002;(3):131

T

陶御风.宋金元时期医案发展的成就和特点.中医文献杂志,2002;(3):44

田若虹.陆士谔医著、医文考.中医文献杂志,2002;(2):9

Y

杨小明.黄宗羲与医学.中华医史杂志,2002;(4):223

袁冰,石东平.略论儒家中庸思想对中医方剂学的影响.中华医史杂志,2002;(1):32

Z

张玉珍,赵 颖.中医安胎法的沿革.中医文献杂志,2002;(2):48

周祯祥,陈泽斌,李 军.细辛用量之争渊源与沿革考辨.中医药学刊,2002;(4):422

朱建平.通关散方源考.中国医药学报,2002;(2):114

朱锦善.儿科寒温两派学术争鸣的源流与影响.中华医史杂志,2002;(2):94

(四) 医药信息

【中医药信息学发展现状分析】

周琳琳对中医药信息发展现状作了分析。

1. 现状分析

(1) 数据库。已研制成的如中药方剂数据库、中国药学文献数据库等 20 余个。中国中医药研究院中医药消息研究所建立了中医药新闻数据库、中医药报刊数据库。初步实现 8 个数据库的关联检索,及对相关疾病或相关疾病与中医治则组合检索后的相关方剂、中药和中药化学成分的统计排序;中国中医药信息中心在全国 15 个省市建立了 17 个分中心,已与国家药品监督局等拥有较高质量数据的相关单位建有合作关系,具备了建成行业数据共享与分析中心的基本条件。在古籍整理方面已建有《伤寒论》教学、诊疗、咨询系统,李时珍学术思想通检库,《四部医典》通检数据库,《内经》词典通检和中医方剂信息实验系统等。山东中医药大学着手开展“中医药古籍数字化工程”,将存世的 8 000 余种中医药古代文献进行收集、标引以及数据和知识挖掘等工作。

(2) 专业网站。至 2000 年底传统医药类网站约 745 个,分有综合(如中医药在线 http://www.cintcm.com)、中药(如中国中医药信息网 http://www.china-herbs.com.cn)、中医(如中国医学网 http://www.sino-medicine.com)、商务(如唐汉中医药电子商务 http://www.chinesemedicines.net)、组织机构(中华人民共和国国家中医药管理局 http://www.satcm.gov.cn)、企业(如北京同仁堂 http://www.tongrentang.com)等 16 类。

(3) 对外交流。日前已建成的翻译手段有:① 中医翻译系统,能以拼音、汉字、英文等查询方式和多层次、多路径、模糊查询功能。② 日汉中医学计算机系统。③ 中英文版针灸文献分析和检索系统。

(4) 数字图书馆建设。2000 年 4 月正式启动“中国数字图书馆”工程,以都柏林核心元数据(Metadata)标准为著录规则,对 Internet 上分散的中医药信息资源进行规范和管理,供医、教、研和情报人员使用。

(5) 医疗。① 医院信息系统涉及业务过程信息、患者信息、费用信息和管理信息等。② 远程医学包含了预防医学、危急重症抢救会诊、教育培训、图书管理信息等。③ 中医学影像,包括中医电脑诊断检测系统、脾胃病舌质变化规律的计算机分析、MT 多用脉图自动分析系统等。由中国中医研究院中医药信息研究所与浙江大学共同研制的便携式保健系统,为用户提供自我诊断和用药导航。

(6) 教育。已建成有“中医舌诊真彩色图像系统”、“中医多学科多功能微机教学管理系统”、“中国按摩推拿学计算机多媒体辅助教学系统”及中医诊断 CAI 教学系统等。

(7) 管理。国家中医药管理局建有网站,对国内外宣传中医药政策和法规。

(8) 生产与经营。约有 30%的中药企业建立了网站,部分企业通过内部局域网进行办公和信息管理,借助互联网开展商务活动。

2. 发展方向

周氏认为中医药的古代和现代信息量十分可观,但利用程度还很低,必须尽快实现中医药信息数字化、网络化,提高其传播速度和使用方式;利用网络出版中医药学的电子书籍,配有活动的模拟图像和声音。应建立全国性的中医药行业数据共享与分析中心,在共享的基础上进行数据挖掘。

(方　法)

[附] 参考文献

Z

周琳琳. 中医药信息发展现状分析(Ⅱ). 中国中医药信息杂志,2002;(10):86

六、民族医药

【藏药独一味胶囊的临床应用】

藏药独一味[*LamioPhlomis Rotata* (Benth) Kudo]是唇形科独一味属植物独一味的根及茎或全草。独一味胶囊是在藏药独一味基础上，经过化学和药理研究研制出来的具有止血镇痛、活血化瘀、抗菌消炎等作用的药。

王肖蓉对独一味胶囊活血止痛化瘀止血作用观察180例，其中外伤造成的软组织损伤79例，外伤骨折12例，伤口清创缝合术后60例，外科手术3例，痛经15例，功能性子宫出血5例，放节育环后出血3例，人流术后出血腹痛3例。均口服独一味胶囊，每日3次，每次3片，7日为1个疗程。结果：显效率为76.7%(138/180)，总有效率为96.1%(173/180)，无效的7例均为外伤骨折和外科手术后患者。路富玉等治疗骨伤科疾病78例，其中踝关节扭伤11例，下肢软组织损伤27例，四肢外伤性骨折8例，急性腰扭伤17例，其他部位软组织损伤15例。口服独一味胶囊，每次3～4粒，每日3次。结果：显效率为20.5%(16/78)，总有效率为88.5%(69/78)。陈一凡报道126例骨折患者随机分组，治疗组80例口服独一味胶囊，每次3粒，每日3次；对照组(46例)口服活血止痛胶囊。均5日为1个疗程。结果：显效率分别为87.5%(70/80)、45.7%(21/46)，$P<0.01$。

王强等治疗肛瘘手术后并发症40例，患者手术后即口服独一味3片(每片0.26 g)，然后每8 h服3片。对照组(30例)口服去痛片、肌肉注射维生素K_1、静脉滴注庆大霉素。结果：观察组与对照组在手术后疼痛、渗血、尿潴留的消退缓解方面比较，$P<0.01$；手术愈合时间的比较，$P<0.05$。尹玉锑报道肛肠术后患者治疗组189例和对照组(95例)，两组均用相同的抗生素，而治疗组加服独一味胶囊，每次3粒，每日3次。结果：治疗组和对照组在平均伤口收缩、创面完全愈合、创口疼痛消退、渗血消退等时间上治疗组为优，均$P<0.05$。

王素萍等将162例痛经患者随机分成治疗组80例，于月经来潮前5日开始服独一味胶囊，1次3粒，每日3次，服至月经来潮第3日，连用3个周期为1个疗程。对照组(82例)口服去痛片，从月经来潮开始服3日为1个疗程。结果：显效率分别为65.0%(52/80)、58.5%(48/82)，总有效率为96.3%(77/80)、82.9%(68/82)，组间比较，$P<0.05$。王芬兰报道妇科出血性疾病265例，包括子宫功能性出血、节育环出血、产后出血等，治疗组162例，口服独一味胶囊，每次3粒，每日3次；对照组(103例)，口服维生素K_4、安洛血、止血敏。2周为1个疗程。结果总有效率分别为89.5%(145/162)、79.6%(82/103)，组间比较，$P<0.05$。

孙红等用独一味片治疗视网膜静脉阻塞16例，每次3片，每日3次；对照组(16例)常规口服ATP、肌苷、胰激肽释放酶等。两组患者如病变累及黄斑或黄斑有水肿时，加服皮质类固醇、消炎痛。结果：总有效分别为14例和8例，组间比较，$P<0.05$；对照组恶化2例。

覃纲等对耳鼻咽喉头颈外科术后疼痛患者240例进行随机分组对照。治疗组150例口服止血二号(即独一味胶囊)，对照组(90例)口服止血一号(安慰剂)。于手术前1日开始服用，每日3次，每次4片，7～14日为1个疗程。结果：显效率分别为28.7%(43/150)、13.3%(12/90)，总有效率为88.0%(132/150)、46.7%(42/90)，$P<0.01$。覃氏等还以口服止血二号治疗鼻出血和手术患者126例，用口服止血一号治疗96例，两组均采用麻黄素棉片或凡士林油纱条填塞止血，治疗期间不用任何止血、镇痛药。结果：止血总有效率分别为92.1%(116/126)、80.2%(77/96)；镇痛分别为88.9%(112/126)、50.0(48/96)，均$P<0.01$。

张国英以独一味片治疗各种疼痛(包括骨质增生、软组织损伤、痛经、附件炎等)142例，每次3～5片，每日3次。结果：显效(连服4日肿胀及疼痛消失)40例，总有效率为92.3%(131/142)。

李洪亮等用独一味胶囊治疗癌痛患者46例，每次3粒，每日3次；对照组(38例)用口服吲哚美辛。结果：镇痛有效率分别为80.4%(37/46)、78.9%(30/38)；对Ⅰ级、Ⅱ级、Ⅲ级镇痛比较，也无显著性差异($P>0.05$)。

龚磊用独一味片治疗带状疱疹30例，痊愈12例，显效14例，总有效率为93.3%(28/30)。

（娄国菁　滕　颖）

【蒙西医结合治疗肺结核】

斯钦毕力格等报道浸润型肺结核64例，均按照1999年修订的《全国结核病防治工作手册》采用2HRZE(S)/4HR方案治疗。治疗组39例加用蒙药桑塔拉-25味，对照组(25例)仅用2HRZE(S)/4HR方案治疗。经4个月治疗，治疗组显效率为76.9%(30/39)，总有效率为97.4%(38/39)；对照组分别为76.0%(19/25)、92.0%(23/25)，治疗组优于对照组。

乌力吉巴特尔等观察56例，治疗组29例用蒙药伊赫-汤(红花、猪血、诃子、五灵脂、香青兰、地格达等)，每次3 g，每日2次；西药用异烟肼、利福平等。对照组(27例)只用西药。2个月为1个疗程。结果：治疗组和对照组显效率分别为75.9%(22/29)、70.4%(19/27)，总有效率为96.6%(28/29)、88.9%(24/27)，蒙西医结合方法可提高疗效，减少西药的毒副反应。包斯琴等以蒙西医结合治疗小儿肺结核50例，蒙药：早饭前服山丹8，午饭后服敖西根18，晚饭后服吉苏根乌奴苏25；草日老4汤午晚各1～3 g煮后服汤；痰多予其其日嘎那5早午饭前各1次。西药：异烟肼早空腹服，肝太乐每日2次。疗程为3个月，治愈率为100%。

呼格吉勒图等治疗各类复治性肺结核42例，全部以Ⅲ联以上强化抗痨。其中蒙药组25例口服扫日劳-4，每次2 g，每日2次，同时晨服新鲜牛奶250 g；中药组17例口服胎盘胶囊0.9 g，每日3次。3个月为1个疗程。结果：蒙药组和中药组显效率分别为32.0%(8/25)、23.5%(4/17)，与自身对照组的显效率16.8%(2/12)比较，$P<0.05$。说明加强辅助治疗，增效显著。

（滕　颖）

【蒙医药治疗慢性胃炎】

阿拉腾格日勒等辨证治疗260例慢性胃炎，按蒙医“三根”理论其原则应早、中、晚酌情给予蒙药：属巴达干、赫依型或赫依偏盛型者用当玛-5味、嘎日那各-10味或状西-6味口服，加扎木沙-4味汤作引子；属希拉(热)偏盛型者用古日古木-7味散或13味散，巴特尔7味散，苏斯-7味散口服，加苏龙嘎-4味汤，地格达-4味汤作引子。21日为1个疗程。结果：治愈率46.2%(120/260)，总有效率为94.2%(245/260)。

白音孟和等用石榴-14味丸(石榴子、煅寒水石、苏格木勒、诃子、栀子、荜茇等)治疗120例，每次服21粒，每日3次。并随证加减：大便秘结、泛酸、嗳气时加安消-6味散；胃痛、胃胀满呕吐时加如达-6味散；胸部灼热，肝胃区及胸背疼痛，呕吐酸水时加寒水石-21味散。对照组(120例)口服西咪替丁和痢特灵。两组均1个月为1个疗程。结果：治疗组与对照组的治愈率分别为75.0%(90/120)、55.0%(66/120)，总有效率为97.5%(117/120)、75.0%(90/120)，组间比较，$P<0.01$；在胃痛、嗳气、乏力、便秘、呕吐、黑便的消失和改善方面，两组也有显著差异($P<0.01$)；1年后随访，治疗组复发率为5.0%(6/120)，而对照组为41.7%(50/120)，组间比较，$P<0.05$。

段百岁等报道500例，胃镜显示：慢性浅表-萎缩性胃炎180例，慢性萎缩性胃炎Ⅰ级216例，慢性萎缩性胃炎Ⅱ级60例，慢性萎缩性胃炎Ⅲ级44例。以蒙药1号(荜茇、白豆蔻、石榴、广木香、闹羊花、栀子等)；蒙药2号(寒水石、诃子、石榴、山奈、广木香、荜茇等)；蒙药3号(石榴、白豆蔻、肉桂、红盐、荜茇、红花等)。每次2 g，每日3次，1个月为1疗程。连续服药3个疗程，痊愈率为79.0%(396/500)，总有效率为100%。慢性浅表-萎缩性胃炎和慢性萎缩性胃炎Ⅰ级患者全部治愈，而慢性萎缩性胃炎Ⅱ级和慢性萎缩性胃炎Ⅲ级患者则全部好转。嘎勒曾等治疗萎缩性胃炎110例，其中浅表性胃炎58例，萎缩性胃炎52例。根据蒙医学理论分为寒型64例，方用十五味石榴散(石榴仁、荜茇、肉桂、青木香、白豆蔻、诃子肉等)；热型46例，方用十味诃子散(诃子仁、石榴仁、青木香、山奈、大黄、方解石等)，均每次2 g，每日1～3次，1个月为1疗程。经1～6个疗程，治愈率为48.2%(53/110)，显效率为30.0%(33/110)，总有效率为97.3%(107/110)。

（滕　颖）

【蒙医药治疗溃疡性结肠炎】

蒙医将溃疡性结肠炎归属于“宝日病”的范畴，认为该病的发生与多种因素有关，其内因是致病“三要素”、琪素和希日乌素；外因是饮食不当、精神刺激、感染等可伤及肠胃，运化失常，导致肝内恶血(坏血或病血)增多,此恶血经由胃时与巴达干结合,在小肠与希日合并,最后到达结肠和直肠与赫依聚合,致结肠功能失调,损伤结肠脉络,使肠黏膜损伤,形成黏膜溃疡而引发本病。

崔海山治疗 25 例,辨证为偏热型 19 例,治以清包如热、凉肠、止泻,内服茵达拉-15 味散,巴特尔-7 味丸,敖勒盖-13 味散,茵达拉-4 味汤及查干汤等。偏寒型 6 例,治以助胃火、抑赫依、益大肠,内服哈日嘎布日-10 味散,达格布满那格-15 味散,敖勒盖-13 味散及伊赫汤-25 味散等。并均以地塞米松 7 mg、柳氮磺胺吡啶片 2 g 研末后与蒙药嘎木朱尔 2 g 溶于 100 ml 温水中,每晚睡前灌肠。3 周为 1 个疗程。结果:近期治愈 19 例,总有效率为 96.0%(24/25)。呼日乐等治疗 30 例,以调理三根,清除包如病赫依、血积久热邪为原则。大肠赫依服用石榴十三味丸,热邪症重者用清胃热散,消化功能减低者用牛黄九味散,黏液或脓血便、贫血者用巴特日-7 味丸、尼达金道格。灌肠剂为嘎木朱尔 3 g、地塞米松 10 mg 加甲硝唑溶液 100 ml,每晚睡前保留灌肠。15 日为 1 个疗程,一般 2～3 个疗程,最长为 5 个疗程。结果:治愈 5 例,显效 17 例,总有效率为 93.3%(28/30)。

敖奇以奥奇溃结宁(连翘、寒水石、甘草、珍珠、雄黄等 16 味蒙药制成)治疗 36 例,以 150 ml 温水中加奥奇溃结宁 10 g 浓度的灌肠液,每晚睡前保留灌肠 1 次,保留至第 2 日早晨,灌肠期间禁用其他药物。对照组(30 例)用 4-氨基水杨酸钠 2 g,加生理盐水灌肠。均 40 日为 1 个疗程。结果:治疗组和对照组显效率分别为 91.7%(33/36)、16.7%(5/30),组间比较,$P<0.05$;总有效率为 100%、60.0%(18/30),组间比较,$P<0.01$。奥奇溃结宁组无毒副反应,未见复发;而 4-氨基水杨酸钠组毒副反应明显。

阿若那治疗 23 例,用蒙药石榴 13 味散、哈敦戈尔地 13 味丸、七雄丸、沉香 35 味散、牛黄 13 味丸等内服;用加味哈它其Ⅰ号或Ⅱ号灌肠。这些制剂中含有麝香、草乌、黑云香、多叶棘豆、熊胆、黑冰片、五灵脂等,具有杀"粘"、解毒、消瘀热、疗伤生肌、调理体素作用,配伍后有较强的抑菌、排腐生肌等功效。结果:治愈 6 例,总有效率为 91.3%(21/23)。

徐锁柱等以蒙药愈病Ⅱ号灌肠液(寒水石、马勃、甘草、雄黄等 15 味)治疗 11 例,每日 1 次,10 日为 1 个疗程,1～3 个疗程后复查。结果:治愈 4 例,显效 5 例,总有效率为 100%。

王兰英指出,蒙医蒙药治疗本病疗效明显,特别是蒙药灌肠治疗获得了较好临床效果。曾观察 80 例,显效 68 例,有效 12 例。但因该病病程长、反复发作,除急性发作时住院治疗外,多以门诊治疗为主,因此相应的家庭护理具有重要意义。并从心理、饮食、用药、起居四个方面论述蒙医对溃疡性结肠炎的家庭护理方法。

(滕　颖)

【蒙医药治疗慢性肾功能衰竭】

蒙医学认为慢性肾功能衰竭的主要病因是"赫依"血相混使肾功能衰竭,"巴达干"黏液亢盛使肾火衰竭而影响精华分解,导致"三根"平衡失调,"希拉"炽盛骚乱血所致。色音其木格等将 41 例随机分为对照组 21 例和结合组 20 例,两组均以常规治疗:低蛋白饮食;肾必需氨基酸注射液静脉滴注;控制血压用卡托普利等;促红素纠正贫血;及时纠正酸碱及电解质紊乱。结合组再以调"赫依"、血运行,祛"巴达干"黏液、补肾益精为原则,用苏格木乐-10、唐钦-25、那仁满都拉、舍玛-3。加减:肾热型加布格仁阿如拉-10、吉如顺-8;肾寒型加当玛-5、希吉德-6;有高血压、高血脂时配用三盆敖力布。结果:结合组显效率 35.0%(7/20),总有效率为 80.0%(16/20);对照组为 33.3%(7/21)、66.7%(14/21)。两组总有效率比较,$P<0.01$。张巴根那指出,蒙医认为慢性肾功能衰竭的关键是脾肾虚损,气滞血瘀,从而导致肾络瘀阻。故用具有活血化瘀、清热解毒、补肾健脾、养阴益气作用的蒙药"布格仁哈伦-1 号"治疗慢性肾功能不全 40 例,再根据病情辨证分脾肾气(阴)虚、脾肾气(阳)虚、肝肾阴虚、阴阳两虚 4 型随证加减。在病重时加用西药处理,并控制饮食等。结果:显效率为 60.0%(24/40),总有效率为87.5%(35/40)。

蒙药能改善早期肾衰的症状,延迟开始透析的时间或延长透析间隔时间。包玉华等观察 38 例,其中已经开始不规律透析者 29 例。治疗以保护肾功能、利尿、消肿及按寒热之别调理用药的原则,用苏格木勒-10、那仁满都拉-11、萨丽嘎日迪、布格仁阿如拉-10 为主剂,随证给予色玛-3 汤、沙日嘎-4 汤。同时予辅佐胃之药物通拉嘎-5、查干乌日勒等;如少尿、浮肿明显者,予缓泻剂格希固那-3 汤或民图木滚珠门等。结果:显效率为 10.5%(4/38),总有效率为 97.4%(37/

38)。其中已经开始不规律透析者29例中除1例患急性肾小球肾炎最后做了肾移植手术外,28例均程度不同的延长透析间隔时间,减少了透析次数,最好的已由1周透析2次减少到2周透析1次;而其余11例没有透析者一直未再透析。

(滕 颖)

【蒙医药治疗慢性盆腔炎】

布仁吉日嘎拉等治疗78例慢性盆腔炎患者,随机分为治疗组48例用蒙药苏格木勒精果尔,每日2次,每次2 g。行经前10日开始服药至月经干净后停药,服药观察期间忌生冷、油腻、辛辣之食品。对照组(30例)用青霉素和甲硝唑静脉滴注。均7日为1个疗程。3个疗程后,治愈率分别为70.8%(34/48)、30.0%(9/30),差异有显著性意义;总有效率为100%、90.0%(27/30),差异明显。乌日罕报道74例,治疗组41例口服蒙药扫吉德,每日2次,每次5 g;晚睡前服萨丽嘎日迪1.5~3 g。对照组(33例)用青霉素和甲硝唑静脉滴注。均14日为1个疗程。结果:治愈率分别为78.0%(32/41)、15.2%(5/33),总有效率为95.1%(39/41)、63.6%(21/33),组间比较,$P<0.01$。

红霞治疗慢性盆腔炎患者12例,早上饭前红糖水送服当玛5味散3~5 g,中午饭后白开水送服乌力吉18味7~11粒,加萨丽嘎日迪9~13粒,晚上睡前以草木6汤做引子送服苏格木勒7味13~17粒。10日为1个疗程。同时取蒙医赫依穴、布额仁穴、萨木塞穴,用纯艾条直接灸5~10 min,使皮肤潮红为止。2日1次。结果痊愈9例,总有效率为100%。

宝音图等采用蒙西医结合治疗48例,蒙药用吉照木道尔吉2 g,加西药阿莫西林胶囊500 mg;对照组(48例)用甲硝唑和阿莫西林胶囊。均每日2次,21日为1个疗程。结果:结合组与对照组治愈率分别为79.2%(38/48)、58.3%(28/48),组间比较,$P<0.01$总有效率为97.9%(47/48)、93.8%(45/48)。服药1个疗程后,在疼痛消失方面,两组有效率分别为83.3%(40/48)、62.5%(30/48),说明蒙西医结合对疼痛的效果较单用西药为佳。金兰等治疗盆腔炎43例,其中慢性盆腔炎38例。蒙药:早上服玛日汤19味或巴日布寸17味汤,均3~5 g。中午服当玛5味2 g或古日古木18味散2~3 g,慢性者另加顺阿嘎尔8味散1~3 g,饭后温开水送服。晚上服苏格木勒7味散加沙力冲阿7~11粒,慢性者另加乌力吉18味1~3 g。同时用蒙药灌肠Ⅰ号150~180 ml保留灌肠,每日1次。西药用青霉素,过敏者改用甲硝唑。均1周为1个疗程。结果:痊愈率为88.4%(38/43),总有效率为97.7%(42/43);蒙药最长3个疗程,西药为2个疗程。

(滕 颖)

【土家族医学的毒气学说及治毒方法】

彭芳胜对土家族医学毒气学说及治毒方法作了初步探讨。土家族医学认为毒气是致病重要原因之一,凡急重病、某些疑难杂症无不与毒气侵犯机体有关。毒气致病发病急、变化快,治疗不及时易造成永久性损伤。因此,在治疗上提出"治病先除毒","毒去则体安"的观点。

1. 毒气的分类

土家族医学将毒气分为"天毒"、"蔫毒"和"生毒"三大类,常见的有18种毒气:

(1) 风毒。指自然界中具较强致病作用的"嗖风",侵犯人体头、四肢体表部位而发病,发病急,变化无常,部位不定,如中风病、风病、闷头症、乌鸦惊等。

(2) 寒毒。指自然界中一种有强刺激的"冷邪",多侵犯四肢关节、肌肉,也可直接影响内脏功能活动,凝滞气血,以怕冷、剧痛、恶寒为主要表现,常见病证有宿筋症、冷骨病、铁蛇钻心病。

(3) 潮毒。指自然界如雾状湿性毒邪,易侵犯人体肌肉、胃肠、下肢,潮毒易与组织器官粘附,影响功能活动,以身体沉重、脑不清或腹胀、呕吐为主要症状,常见病证有箍头病、荷兰病、脚气病等。

(4) 火毒。指自然界中的"飚火"毒邪,火毒性烈,易烧坏肌肉、组织器官,病情表现急重,甚至危及生命,以灼热、红肿、口干渴、口皮干裂、灼痛、炸痛、大便干、小便深黄少为主要表现,如火毒攻心病、胃火病、脑火毒症、烧伤病等。

(5) 热毒。指自然界中的"青热"邪毒,易动气血,烧灼精水,以急、重、热、枯为主要征象,如肺热证、胆热病、鸡窝症等。

(6) 水毒。指自然界中被毒邪污染之"脏水",入腹中影响胃肠气化功能,窜入血脉而稀血。接触有毒邪之水,水毒入内则以腹痛、胀、呕、泻为主,在皮则流水,入血则无力、昏迷,如湿霍乱症、水毒症、清水疮、水绣病等。

(7) 瘟毒。指有强烈传染性的"天疫"邪气，其致病具有发病急、征象相同、全家全寨同病之特点，如油麻病、水瘟病、麻子病、痢症等。

(8) 草毒。指某些有毒植物或被毒邪污染的植物，通过接触后而发病，轻者只损害体表，重者入内可伤及内脏而出现中毒反应，如气促、心烦、呕吐、神志不清等，常见的有漆症病、花姑病。

(9) 虫毒。指有毒昆虫、动物等，咬伤人致病。发病急，症状重，虫毒通过血脉到达全身而出现昏迷、皮肤出现紫斑痕、鼻出血等，常见的有蜂毒病、蜈蚣症、疯狗病、蛇伤症等。

(10) 食毒。指有毒物品和被毒邪污染的食物，误入体内则中毒发病。轻者恶心呕吐，重者神昏甚至死亡，常见的有蕈毒病、乌头症、桐油中毒等。

(11) 气毒。侵入内脏肝、肚、肠等。风气毒致病为走窜性、无固定部位，在外出现肿胀，在内表现为胀，如风气病；冷气毒致病则畏寒怕冷，遇冷则加重，保暖加温仍不能缓解，常见的有冷骨风、冷血病；火气毒致病则口干不欲水、面红如妆、五心热、夜间汗出等，如虚疾病。

(12) 血毒。指某些血液成分流动异常变为死血的一种致病邪气，表现为血淡、血白、紫点、血热等，常见的有乳腐病、鬼打症、血虚症、血热病等。

(13) 脓毒。指人体组织因火热灼腐成脓而为毒，进入脉中而发病，表现为有疱疮病史，出现高热、抽搐、神志昏迷等，如脓毒攻心症、脓毒伤脉症等。

(14) 痰毒。指体内水分被阴火煎熬日久，形成胶状物，不能排出体外而致病在体内不同部位而表现各异：在脑引起脑血流通障碍，在胸引起呼吸不畅、气道阻塞，在关节引起关节肿胀，在腹引起腹胀大如棉团状，常见的有箍胸症、棉花肚等。

(15) 胎毒。指妇女在怀胎期间过食肥甘辣味所致邪毒，能伤及胞胎。表现在孕妇和胎儿两方面，孕妇后期出现水肿，重者抽搐昏迷，常见的有胎肿病、血昏病；胎儿出生后出现黄皮、口腔红肿等，常见的有胎黄病、赤红病、马牙病。

(16) 巴达毒。是一种生恶肉的外毒邪气或机体组织因病变日久而产生肉毒邪气，易使正常组织生长恶肉，多发生在肝、胆、胃、肠、肺、肾等与食物、空气相接触的器官，常见的有奶花病、翻花疮、巴肺病、肠漏症等。

(17) 尿毒。指尿水不能正常排出，滞于体内而成毒，渗入血中及其他器官而发病。以尿液排出不畅、水肿、腰痛、口气带尿味，最后尿点滴不通为特征，常危及生命，常见的有尿毒伤神症、脬肿病。

(18) 粪毒。指大便不能正常排出，存于肠内日久成毒。则出现腹痛、腹胀、肠绞痛或下脓血；手足接触后出现奇痒、小水疱，日久经表入内出现黄肿、乏力、头晕眼花，常见的有黄肿病、粪毒病、肠结病、屙痢症等。

2. 治毒十法

(1) 攻毒法。对毒邪重急，转变快的症情所设。药选性烈之品直捣毒窝，适用于火毒症、瘟毒症、脓毒症，方用牛角败瘟汤、银花败毒汤、千年老鼠屎汤等。

(2) 败毒法。对毒邪亢盛，且身体壮实而设的治法，药用大寒性猛之品，适用于火毒证，方用功劳败火汤、黄连石膏汤。

(3) 赶毒法。对毒邪蓄积于体内的治法。适用于水毒症、食毒症、气毒症、血毒症，方用搜出虎汤、通条散、赶血三七丸。

(4) 清毒法。对毒邪程度不重、毒邪未完全入里，介于体表与内脏之间而设的治法。药用清解之品内清外散，适用于热毒症，方用双解汤、升麻汤。

(5) 排毒法。对毒邪停于体内某一部位，不能自行排出而设的治法。如水毒内侵，停留在皮下、腹内，药用疏通之品，适用于水毒症、中满症、隔食症、尿急症等，方用木通灼心汤、柿把爪带散、猪头排水丸等。

(6) 拔毒法。对毒邪附于器官组织，粘连难以分离而设的方法。用刀割剔出或用性烈有毒药物杀伤毒邪，适用于巴达毒邪引起的瘤子、肿块等症。

(7) 化毒法。对病邪入体时间长，毒邪相互缠绕成结或粘附不散而设的治法。药用化解、溶化之品，适用于结石病、停血症、干血症等。

(8) 散毒法。对毒邪滞于肌肤、胃肠之间、骨节缝之间的潮毒、寒毒而设的治法。药用发散之品，适用于寒结病、气结病、冷气病、湿气病等，方用黄花解毒汤、怄气伤肝汤等。

(9) 提(放)毒法。对毒邪留于皮内肉外或虫毒咬伤，毒液刚入皮内的治法。外治在伤口处排毒，或外敷拔毒，适用于蚂蟥症、虫毒症、痈、疖等。

(10) 调毒法。对毒邪不重而体质虚弱的治法。体虚又感毒邪为虚实挟杂，治以除毒与补虚并用。方用土参祛毒汤、羊雀补体汤等。

（朱新革）

【土家医耳诊法的简介】

彭芳胜等全面阐述了土家医耳诊法的特点和内容。土家医理论认为人体“三元”任何一个器官有病都可以在耳部的“三部九区”和“三海”等相对应的反射区反应出来。土家医耳诊重点察看：“三部九区”，其分别与人体上中下、左中右相对应；“三海”即三角窝为髓海，耳甲艇为血海，耳甲腔为气海，是察气、血、精病变的部位；“脉口”是血筋、气筋、精筋在耳前后的汇入处，是耳脉诊的地方。

耳诊有看、摸、鸡爪探、脉诊四种方法，土家医除耳诊外，常与症、舌、体脉相结合，综合分析来判断疾病的部位、性质、程度。看法：多采用从上到下，从外到内分区目视，或者借助3～5倍放大镜看耳朵及耳周的润泽、颜色、区、点、线，脱屑、结节、凹陷等变化。摸法：用拇指放在耳前，余四指放在耳背，从上至下逐区摸，主要检查耳朵的温度、湿度、软硬、压痛、结节、厚薄。鸡爪药物探法：将雄鸡爪蹄清洗磨平，使爪尖锐圆，从蹄后放入梅片细粉，然后用蜂蜡封备用。将爪尖用力均匀逐区探患者出现痛、酸、胀、麻最显著的地方，便是某病位的病区。脉诊法：土家医称耳后脉为“天脉”，在耳垂下二寸处用中指腹面在上面按轻、中、重次序摸脉搏的大小、快慢、浮沉。

土家医还从“耳四诊”所得资料来辅助诊断疾病。比如五色主病，指全耳或耳某一区域的区、片、点、线上出现红、黄、青、白、黑五种颜色来判断疾病的属性；三部九候是在九区内除察颜色外，可利用点、线、脱屑来定病因(如线型可见内伤，脱屑多为功能不足等)；硬度温度是用手触摸患者耳的温度、湿度来判断疾病的属性；厚薄辨虚实是通过看、摸等测量方法来辨明疾病的虚实；爪探病位是指某些病还存在着特定的反应区或反应点，如偏头痛在痛侧耳前后有压痛点，眩晕病在耳背上有反应点；在耳背根部看妇儿耳筋显露情况，来诊断妇女疾病和小儿走胎；耳脉候症是指对“天脉”的轻按、中按、重按所得之不同疾病。

彭氏等指出，土家医认为耳朵像一个在母体内“坐位胎儿”，与《针灸学·耳穴》像一个“倒置胎儿”有异，和清代医家张振均绘制的《耳背五脏图》耳上属心，耳下属肾，耳后耳外属肝，耳后中间属脾相合，它是中医治疗学的一个发展，主张诊断上采用土家医耳诊方法，治疗上用针灸学中的取穴方法。土家医的“耳四诊”较单纯耳郭视诊更为全面，特别是“三部九区”，“三海”的分部更具体，“三部九候”、“鸡爪药物探”、“耳脉诊”在其他医学中未见记载。

（朱新革）

[附] 参考文献

A

阿拉腾格日勒，巴根那，乌云花. 蒙药治疗260例慢性胃炎. 中国民族医药杂志，2002；(2)：10

阿若那. 蒙医辨证分型配合灌肠治疗慢性非特异性结肠炎23例. 中国民族医药杂志，2000；(3)：12

敖奇. 蒙药奥奇溃结宁灌肠治疗溃疡性结肠炎的临床研究. 中国民族医药杂志，2000；(1)：13

B

白音孟和，包光华，海银峰. 蒙药石榴-14味丸治疗慢性胃炎120例疗效观察. 中国民族医药杂志，2002；(1)：3

包斯琴，天山，毕力格. 蒙西医结合治疗小儿肺结核病. 中国民族医药杂志，2002；(1)：13

包玉华，杨阿民，王兰英. 蒙药治疗慢性肾功能衰竭延长透析间隔时间的探讨. 中国民族医药杂志，2002；(3)：5

宝音图，梅花，原汉. 蒙西医结合治疗慢性盆腔炎48例. 中国民间疗法，2001；9(12)：56

布仁吉日嘎拉，红星，萨仁高娃. 蒙药“苏格木勒精果尔”为主治疗慢性盆腔炎48例. 中国民族民间医药杂志，2002；(2)：80

C

陈一凡. 藏药独一味治疗骨折镇痛疗效机理探讨. 中国民族医药杂志，2001；(2)：14

崔海山. 蒙西医结合治疗慢性溃疡性结肠炎疗效观察. 中国民族医药杂志，1999；(1)：29

D

段百岁,阿拉坦其其格. 蒙医药治疗慢性萎缩性胃炎500例疗效观察. 中国民族医药杂志,1997;(4):26

G

嘎勒曾,岳斯琴,佐图雅,等. 蒙药治疗萎缩性胃炎的研究. 中国民族医药杂志,2001;(4):6

龚磊. 藏药独一味治疗带状疱疹30例. 临床皮肤科杂志,2001;(2):95

H

红霞. 蒙药加灸治疗慢性盆腔炎12例. 中国民族医药杂志,1999;(1):20

呼格吉勒图,乌云苏乙拉. 用蒙药促进复治型肺结核钙化吸收的临床观察. 中国民族医药杂志,2000;(2):24

呼日乐,德格吉日夫. 蒙药内服与保留灌肠治疗溃疡性结肠炎. 中国民族医药杂志,2001;(2):38

J

金兰,阿拉塔,查干. 蒙西药结合盆腔炎的体会. 中国民族医药杂志,1998;(1):34

L

李洪亮,郝民安,王宝太,等. 藏药独一味对癌痛的镇痛作用. 河北医药,2002;(2):146

路富玉,张继华. 藏药独一味胶囊治疗骨伤科疾病疗效观察. 山东医药,2001;(5):18

P

彭芳胜,瞿显友,周大成. 土家医耳诊法研究. 中国民族医药杂志,2002;(3):19

彭芳胜. 土家族医学毒气学说研究. 湖南中医药导报,2002;(3):93

S

色音其木格,于桂芹. 蒙西医结合治疗慢性肾功能衰竭的临床观察. 中国民族医药杂志,2002;(3):18

斯钦毕力格,张力. 化疗结合蒙药治疗肺结核疗效初步观察. 中国民族医药杂志,2002;(1):19

孙红,梁平. 独一味治疗视网膜静脉阻塞16例. 南京中医药大学学报,2000;(3):186

T

覃纲,任正心,殷泽登,等. 藏药独一味用于术后镇痛的疗效观察——附150例耳鼻咽喉头颈外科手术病例分析. 中国民族医药杂志,2000;(3):14

覃纲,任正心,殷泽登,等. 独一味片治疗鼻出血126例疗效观察. 中国中西医耳鼻咽喉科杂志,1999;(增刊):11

W

王强,薛秀芬. 藏药独一味治疗肛瘘手术后并发症40例临床观察. 中国民族医药杂志,1999;(1):24

王芬兰. 藏药独一味治疗妇科出血性疾病162例临床疗效观察. 青海医药杂志,2001;(7):49

王兰英. 蒙医治疗溃疡性结肠炎的家庭护理. 中国民族民间医药杂志,2002;(1):30

王素萍,裴丽华. 独一味胶囊治疗痛经80例临床观察. 山西中医学院学报,2001;(4):27

王肖蓉. 藏药独一味活血止痛化瘀止血运用. 中国民族医药杂志,2001;(3):36

乌力吉巴特尔,天晓. 蒙西医结合治疗肺结核29例. 中国民族医药杂志,2002;(1):15

乌日罕. 蒙药扫吉德治疗慢性盆腔炎74例临床观察. 中国民族民间医药杂志,2002;(4):207-208

X

徐锁柱,包长山,朝鲁,等. 蒙药愈病Ⅱ号灌肠液治疗慢性结肠炎11例. 中国民族医药杂志,1995;(1):31

Y

尹玉锑. 藏药独一味对189例肛肠术后镇痛、止血及伤口愈合的疗效观察. 甘肃中医,2002;(3):74

Z

张巴根那. 蒙药“布格仁哈伦-1号”治疗慢性肾功能不全40例疗效观察. 中国民族民间医药杂志,1999;(6):330

张国英. 藏药独一味治疗各种疼痛142例疗效分析. 青海医药杂志,2000;(10):8

七、台港澳中医药

【台湾中医药动态】

1. 主要成果

2002年初，由台北荣民总医院等组成的研究小组宣布完成了灵芝基因初步走序，发现了灵芝至少有五千个基因，其代谢物“多糖体”是其有效成分，可提高与调控免疫功能。台湾特有药用植物生技研究所继2001年开发出可抗癌的高浓度蜂胶后，2002年进行了“高氏柴胡”的大型研究，并计划2003年度进行人体临床试验；现该公司与高雄医学大学合作，以台湾原生种的三茄萃取物提炼出可有效治疗肝癌、肺癌、乳腺癌的新药，此新药已获得美国FDA二项专利，且向“卫生署”申请临床实验。鉴于血管支架置放术治疗冠状动脉疾病半年内冠状动脉仍然会再度狭窄的状况，台北荣总进行新式无晶型氧化物支架上涂中草药厚朴、丹参、银杏萃取物的研究，试验初步显示可预防心血管再度狭窄。由成大医学院等4家单位完成的台湾首份本土性学术临床研究成果发现，人参皂苷Rh2确实能以诱导癌细胞分化的方式消灭癌细胞，并有抑制其侵袭性与转移的能力；并且人参皂苷Rh2与太平洋紫杉醇合并使用时，可以增强太平洋紫杉醇的疗效；人参皂苷Rh2及其复方甚至较太平洋紫杉醇有更佳的效果。一种以黄连、当归、黄芪、黄芩为主的中药处方(具有预防及治疗脑中风作用)于2002年8月完成第二期临床试验，并规划第三期临床试验，此外，该公司还向美国FDA及欧洲申请第二期临床人体试验。

2. 科研方面

(1) 中医药临症治疗指引研究。卢树森等搜集门诊中医骨伤科最常见的病症，每一病症有中西医诊断病名，且对应国际疾病分类(ICD-9-CM)，有病因病理、诊断要点条例式、多种治疗方法、鉴别诊断及注意事项等项目；形成伤科临症指引参考手册。林昭庚等以中国医药学院针灸教材及历代与现代针灸资料、大陆针灸专书等为蓝本，将疾病按ICD-9分类，依中西医论述，编写针灸临床处方参考手册，有针灸概论、作用机转、针灸处方模式与配穴原则等项。田安然等选择120名肾病症候群患者，根据其发作期、缓解期、使用类固醇前后的情形，运用中医诊断进行分型归类，以确立本病中医证型的诊断基准。并将历代医籍对本病的相关描述加以探讨。何iao通进行中医药临床试验查核作业规范研究。

(2) 中医药临床疗效评估。近年主管部门选定了肝炎、骨质疏松症、癌症等台湾重要疾病进行中医疗效评估。如“中药方剂对于放射线治疗鼻咽癌全程所引起之副作用之疗效评估”、“中医药对慢性病毒性肝炎疗效评估的研究整合型计划”等项目。发表一批学术论文，如：林国瑞等以四磨饮、桂枝茯苓丸、泻青丸和四逆散的水抽出物进行各种抗氧化酶(SOD、Catalase、GSH-Px)的试验，并以8-OH-dG为生物指标检测肝脏DNA受损程度，结果显示这四种方剂皆有不同的抗氧化作用，确具抗自由基损伤作用。杨贤鸿进行中药复方治疗过敏性鼻炎对嗜中性白血球细胞凋零调控影响的研究，表明中药复方治疗本病确可有效减缓鼻腔炎症反应的进程；中药对过敏性疾病的治疗与嗜中性白血球细胞凋零的调控有关。蔡景仁研究柴胡加龙骨牡蛎汤抗癫痫效果及机理；观察急性动物模型，该方对癫痫有剂量相关的抗癫痫效果，且在服用1 h后才有明显作用；观察慢性模型，喂食该方2周即可达到效果，且长期服用效果未减少；本方极可能经由抑制钠和钙离子通道，稳定细胞本体及细胞突触和轴突的神经物质分泌及传导，减轻细胞不正常放电的发生与传递从而达到抗癫痫效应，且其压抑癫痫活动与剂量成正相关。谢庆良的研究显示中药有效成分catechin抗癫痫作用可能部分来自于它对自由基的清除作用。李佩端对富含黄酮类成分的中药如枳壳、槐花米等进行活体实验，结果表明黄酮类配醣体于肠道中为细菌水解成非醣体后方能吸收；当其非醣体首度经过肠壁及肝脏时，有明显的代谢发生，循环于血中的多为结合态代谢物，有明显的肠肝循环现象。李氏还评估这些中药用于抗衰老的可能性。

(3) 中药材品质管制。① 标准品研究：中医药委员会进行当归等59种常见中药验出标准成分研究，预计在2年内建立中药材管理机制。林哲辉等对白豆蔻等60种中药材的干燥减重、总灰分、酸不溶性灰分、稀醇抽提物及水抽提物等项进行试验，提供相关实验数据。陈忠川等进行市售骨碎补类药材之生药学研究，观察其内部构造、粉末特征绘图，叙述植物药材内部、粉末组织内容，并就其来源植物，进行实际调查、采集、综合，作为标准品提供品管理使用。潘一红针对六味地黄丸制剂的开发，进行该药品化学、制造与管制规范的研究。② 有害物质残留量及微量元素含量研究：翁愫慎等逐年研究修订中药材之农药残留限量标准值，迄2002年已完成十种有机氯农药及其三种代谢产物的急慢性毒理资料汇整及分析，制备57种根茎类中药材中有机氯杀虫剂的农药残留最高限量建议值。张永勋就台湾市售山茱萸等23种药材的二氧化硫残留量，进行药材储藏期(一天，一、二、三、四周，二、三、四、五、六个月)变化检测；另将生地黄、熟地黄、黄精、枸杞、红枣等五种含水量较高的药材进行常见防腐剂检测。结果显示二氧化硫残留量与储藏时间长短有关，储藏时间愈久二氧化硫残留量愈少。门立中等利用中子活化分析法及超微量分析技术，完成148个样品分析工作，并累计已有285个常用中药材砷、镉、铜、汞、镍、锌等重金属元素的分析检验数据，并建立中药材微量元素分析资料库，分根、根茎、果、花、皮、种子、叶、全草、藤木等九类。③ 灭菌研究：周凤英选柴胡等6种中药进行加马线灭菌保存测试，结果表明各样品间微生物种类与含量有很大不同，同一样品因批次不同其微生物量亦有显著差异；经照射的药材外观品质与未照射者无明显差异。周氏还探讨六味地黄丸加马线照射灭菌剂量与微生物残存量的相关性，确认最佳照射剂量条件，以改善中药卫生质量及防止药效降低。④ 化妆品用中药成分安全性测试：官常庆选择白芷等15种用于中药化妆品的中药材进行试验，结果15种中药材的萃取液，一次口服剂量在10 000 mg/kg时，均没有明显毒性反应；Ames氏的基因突变试验显示白芷有致突变性；兔子皮肤刺激试验显示除当归、紫草表现轻微的刺激性，其他萃取物没有刺激现象。

(4) 中药资源的开发。陈忠川对金线莲等20种药材的真伪来源植物，进行实际调查、采集及综合鉴定。刘新裕等就66种药用植物进行种原收集、繁殖与评估，并将建立药用与保健植物的栽培技术及进行适地适作与建立适时推广体系，林俊义等在2001年进行了171种药用植物的引种、繁殖与评估工作，7种高经济药用植物的开发；2002年将28种药用与保健植物的种子入库保存。

(肖林榕)

【香港中医药动态】

香港市场上现有中药材2 000种，其中80%～90%由内地输入。中成药约3 300种，内地输入约占85%。内地经香港转口的中药材、中成药贸易总额约占内地药品总贸易额的30%。香港药业拟在三年内在内地的药品零售点增加到1 000家以上，其中包括贵州省、湖北省、东北和华东地区，已开始建立配送和物流中心，主力销售将在东南沿海一带，店铺网络的投资金额达两亿港元。

香港中文大学成立的中药研究所已成为可提供资料检索、安全鉴定、临床测试、药物开发及人才培训的研究机构。香港科技大学人工培植冬虫夏草获得成功。香港浸会大学中医药研究所成功地为1种灵芝产品进行鉴定。新成立的香港中医院门诊部设于九龙黄埔花园中药城内，占地面积1 500平方米，设有20个中医诊室及一些辅助科室。医院实行专科首席专家制度，在全国范围内邀请著名中医专家、学科带头人定期赴港开展教学、会诊等，告别了香港无中医医院的历史。香港职业训练与福建中医学院药学系联合举办"中药制药及配药高级文凭课程"。并将成立"传统中医药业制造中心"，为香港的中药厂家提供专业咨询，为中药界举办相关的继续教育课程，为香港的中药厂家提供制药人才。香港浸会大学已与北京两所大学合作研究出治疗哮喘药；与清华大学合作研究心血管药物。浙江大学与香港中文大学合作建立了"生物医学工程联合研究中心"，香港城市大学和广州中医药大学热带医学研究所联合研发中药方剂，治疗乙型肝炎等。香港中医学会与广州中医药大学合办中医课程教学。湖南国讯医药网络在香港成立网络中医药研究及教育系统。长春中医学院拟在香港大量招收研究生、本科生及各类进修班、函授班，与香港专业教育学院(柴湾分校)合办中药制药课程教学。香港理工大学辖下的网上学府和中国中医研究院携手在香港推出网上中医药研究生学位课程进修班，为香港及邻近地区培养高级中医药专门人才。

香港考察团在四川签订了多项合作协议，包

括筹备中药现代化科技产业促进会，兴建中医药现代化产业生物技术孵化基地及集产、学、研于一体的中医药基地。

2002年5月15日至5月18日，由美国Penton公司主办，中国非处方药物协会在香港湾仔国际会议中心举办了亚太地区首届亚洲天然产品博览会，由20多个国家的近6 000人参会，40余家企业参展。中国国际贸易促进会和中国非处方药物协会在会议期间联合举办了中国草药推广日国际研讨会，就美国、欧洲以及日本对天然产品的输入法规，中国传统中药和草本植物产品的市场营销与拓展，天然有机产品的营销和成功案例，以及产品包装和产品注册作了最新的研究报告。

香港特区政府把中药业视为具有发展优势的高增值产业，拟把香港建成国际中医药中心，不少从业者认为应努力把香港建成外资药厂投资内地的窗口，中药企业投资及融资平台，中药鉴定中心和中医药专业人才中心。

香港消费者委员会对应市的42个减肥及排毒产品配方进行抽查检验，发现有22款配方含有刺激性泻下成分蒽醌，建议消费者服食时间不宜超过1～2周。

香港理工大学开发出草药指标成分检测新技术，在短时间内能同时在复方中或单味中药中找到有效的物质，大大减少开发成本，且已编成高容量电脑软件，能配合国际认可的化学、药疗和毒理的资料库一并使用。

（方　法）

［附］参考文献

G

郭素华，张晖.香港中医药现状及发展趋势.福建中医学院学报，2002；(1)：64

S

孙亚莉.香港亚洲天然产品博览会.中国中医药信息，2002；(7)：31

X

香港开发出草药指标成分检测新技术.中国中医药信息，2002；(11)：16

香港药业拟在华东开设300家零售店.中国中医药信息，2002；(1)：93

香港逾半数排毒减肥药含有害成分.中国中医药信息，2002；(2)：21

新华社.香港发展中医药的四大方向.中国中医药信息，2002；(7)：61

新华社.香港将推出网上中医药研究生进修课程.中国中医药信息，2002；(7)：52

八、国外中医药

【中医药学在国外发展现状】

范为宇、祝国光、周素娟、迟永利等认为，随着世界性回归自然大潮的影响以及中国改革开放政策的实施，中医药的影响日益广泛。目前世界上已有 120 余个国家和地区设立了中医药机构，接受中医药、针灸、推拿、气功治疗的人数迅速增长，中药及中药保健品的国际市场不断扩大。这一市场主要是以华人为主的东南亚各国、欧美澳洲的华裔社区等，还有以日本、韩国为主的东亚传统市场和北美、欧洲的西方草药市场。

世界卫生组织（WHO）于 1978 年确立了传统医学在世界医学领域的地位，并设立了传统医学规划署，在世界共设立了 27 个传统医学合作中心，其中设在中国的有 7 个。1980 年，宣布 43 种病症为针灸治疗的适应证，促进了针灸加入到各国医学领域。1987 年以来，多次与中国政府共同在中国联合召开了世界针灸学会联合会大会、国际传统医药大会、全球世界卫生组织传统医学会合作中心主任会议等重大会议。近年来，WHO 还与中国国家中医药管理局共同进行了一系列合作项目，如中医质量控制研讨班、中药中微量元素含量标准研究、草药不良反应监测研究、中医药科研方法研究及临床流行病学研讨班等。

日本全国有 85％以上的人接受过中医药、针灸疗法治疗，从事汉方医学、针灸、按摩的医师超过 10 万人。日本汉方医学的执业资格由日本东洋医学会设立的委员会负责，制定了审查和实施专门医师资格认证条件，有效期为 5 年。日本针灸师、推拿师被称为“医业类似行为”，尚未得到医师的待遇。针和灸被视为两门不同的专业，作为针灸医生，必须分别获得针和灸的行医执照。日本所有药品管理法规对汉方药均适用，政府还相继制定、颁布、实施了一系列专门针对汉方药的法规。1976 年经厚生省通过，汉方正式列入健康保险，210 个方剂、140 种生药在全国范围内列为医疗用药（处方药）。纳入保险的汉方制剂仅限于日本厂家的产品，使用时需有医师处方，从中国进口的中成药属自费用药。自 1991 年 1 月起，部分针灸费可从医疗保险中支付，但条件较苛刻。日本政府每年为汉方医学研究提供 1.7 亿日元的研究资金。目前，日本学者在中医证的本质研究、用现代科技手段研究中药单味药及复方药理以及中药制剂开发、剂型改造等方面均已取得很大成果。

韩国约有 3 600 多家韩医院和韩医诊所，共有注册韩医师 5 000 余人。韩国国家卫生法将现代化医学和传统医学并列为两种医疗体系。国家卫生保险制度包括了传统医学。1980 年，政府把在韩国的中医称为“韩医”，允许存在并纳入医疗保险范畴。

新加坡共有 1 800 余名执业中医，每天就诊人数约 1 万人。新加坡卫生部于 1995 年 11 月成立了中医药办公室，协调、监督委员会的建议。1996 年有 8 个地方性中医药组织成立，并作为与政府部门的联系渠道。卫生部与中医药团体密切合作，于 2000 年开始制定针灸师注册的法律条文。中成药进口商、批发商、生产商和分销商的发照工作于 2001 年完成，其长期目标是改进中成药产品的生产程序，使之达到 GMP 标准。目前，新加坡以药品法令、毒药法令、药品销售法令、药品（广告与销售）法令对中药、中成药的有关方面进行控制和管理。

泰国约有 5 000 名持有执照的中医开业，约 60％的泰国人接受中医药等治疗。天然药物的研究集中在三个方面：① 药用植物的分离以获取药材的成分、粗提取物或纯化合物。② 海洋自然资源研究。③ 泰国传统药物标准化研究和临床试验。

印度正在推出一套管理传统医药（包括印度草药疗法用药，称之为 ISM 印度医药体系）的措施。政府管理部门决定建立一种涉及所有生产 ISM 药物的注册制度，要求制造商提供有关它们产品定量和定性的信息。

马来西亚中医医院和中医诊所已有近百家。马来西亚中医学院由马华医药总会主办，马来西亚中医师公会负责组织教务，并且以中华施诊所和同善医院作为学生的临床实习医院。霹雳针灸学院于1975年创立。

美国每年接受针灸治疗者达1 200万人以上，用于针灸治疗的费用达5亿美元。美国获全国资格认证的针灸医师已超过10 000名。已有部分健康保险公司支付患者的针灸和中药医疗费用。已有33个州政府立法承认针灸，准予发给执照或注册。美国国家高教部早在1982年就正式承认针灸和东方医学，并授权美国针灸和东方医学学院资格审查委员会督导全国40多所学院，现已承认28所学院符合国家高教部的标准，另有12所正在申请批准中。美国最高医学科研机构——国立卫生研究院于1991年正式承认针灸为可接受的疗法。美国国会于1992年在国家卫生研究院设立了替代医学办公室(后改为国立补充及替代医学中心)，领导对包括中医在内的各种传统医学进行科学评估。1996年，美国国家食品与药物管理局正式批准针灸器械为正式医疗器械，规定由有执照的医务人员用针灸治疗各种疾病。1994年10月25日美国国会正式通过了食用补充品(即营养品)法令。按此新法令，中药可作为食品补充剂，以后可再批准为新药。2000年3月，美国决定成立白宫补充及替代医学政策委员会，以从政策管理上满足公众对非正规医学的需求。自1993年以来，美国替代医学办公室及补充及替代医学中心用于传统医学的科研经费从200多万美元提高到5 000多万美元。在这些资助的研究项目中，中国传统医学占相当大的比例，在筛选抗肿瘤植物药、中药、针灸治疗艾滋病等研究方面取得了一定的成果。

欧洲的众多国家都有医学针灸学会。针灸医学及相关技术国际委员会(ICMART)于1983年建立，目前，它拥有40多个学会会员。1996年，由欧洲国家的卫生当局代表、欧盟委员会、欧盟药典委员会及欧盟议会组成的爱德·霍克(Ad Hoc)草药产品工作小组成立；目前，该小组已制定了适合草药产品质量、安全性和有效性的评价标准的最新指南，改进了具有长期市场销售经验的草药制品的非临床验证指南。法国的研究人员用现代科技手段研究经络原理，证实了中国古代针灸文献中有关经络循行的记载。在英国，每年约有150万人接受中医针灸治疗。注册的针灸师、中医师超过3 000人。此外，德国在针刺麻醉原理的研究方面、英国在对某些中药的药理研究方面及中医理论研究方面都有一定建树。前苏联也对针灸应用于宇航员保健方面进行了探索。欧盟药审委员会(EMEA)委托英国药审局(MCA)起草的《传统药物产品法令》(草案)已于2001年4月公布。该法规草案将草药产品(Herbal medicinal product)、草药物质(Herbal Substance)、草药制剂(Herbal preparations)都归入其范围内。根据这一规定，目前在欧洲境内应用的中药产品、中药饮片、中成药全部属于其规定范畴。该法规强调了根据65/65/EEC和75/318/EEC进行传统药的注册。其核心共有7款近30条细则，中心原则是依照65/65/EEC第四款1—10条，要求在该法规范畴内的植物药产品都提交药理、药效、毒理、临床试验报告、化学成分、结构等文件，其质量必须符合75/318/EEC所提到的要求。

在澳大利亚和新西兰，中医药针灸疗法也在医疗保健中发挥越来越大的作用。2000年5月，澳大利亚维多利亚州议会通过《中医注册法案》，使公众通过更有效的途径来选择称职的中医师。同时，也为中医教育及临床医疗提出了更高的标准，规定了业内人士公认的职业代码和行为规范，并制定了对从业人员的激励机制。

(文　耘)

【日本对人参养荣汤的临床与实验研究】

齐元富、黄欣、齐淑兰、阴赪宏、同心、怡悦、高尧华、田琳等日本学者报道了对人参养荣汤的临床与实验研究。

1. 临床研究

(1) 防治癌症放、化疗副反应。人参养荣汤作为多种癌症放、化疗的辅助用药，对改善疲劳、食欲不振等自觉症状有明显疗效，同时也有助于保护血细胞，提高癌症患者的QOL。

(2) 治疗贫血。该方对再生障碍性贫血、骨髓增生异常综合症有效，认为不仅直接作用于干细胞水平，而且对骨髓微环境也有间接影响；还有报道治疗妊娠贫血，结果Hb、Ht、MCV、MCHC等各项血液检查指标及自觉症状明显改善。

(3) 治疗男性不育症。该方对特发性脾虚型精子生成障碍及精子活力不足有效，可明显改善精子运动率。

(4) 治疗外周循环障碍。该方对混合型结缔组织病、硬皮病、红斑狼疮及各种皮肤病所伴有的外周循环障碍的治疗，能使雷诺现象改善，畏寒肢冷症状好转。通过采用冷水负荷试验比较皮温恢复率的方法，客观地证明了该方的有效性。

(5) 治疗痴呆、改善老年生理功能衰退。该方对雌酮水平低下的阿尔茨海默型痴呆患者有效。还有报道认为该方对老年人生理功能衰退，如食欲不振、全身乏力、眩晕、肢冷、心悸、呼吸困难等有良好的治疗作用。

(6) 治疗丙型肝炎、肝硬化。该方对丙型肝炎有一定疗效，可使病毒量明显降低或转阴。对肝硬化伴血小板减少的患者进行治疗，结果血小板显著升高，肝促凝血酶原激酶、γ-GTP 明显改善。

(7) 其他。该方对慢性疲劳综合征有效率74%，提高细胞免疫功能低下有效率 77%，改善胶原病症状有效率 56%，可平缓降低三酰甘油、增加 HDL-C、降低动脉硬化指数。此外，对某些口渴、眼干的治疗也有较好的效果。

2. 实验研究

(1) 抗肿瘤作用。人参养荣汤通过提高 NK 细胞或 T 细胞等免疫功能，增强机体防御能力而明显抑制肿瘤增殖。能通过增加效应细胞的IL－2R提高对IL－2R的应答能力，以及增加Fas－配体而诱导肿瘤细胞凋亡。

(2) 清除自由基作用。体外、体内实验均表明，该方具有较强的抑制活性氧生成和清除自由基的作用，可增强和恢复术后、病后等虚弱体质的抗氧化功能，从而使自觉症状得以改善。

(3) 对神经系统的作用。该方提取物可明显增强星形神经胶质细胞的 NGF 产生能力。还能提高嗅球损害小鼠的学习、记忆能力，增加嗅球损害小鼠脑内单胺及嗅球部神经生长因子的含量，从而加速小鼠神经的修复。

(4) 对造血-免疫系统的作用。该方在辅佐细胞存在下改善造血功能，促进 CFU－S 增加及成红细胞系的恢复，刺激 CSF 产生，促进淋巴细胞、单核细胞、粒细胞分化及刺激 IL－6 生成。还可抑制趋化因子 RANTES 与 TNF－α引起的肺泡巨噬细胞吞噬活性增强。此外还增加脾及腹腔内的细胞数量，使小鼠骨髓 CFU－S 显著增加。

(5) 促进细胞增殖作用。该方可使仓鼠附睾输精管细胞的亮氨酸摄入量增加，从而显示促进增殖作用；还有报道该方对试管内皮肤成纤维细胞有抗衰老作用，可促进无氧糖酵解。

(6) 抗 HCV 病毒作用。该方能抑制体外HCV 感染，而其组成的单味药则无此作用。预服该方的健康人血清作用于人 T 细胞培养株后，也有抑制细胞内 HCV 抗原表达的倾向，该血清可能抑制 HCV 吸附及吸附后的细胞内复制。

(7) 其他作用。该方用于肾病综合征大鼠模型，可明显降低 24 h 尿蛋白排出量、血清总胆固醇、三酰甘油、血浆 TXB_2。还有报道将其用于摘除卵巢的小鼠更年期模型，可明显抑制血清总补体升高及补体旁路途径的激活，改善大脑皮质、海马的去甲肾上腺素、胆碱乙酰转移酶活性，抑制促分裂原活性增高，增强被动回避学习能力。

（王克勤）

【日本对气功生理效应的研究】

2002 年 8 月，日本国际生命信息科学学会举办了一届“国际人体潜能科学研讨会”，有 10 余个国家的相关领域专家学者与会。会上发表了有关气功研究的论文 20 余篇，绝大部分为日本学者所撰写。

日本放射医学综合研究所张彤等使用近年来新开发的通过近红外分光法操作的光地形图技术，测定了气功训练有素者在气功锻炼过程中的脑部活动。测试结果为：伴随着气功锻炼的进行，额部的氧化血红蛋白和总血红蛋白在整体降低以后升高，与此同时，脱氧化血红蛋白也在慢慢升高，上述指标在对照实验时继续升高；头顶部和枕部的氧化血红蛋白和总血红蛋白在气功锻炼过程中慢慢降低，而在对照实验时，又恢复到原来的水准。结果提示，额部的“抑制后的复活”是气功锻炼过程的特征之一。

东京电机大学的刘超等测定了养生功中腹式呼吸的模式，设定了旨在定量地表现气功呼吸模式的呼吸指数，据此确认了通过养生功的调息，可缩短脉搏的迟延时间，表明气功的调息对循环系统有一定的调控作用。

放射医学综合研究所的小竹润一郎等进行了发气状态和安静状态下的生理指标变化的比较实验。把气功训练有素者作为被验者，比较作为特殊的意识状态的发气状态以及普通安静状态下的皮肤电传导(EDA)、血流等等的生理指标变化。结果，在从安静状态转为发气状态后，血流等生理指标发生了变化。提示在气功等特殊的意识状态下，血流和心脏功能等无法被自身调节的身体功能是有可能通过意识来加以调节的。

中部大学吉田胜志等通过计测人体的重心摇

摆来观察站式气功锻炼对下肢肌群施加的影响。在锻炼后，被验者的重心摇摆的轨迹长度显著增加。由此可知，站式气功具有相当大的负荷强度，对下肢肌力减退的高龄者来说，不失为一种良好的运动负荷。

MOA 财团所属健康科学中心内田诚也等通过测定脑电波和自主神经功能，进行了有关外气发放的3组实验。第1组实验分别在有暗示和无暗示的条件下，测定了被试对象的脑电波；第2组实验在有暗示的条件下，测定了被试对象的 r-r 间隔突出；第3组实验分别在无暗示、有暗示、单纯躺卧的条件下，测定了被试对象的 r-r 间隔突出。结果表明：在无暗示的条件下，外气对于被试对象的 α 波和自主神经的影响是十分明显的，而当外气和暗示的效果结合在一起时，对脑电波和自主神经的影响最大。

放射医学综合研究所陈伟中等观察了外气发放和发光意想训练时的中指尖温度和生物光子变化。以前曾以气功训练有素者为对象进行过此项研究，此次以气功初学者及普通人为对象进行实验。结果表明，进行外气发放训练时，中指尖的皮肤表面温度比安静时显著上升；进行发光训练时，从中指尖发出的生物光子的放射强度有增强倾向。

（李小青）

[附] 参考文献

C

陈伟中，张彤，世一秀雄（日）. J. Intl. Soc. Life Info. Sci. ，2002；(2)：707

迟永利. 初识马来西亚中医药. 山东中医杂志，2002；(10)：627

F

范为宇. 中医药学在国外发展现状研究. 中国中医药信息杂志，2002；(1)：73

G

高晓华. 人参养荣汤的补血效果. 国外医学·中医中药分册，1999；(5)：48

H

黄欣. 日本专家谈男性不育症与汉方治疗. 国外医学·中医中药分册，1999；(2)：56

J

吉田胜志，吉福康朗，青木孝志（日）. J. Intl. Soc. Life Info. Sci. ，2002；(2)：568

L

刘超，町好雄（日）. J. Intl. Soc. Life Info. Sci. ，2002；(2)：574

N

内田诚也，上野正博，管野久信（日）. J. Intl. Soc. Life Info. Sci. ，2002；(2)：455

Q

齐淑兰. 人参养荣汤对硬皮病患者冷水试验的影响. 国外医学·中医中药分册，2002；(3)：164

齐元富. 人参养荣汤的研究进展. 国外医学·中医中药分册，1999；(1)：16

齐元富. 人参养荣汤的研究进展. 国外医学·中医中药分册，1999；(2)：18

T

田琳. 人参养荣汤对嗅球损害小鼠脑内单胺和神经生长因子含量的影响. 国外医学·中医中药分册，2002；(3)：168

同心. 人参养荣汤对细胞凋亡的诱导作用·国外医学·中医中药分册，1999；(5)：53

X

小竹润一朗，陈伟中，原口铃惠（日）. J. Intl. Soc. Life Info. Sci. ，2002；(2)：608

Y

怡悦. 人参养荣汤的药理学基础研究(1). 国外医学·中医中药分册，2001；(1)：18

怡悦. 人参养荣汤的药理学基础研究(2). 国外医学·中医中药分册，2001；(1)：19

怡悦. 人参养荣汤对中枢神经系统的影响·国外医学·中医中药分册，1999；(2)：52

阴赪宏. 人参养荣汤的抗肿瘤作用及其作用机理·国外医学·中医中药分册，1999；(1)：38

印度管理传统医药的措施出台.中国中医药信息杂志,2002;(2):55

Z

张彤,陈伟中,世一秀雄(日).J. Intl. Soc. Life Info. Sci.,2002;(2):522

周素娟.泰国天然药物研究概况.中国中医药信息杂志,2002;(5):86

祝国光,董志林.欧盟《传统药物产品法令》(草案)的剖析及中医药在欧洲发展战略的探讨.国外医学·中医中药分册,2002;(2):67

九、教学研究

【多媒体教学】

1. 概述

中医多媒体计算机辅助教学(Computer Aided Instruction,CAI)是应用以计算机为中心的多媒体技术(Multimedia technology),将传统的中医知识用文字(Text)、声音(Sound)、图形(Graph)、图像(Image)、动画(Animation)和视频(Video)等多种媒体信息集成在一起应用于教学中的新兴教学手段。2002年度公开发表有关多媒体辅助教学的课程主要有《方剂学》、《刺法灸法学》、《中医诊断学》、《针灸学》、《中医基础理论》、《病理学》、《中医实验动物学》、《针灸治疗学》、《中药鉴定学》、《中医耳鼻喉学》、《寄生虫学》、《中医外科学》等。多媒体课件的制作过程一般包括选题、编写脚本、准备素材、制作合成四个环节。对文字、图形、动画、声音和视频等素材,可使用相应的软件来进行处理,如:文字处理使用Word、WPS等软件;图形图像处理使用Adobe Photoshop、Corel-Draw、Freehand等软件;动画制作使用AutoDesk Animator Pro、3Dsmax、Flash等软件;声音处理使用Ulead Media Studio、Cool Edit、Wave Edit等软件;视频处理使用Ulead Media Studio、Adobe Premiere等软件;Authorwave、Director等合成软件和Dremweave、Frontpage等网络多媒体制作软件。

多媒体教学的优势得到充分认可,贾春生等认为多媒体教学方法能提高教学效果;增加教学信息量;提高学生学习的兴趣和积极性。王民集等认为还可以提高教师素质。万红娇等认为多媒体组合教学能完整地反映事物的全过程,具有科学性;能使宏观、微观结构同现,具有直观性;能使动态、静态结合,具有连续性;可以根据教学内容选择教学媒体,具有灵活性;能够激发学生的学习热情,具有艺术性。同样,多媒体教学也得到学生的认可,刘燕平调查结果表明,绝大多数(93.7%)同学持肯定和赞成态度;庄子齐等调查结果表明持赞成态度者占93%。

2. 多媒体设计中几个需要注意的问题

(1) 媒体的选择原则。在多媒体组合教学中,可供使用的媒体是多种多样的,如传统的语言、板书,现代的幻灯、录像、声音效果、图片、动画、实物投影等,应该如何进行选择呢?广州中医药大学刘森平等认为可遵循以下几个原则:① 形式服从内容;② 最佳教学效果;③ 教学成本较低;④ 充分利用硬件。

(2) 文字投影要言简意赅,条理性强。文字投影相当于传统媒体中的板书,在中医课堂教学中仍占重要地位,但要注意精简、概括。一般采用以教材为蓝本的归纳性文字,忌长篇大论,每课时控制在400个文字左右为宜。解说性文字或补充性质的内容,可采用“热键”进行链接,既方便教师授课时灵活选用,又便于学生分清主次。

(3) 解决好课堂教学中的重点难点。对于教学中的重点和难点以及表述比较困难的内容应尽量采用录像、录音、VCD、动画、图片等表示,创造一个临床化的情景氛围,使学生如临其境,如见其病,加深印象。

(4) 形成性练习的设计。形成性练习是多媒体组合教学中的最后一环,既可巩固知识,又能检验学生对新知识点的掌握程度。形成性练习形式多样,如填充式、选择题式、问答题式等。

广州中医药大学池建安等在中医外科学多媒体教学探讨过程中根据中医外科学疾病的特点,初步提出多媒体教学课件设计要求是:① 明确教学目的要求,为教学大纲服务。② 现代教学媒体与传统教学方法相结合,与启发式教学方法相结合。③ 优化组合教学多媒体,不搞媒体简单堆砌或滥用。④ 多媒体组合以解决外科病的特点和诊断为重点。⑤ 注重形成性练习。

(徐竹林　车立娟)

【培养模式】

1. 本科生导师制

本科生导师制是指高校在教师、科研或管理

人员中，为本科生选择一批符合预定条件的导师，每个导师分工指导一定数量的学生，要求导师与所带学生保持日常联系，帮助学生解决思想、学习和生活中的各种疑难问题，指导学生课外学习和科研实践，要求学生完成导师布置的各种课外学习、科研和实践任务。

（1）实行本科生导师制培养模式的作用。广州中医药大学通过师生 4 年的实践，该校本科生导师制已取得一定成效，尤其在优化学生素质结构和提高学生实践技能等方面发挥了很好的作用。他们认为本科生导师制的推行，在学生方面能够增强本科生独立生活及人际交往的能力，缩短新生入学和毕业就业适应期，引导他们树立正确的人生观和牢固的专业思想，帮助他们树立正确的事业观和崇高的职业道德，辅导他们学好中医药基础知识，养成良好的学习习惯，掌握正确的学习方法，指导他们初步进行学术研讨，全面提高学生的综合素质和实际工作能力；本科生导师制将教学提升到一个新层次，实现了本科教学从课堂到课外的延续，对学生理论知识和实验技能的培养有针对性地进行了强化和拓展，对专业知识与相关学科知识的整合变被动为主动，提高了学生的发现问题、分析问题和解决问题的能力；本科生导师制实现了师生课堂交流的有效延伸，双方的交流从课堂上逐渐扩展到生活、学习、思想、工作、社交等方面，这不仅拉近了师生间的距离，有针对性地解决了一些实际问题，而且使师生在课堂内外增进了相互间的了解；导师还能主动掌握学生的思想动态，资助生活困难的学生，指导学生报考研究生，给学生分析行业就业形势，联系实习和就业单位，并及时与政治辅导员和主管部门沟通反映学生各方面的情况；本科生导师制有效发挥多层面的育人功能，本科生导师制的推进是对现有教育资源的进一步有效利用，促进了师资队伍的建设，同时对良好学风和班风的形成发挥了很好的作用。学生评价认为很满意占 30%，基本满意占51.7%。南京中医药大学通过实践认为导师制对学生的临证技能、科技创新意识、能力均有明显提高。

（2）本科生导师制需要改进的几个方面。广州中医药大学通过交流总结认为还存在以下问题：① 有些学生对本科生导师制的内涵认识局限，一味追求参与科研，忽视思想、学习、生活和心理方面的交流。个别学生不能协调好课堂学习和课外实践时间，放松了书本理论的学习。主动性、创新性不够，对导师存在依赖性；② 导师要重视带教工作细节，尤其在入学与就业环节上，个别学生思想压力较大，缺乏自我调适能力。导师不能淡化思想交流和心理疏导，要配合政治辅导员做好思想政治工作；③ 学校要做到制度健全、管理到位，建立有效的考核办法和激励措施，挖掘教书育人工作新资源，保障必要投入，促成广泛交流，抓紧新模式的研讨和经验的总结与推广，应对新时期人才市场的需求。南京中医药大学通过实践认为该校实施本科生导师制培养模式的不足之处在于：① 学生课程安排与导师临床、科研、教学时间冲突，部分学生与导师的接触机会少、交流时间短；② 导师制学生遴选中主要参照学习成绩，在一定程度上排拒了少数具特质、有潜力的学生；③ 少数导师对该项工作重视不够，加之自身工作繁忙，不能根据学生的个性特点、志趣特长制定培养计划，给予有益的指导与培养。

2. 临床教学

中医是一门实践性很强的学科，临床教学是中医教育重要的环节。广西中医学院根据人才需求调查，确立中医人才培养模式，其临床教学改革的具体措施为：

（1）课程体系和教学内容改革。① 建立优化而精干的主要课程。确立中西医内科学、中西医外科学、中西医妇科学、中西医儿科学、中医骨伤科学、针灸等七门主要临床课程。使人才培养基本模式符合中医专业本科质量要求，有较好的现代医学知识，有全科医师的素质，达到中医执业医师考试的要求；② 扩大选修课，增加课程的灵活性和多样性。在教学管理上，必修课采取学年制，而选修课实行学分制的管理模式；③ 加强临床课程之间的优化组合，使教学内容深化和提高。将中西医重复内容较多的课程进行优化组合，增加了课程间的联系、综合，使课程内容得到深化提高，减少低水平的重复。

（2）注重实践教学和学生临床动手能力的培养。① 增加学生见习实践，开展模拟临床实践教学。学生从四年级开始到临床医学院上课，半日上理论课，半日到住院部跟随住院医生见习，边见习边讲理论，在教学安排上理论与见习比例达到 1∶1；② 实行规范化的实习岗前培训。实习岗前培训时间为 1 个月，内容包括规范化的医疗文件书写、体格检查、无菌操作、常见的护理操作、常见的医疗器械操作、各科常见的临床技能等；③ 实施实习量化考核。在实习期间采取实习量化考核的办法，将实习考核方案内容分为一般要求、病种要求、技能要求。实习病种和临床技能是实习量化考核的主要内容。

3. 全科医生培养模式

福建中医学院在充分认识加快培养农村实用全科医生人才的紧迫性的基础上，立足农村，构建全科医生的培养方式、教学计划、课程设置，改革教学方法。

(1) 培养方式。招生工作重心实现从城市到农村、从县城到乡镇以下的两次战略转移，招生对象为农村在岗从业的乡村医生以及不具备学历的卫生院医务人员，为乡镇培养“离土不离乡”的医学大专毕业生。

(2) 教学计划。总体计划是要全面贯彻党的德智体全面发展的教育方针，培养适应乡村需要的全科医生。重视和加强基础理论课教学，加强基础学科之间的衔接。临床实习方面，他们组建一个综合技能实验室，强化检体训练并进行技能考试。在最后一年的毕业实习，在内科、外科、儿科、妇科轮转实习，再到医技科室，同时安排一定的时间，由老师带队到乡村巡回医教。

(3) 课程设置。要求中医从开处方用药到药物加工炮制，西医从内科疾病的诊治到外科小手术的操作以及常见急救方法的掌握都要达到较熟练的程度，而且还要掌握预防、保健、康复、计划生育等理论与工作方法，整个课程安排应力求与其特点相适应，摆脱全日制普通专科的课程设置多、重复多、负担重、管理方法僵化等弊端。

4. 实验教学

实验教学长期以来是中医教学方面的薄弱环节，进行实验教学改革是中医教育改革的一项重要举措。上海中医药大学通过实验室体制创新带动实验教学改革，取得了显著效果。其具体举措是：① 建立校院二级管理中心实验室，如中药学院中心实验室由原来以学科为单位的 5 个学生实验室合并而成的。基础医学院实验室成立现代医学实验教学中心。针灸学院成立针推学院中心实验室。② 形成专职实验室管理技术人员队伍，如中药学院中心实验室有专职人员 11 人，其中高级职称 3 人。基础医学院现代医学实验教学中心有专职人员 16 人，其中高级职称 4 人。针推学院中心实验室有专职人员 4 人，其中高级职称 1 人。童瑶认为通过上述改革措施创建了独立的实验教学体系；推动了实验课程建设；促进了实验教材建设；提高了学生动手能力和创新能力。

(徐竹林　车立娟)

【教材建设】

教材是教师授课、学生上课和复习的专门用书，也是进行教学活动的主要依据。一本好的教材，必须科学、规范、准确、简明，理论与实践紧密结合，及时反映本学科领域的新的研究成果，便于教与学的需要。目前中医教材建设还存在一定问题，不少学者对此作了归纳总结，如王文娟从教材内容重复、教材内容陈旧、理论与实践脱节、教材系统性不强等四个方面评述了高等中医药院校中医药教材存在的问题及相应对策。王氏认为要进行中医药课程改革，必须先解决教材内容重复的问题。首先在制定教学计划时，课程设置应服从专业培养目标，横向联系，平衡轻重，还要从教学要求和学时分配上予以限制。其次，编写教学大纲必须在教学计划指导下完成，各学科“大纲”编成后，必须横向联系相关课程，权衡轻重比例，调整重复内容，力求减少或避免教材编写中“各自为政”的倾向。在教学中，教师还要参照教学大纲要求及教学进度，斟酌内容，取舍得当；在对待教材内容陈旧的问题上，王氏将其归结为如何处理好继承与发扬的关系问题，并主张在中医药学中经反复论证确属不合理的内容，应予剔除。今后编写教材，不仅应具有中医药特色——重视前人经验，而且要适应时代要求——吸取新鲜经验；分析造成教材中理论与实践脱节的原因，主要是编写的内容阐述古代的多，面向现实的少，重继承轻发扬。要解决这一问题，就应当在编写教材时既重视古人的经验，也要从实际出发，删除实用意义不强的内容，充实有实用价值的新成果。尤其是临床课教材，当以辨证为主，治疗以辨病论治结合辨证论治，使学习内容深化。针对教材系统性不强的问题，建议今后编写中医药教材时对概念的阐述必须准确，内容上要详略得当，避免烦琐。甘肃中医学院李荣科认为目前中医教材除内容陈旧，重复多外还存在教材风格和形式缺乏多样性的问题，教材建设方面投入不够。提出教材改革应更新观念，立足改革；完善教材种类，注重教材合理配套；加大投入，加强领导。许多学者对于各教材具体存在的问题作了详细的分析并提出相应的解决办法。

《中医内科学》：浙江中医学院史亦谦等通过对《中医内科学》六版教材近3年来的教学实践，认为该教材有不少创新之处，但也存在一些问题，有的是概念表达不确切，有的是概念表达不统一，有的是内容表达不完整，有的内容存在明显缺漏。

《温病学》：江西中医学院陈宝国认为《温病学》六版教材具有科学性、系统性、完整性、稳定性，是温病学教学、科研、临床的重要文献；证治切合临床实际，注重培养学生的临床实践能力；补充了温病急症辨治内容；正确处理继承与发展的关系；收入了比较成熟的温病学理论研究的新成果。但也存在一些问题，如内容重复，理论单一等，建议要减少重复，博采众长，扩大病种和增加医案分析。

《中医基础理论》：广州中医药大学潘毅等认为应减少该教材中有争议的内容如五行内容、营气循行路径，在内容和语言表达上应强化中医特色，注重理论联系实际，并适度限制篇幅，引文不宜过多等。新世纪全国高等中医院校(新一版)教材主编孙广仁就新版教材的编写提出了自己的设计思路和改革设想。其编写指导思想是贯彻“以人为本”的教育思想，重点介绍中医基础理论学科范畴中的基本理论、基本知识，兼以介绍中医学的思维方法，培养学生对中医学理论和概念的认知能力、思维能力和发现及解决问题的能力。新版教材将在教材结构和内容上作改进。先确定大纲，超大纲的内容控制在10%以内。既要照顾到课程内容体系的完整性，更要考虑到其实用性。内容上以传统内容为主体，建议吸收近些年来的研究成果和教学成果。在语言表述方面要求既要保持中医学的特有语言艺术，又要做到科学规范，深入浅出，生动活泼，便于学生理解和掌握。引文要做到出处准确，字字核实，涵义贴切，避免歧义。

《中医各家学说》：安徽中医学院张笑平认为本学科的研究范畴应研究西晋以降甚或北宋以来有关医家借其医著及医案所倡导的派生且未融入于中医基本理论体系的各种学说及学派，再结合教材应不断更新的要求，将其教材的编写思路明确为除了比较全面、系统地反映相应研究范畴已取得的主要成果外，还需在入选医家方面把握以下两点原则：一是生活年代不在于向晋唐发掘而在于向当代延伸。二是学术成就不在于总结对其文献整理的真知灼见乃至独辟门径，而在于阐发其对疾病发生发展规律之诊治、预防方法的独到见解、经验乃至用药专长；应针对本课程的讲授对象构筑教材编写框架，尽管本学科的研究范畴是相对固定的，然因其涉及面广，加上近40年所取得的研究成果甚为丰富，因此要编写出针对性强的教材并非易事，关键在于认真选材，精心构筑。提出本教材的编写框架必须针对讲授对象，以“各家”与“学说”为核心，立足提高，面对临床，重在阐发活理活法，力求赋予时代气息，既要自成体系，又要防止不必要的重复，尤需探索有关学说之所以然，因此可在成都、北京中医药大学分别牵头编写的协编教材之框架基础上补充和调整为绪论、重要学说、主要学派、著名医家四大板块；应紧扣本课程教学时数决定教材编写份量，关键措施有三：一是务必删减与其他学科相重复以及并无学术价值的内容。二是力求杜绝上述4个板块间的重复，如脾胃学说与易水学派、肾命水火学说与温补学派都只能从中择其一而列题论述。每位入选医家一般只能就其最主要的学术见解定其归属，特殊者重复出现时则必须按详此略彼处理。三是严格掌握历代医家的入选尺度，入选医家的总数应控制在50位以内，每位医家的论述文字可不加限制，主要在于提纲挈领，突出重点。此外教材中所有用词应力求规范。

(徐竹林　车立娟)

[附] 参考文献

C

陈宝国. 谈《温病学》教材建设. 江西中医学院学报，2002；(1)：54

池建安，赵先明，李玉英. 中医外科学多媒体教学方法探索. 中医教育，2002；(1)：28

G

巩新龙，郑杨，林琳.中医多媒体辅助教学管见.辽宁中医学院学报，2002；(2)：167

H

黄贵华，邓远美，罗伟生.民族地区中医药教育临床教学改革实践.广西高教研究，2002；(4)：87

黄永东.新世纪农村中医药(全科医生)人才培养模式探讨.中医药管理杂志，2002；(2)：39

J

贾春生，赵建新，王艳君.《刺法灸法学》多媒体教学试验总结.河北中医，2002；(8)：629

L

李荣科.21世纪中医药教材建设探讨.中医教育，2002；(1)：36

刘森平，何伟平，王氏贞.中医耳鼻咽喉科学多媒体组合教学设计初探.中国医学教育技术，2002；(2)：113

刘燕平.《中医诊断学》多媒体教学方法探讨.广西中医学院学报，2002；(2)：76

刘燕平.《中医诊断学》演示型多媒体课件制作体会.广西高教研究，2002；(4)：92

M

麻晓慧，孙彤.中医诊断学课程与多媒体教学.承德医学院学报，2002；(1)：82

P

潘毅，严灿.对《中医基础理论》教材编写的建议.中医教育，2002；(2)：30

S

史亦谦，水文霞，龙惠珍.关于《中医内科学》六版教材的一些学术问题商榷.浙江中医学院学报，2002；(2)：60

孙广仁.新版《中医基础理论》的编写思路与改革设想.山东中医药大学学报，2002；(1)：59

T

田欣，李峰，刘亮，等.中药鉴定学多媒体课件的设计与制作.中国中医药信息杂志，2002；(4)：92

童瑶.以实验室体制创新促进实验教学改革.实验室研究与探索，2002；(4)：1

W

万红娇，杜放梅，刘建华.中医药院校寄生虫学多媒体组合教学的研究.中医教育，2002；(1)：32

王民集，朱现民.《针灸学》多媒体教学优势探讨.河南中医，2002；(4)：74

王文娟.中医药学教材存在的问题及对策.北京中医杂志，2002；(2)：109

X

许文忠，刘仁权，李根茂，等.《方剂学》多媒体计算机辅助教学软件设计与制作初探.北京中医药大学学报，2002；(1)：15

Y

严灿，潘毅，邓中炎.《中医基础理论》多媒体组合教学设计与研究.安徽中医学院学报，2002；(4)：53

Z

翟理祥，史俏蓉，肖凤霞，等.推进“本科生导师制”培养模式的实践与探讨.药学教育，2002；(2)：23

张海东，严振国，余安胜，等.浅谈多媒体课件设计与制作.中国中医药信息杂志，2002；(2)：91

张笑平.《中医各家学说》教材建设之我见.中医教育，2002；(1)：38

张永斌，郭学军，邹移海.中医实验动物学多媒体课件的制作.中国实验动物学杂志，2002；(3)：160

甄彦君，朱芳，刘方，等.中医院校病理实习多媒体教学尝试.河北中医药学报，2002；(2)：43

郑晓红，张世勤.南京中医药大学实施本科生导师制培养模式的现状和思考.中医教育，2002；(2)：18

庄子齐，范兆金，江钢辉.针灸治疗学多媒体组合教学体会.中医教育，2002；(2)：32

记　　事

一、学 术 会 议

第三期全国名老中医专家临床经验高级讲习班在上海举办

国家中医药管理局委托上海市卫生局于2002年10月举办了第三期全国名老中医专家临床经验高级讲习班，广州中医药大学教授邓铁涛等16位全国著名老中医专家分别就“祛瘀法的临床应用”等主题，讲述了自己几十年的临床经验之精华，全国23个省(自治区、直辖市)及台湾地区的200多位学员参加。卫生部副部长、国家中医药管理局局长佘靖出席开班仪式并讲话。

(查德忠)

第五届全国中医药文献学术研讨会纪要

2002年11月5日至11月7日，中华中医药学会文献分会在上海中医药大学召开了第五届全国中医药文献学术研讨会。此次大会由上海中医药大学承办，与会代表共75人。收到学术论文120篇。

大会围绕中医文献研究的内涵与实践，讨论了“文献与专病结合”、“方药与临床结合”、“临床文献数据库的研制”、“单方验方、小方的特色”、“海外文献回归”、“基础文献传统研究”、“中医医案研究”、“中医文献数字化的研究”、“临床文献与疾病诊疗研究”等议题。

第三届中医文献分会委员会工作会议在大会期间同时召开，新推选的文献分会委员会，由马继兴任名誉主任委员，余瀛鳌、高文柱任主任委员，钱超尘、宗全和、严世芸、陶广正、于铁城任副主任委员。陶广正兼任秘书长，刘玉玮任学术秘书。推选常委20名、委员62名。

(中华中医药学会)

第十届全国中医肝胆病学术会议

中华中医药学会内科肝胆病专业委员会于2002年4月25日至4月28日在广西壮族自治区南宁市召开“第十届全国中医肝胆病学术会议”，同时召开全体委员会。本次会议顺利地进行了以中医药治疗重型肝炎为主的学术交流与研讨，提出了病毒性肝炎中医辨证标准草案，完成了专业委员会的换届改选工作。

参加本次学术会议的代表共100余人，收到学术论文共105篇。有关重型肝炎辨证、治疗和实验研究内容的论文52篇，涉及对中医药治疗重型肝炎现状的分析，提倡建立中医药攻坚队伍。还有约半数的文章分别论述慢性乙型肝炎抗病毒治疗、肝硬化腹水、抗肝纤维化及与乙肝相关的肝癌前人群的抑癌治疗等。

(中华中医药学会)

第15次全国中医肾病学术交流会

第15次全国中医肾病学术交流会于2002年9月14日至9月18日在河南省郑州市举行。会议得到河南中医学院附院的大力支持。出席会议的代表为186名,会议共收到学术论文216篇。

会议主题报告内容有“名老中医经验荟萃”,“全国中医肾病重点学科”,“专科的新经验、新成就”,“博士生论坛”,“中青年专家汇讲”等。会议对运用中、英文双语发言和问答形式进行了尝试,引起了与会者的极大兴趣。

(中华中医药学会)

全国第四届中药临床药理学术会议

中华中医药学会临床药理专业委员会、国家中医药管理局医政司共同召开的全国第四届中药临床药理学术会议与全国中医院制剂管理工作座谈会于2002年10月19日至10月23日在上海召开。来自国家药品监督管理局、国家中医药管理局的有关领导和全国各省市的专家教授、国家药品临床试验基地、中医院制剂专业人员共111名参加了会议。会议期间,国家药品监督管理局任德权副局长作了“学习贯彻药品法,加强中药临床研究”的报告,国家中医药管理局许志仁巡视员作了“提高中医院院内制剂水平,为发挥中医特色优势服务”的报告。国家药品监督管理局的曹彩、陈易新、卫良处长分别作了“药品临床试验基地管理与建设”、“中药不良反应监测与合理使用”、“医疗机构制剂质量管理规范”的报告。会议期间还召开了中华中医药学会中药临床药理专业委员会会议,讨论了委员会2003年的工作与学术活动计划。

(中华中医药学会)

中华中医药学会内科分会首届心身疾病学术会议

由山东中医药大学承办的中华中医药学会内科分会首届心身疾病学术会议于2002年8月8日至8月9日在山东省烟台市召开。参加本次会议的代表有70余名,会议收到学术论文71篇,经评审有42篇学术论文入选,内容涉及“中医心身疾病理论探讨”、“临床研究和古今心身疗法实践心得”等方面。王永炎教授等资深专家分别作了专题学术报告。以系统科学的理念,全面阐述了中医心身疾病研究的现状以及目前学科学术发展中存在的关键问题,指出现阶段研究心身疾病应立足于中医理论中的“形神统一观”、“天人合一观”以及“整体观”等学说和理论,以人为本,特别应重视心神、脑神学说的研究。

由中华中医药学会内科专业委员会提议,王新陆教授被推举为心身疾病学术主任委员。工作机构挂靠在山东中医药大学附属医院。

(中华中医药学会)

中华中医药学会儿科分会第十九次学术研讨会

中华中医药学会儿科分会十九次学术研讨会于2002年10月15日至10月18日在陕西省咸

阳市召开。会议收到学术论文137篇。经修改、审定,汇编为《全国第十九届中医儿科学术研讨会论文集》。参加本次会议的有来自全国25个省、市、自治区和香港、新加坡的代表共141名。陕西中医学院承办了此次会议。

由中华中医药学会聘请原儿科分会会长张奇文主任医师继续担任儿科分会会长,具体负责《实用中医儿科学》的(第二版)修订工作。新产生的会长汪受传教授为执行会长,具体负责儿科分会的日常工作。

(中华中医药学会)

全国第三届中医暨中西医结合性学研讨会

2002年8月17日至8月18日,全国第三届中医暨中西医结合性学研讨会在辽宁省大连市举行。近百名代表出席了会议,研讨会共收到论文100余篇,涉及"实验基础研究"、"中医理论及社会学调查"、"勃起功能障碍"、"男性不育"、"前列腺增生"、"前列腺炎"、"性传播疾病"、"女性性功能障碍"等方面。

(中华中医药学会)

全国第十届中医耳鼻喉科学术会议

全国第十届中医耳鼻喉科学术会议于2002年10月19日至10月20日在河南省郑州市召开。会议由中华中医药学会耳鼻喉科分会主办、中医杂志社协办、河南省中医院承办。110多名代表参加了会议。会议收到学术论文262篇,其中176篇编为论文集,作为《中医杂志》第23卷增刊出版发行。

(中华中医药学会)

全国中医药防治老年病学术年会暨老年病分会会议

由中华中医药学会老年病分会和深圳市中医院主办的2002年全国中医药防治老年病学术年会暨中华中医药学会老年病分会第三届换届改选会议于2002年10月26日至10月28日在广东省深圳市召开。

来自全国各地的100余位代表就老年病的阴阳失调、肾气亏虚、脾胃虚损、痰瘀为患的病因病机特点和辨证用药特点进行交流;并对老年常见冠心病、脑中风、老年痴呆、高血压、糖尿病等疾病诊治经验和研究成果方面进行了交流和探讨;对老年养生保健、衰老与抗衰老机制等方面发表了许多新的理论和观点。

本次会议选举产生了第三届新的领导集体,中日友好医院傅仁杰教授担任主任委员,上海第二医科大学附属瑞金医院夏翔教授等11名专家担任副主任委员。

(中华中医药学会)

全国中医男科学术会议

全国中医男科学术大会暨全国中医男科讲习班于2002年4月22日至4月26日在河南省洛

阳市召开。海内外与会代表共186名,共收到论文336篇。

会议以专家讲座为主,北京中医药大学王琦教授以"中医男科的现状和展望"为题,就性功能障碍、男子不育症、前列腺疾病的临床诊断和治疗提出了新的研究思路方法;中华中医药学会男科分会主任委员、江苏省中医院男科徐福松教授在"男子不育症的中医辨证观";广州中医药大学崔学教授对良性前列腺增生症的中医诊治和研究进展作了讲解;成都中医药大学王久源教授报告了中医治疗慢性前列腺炎的科研成果;黑龙江中医学会卢芳教授阐述了中医男科新药的研制开发;河南张宝兴教授的"男子更年期综合征";周安方教授的"阳痿的中医研究";云南秦国政教授的"阳痿中医发病学与证候学及其相关因素的流行病学研究";江苏秦云峰主任"前列腺痛审因求治的再认识";上海戚广崇主任的"男性不育症的诊断和治疗"等专题讲座均有一定广度、深度和创意。

(中华中医药学会)

中华中医药学会方剂学分会换届改选工作暨2002年全国方剂学术年会会议

中华中医药学会方剂学分会换届改选暨2002年全国方剂学术年会于2003年1月6日至1月9日在北京中医药大学隆重召开。来自全国26个省、市、自治区40所中医药高等院校、医疗和科研单位及企业的96名代表出席本次换届改选工作和学术年会。全体代表参加了中华中医药学会和北京中医药大学联合在北京人民大会堂举行的"著名中医药学家、方剂学分会老主任委员王绵之教授80华诞暨从医65年的纪念"活动。会议共收到论文79篇,内容涵盖理论探讨、思路与方法、课程建设、实验研究、临床探讨、综述等诸方面,被录用的73篇论文已刊登在《北京中医药大学学报》2002年增刊上。本次会议选举了第二届方剂学分会委员76名,常委17名,分会领导班子由9位专家组成。北京中医药大学谢鸣教授任分会主任委员,成都中医药大学邓中甲教授、浙江中医学院连建伟教授、辽宁中医学院马骥教授、湖南中医学院贺又舜教授、贵阳中医学院邱德文教授、黑龙江中医药大学李冀教授、南京中医药大学樊巧玲教授、上海中医药大学陈德兴教授任副主任委员。北京中医药大学许文忠博士担任本届分会秘书长。

(中华中医药学会)

中华中医药学会仲景学说分会2002年会议

2002年4月8日至4月10日在河南省南阳市,由中华中医药学会主办召开了"国际张仲景学术思想研讨会"。本次研讨会共收到来自全国各地的论文217篇,经专家评审,有203篇编入《论文集》。卫生部副部长兼国家中医药管理局局长佘靖同志在学术研讨会开幕式上致辞。有来自北京、香港、广东、山东、辽宁、湖北、广西等地的12位代表,分别在两场学术交流大会上作特别讲演。

会议期间还进行了中华中医药学会仲景学说分会的换届改选。北京中医药大学副校长王庆国教授当选为主任委员。中华中医药学会仲景学说分会挂靠北京中医药大学。

(中华中医药学会)

中华中医药学会第七届微量元素学术研讨会暨理事会议

2002年8月15日至8月17日，中华中医药学会微量元素分会在内蒙古自治区呼和浩特市召开了第七次学术研讨会。会议征集论文34篇，正式代表23人。这次年会突出了中医药微量元素实际应用研究的经验交流，入选《汇编》的34篇论文中，有24篇是实际应用的研究成果，占了全部论文的70%以上。

（中华中医药学会）

首届全国新型给药技术与中药现代化学术研讨会

首届全国新型给药技术与中药现代化学术研讨会于2002年10月19日在北京清华大学成功召开，2002年10月20日圆满结束。出席本届会议的代表有来自全国各地的药学专家260余人，送交学术论文90余篇，编入论文集84篇，评选出10篇优秀论文。44位代表进行了大会学术报告，其中13篇特邀报告。

本届会议尝试将科研、学术、产品、企业、政府及资本联系起来，探讨行业发展环境的影响，提供交流平台，创造合作机会。

（中华中医药学会）

二、中外交流

▲首届国际现代化中医药大会暨展览会　3月14日在香港开幕。来自中国、美国、日本等10多个国家和地区的600多名中医界人士出席了会议。大会的主题是“中医药的产业化”，对中药现代化过程中的实用意义和最新市场趋势等议题进行了讨论。大会同时展出了最新中医药产品、保健品、药材、仪器等。

▲第四届世界中医骨伤科学术交流大会　3月16日至17日在香港召开。来自16个国家和地区的813名中医骨伤科医师出席大会，交流学术论文280篇。大会以中医骨伤科的传统文献研究、基础理论研究、整骨手法、针灸疗法和“无痛不见血疗法”为主题。

▲国际张仲景学术思想研讨会　4月9日在河南省南阳市举行。代表们来自中国、俄罗斯、美国、柬埔寨、日本、韩国等国家和地区。会上为《祭仲景文》石碑揭碑仪式。在医圣祠内种植中草药，同时，中国(南阳)首届张仲景医药创新工程推介暨经贸洽谈会也隆重开幕。

▲第一届(香港)国际东方食疗学术研讨会于8月2日至8月6日召开。与会代表共220余名，收到学术论文60余篇，大会交流论文近40篇。本次国际性药膳食疗研讨会，以全面振兴东方药膳食疗文化为宗旨，联络广大与药膳食疗相关的自然科学家，推动药膳食疗的学术理论研究和临床运用，加强国际学术交流。

▲第二次世界中西医结合大会　9月22日在北京开幕。来自世界27个国家和地区的卫生官员和医学界人士1 300多人出席了开幕式。大会的主题是：促进全球中西医结合医学和人类健康。强调和谐结合，创新发展。在这次会议上，希望开创一个传统医学(包括中医药学)、补充医学、替代医学和现代医学结合的良好前景，以保障公众安全和人类健康。通过交流中西医结合医学临床实践的学术信息，展示结合医学的成就和探索结合医学的前景，为传统医学、补充医学、替代医学和现代医学的医生们营造一个团结的、合作的和互相学习的氛围。

▲第八届国际人参研讨会　10月29日在韩国举行。来自韩国、中国、日本、加拿大、美国等国家和地区的有关人士参加。会上就人参的栽培、加工、生产、化学分析、药理、临床等方面的问题，进行了广泛的学术交流。

▲中医药国际盛会　11月4日在成都开幕。来自国内外4 000多名专家参加。会议由中医药现代化国际科技大会和中医药新技术、新产品展览会两部分组成，分为7个主题：传统医药政府论坛，中医药资源可持续利用，中医药疗效与机理，中药现代化创新，中药的优质化、标准化与现代化，民族民间传统医药，中药产业论坛等。展览会展出的内容包括中药新药最新研究成果，中药及植物药的制药工艺、技术和设备，中药现代化科技产业基地，中药网站和电子商务等。

▲第四届中国·上海中外针灸学术研讨会　11月15日至11月18日在上海召开。来自国内外的著名针灸专家230人出席会议，收到论文87篇。大会的主题是“21世纪针灸临床与科研发展战略”。旨在弘扬中国传统针灸医学，加强国际针灸医学界的学术交流，促进创新，推动针灸临床与科研的发展，为人类的健康服务。

▲首届国际中医药教育会议　11月18日至11月20日在北京举办。来自世界各地的160多名中医药教育领域的专家、学者出席会议，就国际中医药教育发展与合作战略的主题进行广泛而深入的研讨，共商新世纪国际中医药教育发展大计。

索　　引

《中国中医药学术年鉴》主题词索引

A 阿癌艾安奥

B 八巴白百败斑半瓣宝保本鼻痹扁便变槟病搏薄补布

C 苍蝉蟾肠超陈痴赤冲虫出除川穿疮创唇刺苁痤

D 达大带丹单担胆导灯邓癫电调定动窦毒独敦多

E　莪鹅呃耳二

F　芳防肥肺风扶妇附复傅腹蝮

G　干甘肝肛高藁葛更宫钩狗骨鼓固瓜关光广归龟桂

H 海寒诃何荷红厚呼葫槲虎华化黄灰活火

J　鸡基急济甲尖肩减健姜僵降教洁结解金经颈九橘决菌

K　康抗科壳克口苦坤扩

L 蓝痨雷类梨李利连敛练凉淋苓羚刘六龙蒌瘘芦鹿瘰落

M 麻马麦脉慢猫玫梅门蒙孟泌免面明牡木

N 内南难脑宁牛女

P 帕排炮疱培盆皮脾偏贫平扑

Q 七芪奇蕲杞绮气千前荨钱羌蔷青清丘秋曲祛全

R 桡热人任肉乳软润

S 三散桑沙砂山伤芍舌麝参神肾升生声失湿十石实视收首疏舒薯树双爽水思四宋速粟酸孙

T 胎台太唐糖桃天填葶通痛头土菟吞臀脱

W 瓦外王微胃温无吴五

X 西犀膝细下仙线香消小哮缬泻心辛锌新行醒性胸雄修徐续学血循

Y　牙哑亚咽延炎颜厌羊阳杨养腰药叶夜伊医胰异抑益阴茵淫银引瘿优疣有右鱼玉愈元远云匀芸

Z 栽藏皂增张樟障针真诊镇整正支知直止治中朱滋子紫

上海中医药大学

新校区一览

电话：（021）51322222（**总机**）
地址：**上海市蔡伦路**1200**号** **邮编**：201203

SCHOOL OF CHINESE MEDICINE

THE CHINESE UNIVERSITY OF HONG KONG

香港中文大学中医学院

学学士学位课程

中醫學碩士課程

中醫學理學碩士課程

學哲學碩士課程

學哲學博士課程

進修文憑課程

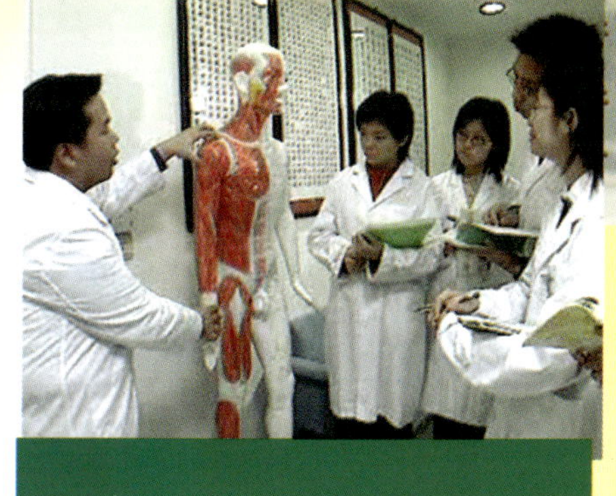

电话：(852)-2609-8131

传真：(852)-2603-7203

地址：香港沙田香港中文大学信和楼一楼

佛教华夏中医学院

BUDDHIST VASSAR CHINESE MEDICAL COLLEGE

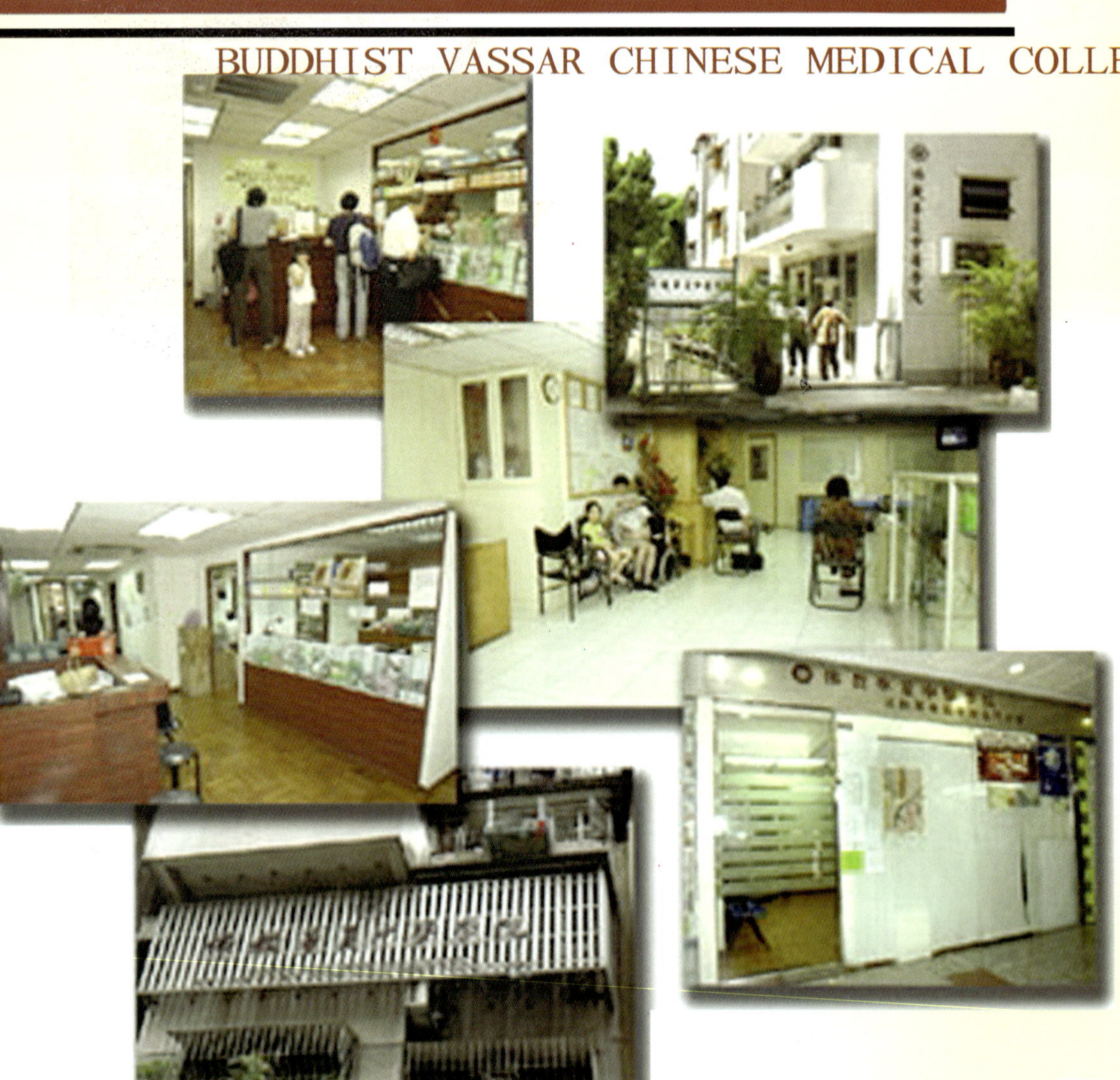

电话：（852）2833 0131

传真：（852）2572 1438

地址：**香港湾仔春园街6-12号永兴楼一楼**

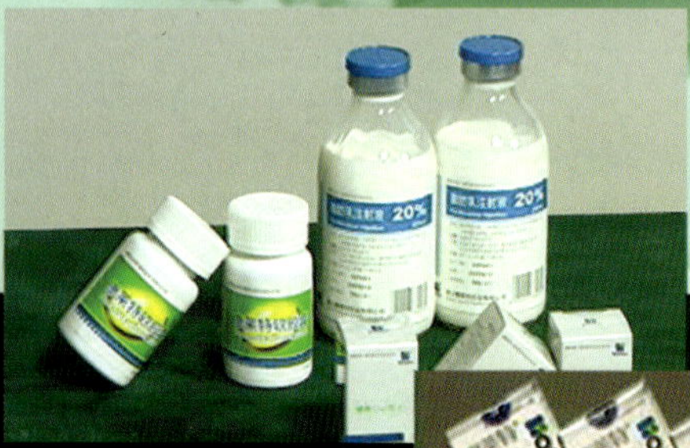

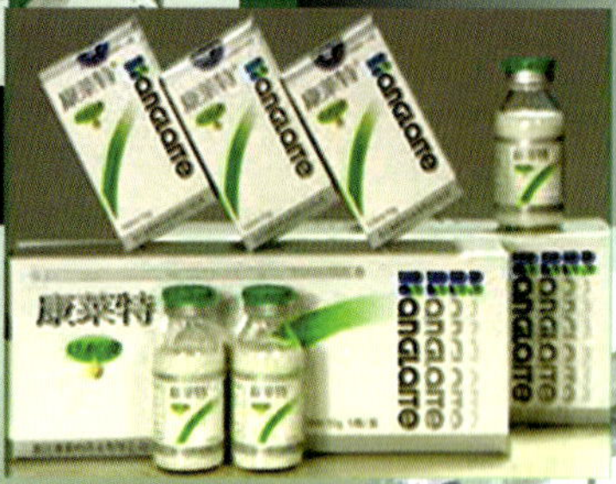

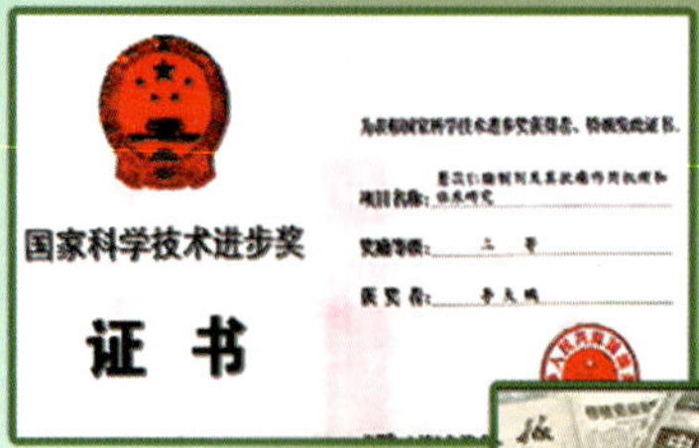

三才堂制药厂有限公司

董事长郑永和先生

会客室一角

化验室一角

三才堂制药外观园

电话：03-3292857-7

地址：台湾省桃园县龟山乡万寿路二段770号

甘肃省中医院

副院长、主任医师李盛华主持疑难病历讨论

院长、甘肃中医学院副院长、主任医师、教授李强

现任医院领导班子成员（左起）：副院长李盛华、沈历众、党委书记李谦英、院长李强、党委副书记孙援朝、副院长冯导文、马忠祥

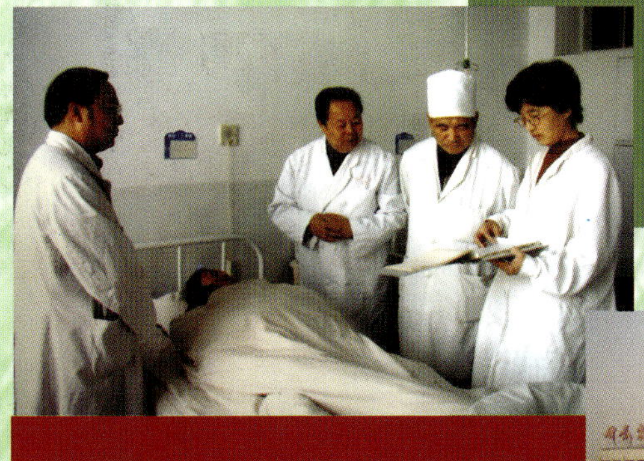

国务院特贴享受者、甘肃省优秀专家、著名老中医王自方主任医师指导查房

电话：0931-2335211

地址：**甘肃省兰州市七里河区安西路388号**